轩辕故里——清水县历史文化研究丛书之三

中華文明探源

杨东晨　著

甘肃省轩辕文化研究会　主编

陕西新华出版传媒集团

三秦出版社

图书在版编目（ＣＩＰ）数据

中华文明探源／杨东晨著. —西安：三秦出版社，
2017.6
ISBN 978-7-5518 -1491 - 1

Ⅰ.①中… Ⅱ.①杨… Ⅲ.①中华文化 - 文集 Ⅳ.
①K203-53

中国版本图书馆CIP数据核字（2017）第103471号

中 华 文 明 探 源

杨东晨 著

出版发行	陕西新华出版传媒集团 三秦出版社
社 址	西安市北大街147号
电 话	（029）87205121
邮政编码	710003
印 刷	陕西思维印务有限公司
开 本	787mm × 1092mm 1/ 16
印 张	40
插 页	4
字 数	480千字
版 次	2017年6月第1版
	2017年6月第1次印刷
印 数	1-6000
标准书号	ISBN 978-7-5518-1491-1
定 价	118.00元

网 址	http://www.sqcbs.cn

轩辕谷全景

轩辕殿近照

昔少典氏娶於有蟜氏
生黃帝炎帝黃帝以姬
水成故黃帝為姬

鄰春秋左丘明國語晉語四 張平生書

昔少典氏娶于有蟜氏，生黃帝、炎帝。
黃帝以姬水成，故黃帝为姬。

——春秋左丘明《国语·晋语四》 张平生书

编 委 会

总　序

张津梁

丝绸之路三千里,华夏文明八千年。著名历史学家李学勤指出:"中国历史文化早期的一系列核心疑问和谜团,恐怕都不得不求解于甘肃。"地处大西北"坐中联六"重要区位的甘肃,是华夏文明的重要发祥地,是中国旧石器和中国已知最早的新石器时代遗址和青铜器的最早发现地之一。"祖籍甘肃"的伏羲、女娲、轩辕黄帝、西王母等中华远古人文始祖,以口耳传历史和丰富悠久的文化遗存,在这里留下了不可湮没的印迹。这些光彩夺目的文化遗产,以其典型的本源性、包容性、开放性、多元性与民族性特征,充分印证了陇右地区是孕育形成渭河文明和黄河文明的重要区域,是肇启华夏文明曙光与引领中华民族发展的先行地带。

清水县古称上邽,位于"羲皇故里"甘肃省天水市东部,与著名的大地湾遗址毗邻,自古就有轩辕故里、关陇要冲、雍凉之会、丝路重镇、陇上江南等美誉。丰富多样的史籍资料、民间传说、墓志碑文、考古发现、民俗生活等文化遗存,充分确证了清水"轩辕故里"的历史文化地位。在甘肃全力建设国家级华夏文明传承创新区的进程中,清水县及其所在的以始祖文化为核心的陇东南地区,必将以独特的历史文化资源与深厚的民族文化底蕴,在其中占据重要地位,形成区域发展优势,为甘肃文化走向全国创造新契机,提供新思路。

近年来,清水县立足积淀丰厚的轩辕文化遗存,以传承和弘扬轩辕文化高度负责的态度,以尊重轩辕文化的地域广阔性和学术包容性为前提,以轩辕黄帝"生于清水、葬于黄陵"为基本出发点,开展文化交流活动,发掘传播轩辕文化,提高了"轩辕故里"的知名度和影响力,推动本县经济、文化和社会发展,并取得了不菲的成绩。尤其是在甘肃省有关部门和天水市委市政府的指导支持下,成立了甘肃省轩辕文化研究会,团结国内外学术团体和一大批专家学者,在一个全新的起点上,加快了轩辕文化的研究、开发和利用,赢得了社会各界的肯定和赞誉。

党的十八大报告指出:"文化是民族的血脉,是人民的精神家园。"经国务院办公厅正式批复建设的甘肃省华夏文明传承创新区,为甘肃发挥文化资源优势,建设文化大省,提供了国家级战略平台,必将对中华民族的文化传承与创新,对甘肃经济、社会和文化的发展,起到重大的推动作用。在甘肃省全力建设国家级华夏文明传承创新区和天水市打造全球华人祭祖圣地的战略目标中,清水县以党的十八大和省、市党代会精神为指导,以高度的责任感和使命感,树立文化自信,增强文化自觉,依托甘肃省轩辕文化研究会,组织出版"轩辕故里——清水县历史文化研究丛书"。这套丛书放眼于甘肃华夏文明传承创新区和中华民族精神家园的双重建设,向海内外着力介绍根植于甘肃大地的轩辕始祖文化和绚丽多彩的清水历史文化。尤其是在轩辕文化研究上,充分吸收前人研究成果,综合运用文献资料、考古发现、民间传说与民俗活动等多种资料,对根植于清水等陇右地区的轩辕文化遗存进行深入发掘、科学探索和严谨考证,将极大推进中华始祖文化的全面研究。

总览这套丛书,无论是为了让外界了解甘肃、了解清水,还是为了弘扬中华文化、开创美好未来,都是十分难能可贵的,必将令期待和喜欢它的广大读者耳目一新,获益匪浅。该丛书以马克思主义理论为指导,以辩证唯物主义和历史唯物主义的思想方法,分析、研究、判断始祖文化,存留合理有益的部分,剔除虚假消极的成分,形成科学有据的观点和认识。这也是我们研究一切历史文化问题和社会现象所采取的科学思维与方法。这套丛书在此意义上,做了有益探索,跬步而至千里,希望在这方面做出更大努力。

甘肃省轩辕文化研究会是中华伏羲文化研究会的团体会员,受同仁之邀,写了以上文字。是为序。

2017 年 4 月 5 日

（作者系甘肃省政协副主席、党组副书记,中华伏羲文化研究会会长）

序

　　杨东晨同志送来关于史前人物研究的书稿《中华文明探源》，希望我写序。东晨勤勤恳恳，刻苦钻研，淡泊名利，退休后仍然热心学术，他的研究心得和研究精神，都有值得嘉尚的地方。我愿意为这本书写些感想，供读者朋友参考。

　　东晨同志送给我的几本书，如《中华炎黄时代》《尧舜禹时代》《先秦区域文化新论》《秦汉区域文化新论》《陕西古代史》等，可以知道他主要从事上古史和周秦汉唐历史的研究和写作，著作由内地和香港多家出版社出版发行。他也比较注重文化的普及和宣传工作，撰写过多部将学术性和普及性结合的著作，如《韦姓史话》《杜姓史话》《汉代名将》《唐代名将》等。

　　更多的关注和从事上古史的研究，是东晨同志退休后仍然"发奋忘食，乐以忘忧，不知老之将至"（《论语·述而》），不断发挥余热，积极开展学术研究的主要课题。他结合考古和文献资料，重视实地勘察，不顾年迈体弱，走出书斋积极参与全国各地"三皇五帝"的纪念活动及其文化研究，陆续撰写出以三皇五帝为主要内容，深入辨析神话传说人物的论文论著。在前人研究的基础上，对古史的传说时代进行了具体的研究，注重神话传说的文学性和史料性，力争信而有征，以尽量廓清纷杂难辨的上古史层层累积的历史尘埃和迷雾，从而寻觅和考察历史的真相和文化意蕴。这部《中华文明探源》就是东晨同志这项研究的部分心血。

　　《中华文明探源》所论述的历史时期，是以盘古氏为开端，终于帝舜，涉及盘古氏、华胥氏、伏羲氏、女娲氏、有熊氏、炎帝、黄帝以及各个时期的传说人物等。该著强调了古史传说的历史性和文化性，在史料的辨析和辩证使用方面，本着谨慎周密的原则。上古史纷纭难辨，其中凝聚了不少氏族迁徙和融合的历史信息，文明的曙光也在这氏族的发展过程中逐步展现，而历史真相也封存在口耳相传的神话传说和历史遗迹中，其中交织有不少后来的文化理念和历史认同，这给研究带来了挑战，但这也正是上古史研究的美丽所在。东晨同志的这部文明探源著作，显示了他挑战科研难题的勇气和信心。

该著包括《史前研究总论》《创世传说人物》《三皇文明探索》《五帝文明研究》《弘扬炎黄文化》等五部分。其中《史前研究总论》部分，论述了上古史的历史框架和研究方法，从文化史入手，结合考古成果和古代文献，发掘上古史研究的历史意义和现代价值，特别是在增加民族凝聚力、继承和弘扬中华优秀传统文化方面所具有的重要作用。

作者吸取社会科学和自然科学相关领域的研究成果，尝试清理出三皇（距今 1 万—5000 年前）的血统世系，并分别探索了他们的史迹和创造的文化（或文明）。虽然这部分内容学术界还有争论，但东晨同志的看法，无疑是具有参考价值的。

在炎黄文明的研究方面，学术界的相关成果比较多。这部论集没有仅仅将炎、黄二帝视作具体的人，而是作为氏族及部族联盟的代称，这样就有助于厘清传说中炎黄脉络和多地传说的合理性与文化传播意义。作者指出，"五帝"之首的黄帝与炎帝同出自少典（有熊氏）和有蟜氏（两者约为 7000 年前的氏族或部落首领，世代袭号，传至 5000 年前。炎帝传八代或十七代，世代袭用炎帝、神农或炎帝神农氏之号。黄帝也应当有其世系，可惜失传了。炎帝部落和黄帝部落之间的关系密切，"五帝"在血缘、文化（或文明）等方面,是同一个集团。即华夏部落联盟,以"炎黄"为旗帜,团结东夷、北狄、西戎、南蛮等部落联盟(史学界一般称为五大民族集团,近年又有学者提出五大族团之称)。

当然,炎黄文化是我国文化的源头。从历史学观点看,炎帝族和黄帝族是史前两个关系密切的庞大氏族部落,他们对后来中华民族的生息繁衍和文化奠基有很大影响。在中华民族文化发展史上,形成了系统的文化观,包含了丰富的文化内涵,称之为"原创性文化",这指的是先秦时期、特别是春秋战国时期的先进文化。

我们研究中国文化的源头,研究先秦时期的原创性文化,都需要和中国文明起源的大课题相联系。我国学者面对考古学的丰硕成果,在中国文明起源问题上有不少新见解,例如指出新石器仰韶时代后期和龙山时代是中国文明起源期,炎黄时代就在这个时期。

传说中,中华民族的祖先各自都有发明创造,如有巢氏、燧人氏、伏羲氏、女娲氏等。稍后的人物如五帝,不仅继续发明创造,而且都有"治世"业绩流传下来,这些成果不能轻易否定。老一辈史学家提出了对古史传说人物研究的原则和态度,既不能全盘否定神话传说人物,又不能都将其作为信史,要通过理性分析,去寻找上古历史的真实情况。

东晨同志研究的人物大多处于原始社会时期母系氏族和父系氏族阶段,有些是历史上早已得到认可的中华民族的祖先(如汉代公认的炎帝、黄帝),他们是人,是民族团结和中华优秀传统文化的象征,不是专供人们顶礼膜拜的神灵或偶像。

我对东晨同志的治史道路比较了解,1978 年,国家恢复招收研究生制度后,在陕西铜川第三中学工作的他报考了西北大学陈直先生的秦汉史方面的研究生,后虽事与愿违,但他一直坚持努力学习,笔耕不辍。1984 年调到西安半坡博物馆工作,后来又进入陕西历史博物馆工作,直到 2001 年退休。在此期间,不管遇到什么样的困难和挫折,他都勤奋上进,向史学界和考古界的专家学者请教。他的观点和看法,是经过认真思考后提出来的,持之有故,言之有理。将这些有关文章编成论文集,由甘肃省轩辕文化研究会委托三秦出版社正式出版发行,是值得赞扬的功德之举。我们相信该书的出版发行,一定会推动中华文明探源(或史前文化)的研究,对继承和弘扬中华优秀传统文化,增强民族凝聚、奋进力也具有重要的启示和裨益。

　　是为序。

2017 年 4 月 8 日

于西北大学中国思想文化研究所

　　(作序者为西北大学原校长,现为名誉校长、陕西省轩辕黄帝研究会会长、中华炎黄文化研究会副会长兼学术委员会主任、清华大学与西北大学教授、博导,著名史学家和教育家)

自 序

盛夏炎热,心情振奋。我坐在老宅斗室,编辑《中华文明探源》,代表人物是史前的三皇五帝。传说人物多产生在"新人"(约5万至1万年前的旧石器时代晚期)、现代人(1万至4070年前的新石器时代)阶段,故所谓远古人物便从这个阶段谈起,且又偏重于新石器时代的、以三皇五帝为主要代表的古史传说人物。所谓文明,我们指的是马克思主义的"文明"(家庭、私有制和国家的起源),而非200万年的"人类社会文明"。

一

文明探源的主要人物"三皇五帝",在我国可以说是家喻户晓、妇孺皆知的古老、动听故事,五千多年来世代流传不息。我出身于旧社会豫西大山区罕见的书香之家,从懂事起,就听祖父杨学礼、父亲杨炳勋讲这些神话般的美丽故事,当时好像听天书。上学后,尤其是在初中阶段学了历史课后,初步知道了中国社会发展史,对"三皇""五帝"神话传说故事才有了一些理解。考上河南省重点高中(偃师高级中学)后,对我们孟津县的著名作家李准特别崇拜,一心想成为一个作家或新闻记者,但未能如愿。1961年在陕西省铜川市参加工作后,历任中学教师、教导处干事、行政干部(科级)等。

20世纪70年代末,国家在"拨乱反正"后恢复招考大学生、研究生制度,我立志从事古代史研究,不再从事行政工作。为报考西北大学陈直先生招收的秦汉史(1978年)研究生,开始重读大学历史课本,阅读了范文澜先生的《中国通史简编》、郭沫若先生主编的《中国史稿》及有关史书,从诸书原始社会章节的传说时代段落中对"五帝"稍有理性的认识。次年,陈先生不再招收弟子,我又报考了西北大学张岂之先生招收的先秦及隋唐史(1979年)研究生,仍因俄语成绩达不到录取分数线而败北。因两次考研究生的优异成绩给诸位先生留下了(中国通史87分,先秦及隋唐史73分)好印象,故由陈直、林剑鸣两位先生推荐,张岂之主任和历史系党支部李怀珍书记同意,上报人事处,望能直接调入系内秦汉史教研室工作。档案提入西北大学人事处后,年余未能如愿。

时来运转,20世纪80年代后,随着读《尚书》《春秋》《左传》《诗经》《史记》《汉书》等古籍,以及读近现代史学家王国维、吕振羽、吕思勉、顾颉刚、童书业等的史学著作,"三皇""五帝"的传说才逐渐引起我的注意和重视。尤其是读了茅盾的《神话》、顾颉刚等先生的《古史辨》、徐旭生先生的《中国古史的传说时代》等著作后,大有想知"庐山真面貌"的欲望和兴趣,并开始以浅薄的知识和见解进行研究,于1983年写成了《神话传说时代论析》(发表于(《贵州文史丛刊》),表达了对"三皇""五帝"的崇敬和粗浅认识。1984年10月,我由铜川市教育局调入西安半坡博物馆主办的《史前研究》编辑部工作后,在石兴邦、巩启明等考古学家指导下,开始接触文物与史前领域,并在从事编辑工作的需要和"逼迫"下,不得不下功夫学习陌生的旧石器、新石器时代的考古知识,以完成因陌生而感到十分艰难的看稿、编稿任务;也才开始学习"文献与考古资料相结合"的研究古代史方法,陆续发表了既有文献资料,又有考古材料的一些文章,并于1989年出版了以"二重证据法"写成的《中华都城要览》(丘菊贤先生通稿和补充,河南大学出版社出版发行)处女著作。在"文革"后学术著作奇缺的20世纪80年代末,拙著有幸与台湾有关部门交流200余本。这对我来说,是莫大的鼓舞和鞭策。

改革开放后,在科学的春天里学术研究空前活跃,使我备受鼓舞。尤其是20世纪90年代后,随着以传统的、现代的史学研究手段增多,多学科综合研究成果的丰富,大家感到史学泰斗王国维先生提出的"二重证据法"已完成历史使命,满足不了古史研究的需要和变化了的时势,自觉或不自觉地采用"三重证据"(文献资料、考古资料及甲骨金文)法或"多重证据"(三重证据外,吸收历史地理、方志、地名、传说故事、民族、方言、天文、科学测定等研究成果)法研究古代史。李学勤先生说:"王国维先生提出来二重证据法,即地下的与地上的相互印证,这是很有名的。它为中国现代考古学的建立奠定了基础"①。他又说:"最近听说香港饶宗颐先生写了文章,提出'三重证据法',把考古资料又分为两部分。这第三重证据就是考古发现的古文字资料。如果说一般的考古资料和古文字资料可以分开,那么后者就是第三重证据。"②至于"多重证据法"的提出情况,未见权威人士详论。究竟是谁第一个提出的,至今还不知其名。同时,越来越多的史学工作者走出了"疑古"时代,对中国古史传说时代有了较为全面、客观、正确的认识,并从错综复杂、说法纷纭的资料中探索原始社会史,又以其线索去探寻地下实物资料,出版了一大批这方面的著作或论文集,我本人也是其中的后学之一。加之"旅游热"而兴起"旅游历史文化研究热潮"后,几乎所有的传说人物都被全国各地文化界和政府人士所重视,地方性的学术讨论会如雨后春笋般的召开,我和有关同仁一样,不断受到邀请,就不得不认真并下苦功夫研究古史传说人物的史迹和遗迹,于是便又撰写了百余篇中华文明探源的研究文章。

二

关于史前人物中的"三皇"之称,说法不一。清代吴乘权编纂《纲鉴易知录》记载胡一桂曰:"三皇之号昉于《周礼》'外史,掌三皇、五帝之书',而不指其名。其次则见于秦博士有天皇、地皇、人皇之议。"对于天皇、地皇、泰皇,有许多种解释,演变的情况也较多。经过数千年的争论,今学术界大都认为燧人、伏羲、神农氏为"三皇",伏羲氏即太昊(皞),神农氏即炎帝。《辞海》云:"三皇,传说中的远古帝王。有七种说法:(1)天皇、地皇、泰皇(《史记·秦始皇本纪》）；（2）天皇、地皇、人皇（《史记·补三皇本纪》引《河图》《三五历记》）；（3）伏羲、女娲、神农（《风俗通义·皇霸》引《春秋纬·运斗枢》篇）；（4）伏羲、神农、祝融（《白虎通》）；（5）伏羲、神农、共工（《通鉴外纪》）；（6）伏羲、神农、黄帝（《帝王世纪》）；（7）燧人、伏羲、神农（《风俗通义·皇霸》引《礼纬·含文嘉》篇）。后一说反映了原始社会经济发展的情况。"从其时代说，今专家学者多认为三皇是母系社会的代表人物。田继周《先秦民族史》云："燧人氏的传说并不是指用火，而是指钻燧或钻木取火"。"伏羲和女娲的传说，所反映的时代特征，是母系氏族向父系氏族过渡的阶段，是渔猎经济还占重要地位而又出现了初期农业的经济状态"。"神农的传说，比较集中地反映了我国农业的产生，反映了从采集、渔猎经济发展为农业经济的这样一个经济形态"。"从我国新石器时代的考古资料，也证明了我国'三皇'传说的可靠性。"③《国史概要》亦云："我国战国时代诸子百家的著作中出现了有巢氏、燧人氏、伏羲氏、神农氏的传说"，"反映了远古人类从建房、熟食到渔猎、农耕的发展过程。"④我认为，三皇及其同期或稍前的传说人物，约处在 1 万至 5000 年以前，相当于中国文明起源的初始阶段。

　　关于"五帝"的说法，也有多种。经过长期的争论，史学界多同意司马迁《史记·五帝本纪》的说法：黄帝、颛顼、帝喾、唐尧、虞舜为"五帝"。《辞海》云："五帝，传说中的上古帝王。有四种说法：（1）黄帝、颛顼、高辛（帝喾）、唐尧、虞舜（《世本》《大戴礼（记）》《史记·五帝本纪》）；（2）太皞（伏羲）、炎帝（神农）、黄帝、少皞、颛顼（《礼记·月令》）；（3）少昊（皞）、颛顼、高辛（帝喾）、唐尧、虞舜（《帝王世纪》）；（4）伏羲、神农、黄帝、尧、舜（《皇王大纪》）。他们都是原始社会末期部落或部落联盟的领袖。"因此，在近现代的史学著作或教科书中，大都将"三皇五帝"传说人物列入"原始社会"章、节中去论述，被称为"中国古史的传说时代"（相当于新石器时代）。刘起釪先生考证："五帝说"所涉及的那些人物，"则主要是我们祖先从母系氏族公社的盛期之后，到父系家长制的部落联盟盛期及其解体时,由各族始祖神,到各族的杰出首领,到实行军事民主制时期的各军事首长人物。不过,他们各自出身的部族不同,如黄帝、炎帝出自西方的部族,太暤、少暤出自东方的部族,颛顼、帝喾虽原出东方,但却在东西各部族长期交揉融合之后,作为维系各族成为有血缘关系的两大支的宗族神而出现。尧、舜、禹则是东西各族在中原大地上实现了部落联盟时相继的联盟军事首长。由于民族融合为统一的华夏实现于周代,所以就把姬周族自己的始祖黄帝,作为统一的全华夏族的共同始祖。所以黄帝最初就成了五帝的首一帝,后面各帝都成了他的血缘后裔,反映伟大的华夏族经过融合已形成为亲密无间的浑然一体了。"⑤此说基本上是对的。"在五帝时期,除五帝的传说之外,还传说有炎帝、共工、太暤、少暤、蚩尤、祝融、鲧、禹、皋陶、伯益等人物,并有九黎、三苗等族称,这些传说人物也与'五帝'的传说人物一样,是一些部落长。"⑥三皇与五帝传说人物的混杂,正是口耳相传历史的一大特征。五帝时期的农业、手工业、家庭饲养业等,都有了广泛而较大的发展,被誉为英雄时代。

　　我国的神话传说故事,从盘古开天辟地、女娲抟土造人,到炼石补天、精卫填海、后羿射日、大禹治水、阪泉之战等等,"体现了中国原始初民们在与恶劣自然环境进行的顽强抗争中锤炼出来的自强不息的生命意志、坚毅果决和奋斗精神。中国上古神话的这种文化内涵,在以后的历史进程中,深深地积淀在民族精神的底层,转变为一种自律性的集潜意识。"⑦因此,治先秦史,乃至古代史,可以说研究古史的传说时代(史前史)是基础性的课题。只有搞清中国史的"根"和"源",才能弄清历史的来龙去脉。自清末发现殷墟甲骨文字及近一个世纪对甲骨、金文的研究,以及对古史系统的考证、辨析与整理,尤其是经过 20 世纪 20 至 40 年代的争论,以及考古发现资料的丰富,"使我们得以能科学地辨别史料并与考古学相印证,从而认识到,先秦古籍记录的远古神话传说,大致是黄河、长江两大河流中下游地区各部落集团关于天地开辟、人类起源及各部落集团所奉祀的天帝与祖神的神话传说;关于各部落集团斗争融合及王朝并古国历史的神话传说。这些神话所反映的历史，大体都是新石器时代晚期和龙山文化时代，由父权制氏族部落向国家过渡时期的历史，前此漫长历史时代仅存着一些重要阶段的创造神话，进而保留了那个时代的史影。"⑧王玉哲《中华远古史》云："在我国古代传说大约在四五千年以前，在黄河流域、长江流域曾居住着许多部落和部落联盟。黄帝、炎帝等华夏部落居于黄河上游、中游，太皞、少皞等东夷部落居于黄河下游。南方的长江中游是苗蛮部落的根据地。"⑨我们研究远古"创世"人物，也是与追寻中华文明起源密切相关。因为马克思、恩格斯所说的文明，是指人类蒙昧时代、野蛮时代之后人类社会发展的第三个时期，主要特征是财产私有和阶级出现，而从萌芽至形成的过程则是比较长的。从目前大家公认的物质、精神、政治制度文明的总和曰"文明"而言，都是约新石器时代的原始先民所创造的，而传说人物则是其创造力和智慧的典型代表。物质、制度是具体可以看到和感觉到的人类生存方式，是文明的外表现实；精神文明隐形的人类思想观念或思维活动能力，也常常通过物质、制度文明来表现。"这三方面是紧密联系在一起的，物质文明是政治文明和精神文明赖以建立的基础，政治文明和精神文明又反过来推动或阻碍着物质文明的进步。文明的进步有时是这三方面同时推进，有时是某一方面或两方面领先，而其他方面相对滞后。"⑩李学勤先生说："我们对于炎黄二帝传说也应该有新的理解。如不少学者在讨论炎黄文化时所说的，古史传说从伏羲、神农到黄帝，表现了中华文明萌芽发展和形成的过程。《史记》一书沿用《大戴礼记》所收《五帝德》的观点，以黄帝为《五帝本纪》之首，可以说是文明形成的一种标志。"⑪

三

所谓历史，就是人类以往的"故事"（过去的事），内容丰富，富有趣味，令人神往。樊树志先生也说："在我们中国，历史学是一门源远流长的学科,可以说自从有了文字记载的历史以来,就有了历史学。"又说:"历史是人类生存环境的组成部分,它每时每刻都在影响着人类的现在和将来。历史给人以智慧,教人具有历史纵深感的深邃眼光去看待过去,看待现在,看待将来,而不是被眼前方寸之地所局限,不至于成为鼠目寸光的庸碌之辈。只有深刻的认识过去才能理解现在所发生的一切,才能有助于选择一条正确的道路。"⑫可见历史学是多么的重要和具有历史与现实意义,并非可有可无,中华远古史亦是如此。为此,我们在研究传说时代历史时,在力争保持其科学性、严肃性的同时,还要尽力做到通俗易懂,富有情趣。

　　社会在不断发展,史学研究在不断深入,我个人的知识也在不断地积累,因此在不同的年代,不同的时间写成的文章,就出现了不同的水平、不同的认识或观点,更不可避免地出现了引用资料的重复(单独阅读刊物上的文章时不易发觉,辑在一起读时就易感觉到);不同年代写的文章,地名也会有变异。如写文章时的县,在后来写文章时,随着县改市就更改了。在数十年对中华文明探源研究中,我与许多史学家一样,历来主张采用"模糊"法对待,将其传说史迹与考古资料作大概联系。这是因为传说人物的资料纷繁复杂,说法甚多,无法去考证出他到底生于何年,活了多少年,儿子、女儿是谁? 孙子、孙女是谁? 是谁又迁于何地等等。就以传说的诸"帝陵"而言,多为后人修建的纪念性陵,是发掘不出什么实物的。因此,我也主张将史前人物的"学术观点",同"旅游文化"或"文化载体"分开,二者虽然有联系但又有所区别,更不可互相指责或互相代替。

　　最后,我要说明的是在拙论文集的编排上,采取以古史传说人物的先后为序,不以写作时间的先后为序;文章时空先后较长,写作时间一律保存,以便利读者对照;又由于是数十年文章的合集,文章的内容难免会出现一些重复;在某传说人物的"生""亡"年代上会有说法不一、互有矛盾之处。为此,我在此将目前认为比较客观、合理的年代列出,谨供参考。

传说人物	主要事迹	生卒(多为氏族或部落)年代	传　世
盘古氏	开天辟地,神话人物	约 4.6 万～1 万年前	
华胥氏	生男育女,繁殖人口	约 1 万～8000 年前	传伏牺、女娲氏
优羲氏 女娲氏	一说二者系兄妹;一说为夫妻。画八卦,繁殖人口	约 8000～6000 年前	传 16 或 17 世
少典氏 有蟜氏	二者婚配,生黄帝、炎帝	约 7000 或 5500 年前	约传 9 代
炎帝神农氏 轩辕黄帝	姜与姬姓世代通婚,形成西北部落族群	炎帝、黄帝传至第 7 代,约 6000～5100 年	主要有传 8 世之说
炎帝八世孙榆罔; 黄帝八世孙轩辕氏	天下盟主炎帝榆罔(又称参庐)与轩辕氏,同为炎黄八世孙。经战争,黄帝为盟主	约 5000 或 4500 年前形成华夏族团(一说军事部落联盟集团)	参庐后代世系不明,黄帝子昌意未继位
帝颛顼、喾、尧相继为盟主	皆为黄帝后裔	约 4000～3201 年	传 3 代
帝舜(东夷人)	其先祖融入华夏族较早 帝尧二女之夫	约前 2170～前 2070 年	前 2070 年夏王朝建立

中华文明探源(以三皇五帝主要人物创造的由萌芽至文明形成为重点)的研究,是一个艰难、复杂的课题,也是 21 世纪研究文明起源的热门话题。国务院 2013 年,批复支持甘肃以建设“华夏文明传承创新区”为平台、整体推进文化大省建设后,极大地鼓舞了社会各届和广大人民。清水县人民政府在贯彻执行各级党委会议精神中,依托“甘肃省轩辕文化研究会”,组织出版以“轩辕故里”为重心的“清水县历史文化研究丛书”。伏羲和女娲、轩辕黄帝,分别创造的 8000 多年、5000 多年文明,既是甘肃的,也是全国的(其他省的史前人物研究,亦是如此)。故拙著在重点研究伏羲、黄帝创造文明的同时,也系统研究了与他们同期或其后裔之文明在大

江北、南的发展脉络，突出了对轩辕黄帝文明（文化）的继承和弘扬。不言而喻，这也就更加提高了甘肃省、天水市，尤其是清水县的文化（文明）地位。简而言之，三皇开创了文明萌芽与发展时代，五帝时代完成了古国文明，预示着夏王朝即将建立。拙著的不当或错误之处，敬请前辈、同仁、年轻学者，以及广大读者多加指正和批评，以促进这一课题研究的不断深入。从这个意义上说，拙著仅是抛砖引玉而已！

注释：

①②李学勤：《走出疑古时代》，沈阳：辽宁大学出版社，1995 年第 1 版，1997 年 12 月第 2 版，第 3 页。

③田继周：《先秦民族史》，成都：四川民族出版社，1988 年 1 月第 1 版，第 94—102 页。

④樊树志：《国史概要》，上海：复旦大学出版社，2005 年 3 月第 3 版，第 12 页。

⑤刘起釪：《古史续辨》，北京：中国社会科学出版社，1991 年 8 月北京第 1 版，第 119 页。

⑥田继周：《先秦民族史》，成都：四川民族出版社，1988 年 1 月第 1 版，第 94—102 页。

⑦武斌：《中华文化海外传播史·绪论》，西安：陕西人民出版社，1996 年第 1 版，第 14 页。

⑧陈连开主编：《中华民族史纲要》，北京：中国财政经济出版社，1999 年第 1 版，第 41 页。

⑨王玉哲：《中华远古史》，上海：上海人民出版社，2006 年 7 月第 1 版，第 128 页。

⑩北京大学历史系博士生导师钱乘旦为刘景华著《人类六千年》所写的《前言》，广州：花城出版社，2000 年第 1 版。

⑪李学勤：《走出疑古时代》，沈阳：辽宁大学出版社，1995 年第 1 版，1997 年 12 月第 2 版，第 41 页。

⑫樊树志：《国史概要》，上海：复旦大学出版社，2005 年 3 月第 3 版，《序言》第 5 页。

作者

2017 年 5 月 4 日

目　　录

第四编　五帝文明研究

第五编　弘扬炎黄文化

第一编　史前研究总论

史前人物与文明起源研究的诸问题要论

　　马克思主义诞生以前,人们对漫长人类社会史的认识,是模糊不清的。马克思、恩格斯根据美国民族学家摩尔根《古代社会》一书提供的材料,又结合其他资料,提出了阶级和国家起源的科学理论和学说。列宁又在 1917 年、1919 年分别发表了《国家与革命》《论国家》,进一步阐述了国家起源的理论和学说,从而正式确立了原始社会史这门科学,阐明了人类社会的起源和发展的整个过程和规律。中国人类社会发展的过程和规律,也完全符合革命导师的理论和学说,同样也经历了漫长的原始社会。新中国建立后的历史教科书,一般都将夏朝建立(前 2070)前的漫长时期(随考古发现而向前延伸,巫山猿人化石发现后,约知其为 200 万年至夏前)称为"原始社会"。亦有称其为"前氏族"与"氏族社会"或"上古"的。改革开放后,又增加了"史前""远古""部落时期"等称谓。《辞海》云:"史前学,指研究没有成文历史以前的人类历史阶段的一门学科。对这一历史阶段也称作'史前史'。"其中的旧石器时代晚期(5 万至 1 万年前),是人类社会由原始群(亦有学者称血缘家族公社或家庭)正式进入母系氏族社会的重要阶段。随着先民体质、思维、意识等的基本与现代人相同,原始宗教的自然、图腾崇拜日益发展,在"万物有灵"思想支配下,产生了想象的神话。到新石器时代(约 1 万至前 2070 年),母系氏族社会日趋繁荣并逐步向父系氏族社会过渡,部落出现,原始宗教的"祖先崇拜"产生,对社会有贡献的部落首领受到先民崇敬,遂形成以"三皇"为代表的许多神话传说人物。父系氏族社会形成(约 5000 年前)后,原始宗教的三种崇拜形式并存,而"祖先崇拜"意识增强。在社会逐渐向文明过渡中,又出现了以"五帝"为代表的许多传说人物。新石器时代是上承氏族形成、下启夏王朝的中国文明起源阶段,也是天下众多氏族分别融合为华夏、东夷、北狄、西戎、南蛮等"五大族群"(史家又称"五大民族集团")的重要阶段。拙文研究的对象主要是中国古史传说时代的"三皇五帝"及其同期人物(涉及旧石器时代晚期的神话人物),且为了避免与他人已使用的篇名重复,遂以"史前人物与文明"冠名。不言而喻,从华胥氏至舜帝,皆属于古史传说时代的神话传说人物范畴。

一、世代史学家对古史的研究与上限追溯

中国同世界上的其他文明古国一样,在人类社会发展史上都经历了神话与传说时代。又因神话往往与传说故事杂糅,很难严格区分,故我国学术界又往往称其为"神话传说时代"。其下限清楚,认识比较一致,上限则难以确指,认识不一。我们采取始于新石器时代(1 万年前)的学术观点,但也涉及到旧石器时代晚期的一些神话人物。

由于史前社会及人物是先民世代口耳相传的,没有文字记载,后世人整理时又往往带上了自己所处时代的思想意识,所以"神话传说时代"的人物一般都以"半神半人""人与灵兽"或"人与禽虫"

糅合的形象出现,形成扑朔迷离、真假难辨的似乎荒诞不经的史段。西汉伟大史学家司马迁(约生于前145或135,卒年不详)在《史记卷十三·三代世表第一》太史公曰:"五帝、三代之记,尚矣!自殷以前,诸侯不可得而谱。周以来乃颇可著,孔子因史文次《春秋》,纪元年,正时日月,盖其详哉。至于序《尚书》则略无年月;或颇有,然多阙,不可录。故疑则传疑,盖其慎也。"翦伯赞《先秦史·序》(《中国史纲》第一卷《序》,1943年6月20日写)云:"几千年来,秦以前的古史,只不过是飘浮于神话与传说中之一些扑朔迷离的阴影而已。历代学者,对于这一段古史的论著,也只是传神书怪,捕风捉影,因误正误,以讹传讹,寖至荒诞不经,极奇离诡谲之大观。"[①]因而在考古学未在中国兴起以前(即1920年前),古代文人学士及近代(传统认为是1840年为近代史开端,近年有学者提出,应以1911年辛亥革命为开端)初期的史学家虽然代代探寻,著作辈辈问世。但因那时马列主义刚开始(1919年)向中国传播,没有可靠的地下考古发掘材料佐证,故对中国古代上限的认识,还多停留在"秦朝为始"的阶段。将其以前的历史,称为"传疑时代"。我国对殷代前的文化整合,从西周初期的周公就开始了。春秋、战国时期,出现学术研究的第一个高潮,形成"百家争鸣"、著作丰富的可喜局面。西汉戴德、司马迁等,对古文献的整合、订正又做出了重大贡献。从东汉郑玄开始至清末崔述等的辨伪,使中国文献的古史资料又得到不少订正;同辨伪之学一起兴起的金石学,发展到北宋时,进入将发现的古器物当作学问研究的阶段。清乾嘉(清高宗乾隆、仁宗嘉庆年间后,即1736年至1820年)以后,金石学达到了辉煌阶段,论著达四百多种。再经近现代王国维、郭沫若的研究和发展,铭文已成为对古史进行科学研究的珍贵资料。"自金石学发展以后,中国的古史,始得上溯于两周之世。"[②]20世纪20年代后,考古学在中国的兴起与马列主义传进中国,随着殷墟甲骨文的出土,甲骨与青铜器铭文研究的深入,"于是中国的古史,始得上溯于殷商之世。"③在相当长的时期内,人们常称中国是世界上的文明古国之一,已有将近四千年的有文字可考的历史。20世纪30年代郭沫若《中国古代社会研究》的正式出版,标志着以科学方法使古史由秦汉上溯至殷周。"运用唯物史观研究历史的著作,(20世纪)20年代有李大钊的《史学要论》。研究成绩最大、起步最早的当推郭沫若,他的《中国古代社会研究》不论现在看来有什么缺点,却是用科学方法研究中国历史的开山之作。"④对于商朝以前的古史,古代的学者代代不断探寻,留下了许多研究成果。近代、现代的学者,以马列主义唯物史观审视古文献的记载,结合考古新资料,继续揭示中国古史的渊源。

　　中国史前社会的开端,最新的大学教材已从过去说的元谋人(175万年前)改称为始于巫山人(200万年前)。考古学将原始社会(史前史)分为旧石器、中石器、新石器时代三个阶段。旧石器时代长达二三百万年,人类使用的石器为打制,比较粗糙,过着采集、渔猎生活,相当于原始群至母系氏族公社萌芽、产生、发展至形成的阶段;中石器时代是旧石器与新石器时代之间的过渡阶段(约1万至8000年前),一般又将其归入新石器时代,曰"新石器时代早期"(考古学称其为前仰韶文化)。在使用比较粗糙的打制石器工具的同时,已使用局部磨光的石工具,并发明了较为进步的弓箭。先民的经济生活转变为渔猎和采集;新石器时代约开始于一万年以前,结束于夏朝建立(前2070年)以前。其间已发明农业和驯养家畜,开始定居农耕,辅以渔猎和采集。先民广泛使用比较精致的磨制石器,并会烧制陶器和纺织、缝制衣服等(考古学称其为仰韶文化、龙山文化)。我们研究的就是史前新石器(含中石器)时代的社会状况。从社会组织形式说,我国从 200 万年至 20 万或 30 万年前,属于血缘家族公社(一说血缘家庭)阶段。伟大革命导师恩格斯指出:"有了人,我们就开始有了历史。"⑤林耀华先生释:"这就是说,人类和人类社会是一起产生的。因为单个人不可能生存,人类一开始就是群居,就有人类社会,人类社会开始也就是人类历史的开端。"⑥20 万或 30 万年至 5 万年前,为母系氏族公社萌芽、产生至形成的阶段。约从 5 万年至 5000 年前,是母系氏族社会发展、繁荣并向父系氏族社会过渡的阶段。约从 5000 至 4078 年(2000 年公布夏建立为 4070 年前,至今年应为 4078 年)以前,为父系氏族社会繁荣与崩溃的阶段。

新石器时代(含中石器时代)经历的约 5922 年(1 万至 4078 年前),是中国史前社会的重要转型阶段,也是中华民族"多元一体"发展格局形成的阶段,更是中国文明的起源阶段。《辞海》云:"野蛮时代,美国民族学家摩尔根在《古代社会》中使用的一个术语。指继蒙昧时代之后的人类社会发展的第二个时期。始于制陶术的发明,终于文字的出现。相当于考古学上新石器时代至金属器时代初期。经历了低级、中级和高级三个阶段。恩格斯在《家庭、私有制和国家的起源》中援用此语并增加含义,指人类学会经营畜牧业与农业的时期。其上限为氏族制度的全盛,下限为原始公社制度的解体与阶级社会的形成,随后进入文明时代。"恩格斯所指出的"文明",是指财产私有、阶级的产生和国家的形成。它与目前学术界一些专家所说的:人类社会创造的物质、精神、政治(一说制度)文明的总和就是"文明"不同,上限是从夏代开始。在氏族制度全盛至解体的五六千年中,流传着许多氏族公社、部落或部落联盟首领的代表人物,以及在其之前的神话人物。我们逐一研究后,认为一万年前的神话人物没有"人"的形象(含部分器官与人相似),

纯系先民想象的"神"类;一万年至夏朝建立前的传说人物,基本上可与当时的社会相结合,传说的形象也基本上与人体结构(含部分结构)相一致。因此,我们认为并采取了中国文明起源的上限从华胥氏(约9000年前)开始,下限止于帝舜病逝或禹建立夏朝(前2070年)。至于神话传说人物的年代或时代,学术界的争论较多,差距相当大(如有的学者认为有巢氏、伏羲氏是约200万年至20万年前的传说人物等),难以有一个"公认"的统一看法。我们综合学术界的各种观点和断定年代,结合自己三十多年的研究,从研究、论述的方面和历史实际出发,在以下的史前人物研究中,大体列出他们的生存年代,以供参考。

二、史前人物研究的理论和原则

提起中国历史,我们就自然会想起"自从盘古开天地,三皇五帝到如今"这一流传久远的、概括中国历史的俗语。可以说,这句俗语在中国是家喻户晓,妇孺皆知的。我国从春秋时、由孔子编定的《书》《诗》《易》《礼》《乐》《春秋》起,就开始了对"史前"史的探索。战国诸子的著作中多有涉及,以《山海经》《庄子》《楚辞》《韩非子》《穆天子传》等书所保存的神话传说资料较多。汉代的《淮南子》《说苑》《列仙传》及纬书等,保存的片断资料也不少。我国每个民族都有自己的神话,是先民对于自然现象和人世间事情的解释,反映人类与自然的斗争。如宇宙开辟、人类起源、平治洪水、太阳神、风神、雷神、水神、火神等等,是神话故事的主要内容。关于"神话",马克思、恩格斯等革命导师,国内外学者、尤其是神话学家,都作过许多论述。《辞海》云:"神话,反映古代人们对世界起源、自然现象及社会生活的原始理解的故事和传说。它并非现实生活的科学反映,而是由于古代生产力的水平很低,人们不能科学地解释世界起源、自然现象和社会生活的矛盾、变化,借助想象和幻想把自然力拟人化的产物。神话往往表现了古代人民对自然力的斗争和对理想的追求。古代希腊神话对欧洲文学发展起了很大的作用。中国神话极为丰富,许多神话保存在古代著作中,如《山海经》《淮南子》等。历代创作中,模拟神话、假借传说中的神反映现实或讽喻现实的作品,通常也称神话。"传说故事产生的较晚,大都是叙述古史事迹和传说人物英雄行为的。到了后来,神话传说的故事,经过在流传中的添枝加叶,或不断加工塑造,有些神话的"神"变成了人,有的传说中的人又变成了神,于是神话与传说相糅合,混淆不清,遂又以神话传说人物相称。鲁迅《中国小说史略》第二篇云:"迨神话演进,则为中枢者渐近于人性,凡所叙述,今谓之传说。传说之所道,或为神性之人,或为古英雄,其奇才异能英勇为凡人所不及,而由于天受,或有天相者,简狄吞燕卵而生商,则姜嫄得交龙而孕季,皆其例也。"⑦这也是中国史前人物故事的一大特征。

　　古代文献对古史勾画图景最长远的是《春秋纬》。唐代司马贞《史记·补三皇本纪》载:"《春秋纬》称:自开辟至于获麟,凡三百二十七万六千岁,分为十纪,凡世七万六百年。一曰九头纪,二曰五龙纪,三曰摄提纪,四曰合雒纪,五曰连通纪,六曰叙命纪,七曰循蜚纪,八曰因提纪,九曰禅通纪,十曰疏仡纪。盖疏仡当黄帝时,制九纪之间。"翦伯赞先生释:"这虽系一种神话,由此可以窥知,古人也认为开天辟地的时代是在遥远的太古。惟三百二十七万六千岁的数字则完全是任意的假设,不足为训。"⑧汉代人《春秋纬》所说的这个数字,虽比考古资料证实的 200 万年中国史长了"一百二十七万六千岁",但与考古资料证实的世界人类之三百多万年史则是吻合的,可以看出汉代学者的预料和想象,也并非完全是个人凭空臆断。《艺文类聚》引三国时期人徐整《三五历记》云:"天地浑沌如鸡子,盘古生其中。万八千岁,天地辟,阳清为天,阴浊为地。盘古在其中,一日九变,神于天,圣于地。天日高一丈,地日厚一丈,盘古日长一丈。如此万八千岁,天数极高,地数极深,盘古极长,后乃有三皇。"《广博物志》卷九引《五运历年纪》曰:"盘古之君,龙首蛇身,嘘为风雨,吹为雷电,开目为昼,闭目为夜。"《述异记》卷上云:"先儒说盘古泣为江河,气为风,声为雷,目瞳为电。古说盘古氏喜为晴,怒为阴。"盘古氏的神话,在一定程度上反映了旧石器时代晚期(他从孕育、成长至死约 3.6 万年前)先民对宇宙形成的原始认识,认为是神人盘古氏创造的。同时也在一定程度上反映了母系氏族社会初期,先民同自然进行斗争的事迹。就盘古氏故事说,纯系神话,一说是产生于黄河流域,而后向长江流域传播;一说则相反,是汉族吸收南蛮的神话故事而演变成的。最近,河南省的地方学者争论说:盘古氏的故乡在今南阳市桐柏县;一说在驻马店市泌阳县⑨。两县为"争盘古之乡"还闹上了法庭⑩。我们认为:这个争论太地方化和具体化。桐柏山在今河南省南部,西汉置复阳县,其在隋朝桐柏山麓,更名曰桐柏县;泌阳县,亦在河南省南部,西汉置比阳县(因古比河后称泌河,故又称泌阳县)。两县南北相连,古为一地,不必以今日的行政区划争得不可开交。从史学研究说,神话流传地域甚广,文化载体很多,很难说其故里在今何县何村。若真的要说盘古氏故里,也勉强可以说在今河南省桐柏县和泌阳县一带。盘古氏的墓葬,《述异记》则云:"今南海"有盘古氏墓,亘三百余里,俗云"后人追葬盘古之魂也,桂林(今属广西)有盘古氏庙,今人祝祀";"南海中有盘古国(在今海南省),今人皆以盘古为姓,则盘古自有种落。"此外,广东西部的山脉岩洞中与高要县等地,均有盘古氏墓。这些都说明盘古氏的故事在河南、广东、广西等地区的流传是很广泛而长久的。从史学角度说，神话故事与历史学不同，历史学强调发生时间、地点的唯一性，而作为民俗学的神话故事，是通过口头相传，通过移民、人际交流传播至各地，然后在某一地域落地生根，村民将传说与当地地形、地貌、人物结合起来，实现神话故事的本土性。江北、江南的盘古氏故事和遗迹的形成均是如此。张帆《中国古代简史》云："盘古的故事主要来源于南方蛮族的神话传说，在民族融合的大背景下被吸收进了原有的华夏神话体系，置于最前。"⑪林汉达先生在 20 世纪 60 年代出版的历史故事书《中华上下五千年》中说："神话毕竟只是神话，一提起历史，就常常说从'盘古开天地'起，这是因为它象征着人类征服自然的伟大气魄和丰富的创造力"。吴兆基释："盘古氏开天辟地的故事，内容虽然荒诞，但是能说明一些道理：我们的祖先很早就相信人的力量是伟大的"；"西方的民间传说是说大地万物是万能的上帝创造的。盘古氏开天辟地的故事跟那些传说相比，真要高明得多了。"⑫《史记·补三皇本纪》引《河图》《三五历记》说的"三皇"之一：天皇、地皇（均约延续 1.8 万）、人皇（世代相传 4.56 万），皆属于旧石器时代晚期的神话人物。《史记·秦本纪》说的天皇、地皇、泰皇亦然。按三国人徐整《三五历记》所说的盘古氏以"后乃有三皇"析，在"三皇"的 10 多种说法中，学术界多认为燧人氏、伏羲氏、神农氏为"三皇"（与他们同期的分别还有许多传说人物）。

盘古氏以后按《拾遗记》所载，有中华始祖母华胥氏（年代说法很多，我们取其氏族延续约从 1 万至 8000 年前之说）、有巢氏、燧人氏（延续约与华胥氏相同），而燧人被列为"三皇"之首皇。《三坟》云："伏羲氏，燧人子也，因风而生，故风姓。"《帝王世纪》云："燧人之世，有巨人迹出于雷泽，华胥氏以足履之，有娠，生伏羲于成纪。"成纪即今甘肃省秦安县。《春秋世谱》云："华胥生男子为伏羲，女子为女娲。"我们认为生伏羲(三皇之第二位)、女娲的华胥氏与燧人氏,是首代者后裔的袭号之人,约于8000年前(一说为8300年前)生伏羲和女娲氏。他们的子女中有少典和有蟜氏(生于7000年前)。袭号的少典和有蟜氏通婚而生炎帝神农氏(6000年前),列为"三皇"之末皇。他传八世约千年(约6000—5000年前)。从考古学文化说,三皇约处在前仰韶文化(华胥至伏羲时代)、仰韶文化(炎帝时代)阶段。史学、考古界一般将华胥氏世系的年代,多与新石器时代早期的甘肃省秦安县大地湾遗址、河南省舞阳县贾湖遗址、河北省徐水县南庄头遗址、山东省大汶口遗址早期等及江南与之同期遗址相比附;三皇的年代(含其子孙)则多与江北前仰韶、仰韶文化遗址(8000—5000年前)及江南与之同期的遗址相比附。大体反映了原始农业、制陶业从萌芽、产生、发展至繁荣的历史阶段。田继周《先秦民族史》说:"燧人、伏羲、神农的传说,传诵了我国古代人类摩擦取火、渔猎和农业生产等与人们生活密切关联的重大发明和创造;同时,也反映了用火、渔猎、农业这三个不同的历史阶段。"⑬"从我国新石器时代的考古资料,也证明了我国'三皇'传说的可信性。"⑭

　　少典与有蟜的后裔袭号者,约在5000年前时又通婚生黄帝。黄帝的子孙甚多,先后继帝位的有颛顼(黄帝三代孙)、帝喾(四代孙)、帝尧(五代孙)及东夷族人帝舜(姓虞、姚及妫等),史称"五帝"(他们的同期人物分别还有许多)。他们与"三皇"相比,神话成分和色彩大为减少,约与考古学的龙山文化及江南与其同期的文化阶段相当。目前多认为处在母系氏族社会发展、繁荣时期的三皇时代,是中国文明的萌芽、产生时期,五帝时代是文明诸因素形成,处在国家正式建立的前夕,形象的用语是"文明曙光时代"。蒙文通《中国史学史》注意到不同的传说出自不同的史学系统,他认为晚周史可以分为东系、北系和南系⑮。其《古史甄微》又云：各系所传承的古史系统，其人民可以相应地划分为河洛民族、海岱民族和江汉民族⑯。徐旭生《中国古史的传说时代》则划分为华夏集团、东夷集团和苗蛮集团，并且有更加详细的分析⑰。之后的学者著作中又增加了西戎、北狄集团。这些划分虽然难以十分准确，但是如果同新石器时代的考古学文化系统相互参照，大致上还是符合当时社会实际情况的，说明这种划分的确反映了一定的历史。从黄河流域的龙山文化和江南与之同期的新石器时代文化遗址看，农业、手工业、家庭饲养业、水产业等，都比"三皇"时代大有发展，部落中心居址都有了一定的规模，有的已进入部落古国阶段，文字也已初步形成，简单的铜器也已出现，预示着文明社会即将到来。"这些情况表明，五帝时代是原始社会晚期和向阶级社会过渡的时代。"⑱

　　由于年代久远，以神话传说整理的文献记载纷纭，两千多年来的认识分歧，所以在对史前社会的研究上经历了肯定、否定、再肯定的历程，近现代史学家在总结前人研究成果的基础上，依据新材料对史前的问题提出了比较科学的认识或理论。茅盾先生早在1928 年就说："神话这名词，中国向来是没有的"。但"神话的材料"（虽然只是些片断的材料）"却散见于古籍甚多，并且成为中国古代文学中的色彩鲜艳的部分。自两汉以来，曾有许多学者钻研这一部分的奇怪的材料，然而始终没有正确的解答。"⑲又云："原始人本此蒙昧思想，加以强烈的好奇心，务要探索宇宙间万物的奥秘，结果则为创造种种荒诞的故事以代合理的解释，同时深信其真确，即今日我们所见到的神话"。但"各民族的神话是在各民族在上古时代（或原始时代）的生活和思想的产物。神话所述者，是'神们的行事'，但是这些'神们"不是凭空跳出来的，而是原始人民的生活状况必然的产物。"⑳鲁迅《中国小说史略》云："中国神话之所以存在零星者，说者谓有二故：一者华土之民，先居黄河流域，颇乏天惠，其生也勤，故重实际而黜玄想，不更能集古传以成大文。二者，孔子出，以修身齐家治国平天下等实用为教，不欲言鬼神，太古荒唐之说，俱为儒者所不道，故其后不特无所光大，而又有散亡。然详案之，其故殆尤在神鬼之不别。天神地祇人鬼，古者虽若有辨，而人鬼亦得为神祇。人神淆杂，则原始信仰无由蜕尽，原始信仰存则类于传说之言日出而不已，而旧有者日益僵死，新出者亦更无光焰也。"㉑神话的历史化，固然有碍于神话的繁荣，但从一定意义上说，却使其得到了文献的记载而流传；同时也存在着历史的神话化，如三皇五帝及阶级社会的姜子牙、老子、李冰等等。专家遂又称氏族社会的神话为原始神话，称阶级社会的神话为古典神话。胡适、闻一多等先生对神话本身的发展演变，顾颉刚先生对古昆仑、蓬莱两大神话系统的形成和融合，都作了精辟的论述和分析。这样一来，就形成了中国古代人神杂糅与神话、传说交织的突出特征。

　　对于原始神话传说应当如何认识和对待呢？马克思在《〈政治经济学批判〉导言》中指出：神话是"在人民幻想中经过不自觉的艺术方式所加工过的自然界和社会形态。"㉒《中国史稿》云："在对待古代传说上，有两种倾向：一种是把传说当作真人真事，进行烦琐考证，结果是治丝愈棼；另一种是对传说材料持全盘否定的态度。他们不懂得氏族是原始社会发展过程中所共有的制度，因而也不可能正确地对待古代的传说。"㉓"这些传说有一个共同的特点，即认为那时的一些血缘氏族和部落集团，都分别出于各自的一个想象的祖先，而且这种想象的祖先又往往是神话式的人物。所以，传说里的氏族和部落一般都是从神话中引伸出来的。事实上，氏族和部落比关于他们来源的神话要古老得多。尽管如此，透过这样的神话，或者把这样的神话仅仅作为氏族和部落的代号，仍然可以从传说材料中理出当时历史的一些头绪来。"㉔刘大杰《中国文学发展史》云："远古的神话故事，都是原始社会劳动人民集体的创作。在没有文字以前，已经广泛地流传在人们的口头。它们流传日久，使得故事的内容复杂化、系统化、美丽化，而成为初民在生产劳动的过程中，对于自然现象的解释，对于自然界的斗争和愿望以及社会生活在艺术概括中的反映。"㉕徐旭生《中国古史的传说时代》说："传说与神话是很相邻近却互相有分别的两种事情，不能混为一谈。"又说："无论如何，很古时代的传说总有它历史方面的质素、核心，并不是向壁虚造的。"㉖尹达先生云："我国古代社会的传说里究竟是否全属伪造？在这些疑说纷纭、似是而非的神话般的古史传说中是否有真正的社会历史的素地"呢？考古学的发展已经"充分证明这些神话的传说自有真正的历史素地，切不可一概抹杀。"㉗李学勤《古史寻证》云："在对待神话传说上，必须取科学的态度，历史唯物主义的态度，切忌简单化。神话传说时代久远，而且总是史事和神话糅合在一起，甚至哪些是人哪些是神也不容易分清。我们应当把反映传说和有据可凭的史实区别开来。如果不加区别，把传说的人物、事迹写得和历史时期一样确凿，这也是一种失真，会导致读者的误解。传说的人物、事迹，有的虽见于文献，但不一定有历史性。"㉘"这样说并不是要否定古史传说的价值，传说往往蕴含着十分重要的史实，断不可通盘否定。古代一个民族关于本身先世的传说，决不是凭空虚构的故事，它在古人心目中有重大意义。传说的传述更是很严肃的事情"。"禹都阳城也是传说，但近年确在当地发现了年代相当的遗址。所以，我们决不能抹杀传说的价值。"㉙考古学家夏鼐、苏秉琦等先生对此也作过精辟的论述,无疑都是进行史前人物研究的理论或原则,具有重要的指导意义。但毫不讳言地说,具体实践起来,分寸是十分难以掌握的。我们在实践中的体会和认识是:旧石器时代末与新石器时代的神话传说人物,一般都是氏族或部落首领的代表人物,世代多袭用一个号,事迹虽然都记在一个人物名义下,但往往是其世代事迹的荟萃;古皇、古帝的形象虽有人神或人与蛇、灵兽等杂糅,但基本形态都是人而不是神。因而他们的生、死年代,不可能如同后世有文字准确记载的历史人物那样具体,只能以大约年代述事。同时,还要把传说人物与其文化相区别;将对传说人物的历史研究与旅游历史文化载体相区别;将文献资料与民间的传说故事或遗迹相区别。只要坚持马列主义的唯物史观和辩证法,实事求是般认真、全面、系统研究纷纭的古史资料,结合多学科的研究成果,我们是会从神话传说中寻觅到史前历史真实情况或素地的。田继周先生说:尽管传说有神话和宗教色彩,传说中又附有后加成分,但"古代传说仍然是我们研究古代历史,特别是文字产生以前的历史的宝贵资料。任何一部史书,都或多或少地采用了传说和神话的材料,或者作为佐证。"㉚

在对"三皇五帝"传说人物的研究中,随着各地挖掘历史文化(含名人)、大力发展旅游事业,振兴经济,普遍存在着对传说人物"太求真"的倾向。对传说人物的文化(即他们世代和先民一起创造的物质、精神、文化的总和)研究亦是如此,突出表现在争古皇、古帝故里、陵墓等方面。我们在研究中深深体会到:传说人物及其文化是相辅相成的,很难区别开来。"三皇""五帝"从传说人物论,毕竟有生有死,时段有限;他们的文化,则远远超过了本人生存的年代和创造发明,大量的是后人总结、归纳古皇或古帝世代与部族所创造的文化。尤其是纪念性的文化载体,流传、营修、维护、延续的时期,更是经历朝历代所为,相当长久。改革开放 30 年来,对以三皇五帝为典型代表的史前众多神话传说人物文化的研究,以及对他们文化载体的维护、重建和祭祀,可以说都达到了空前的繁荣阶段。也是我国从夏代起的四千多年来,弘扬祖先文化,团结全球华人,建设伟大祖国的最好时期。

三、史前人物与文明的研究方法

古代史学家崇奉的信条,或云其高贵品德就是"秉笔直书",说实话,记真事,去伪存真。近代的史学家亦是如此。考古学在中国兴起前,诸史书虽然有的已注意到古器物及铭文,但一般说还是以古文献材料撰就。马列主义传入中国与考古学兴起后,传统的史学研究也发生了重大变化。戴逸先生将 20 世纪的中国史学概括为三个主要特点:进化史观的引进;唯物史观的学习和运用;理性精神的张扬,或曰理性的发省。又将近百年来的中国史学划分为四个阶段,分别列举出了主要史学家。称第一代史学家处于转型时期,其使命是促进中国传统史学转向进化史观与理性主义史学。"梁启梁、章太炎、夏曾佑等积极批评传统史学与旧史观,宣扬进化史观,王国维、陈寅恪、陈垣、顾颉刚等也都具有进化史观,这标志着中国史学由传统类型转化为近代类型。近代史学是包括经济、政治、军事、外交、文化、社会、民族各方面历史内容的,视中国历史为世界历史的一部分。通过第一代史学家的努力,中国传统史学过渡到近代史学。"㉛随着近代史学的确立,史学家在传统研究历史方法的基础上,也提出了古文献与考古材料相结合的研究方法。

1. 二重证据法

王国维(1877—1927)先生是浙江海宁人,清末秀才。从 1913年起,从事中国古代史料、古器物、古文字学、音韵学的考订,尤致力于甲骨文、金文和汉晋简牍的考释。学识渊博,著述宏富,在哲学、文学、戏曲、文物、甲骨文、金文、殷周史、汉晋木简、汉魏碑刻、汉唐史、敦煌文献、西北地理、蒙元史、文字及音韵学等学术领域中,做出了划时代的贡献,是中国近代学术史上贯通中西的著名博学家,被郭沫若先生誉为中国"新史学开山"者。其著名的"二重证据法",是在1925年的《古史新证》中提出来的。他说:"研究中国古史,为最纠纷之问题。上古之事,传说与史实混而不分。史实之中,固不免有所缘饰,与传说无异;而传说之中,亦往往有史实之素地。两者不易区别,此世界各国所同也"。"至于近世,乃知孔安国本《尚书》之伪,《纪年》之不可信;而疑古之过,乃并尧、舜、禹之人物而亦疑之。其于怀疑之态度及批评之精神不无可取,然惜于古史材料未尝为充分之处理也。吾辈生于今日,幸于纸上之材料外更得地下之材料。由此种材料,我辈固得据以补正纸上之材料,亦得证明古书之某部分全为实录,即百家不雅训之言亦不无表示一面之事实。此二重证据法,唯在今日始得为之。虽古书之未得证明者,不能加以否定;而其已得证明者,不能不加以肯定,可断言也。"㉜郭志坤先生评论曰:"王国维先生的'二重证据法',不仅是新的认识古代的方法、新的历史研究的方法,更是有中国特色的现代考古学形成的理论先河,具有很高的理论和方法意义,对近代中国学术的发展产生了深远的影响,直到今天,我们在考证某些古代史实时,仍采用王氏的方法。"㉝李学勤先生评论云:"王国维先生对重建古史与现代考古学产生所作出的贡献,是功不可没的"。"二重证据法","就是以地上之文献与地下之文物互相印证。这为现代考古学,或有中国特色的现代考古学的产生奠定了理论基础。清华国学研究院为中国学术界培养了一批学术骨干,而王国维先生的工作为中国人主持的现代考古发掘与研究提供了思想的前提。"㉞1944年出版的《中国史纲》第一卷就是以"二重证据法"写成的,翦伯赞先生自序云:"秦以前的古史之走向科学的阶段,不过是近二十年左右之事。其所以能致此者，一方面，固然是新的科学，如地质学、古生物学、人类学、考古学、民俗学等的发展；另一方面，又是中国史学自身发展之必然的归结。所谓中国史学自身的发展，即由盲目的信古而进到疑古，更由消极的疑古，而进到积极的考古。前者就是所谓辨伪学而后者便是所谓金石学、考古学。"⑤又云："由于考古学之不断的发现，于是埋藏在地下的远古遗物到处出土。此种远古器物之出土，因而提供了中国古史研究以新而又新、真而又真的资料。这些新的真实资料，不但可以考验文献上的史料之真伪，而且还可以补充文献上的史料之缺失"。"我们生于今日，得观古人未见之古史资料，孔子所不能征之夏礼与殷礼，吾人已能征之；司马迁'靡得而记'之太古时代，吾人已能记之。"⑥其要义仍是对"二重证据法"的肯定，并进一步阐明了以此法研究古史的重要性。范文澜《中国通史简编》、陈直《史记新证》《汉书新证》、郭沫若主编《中国史稿》等，都是这种史学研究法实践的丰硕成果。戴逸先生在第二代史学家(处于创新时期，其主要任务是用唯物史观作指导，把历史作为客观的有规律的对象加以研究，创立马克思主义的中国史学)中，除提到第一代的郭沫若先生外，说"翦伯赞的贡献是在历史理论方面，《历史哲学教程》一书全面阐述了用唯物史观研究历史的理论。范文澜的贡献在于对整个中国历史的全面清算，《中国通史简编》和《中国近代史》二书奠定了他作为马克思主义史学家的学术地位。马克思主义史学与实证主义史学的相通之处，除了进化史观、理性精神以外，还有一个内容就是爱国主义。"⑦他在爱国主义史学家中例举了梁启超、陈垣、顾颉刚、郭沫若、范文澜、翦伯赞等。认为"20世纪30年代以后，马克思主义在中国史学界取得了越来越重要的地位。这一代历史学家的最大贡献就在于用唯物史观作为历史研究的理论和方法，真正把历史作为揭示客观历史规律的科学。"⑧

2. 多重证据法

戴逸先生将新中国建立后成长起来的史学家称为第三代(处于继承时期),其重大贡献就是组织和形成了浩大的史学队伍,在学术上初步形成完整的史学体系。偏差是在学术研究中出现了教条主义和"左"的倾向,特别是"以阶级斗争为纲"使"左"的倾向发展到极点,许多老一辈史学家受到了批判,不少人遭到磨难,史学研究遭到了破坏。"第四代史学家是在'文化大革命'结束以后成长起来的",面对改革开放的新形势,他们"积极吸取国外各种史学思想,引进和借鉴他们的研究方法,试图探索出一种适合中国国情的史学理论体系。"㊴我们在论文、著作中见到或在学术研究会上听到的"多重证据法""三重证据法""四重证据法"等,均是在改革开放后出现的,无疑是对"二重证据法"的继承和发展。

(1)多重证据法

改革开放前后,一般史学著作或论文,都是以"二重证据法"撰写的,纯文献资料的论著甚少见(个别老先生使用)。我们看到在史学评论中提到"多重证据法"的,是20世纪90年代前后,不知是谁率先提出的,至今也未见到理论性的阐述。从自觉或不自觉地运用这一方法撰就的论文、著作看,一般是在文献资料与考古发现相结合的同时,又吸取了古文字、地质、生物、人类、方志、天文、地理、星象、气候、动物、植物、地名、民族、姓氏、民俗、遗传基因、神话、道学、佛学等等学科的新成果,以及外国的研究方法和成果。论文出现了注文占去正文大半的现象,还有学者提出并主张:研究古史传说人物应使用"模糊史学法"(即不可以太求真)。

(2)三重证据法

这一史学研究方法,我们见到其正式提出的时间较晚。郭志坤先生在访问李学勤先生时说:"王国维先生的'二重证据法',自有其产生的渊源和客观条件。在当时的学术界就有吴其昌所说的'物质与经籍证成一片'法,或'地下纸上打成一片'法;陈寅恪称道的'取地下之实物与纸上之遗文互证'法,以及傅斯年称之为'直接间接材料之互相为用'法,等等。王国维先生的'二重证据法',虽然在方法论上仍属于形而上学的比较法,或者说校勘学的考证法,但其受到近代科学的洗礼,含有古代史学所不具备的新的科学因素,所以在考证个别历史问题、考证古器物的时候,适得其用,取得了突破性的成绩,为国内外学者所瞩目。近年来,考古界又有'三重证据法'之说,似乎可视为考古理论发展的探讨。"[40]李学勤先生答曰:"是的。这的确与考古理论的发展有关。王国维先生的'二重证据法',即地下的与地上的相互印证,把考古学的东西和历史学的东西放在一起来研究,特别是把地下的东西和地上的传世文献放在一起来研究。听说香港饶宗颐先生写文章,提出'三重证据法',把考古材料又分为两部分。如果说一般的考古资料和古文字资料可以分开,这第三重证据法就是考古发现的古文字资料,像楚简就是第三类。"[41]实际上,古文字在"二重证据法"中已包含在内,学者们的论著中都早已使用,似乎无必要将其古文字与其他考古资料分开。至于"四重证据法",是我 2008 年 7 月 18 日在甘肃省秦安县"第三届女娲文化论坛"会议上,听到天水师范学院一教授说的,未听到他解释是指哪些方面。李学勤先生云:"我个人认为,从王国维提出'二重证据法'到现代考古学的建立所形成的考古学与历史学相结合的传统,正是中国考古学的特色。"[42]

(3)比较史学法

在史学、考古学的研究方法中,还有早已使用的比较研究法。在改革开放后,此方法运用得更加广泛。如比较文学、比较史学、比较考古学、比较教育学,等等。周谷城在《中外历史的比较研究》中云:"比较研究,即经常拿彼此不同的东西对照看的意思。这样做,可以使我们易于看出一些不应有的偏见。例如'古典时期'一词,原来本是只适用于希腊、罗马。但学者们为着要完成一个以欧洲为中心的历史体系,便不得不把印度、中国、波斯等,也纳入古代时期之下。"㊸翦伯赞先生的史书，几乎是在主要史段内，均将中国与外国情况作了对比。近些年，史学论著的中外对比，中国各地区文化、文明的对比等，都相当广泛。即使是史前社会与传说人物的时代文化，以比较法研究者亦很多。李学勤先生说："古史传说从伏羲、神农到黄帝，表现了中华文明萌芽发展和形成的过程。《史记》一书沿用《大戴礼记》所收《五帝德》的观点，以黄帝为《五帝本纪》之首，可以说是中华文明形成的一种标志。"㊹又云："现在看来，中国文明很可能应上溯相当长的一段时间。最近很多学者撰文，提出中国古代文明形成于公元前第三千年，即考古学上的龙山时代，这就和《史记》始于《五帝本纪》差不多。"㊺因此说，中国文明起源于新石器时代（1 万年前）是符合历史实际的。换言之，文明萌芽于华胥氏，发展于"三皇"时期，形成于黄帝时期。《中国传统文化》在对"北粟南稻"的考古发现进行全面研究后，得出结论说："农业是古代文明发生的经济基础，世界古代文明都是建立在农业基础上的。"㊻"正是在发展了炎黄时代确立的农业经济的基础上，出现了西周礼乐文明和大一统的秦代制度文明"，"而周、秦文化据以产生的农业经济至少应当溯源至炎黄时代，这充分反映出炎黄时代确实是中国文明的开端。"㊼

综上所述，新石器时代（亦即三皇五帝时代）是中华民族（经历近 199 万年的发展）多元一体发展格局形成的重要阶段，也是中国文明的起源至雏形阶段。深入研究史前这近 6000 年的传说人物与文明，对于民族复兴和建立和谐社会有着重要的历史和现实意义。

注释：

①翦伯赞：《先秦史》，北京：北京大学出版社，1990 年 2 月第 1 版，第 1 页。

②翦伯赞：《先秦史》，北京：北京大学出版社，1990 年 2 月第 1 版，第

3 页。

③翦伯赞：《先秦史》，北京：北京大学出版社，1990 年 2 月第 1 版，第 5 页。

④戴逸：《二十世纪中国史学名著》总序，载郭沫若《中国古代社会研究》（外一种），石家庄：河北教育出版社，2004 年 1 月第 1 版，第 5 页。

⑤恩格斯：《自然辩证法》，《马克思恩格斯选集》第三卷，北京：人民出版社，1972 年第 1 版，第 457 页。

⑥林耀华主编：《原始社会史》，北京：中华书局，1984 年 4 月第 1 版，第 1 页。

⑦鲁迅：《中国小说史略》，北京：人民文学出版社，1981 年第 1 版，第 2 篇。

⑧戴逸：《二十世纪中国史学名著》总序，载郭沫若《中国古代社会研究》（外一种），石家庄：河北教育出版社，2004 年 1 月第 1 版，《总序》第 5 页。

⑨⑩《河南两县学者争"盘古之乡"闹上法庭》，2008 年 8 月 9 日《西安晚报》，转载郑州《大河报》之新华社讯。

⑪张帆：《中国古代简史》，北京：北京大学出版社，2001 年 1 月第 1 版，第 9 页。

⑫吴兆基：《中华上下五千年》，北京：京华出版社，2004 年 4 月第 1 版。

⑬田继周：《先秦民族史》，成都：四川民族出版社，1988 年 1 月第 1 版，第 13 页。

⑭田继周：《先秦民族史》，成都：四川民族出版社，1988 年 1 月第 1 版，第 103 页。

⑮蒙文通：《中国史学史》，载《蒙文通文集》第三卷《经史抉原》，成都：巴蜀书社，1995 年第 1 版，第 251—254 页。

⑯蒙文通：《古史甄微》，北京：商务印书馆，1933 年版，第 61 页。

⑰徐旭生：《中国古史的传说时代》，桂林：广西师范大学出版社，2003 年 10 月第 1 版，第 42—147 页。

⑱田继周：《先秦民族史》，成都：四川民族出版社，1988 年 1 月第 1 版，第 132 页。

⑲《茅盾说神话》，上海：上海古籍出版社，1999 年 7 月第 1 版，第 3 页。

⑳《茅盾说神话》,上海:上海古籍出版社,1999 年 7 月第 1 版,第 4—5 页。

㉑鲁迅:《中国小说史略》,北京:人民文学出版社,1981 年第 1 版,第 2 篇。

㉒马克思:《政治经济学批判》导言,载《马克思恩格斯选集》第 2 卷,北京:人民出版社,1972 年第 1 版,第 113 页。

㉓㉔郭沫若主编:《中国史稿》第一册,北京:人民出版社,1976 年 7 月第 1 版,第 108 页。

㉕刘大杰:《中国文学发展史》上册,上海:上海古籍出版社,1982 年 5 月第 1 版,第 22 页。

㉖徐旭生:《中国古史的传说时代》,桂林:广西师范大学出版社,2003 年 10 月第 1 版,第 24 页。

㉗中国社会科学院历史研究所:《尹达史学论著选集》,北京:人民出版社,1989 年第 1 版,第 450 页。

㉘李学勤、郭志坤:《中国古史寻证》,上海:上海古籍出版社,1982 年 5 月第 1 版,第 33 页。

㉙李学勤、郭志坤:《中国古史寻证》,上海:上海古籍出版社,1982 年 5 月第 1 版,第 34 页。

㉚田继周:《先秦民族史》,成都:四川民族出版社,1988 年 1 月第 1 版,第 108 页。

㉛戴逸:《二十世纪中国史学名著》总序,载郭沫若《中国古代社会研究》(外一种),石家庄:河北教育出版社,2004 年 1 月第 1 版,《总序》第 3 页。

㉜李学勤、郭志坤:《中国古史寻证》,上海:上海古籍出版社,1982 年 5 月第 1 版,第 54 页。

㉝李学勤、郭志坤:《中国古史寻证》,上海:上海古籍出版社,1982 年 5 月第 1 版,第 53 页。

㉞李学勤、郭志坤:《中国古史寻证》,上海:上海古籍出版社,1982 年 5 月第 1 版,第 56 页。

㉟翦伯赞:《先秦史》,北京:北京大学出版社,1990 年 2 月第 1 版,第 1 页。

㊱翦伯赞:《先秦史》,北京:北京大学出版社,1990 年 2 月第 1 版,第 4—5 页。

㊲戴逸:《二十世纪中国史学名著》总序,载郭沫若《中国古代社会研究》(外一种),石家庄:河北教育出版社,2004 年 1 月第 1 版,《总序》第 7 页。

㊳戴逸:《二十世纪中国史学名著》总序,载郭沫若《中国古代社会研究》(外一种),石家庄:河北教育出版社,2004 年 1 月第 1 版,《总序》第 8 页。

㊴戴逸:《二十世纪中国史学名著》总序,载郭沫若《中国古代社会研究》(外一种),石家庄:河北教育出版社,2004 年 1 月第 1 版,《总序》第 10 页。

㊵㊶李学勤、郭志坤:《中国古史寻证》,上海:上海古籍出版社,1982 年 5 月第 1 版,第 55 页。

㊷李学勤、郭志坤:《中国古史寻证》,上海:上海古籍出版社,1982 年 5 月第 1 版,第 57 页。

㊸李学勤、郭志坤:《中国古史寻证》,上海:上海古籍出版社,1982 年 5 月第 1 版,第 60 页。

㊹㊺李学勤:《走出疑古时代》(修订本),沈阳:辽宁大学出版社,1997 年 12 月第 1 版,第 41 页。

㊻张岂之主编:《中国传统文化》,北京:高等教育出版社,2005 年 12 月第 2 版,第 21 页。

㊼张岂之主编:《中国传统文化》,北京:高等教育出版社,2005 年 12 月第 2 版,第 21—22 页。

2008 年 12 月 8 日

论研究传说人物的宗旨是增强民族凝聚力

　　中国与世界上其他文明古国埃及、印度、巴比伦等一样,在文字出现以前,口耳相传着先民对远古社会各种现象的认识的神话事,神秘玄妙。其人物多为神仙与人结合,人与禽兽、虫蛇、怪物等结合,高深莫测。经历自夏朝建立(前 2070 年)后的 1800 多年争论、研究,西汉伟大的史学家司马迁在纷纭庞杂的资料中整理出《五帝本纪》,其中涉及炎帝。之后的史学家又逐渐整理出"三皇"及其以前的盘古氏等人物头绪。宋代、晚清对"三皇五帝"复发生较大的争论、怀疑,至 20 世纪三四十年代,"疑古思潮"占据主导地位,几乎全盘否定了从盘古到五帝的所有史前人物。其后,论战平息下来的学术界又冷静下来,对"三皇五帝"采取了客观、公正或一分为二的科学态度,史学家徐旭生《中国古史的传说时代》之观点逐渐被人们接受和认同。考古学兴起后,特别是旅游文化热兴起后,传说时代人物的争论又"风云乍起",大有"愈演愈烈"和"地方化"的趋势。因此,我们认为对传说人物应倡导从宏观、整体上进行研究,突出时代、群体精神,以增强中华民族的凝聚力,并将对传说时代人物的"学术研究"与"旅游文化研究"加以区别对待。

一、学术研究中的传说人物面面观

　　关于学术研究一词,有多种解释。《辞海》云:"学术,指较专门、有系统的学问。《旧唐书·杜暹传》:'素无学术,每当朝谈议,涉于浅近.'"中国的学术研究源远流长,著名史学家吕思勉将其分为七期:"先秦之世,诸子百家之说,一也。两汉之儒学,二也。魏晋以后之玄学,三也。南北朝隋唐之佛学,四也。宋明之理学,五也。清代之汉学,六也。现今所谓新学,七也。七者之中,两汉、魏、晋,不过承袭古人;佛学受诸印度;理学家虽辟佛,实于佛学入之甚深;清代汉学,考证之法甚精,而无主义无所辟;最近新说,则又受诸欧美学者也。历代学术,纯为我所自创者,实止先秦之学耳。"①有的学者认为:"将任何事物当作研究、探讨、考察的对象,并通过认真细致的研究、探讨、考察,得出比较客观合乎规律的结论,然后将那些相同、相似、相近甚至相反的结论综合在一起,再置放于研究、探讨、考察的对象之中,给予检验,加以充实、完善、发展、提高,为新的结论提供条件、奠定基础,从而形成一种主张或理论,这就是学术。"②单就历史学说,就是去伪存真,在对历史事实进行客观、公正研究中,得出符合历史实际的结论,使人们加深对历史发展规律和社会现象的认识,为现实服务。对传说时代人物的学术研究也是如此。"对传说材料持全盘否定的态度"者,"不懂得氏族制是原始社会发展过程中所共有的制度,因而也不可能正确地对待古代的传说。"③此论甚确,不再赘述,我们仅就对传说人物(以三皇五帝为代表)持肯定的学术观点作以评述。

1. 氏族部落首领或时代的代表人物说

(1)传说时代的时间概念

关于中国古史的传说时代,一般认为是通常所说的新石器时代晚期(距今约六七千年前至前 2070 年),即"三皇五帝"时期,或母系氏族社会繁荣与父系氏族社会时期。翦伯赞教授认为:"大约在今日以前九千年乃至一万年的时代,随着旧石器文化向新石器文化之转化,中国的历史便从蒙昧的时代走进了野蛮时代,过去的氏族制以前的社会到现在便发展为氏族社会。这一时代,在中国历史上正是传说中之神农、黄帝、尧、舜、禹以至夏代之全盛时期。"④"中国史前史传说的核心人物是三皇五帝,他们被视为中华民族的祖先和中国最早的统治者。在三皇之前,还有一个时代更早、曾经开天辟地的传说人物——盘古。"⑤此外,"三皇"之前还有华胥、有巢、有熊、有蟜氏等。

　　从黄河流域前仰韶文化遗址、大汶口文化早期遗址,长江流域湖南澧县彭头山、浙江萧山跨湖桥等遗址的发现,证明翦伯赞先生等的观点是正确的。"传说时代"应是指1万年前至前2071年的历史阶段,而"传说"反映的历史现象则比此阶段更加遥远。"这些传说有一个共同的特点,即认为那时的血缘氏族和部落集团,都分别出于各自的一个想象的祖先,而且这种想象的祖先又往往是神话式的人物。所以,传说里的氏族和部落一般都是从神话中引伸出来的。事实上,氏族和部落比关于他们来源的神话要古老得多。尽管如此,透过这样的神话,或者把这样的神话仅仅作为氏族和部落的代号,仍然可以从传说材料中理出当时历史的一些头绪来。"⑥"有巢氏时代是旧石器时代早期文化与原始采集经济的反映,燧人氏时代是旧石器时代中期文化与采集狩猎经济的反映,伏牺氏时代是旧石器晚期文化与采集狩猎经济发展的反映。"⑦此论虽有考古材料可以说明,但显然是将有巢、燧人、伏牺氏判定得太早,因为他们是母系氏族部落的首领式人物,生活在新石器时代早期。"大部分古史传说最初往往只是表述某氏族起源及祖先情况的神话故事,经后世一代代文献记载,由简朴渐趋复杂,不同来源的人物、事迹逐渐糅合成为一个体系。在这个体系当中,大致传说内容较晚者,起源则较早,可信程度较高;传说内容早者反而产生在后,其中心人物神性色彩更为浓重,具体问题上的可信程度较低。"⑧

　　(2)"三皇"的人物和时代

相比而言,"三皇时代更早,有关传说出现较晚,其歧异也更为复杂。曾被列入'三皇'的主要人物包括:教人结网驯服鸟兽的伏羲氏,教人构木为居的有巢氏,教人钻燧取火的燧人氏,教人播种五谷的神农氏,以及身为女性、曾经补天造人的女娲氏(或云伏羲与女娲为夫妻、兄妹)。三皇传说名目不一,其形象神人混杂,但仍然隐约地反映了中国早期人类逐步积累生存经验的历史进程。"⑨在"三皇"的十多种说法中,学术界认识比较一致的是燧人、伏羲、神农氏为三皇。

人们在对"三皇"的研究中,似乎没有提起过燧人氏的兴起地、迁徙地及葬地等;对伏羲氏的兴起地则有山东、甘肃、江苏等说,陵墓在河南;神农氏的争论颇多,他同伏羲一样,有名字、有称号,"炎帝,号神农氏";"太皞,号伏羲氏"⑩。"炎帝名号的多样性说明,关于炎帝的传说反映的时代较《史记》中的五帝时代更早,难于将其作为个人生平事迹对待,只能更多地把它们看成史前某个氏族、部落的历史。炎帝时代主要贡献在原始农业和原始文化方面。"⑪炎帝神农氏的兴起地说法较多,一般认为是在渭水中游的今陕西省宝鸡市。"炎帝族所在的姜水是渭水的一条支流,在今陕西省宝鸡境内。"⑫其氏族部落及其裔支族迁布地方甚广,几乎遍布于大江南北,形成诸多地方都有其遗迹和传说。"三皇"是母系氏族社会的首领或代表人物,几乎无什么异词,只是对伏羲氏有不同的学术观点。"据说,'伏羲作卦',已是父系氏族社会的事了","太皞应该是淮河流域的氏族部落想象的祖先。"⑬此说显然是失当的。《马克思恩格斯选集》指出:"野蛮时代的特有标志,是动物的驯养、繁殖和植物的种植。"畜牧业来自动物的驯养业,农业来自植物的种植业,在母系氏族社会繁荣阶段才形成。"我国古代传说比较著名的两个人物——伏羲氏和神农氏,就是原始畜牧业和原始农业发展的代表。"⑭

（3）"五帝"的人物和时代

关于"五帝"的人物亦有几种说法，在争论中逐步趋向统一，即《史记·五帝本纪》所排列的黄帝、颛顼、帝喾、帝尧、帝舜。他们是父系氏族社会部落或部落联盟首领，代表着社会文明产生的时代，因而又称为"英雄时代"。《马克思恩格斯选集》记载恩格斯曾经指出："一切文化民族都在这一时期经历了自己的英雄时代。"这个时期，指的就是人类社会由野蛮时代向文明时代过渡阶段。"'五帝'时代，实际上就是我国历史上的英雄时代。列在'五帝'之首的黄帝，就是这个英雄时代的第一个代表人物。"⑮"五帝时代晚于三皇，其传说故事主要反映父系氏族公社的部落联盟鼎盛及其解体时期的历史内容。"⑯其中以黄帝的生地、迁徙地、定都地争论最多，有甘肃、陕西、河南、河北、山东、四川、湖南等说，以同意陕西、河南二说者较多，而近几年新编大学历史教材又多采用"陕西"说。"五帝"中，"又以黄帝的传说影响最大。黄帝据称姬姓，名轩辕，起初可能是父系氏族公社时期黄河上游（今陕西一带）的一位部落首领。"⑰"黄帝族所在的姬水是现今的哪一条河流尚无定论，但应距姜水（今陕西宝鸡市境内）不很远，因而可以推测，炎黄两个氏族部落发祥于我国西北黄土高原地区。"⑱据历史地理学家考证，姬水即漆水（今名漳水，在今陕西彬县）。

颛顼帝在传说中生于若水，兴起于高阳，都于帝丘，死葬鲋鱼之山。若水又称弱水，有今四川、甘肃、山东等说，以山东说较妥。高阳在今河南杞县。帝丘为顿丘之误，在今河南濮阳。鲋鱼之山在今河南清丰县，与濮阳相邻。这都"说明颛顼主要活动地区在今河南东北与山东、河北交界的地区。"⑲"颛顼'绝地天通'的宗教改革正是宗教文化上升发展时代的重大事件，它适应政治权威形成的需要,同时促进了宗教人员职业化,促进了远古文明的发展。"⑳
一般认为颛顼帝时期是"国家"的雏形阶段。

帝喾传说始邑于高辛(今河南省商丘市东南,称高辛氏)。之后,他迁都于亳(今河南省偃师市),葬于狄山之阴(今河南省清丰县境)。"表明他也是活动在黄河上游的一个部落或部落集团的首领","在农业生产和与农业生产有密切关系的天文历法方面,有一些作为和创造,因而受到人们的崇敬和祭典。"㉑

帝尧生在亳(今河南省偃师市)或晋南,始迁于唐(今河北省唐县、望都一带),再迁于陶(今山东省定陶县),都于平阳(今山西临汾市),葬于晋南。他是活动在黄河中游的部落长,后成为部落联盟军事首长,处在国家形成的前夕。"尧时的社会已发展到了原始社会的末期和正在向阶级社会过渡了,或者说已到了阶级社会的门槛了。"㉒

帝舜、颛顼的后裔,会种地、捕鱼、烧制陶器,初居今河南与山东交界地,后迁居河北的北部,又迁于山东鄄城一带,被"四岳""十二牧"举荐为帝尧的继位人,都于平阳,又迁于蒲坂(在今山西永济),葬于今湖南省宁远县九疑山。"舜所代表的时代","已处在跨入阶级社会了。"㉓

(4)五大民族集团的分布地域

关于古代"五大民族集团"的形成时期,有黄帝时代说,有尧舜时代说,有西周时期说等,以赞成黄帝时代说者较多。黄帝"与另一位部落首领炎帝(姜姓)结成联盟,互相通婚姻,并打败东夷部落首领蚩尤和北方民族荤粥,将势力扩展到冀北地区和黄河中游。后来,黄帝又在争夺部落联盟首领位置的斗争中击败了炎帝"㉔,形成了华夏族。"在(陕西)关中平原、(山西)河东盆地和(河南)南河沿岸一带,有以姬、姜诸姓为主的部落群体,称为'华夏'或'诸夏';在东方的海岱地区(今山东南部)的淮、泗(今苏北、皖北)一带,有以风、嬴、偃诸姓为主的部落群,称为'夷'或'九夷';在秦陇以西(今甘肃以西),有'诸戎'部落群;在秦晋以北的黄土高原和燕山一带,为'群翟'部落群;豫西南山地和丹、汉(今陕西南部与湖北北部)一带,为'三苗'或苗蛮部落群。"㉕华夏称其四周边区的族团为"四夷"或"夷"。"远古时代各部落集团的这种融合与分化,是中华民族起源时代的同一进化过程。这个过程,打破了部落与地方的局限,完成由地区性部落联盟向国家与民族的过渡,而进入了华夏与夷蛮戎五方格局酝酿与形成的历史阶段。"㉖这些学术观点都是比较符合历史实际的。正因为是炎帝后裔族(八代孙炎帝榆罔部落)、黄帝族、东方的少昊族结合成了华夏族团,炎、黄二帝备受尊重,被崇奉为祖先,而且成为中华民族的代表和象征。社会学家费孝通教授指出:"几千年来,炎黄二帝为中华民族始兴和统一的象征,对于海内外中华儿女的民族认同和增强凝聚力、向心力,发挥了巨大的作用。而以炎黄子孙为荣,以同源同祖为亲,已成为维护中华民族大团结和祖国统一的感情纽带和精神力量。"㉗作为中国 56 个兄弟民族精神象征的炎、黄二帝,早已超越了他们自身和氏族部落的局限和范畴。

2. 将传说人物作为真人真事研究的学术观点

伟大史学家司马迁将"五帝本纪"置于《史记》首位,就明确表示"五帝"是有其人的。之后,封建史学家基本上尊奉其说。信仰马克思主义史学观的学者们,多认为"五帝"是氏族部落首长或时代象征人物,把他们从神话中分离出来。部分史学家将炎帝及"五帝"作为真人真事进行研究。经历 20 世纪三四十年代的"疑古"思潮后,人们又恢复了对这些"古帝"的客观认识。相比之下,持"真人真事"观点的学者比持"部落首领"的学者要少,但争论却比后者多得多。在改革开放后,赞同这种学术观点的地方学者越来越多,争论也随之更多。他们确实如郭沫若先生所说:"把传说当作真人真事,进行烦琐考证,结果是治丝愈棼。"㉘司马迁是粗线条的叙述,后人总想把它搞得明明白白,结果是越细问题越多,头绪愈乱,愈说不清。在现实面前,学者们不得不采用"模糊史学法"对待"三皇五帝"的传说史。王玉哲教授说:"各民族远古的历史都是很渺茫的,而且都是人、神杂糅的传说。古代流传下的这类传说,虽然杂以神话,但毕竟与单纯的神话有本质的区别。古代传说系口耳相传,时间愈久愈易失真。可是它们大都具有真实历史为之素材,并非完全向壁虚造。如果批判地分析这些传说资料,剥开其神话的外衣,是可以'沙里澄金',找出其真正历史的核心的。因此,我们对古代传说史应作具体分析。"㉙这就是说,传说时代的人物,有的是时代象征,有的是真人真事。何光岳著的《炎黄源流史》㉚,虽然相信古华胥、伏羲、有熊、有蟜氏等确有其人,但也是粗线条的论述,难以考证出其真实代系。就学术研究说,他提出的华胥、伏羲生于甘肃天水说、炎帝生于陕西宝鸡说、黄帝生于甘肃省清水县说等等(我与他的学术观点是不谋而合的),也只能说是个人观点。无论是认为"三皇五帝"是黄河流域的传说人物(山东说、河南说、河北说等),还是说他们是长江流域的传说人物(四川说、湖南说、江苏说、浙江说、湖北说等),都是个人的学说或观点,不可轻易地说张对李错,或张错李对,更不能以地方情感代替学术研究。

二、旅游文化中的传说人物面面观

人们游历名山大川,参观名胜古迹是常事,由来已久。我国真正将旅游上升为"振兴中华经济"的高度,兴起"全民旅游热",并形成"旅游文化",则是发生在20世纪70年代后期改革开放以后之事。《辞海》释:"旅游业,为旅行、游览等等提供服务的行业。包括与旅游有关的交通业(航空、海运、铁路、汽车等)、旅馆业(旅馆、饭店、汽车游客旅馆等)、饮食业(餐馆、点心店等)、娱乐业(剧院、电影馆、音乐厅等)及制造业(土特产品、纪念品的制造和销售)等。发展国际旅游业能增强各国人民的交往和文化科学的交流,也能为国家获得外汇收入,有利于国际收支。故常被称为'无形出口'。旅游业的发展,有利于带动其他行业的发展。第二次世界大战后,各国均在努力推进旅游业。目前收入巨大的国家,有美国、法国、西德、意大利、西班牙和瑞士等。"凡旅游涉及的行业,均可以称其业名为文化。本文只叙述具有中国旅游特色的历史名胜古迹、名人传说故事及遗迹、历代名人踪迹等文化,且只叙述传说时代的历史文化。旅游文化和传说时代学术研究的关系既密切,又有区别,打个不恰当的比喻,学术研究好比树根,旅游文化好比树干、枝叶及影子。从要求标准上说,学术研究必须实事求是,去伪存真,有科学根据。旅游文化则没有如此严格的要求,只要与传说人物有些关系即可,甚至可以根据传说故事、传说遗迹创造人文景观,以吸引游客和引进外资。同时,旅游历史文化又偏重于为地方经济服务,多带有地方性。

"文化搭台,经济唱戏"的有效手段推动了旅游事业的发展,也促进了当地古文化挖掘的热潮,原有的各家关于传说时代人物及其遗迹的学术观点均被运用,新的说法和观点也层出不穷地被创造出来,争古传说人物出生地、迁徙地、都城地、陵墓地等的文章也连续发表,书籍也不断问世,使人眼花缭乱。我们一贯主张将学术研究与旅游文化既要结合,又要加以区别,即将"书斋研究"与"群众文化"相结合,又要相互区别。从理论上说,存在着提高与普及的关系,不必用严肃的学术标准去衡量或约束地方旅游事业的发展,更不必花大力气去评判谁是谁非,哪个地方的史迹是真的,哪个地方的史迹是假的,有意或无意地去损害地方经济的发展。因为中国古史的传说时代人物及遗迹,考证得再仔细也仍然是"传说",几千年来文人学士无法逾越的鸿沟,无论用什么先进的研究手段,今天的学者也仍然无法越过。

1.关于"三皇"人物遗迹的学术观点和说法

我国的历史已有 200 万年的时期,距今 5000 年或 1 万年前流传下来的人物仅是其末期的一小段,即使是三国人徐整《三五历记》所说的盘古氏,距今也不过一二万年。被列入"三皇"的传说人物有燧人、伏羲、神农、女娲、共工、黄帝、祝融等,多数学者认同燧人氏、伏羲氏(太昊)、神农氏(炎帝)为"三皇"。通常将华胥、有熊、有蟜、柏皇、有巢、燧人、伏羲、神农氏都划入了母系氏族社会范畴,又有早晚二说。翦伯赞教授的《先秦史》、田继周先生的《先秦民族史》、陈连开教授主编的《中国民族史纲要》等,将有巢氏、燧人氏反映的时代说得很远,认为有巢氏的传说,主要反映的是远古人类居住问题,同时也可以看出当时人们其他某些方面的情况㉛。旧石器时代晚期,已发明构木为巢㉜。燧人氏反映的时代,一说是旧石器时代已有使用火的遗迹,到旧石器时代中晚期,钻孔技术发明后,发明了磨擦取火和钻木取火㉝。一说燧人氏不是指用火,而是指钻木取火,比"北京人"用火的年代要晚得多,燧人氏的传说反映着食草之实、鸟兽之肉、未有火化、茹毛饮血到钻燧或钻木取火以使人熟食的过程㉞。伏羲是远古血缘公社内婚制在神话传说中的反映,夹杂种种得天旨意的情节㉟。另一说伏羲是原始宗教信仰和文化思维发展的体现者,所反映的时代特征,是母系氏族向父系氏族过渡的阶段,是渔猎还占重要地位而又出现了初期农业的经济状态㊱。现在我们以伏羲太昊氏和炎帝神农氏的说法,观察一下旅游文化中的"三皇"情况。

(1)太昊伏羲氏

在先秦文献中,太昊与伏羲是两个风马牛不相及的神或人,《世经》将其合二为一,以"木德王"排在"三皇"中。太昊伏羲氏除以上所说的生于今山东金乡、单县，甘肃天水、河南淮阳、江苏太湖等说外，改革开放后，随着旅游、寻根热的兴起，又出现了新的说法（有的是学术观点，有的是旅游文化观点）。有的学者认为古卫（今河南濮阳）是伏羲的故乡，"伏羲氏姓风，是从风里刮来的。韩永贤先生说：'母亲叫做风华胥（花絮）'，花开结籽，花絮随风飘扬，落在泥窝里，即'华胥履大人迹'。花籽被泥土包裹了起来，进入冬天，大地封冻，泥土保护花籽越冬，这便是伏羲神号冠以'伏'或'包'的寓意。"㊲有的学者认为："伏羲是个哲学概念，伏羲、宓羲、太昊、东皇太一等等都是指《易》学中的'太极'，后人称这种哲学的创立者为伏羲氏。伏羲氏其实就是烈山氏，亦即神农氏，是第一代神农"，"伏羲（第一代神农）出生在陕西宝鸡，葬于湖北江陵，第二代神农出生在湖北随县，葬于今湖南炎陵县。"㊳即，将神农氏、烈山氏同伏羲氏合为一人。有的学者认为"伏羲号大皞"，"据称是由华胥女所生的。而华胥之'胥'，据专家考证，也就是'脚印'。可知'胥'也就是'大迹'。而雷泽，则是这个姑娘经常去玩耍的'华泽'（一片湖泊）。我们认为，华胥之国就是天府之国"，伏羲生在四川，"伏羲也作包羲"，是"花的儿子的意思。华即'苞'，华胥其实就是'苞羲'"，"伏羲可能就是巴女的后代了。"㊴这些论述，使太昊伏羲氏的生地又增加了河南濮阳、陕西宝鸡、四川成都平原三说，使伏羲陵由原来的今河南淮阳、山东金乡与单县一带，又增加了湖北江陵及湖南炎陵二说。

（2）神农氏

神农与炎帝在先秦时期为二人或神，《史记》仍按此叙述，《世经》与《汉书·古今人表》按"五德相生终始"的理论，明确炎帝称为神农氏。其生地有今陕西宝鸡南清姜河说与岐山县南说、河南淮阳说、山东曲阜说、山西长治说、湖北随州说等。之后又有新说："炎帝指蚩尤，排在神农与黄帝之间"，"蚩尤的祖先从虫"，"生于羌

(强)水",强、姜古音同,"强则蚩尤之名","姜字从羊又从人,'人'是东夷太皞的标志。"⑩又云:"蚩尤(炎帝)是巴人的后代。"⑪即似乎炎帝(即蚩尤)生于四川嘉陵江(古姜水)。此说十分勉强,炎帝难与蚩尤合为一人。改革开放后建造炎帝神农氏纪念性建筑物或塑像的地方有:陕西宝鸡的炎帝祠(内塑炎帝像)、山西长治有高12丈的炎帝不锈钢巨像、河南郑州的炎帝像、湖北随州的炎帝祠及塑像等。曹敬庄同志说:"关于炎帝的生地,史料存有两种,一是湖北随州,即'生于烈山'说;一是陕西宝鸡,即'长于姜水'说。"⑫炎帝神农氏历有八世与十七世之说,多赞同八世说,均以炎帝称谓,形成诸多"生"地之说。何光岳先生说:"炎帝生于今陕西省宝鸡市南七里姜城堡,即姜水城,因临清姜水而得名;炎帝之子柱(烈山氏)生于今湖北省随州市西南20公里的溾水西岸厉山镇;炎帝第三代"炎帝承"生地与活动地在今河南温县,帝庆甲的活动地在今湖北西部的神农架;第四代炎帝魁生或活动于今山西夏县,迁居于今河南辉县;第五代炎帝明活动或建城于今山西省长治市;第六代炎帝直建都于今河南省淮阳市;第七代炎帝厘建都于今山东曲阜;第八代炎帝炎帝榆罔迁地较多,最后迁于湖南炎陵。"⑬这不仅是对学术研究的贡献,而且也是为涉及炎帝之八九个县、市旅游事业发展所做出的贡献,并避免或减少了不必要的笔墨官司,即使是温县、辉县、夏县、神农架等地新建炎帝园或塑像,也合乎情理,无可非议。

炎帝神农氏陵,过去只有晋代人皇甫谧《帝王世纪》所说的在今湖南炎陵县一处,改革开放后随着旅游事业的发展有所增多。"湖北随州、陕西宝鸡、湖南炎陵,是当代关于炎帝神农氏活动地域谈得最多的三处地方。最近,又有山西高平的团池加入了这一行列。湖北随州称为神农故里,陕西宝鸡有炎帝祠,近年民间又建有炎帝陵。山西高平的团池有五谷庙,民间传说为炎帝陵,并发现有

'炎帝陵'石碑。然而,关于炎帝神农氏葬地,史料记载只酃县一说。陕西宝鸡'天台山'、山西高平团池二说,仅有民间传说而已,史料并无记载。"⑭从学术研究说,炎帝陵在今湖南炎陵县比较妥切,因它最早见于文献记载,宋朝政府正式承认,并于宋宁宗嘉定四年(1211年)正式置酃县。从旅游文化说,宝鸡、高平团池修的炎帝陵(祠)也无可非议,更不可说其是"伪陵"。即使是其他代炎帝所在地再修几个陵,也不能说是"伪陵"。因为古帝陵都是"传说",非真陵墓,公认的湖南炎帝陵也是如此,是无法进行考古证实的。至于炎陵县的陵是一代炎帝,还是八代炎帝,也只是不同的学术观点,不存在谁是"主观臆断"。按古人类学的研究,"三皇五帝"时代的先民,一般寿命只有四五十岁左右,一代炎帝是难活到"120岁"的。

2.关于"五帝"人物的遗迹的说法

被列入"五帝"的传说人物有黄帝、颛顼、帝喾、帝尧、舜及少昊,以前五人说者为是。同期的人物还有炎帝榆罔、共工后裔、蚩尤、祝融、鲧、禹、弃、契、伯益、皋陶,等等。

在黄帝故乡,从《史记·五帝本纪》后,传统说法是在有熊之墟(今河南省新郑市)或寿丘(今山东省曲阜市)。徐旭生《中国古史的传说时代》著作出版后,提出有熊氏的一支曾迁于上邽(今甘肃省清水县)的观点。于是黄帝族兴起于上邽说便逐渐兴起。"寿丘,一说在鲁,今山东曲阜县,一说在上邽,今甘肃天水市。根据黄帝的整个传说看来,我们倾向于后一种意见,即寿丘,应在今天水市区。"⑮何光岳先生亦考证"黄帝出生地寿丘、轩辕,均在甘肃天水市"。山东学者的著作中,认为黄帝(含炎帝)生于曲阜;有的学者认为黄帝与炎帝一样,生于陕西。称"据古籍记载,古代黄河流域分布着许多部落。在陕西一带有姬姓黄帝部落和姜姓炎帝部落,他们之间世代通婚。"⑯刘俊男同志认为:"黄帝生于寿丘(或曰青邱），而寿丘、青邱均应在古长沙国（今湖南长沙市），因为第一，天上的寿星、青邱星对应地上的长沙国；第二，黄帝的祖先，正妃、嫡系子孙均生活在湖南。"⑰有的学者还说："美国《国家地理》杂志1991年10月刊发的1491年前哥伦布时期美洲'印第安'文化专号，公开了几幅轩辕黄帝族的历史文物，从而证明5000年前，部分中国人就已移民美洲。这幅《轩辕黄帝族酋长礼天祈年图》即为其中之一。"⑱还有一些黄帝生地的说法，不再逐一列举。

黄帝陵与炎帝陵一样，传统观点认为其在今陕西黄陵县的桥山，汉代的皇帝就已开始祭祀，传说是"衣冠冢"，亦非"真"葬陵。第二种传说是在甘肃。"相传黄帝死葬桥山，在汉代上郡阳周县境。汉阳周县今地为陕北靖边县东南，此处距今黄陵县桥山有数百里。北魏曾以汉泥阳县置阳周县，今地为甘肃省正宁县，桥山也随阳周县名南迁而南迁了数百里。"即认为黄帝陵在今甘肃省正宁县。第三种说法是在河北涿鹿或北京。"古人相传涿鹿与今北京也有桥山与黄陵。"⑲第四种说法是相传今河南灵宝有黄陵。钱穆先生说："考《一统志》河南陕州，熊耳山在卢氏县（今属河南），又有轩辕陵，在阌乡县（今河南省灵宝市）南十里铸鼎原。"⑳改革开放后，灵宝也修了黄帝采铜及陵墓等纪念性建筑。第五种说法是在今湖南湘阴县黄陵。《湖南通志》卷三十六载：湘阴县"有地名黄陵，即二妃所葬。"刘俊男同志释："陵当为天子之墓，名'黄陵'，当为黄帝之陵。"

从旅游文化说，凡涉及黄帝生地、迁徙地、都邑地、葬地等处，均可以营修纪念性建筑或塑像，以振奋人心、吸引游客，为发展当地的经济服务。但作为学术研究的观点，则一位学者只能从一说，不允许持几种观点。黄帝以后的四位古帝，传统说法比较一致，不再赘述。

三、以"模糊史学法"对传说人物进行群体研究

历史是一门社会科学,就必须遵循一定的研究程序:回顾、总结以往的研究情况,在前人成果的基础上提出新问题、新认识,做出新贡献,避免重复性研究。观察中国历史传说人物的研究,恰恰是重复性研究太多,且太分散和地方化(旅游文化除外)。这种情况的出现,既有主观原因,也有客观原因,还有研究方法上的原因。虽然说这是"百家争鸣"的好现象,但在一定程度上却损害了整体文化的研究,对提高中华民族凝聚力也有负面影响。

1. 从中华民族之源出发突出群体研究

费孝通教授在论炎黄文化时说:"炎帝神农氏和黄帝轩辕氏是我们中华民族的人文始祖","炎黄文化对中华文明的形成和发展产生了深刻而长远的影响"。"几千年来,中华文化不断丰富、创新的发展,正是由于有炎黄二帝为代表的远古文化作为源头的始基;中华文化的许多精髓,是从炎黄时代起一脉相承的。在这个意义上,炎黄文化也可以说就是中华文化。"[51]以此类推,夏王"禹"(另一说第一代夏王是启)以前的所有传说人物,都应该从中华文化"源头"或"始基"的整体上进行研究。"三皇"所列的所有传说人物及其同代或以前的人物,是中国远古人类社会的代表和象征,"五帝"同期的所有传说人物是古代社会文明初始阶段的代表和象征,上承"三皇"文化,下启"夏"文化。"三皇""五帝"则综合、概括、代表了中华远古文化。若准此,不论各自的见解和观点有多么大的分歧和不同,在宏观上,尤其是在对海内外的宣传上(在自己的研究上仍是百花齐放),各界人士是否可以有个不成文的"盟约"(近有学者提出世界文化盟约,艰难而遥远),使世界上的华人和朋友

有个大体可以接受的说法。如太昊伏羲氏，自江泽民总书记为甘肃天水题写"羲皇故里"起，大家就以此说为准向外宣传。其陵就以河南淮阳说为准；炎帝神农氏的故里大体定在今陕西省宝鸡市，都城定在今河南淮阳，陵定在今湖南炎陵县；黄帝轩辕氏的故里大体定在甘肃省天水市，都城亦如此，陵定在陕西黄陵县；颛顼、帝喾、帝尧、帝舜也大体按传统说法而定。从而使众说纷纭的学术观点归为大体上的"一统"，以利于炎黄子孙的"寻根"，提高中华民族的凝聚力，弘扬中华民族的整体文化和精神。

2. 采用"模糊史学法"与总体结合考古资料法

按"科学"的定义和研究规律，历史研究毫无疑瓿是应该十分严肃、认真的。但几千年来"无文字"的远古史研究无法逾越的鸿沟，使代代史学家们都在"认真"中又不得不"笼统"和"模糊"。即使是20世纪二三十年代兴起的新考古学，也无法逾越"无文字"远古史的研究鸿沟，只好也只是将文献与考古资料"大体"作比附。其原因就是氏族或部落甚多，流传下来的人物名字甚少，又无文字记载，难以确证。且对传说人物的"生"子，古今学者又多认为是"氏族"之义。如《史记·秦本纪》载："秦之先，帝颛顼之苗裔孙曰女脩。女脩织，玄鸟陨卵，女脩吞之，生子大业。"唐代司马贞《索隐》云："女脩，颛顼之裔女，吞鳦子而生大业。其父不著。而秦、赵以母族而祖颛顼，非生人之义也。"郭沫若等史学家认为黄帝的25个儿子，是指黄帝后裔有25个氏族。《五帝本纪》排的世系，历有争论，如颛顼、帝舜，古今多认为是东夷人，非黄帝后裔。即使是当作"代系"考证，炎帝八世的各自子孙是谁？黄帝的25个儿子是何名，他们的子孙又是谁？事迹如何？都难以说得明白。考古学划分的文化类型较多，笼统地可称为某帝时期文化，具体到何氏族就无法确指了。田继周先生说："燧人、伏羲和神农氏的传说，传诵了我国古代人类摩擦取火、渔猎和农业生产等与人们生活密切关联的重大发明和创造;同时,也反映了用火、渔猎、农业这三个不同的历史阶段。这些传说人物,不管他们是否真实存在,但他们的主要事迹却是客观的事实,是可以相信的"。"我国农业经济在母系时代产生和成为主要的经济部门,不仅仅根据传说,也被我国新石器时代的考古资料所证明。从我国新石器的考古资料,也证明了我国'三皇'传说是可信的。"⑫又云:"五帝的时代是原始社会晚期和向阶级社会过渡的时代","所处的社会发展阶段,与希腊的英雄时代和罗马的王政时代是相同的,相当于考古文化的"龙山文化阶段。"⑬诸如此类的整体论述是比较符合历史实际的。目前之所以出现传说人物诸多"地方化"的倾向,就是多数省、市、自治区发现了新石器时代从早期到晚期的不同名称的文化遗存,均可与"三皇""五帝"时代相结合(湖南澧县彭头山文化距今约 9000 年,比黄河流域的前仰韶文化还要早),"三皇"的四川说,"五帝"的湖南说或山东说,均是如此。

　　古代史学家的争论,对氏族部落传说人物的探寻,为建国后史学家的研究奠定了基础,形成了大家认识比较一致的所谓"五大民族集团"。王玉哲先生说:"把中国古代民族分为三大集团,早见于 1933 年蒙文通的《古史甄微》。即分为江汉民族、河济民族和海岱民族。1943 年徐旭生的《中国古史的传说时代》分为苗蛮集团、华夏集团和东夷集团。"⑭之后,逐渐归结为"五大民族集团"。"传说记载最早的民族是夏、夷、蛮、狄、戎或华夏、东夷、南蛮、北狄、西戎。华夏是居于我国中原地区黄河中游的居民。这些居民,最初不一定是一个民族,大概是一个较大的民族集团,经过长期的发展融合过程,便成为一个民族了,即华夏族。东夷、南蛮、北狄、西戎的东西南北,表示以华夏族为中心的四个方位,而夷戎蛮狄则是不同于华夏族的这四个方位存在的民族。"㊿它们与考古文化的结合，也是大体相比附。"姜姓炎帝与姬姓黄帝，均起源于陇山（今陕西与甘肃交界）东西，渭水流域，其往东发展至黄河中游的华夏的主要来源，往西发展的为氐羌。仰韶文化的起源及黄河中游与黄河上游新石器文化的渊源相通，并具有许多共同特点，也与传说相互印证"；"今黄河下游，以泰山为中心的海岱地区，为北辛·青莲岗文化——大汶口文化——山东龙山文化起源与发展之区。在神话传说中，这个地区有太昊与少昊两大部落集团"㊾；"南方的长江中游是苗蛮部落的根据地。"㊿南蛮实为泛指汉江以南的诸氏族部落，各类考古文化均可泛称为南蛮民族集团的文化，而陕、晋、冀北及其以远的考古文化均可泛称为北狄民族集团文化。

综上所述，在中国古史传说时代人物的研究中，应加强宏观、总体性研究，克服过于分散的地方性和烦琐考证，以及重复性研究。费孝通教授说："当今世界随着经济全球化进程的加快，各个民族之间的文化交流显著增强。在这样的时代背景下，人们越来越注意对民族文化的反思。我们只有加强对本民族文化源头与特点的研究，才能更好地弘扬民族精神，增强民族凝聚力，实现祖国现代化和统一大业。历史的经验告诉我们，任何一个民族要想屹立于世界民族之林，必须具有自尊、自信、自强的意识，而这种自尊、自信、自强的民族意识，是与文化自觉分不开的。也就是说，一方面要有对于本民族优秀文化传统的深刻认识，另一方面要积极学习和吸收一切外来文化的长处。我想，我们研究和宣传炎黄文化，弘扬炎黄精神的意义就在于此。"㊿此高论自然也适用于对古史传说其他人物的研究，"百家争鸣""百花齐放"之学术研究，以及旅游文化中的远古人物遗迹论述，都必然归结于这个主题。我们坚信，汇合百川的远古人物研究瀚海，必将在促进世界文化的进步中发挥更大的作用；也必将在世界多极化、经济全球化进程中发挥其桥梁和纽带作用。

注释:

①吕思勉:《先秦学术概论》,上海:中国大百科全书出版社,1985 年第 1 版,第 8 页。

②雷绍锋:《中国学术流变史》,武昌:湖北人民出版社,2000 年 7 月第 1 版,《引言》第 1 页。

③郭沫若主编:《中国史稿》第一册,北京:人民出版社,1976 年 7 月第 1 版,第 108 页。

④翦伯赞:《先秦史》,北京:北京大学出版社,1990 年 2 月第 1 版,第 67 页。

⑤张帆:《中国古代简史》,北京:北京大学出版社,2001 年 6 月第 1 版,第 6 页。

⑥郭沫若主编:《中国史稿》第一册,北京:人民出版社,1976 年 7 月第 1 版,第 108 页。

⑦翦伯赞:《先秦史》,北京:北京大学出版社,1990 年 2 月第 1 版,第 21—22 页。

⑧⑨张帆:《中国古代简史》,北京:北京大学出版社,2001 年 6 月第 1 版,第 6 页。

⑩郭沫若主编:《中国史稿》第一册,北京:人民出版社,1976 年 7 月第 1 版,第 108—111 页。

⑪张岂之主编:《中国历史·先秦卷》,北京:高等教育出版社,2001 年 7 月第 1 版,第 24 页。

⑫张岂之主编:《中国历史·先秦卷》,北京:高等教育出版社,2001 年 7 月第 1 版,第 25 页。

⑬郭沫若主编:《中国史稿》第一册,北京:人民出版社,1976 年 7 月第 1 版,第 111 页。

⑭朱绍侯主编:《中国古代史》上册,福州:福建人民出版社,1982 年 6 月

第 1 版,第 18 页。

⑮朱绍侯主编:《中国古代史》上册,福州:福建人民出版社,1982 年 6 月第 1 版,第 39 页。

⑯⑰张帆:《中国古代简史》,北京:北京大学出版社,2001 年 6 月第 1 版,第 7 页。

⑱张岂之主编:《中国历史·先秦卷》,北京:高等教育出版社,2001 年 7 月第 1 版,第 25 页。

⑲田继周:《先秦民族史》,成都:四川民族出版社,1988 年 1 月第 1 版,第 111 页。

⑳张岂之主编:《中国历史·先秦卷》,北京:高等教育出版社,2001 年 7 月第 1 版,第 27 页。

㉑田继周:《先秦民族史》,成都:四川民族出版社,1988 年 1 月第 1 版,第 220 页。

㉒㉓田继周:《先秦民族史》,成都:四川民族出版社,1988 年 1 月第 1 版,第 132 页。

㉔张帆:《中国古代简史》,北京:北京大学出版社,2001 年 6 月第 1 版,第 21—32 页。

㉕朱绍侯主编:《中国古代史》上册,福州:福建人民出版社,1982 年 6 月第 1 版,第 37 页。

㉖陈连开主编:《中国民族史纲要》,北京:中国财政经济出版社,1999 年 12 月第 1 版,第 67 页。

㉗费孝通:《弘扬炎黄文化　振奋民族精神》,《光明日报》,2002 年 4 月 9 日,国学版。

㉘郭沫若主编:《中国史稿》第一册,北京:人民出版社,1976 年 7 月第 1 版,第 108 页。

㉙王玉哲:《中华远古史》,上海:上海人民出版社,2000 年 7 月第 1 版,第 108 页。

㉚何光岳:《炎黄源流史》,南昌:江西教育出版社,1992 年 12 月第 1 版,《序》第 1—4 页。

㉛田继周:《先秦民族史》,成都:四川民族出版社,1988 年 1 月第 1 版,第 95 页。

㉜陈连开主编:《中国民族史纲要》,北京:中国财政经济出版社,1999 年 12 月第 1 版,第 42 页。

㉝陈连开主编:《中国民族史纲要》,北京:中国财政经济出版社,1999 年 12 月第 1 版,第 47 页。

㉞陈连开主编:《中国民族史纲要》,北京:中国财政经济出版社,1999 年 12 月第 1 版,第 50 页。

㉟陈连开主编:《中国民族史纲要》,北京:中国财政经济出版社,1999 年 12 月第 1 版,第 56 页。

㊱田继周:《先秦民族史》,成都:四川民族出版社,1988 年 1 月第 1 版,第 96 页。

㊲陆思贤:《神话考古》,北京:文物出版社,1995 年第 1 版,第21页。

㊳刘俊男:《华夏上古史研究》,长春:延边大学出版社,2000 年 10 月第 1 版,第 58 页。

㊴胡太玉:《破译〈山海经〉》,北京:中国言实出版社,2002 年 1 月第 1 版,第 69 页。

㊵刘俊男:《华夏上古史研究》,长春:延边大学出版社,2000 年 10 月第 1 版,第 52 页。

㊶刘俊男:《华夏上古史研究》,长春:延边大学出版社,2000 年 10 月第 1 版,第 56 页。

㊷曹敬庄:《炎黄神农氏几个问题之探讨》,《株洲师范大高等专科学校学报》,2002 年第 3 期。

㊸何光岳:《炎帝八世考》,《寻根》杂志,1997 年第 1 期。

㊹曹敬庄:《炎黄神农氏几个问题之探讨》,《株洲师范大高等专科学校学报》,2002 年第 3 期。

㊺田继周:《先秦民族史》,成都:四川民族出版社,1988 年 1 月第 1 版,第 103 页。

㊻加润国(李振纲主编):《中国儒教史话》,石家庄:河北大学出版社,

1999 年 10 月第 1 版,第 4 页。

㊼刘俊男:《华夏上古史研究》,长春:延边大学出版社,2000 年 10 月第 1 版,第 74 页。

㊽胡太玉:《破译〈山海经〉》,北京:中国言实出版社,2002 年 1 月第 1 版,第 69 页。

㊾陈连开主编:《中国民族史纲要》,北京:中国财政经济出版社,1999 年 12 月第 1 版,第 50 页。

㊿钱穆:《黄帝故事地理考》,载《禹贡半月刊》第 3 卷第 1 期。

(51)费孝通:《弘扬炎黄文化　振奋民族精神》,《光明日报》,2002 年 4 月 9 日版。

(52)田继周:《先秦民族史》,成都:四川民族出版社,1988 年 1 月第 1 版,第 102 页。

(53)田继周:《先秦民族史》,成都:四川民族出版社,1988 年 1 月第 1 版,第 132—135 页。

(54)王玉哲:《中华远古史》,上海:上海人民出版社,2000 年 7 月第 1 版,第 128 页。

(55)田继周:《先秦民族史》,成都:四川民族出版社,1988 年 1 月第 1 版,第 136 页。

(56)陈连开主编:《中国民族史纲要》,北京:中国财政经济出版社,1999 年 12 月第 1 版,第 56 页。

(57)王玉哲:《中华远古史》,上海:上海人民出版社,2000 年 7 月第 1 版,第 108 页。

(58)费孝通:《弘扬炎黄文化　振奋民族精神》,《光明日报》,2002 年 4 月 9 日版。

2003 年 5 月 25 日

论传说人物研究对现代文明的促进作用

一、中国文明起源与传说时代

改革开放以前,我们常说的中国上下 5000 年文明史,一般是指从传说的黄帝开始,"五帝"中被人们颂扬较多的是黄帝和尧舜。改革开放后,被列为与黄帝同等地位者,首先是炎帝神农氏(常简称为炎帝或神农),逐渐在学术界又提出中国上下 6000 年文明史之说。接着各地又依据传说遗迹,逐步开展对炎帝以前之太昊伏羲氏(含其胞族女娲氏)、燧人氏、华胥氏等传说人物及神话人物盘古氏的研究。这样一来,学术界便陆续又有中国上下 8000 年或 1万年文明史之说。这几种说法都各有其根据和考古发现作为旁证,绝非凭空标新立异。但这里需要说明的是,在相当长的时期内,人们所说的"文明",是指阶级、私有制的国家。《辞海》释曰:"文明时代。美国民族学家摩尔根在《古代社会》中使用的一个术语。指继蒙昧时代、野蛮时代之后的人类社会发展的第三个时期,以文字的发明和使用为其始点。恩格斯在《家庭、私有制和国家的起源》中援用此语并增其含义,指随着劳动分工和生产领域的扩大,出现真正工业与艺术的时期。人类进入文明时代,大体上也就是进入阶级社会的开始。"我国的文明社会,学术界一度认为是从商代开始,以后随着考古发现资料的增多和研究,又多认为应从夏代开始(前 2070 年)。而将夏朝以前的社会称为原始社会,有的学者又称其为史前史。改革开放后,有的学者将中国古今的 200 万年史称为中国文明史(或中国文化史)。我们赞同《辞海》的说法。

考古学将原始社会分为旧石器、新石器时代。即约 300 至 1 万年以前为旧石器时代(又分为早、中、晚三期),约至 5 万年前起,人类的体质已与现代人相同,以生活地域的不同逐渐形成肤色不同的人种,社会组织为母系氏族。我国 200 至 1 万年前的旧石器时代的文化遗迹,在大部分省、市、自治区都有发现,多达 300 余处。从 1 万至前 2071 年的新石器时代文化遗迹,分布地域更加广泛,多达 1 万余处,社会组织经历了母系氏族社会繁荣和父系氏族社会阶段。学术界通常称谓的"古史传说时代",在较长的时间内一般是指"五帝"时代(约距今 5000—4071 年前),20 世纪 90 年代后又有 1 万年或 8000 年至夏朝前之说,且逐渐为多数学者所认可。林河云:"近些年来,随着新考古发现的不断出现与社会科学综合研究能力的提高,大量的出土文物和客观事实证明,我们的中华文明史并非只有 5000 年,中华文明的萌芽已超过了 1 万年,中华科技文明史也将近 1 万年了。我们现在完全可以宣称我们的中华文明为'万年文明'。如此来说,中国就不仅仅是世界四大文明古国之一,而应是人类古文明的主要缔造者了。"①孟世凯在综合各地考古发现后说:"长期以来称我国有五千年的历史,或说我国具有五千年有文字可考的历史"。"我国考古工作已经发现距今一万年左右的南方农田,北方也发现距今八千年左右的农作物,都证明许多有关先祖发明、发展农耕文化的历史并非空穴来风","我国历史至少应有七八千年,基本上与传说时代相吻合。"②严格地说,我国的文明史一般认为始于夏朝,起源可追溯至 1 万或 8000 千年前。中华民族是一个具有悠久历史的民族,祖先们创作了许多丰富多彩的神话传说故事,开启了古文明的先河。它体现了中华民族的博大气魄和坚韧不拔的斗争精神,代表了古人对宇宙和人类起源、自然现象和社会生活等方面的认识,充满了浪漫的想象色彩。我国文明的起源至形成的阶段,大约与古史传说时代(即"三皇五帝"时代)相当。因而有的学者认为:应当以"三皇""五帝"构建中国文明起源史。考古学家苏秉琦先生称之为"上万年的文明起步。"③

二、传说时代的三皇主要人物与定位

西汉中期后陆续出现的纬书,构架了远古史的人物系统,十分遥远和渺茫。《春秋元命苞》云:"天地开辟,至春秋获麟之岁,凡二百二十六万七千年。"这个测算的年代,与考古证实的人类二三百万年发展史基本相符,中国的 200 万年史亦在其中。《春秋命历序》又罗列了"十纪"人物,《丹壶书》又作了补充,十分复杂。我们仅从家喻户晓的传说时代之"三皇""五帝"论起。这是因为"考古发现已日渐清晰地揭示出古史传说的'三皇''五帝'的活动背景,为复原传说时代的历史提供了条件。"④

1. 三皇前的传说人物

(1)盘古氏

《艺文类聚》卷一引三国人徐整《三五历记》云:"天地浑沌如鸡子,盘古生其中。万八千岁,天地开辟,阳清为天,阴浊为地。盘古在其中,一日九变,神于天,圣于地。天日高一丈,地日厚一丈,盘古日长一丈。如此万八千岁,天数极高,地数极深,盘古极长。后乃有三皇。数起于一,立于三,成于五,盛于七,处于九,故天去地九万里。"清代人马骕《绎史》卷一引《五运历年纪》云:"首生盘古,垂死化身。气成风云,声为雷霆,左眼为日,右眼为月,四肢五体为四极五岳,血液为江河,筋脉为地里,肌肤为田土,发髭为星辰,皮毛为草木,齿骨为金石,精髓为珠玉,汗流为雨泽,身之诸虫,因风所感,化为黎甿(黎民百姓)。"盘古氏纯系神话人物,是远古先民想象中创造宇宙和人类的神灵。但其也反映了远古先民征服自然的气魄,创造天地万物和人类的智慧和能力。这种想象,约发生在3.6万至1万年前。

(2)华胥氏

华胥氏(又称赫胥氏),多认为她是新石器时代早期的传说人物,或母系氏族首领的代表人物,世代相传二三千年,遗迹在黄河、长江流域均有。《拾遗记》载伏羲氏曰:"华胥是九河神女,以生余也。"九河一说在今山东西北,一说在今河北东南。另一说是"九河"为多的意思,不一定是九条河,当指黄河下游的九个氏族组成的部落。《列子·黄帝》记载:"华胥之国在弇州之西,台州之北,不知斯齐国(距中原之义)几千万里,盖非舟车足力之所及,神游而已。其国无帅(师)长,自然而已;其民无嗜欲,自然而已。不知乐生,不知恶死,故无天殇;不知亲己,不知疏物,故无爱憎;不知背逆,不知向顺,故无利害。都无所爱惜,都无所畏忌。入水不溺,入火不热。斫挞无伤痛,指摘无痟痒。乘空如履实,寝虚若处床。云雾不硋其视,雷霆不乱其听,美恶不滑其心,山谷不踬其步,神行而已。"这两种文献记载的华胥氏,是一个神话传说人物,为半仙半人。她的氏族先民,也都是半仙半人,自由自在,无拘无束;空中来,水里去,火中走,无所阻挡,无所畏惧;不知疼痒,不知劳累,不畏雷电和高山。这些都在一定程度上反映了母系氏族公社或部落先民的生活状况,采集野果为主,知其母,不知其父,生地、居地无常处,以及先民不畏艰难险阻的斗争精神。因为华胥氏是见于史载较早(约八九千年前)的氏族首领,所以又被中华民族尊奉为"老祖母"。华胥的生地、葬地较多,几乎遍及黄河流域。由于相传她去世后葬于华胥渚(今陕西蓝田县华胥镇北),又在此形成世系,所以近几年学者中多认为华胥的故里在此。其后的首领,皆袭号称"华胥氏",延续二三千年。

（3）有巢氏

有巢氏，又称巢氏，系大巢氏的后裔，约与华胥氏同期或稍晚，也是母系氏族的首领，很可能是盘古裔族和大巢氏族联姻"生"的氏族。有巢氏反映了先民筑简陋房屋避野兽侵害的社会状况。《遁甲开山图》云："石楼山在琅邪（今山东临沂），昔有巢氏治此山南。"有的学者认为有巢氏族兴起于此，后西迁于汾水流域（今山西南部）。《庄子·盗跖》云："古者禽兽多而人少，于是民皆巢居以避之。昼拾橡栗，暮栖木上，故命之曰有巢之民。"《韩非子·五蠹》云："上古之世，人民少而禽兽众，人民不胜禽兽虫蛇。有圣人作，构木为巢以避群害，而民说之，使王天下，号曰有巢氏。"其民也称"知巢之民"，反映了新石器时代地穴或半地穴居屋的情况，氏族延续二三千年。

2. 三皇的人物和评价

三皇以前还有不少传说人物，省略不述。就三皇而言，有十几种说法，包括人皇（反映四五万年前由血缘家族公社过渡到母系氏族公社的状况）、天皇、地皇（反映1.8万年前先民对盘古开辟之天、地的认识）；泰皇（又称太皇，与天皇、地皇一起称三皇，泰皇为贵）；伏羲、女娲、神农；伏羲、神农、祝融；伏羲、神农、共工；伏羲、神农、黄帝等等。《风俗通义·皇霸》《礼纬·含文嘉》对诸说综合分析、排比后，认为燧人、伏羲、神农为三皇。古今学者多赞同此说。《辞海》云：燧人、伏羲、神农为"三皇"一说，"反映了原始社会经济生活发展概况。"

（1）燧人氏

《管子·轻重戊》云："燧人作，钻燧生火，以熟荤臊，民食之无兹胹（胃）之病，而天下化之。"《韩非子·五蠹》云："上古之世"，"民食果蓏蚌蛤，腥臊恶臭而伤害腹胃（后代人），民多疾病。有圣人作，钻燧取火以化腥臊，而民说之，使王天下，号之曰燧人氏。"《庄子·

盗跖》《礼记·礼运》等书,亦有类似的记载。其生活的时代,比华胥、有巢稍晚,是氏族先民渔猎经济时期的代表人物,氏族延续一二千年。

(2)伏羲氏(含女娲氏)

伏羲氏是华胥与燧人两个氏族的女子、男子通婚所生,文献均载为"华胥""燧人",实为她(他)们的后裔。《帝王世纪》云:"太昊帝庖牺氏,风姓也。母曰华胥,燧人之世,有巨人迹,出于雷泽。华胥以足履之有娠,生伏牺,长于成纪(今甘肃秦安县)。蛇身人首,有圣德。燧人氏后,庖牺氏代之,继天而王,首德于木。百王为先。"《补史记·三皇本纪》:"太皞包牺氏,风姓,代燧人氏继天而王。母曰华胥,履大人迹于雷泽,而生庖牺于成纪,蛇身人首,有圣德。"《续汉书·郡国志》云:"成纪,古帝庖牺氏所生之地。"《纲鉴易知录》云:"太昊之母居于华胥之渚(今陕西蓝田),生帝于成纪。以木德继天而王,故为风姓。"《三坟》云:"伏羲氏,燧人子也,因风而生,故为风姓。"《春秋世谱》云:"华胥生男子为伏羲,生女子为女娲。"《风俗通义》云:"女娲,伏羲之妹。"雷泽、成纪的地望,认识不一,多数人认为在今甘肃省天水市秦安县。伏羲、女娲氏族发展、壮大后,带领部分族民沿渭水、黄河东徙,定居于陈(今河南淮阳)。伏羲(含女娲)氏族部落延续1万至前2000年,世代袭号,许多发明创造都集中于伏羲氏。始作八卦,别阴阳,分时节;教民以绳结网捕鱼狩猎,饲养家畜;制订婚礼,禁止乱婚,繁衍人口;发明衣服、文字、乐器等。多数学者认为伏羲是渔猎时代的代表人物,我们认为他是中国文明起源的较早代表人物。因为文明的主要因素,皆出自伏羲氏的"发明创造"。女娲则是繁衍人口的代表人物,被崇奉为生育神。她和伏羲氏结婚生育儿女,反映了血缘婚姻改变到族外婚的状况。据《伏羲庙残碑》等记载:有熊(亦称少典,还有蟜氏)出自伏羲和女娲,即这两个氏族部落为他们的后裔。

　　上述史实说明,华胥氏是中华民族的始祖母,故里在今陕西蓝田(其代系较多,故里非一处)县华胥镇。有巢氏是中华民族房屋的发明祖先,故里在今山东临沂。燧人氏是中华民族人工取火的发明者和祖先,故里在今河南省睢县。华胥、燧人之子伏羲和女儿女娲,是中华民族的文明起源创始人和祖先,故里在今甘肃天水,都城和陵墓在今河南东部(分别在淮阳、西华县)。伏羲、女娲之子有熊(少典)、有蟜氏,是中华民族由渔猎转入农业的发明者和祖先,有熊氏的故里在今河南新郑,有蟜氏的故里在今河南洛阳。翁独健先生说:"三皇时代的传说人物,因时代更为遥远,族属虽然很难判断,但有关他们的传说多出自华夏民族集团则是可以肯定的,因此,他们应该属于华夏族。"⑤黄河流域新石器时代的前仰韶文化(1万—6500年前)遗址,如山东大汶口、河北磁山与徐水、河南裴李岗、陕西老官台、甘肃大地湾等,大体可以说都是她(他)们氏族或部落的文化遗存。

　　(3)炎帝神农氏

　　炎帝又称神农氏,"三皇"之一,伏羲与女娲氏之孙,少典、有蟜氏之子。《国语·晋语》云:"昔少典娶有蟜氏,生黄帝、炎帝。黄帝以姬水成,炎帝以姜水成。成而异德,故黄帝为姬,炎帝为姜,二帝用师以相济也,异德之故也。"晋人皇甫谧《帝王世纪》云:"神农氏,姜姓也。母曰任姒,有蟜氏女登为少典妃,游华阳,有神龙首,感生炎帝。人身牛首,长于姜水。有圣德,以火德王,故号炎帝。"炎帝神农氏,实为袭号。"少典"的男子娶有蟜氏族之任姒(又名女登)为妻所生。姜水的地望说法不一,多认为在今宝鸡市渭滨区神农乡清水河流域。神农氏族延续千余年,大体可与仰韶文化(6500或6000至5000年前)相比附。神农氏的发明创造,严格地说多是对伏羲发明的继承和发展,也是对少典(有熊)、有蟜氏业绩的继承和发展。《吕氏春秋·慎势》说神农氏"十七世而有天下。"《春秋命历序》说炎帝"传八世"。还有传七十世之说。不过，多数学者认为"八世"之说比较可靠，能找出和排列出代系人物。这些人的事迹，往往又归于"炎帝"名义之下。炎帝的主要功绩是发展农业、中药学及演绎伏羲氏的八卦为六十四卦。炎帝部族的迁布地域更加广泛，在长江流域也有较多的遗迹。长江中上游的苗蛮、下游的古越，皆与黄河流域的氏族先民有了交往和接触。黄河流域的仰韶文化（彩陶文化），长江流域的彭头山、河姆渡等文化，说明"两河流域"都是中华文明的摇篮和发祥地。

　　田继周《先秦民族史》云："三皇的传说，反映的时代较为古老。在三皇时期，传说人物并不限于三皇，还存在着其他传说人物"。"燧人、伏羲和神农的传说，传诵了我国古代人类摩擦取火、渔猎和农业生产等与人们生活密切关联的重大发明和创造；同时，也反映了用火、渔猎、农业这三个不同的历史阶段。"[⑥]"从我国新石器时代的考古资料，也证明了我国'三皇'传说的可信性。"[⑦]此说是正确的。

三、传说时代的五帝主要人物与定位

　　中国古史的传说时代，在"三皇"之后有"五帝"，也非只有五个人，说法也不一。《史记·五帝本纪》《正义》案："太史公依《世本》《大戴礼》，以黄帝、颛顼、帝喾、唐尧、虞舜为五帝。谯周、应劭、宋均皆同。而孔安国《尚书序》，皇甫谧《帝王世纪》，孙氏注《世本》，并以伏羲、神农、黄帝为三皇，少昊、颛顼、高辛、唐、虞为五帝。"古今学者皆从司马迁之说。约与"五帝"同期的传说人物还有：炎帝后裔榆罔、共工，太皞伏羲后裔的少暤、蚩尤、伯益、皋陶，黄帝后裔祝融、鲧、禹等。

1. 黄帝轩辕氏

　　《史记·五帝本纪》云："黄帝者，少典之子，姓公孙，名曰轩辕。"

从诸家注释中知,少典是国名,非人名,系有熊氏族部落(聚落在今河南省新郑市)的裔支族首领。他娶有蟜氏族部落裔支族首领的女儿为妻而生黄帝,黄帝从父亲族号曰有熊。《正义》案:"黄帝有熊国君,乃少典国君之次子,号曰有熊氏,又曰缙云氏,又曰帝鸿氏,亦曰帝轩氏。"其生地有今山东曲阜、河南新郑、陕西宝鸡或陕北、甘肃天水等说。我们认为黄帝生于上邽(今天水市清水县内),成为有熊氏族首领,东迁于陈(今宝鸡市金台区),再迁于姬水(今陕西省咸阳市长武县),形成部落后又迁居于桥山(今陕西省黄陵县)。炎帝八代孙榆罔(又叫参卢,袭号炎帝)带部分族人东迁于陈(今河南省淮阳),再迁于鲁(今山东省曲阜)时,黄帝也带部分族人沿晋东南东迁于涿鹿(今属河北省),支族还迁至今北京一带。东方氏族部落首领蚩尤对炎帝(榆罔)占据鲁不满,起兵反抗,取得胜利,追击炎帝族军至涿鹿。炎帝与黄帝联合,驱逐蚩尤出涿鹿,经大战擒杀蚩尤,黄帝追击至今山东。黄帝率族军返回后,又与炎帝发生争夺最高盟主地位的涿鹿战争,击败炎帝。炎帝在亲从护卫下南走,众部落长推举黄帝为盟主。黄帝联合炎帝、蚩尤余民及东方少昊部落,组成华夏部落联盟,定都于"有熊之墟"(今河南省新郑)。涿鹿因曾为黄帝、炎帝、蚩尤(自号炎帝)之都,故成为"三祖"圣地。华夏部落联盟控制了中原(今黄河中游、下游),按地域将四方未与之联合的部落泛称为东夷、北狄、西戎、南蛮(四夷内也非一族,成分相当复杂)。黄帝担任华夏部落联盟最高军事民主首长后,逐渐统一了黄河流域,为中华民族"多元一体"的发展格局奠定了基础,原始农业、畜牧业、手工业生产向前发展了一步。他去世后,复归葬于桥山(今陕西黄陵县)。

2. 帝颛顼高阳氏

　　黄帝娶西陵氏之女嫘祖为妻,生子玄嚣、昌意,各为氏族首领,迁居于今四川西北部。昌意娶蜀山氏族之女昌仆为妻,生子名颛项,号高阳。颛顼生于若水(今四川汶川县,一说在荥经县),随父母的氏族迁居于高阳(今河南杞县),氏族在此发展为部落。少昊去世后,号青阳的玄嚣居于曲阜,管理东方事务。颛顼有才干,被祖父黄帝派往曲阜佐伯父。玄嚣年迈后颛顼执政,管理东方。黄帝年迈,昌意便让位于儿子颛顼。《史记·五帝本纪》云:"黄帝崩,葬桥山。其孙昌意之子高阳立,是为帝颛顼是也。"他迁都于顿丘(今河南省濮阳)。帝颛顼的突出贡献是推举了管理天事(神事)、地事(人事)的官员,因而史学界认为其体制已是"国家"的雏型。他98岁去世后,葬在东郡濮阳顿丘城门外广阳里(今濮阳市清丰县,唐代以前与濮阳为一县,名曰顿丘)。

3. 帝喾高辛氏

帝颛顼有子穷蝉,未被议事会举为首领,而是由姬喾任首长。《史记·五帝本纪》云:"帝喾高辛者,黄帝之曾孙也。高辛父曰蟜极,蟜极父曰玄嚣,玄嚣父曰黄帝。自玄嚣与蟜极皆不得在位,至高辛即帝位。高辛于颛顼为族子。"《正义》引《帝王世纪》云:"帝俈(喾)高辛,姬姓也。其母生见其神异,自言其名曰夋。韶龀(年少之义)有圣德,年十五而佐颛顼,三十登位,都亳(今河南省偃师市城关镇商城),以人事纪官也。"帝喾的主要贡献是发展农业,制订天文历法,教民按季节播种和收获。之后,他迁都于顿丘,去世后葬在狄山之阴(今濮阳市清丰县)。

4. 帝尧的事迹

帝喾高辛氏去世后,由其长子姬挚任"酋长"。九年后,他因病不能处理政事,让位于弟放勋。《太平御览》卷八十引《大戴礼记》记载孔子的话说:"高辛之子也,曰放勋。"《史记·五帝本纪》《索隐》:"尧,谥也。放勋,名。帝喾之子,姓伊祁氏。案:皇甫谧云:'尧初生时,其母在三阿之南,寄于伊长孺之家,故从母所居为姓也'。"他定都于平阳(今山西省临汾市),主要功绩是健全部落联盟机构,统一黄河、长江流域的大部分氏族部落,"监于万国";又和舜任命鲧、禹治水,贡献颇大。他高寿至118岁时去世,葬于平阳(今山西临汾,一说葬于雷泽,今山东鄄城)。

5. 帝舜的事迹

帝尧年迈时,议事会举荐舜为继位人。《史记·五帝本纪》说舜是黄帝的八世孙,颛顼的六代孙。《孟子·离娄下》云:"舜生于诸冯(今山东诸城),迁于负夏(今河南濮阳),卒于鸣条(有今河南封丘、山西运城等说),东夷之人也。"《帝王世纪》云:"瞽叟妻曰握登","生舜于姚墟(今山东鄄城县)","死葬苍梧之野,或苍梧九疑山之阳,是为零陵(今湖南宁远县)。"文献记载的不一,争论的纷纭,万字也难说清。我们认为舜是东夷有虞氏族的首领,生于今山东省鄄城,迁于诸城,是瞽叟的养子。生母去世后,继父母、弟象对其十分苛酷。舜在虐待中长大,吃苦耐劳,不记仇恨,孝敬父母和弟象,得到众人好评,被举荐为尧的继位人。他经历长期的各种考验,才当上华夏部落联盟最高军事民主副首长。又历八年的考验,尧去世后再守孝三年,才继位称"帝"。舜的突出功绩是任命禹治水取得成功,又使联盟机构健全,形成"国家"出现前夕的体制。所以在他去世后不久,夏朝就建立了。舜的葬地,传统说法是在今湖南宁远县九疑山,近年又说在今山西省运城市盐湖区,当以前说为是,后说当为纪念性质的陵庙建筑。

田继周《先秦民族史》云:"五帝传说反映的时代比'三皇'传说反映的时代为晚,所以流传得更为广泛和具体。"[8]"我国'五帝'时期,是原始社会的晚期,也可以说是阶级社会和国家形态的孕育期。"[9]张岂之主编《中国历史·先秦卷》云:"三皇五帝的传说,有些记述氏族部落的事迹,有些记述其领袖人物的生平。作为领袖人物生平记述的内容中又有一部分事实上并非个人事迹,而是一个时代成就的反映。"[10]

四、传说人物研究的现实作用和意义

我们研究史前传说时代的人物,并非只是重复或怀念古人,也非只是简单地追寻他们的遗迹,而是以祖先们的高贵品质和光辉业绩激励今人,提高民族素质,增强综合国力;以他们的丰厚历史积淀发展旅游事业,振兴中华经济,探寻文明之源,启示和促进现代文明建设。正如意大利著名历史哲学家克罗齐所说:"一切历史都是当代史。"传说人物对现实起着重要作用的标志,就是在学术研究基础上兴起的旅游和现代化的历史文化。

1. 传统史学研究

古今专家对古史传说时代人物进行的大量研究工作,揭开了扑朔迷离、纷纭复杂的传说时代历史的奥秘,分辨了神话、传说、史实杂糅的人皇圣帝形象和史迹,理清了大体的先后次序和传说遗迹。从而为开发利用奠定了基础,提供了科学依据,也为中华文明起源探索开辟了先河。这种研究是言必有据,去伪存真,实事求是,严禁虚构或夸大。

2. 旅游历史文化

如果中国古史传说时代人物的历史研究是基础的话,那么以其丰厚的历史底蕴而开展的旅游事业,则是辉煌文化殿堂的主体。相比而言,全国各地围绕三皇五帝文化载体(故里、祀庙、城及陵等)营建的旅游景点是广泛的,品牌是多样的,祭祀规模是盛大的,级别是高贵的。如甘肃天水羲皇故里、河南淮阳伏羲陵的公祭大典;陕西宝鸡、湖北随州、山西高平炎帝故里、湖南炎陵县炎帝陵的公祭大典;河南新郑黄帝故里、陕西黄陵县黄帝陵的公祭大典;河北涿鹿的炎帝、黄帝、蚩尤"三祖"公祭大典;湖南宁远、山西运城舜帝陵公祭大典等,以及这些地方的"文化节"、商贸洽谈会等,都相当隆重,参加的海内外人士相当多。三皇五帝旅游文化为各地带来了可观的社会、经济利益。可见三皇五帝的历史研究与旅游文化是既有联系,又有区别的,不能混淆和等同,也不能排斥和对立,而是有机结合、相得益彰的。旅游历史文化的含义和范畴,要比历史研究广泛得多;形式、品牌、内容也比历史研究对象丰富得多。一句话,旅游历史文化使三皇五帝的光辉形象和遗迹在现代文明中发挥了巨大作用。这也是对传说人物文化的全面立体展示,是对民族灵魂的延续和显示。

3. 现代化的历史文化

以往我们曾以"媒体炒作历史文化"概括,观今内容和形式,似乎以"现代化的历史文化"来概括比较妥切。这种历史文化主要是指从历史依托的各类文化产业实体、非物质历史文化表现形式,各种媒体宣传和商业性广告、网络炒作等。也可以说是形象化、现代化、模拟化的历史。如古皇、古帝的现代化公园、广场、产业园、歌舞及影视等。

现代化的历史文化是在经济大潮中出现和形成的,也是以历史积淀繁荣经济,促进现代化城市建设,加大招商引资宣传力度的必然,更是政府主导和企业家行为的结果。黄帝陵的大规模整修和焕然一新的面貌,就是典型一例。若不是在政府主导下科学定位、科学立项,加大宣传力度,就不可能吸引海内外华人的巨额投资,也不可能为国家带来巨大的社会、经济效益。不言而喻,这些现代的三皇五帝建筑和表现形式,是对历史的放大和夸张性宣扬。

综上所述,我们要在科学发展观的指导下,科学、客观、公正地研究古史传说时代的人物,全面、正确地看待旅游与现代化的历史文化,处理好三者之间的关系,区别各自的职责和功能,充分发挥三皇五帝等传说人物及其遗迹的作用,增强海内外华人凝聚力,促进中华民族的复兴,推动祖国的经济繁荣和富强。

注释：

①李建辉：《中华民族是人类古文明的主要缔造者——访文化人类学家、作家、民俗学家林河》,西北民族学院主办《民族》,2002 年第 3 期。

②宫长为、郑剑英主编：《炎帝神农氏——中华远古文明追索》孟世凯之《序》,北京：中国文史出版社,2005 年 5 月第 1 版,第 1—2 页。

③苏秉琦：《中国文明起源新探》,北京：生活·读书·新知三联书店,1999年 6 月第 1 版,第 176 页。

④樊树志：《国史概要》,上海：复旦大学出版社,2000 年 3 月第 2 版,第11 页。

⑤翁独健主编：《中国民族关系史纲要》,北京：中国社会科学出版社,1990 年 2 月第 1 版,第 36 页。

⑥田继周：《先秦民族史》,成都：四川民族出版社,1988 年 1 月第 1 版,第102 页。

⑦⑧田继周：《先秦民族史》,成都：四川民族出版社,1988 年 1 月第 1 版,第 103 页。

⑨田继周：《先秦民族史》,成都：四川民族出版社,1988 年 1 月第 1 版,第105 页。

⑩张岂之主编：《中国历史·先秦卷》,北京：高等教育出版社,2001 年 7月第 1 版,第 24 页。

2006 年 7 月 13 日

第二编　创世传说人物

开天辟地与盘古氏的传说浅论

近几年来,西安的炎夏与常说的"火炉子"武汉相比,可以说是有过之而无不及,而 2001 年的七月又格外炎热。酷暑下难以著书立说,便聊以读书静心,遂又重读了《古史辨》及儒学发展史等书,感触颇多,遂写下对盘古氏等传说或神话故事的札记。

一、《史记》未载而见于纬书的盘古氏等有否史料价值

中国古史的传说时代,一般是以司马迁《史记》所说的庖牺(即太昊伏羲氏)、有熊、有蟜氏等氏族为始源的。有的学者据《韩非子》所说,又认为是从燧人氏、有巢氏、炎帝神农氏等氏族开始的。从考古学说,古史传说时代最早也不出新石器时代(距今约 1 万年前);从社会组织说,是从母系氏族公社或部落的发展并日趋繁荣时代始。"中国古代没有神话专书。神话材料保存得较多的是《山海经》《楚辞》和《淮

盘古氏

南子》。此外在《穆天子传》《庄子》《国语》《左传》诸书中,也可找到一些片段。"①这些典籍成书的时代,多是在春秋以后,神话或传说经过后人的多次加工,已非原始形态。保存材料最多的《山海经》共十八卷,"传为夏禹、伯益所作,这是不可信的。鲁迅说:'山海经盖古之巫书也',最为精确。此书并非一人一时所作,《五藏山经》时代最早,约成于战国初,《海内外经》时代比较迟些,《大荒经》及《海内经》更迟,可能是秦汉人的作品,或为秦汉人所增益。书中所记的神灵有四百五十多个,人形神与非人形神,约为一与四之比。"②正因为它保存的材料比较原始,所以,对我们探讨远古社会真实面貌才有着较高的史料价值。书中记载的神人"能力广大,形状奇怪,有的是龙身鸟首,有的是鸟身人面,有的是人面蛇身,有的是三头六臂。这些神人出现时,有的是红光满天,有的是狂风暴雨。"③大概原始先民想象中的"人形神与非人形神"就是这个样子,也是以当时的社会现实和存在物为想象基础的。至于《山海经》记载的许多奇怪的鸟、兽、虫、鱼、草木、山川、河流、矿产,以及名称奇异的三首、三身、一臂、无肠、大人、小人国等等,也是当时社会的存在物或部落的称谓。《楚辞》《淮南子》等书的史料价值亦是如此。因此,史学界在正确对待和从神话传说以及记载纷纭的资料中观察原始社会时,多依据这些文献。在经历"信古""疑古"的争论阶段后,又实事求是的、客观的"释古"。严格说,旧石器时代的神话或传说,与通常说的"古史传说时代"是有区别的。但是,因有时难以分开,故也往往交错地提及。更何况"古史传说时代"又是来自于旧石器时代,其传说人物和故事也是如此。

中国古史传说时代以前的神人或纪年,多保存在经书被神秘化后出现的纬书中,或保存在佛教、道教及野史书中。我国以"预言"谈吉凶祸福,最早出现在春秋秦穆公梦见天帝之时。秦国的谶言(预言)也由此出现。"自是以后,在秦代也出现了不少的谶语,如'亡秦者胡也','今年祖龙死','始皇帝死而地分',这些,都是当时人民假上帝之名发出来的预言。谶语的制造,到西汉末才达到它的全盛时代。当此之时,上帝几乎每天都有要王莽准备做皇帝的预示。更后,到东汉的刘秀要做皇帝,又出现了《赤伏符》四十二篇;公孙述要做皇帝,也找到了许多上帝规定了他应做皇帝的预示"。"直至古文经出现以后,才有人利用这些上帝的言语,来神话这些翻版的圣经,于是所有的谶语才被编辑起来,而命之曰纬书。"④谶纬的制造者说:《河图》《洛书》是自黄帝至周文王以来上帝颁赐下来的成套的天书,七经之纬都是孔子所作。《隋书·经籍志》对此沿袭记载说:"孔子既叙六经,以明天人之道,知后世不能稽同其意,故别立纬及谶,以遗来世。其书出于前汉,有《河图》九篇,《洛书》六篇,云自黄帝至周文王所受本文。又别有三十篇,云自初起至于孔子,九圣之所增演,以广其意。又有《七经纬》三十六篇,并云孔子所作。"西汉时,自《书》《易》《诗》《春秋》,以至《孝经》《论语》均有纬。《后汉书·方术列传·樊英传》载云"河洛七纬"。唐章怀太子李贤注曰:"《易》纬《稽览图》《乾凿度》《坤灵图》《通卦验》《是类谋》《辨终备》也;《书》纬《璇机钤》《考灵耀》《刑德放》《帝命验》《运期授》也;《诗》纬《推度灾》《记历枢》《含神雾》也;《礼》纬《含文嘉》《稽命征》《斗威仪》也;《乐》纬《动声仪》《稽耀嘉》《汁图征》也;《孝经》纬《援神契》《钩命决》也;《春秋》纬《演孔图》《元命包》《文耀钩》《运斗枢》《感精符》《合诚图》《考异邮》《保乾图》《汉含孳》《佑助期》《握诚图》《潜潭巴》《说题辞》也。"这些纬书,"以后由于宋武帝、梁武帝以至隋文帝之禁抑,特别是隋炀帝的焚毁,皆早已散亡。其保全以至今日者,只有《易》纬八种。自明清以来,学者如明之孙毂、清之朱彝尊、黄奭汉、赵在翰、马国翰、孔广林、袁钧等,先后致力于谶纬之辑逸的工作。他们从许多古书中,如《十三经注疏》、《白虎通德论》、《后汉书》、《续后汉书·律历志》、葛洪《抱朴子》、陶弘景《真诰》、贾思勰《齐民要术》、《太平御览》、《册府元龟》等古书钩稽抓剔,再为辑出若干。我们今日所得见者,盖纬书之零简也。"⑤盘古氏等相当于旧石器时代晚期的人物或远古的"纪年",多来自纬书、野史及杂书,甚至来自宗教书。吕思勉先生在《盘古考》(载于《古史辨》七册)云:"《五运历年纪》《三五历记》之说,盖皆象教东来之后,杂彼外道之说而成。《述异记》首数语,即《五运历年纪》之说。秦汉间俗说亦同。"⑥此说有一定道理,因王莽改制时,有些人托于天、托于神,东汉后的纬书撰写者更是如此。他们以佛教、祥瑞等妄说杜撰故事。《厄泰梨雅优婆尼沙昙》曰:"大古有何德摩,先造世界。世界既成,后造人。此人有口,始有言;有言,乃有火。此人有鼻,始有息;有息,乃有风。此人有目,始有视;有视,乃有日。此人有耳,始有听;有听,乃有空。此人有肤,始有毛发;有毛发,乃有植物。此人有心,始有念;有念,乃有月。此人有脐,始有出气;有出气,乃有死。此人有阴阳,始有精;有精,乃有水。"《外道小乘·涅槃论》云:"本无日月星辰,虚空及地,惟有大水。时大安荼生。形如鸡子,周匝金色。时熟破为二段:一段在上作天,一段在下作地。"《摩登伽经》云:"自在以头为天,足为地,目为日月,腹为虚空,发为草木,流泪为河,众骨为山,大小便利为海。"《古史辨》七册载顾颉刚《三皇考》说:"纬书是东汉时民间信仰的一个荟萃。这些民间信仰,依附孔子,以孔子作中心。他们似乎要造成孔教,但因有一班儒者的不合作,而且起来破坏他们,所以未能成功。到汉末时,有张道陵的新教起来,依附老子,一时民间信仰就凑集在那里。适值佛教输入,就摹仿了佛教的仪式而建立道教,这一次居然成功了。道教中的著作谓之道经,在道经里也一样有三皇,一样有开天辟地的说法。"⑦翦伯赞先生亦说:"纬书可以说是上帝的语录,也可以说是传说与神话的集大成。纬书中有编辑的传说与神话,不仅是汉族的,而且有许多是四周诸族中的。例如在纬书中出现的盘古、天地人三皇及西王母等,这些太古时代的神人,在纬书中出现以前,是都没有听到说过的,而且他们都不是出生于中原地区。据纬书说,盘古生于大荒,天皇起于昆仑,地皇兴于熊耳,人皇起于形马,西王母居于流沙之濒。这些神话,显然是从四周诸种族中传入的,有些也许早就传入中国,但大部分却是西汉在民族战争中带回来的胜利品,而为司马迁所不及见不及闻的材料,所以司马迁写《史记》说到最古的人,只说神农、庖牺。由此看来,我们又证明了纬书之开始形成,最早亦在西汉中叶以后。"⑧《古史辨》第一册顾颉刚与钱玄同先生论古史书说:"从战国到西汉,伪史充分的创造""自从秦灵公于吴阳作上畤,祭黄帝""经过了方士的鼓吹,于是黄帝立在尧舜之前了。自从许行一辈人抬出了神农,于是神农又立在黄帝之前了。自从《易·系辞》抬出了庖牺氏,于是庖牺氏又立在神农之前了。自从李斯一辈人说'有天皇,有地皇,有泰皇,泰皇最贵',于是天皇,地皇,泰皇更立在庖牺氏之前了。"⑨"自从汉代交通了苗族,把苗族的始祖传了过来,于是盘古成了开天辟地的人,更在天皇之前了。时代越后,知道的古史越前;文籍越无征,知道的古史越多。汲黯说'譬如积薪,后来居上',这是造史很好的比喻。"⑩尽管顾颉刚先生认为是"伪史",但他却为我们说出了从盘古到帝舜次序排列形成的过程。纬书等是否真的就没有一点史料价值呢? 我们认为是有的,正如翦伯赞先生说:"纬书所收录的神话,大半都带着极原始的性质。所以在这些神话中说到一些太古神人的出身,都不是男女媾精,而是他们的母亲被电触了一下,被星闪了一下,被龙感了一下,或者说是蹈过一次男人的足迹。说到那些太古人的相貌也不像有史以后的人类,还是带着若干兽类的特征。当然,既谓之曰神话,它就与真实的历史有出入,但是神话的产生,则是以真实的历史为底本,它与真实历史不同的,只是把史实加以夸张或歪曲而已。因此,我们不能说,纬书上的神话都是假造的。"⑪新石器时代晚期的传说人物炎帝等尚不知其父,也不知男女交媾生育的科学知识,更何况新石器时代中期、早期乃至旧石器时代的先民呢? 口耳相传,添枝加叶,神化首领式的人物,想象"祖先"的非凡人之态,都是无可非议的,从似乎荒诞不经的纬书中能观察到原始社会的迹象,也是可能找出一些依据的。何光岳先生考释:"这些记载虽多出于纬书,有经有纬才能反映中国历史的本来面目。由于中国漫长的封建主义制度,长期以来独尊儒术经典,贬斥纬书稗史,以致一些能反映当时真实历史的记载已濒于绝灭。而传统的史学家,多矻矻于正史的研究,对诸如《山海经》《三坟》《丹壶书》《春秋元命苞》《春秋命历序》《遁甲开山图》《三五历记》《路史》《通鉴外纪》之类的好书,却斥之为异端和野老之首。殊不知这些大量宝贵的史学遗产侥幸遗传至今,我们才得从这些纬书和野史中得知他们忠实地记载着上古世代口头流传的史学,正是这些材料辅助了正史之不足,填补着许多史学的空白。"⑫此论甚确。我们正是鉴于此,才以这些书的记载重新研究《春秋元命苞》所记载的"十纪"、盘古氏等反映的历史实际和文化。田继周先生说:"在文字记录以前,人类的历史和文化是靠口耳相传授的,这就是古代传说的由来。任何一个民族,在进入文明时代以前以及进入文明时代以后,都有丰富的传说,内容包括人类起源、历史以及他们生活的各个方面。由于人们当时对自然界和人类活动本身缺乏科学的认识,他们的传说便很自然地和符合思维发展规律地加有许多宗教的成分,涂有浓厚的宗教色彩。又由于长期的世世代代的口耳相传,很多传说也不免有某些变形或附以后加成分。虽然如此,古代传说,仍然是我们研究古代历史,特别是文字产生以前的历史的宝贵资料。任何一部史书,在阐述文字产生以前或缺乏文字记载的历史时候,都或多或少地采用了传说和神话的材料,或者作为佐证。"⑬此说甚确。

二、盘古氏前"十纪"说的人类社会

宋代罗泌的《路史·余论》引《春秋命历序》载:"自开辟至获麟,三百二十七万六千岁。"《汉书·王莽传》载:"莽改元地皇,从三万六千岁,历号也。"《后汉书·隗嚣传》载:"移檄郡国,言莽'矫托天命,伪作符书,下三万六千岁之历,言身当尽此度'。"《古史辨》七册载吕思勉《古史纪年考》云:"三百二十七万六千者,三万六千与九十一相因之数,则《命历序》实据莽所下历。"王莽地皇元年为公元20年,加上自夏朝建立到地皇元年以前的2070年,为2090年。"3276000岁"减去2090年,则为"3273910岁",是关于原始社会纪年最长久的年代。《续汉书·律历志》记载:汉灵帝熹平四年,蔡邕议历法,谓"《元命苞》《乾凿度》,皆为以开辟至获麟,二百七十六万岁。"《广雅·释天》云:"天地开辟,人皇以来,至鲁哀公十有四年,积二百七十六万岁。分为十纪:曰九头,五龙,摄提,合雒,连通、序命,循蜚,因提,禅通,疏仡。"鲁襄公十四年为公元前559年。夏朝建立于公元前2070年,减去559年为1511年。"2760000岁"减去1511年为"2759589岁"。它与前者相比,虽然时空较短,但从对原始社会的纪年说,也够长久了。

以距夏朝建立前的"三百二十七万三千九百零十年"论,初年时的猿人则处在"上新世"的末期,"正在形成中的人"之一部分开始向"形成中的人"(能人)过渡。"南猿(主要指南猿阿法种)生存的年代约从上新世500—550万年开始。到更新世初期,约300万年前,南猿阿法种分为两支,一支为纤细种、粗壮种,大约在100万年前灭绝,另一支为以能人为代表的早期直立人。"[14]以距夏朝建立前的"二百七十万年八千四百八十九岁"论,初始期的人类已进入"形成中的人"(即真人)阶段,也就是已逐渐演变为以能人为代表的"早期直立人"。那时社会已由原始群过渡为血缘家族公社。"早期直立人是早更新世距今约三百万年到二百万年或一百五十万年前的早期人类。这一阶段的人类,已经具有人的基本特征,但还带有许多原始性质。最主要的特点是他们已经能够制造工具,有了文化,并能进行有组织的集体劳动,达到了真人的地位,已经

是完全形成的人了。"⑮血缘家族公社(相当于旧石器时代早期)在
"早期直立人"阶段已形成。马克思《摩尔根〈古代社会〉一书摘要》
指出:"血缘家族是第一个社会组织形式。"它标志着真正人类历史
的开始。我国云南发现的距今 170 万年之元谋人、山西芮城县西
侯度与元谋人时代相当的旧石器早期文化遗址之主人,属于此类
猿人。其后是晚期直立人阶段。晚期直立人在年代上,约从一百
五十至二百万年到二十至三十万年前。我国的蓝田(在陕西蓝田
县)猿人、北京猿人、(安徽)和县猿人属于此。晚期直立人已接近
现代人,有了简单字句与音节的语言,已会保存、使用天然火,居住
已从森林中移往天然形成的山洞,有了人工制造的石器,以采集和
狩猎为生。"北京人的石器类型和砍砸技巧的一套传统,很有独特
的地方。专家们认为,北京人的文化和技艺是独立发明的,代表东
亚、东南亚的文化传统,同非洲、欧洲的文化传统有显然区别。"⑯
北京猿人的年代为距今八十至七十万年,说明在三四百万年前由
非洲北部与亚洲南部(当时为一块陆地,还未被地中海分开)逐渐
移动到欧洲、非洲南部及中亚、西亚等地的早晚期直立人,由于自
然地理环境、气候等原因,在人种、肤色及文化等方面,已逐渐有地
方特征之不同的区别。那种认为因人类起源于中国南部而夸大说
世界人类或民族的古文化,都是中国人的后裔文化或是由中国传
播去的观点,是站不住脚的,也是不符合人类发展史和历史实际
的。早期直立人、晚期直立人又统称为直立人。"直立人阶段在人
类发展史上,在从猿到人转变过程中已经达到了真正人类地位,当
然他还是人类发展的初步形态。由于劳动生产的发展,集体行动
的要求,语言进一步作为人们交际和协作的工具,文化的产生和逐
步的、缓慢的发展,这时期的人群开始过有组织的社会生活,形成
了第一个社会组织形式,也就是最初的原始共产主义社会形态,即

血缘家族公社。"⑰考古学将他们归入旧石器时代早期。因其人类化石在亚、非、欧三洲均有发现,故有的学者便认为人类起源于"亚非欧"大陆。

从血缘家族公社过渡到母系氏族公社,是在旧石器时代中期。"人类发展到更新世中期后一段时间,大约距今二三十万年前或稍后一些时间,便由直立人进入到智人阶段。"⑱智人化石依然是发现于亚、非、欧三洲。它又分为早期、晚期智人(亦称古人)两个阶段。早期智人(又称古人或尼人)的年代约距今二三十万年到四五万年以前,包括更新世中期后一段时间和更新世晚期前一段时间内的古人类。我国相继发现的陕西大荔、山西阳高许家窑、广东马坝、湖北长阳、山西丁村的人类化石等,均属于此。在旧石器时代中期和晚期的交界时期(距今约五万年前),早期智人过渡到了晚期智人阶段(亦称为智人的智人、新智人、克罗马农人或新人),在形态上非常接近现代人,已会制造工艺比较高而复杂的石器、骨器等生产工具,还能进行绘画和雕刻。"随着晚期智人生产水平的提高,地区分布比早期智人更为广泛,在旧石器晚期不仅广布欧、亚、非三洲,而且还分布到前人未曾到过的大洋洲(包括澳洲)和美洲,移殖是经过漫长的岁月实现的,在北方由欧亚大陆进至北部;在东北由中国北部进至西伯利亚转往美洲,在南方由印度支那、印度尼西亚进入澳洲、新西兰、塔斯马尼亚和太平洋群岛。晚期智人实际已经遍布全球,逐渐发展成为现代全世界的各色人种和种族。"⑲四五万年前以后的晚期智人,体质结构与一万年前以来的现代人完全一样。新人阶段形成了以中国的山顶洞人为代表的蒙古利亚人种,即黄种人的祖先(亚洲);以法国克鲁马农人为代表的欧罗巴人种,即白种人的祖先(欧洲);以南非弗洛里斯巴人为代表的尼格罗人种,即黑人种的祖先。美洲和大洋洲的新人,都是从四五万年后由亚洲迁徙过去的。我国的广西柳江人、山西峙峪人、周口店山顶洞人、四川资阳人、内蒙古萨拉乌苏人（河套人）、广西来宾麒麟山人、山东新泰人、辽宁建平人、云南丽江人、台湾左镇人等属于此。晚期智人到距今二三万年时进入旧石器向新石器时代的过渡阶段，考古学称之为中石器时代，盘古氏的传说故事就发生在这个阶段。就盘古氏说，并不属于中国古史传说时代的人物。因为一般认为我国的古史传说时代是从传说的"三皇"（燧人、伏羲、神农氏）开始的。

三、盘古氏的传说史迹及其反映的社会状况

从古文献与近现代人的著作看，盘古氏早于"三皇"，是中石器时代的代表人物。刘起釪先生说："盘古是我国神话传说中开天辟地的神。但他在文献中出现的时间不早，直到三国时才被提出来。可是这最后出的一位，却'后来居上'地被安置在群神古帝最前的位置上，成了我国古史神话传说中最古的一位尊神。在盘古出现前，并不是没有开天辟地性质的神话，例如从西周起，已有布下大地的神；春秋末季提出了邃古之初天地形成的问题；战国更有产生日月、化为万物的故事；西汉则有经天营地的二神，亦即补天尊地、治水造人的神等等。只是这些神话往往还不完整，或者还在形成中，从而未具备一定的模式。"[20]因而才有三国之盘古开天辟地故事的流传。它的形成和记载虽晚，但却是早于"三皇"的传说人物。《艺文类聚》卷一引三国吴人徐整的《三五历记》载："天地混沌如鸡子，盘古生其中。万八千年，天地开辟，阳清为天，阴浊为地。盘古在其中，一日九变。神于天，圣于地。天日高一丈，地日厚一丈，盘古日长一丈。如此万八千岁，天数极高，地数极深，盘古极长。后乃有三皇。数起于一，立于三，成于五，盛于七，处于九，故天去地九万里。"宋代胡宏《皇王大纪》云："盘古生于大荒，莫知其始，明天

地之道,达阴阳之变,为三才首君,于是混茫开矣。"道教书《洞神部·玉诀类》之《玄经元旨发挥》云:"天地浑沦如鸡子,盘古生其中。一日九变,神于天,圣于地。天日高一丈,地日厚一丈,盘古日长一丈,如此万八(千)岁,天极高,地极厚,盘古极长。其生也神灵,极天之高,极地之厚,宰御形气,胚辉万有。其死也,头为五岳,目为日月,脂膏为江海,毛发为草木,然则万物之祖也。"前半段与《三五历记》所说相同,后半段与《述异记》所说类似。从这些大同小异的记载中,可知盘古氏在旧石器时代末及中石器时代先民的眼中,是个顶天立地,大如宇宙,包罗万物,无所不能的神人。元代陈桱《资治通鉴前编》、明代王世贞和袁黄的《纲鉴合编》、清代吴乘权的《纲鉴易知录》等,在"三皇"之前都列入了盘古氏。如《纲鉴易知录》卷一云:"天地初分之时,盘古生于其中,能知天地之高低及造化之理,故俗传曰'盘古分天地'。"又云:"盘古出御世,太极生两仪(阴阳之所以变化者,有两个理以为之主宰,太极即理也。两仪,阴、阳也),两仪生四象(太阳、少阳、太阴、少阴),四象变化而庶类繁矣。相传首出御世者曰盘古氏,又曰浑沌氏。"《云笈七籤》内的《太上老君开天经》云:"太素既没而有浑沌","浑沌以来始有识名。浑沌号生二子,大者胡臣,小者胡灵。胡臣死为山岳神,胡灵死为水神"。"混沌既没","而有九宫"。"九宫没后,而有元皇"。"元皇之后,次有太上皇"。"太上皇之后,而有地皇。地皇之后而有人皇。人皇之后,有尊卢。尊卢之后,而有勾娄。勾娄之后,而有赫胥。赫胥之后,而有太连。太连以前,混沌以来,名曰中古。太连之后,而有伏羲","自伏羲以前,五经不载,书文不达"。"伏羲没后,而有女娲。女娲没后,而有神农"。"神农没后,而有燧人"。"燧人没后,而有祝融。祝融之时,老君下为师,号广寿子,教修三纲,齐七政。三皇修道,人皆不病"。"次有高原、高阳、高辛三世。次有苍颉、仲说,教书学文。三皇之后,而有轩辕黄帝。"这个记载有很多矛盾和有许多需要研究之处,但总算排列出了盘古至黄帝的世系,包含了约1.5万年的史前社会演变史。盘古氏的生地无可考,他是母系氏族公社发展时期的群体代表人物。根据我国中石器时代遗物在河南许昌、陕西大荔朝邑发现的情况看,人们制造的石器比较精细,有了石箭头,生产力发展水平与旧石器时代相比,有了很大提高。人的体质与现代人区别甚小,语言和思维能力有较大进步,对天、地、气候、自然环境等有所认识,因而便将"天地开辟"的事务加在盘古身上。《五运历年纪》载:"元气濛鸿,萌芽兹始,遂分天地,肇立乾坤。启阴感阳,分布元气,乃孕中和,是为人也。"这正与现代人的真正形成时代(中石器时代)大体吻合。又载:"首生盘古,垂死化身。气成风云;声为雷霆;左眼为日,右眼为月;四肢五体为四极五岳;血液为江河;筋脉为地理;肌肉为田土;发髭为星辰;皮毛为草木;齿骨为金石;精髓为珠玉;汗流为雨泽;身之诸虫,因风所感,化为黎甿。"又云:"盘古之君,龙首蛇身,嘘为风雨,吹为雷电,开目为昼,闭目为夜。"《资治通鉴外纪》引《述异记》曰:"然则生物始于盘古,天地万物之祖也。其死也,头为五岳,目为日月,脂膏为江海,毛发为草木。先儒说:盘古氏泣为江河,气为风,声为雷,目瞳为电。喜为晴,怒为阴。秦汉间俗说:盘古氏头为东岳,腹为中岳,左臂为南岳,右臂为北岳,足为西岳。吴楚间说:盘古氏夫妻,阴阳之始也。"宇宙万物和人类早就有了,自然不是盘古氏各种器官所变,只能说是盘古时代人们才逐渐认识到而已。盘古氏的传说,没有说到原始农业、家畜训养业、手工业等,并非当时没有,只能理解为当时的狩猎和采集是主要谋生手段,并开始由天然山洞移往山川河流的地区,营筑简陋的半地穴式草木结构房屋居住。在西南地区的先民,则还住在天然的洞穴中(如广西与云南等地)。

盘古氏部落及其裔族迁布之广或其族影响之深远,从一些文献中也可看到。《山海经·海外北经》云:"钟山之神,名曰烛阴。视为昼,瞑为夜。吹为冬,呼为夏。不饮,不食,不息;息为风。身长千里。在无极之东。其为物,人面,蛇身,赤色,居钟山下。"钟山,今江苏南京也。《山海经·大荒北经》云:"西北海之外,赤水之北,有章尾山。有神,人面蛇身而赤。直目正乘。其瞑乃晦,其视乃明。不食,不寝,不息。风雨是谒。是烛九阴。是谓烛龙。"《辞海》释:赤水,古城名。故址在今青海省青海湖南兴海县境。"这两处记载的是一个故事之传闻异辞,烛阴即是烛龙,后一说比较完全。晋代的《玄中记》云:"北方有钟山焉,山上有石首如人首,左目为日,右目为月;开左目为昼,闭右目为夜;开口为春夏,闭口为秋冬。"此载综合了《山海经》的两说,均是较早化成万物的神话,也是盘古神话在战国时代最早的记载,从而说明盘古氏的神话是由西北、北方传往南方的。《路史》云:"会昌有盘古山;湘乡有盘古堡;零都有盘古祠;成都,淮安,京兆,皆有盘古庙。"刘锡蕃《岭表记蛮》载:盘古为一般傜族所虔祀,称之为盘王,傜人以为人之生死、寿夭、贵贱,皆盘王主之",天旱祷盘王,瑶王游田间。"常任侠《沙坪坝出土之石棺画像研究》文中引有苗族的《盘王歌》(七字一句),歌颂盘王创造了犁耙、织机及数种苎蔴等苗民赖以生存的业绩。这些地方分布在今河北、湖南、河南、四川、江苏及陕西。《路史》引《元丰九域志》云:广陵(今江苏扬州)有盘古冢庙。会稽(今浙江绍兴)亦尊奉盘古氏。《路史》引《地理坤鉴》云:"盘古龙首人身。"盘古氏几乎在今日中国皆有遗迹。足见其影响之久远和广泛,这恐怕与他随佛教、道教在中国各地的传播有关。

由文献记载结合考古资料,以及人类学的研究成果看,盘古氏族公社兴起于黄河流域中下游,后向南方迁徙(本族先民或其裔支族),延续八九千年。尊其为祖先的其他地区氏族先民在辗转迁徙中,又将盘古氏的传说带往更远的地方,致使北方、南方均有其传说和遗迹,湖南又是盘古氏部落或其后世部落的又一聚落点。"通过对各个遗存文化内涵的分析,可以将湖南新石器时代文化划分洞庭湖西北岸澧水流域和沅水下游、湘江和资江中下游、沅水中上游、湘江和资江上游四个区。其中洞庭湖西北岸的澧水流域和沅水下游工作做得最多,考古学文化编年最清楚[21]。澧县彭头山遗址的上限为9000年,下限在7800年,已进入新石器时代早期的年代范围。它与盘古氏族部落延续的年代大体一致,其创造的古文化,当地土著氏族的文化自然也包括在内。

从澧县彭头山遗址发掘情况看,盘古氏族部落裔支和土著氏族结合而成的部落,在这里居住的时间久远,且相当长,他们制造的石器同澧县旧石器时代末期乌鸦山、石门燕儿洞所出土的石器有着紧密的联系和承袭,"除极少量磨制小型石锛、凿和装饰品棒、珠、管外,绝大多数为打制的砾石石器和黑色燧石小石器。砾石石器中出现了极少粗陋的盘状器。"[22]他们已会修建陶窑,烧造较为原始的陶器。"彭头山遗址出土陶器表现出明显的早期性:类型简单,主要为钵、罐、釜和支架四类。除支架外,几乎全为圜底器。支架和小型器多为直接捏制,其他器则为模具上用泥片贴筑,少数罐肩或腹部有双耳。陶器多为红色红褐色,胎多黑色,含碳。外表多施粗乱绳纹,晚期地层有少量锥刺纹和划纹。"[23]这些石器、陶器说明他们的手工业生产还有旧石器时代末与中石器时代的遗风,技艺和生产水平还比较原始。先民们的种植业有所发展,已超过狩猎和采集经济形态。如彭头山"一些红烧土块和陶器胎质中发现有炭化了的稻谷谷壳,研究者认为羼和在红烧土和陶土中的稻谷谷壳属于栽培稻"[24];八十垱遗址附近古河道黑色淤泥中还"出土了两万多粒稻谷和大米,数量超过了国内已有发现的总和,这些稻谷和大米保存状况非常好,刚出土时有的甚至色泽如新。据初步观察和研究,它们的种类多,变异幅度大,是一种兼有籼、粳、野特征的正在分化的倾籼小粒型原始古栽培稻。与稻谷稻米同时在古河道淤泥中出土的还有大量陶器,一百五十余种植物籽实,数十种动物与家畜骨骸,大量竹、木器,其中木耒、木铲、骨铲等应为农具。"⑤这一是说明盘古氏和土著居民结合成的部落中氏族较多,人口也相应多而集中。二是说明他们的原始农业比较进步,使用了木、骨质农具。三是说明他们的种植业种类多,但栽培水稻还处在初始阶段(是我国发现栽培稻最早者,将栽培稻的开始年代提前了一二千年,是稻作农业起源的重要发现)。四是说明狩猎还是生活资料来源的一部分,并有了家畜饲养业。这些状况,都与旧石器时代末、中石器及新石器时代早期的社会发展状况相符合。他们的部落居址也相应比较宏大,如彭头山的八十垱聚落遗址面积"已达 3.5 万平方米,发掘了 1100 平方米。时代相当于彭头山遗址的中、晚期,距今约 8000 年左右",还发现了"目前我国最早的聚落壕沟和围墙,估计主要功能为排水和防护,300 米的壕沟和古河道相连,使八十垱成为一个环壕聚落。"⑥这说明先民在选择聚落时,已注意到了排水和地形,并挖壕沟保护先民的生命、财产安全,以及防御野兽或外部落的侵扰;浙江地区近年也发现了与盘古氏裔族相当的古文化遗存。"跨湖桥遗址在杭州市萧山区湘湖一带,1990年和 2001 年,浙江省和萧山区文物考古部门对这一遗址进行了两次发掘,出土了大批陶、石、骨、木器,去年发掘后复原陶器 150 余件。国家海洋二所和北京大学分别对两次发掘的文物进行碳 14测定,测定年代均为距今 8000 年左右,明显早于已经发现而今已举世闻名的、距今 7000 年的河姆渡遗址。"⑦专家们推断,"跨湖桥遗址的上限较早,其整体明显早于河姆渡文化,与洞庭湖地区的皂市下层文化或汤家岗、丁家岗下层类型的遗存年代相仿"⑧;"跨湖桥遗址出土了许多稻谷颗粒,考古界原认为起源于河姆渡时期的稻谷,也会因跨湖桥的发现而大大往前推移"⑨;当时"狩猎经济在经济生活中还占着较大的比例，说明遗址具有较早的时代特征。"⑳结合湖北、江苏等地的新石器时代早期遗址观察，我们对《述异记》载的"吴楚间"对盘古氏的传说，以及会稽（今绍兴）有盘古祠就容易理解了。《路史》也说："荆湖南北，今以十月十六日为盘古氏生日，以候月之阴晴。"足见盘古氏在今河北、湖南及浙江等地影响之广泛而深远。

四、盘古氏传说遗迹达至遥远的岭南

《述异记》载："今南海有盘古氏墓，亘三百余里，俗云后人追葬盘古之魂也。桂林有盘古氏庙，今人祝祀。"又云："南海中有盘古国，今人皆以盘古为姓，则盘古亦自有种落。"南海在先秦古籍中泛指南方各族的居地，远达南海。这里是指今广东省南海市。今广东西部岩洞中，犹有盘古庙，以旧历六月初二日为盘古生日，远近聚集，致祭极虔。杨宽《上古史导论》云："广东高要附近亦有盘古庙。无不在南方。"吕思勉《盘古考》（载《古史辨》）云："今粤西岩洞中，犹有盘古庙，以旧历六月二日为盘古生日，远近聚集，致祭极虔。"这两地的盘古氏，当系以其为号的盘古氏裔支氏族首领。广东西江、北江流域石灰岩地貌出露广阔，洞穴遗存相当丰富。阳春独石仔、封开黄岩洞等是这类旧石器时代末期、中石器时代及新石器时代早期遗存中的重要遗址。遗物以大量打制石器、少量磨制石器和穿孔石器为特征，未见陶器，还有大量螺蚌类软体动物遗骸。同类遗存还有螺髻岩、英德牛栏洞、青塘朱屋岩等。年代大约在距今14000—9000年左右，代表着旧石器时代向新石器时代的过渡阶段，有人认为属于华南地区的中石器时代，其陡刃石器是石器中最具特色的器物。这类遗存与南亚地区的和平文化有较为密切的关系。在怀集大沙岩、英德牛栏洞三期文化及青塘仙佛岩等遗存中,已出现局部磨制石器与陶器共存,显然已进入新石器时代。粤东的南澳岛象山,发现一种用燧石打制而成的石片石器,多为凹刃刮削器,以人字形最具特色。其后在丰顺汤屋山、番禺飘峰山也发现数量很少的同类石器,发现者将其定名为细小石器,结合象山地层中发现的夹砂陶片,认为其年代在距今 8000 年左右③。洞穴遗存的年代与盘古氏相传的年代约相当,说明这里的土著越人氏族历史十分悠久,且尊奉盘古氏为祖先。粤东南澳象山、丰顺汤屋山、番禺飘峰山等遗址的主人,当为盘古裔支族和土著古越人结合的氏族或部落居地。苏秉琦先生指出:"岭南地区有与赣北相应的发展序列。北江流域有类似(江西)万年仙人洞下层的堆积,如在始兴玲珑岩发现了在胶结层中包含单一夹砂陶和打制石器的遗存,珠江三角洲一带也有新石器时代较早的遗存,南海西樵山包含了旧石器时代晚期和新石器时代早晚期不同时期的遗存,打制、琢制石器大量存在。"②这与传说的盘古墓在南海正相吻合。

"盘古氏庙在桂林"虽是传说或后人修筑的纪念性建筑,但起码是盘古部落或其裔支的影响已远达今广西桂林。广西地区在旧石器时代晚期就有人类活动,中石器时代遗址较多(武鸣县苞桥、芭勋、桂林东岩、来宾盖头、柳江陈家岩与思多岩、崇左矮洞、柳州白莲洞等洞穴遗址),说明由"新人"发展为"古越人"的氏族不少。他们创造的新石器时代文化,多是洞穴文化的延续,其中的桂林甑皮岩遗址(早期年代距今 9000 年以上,晚期距今 7500 年以上,是广西和全国年代较早的新石器时代文化遗址),从它先后延续的年代看,与传说的盘古氏及其裔族年代恰相一致。不过,即使是有盘古氏裔支族迁于此,但也被土著古越氏族融合了,居住等习俗也随入了越族,住的是岩洞。"甑皮岩遗址位于桂林市南郊独山南麓,总面积约 300 平方米。在主洞中心区发现经过长期烧烤的圆形火塘和储放杂物的椭圆形灰坑,在主洞后壁附近发现石料贮放点。"③
他们从事的手工业主要是石器、陶器及骨器制造。"石器以打制的
为主,利用花岗岩打制成砍砸器、砍劈器和盘状器。打击方法比较
简单,石器种类较少。磨制石器所占比例小,多用板岩、页岩和千
枚岩琢磨而成,其中许多仅磨刃口,通体精磨的极少。有用动物长
骨磨制的骨镞、骨锥、骨鱼叉、骨簪和骨针,用蚌壳制作的蚌刀、蚌
铲、蚌勺和装饰品。陶器均手制,夹砂,厚重,火候较低,色泽不匀。
陶器品种主要是敞口、直口或敛口的罐、釜、钵、瓮,器表饰绳纹或
篮纹、划纹和席纹。"③④制造工艺还比较落后。猪、羊、牛、苏门羚、
鹿、獾、豪猪、食蟹蠓、猴、竹鼠、鱼及龟等动物骨骼的大量伴出,说
明当时先民还是以狩猎为主要生活资料的。其中的猪骨骼经过鉴
定,证明甑皮岩洞穴遗址的主人已会驯养动物。除已述省区盘古
氏时代的考古文化外,其他各省旧石器时代末期至新石器时代早
期的文化遗存,也大体可归为盘古氏文化范畴。至于盘古氏与槃
(盘)瓠氏为一人的问题,当另文考述。二者相差四五千年,实不可
能。刘起釪先生考证:"槃瓠只是南方奉神犬为图腾的各族的始祖
神,传说中他的历史功绩只是在所谓高辛帝时期躲进深山荒野石
窟中诞育出了苗、瑶、畲各族,而从来没有开天辟地的故事,与中原
华夏族所传开天辟地的神,根本不是一回事。再从传说资料看,上
引《广博物志》所载《五运历记》说'盘古龙首蛇身',又《路史》引《地
理坤鉴》则说'盘古龙首蛇身',是其形象与《风俗通》《南蛮传》《述
异记》《搜神记》《武陵记》等所载之犬身或《狗王歌》所说之人首狗
身的槃瓠形象完全不同,汉族的盘古与苗、瑶、畲等族的槃瓠本来
并非一神。吕思勉以为槃瓠只是卢溪武山一种部落,而盘古则年
代远在高辛之前,因而坚持以为不能把槃瓠与盘古并为一谈,其说
无疑是正确的。"此说是符合历史实际的,也是有说服力的。"开天
辟地"的传说,"是人类对自己所生存的宇宙和自己族类的来源所

作的幻想的解释。世界各古老民族都有过类似的神话,盘古的神话就是我国古代各民族交融影响之下自己创造的关于宇宙来源、天地开辟的神话。"

　　综上所述,经书、纬书及野史等所述远古、上古的纪年及从盘古至五帝的传说人物,虽然说法纷纭而又有很多混杂或矛盾之处,不能完全确信,但其所述的盘古氏等神话或传说,也具有不同程度的史料价值,也不同程度地反映了先民从"新人"到母系氏族社会日趋繁荣阶段内对宇宙万物由朦胧、迷茫、幻想、怪诞到图腾、祖先崇拜及对宇宙万物渐有认识的过程。地上、地下的考古发现也与人类社会发展史基本一致。纬书、野史等无疑对补证正史,尤其是我们研究中国远古史起了相当大的作用。

注释:

　　①②③刘大杰:《中国文学发展史》上册,上海:上海古籍出版社,1982 年第 1 版,第 23 页。

　　④翦伯赞:《秦汉史》,北京:北京大学出版社,1983 年第 1 版,第 500 页。

　　⑤翦伯赞:《秦汉史》,北京:北京大学出版社,1983 年第 1 版,第 501 页。

　　⑥吕思勉、童书业编著:《古史辨》第七册,上海:上海古籍出版社,1982 年第 1 版,第 14 页。

　　⑦吕思勉、童书业编著:《古史辨》第七册,上海:上海古籍出版社,1982 年第 1 版,第 162 页。

　　⑧翦伯赞:《秦汉史》,北京:北京大学出版社,1983 年第 1 版,第 501 页。

　　⑨⑩顾颉刚等主编:《古史辨》第一册,上海:上海古籍出版社,1982 年第 1 版,第 65 页。

　　⑪翦伯赞:《秦汉史》,北京:北京大学出版社,1983 年第 1 版,第 502 页。

　　⑫何光岳:《炎黄源流史》,南昌:江西教育出版社,1992 年第 1 版,《前言》第 1—2 页。

　　⑬田继周:《先秦民族史》,成都:四川民族出版社,1988 年第 1 版,第

90 页。

⑭林耀华主编:《原始社会史》,北京:中华书局,1984 年第 1 版,第 50 页。

⑮林耀华主编:《原始社会史》,北京:中华书局,1984 年第 1 版,第 51 页。

⑯林耀华主编:《原始社会史》,北京:中华书局,1984 年第 1 版,第 52 页。

⑰林耀华主编:《原始社会史》,北京:中华书局,1984 年第 1 版,第 71 页。

⑱林耀华主编:《原始社会史》,北京:中华书局,1984 年第 1 版,第 101 页。

⑲林耀华主编:《原始社会史》,北京:中华书局,1984 年第 1 版,第 114 页。

⑳刘起钎:《古史续辨》,北京:中国社会科学出版社,1991 年第 1 版,第 74 页。

㉑㉒㉓㉔㉕㉖湖南省文物考古研究所:《湖南省考古工作五十年》,载《新中国考古五十年》,北京:文物出版社,1999 年第 1 版,第 295—299 页。

㉗㉘㉙㉚董碧水:《发现早于河姆渡的新石器时期文化遗存——浙江史前文明将上提千年》,《中国青年报》,2002 年 4 月 1 日版。

㉛广东省文物研究所:《广东考古五十年》,载《新中国考古五十年》,北京:文物出版社,1999 年第 1 版,第 312—315 页。

㉜苏秉琦:《中国文明起源新探》,北京:生活·读书·新知三联书店,1999 年第 1 版,第 91 页。

㉝㉞广西壮族自治区博物馆:《广西壮族自治区考古五十年》,载《新中国考古五十年》,北京:文物出版社,1999 年第 1 版,第 333—337 页。

2002 年 4 月 9 日

中华始祖母华胥氏的事迹考

古今史学家对华胥氏的研究，一直未中断过。新中国建立后，特别是改革开放后，随着挖掘历史文化、发展旅游事业、振兴经济热潮的兴起和发展，古史传说时代的人物备受重视，华胥氏也是其中之一。从目前研究的情况看，一般认为她是新石器时代（1 万年前）早期的氏族部落代表人物，氏族部落延续时间很长，一直到仰韶文化前（约 6500 或 6000 年前）。华胥氏的代系较多，世代均以华胥氏为号，事迹也都记在她的名下，难以逐代论述。我们所探讨的中华始祖母，指的是《列子》《庄子》所载的华胥氏，距今约 8050 年前。

一、论多元华胥氏故里和陵地之说中应以蓝田县为确

《列子》，相传为战国时道家列御寇（今河南省新郑市人）著，《汉书·艺文志》著录有八篇，早佚。今本《列子》八篇，多为民间故事、寓言和神话传说。《庄子》为战国时期宋国蒙（今河南商丘东北）人庄周（前 369—前 286）著，多采用寓言故事，想象丰富。又因为他们都是后世道教尊奉的祖先，所以对他们记述的华胥故事，在流传中形成了涉及 9 省 15 处生地和 2 处陵地的文化现象。

1. 生于华胥国之说

《列子·黄帝》篇云："华胥氏之国在弇州之西，台州之北，不知斯（距）齐国（中国）几千万里，盖非舟车足力之所及，神游而已。其

国无帅(师)长,自然而已;其民无嗜欲,自然而已。不知乐生,不知恶死,故无夭殇;不知亲己,不知疏物,故无爱憎;不知背逆,不知向顺,故无利害。都无所爱惜,都无所畏忌。入水不溺,入火不热,斫挞无伤痛,指摘无痛痒,乘空如履实,寝虚若处床,云雾不硋(碍)其视,雷霆不乱其听,美恶不滑其心,山谷不踬其步,神行而已。"(庄子·马蹄)篇云:"夫赫胥氏之时,民居不知所为,行不知所之,含哺而熙,鼓腹而游,民能以此矣。"赫即华的音转,一说赫胥是华胥之别称。这个自由自在、相互平等的华胥之国(应是氏族部落),正是母系氏族社会的真实反映。弇州(州名、山名)和台州的地望说法较多,因而"华胥之国"也有 12 处之说。

(1)今山东章丘县说

台州,《左传·襄公二十五年》与《左传·哀公十四年》,均曰在齐地(今山东博山县)。台同郜、驹,《左传·哀公六年》云:郜在今山东章丘县。《大清一统志》载:"章丘县西朝阳故城有赫胥墓。"既然华胥之墓在此,那么这个华胥国(即部落)也就在今山东章丘县,华胥亦自然生于此。

(2)今山西汾水流域说

《左传·昭公元年》云:"汾川","则台骀汾神也。"《论衡》写作台台。《路史·后纪四》称默台、墨台,即台骀。今山西汾水流域的侯马市有骀神庙,其他县市也各有台、骀之地名。因而有的学者认为"华胥之国"在山西南部,华胥生于此。

(3)今河南新郑和新密市之间说

《拾遗记》载:伏羲"所都之国,有华胥之洲"。因河南省新密市与新郑市之间古有"华阳国"(即华胥之国),故有的学者认为华胥生于此。

(4)今陕西咸阳和宝鸡市说

《史记·五帝本纪》云:"封弃于邰。"《正义》引《括地志》云:"故漦城一名武功城,在雍州武功县西南二十二里,古邰国,后稷所封也。"邰城,在今陕西省咸阳市杨陵区,遂有学者认为古华胥国在此,亦生于此。另一说是华胥氏生于今陕西省宝鸡市南的天台山。

(5)今甘肃西和县说

弇州,在崦嵫山一带。《山海经·西山经》云:"鸟鼠同穴山","西南三百六十里,曰崦嵫之山。"毕沅注:"字当作弇兹。"新编《辞源》释:"崦嵫,山名,在甘肃省天水市西,古代神话说是日入之处。"赵逵夫先生考证:崦嵫之山,正当今西和县以北的嶓冢山①。遂有学者认为华胥之国在今西和县一带,华胥生于此。

(6)今青海省青海湖旁说

屈原《楚辞·远游》云:"路不周以左转兮,指西海以为期。"王逸注:"不周,山名,在昆仑西北。"《山海经·大荒西经》云:"西北海之外,大荒之隅,有山而不合,名曰不周。"赵逵夫先生曰:"就战国时期神话传说中不周山之原型言之,当指祁连山西端今甘肃省敦煌县以南当金山口两面之山(阿尔金山主峰与党河南山)。"②"西海"泛指甘肃以西的湖泊,有的学者认为是青海湖。于是便说:"在西北海外,有一个华胥国。这是一个人间乐土,居住着一些半人半神的人。"③华胥氏族在这一带,自然也就生于此。

(7)今四川成都盆地说

胡太玉《破译(山海经)》云:"《列子·黄帝》篇中所描述的'华胥之国',正如'都广之野'一般,是一片人间乐园"。"我们认为华胥之国就是古代的天府之国。"④因而华胥氏族部落的居地在今成都盆地。

(8)今浙江临海县说

《辞海》云:"唐武德五年(622)改海州为台州,以境北天台山得名。治所在临海。"遂有华胥国在今浙江临海县之说,即华胥生于此。

（9）今江苏太仓和太湖旁说

《辞海》云："弇山，古园名。明王世贞在其家乡太仓州（今江苏太仓）所筑。园广七十余亩，中叠三峰，名上弇、中弇、下弇，极园亭林之胜。所以弇山为太仓的别称。"遂有华胥生于太仓县之说，传说太湖一带古有华胥山，遂有华胥氏生于此之说。

2.生于雷泽之说

《辞海》云："雷泽，古泽名，即'雷夏'。一名雷水。在今山西永济南。源出雷首山，南流入黄河。相传为'舜渔雷泽'之处，实因水有雷名，强为牵合"；"古县名。治所在今山东菏泽东北。因雷夏泽得名。隋开皇十六年（596）置，金贞元二年（1154）废入鄄城县。"因对雷泽的地望认识分歧，遂有多处华胥氏生地之说。

（1）雷泽涉及的地方

晋代皇甫谧《帝王世纪》云："燧人之世，有巨人迹出于雷泽，华胥以足履之。"《诗纬·含神雾》云："大人迹出雷泽，华胥履之生宓牺。"《淮南子·地形训》云："雷泽有神，龙身人头，鼓其腹而熙。"《史记·五帝本纪》《正义》引《山海经》云："鼓其腹则雷。"《尚书·禹贡》云："雷夏即泽。"《周礼》注："雷泽在成阳。"《汉书·地理志》云："济阴郡成阳，雷泽在其北。"即雷泽在今山东省菏泽市北的鄄城县，成阳在今鄄城县西。古代雷泽水域宽广，涉及今山东鄄城、河南范县、濮阳，因而有华胥故里分别在这三县之说。还因山西永济有雷泽地名及水名，故又有华胥故里在永济之说。

（2）雷泽在吴西之说

《山海经·海内东经》云："雷泽中有雷神，龙身人头，鼓其腹则雷，在吴西。""吴西"，一般指的是吴国都城（在今江苏省苏州）之西，因而有人认为华胥故里在苏州之西。一说在太湖。

柯扬先生提出雷泽可能指仇池（又写作仇夷）山的别称[⑤]。马世之先生依此考证：陕西省宝鸡市陈仓区西的岳山又称吴山，仇池山(今甘肃西和县)在其西,正好与《山海经》之说相符合⑥。《仇池记》云:"仇池百顷,周回九千四十步,天形四方,壁立千仞。"百顷大湖,自然是个大泽,遂有华胥国在此之说。

(3)雷泽在四川之说

有的学者说:"联系到四川彭山县发现的恐龙足印化石","华胥履的大迹,正是恐龙足印"。"雷泽"即"华泽","华胥国就是古代的天府之国"。"四川时有大湖,有可能就是华泽"。"四川(包括汉中)称为华阳,其间有华山,表明华泽也在这中间",因而华胥是生在四川⑦。

3.生于九河之说

《拾遗记》载伏羲氏曰:"华胥九河神女,以生余也。"《辞海》云:"《尚书·禹贡》记载当时黄河流至河北平原后'又北播为九河',据《尔雅·释水》说是徒骇、太史、马颊、覆釜、胡苏、简、絜、钩盘、鬲津等九条河,今已不能确指。近人多主张九河不一定是九条河,而是黄河下游许多支派的总称。"其地域一说在今河北东南,一说在今山东西北。我们认为后说较确。因为黄河折而东北流的一段,正是从山东阿城至垦利县的黄河,这个地区的黄河支流至今还有称徒骇河的。从史前社会说,可以理解为华胥部落由九个氏族组成。

4.生于华胥之洲说

晋代王嘉《拾遗记》云:"庖牺所都之国,有华胥之洲。神母游其上,有青虹绕神母,久而方灭,即觉有娠,历十二年而生庖牺。"

(1)华胥之洲今地望说

这一地望有今山东泗水县东北古华渚(今名黄沟)之说;有今河南新密与新郑市之间说;有今甘肃西和县的仇池山之说;有今青海湖之说;有今四川盆地湖泊之说等,不多叙。

(2)华胥之渚在蓝田比较准确而可信

清代吴乘权《纲鉴易知录》云:"太昊之母居于华胥之渚(今陕

西蓝田），生帝于成纪（今甘肃秦安县）。"宋敏求《长安志》引后魏
《风土记》云："西有尊卢氏冢，次北有女娲氏谷，则知此地是三皇旧
居之所。"元代骆天骧《类编长安志》引《三秦记》云："骊山巅有三皇
庙，不斋戒而往，即风雨迷道"，"又呼为人祖庙"。《太平寰宇记》卷
二十六"蓝田县"条之载，与后魏《风土记》相同。又云："蓝田卫三
皇旧居，境内有华胥陵。"《陕西通志》云："三皇祠在蓝田县北三十
里，祀华胥氏、伏羲氏、女娲氏。盖伏羲氏、女娲氏皆华胥氏所出，
故祀于故里。"《西安府志》的记载与此相同。《蓝田县志》载："蓝田
县内有华胥陵，是称三皇故居。"陵在今华胥镇北的孟岩村。"在紧
靠村子西边也是华胥沟，而越过华胥沟就是宋家村（旧称宋家圪
瘩）"，与"华胥渚（华胥氏与其子女的居住之地）十分吻合。当地流
传着一种传说，此地即华胥怀孕后栖息之地"。"在宋家村南塬有
一座古庙名为'三皇庙'，曾经有石碑刻文：'古华胥伏羲肇娠地'等
字样。与《宋书·符瑞志》的记载相近"。"今华胥镇红河下游有娲
氏村。而红河在史书上被称为女娲沟。白鹿原上李华村的原名就
是女娲村。在孟岩村附近有一个叫拾旗寨的村子，村中人大多相
信是古时祭祀仪仗队成员的后代。"⑧

5. 华胥生于华池之说

何光岳《炎黄源流史》对诸多文献记载综合分析后说："华胥氏
也起于西方甘肃东部的华池一带。"⑨又云："嶓州既在西方"，"则
嶓州之华胥氏之国当在甘肃天水之东的华亭县（今华池县）。"⑩
《元和郡县志》云："华池县因县西华池水为名。"县城在今甘肃合水
县东北120里的华池镇。《大清一统志》卷201"平凉府"载："华岭
山，在华亭县东五十里，山多桦树"；"华尖山，在华亭县西北二里，
县居山之麓。"县旁有华亭川，隋于此置华亭县。即华胥氏的故里
在今甘肃省庆阳市华池县。"这些名叫华岭山、华尖山、华亭川、华
亭县的地方，正因为华胥氏曾居留于此而得名。华胥氏以桦树为

社树,故华岭多桦树,是华胥部落聚居的象征"。"华池西南庆阳县东十里有花坡,'地多花木',县西 60 里又有花村原,'地产牡丹、芍药'。华胥氏当以花为图腾而得名。"⑪可见华胥氏族发展壮大后,已分布在庆阳大部分地区。

以上的这么多"生地",有的是华胥前代或后代子孙之生地,有的是其支族迁居地或氏族首领(袭华胥号)之生地,情况比较复杂。"生伏羲、女娲"的华胥氏,有踪迹可寻,亦可作为我们中华民族的始祖母进行论述。分析诸说,我们赞同华胥氏的故里在今陕西蓝田县华胥镇孟岩村,去世后也安葬于此之说。因为这里在文献的记载中,比较详细而可靠。

二、论华胥氏族部落的迁徙和事迹

上面引用的资料,皆言华胥履"大迹"(一般认为是熊的足印)或"青虹绕神母"而怀孕,实际上是她和燧人氏婚配而怀孕,《三坟》云:"伏羲氏,燧人子也",即是明证。何光岳释:"把伏羲说成是燧人之子,看来华胥氏可能是燧人氏之妻。原始社会的群婚制时期,一般子女只知有其母不知有其父,男方都嫁到女方家,故可说伏羲氏是华胥氏之子,亦可说是燧人氏之子。"⑫西周青铜器《毛公鼎》《命簋》等铭文的"华"字,像草木开花。《说文解字》《尔雅·释草》《广雅》等,认为"华"即"荣"。"因此,华字便含有美好、光彩、声色、风采等雅称。"⑬华、华夏之称,来源于华胥,中华之称亦然。

1.西迁入甘肃天水

华胥氏族在华胥之渚(今陕西蓝田)日益发展,人口有所增长,需要寻找新的食源地。于是部落内的氏族,有的留居,有的向北或向东发展,华胥则带领部落之民向西迁徙,一支居于华亭(今甘肃庆阳华池县),本人的一支居于成纪(今甘肃省天水市秦安县),逐渐形成新的"聚落"。当地的土著氏族与迁来之族和睦相处,并加入其部落,尊奉华胥为首领。她们在生产、生活中,逐步摸索,发明了彩陶器。这种制陶技术受到先民喜爱,很快在周围的氏族先民中传开,华胥便派族人去传授技术,帮助其他氏族先民制造彩陶。秦安大地湾、天水师赵和西山坪新石器时代早期遗址的发现和发掘,佐证了距今 8000 年前,天水确有较为进步的氏族部落。大地湾的聚落遗址和文化,大体可与华胥部落相比附,先民有了半地穴式的方形、椭圆形简陋住房,陶器有红褐色与灰褐色两种。大地湾类型文化遗址在西汉水和嘉陵江上游的西和、礼县、徽县等地区均有发现,说明华胥族人已迁入该地区,或是其文化已影响到今甘肃东南部地区。当时天水地区还迁入了燧人氏族之民。他们和土著逐渐融合,向西(今甘肃中部、西部及青海等地)、向南(今甘肃陇南、陕西汉中及四川等地)迁徙和发展。

华胥氏在成纪居住一段时间后,留氏族于此,便带领一些氏族先民沿渭水东返。

2.东返回陕西

华胥带领族人返回陇山以东,无文献记载,只能从考古文化中略加寻找。陕西宝鸡距今约 8000 年的关桃园前仰韶文化遗址,可说明华胥族曾迁居于此。之后一氏族留居(后发展为部落,并向外迁徙),华胥则带领一些氏族东返。"华胥氏自华亭经华池、华原(今陕西省铜川市耀州区)而迁至华山地区,创造了彩陶文化。"[14]这是留居华池的氏族形成新部落后的东徙,非华胥本人。华胥氏带的部落氏族较多,一路时有留居者,又有分路迁徙者。她本人带的氏族当返居于丽山(秦朝前之称)南麓的今西安市蓝田县,一个氏族则迁入商州(今陕西省商洛市商州区),从而带入了"华"的名称,如华阳、华胥渚、华山等等。清代胡渭《禹贡锥指》云:"华阳,今商州之地也。《山海经》有阳华之山,即华阳"。"其地即古阳华数

(泽之义),盖薮因山得名,山薮在华山之阳,正禹贡之华山也。"《山海经·西山经》云:"华山一名太华。"《白虎通》云:"西方华山,少阴,用事。万物生华,故曰华山。"《华山记》云:"山顶有池,生千叶莲花,服之羽化,因曰华山。"《仙佛奇踪》云:五代时,道士"陈抟居华山,有一客过访,正值其睡。旁有一异人,听其息声,以墨笔记之。客怪而问之,其人曰:此先生华胥调,混沌(指盘古氏)谱也。"何光岳释:"华山因花多而得名,正合华胥氏以花为图腾之义";"那'异人'把华山看作为华胥氏之地。可见华山乃因华胥氏迁此而得名,汉于华山之北置华阴县,今县城南有掌华山,华山南有华阳乡。华山西有临潼县华清池,旁有华清宫。华县北邻大荔县的东北有华原"。这些"以华字为名称的地名,皆与华胥氏东迁有关。"⑮当然,这些地名、山名的形成原因较多,时间有先有后,不能全断定就是华胥本人时形成的,但与其族或裔支族的迁居、迁经有一定关系,则是可以肯定的。渭水流域今陕西之前仰韶文化遗址,如临潼白家,渭南北刘、华县老官台等。其距今 8000 年前的文化遗存应与华胥氏氏族发明采陶有一定关系,以后的文化遗存,当与华胥氏的后裔有一定关系。

3.华胥氏与燧人氏的婚配

　　华胥和族人返居"华胥渚"后,她又带领一些氏族东徙,分为两路;一支沿黄河南岸东迁中原,一支渡过黄河迁入汾水流域。1984年文物工作者在山西武乡县石门乡牛鼻子湾,征集到属于河北武安县磁山文化的石磨盘、石磨棒,当与华胥或燧人氏后裔族部落的文化有一定关系。

　　(1)华胥和燧人氏婚配于临汾

　　《庄子·逍遥游》云:燧人氏是"藐姑射之山,有神人居焉。"郝懿行《山海经笺疏》云:"《庄子·逍遥游》篇云:'藐姑射之山,汾水之阳'。《隋书·地理志》云:'临汾(今山西省临汾市)有姑射山。'山在今山西平阳府西。"燧人氏是以发明人工取火而著名的,其生地也有不同的说法,主要有山西、山东、河南三说。多数学者认为,燧人氏的故里在今河南睢县。两人通婚后,华胥氏怀孕而回到华胥之渚(今蓝田)。因母系氏族时期,是个只知其母、不知其父的时代,所以后人便撰写了她游华胥渚,感青色彩虹而怀孕,还说怀胎十二年。《精编廿六史·五帝》则云:"其母华胥氏,居于华胥之渚。华胥即今陕西西安府蓝田县是也。一日嬉游入山中,见一巨人足迹,羲母以脚步履之,自觉意有所动,忽然红光罩身,遂因而有娠,怀十六个月,生帝于成纪。"这是为伏羲出生编写的神话祥瑞故事,以示伏羲与其母华胥不是凡人。伏羲氏约生于 8000 年前,大体与华胥氏相接。

(2)华胥生子于成纪之谜

华胥是总首领,她的部落内氏族较多,且发展为新的部落后又分出氏族,继续向四方迁徙。华胥怀孕数月后,带亲从去巡察故地族民生活、生产状况,先渡过渭水、泾水到达华亭(今甘肃省庆阳市华池县)。在此巡视和居住一段时间后,她们一行又到达成纪,受到族民和他族人的热情欢迎和款待。由于劳累和临近产期,不能返回华胥渚,便在成纪(今秦安县)生了儿子伏羲。这便是华胥为何既居华胥之渚,又生伏羲于成纪的原因。至于她究竟是在雷泽履大迹,还是在华胥之渚(或国)感彩虹而怀孕,皆为神话故事,不必从历史角度去探求了。过了几年,燧人氏赴成纪看望儿子和妻子,华胥氏又怀孕而生女娲。《通志》卷一《三皇纪》引《春秋世谱》云:"华胥生男子为伏羲,女子为女娲。"《帝王世纪》云:"庖牺氏风姓也","女娲氏亦风姓也"。《风俗通义》云:"女娲,伏羲之妹。"后来遇到了气候变冷,或是洪水,他们兄妹又结为夫妇而繁育人口,不多叙。其后,伏羲、女娲氏族东迁,华胥年迈,遂安居于华胥之渚,去世后葬于此,先民埋葬并祭祀。至于所说的华胥陵,最早是春秋晚期或战国初才筑,因为在此这前,墓是不封不树的,即不平地起冢。

4.华胥后裔向河南等地迁徙

据文献记载:华胥的裔族或裔支族有的向东迁徙,分路进入黄河北岸,远至东北;一路由河南或山东南部进入南方(有的沿长江而上进入蜀地,再与长江上游徙入的华胥族结合,迁入贵州、云南等地)。《史记·白起列传》云:"白起攻魏,拔华阳,走芒卯。"《晋书·稽康传》云:"康尝游洛西,暮宿华阳亭。"《通雅》云:"华亭在密县。"即今河南省新密市。《路史·国名纪丁》云:"华,华子国,郑十邑有华。"华子国即华胥后裔国,被周所灭。河南商丘的华邑,亦是如此;山东地区的华胥遗迹,也为其后裔迁徙于此而形成。王献唐《炎黄氏族文化考》云:曲阜为古代大庭氏之国,"再东至华胥,华胥为羲族旧国,只有华胥名号,不能更改,故仍从旧称,呼之曰华胥,易字为赫胥。"[16]山东地区的华胥或赫胥陵(在今章丘县),华不注山(在今济南东北)、华泉、华阴集(在今即墨市南)等,均为华胥后裔迁居地的遗迹或名称。

南方的华胥地名,大部分是夏商以后的华胥裔支族迁徙时带入,或因迁居而命名。如湖北枣阳东的华阳河、江陵市东西魏置的华陵县、潜江市南汉置的华容县、潜江市南汉置的华容县及境内的华容河;江西靖安县北的华坊街、奉新县西南的华林山;湖南望城西北的华林山、郴州市的华塘铺;唐朝在成都置的华阳县;江苏丰县的华山(小华山)、江阴县的华野镇、句容县的华山、江宁的华里;上海的华亭、华泾港、华泾市;福建莆田的华亭、华胥山;浙江绍兴的华会镇、义乌唐置之华川县、开化县的华埠镇;广东遂溪县的华封墟、潮州的华美村、南海的华平墟;云南的华坪县等[17],虽然形成原因和年代不能确指,但均与华胥后裔的迁徙或文化传播有一定关系。

三、论华胥氏的后裔及其踪迹

从泛称说,华胥、有巢、燧人等等,均可统称为神话人物盘古氏代表的那个时代之氏族首领的后裔。华胥以后的传说人物,则可泛称为华胥(几代的华胥氏)氏和燧人氏的后裔。如《易·系辞传》把赫胥排在华胥的八九代之后,说她起码有十几代的子孙。《太平御览》引《遁甲开山图》载:"女娲氏没,大庭氏王。次有柏皇氏、中央氏、栗陆氏、骊连氏、赫胥氏、尊卢氏、祝融氏、混沌氏、昊英氏、有巢氏(后裔)、葛天氏、阴康氏、朱襄氏,凡十五代。袭包牺之号。"说明他们都是伏羲氏的子孙,亦即华胥氏的后裔。文献有载的华胥子女伏羲、女娲,又生子女少典,有蟜,少典、有蟜又生炎帝、黄帝,炎黄的世代子孙等,均可称是华胥的后裔。其后裔形成的姓氏有:华胥、伏牺(羲)、伏、狄、宓、庖、泡、佩、风胡、颛臾、颛、臾、昊、皞、咼、涡、汝、女、宿、夙、缩、柏、柏侯、柏常、柏高、伯常、柏成、伯成、郝、郝骨、省、湝、须、须句、须卜、东方、东、东蒙、中英(皇)、毋、毋将、毋车、无怀、无弋、无氏、阵丰(锋)、祕(秘)、娥陵、尊、蹇、骞、郁、潜龙、沇、希、宿六斤、宿勤、宿沙、夙沙氏,与上之后裔姓相加,共计88个姓[18]。又因古代五大民族集团的祖先都来自华胥氏世代子孙,所以今日中华民族都尊其为始祖母。

1. 华胥与胥姓

其姓名或号华胥氏,后来还形成了"华胥""胥"姓。华胥为历史上罕见复姓。《姓氏考略》云:"以国为氏。《路史》:'伏羲母国。在阆中(今属重庆)'。"《史记·补三皇本纪》云:"太皞庖牺氏母曰华胥,履大人迹于雷泽,而生庖牺于成纪。"《姓氏词典》引《太平寰宇纪》云:"陕西蓝田县有华胥陵。"胥姓。它源于华胥、赫胥二氏。《通志·氏族略》云:华胥氏,相传为太昊之母姓,其后人多以"胥"为字(西周多以字行于世)。春秋时期晋国大夫字胥臣,任司空,华胥之后。其子便以"胥"为姓,称胥甲。甲之子胥开,开之子胥童,皆袭职为晋国大夫。我们认为胥姓的本源,是华胥氏之"胥",非胥臣。此外,华胥氏之裔赫胥氏也有形成"胥姓"的。"金朝有胥鼎,繁峙(今属山西)人,官同平章事,封吴国公,屡典边疆,朝野倚重,且为政镇静,明悉吏事,金代以书生为封疆大员,政绩显著者,首举胥鼎一人。明朝有胥必彰,常德人,官监察御史,弹劾不避权贵,人称'真御史'。"⑲此外,还有华姓与花姓。东汉末有华歆,尚书令。华佗,神医,谯郡(今安徽亳州人)。近代有华罗庚、华国锋(原党和国家主席)等。汉代有花虔,唐代有花敬定,明代有花云、花宁、花润生等。汉、壮、布依及傈僳等族,均有花姓。

2. 赫与赫胥复姓

《姓觿》收有赫姓。《路史》云:赫胥氏之后。《姓氏寻源》有赫氏。《风俗通》云:古天子赫胥之后有赫氏、赫胥氏。《千家姓》云:朔方(今内蒙古杭锦旗)族。明朝绥德(今属陕西)诸生有赫崇德。

赫胥。《姓觿》有此姓。《路史》云:古帝赫胥氏之后。《风俗通》《姓氏寻源》均有此载。东晋大夏王赫连勃勃之姓,可能为赫胥所演变。赫连的后裔也有单性赫氏。

3. 尊卢氏形成的姓氏

南宋罗泌《路史·禅通纪》云:"尊卢氏即宗卢氏五世。"这个氏族的首领世代袭号,为伏羲、女娲氏所生之子(即其氏族由二者的部落派生而来)。尊卢氏曾任伏羲部落之臣(管理人员)。尊卢氏之称,后来还形成了姓氏。《姓觿》收有尊姓。《姓考》云:尊卢氏之后。《姓氏寻源》有尊氏。《风俗通》云:尊氏,太昊之世诸侯尊卢氏之后。可见今蓝田的尊卢氏之陵,是其子孙的陵。这个陵与华胥氏之陵一样,最早也只能是春秋末或战国初所营修。按文献记载,北魏已注意到蓝田的"三皇旧居",因而祭祀华胥陵及尊卢氏之陵,应该是比较早的。据住在蓝田华胥镇张河村文化老人张蔚堂回忆:"在民国初期,不少达官贵人和文化界名流,经常到华胥陵"祭祀。"往后随着军阀混战,祭祀活动逐渐被淡化,成规模的祭祀绝迹。"⑳蓝田作为一个县级地域,能有两个始祖陵和一个三皇庙,又是"三皇旧居"之所,在全国的县域中,也是十分罕见的。

综上所述,蓝田县不仅是距今 115 万年"蓝田猿人"的故乡,标志着陕西历史的开始;又是中华始祖母华胥氏的故里和陵地,华胥之子伏羲、女儿女娲的迁居地,伏羲和女娲后裔尊卢氏的陵地,还有三皇庙和其他遗迹的传说之地。真可谓是中华民族的起源之地,中华始祖先的汇聚之区。在全国的县域中也是无可比拟的。因此,我们诚恳建议各级政府和领导,能进一步重视对华胥文化的开发和利用,成立相应的机构和社团组织,招商引资,营建华胥陵、华胥庙,建立华胥文化园,为早日实现中华民族伟大复兴梦做出更大的贡献!

注释:

①②赵逵夫:《〈离骚〉中有关西北神话传说的地名考述》,载雍际春主编:《陇右文化论丛》第二辑,兰州:甘肃人民出版社,2005 年 12 月第 1 版,第5—11 页。

③薛翔骥:《中国神族》,上海:上海古籍出版社,2000 年 12 月第 1 版,第12 页。

④胡太玉:《破译〈山海经〉》北京:中国言实出版社,2002 年 1 月第 1 版,第 68 页。

⑤⑥马世之:《浅议羲皇故里——兼析女娲文化的发祥地》,《伏羲文化研究》2006 年第 1 期,第 51 页。

⑦胡太玉:《破译〈山海经〉》北京:中国言实出版社,2002 年 1 月第 1 版,第 68 页。

⑧肖海波、许丽娜:《寻根华胥》,《西安晚报》2006 年 2 月 17 日第 9 版。

⑨何光岳:《炎黄源流史》,南昌:江西教育出版社,1992 年 4 月第 1 版,第3 页。

⑩何光岳:《炎黄源流史》,南昌:江西教育出版社,1992 年 4 月第 1 版,第

6页。

⑪何光岳:《炎黄源流史》,南昌:江西教育出版社,1992年4月第1版,第9页。

⑫何光岳:《炎黄源流史》,南昌:江西教育出版社,1992年4月第1版,第10页。

⑬何光岳:《炎黄源流史》,南昌:江西教育出版社,1992年4月第1版,第3页。

⑭何光岳:《炎黄源流史》,南昌:江西教育出版社,1992年4月第1版,第16页。

⑮何光岳:《炎黄源流史》,南昌:江西教育出版社,1992年4月第1版,第16—17页。

⑯王献唐:《炎黄氏族文化考》,济南:齐鲁书社,1985年7月第1版,第419页。

⑰何光岳:《炎黄源流史》,南昌:江西教育出版社,1992年4月第1版,第17页。

⑱何光岳:《中华姓氏源流史》之《华胥总系姓氏》,长沙:湖南教育出版社,2003年9月第1版,第1—22页。

⑲史国强:《中国姓氏起源》,济南:山东大学出版社,1990年11月第1版,第169页。

⑳肖海波、许丽娜:《寻根华胥》,《西安晚报》2006年2月17日第9版。

2016年2月24日

中华建筑始祖有巢氏的事迹考

　　我国继旧石器时代之后的中石器时代,有着过渡性质,一般将其归于新石器时代(1万年前)。从新石器时代早期文化遗址看,黄河中下游和长江流域的先民已经营原始初期农业,先民已有简易的地穴或半地穴(方形或椭圆形)式居室。母系氏族社会有了较大发展。这一时期的传说人物,基本上都与氏族或部落首领发生了结合,有巢氏就是其中之一。有巢氏族延续二千多年(约 1000—7500 年前),世系较多,难以区分代序,仅能以文献记载略述如下。

一、有巢氏的生平事迹

1. 有巢氏的故里

　　南宋罗泌《路史·因提纪》引《丹壶书》云:“大巢氏二世”,约处在新石器时代早期(9000 年前);《路史·禅通纪》云:“有巢氏七世”。可见大(又写作太)巢、有(又写作小或少)巢氏有先后承传关系,共传 9 世,约相当于距今 9000 至 8000 年前。因大巢氏的事迹失传,故只能从有巢(首代)氏说起。

　　有巢氏族的居地,约在黄河中下游一带。《太平御览》卷七八引《遁甲开山图》曰:“石楼山在琅邪,昔有巢氏治此山南。”琅邪在今山东胶南琅邪台西北。其后裔“二世”仍称有巢氏,率族人西迁,到达汾水流域(今山西南部)。帝尧时,其后裔又形成巢姓。首领巢父有圣德,尧欲传位于他,遂避居在箕山(今河南登封)。山西新石器时代文化遗存的主人,当为有巢氏族部落的先民。可见有巢氏族部落延续时间是比较长久的。

2. 有巢氏为原始群时代之说

关于有巢氏的时代,古今史学家在认识上分歧很大。《庄子·盗跖》篇云:"古者,禽兽多而人民少,于是民皆巢居以避之。昼拾橡栗,暮栖木上,故命之曰有巢氏之民。"《墨子·辞过》篇云:"古之民","就陵阜而居,穴而处","衣皮带茭(羽)","素食而分处"。《韩非子·五蠹》云:"古者,丈夫不耕,草木之实足食也;妇人不织,禽兽之皮足衣也";"上古之世,人民少而禽兽众,人民不胜禽兽虫蛇。有圣人作,构木为巢,以避群害,而民说(悦)之,使王天下,号之曰有巢氏。"《礼记·礼运》篇云:"昔者先王,未有宫室,冬则居营窟,夏则居橧(一写作桧)巢。未有火化,食草木之实,鸟兽之肉,饮其血,茹其毛。未有麻丝,衣其羽皮。"《淮南子·脩务训》云:"古者,民茹草饮水,采树木之食,食蠃蛇之肉。"《白虎通·三纲六纪》云:"饥即求食,饱即弃余。茹毛饮血,而衣皮革。"这些记载说明:远古时代,人类刚刚形成,野兽虫蛇多于人民,猿人只好群居,用石块、木棒防御,躲避在山洞内,到湖泊周围及河流的沿岸捕捉鱼类、贝类,或者在原野和山坡挖掘草根、采集树木之食为生。没有山洞的地方,则构木为巢,栖息在树上,以免被禽兽虫蛇吃掉。张岂之主编《中国历史·先秦卷》云:"有巢氏得名于'构木为巢'","构巢","也是可以作为时代标志的事业成就"。"有巢氏","之名同样也反映着'天子之名以德'的原则"。"巢居的事实无法得到考古材料直接证明,但在地面建筑出现以前,平旷地区原始居民巢居是合乎情理的选择。故战国时人已普遍认为初民有一个巢居与穴居的时代。"[①]具体是在考古文化的什么年代,未指明。

近现代的学者依据文献的不同记载,也对有巢氏的年代有着不同的认识。《辞海》释:"有巢氏,传说中巢居的发明者。相传远古时代,他为了避免野兽侵袭,教民构木为巢,居住在树上。"反映了中国原始巢居的情况。巢居的时代远在"正在形成中的人"阶段,即直立人时期,因而有的学者将其归入"直立人"时代。李绍连在《华夏文明之源》中对韩非的记述释道:"在人类出现的早期,即相当于考古学的旧石器时代,人的确十分稀少,偌大的中国所发现旧石器地点也不过三四百处。在当时洪荒的世界里,原始人当然难于抵挡猛兽毒蛇毒虫的群害,人们对付它们的办法之一就是住在树上和山洞里。'构木为巢'也是可信的,不仅因为我国西南的一些少数民族的防潮湿和猛兽毒蛇所搭的高脚竹楼,与'构木为巢'有异曲同工之妙,而且因为近世在菲律宾巴拉望岛南部的克诺伊族,有人在几棵相邻的大树上搭盖有简陋的住房,距地面八米左右,并无梯子,人上下均需爬树,这样的树上住所宛如鸟巢。'有巢氏'当指居住在树上的原始人群,并不指某个人。"[②]翦伯赞在《先秦史》中将有巢氏归入人类初始时代。他说:"人类最初从兽类中分离出来,就是因为人类知道制造工具、使用工具,开始了劳动创造。所以传说中之有巢氏时代的原始人群,他们虽然刚刚带着自己起源的痕迹,走进中国历史之蒙昧时代的下期,但因为他们已经挺身直躯,站立在大地之上,所以他们也就开始了人类社会之最初的劳动创造。有巢氏时代的原始人群虽然已经知道制造工具、使用工具,但所谓工具也不过是石块和木棍而已。这一时代的人类之劳动创造,考古学家称之曰早期旧石器时代的文化。"[③]接着,他又在注释中进一步论曰:"考古学家把旧石器时代的文化,依其制作技术之发达程度,划分为早、中、晚三期,这与历史上蒙昧时代之下、中、上三时期的社会经济内容是相适应的。所以特征为蒙昧时代下期之有巢时代的文化,是早期旧石器时代的文化。"[④]

3.有巢氏为新石器时代早期之说

王玉哲的《中华远古史》,则把有巢氏归于狩猎经济时代。他在引用上述文献后又解释说:"这些传说似与地下考古所知者不谋而合。大概上古巢居时代的观念,在战国时代相当普遍,所以孟子谈洪水,也有'下者为巢,上者为营窟'(《孟子·滕文公下》)的话。"⑤有的学者又认为有巢氏的"巢",是指先民最早筑的房屋。田继周《先秦民族史》曰:"有巢氏的传说,主要反映的是远古人类居住问题"。"当时人们与禽兽为伍,以采集为主,巢居穴处。当然,也应指出,传说中的巢居,已不是从猿变人过程中的巢居了,而是为了避免禽兽虫蛇,才架木为巢的。"⑥陈连开主编《中国民族史纲要》云:"旧石器时代,人类穴居巢处,以避虫兽,也许在旧石器时代晚期,已发明构木为巢,到新石器时代,中国的建筑已分为南北两大系。南方从巢居发展为干栏式建筑,已发现的最早遗存为距今 7000 年以前(浙江)余姚河姆渡遗址的干栏式建筑,其构巢方法兼用榫卯和绑扎,在此以前应还有相当长的发展过程。黄河流域及辽河流域流行由穴居发展为半地穴式建筑,再发展为地面上檜泥墙构成的圆形和方形房子。后世把这种由穴居巢处到构木为巢与建筑居室的发展归结为有巢氏。"⑦我们赞同此说,并认为有巢氏约处于中石器时代晚期与新石器时代的前仰韶文化阶段。《礼记·礼运》曰:"昔者先王未有宫室,冬则居营窟,夏则居檜巢。"可见新石器时代的半地穴地面聚落简陋的房屋,因是先以木柱立墙,再用木条搭房盖,然后用草泥涂墙,以茅草遮盖房顶并涂泥,故亦可称为"构木为巢"。所以,我们认为:有巢氏及其先祖大巢氏,反映和代表的是新石器时代早期先民的屋室建筑状况。可以说,有巢氏是中华民族的地面建筑之始祖。

二、有巢氏称号形成的姓氏

从大巢到有巢氏既然有九世,那么其氏族公社到部落之先民的首领,也毫无疑义的必然是威望较高之人。徐旭生《中国古史的传说时代》云:有巢氏"在我国古史的系统里面,由于特别有功,或者更可以说由于他们的功业更容易被人了解,所以除了《系辞》所述的古帝以外,他们特别占着一种优胜的地位。"⑧又云:"除了'使王天下'一语是受了当日大一统观念的影响以外,其余所说是出于他们的推想,或是他们得自传说,都未可知,但对于人类知识进化的情形全很符合。并且这两位巢及燧的发明者,如果他们的发明在氏族社会组织已经形成以后,靠着他们发明的功绩,一定可以成为一氏族或多氏族的首长。那么如果我们对于'使王天下'四字不太拘泥字面,也可以说这一说并无错误。大约古代有巢居的时代的观念在战国时相当地广布,所以孟子谈洪水时,也说到"巢"和"营窟"⑨。又云:"战国、秦、西汉人的思想里面,对于人类衣食住原始状态的观念异常清楚"。"他们对于巢和燧的发明有时候注重它们的发明人,就把他们叫作有巢氏、燧人氏,推戴他们上到'王天下'的尊位。"⑩

1. 复姓有巢

历史上稀有的复姓,《姓氏考略》收入。其注引《元和姓纂》云:"古帝有巢氏后。"

2. 巢姓

有巢氏的后裔还形成了巢姓。《姓谱》《通志·氏族略》"以国为氏"均载:巢姓出自有巢氏。帝尧时把帝位让于大隐士有巢氏。他因常居于山中,以树为巢(实为居于氏族聚落房中),故称有巢氏(实为袭其祖先之号)。王符《潜夫论》云:"伯夷采薇而不恨,巢父木栖而自愿。"晋皇甫谧《高士传》云:"巢父者,尧时隐士也。山居不营世利,以树为巢而隐其上,故时人号曰巢父"。"尧欲召为九州长,(许)由不欲闻之,洗耳于颍水滨。时其友巢父牵犊欲饮之,见由洗耳,问其故。对曰:'尧欲召我为九州长,恶闻其身,是故洗耳。'巢父曰：'子若处高岸深谷，人道不通，谁能见之？子故浮游，欲求闻其名誉，污吾犊口！'牵犊上流饮之。"又云：许由告诉巢父后，巢父曰："汝何不隐汝形，藏汝光？若非吾友也"。"击其膺而下之，由怅然不自得，乃过清冷之水洗其耳，拭其目。"郦道元《水经注·颍水》云：其"县南对箕山（在今河南省登封市），山上有许由冢，尧所封也"。"山下有牵牛墟。侧颍水有犊泉，是巢父还牛处也，石上犊迹存焉。"谯周《古史考》云："许由夏常居巢，故一号巢父。"许由是许姓人的祖先，与巢父非一人，误记也。陆游《雪中寻梅》诗曰："正是花中巢许辈，人何富贵不关渠。"阮籍《咏怀》诗曰："巢由抗高节，从此适河滨。"李白《笑歌行》诗曰："巢由洗耳有何益，夷齐饿死终无成。"许由的传说比巢父早，约始于汉代，二人均为尧帝时的隐士。巢父对帝尧之意，婉言谢绝。禹为帝（夏部落联盟最高军事民主首长）时，封有巢氏之后于巢（今安徽巢县）为国。夏、商、周均为诸侯国，春秋时被楚国灭亡，后裔便以"巢国"名为姓，形成巢氏。巢姓望族出于彭城（今江苏徐州）、曲阜（今属山东）。郑樵《通志·氏族略》云："有巢氏之后，尧时有巢父"。"夏商有巢国，其地有庐江（今安徽巢县），子孙以国为氏。望出彭城。"《左传》记载：吴国（今南京）有巢斗臣。东汉时有巢堪，南城（今湖北省江陵市）人，汉章帝时（76—88）任太常，著《汉礼》，成为一世大典。隋朝时有巢元方，是个医学家。炀帝大业年间（605—616），任太医博士，著《诸病源候论》五十卷。宋代有巢谷。明朝时有巢帝阁，泾阳（今甘肃平凉西北）人，行走时在道路上拾到了金子，便坐在那里等失主，直到还给主人才离去。清代有巢鸣盛。今日的巢姓人口较少，在上海松江、河北乐亭、山东昌乐、山西大同、河南卢氏、安徽贵池与泾县、湖北洪湖、广东新会及高要⑪等地，均有分布，为汉族之姓。《新编千家姓》中，还收有构木为巢之"构"姓，和"木"姓。

从以上所述，处在新石器时代早期的氏族首领有巢氏是人，以发明"构木为巢"而称"王"。室屋不仅可以避兽类侵害、避风雨,而且是先民生活、休息、养老及生儿育女的必不可少之场所,故八九千年来一直受到人们的崇奉和颂扬,被誉为中华"巢"居或地面建筑之始祖。

注释:

①张岂之主编:《中国历史·先秦卷》,北京:高等教育出版社,2001 年 7 月第 1 版,第 35 页。

②李绍连:《华夏文明之源》,郑州:河南人民出版社,1992 年 1 月第 1 版,第 4 页。

③④翦伯赞:《先秦史》,北京:北京大学出版社,1986 年第 1 版,第 1 页。

⑤王玉哲:《中华远古史》,上海:上海人民出版社,2000 年 7 月第 1 版,第 47 页。

⑥田继周:《先秦民族史》,成都:四川民族出版社,1988 年 1 月第 1 版,第 95 页。

⑦陈连开主编:《中国民族史纲要》,北京:中国财政经济出版社,1999 年 12 月第 1 版,第 42—43 页。

⑧徐旭生:《中国古史的传说时代》,桂林:广西师范大学出版社,2003 年 10 月第 1 版,第 259 页。

⑨徐旭生:《中国古史的传说时代》,桂林:广西师范大学出版社,2003 年 10 月第 1 版,第 260 页。

⑩徐旭生:《中国古史的传说时代》,桂林:广西师范大学出版社,2003 年 10 月第 1 版,第 261 页。

⑪窦学田编撰:《中华古今姓氏大辞典》,北京:警官教育出版社,1997 年 10 月第 1 版,第 70 页。

2006 年 8 月 16 日

第三编　三皇文明探索

中华发明火的始祖燧皇考

　　燧人氏钻燧（或钻木）取火的故事，文献记载和民间流传十分久远，大多数人也已知晓。但对其事迹全面系统的了解，还是不够广泛的，因而仍有研究的必要。《风俗通义·黄霸》篇引《礼纬·含文嘉》云：燧人、伏羲、神农氏为三皇。这个始为"皇"的燧人氏，不是所谓的"时代符号"，而是新石器时代早期（1万—7500年前）氏族的首领（即人），约与华胥氏同期，世代子孙均称"燧人氏"。《三坟》云："伏羲氏，燧人子也。"《通志·三皇纪》引《春秋世谱》云："华胥生男子为伏羲，女子为女娲。"可知燧人为伏羲、女娲的"父"族。因此，研究燧人氏，对进一步认识和了解伏羲、女娲的事迹有着重要意义。有的文献记载说，燧人氏传九十一代后才有伏羲和女娲。这就是说，伏羲之"父"是末代燧人氏。

燧皇钻木取火

一、燧人氏的生平事迹

1.燧人氏的故里

《春秋纬》《春秋命历序》之《因提纪》曰:"燧人氏四世二百三十年。"《丹壶书》《因提纪》云:"遂皇三世。"《路史·前纪》引郑玄《六艺论》曰:"遂(燧)皇之后,历六纪,九十一代至伏羲,始作十二言之教"。又云:"人皇,即遂皇也。"其氏族则延续时间更长。燧人氏与有巢氏一样,反映用火的地方非常广大,黄河上下、大江南北,均包括在内,从而形成"生"地多处的传说。但从《庄子》称他为"藐菇射神人"析,其氏族或部落当兴盛于今山西临汾市西。郝懿行《〈山海经〉笺疏》云:《庄子·逍遥游》篇云:'藐菇射之山,汾水之阳';《隋书·地理志》云:'临汾有姑射山。'山在今山西平阳府西。"即今山西临汾市西。燧人氏的生地(即氏族初兴地),又称故里,在今河南商丘市睢县。睢县位于河南省东北部,惠济河中游,秦置襄邑县。金海陵王天德三年(1151)改拱州,治所在襄邑。明初废拱州,并入睢州,1913年改为睢县。睢县位于睢水河滨,故名。燧人氏生在后来称谓的睢水旁,氏族先民也逐水草而居。燧人氏发展为部落后,迁徙地域较广,世代以"燧人氏"为号。后代中最有名的是伏羲氏和女娲氏。燧人氏去世后,葬于部落的初兴地。今河南省商丘市有燧皇陵,立有"燧人氏"碑。

2.燧人氏的事迹

记载燧人氏较早的是《庄子·盗跖》篇,文曰:"古者民不知衣服,夏多积薪,冬则炀之,故命之曰知生之民。""知生"指的就是燧人氏。《礼记·礼运》篇记载:上古之时,"未有火化,食草木之实,鸟兽之肉,饮其血,茹其毛。未有麻丝,衣其羽皮。后圣有作,然后修火之利,范金合土,以为台榭、宫室、牖户,以炮以燔,以亨以炙,以为醴酪。治其麻丝,以为布帛。以养生送死,以事鬼神上帝,皆从其朔。"《白虎通义·三纲六纪》云：上古先民"饥即求食,饱即弃余。茹毛饮血,而衣皮革。"王玉哲教授在《中华远古史》中对这些记载释曰："这里很清楚地把古人住、食、衣等生活方面的演进,归功于'修火之利',把火的利用看得很重。并且没有'有巢''燧人'诸名词,也不强分时代,或许更接近实际。"①《管子·轻重戊》云："燧人作,钻燧生火,以熟荤臊,民食之无兹胃之病,而天下化之。"《韩非子·五蠹》篇云："上古之世……民食果蓏蚌蛤,腥臊恶臭,而伤害腹胃,民多疾病。有圣人作,钻燧取火,以化腥臊,而民说之,使王天下,号之曰燧人氏。"《礼纬·含文嘉》云："燧人始钻木取火,炮生为熟,令人无腹疾,有异于禽兽,遂天之意,故曰燧人。"

《庄子》记载的燧人氏,只说是"知生之民",还比较模糊。《管子》《韩非子》的记载已人格化,点明了燧人氏以发明"钻燧取火"而"王天下"。燧人氏既是一个人,又是一个时代的代表人物。徐旭生《中国古史的传说时代》对《韩非子》记载的有巢、燧人事迹释曰："这里在除了'使王天下'一语是受了当日大一统观念的影响以外,其余所说是出于他们的推想,或是他们得自传说,都未可知,但对人类和知识进化的情形全很符合。并且这两位巢及燧的发明者,如果他们的发明在氏族社会组织已经形成以后,靠着他们发明的功绩,一定可成为一氏族或多氏族的首长。那么如果我们对于'使王天下'四字不大拘泥字面,也可以说这一说并无错误。"《礼记·礼运》"很清楚地把古人的住、食、衣的情形指陈出来,又把进化的推动力归之于'修火之利',这就是说整理火的用处。它对于火的功用可谓认识得明白。""他们对于巢和燧的发明有时候注重他们的发明人,就把他们叫作有巢氏、燧人氏,推戴他们上到'王天下'的尊位;有时候仅只注意它们的进化阶段",而不提"这两个名称"②。徐旭生教授对有巢、燧人及其所代表的时代,都给予了中肯的分析和评论,也对古代学者的整理工作给予了肯定。

燧人氏是如何发明火的呢?林汉达《中华上下五千年》云："又

过了相当长的时期,人们把坚硬而尖锐的木头,在另一块硬木头上使劲地钻,钻出火星来;也有的把燧石敲敲打打,敲出火来,这就懂得了人工能够取火。"③《太平御览》卷七八引《王子拾遗录》记载燧人氏发明火的故事说:"燧明国不识四时昼夜,有火树名遂木,屈盘万顷。后世有圣人游日月之外,至于其国,息于树下。有鸟若鸮,啄树则然出火,圣人感焉,因用小枝钻火,号燧人氏。"卷八六九引《拾遗记》云:"申弥国去都万里。有燧明国,国有火树,名燧木屈盘万顷,云雾出于中间。折枝相钻,则火出矣。后世圣人变腥臊之味,游日月之外,以食救万物,乃至南垂。目此树表,有鸟若鸮,以口啄树,粲然火出。圣人感焉。因取小枝钻火,号燧人氏。"林汉达在《中华上下五千年》中云:"火是谁发明的呢? 当然是劳动人民,但是传说中又说成是一个人,叫做'燧人氏'。人工取火是一个了不起的发明。从那时起,人们就随时可以吃到烧熟的东西,而且,食物的品种也增加了。据说,燧人氏还教人捕鱼。原来像鱼、蟹、蚌蛤一类的东西,生的有腥味不能吃,有了取火的办法,就可以烧熟来吃了。"④这也与《白虎通·号篇》"谓之燧人何? 钻木取火,教民熟食;养人利性,避臭去毒,谓之燧人也"的记载相符合。我国古代先民知道保存天然火种取暖做熟食,是在距今 50 万年前的北京猿人时期,人工取火是在距今约 2 万年的山顶洞人时期。燧人氏发明的钻燧或钻木取火,时代比此晚得多了。

二、燧人氏反映的时代

关于"首皇"燧人氏代表的时代,史学家们在认识上分歧很大,比较有代表性的有以下几种说法。

1.旧石器时代中期之说

著名史学家翦伯赞在《先秦史》中说:"相当于传说中燧人氏时代,亦即蒙昧中期的社会经济构造,是中期旧石器时代的文化"⑤,

"火的发现与应用,是这一时代主要的特征。传说中也说燧人氏是中国最初发明用火的神人。"⑥而在"这一时代,一方面由于作为生产主体的人类自身的肉体型之比较的发达;另一方面,由于劳动工具的制作材料之扩大与制作技术之提高,必然地会提高人类劳动的生产性。所以到传说中之燧人氏的时代,人类的生活便不完全依靠采集,同时,也依靠于狩猎。这样,过去的采集经济到现在,便发展为采集狩猎经济。"⑦因此,"燧人氏时代"是"中期旧石器文化与采集狩猎经济"阶段。

2. 未指明时代的漫长时间之说

李绍连在《华夏文明之源》中说:"在旧石器时代早期时可能有过一段不会用火的时期,起码有过不会人工生火的时期"。"根据民族学资料,不少民族都有各种生火的方法。其中钻木取火是较普遍的一种。有鉴于此,上古'钻燧取火'之说亦是可信的。而用火对于人类的自身发展有着重要意义。"⑧

《丹壶书》将燧人氏也归入"十纪"中的"循蜚"纪(七纪),排在有巢氏之后,称"燧人氏四世二百三十年"。因而又有学者认为:虽然考古发现的猿人用火很早,但人工取火则较晚,燧人氏的时代可能早到从猿到人的旧石器时代早期或中期。田继周《先秦民族史》说:"火对于人类的生活是极为重要和密切的。因而对远古人类用火、取火的事迹,会长期留在人们的记忆中而流传下来。燧人取火的传说大概产生于汉族的先民,而我国其他民族也流传着各式各样的最初取火的传说"。"燧人氏的传说并不是指用火而是指钻燧或钻木取火。人类利用天然火与自己发明了钻燧或钻木取火,中间还需要一个相当长的经验积累过程。因此,人类发明和掌握摩擦取火比知道用火的时间,肯定要晚得多。燧人氏的传说反映着食草木之实、鸟兽之肉、未知火化、茹毛饮血到钻燧或钻木取火以使人熟食的过程。这个过程,不管是属于怎样的情况,每一个民族都是经历过的而且它的时间定会延续很长。"⑨

3.旧石器时代晚期至新石器时代早期之说

翦伯赞先生将燧人氏判定在旧石器时代中期。徐旭生、李绍连、田继周、王玉哲先生未指明燧人氏的具体时代。陈连开主编《中国民族史纲要》云:《庄子》《韩非子》的"记载,描述了农业发明以前,远古初民依靠采集渔猎生活的时代,穴居巢处与对火的重视。考古学已证明,旧石器时代已有使用火的遗迹,到旧时器时代中晚期,钻孔技术发明后,发明了摩擦取火和钻木取火。"⑩他把燧人氏排在神农氏之前,张岂之主编《中国历史·先秦卷》云:"有巢、燧人氏的传播中提到了居处和取火两件大事,所反映的时代应在盘古、伏羲、女娲的时代之后。"⑪伏羲、女娲为燧人之子,不可能排在燧人之前。因此,我们认为燧人氏约与华胥同期或稍后,为新石器时代早期的氏族首领。

林耀华《原始社会史》云:"原始人是在长期用火和对木石器加工的劳动实践中逐渐学会用人工取火的。我国古代有燧人氏'钻燧取火,以化腥臊'的传说"。"摩擦取火,解放前在我国云南佤族中仍有保留"。"旧石器时代晚期人类已有人工取火,那是毫无疑义的。"⑫人工取火传至新石器时代早期的渔猎、采集为主,原始农业为辅的阶段,显得尤为重要,取暖和熟食的用途范围增加,以燧人氏族的发明火最为著名。因而,燧人氏可称为旧石器时代晚期至新石器时代早期发明"人工取火"的典型代表人物。《辞海》云:"燧人氏,传说中人工取火的发明者。相传远古人民'茹毛饮血',他钻木取火,教人熟食,燧人氏钻木取火的传说,反映了中国原始时代从利用自然火到人工取火的进步。"

4.燧人时代的社会状况

前仰韶文化(距今1万至6500年)遗址,在黄河中、下游为数最多,长江下游与之约同期的文化遗址也比较多。山西怀仁鹅毛口、河北武安磁山、北京东胡林、河南新郑裴李岗、山东滕县北辛、陕西华县老官台、甘肃秦安大地湾、浙江萧山跨湖桥、湖南澧县彭头山等遗址,距今都在 8000 年左右,大体可与燧人氏等氏族或部落相比附。从出土石生产工具、骨质镞与鱼镖等析,当时先民已开始定居,在从事渔猎、采集的同时,已有农业和家畜饲养业,陶器以褐色、灰褐色居多,彩陶开始出现。说明当时母系氏族公社经济,有了进一步发展。樊树志云:"战国时代诸子百家的著作中出现了"燧人氏"。"燧人氏'钻燧取火,以化腥臊','教民熟食'"。"反映了远古人类""熟食"⑬的阶段和社会状况。

5. 燧人氏称号形成的姓氏

燧人氏,既是称号,又是姓氏。他钻燧取火,又称"遂皇",亦是号。除其后裔形成许多姓外,本身称号和姓也形成了姓氏。

(1)燧姓与人姓

《姓氏词典》收有此姓,它据《姓谱》注曰:"以祖辈名号为姓氏。系燧人氏之后。"人姓的来源有"人皇""燧人"。《姓苑》《续通志·氏族略》,皆收有此姓。北魏有人婆非;明代有人杰,任琼州(今海南)卫百户。今山西临汾市有"人姓"户口⑭。

(2)遂姓

《通志·氏族略》云:"遂,子姓,庄(公)十三年(前 681),齐灭之。其地在济州钜野(今山东巨野)。或言:'燧人氏之后',非也。"实为燧人氏称号"遂皇"演变之姓。今山西临汾、陕西韩城、天津武清有此姓人分布⑮。

综上所述,燧人氏是约与华胥氏同期的传说人物,他的故里在今河南商丘市睢县(氏族的兴起地亦在此),陵墓在今商丘市。他是发明人工取火的人和氏族公社或部落首领。火的广泛运用,增强了先民的体质,促进了社会的发展,为以伏羲、女娲为代表的母系氏族社会向前发展奠定了基础。从而他和华胥氏一样,受到先民的爱戴和崇奉,被誉为"火神"或三皇之首。

注释：

①王玉哲：《中华远古史》，上海：上海人民出版社，2000 年 7 月 1 日第 1 版，第 47 页。

②徐旭生：《中国古史的传说时代》，桂林：广西师范大学出版社，2003 年 10 月第 1 版，第 260—261 页。

③林汉达：《中华上下五千年》，沈阳：沈阳出版社，1988 年 7 月第 1 版，第 4 页。

④林汉达：《中华上下五千年》，沈阳：沈阳出版社，1988 年 7 月第 1 版，第 5 页。

⑤翦伯赞：《先秦史》，北京：北京大学出版社，1986 年 5 月第 1 版，第 27 页。

⑥翦伯赞：《先秦史》，北京：北京大学出版社，1986 年 5 月第 1 版，第 29 页。

⑦翦伯赞：《先秦史》，北京：北京大学出版社，1986 年 5 月第 1 版，第 31 页。

⑧李绍连：《华夏文明之源》，郑州：河南人民出版社，1992 年 1 月第 1 版，第 4 页。

⑨田继周：《先秦民族史》，成都：四川民族出版社，1988 年 1 月第 1 版，第 96 页。

⑩陈连开主编：《中国民族史纲要》，北京：中国财政经济出版社，1999 年 12 月第 1 版，第 42 页。

⑪张岂之主编：《中国历史·先秦卷》，北京：高等教育出版社，2001 年 1 月第 1 版，第 35 页。

⑫林耀华：《原始社会史》，北京：中华书局出版社，1984 年 4 月第 1 版，第 156—157 页。

⑬樊树志：《国史概要》，上海：复旦大学出版社，2000 年第 2 版，第 11 页。

⑭⑮窦学田编撰：《中华古今姓氏大辞典》，北京：警官教育出版社，1997 年 10 月第 1 版，第 583 页。

2016 年 8 月 8 日

论太昊伏羲是中国文明的始祖

中国是世界四大文明古国之一,《春秋元命苞》云:天地开辟,至春秋获麟之岁,凡二百二十六万七千年。考古发现的"巫山"(今重庆巫山县)猿人,距今约 200 万年,与东汉谶讳学士推算的年代仅差 6.7 万年。原始社会史界的专家将其分为旧石器时代早期、中期、晚期,论述了由原始群到血缘家族公社,再由血缘家族公社到母系氏族公社的历史进程。之后称新石器时代(1 万—前 2070 年,其中 1 万年前至 8000 年前,又称中石器时代),属于母系氏族公社发展、繁荣、过渡到父系氏族社会,直至父系氏族社会过渡到夏朝建立(前 2070)。我们在拙文中研究的内容,就是在马克思主义唯物史观指导下,研究历史、考古、文物界所称"三皇"时代(亦即新石器时代早、中期)的文明起源状况,并以"多重证据法"论证为什么说"伏羲是文明始祖"及其相关问题,不妥之处,请专家、同仁多多指教。

一、太昊伏羲氏处于文明的萌芽时代

中国兴起于汉末、盛行在东汉的"纬书",仔细分

伏羲氏

析,也能在虚无飘缈中觅到一些史实。如《春秋元命苞》《春秋命历序》《丹壶书》等载的"十纪"神话传说人物,不少被后世文献收录,有的还被考古发现的简册、帛书所证实。伏羲氏排列在"十纪"中的第十纪《疏仡纪》,"母亲"华胥(又写作赫胥)列在第九纪(即《禅通纪》)。这"两纪"的传说人物(实为母系氏族或部落首领)及其后裔,大约处于新石器时代早期(约1万年前至8000年前)。

1.太昊伏羲氏和女娲氏生于成纪

关于中华始祖母华胥氏(实为世袭氏族首领)的历史地位和文化,我已在有关会议上作过详细考述,不多叙。世代称华胥氏的氏族或部落,约与有巢、燧人等氏族或部落同期,大约处在1万年至8000年前之间,有"氏"而无"姓"。《河图握矩起》云:"燧人之世,大迹出雷泽,华胥履之,而生伏羲。"《河图稽命征》云:"华胥于雷泽履大人迹而生伏羲于成纪。"《诗纬·含神雾》云:"大迹出雷泽,华胥履之,生伏羲。"《帝王世纪》载:"太昊帝庖牺氏,风姓也,母曰华胥,燧人之世,有巨人迹出于雷泽,华胥以足履之,有娠,生伏羲,长于成纪,蛇身人首,有圣德。"《三坟》载:"伏羲氏,燧人子也,因风而生,风姓也。"《通志·三皇纪》引《春秋世谱》云:"华胥生男子为伏羲,女子为女娲。"《帝王世纪》云:"庖牺氏风姓也","女娲氏亦风姓也。"成纪县,西汉置,治所在今甘肃静宁县西南治平河西岸。北魏废此县,北周复置。唐玄宗开元二十二年,迁治所于今甘肃秦安县西北汉代的显亲城。北宋移治所于今天水市。静宁、秦安的当时地域,均包括今天水市区。因此,伏羲和女娲的故里,从具体地方说是在秦安县,亦可泛称为天水市。以考古学说,从华胥(以花为图腾)、燧人(以火图腾)两个氏族或部落中,繁衍出来的伏羲、女娲氏族或部落,有了"蛇"(原始龙)图腾。

2.太昊伏羲氏和女娲氏时代比华胥时代进步

古文献记载远古(又称上古)时代人物的"生",并非夏朝后的父母生子女之义,而是指出自某氏族或部落,而且部落首领世代为一个称号,事迹也均记在一个名号之下。从史学、考古学、姓氏学等方面观察:有巢氏、燧人氏及华胥氏等,大约都分别世代相传2000(1万年前至8000年前)年,又名有图腾(巢、火、花),但没有姓,事迹也极少。他们所生之子女伏羲和女娲氏,则既有蛇(原始龙)图腾,又有风姓氏,社会又前进了一步。拙文之所以在"太昊伏羲氏"与"伏羲氏"的称谓中采用了前者,主要是太昊(汉代已称太昊伏羲氏)含有广大、光明等义,且又派生出了少昊部落。两大部落广布于黄河流域,江南部分地区亦有。

3.太昊伏羲和女娲时代比较长久

太昊伏羲和女娲氏,在兄妹、夫妇二说中,多赞同后说。《遁甲开山图》云:伏羲氏没,女娲氏立。"女娲氏没,大庭氏王有天下,五凤异色,次有柏皇氏、中央氏、栗陆氏、骊连氏、赫胥氏、尊卢氏、祝融氏、混沌氏、昊英氏、有巢氏、葛天氏、阴康氏、朱襄氏、无怀氏,凡十五代皆袭庖牺之号。自无怀氏已上,经史不载,莫知都之何在。"这个系统比较杂乱,但可知均袭"伏羲"之号的氏族部落延续时代很长(约8000至6500年前)。仅就部落族团首领伏羲、女娲而言,就带领部分族人逐渐从今天水迁到了今河南淮阳(都城、陵墓在此)、西华县(有女娲宫、女娲城)。

二、太昊伏羲氏是中国文明起源

1.文明的定义与文明起源的内涵和标志

何为文化,何为文明,世界各国的解释或定义多达200多种。我国历来的解释,也是多种多样。21世纪初,中共中央党代会决议提出:物质、精神、制度(或政治)的总和,就是文明(文化)。由此出版的《中国文明史》《中国文化史》,大都从200万年前的重庆"巫山"猿人,或云南元谋猿人(175万年前)为开端,一直写至现代。即使是《先秦史》,也是从200万或175万年前写起,截止于秦朝建立

（前221）。但在讨论中国文明（含文化）起源时，从代表人物论，又多寻根至"炎黄"时代。

从我国在20世纪二三十年代兴起新考古学后，大量的考古材料证明，我国从正在形成中的人到直立行走的人（即旧石器时代早、中期），约经历了150万年。由血缘家族过渡到母系氏族社会，也经历了二三十万年至四五万年前。人的体格、语言、思想、意识等，大体说也是在旧石器时代晚期（4—1万年前）才与现代人接近。母系氏族公社或部落时代的社会状况是："昔太古尝无君矣。其民聚生聚处，知母不知父，无亲戚、兄弟、夫妻，男女无别，无上下长幼之道，无进退揖让之礼"（《吕氏春秋·恃君览》）。即使是到了父系氏族社会（约前5000—前2070年），史载也是："大道之行也，天下为公，选贤与能，讲信修睦，故人不独亲其亲，不独子其子，使老者所终，壮有所用，幼有所长，矜寡孤独废疾者，皆有所养。男有分，女有归，货恶其弃于地也不必藏于己，力恶其不出于身也不必为己。是故谋闭而不兴，盗窃乱贼而不作，故外户而不闭。是谓大同"（《礼记·礼运》）。这是战国末至秦朝学士记述的理想社会，又称原始共产主义社会。

20世纪20年代马克思主义传入中国后，学界以"文明时代的基础是一个阶级对另一个阶级的剥削"[1]作为判定文明时代的标志。《辞海》释："文明时代，美国民族学家摩尔根在《古代社会》中使用的一个术语。指继蒙昧时代、野蛮时代之后的人类社会发展的第三个时期，以文字的发明和使用为其始点。恩格斯在《家庭、私有制和国家的起源》中援用此语并增其含义，指随着劳动分工与生产领域的扩大，出现真正工业与艺术的时期。人类进入文明时代，大体上也就是阶级社会的开始"。改革开放后，考古学家结合丰富的考古材料，以唯物史观解释说："现今史学家一般把'文明'一词用来指一个社会已由氏族制度解体而进入有了国家组织的阶级社会的阶段。这种社会中，除了政治组织上的国家以外，已有城市作为政治(宫殿和官署)、经济(手工业以外,又有商业)、文化(包括宗教)各方面活动的中心。它们一般都已经发明文字和能够利用文字作记载(秘鲁似为例外,仅有结绳纪事),并且都已知道冶炼金属。文明的这些标志中以文字最为重要。"②苏秉琦先生在《中国文明起源新探》中,综合考古发现成果,"提出中国国家起源问题可以概括为发展阶段的三部曲和发展模式的三类型"③其中的"古文化、古城、古国这三个概念,"④"古文化指原始文化;古城指城乡最初分化意义上的城和镇,而不必专指特定含义的城市;古国指高于部落以上的、稳定的、独立的政治实体。"⑤同时在这本被称为"中国考古的世纪之作"⑥中,提出了"中国文明起源"的"满天星斗"⑦高论。先秦史学家李学勤先生说:"中国有着悠久的历史,创造过灿烂的古代文明,中国文明在整个人类史上据有重要地位"。"按照马克思主义的观点,文明起源的问题也就是阶级社会和国家起源的问题。"接着,他总结了对文明起源研究的特点:加强理论的探讨;强调考古学的重要;重视传说的价值;反对文明起源单元论。接着,他又提出了判定文明起源的标志:"金属的使用;文字的产生;城市的出现;礼制的形成;贫富的分化;人牲人殉的发现。"⑧

2.太昊伏羲氏是中国文明的起源

21世纪以来,陕西省西安市蓝田县在历届"华胥文化论坛"中,对"华胥氏是中华始祖母"达到了共识,氏族或部落延续年代大约为1万年至8050年。同时,还对举办"中华母亲节"的代表人物应是华胥氏,故里和陵均在今蓝田县华胥镇之事予以了肯定。近两千年的、袭用华胥之号的母系部落,可称为"华胥时代"。其子太昊伏羲(含女娲)氏的氏族部落,也是世代首领袭用"伏羲",分布广阔。但事迹却都是记在"伏羲氏"名义之下。至于伏羲、女娲夫妇后裔中的十五六代,据河南、山东等黄河流域诸省,甚至江南一些省的研究,也各有故里、陵墓、代系等,在此略而不论。

史学、民族学、考古学等界的专家、学者,对古史传说人物中的华胥系、伏羲(含女娲)系,以及他们在"文明起源"阶段的地位等,改革开放后,相继有明确的认识和论述。何光岳《炎黄源流史·前言》考证:"从近百年来众多的考古文物的发现,可印证中国的文明史不仅有七八千年之久,甚至在万年以上"⑨。"中华民族源远流长,是世界最古老的民族之一。因为史籍中记载华胥氏出现在八千多年前,比埃及、巴比伦、腓尼基、印度的史籍记载尚要早一二千年。"⑩从纬书排列"十纪"之第九纪《禅通纪》"所说的赫胥氏(即华胥氏),是为华夏族最早的起源,也是中华民族的始祖母,华人之名即以华胥氏称号而生。"⑪又云:"伏羲氏。被视为三皇之一的人皇,又称为羲皇,受到万代人民的崇拜和敬仰。传说与女娲氏为夫妇或兄妹,繁衍人类,被视为中华民族的祖先,亦称人祖。"⑫《李学勤讲中国文明》曰:"我们对于炎黄二帝的传说也应该有新的理解。如不少学者在讨论炎黄文化时所说的,古史传说从伏羲、神农到黄帝,表现了中华文明萌芽发展和形成的过程。《史记》一书沿用《大戴礼记》所收《五帝德》的观点,以黄帝为《五帝本纪》之首,可以说是中华文明形成的一种标志。"⑬滕新才论曰:"中国文化是世界唯一没有中断并传承至今的文化系统,台湾学者撰文称中国有'三十万年的民族根系,一万年的文明史、五千年的国家史',悠久的历史造就了内涵丰富、特点鲜明的中国文化。"⑭因此说,处于中国文明萌芽阶段的群体代表人物太昊伏羲氏,被学界和华夏儿女誉称为"人文始祖"或"文明起源始祖",都是合乎历史实际和受到人民大众认同的。从我见到之书,将伏羲氏定位于文明萌芽的代表人物,学术泰斗李学勤先生堪称为第一人。

三、考古材料对伏羲时代文明萌芽的佐证

太昊伏羲氏(含女娲)时代延续约两千年,风姓氏族部落族团不断发展壮大,分布在黄河流域的大部分地区,后来又有迁入或影

响到长江流域少数地区者。从考古学讲,伏羲族团(亦称集团)存在的时代,大体相当于新石器时代早期及中期的前段。从文化上说,大体相当于不同称谓而同期的大地湾文化(甘肃)、前仰韶文化(陕西)、裴李岗文化(河南)、大汶口文化(山东)及江南一些地区的同期文化等。云南、贵州等地流传的伏羲、女娲故事,年代较晚,两省也未发现七八千年前新石器时代遗址,即是证明。

1.物质文明

物质文明有多种解释,概括说,在天地万物的客观物质世界中,人类由适应、利用到改造、创造,不断改善和丰富物质生存条件,即物质文明。

(1)聚落或古城

按考古学泰斗级名家苏秉琦的古城、古国是文明标志的观点,太昊伏羲时代的古城,基本上还是部落或族团居住的、规模不等的聚落土城(不一定有土城墙)。如甘肃大地湾、陕西宝鸡关桃园遗址的聚落,都在 8000 年前。西安市临潼区白家聚落遗址在 7500 年前左右。河南新郑裴李岗、山东大汶口聚落遗址,均在 7000 多年以前。湖北屈家岭的大型中心聚落、石家河聚落群,时间均在 7000 年前。安徽尉迟寺大汶口文化的聚落遗址,规模和布局大而整齐。

(2)教民打猎捕渔和饲养牲畜

太昊与伏羲氏的合为一人说,是汉朝时期整合的。《周易·系辞下》云:"作结绳而为网罟,以佃以渔。"《汉书·律历志》云:"作网罟以佃渔,取牺牲。"《潜夫论·五德志》云:"结绳为网以渔。"《世本》云:"伏牺臣芒氏作罗,芒作网。"谯周《古史考》云:"伏羲氏作网。"《尸子》云:"宓牺氏之世,天下多兽,教民以猎。"葛洪《抱朴子》云:"太昊师蜘蛛而结网。"《史记·补三皇本纪》云:"结网罟以教佃渔,故曰宓牺氏。"《纲鉴易知录》(译文):云:"人类刚刚出现的时候,跟禽兽没有区别,只知道有母亲而不知道自己的父亲,只知道求爱而不懂得其中的礼法。躺卧则发出咕咕的声音,起身则呼呼叹息。

饥饿时就去寻找食物,吃饱后就扔掉剩余的东西,连毛带血地生食鸟兽之肉并且穿着兽皮。太皞首创捕鸟兽和鱼的网,用来猎兽和捕鱼,以供给百姓食用,所以称做伏羲氏。饲养牲畜,用来充实厨房,所以称做庖牺氏。"⑮《路史·后纪一》载:伏羲"豢养牺牲,服牛乘马,革鞭皮蒙,引重致远,以利天下,而下服度。"林汉达《中华上下五千年》释曰:"不知过了多少长的时间,人们开始用绳子结网,用网去打猎,还发明了弓箭,这比光用木棒、石器打猎要强得多。不但平地上的走兽,就是天空上的飞鸟,水里的游鱼,都可以射杀、捕捉起来。捕来的鸟兽,多半是活的,一时吃不完还可以留着、养着,留到下次吃,这样,人们又学会了饲养。这种结网、打猎、养牲口的活,都是人们在劳动中共同积累起来的经验。传说中却说发明这事的人是'伏羲氏',或者叫'庖牺氏'。"⑯于是,便有一些学者称其为是渔猎经济时代的代表人物。学术泰斗张岂之主编《中国历史·先秦卷》云:"作网罟,是渔猎经济的标志","伏羲、女娲的传说,反映着人类社会的一个很古老时代。"⑰

　　从全国新石器时代早期遗址出土陶器表面鱼纹看,尤其是渭水流域出土的陶器鱼纹看,距今1万至8000年前渔猎还占有较大的比重,对先民的生活至关重要。因此,在织渔网的同时,先民已会设陷阱、设拦网及套网,以捕获更多的野兽。当时各"大陆地"上的不同肤色和氏族先民,也或前或后地经历了这个阶段。

　　(3)发展原始农业

　　《孔丛·连丛子下》载:"伏羲始尝草木可食者,一日而遇七十毒,然后五谷乃形。"可见,随着先民人口的增加,必须挑选可食的植物(五谷)繁育,发展原始农业。北方新石器时代遗址内已发现炭化粟和蔬菜种子。桓谭《新论》云:"宓牺之制作曰万民以济。"即加工粮食工具。《新中国考古五十年》(248页)报道:"舞阳县贾湖裴李岗文化遗址","发现有当时人工栽培稻(8000年前)"。湖南道县已发现1.2万年前人工栽培稻的炭化颗粒。

（4）进一步改进人工取火技术以方便先民

《河图挺辅佐》载："伏羲禅于伯牛，钻木取火。""三皇"之首燧人氏时，已发明了人工的"钻燧"或"钻木"取火。火的发明是人类社会的一大进步，不仅可以加工熟食，减少疾病，而且可以带给先民生活上的便利。伏羲和女娲氏是华胥和燧人之子女，伏羲在燧人氏去世后代父为"王"，又将人工取火改进了一步，火的使用更为方便。

（5）发明生活用品

《路史·后纪五》罗苹注引《皇图要览》云：伏羲化蚕。《路史·后纪一》罗苹注引《白氏六贴》云："伏羲作布。"《白虎通·号篇》云：伏羲"衣皮革"。即伏羲氏已发明了养蚕和用麻布、兽皮做衣服。为了方便先民的贷物交换，伏羲还发明了铜币。《路史·后纪一》云：伏羲"聚天下之铜，仰观俯视，以为棘币，好圆法天，肉方法地，以益轻重，以通有亡。"考古资料也证实在 7000 年前已有红铜。如 1973 年在陕西临潼姜寨仰韶文化聚落遗址中，就发现了 6700 多年前的黄铜片及小刀。

（6）发明彩陶

在华胥时代彩陶已经产生，伏羲（含女娲）时代继续发展，遍布于黄河流域，影响到江南部分地区。即西至甘肃玉门、青海，东至山东和辽东，北至内蒙古，南至江淮一带。各种图案不仅保留了古代艺术，而且为研究原始社会的生活，探索当时氏族部落组织及其相互关系提供了宝贵资料。当代在研究伏羲和女娲时，彩陶已成为重要证据。

（7）尝百草识药性保护先民健康

《帝王世纪》载："伏羲画卦，所以六气、六俯、五藏、五行、阴阳四时、水火升降、得以有象；百病之理，得以有类，乃尝百药而制九针，以拯天枉焉。"这是"赞扬八卦的创立对后世医药学发展作用极大，同神农尝百草并不矛盾。"[18]神农氏炎帝系伏羲裔孙，继承发扬"祖父"的中药学，是顺理成章之事。识百药加九针诊治，对先民减少或避免疾病,都是相当重要的。

2.精神文明

《辞海》释:"精神,指人的意识、思维和一般心理状态。宗教信仰者和唯心主义者所讲的精神,是对意识的神化。唯物主义者常把精神当作和意识同一意义的概念来使用,认为它是物质的最高产物。"伏羲时代还处在人们原始思维阶段,意识形态初始,思想和人与人之间的交流依赖原始语言。他创造代结绳记事的"文字"虽很原始,但却是甲骨文的前身,是中华文字必经的"刻划符号"阶段。

(1)画八卦等理顺社会秩序

伏羲画八卦的初衷是别天地、分阴阳、定四季,为先民生产、生活谋利益。但"伏羲氏创立的太极、两仪、四象,表明世界万物的本源,确立了正确的本体论,揭示了天地万物的内在联系和本质特性,即阴与阳的相辅相成,符合辩证唯物主义的物质观。"[19]太极图既含有黄河弯曲、漩涡、双鱼、颜色等义,又含有伏羲氏形象、龙图腾及寓以功德的称号之义。其八卦的哲学原理和内涵,是中华哲学的启蒙和渊源。《辞海》释:"《周易》亦称《易经》,又简称《易》。儒家重要经典之一。'易'有变易(穷究事物变化)、简易(执简驭繁)、不易(永恒不变)三义,相传系周人所作(一说周有周密、周遍、周流之义),故名。内容包括《经》和《传》。《经》主要是六十四卦和三百八十四爻,卦、爻各有说明(卦辞、爻辞),作为占卜之用。旧传伏羲画卦,文王作辞,说法不一。其萌芽期可能早在殷周之际。《传》包括解释卦辞、爻辞的七种共十篇,统称《十翼》,旧传孔子作。"八卦是文明起源的标志,儒家、道家学说的渊源,儒道又是中国传统文化的重要组成部分。从哲学是社会知识、自然知识的总结和概括而言,伏羲画八卦,是中华哲学的源头。因而又可以说,伏羲是中国文明(文化)的始祖。

《周易·系辞下》云:"古者庖牺氏之王天下也,仰则观象于天,俯则观法于地,观鸟兽之文,与地之宜,近取诸身,远取诸物,于是始作八卦,以通神明之德,以类万物之情。作结绳而为罔罟,以佃以渔,盖取诸《离》。"《论衡·齐世》云:"夫宓牺之前,人民至质朴卧者居居,坐者于于,群居聚处,知其母不知其父。至宓牺时,人民颇文,知欲诈愚,能通欲恐怯,强欲凌弱,众欲暴寡,故宓牺作八卦以治之。"《礼纬·含文嘉》云:"伏牺德洽上下,天之以鸟兽文章,地应之以龟书,伏羲乃则象作《易》卦。"《尸子》云:"伏羲始画八卦,别八节,而化天下。"《易·乾凿度》云:"方上古之时,人民无别,群物无殊,未有衣食器用之利。于是伏羲乃仰观象于天,俯法于地,中观万物之宜,始作八卦,以通神明之德,以类万物之情。"这些记载都充分说明在母系社会的初期,社会秩序、礼仪还未建立起来,伏羲为了使人民有秩序地生活,便画八卦予以治理。八卦从何而来呢?《宋书·符瑞志》云:"受龙图,画八卦,所谓河出图者也。"《史记·太史公自序》云:"伏羲至纯厚,作易、八卦。"《古今图书集成·职方典》卷三八九载:"上古伏羲时,龙马负图出河,其图之数,一六居下,二七居上,三八居左,四九居右,五十居中,伏羲则之,以画八卦。"简而言之,伏羲就是用八卦中的"乾"符号代表天,"坤"符号代表地,"坎"符合代表水,"离"符号代表火,"艮"符号代表山,"震"符号代表雷,"巽"符合代表风,"兑"符合代表泽。这八种符号包括了天地万物的种种情况,人民就拿它来记载生活中发生的各种事情。明代李贽《史纲评要》卷一《伏羲氏》云:"天应以鸟兽文章,地应以河图洛书。于是仰观象于天,俯观法于地,中观万物于人,始画八卦,因而重之,为六十有四。"《纲鉴易知录》(译文)云:"太昊的德行符合天地的要求,天用飞禽走兽的错杂花纹相应和,地用瑞马从黄河中背图而出相应和。在这时太昊仰首观察天象,俯首观察地法,在天地之间则观察万物各得其所的道理,开始制作八卦。每一卦有三多爻,利用三爻并把它们重叠起来形成六十四卦,以会通天地万物之神明的美德。"其中的易、八卦,经过历代的完善,已成为现代预测的哲学。

　　《尚书·序》云："古者伏牺氏之王天下也,始画八卦。"《易·系辞上》云："河出图,洛出书,圣人则之。"周大明释曰："河图是描述天气气候状态而产生的,它描述的地球公转周期为 230 天","正是图蕴涵深刻哲理的原因,人们以河图来描述地球周期的同时,不自觉地把北极星与太阳系星球之间的相对运动融入了'地球的年历'。"[20]谢志强亦说："太极、河图、洛书与先天八卦,是对事物处于衍生和运动过程中不同阶段规律的揭示。太极是对由自物质向他物质转烃过程中,事物内部各种矛盾相互作用,由无序状态向规则状态演进,达到泾渭分明时,事物内部阴、阳两个方面既对立又互相依赖,并且可能使事物性质转化规律的揭示。河图对事物由'太极'——高度规则状态下事物内部诸因素共同作用衍生他物质过程规律的揭示。洛书则是对自然、物质运动规律的揭示以及物质转化他物质后,他物质运动规律的揭示。"[21]

　　(2)作甲历定四时以利于先民生产和生活

　　《纲鉴易知录》云："作甲历,定四时。"就是以甲子记载岁时的日历。太昊伏羲氏和女娲氏时代,由于先民要打猎、捕鱼、采集,还要从事初兴的农业,人们在气候冷暖的变化中生活,尤其是人类生存的绝对需要,人们开始注意观测天象,在长期生产、生活实际中获取了不少有关太阳、月亮、星座的知识,遂制了甲历。"历之为用,系以判别节候、记载时日、规定计算时间之标准。太古时之人'日出而作,日入而息',自无历之需要,惟人类逐渐进化,关系日益复杂,故应有一计量时间之单位为准绳,此单位须采取一种所经时间有一定因有事物为依据,且须人所共认者。于是以一昼夜为一日,是即一般历法之基本单位;以月球盈昃为一月,是即太阴历之基础;以寒暑为一年,是即太阳历之基础。"(相传"天皇氏制干支,伏羲氏作甲历。"[22]《纲鉴易知录》"纪"曰:"起于甲寅,支、干相配为十二辰,六甲而天道周矣(一年 360 天)。岁以是纪而年不乱,月以是纪而时不易,昼夜以是纪而人知度,东西南北以是纪而方(向)不惑。"一年四季、昼夜时辰的确定,对先民的生产、生活十分有益处,是伏羲氏对人类的一大贡献。

伏羲氏为使先民按气候变化生活和劳作,还创造了用甲子记载岁时的日历,确定春夏秋冬四个季节。《管子·轻重戊》云:"'虑戏作,造六峜,以迎阴阳,作九九之数,以合天道,而天下化之。"《历书序》曰:"伏羲氏推策作甲。"《周髀算经》云:"伏羲作历度。"《通鉴外纪》云:"伏羲在位百一十年始有甲历五运,伏羲纪阳气之初为律法,建五气,立五常,定五行,有甲历五运。"《纲鉴易知录》(译文)云:"伏羲命昊英作甲历,定四时。由甲寅开始,天干地支相配合成为十二辰,用六十甲子来表示自然规律就圆满了。年用干支来记载,那么年代就不会混乱;月用干支来记载,那么四时不就不会改变;昼夜用干支来记载,那么人们就知道时间的进度;东西南北用干支来记载,那么就不会迷失方向。"这种干支记进法经屡次改进,已成为我国沿用四千多年的农历。

(3)发明文字

《易·系辞下》云:"上古结绳而治,后世圣人易之以书契。百官以治,万民以察,盖取诸离。"《尚书·序》云:"古者伏牺氏之王天下也,始画八卦,造书契,以代结绳之政,由是文籍生焉。"孔颖达疏:"代结绳者,前世之政用结绳,今有书契以代之,则伏牺时始有文字以书事,故曰'由是文籍生焉'。"又孔疏:"依《易纬·通卦验》燧人在伏牺前","表置其刻曰:苍(颉)(子)牙通灵,昌(文王)之成,孔(子)演命,明道经。"郑玄注:"刻谓刻石而记识之。"据此,伏牺前已有文字矣。又孔(颖达)疏:"《韩诗外传》称古封太(泰)山禅梁南者万余人,仲尼观焉不能尽识。是文字在伏羲之前已自久矣,何怪伏羲而有书契乎?"明代李贽《史纲评要·卷一》伏羲云:"造书契以代结绳之政"。书制有六:一曰象形,二曰假借,三曰指事,四曰会意,五曰转注,六曰谐声,使天下义理必归文字,天下文字必归六书。清《纲鉴易知录》与此记载相同。

新石器时代早期(约与华胥、燧人、伏羲和女娲氏时代相当)就有"文字"(或符号),是可信的。甘肃秦安大地湾、天水师赵和西山坪等遗址的发掘,证明压在大地湾一期与陕西宝鸡北首岭下层相迭压。"这些遗址的发掘充实了泾渭上游地区新石器早期文化的过程,也找到了该地区仰韶文化的面貌与关中地区相同,均属老官台的范畴"㉓。近年陕西宝鸡关桃园发现了距今8000年的前仰韶遗址,说明伏羲文化已遍布在渭水流域。陕西渭水流域的新石器时代早期文化有50年代末发现的老官台文化、白家文化,还发掘了渭南北刘、商县紫荆等遗址。北刘类型距今8000—7300年。陶器表面上有文字符号㉔。更为可喜的是:河南省舞阳县"贾湖裴李岗文化遗址,发现一批距今八千年左右的契刻符号,刻在龟甲、骨器和石器上。其中有的符号与安阳殷墟甲骨文的某些字形相似。"㉕如果说八九千年前的新石器时代早期遗址中,陶器表面的"刻画符号"(郭沫若先生认为文字)还是"文字"萌芽的话,那么舞阳贾湖遗址中刻在龟甲、骨器及石器上的"符号",就是公认的"甲骨文字"了。这些都足以说明"伏羲"前已有象形刻画符号,"伏羲时代"确实已有"甲骨文字"了。有了文字,既可以提高先民的思想交流水平,更可以记录生活中的大事。我国先民的古文字,对世界其他种族的先民也有着启示的重要作用。这也是伏羲氏为中国文明起源之萌芽始祖的得力证据之一。

3.制度文明

《辞海》云:"社会制度。社会的经济、政治、文化等制度的总称。"社会制度的基础是经济制度,即一定的生产关系的总和,其中主要是生产资料所有制形式。社会制度还包括由经济制度所决定,并为它服务的政治、文化等上层建筑中的各种制度。原始公社制度、奴隶制度、封建制度、资本主义制度、共产主义(包括它的低级阶段社会主义)制度。伏羲处在原始社会制度的母系氏族公社制度发展期,创立的"甲历"、礼乐、以龙纪官等原始制度,既是中华制度(或中国文明)的起源或萌芽,也是炎帝及黄帝部落、部落联盟制度文化的先躯。

(1)定婚姻嫁娶之礼

相传伏羲以前,男女婚配处于杂乱阶段,没有什么形式和礼仪。《独异志》卷下载:"昔宇宙初开之时,只有女娲兄妹二人在昆仑山,咒曰:'天若遣我兄妹二人为夫妻,而烟悉合;若不,使烟散。'于烟悉合,其妹即来就兄。"伏羲、女娲兄妹生在成纪(今甘肃天水市秦安县),在昆仑山(今甘肃祁连山)之结为夫妻是可信的。伏羲觉得虽是天意,但不合乎人伦,于是从此后,便禁止兄妹结婚。伏羲氏在画八卦等后,又对男婚女嫁制定了形式和礼仪。谯周《古史考》云:"伏羲制嫁娶,以俪皮为礼。"《仪礼·七婚礼》云:"纳征,玄纁,束帛,俪皮。"郑玄注:"征,成也。使者纳币以成昏(婚)礼,用玄纁者,象阴阳备也,束帛十端也。《周礼》曰:凡嫁子(女)娶妻,入币纯帛无过五辆。俪,两也。执束帛以致命,两皮为庭实。皮,鹿皮。"这当然是汉代的聘礼,伏羲氏时代还不可能有这么多。明代李贽《史纲评要》云:"上古男女无别,帝始制嫁娶。以俪皮为礼,正姓氏,通婚约,以重人伦之本,而民始不渎。"《风俗通》云:"女娲祷祠神祈而为女媒,因置婚姻。"从考古发掘清理的新石器时代墓葬人骨析,八千多年前的伏羲、女娲时代已渐杜绝"乱婚"是符合史实的。这无疑是对繁育人口、提高人的素质的一大贡献。《纲鉴易知录》(译文)云:"在远古男女之间没有区别,太昊开始制定男婚女嫁的礼法,用成对的鹿皮作为定婚的礼物。考定姓氏关系,由媒人沟通男女双方,这样做是为了推重人与人关系的大道理以及行为准则,那么老百姓才不轻亵。"[26]这些记载基本上是可信的。

(2)兴礼乐

《世本·作篇》云:"宓戏作瑟,八尺二寸,四十五弦。"又云:"庖牺氏作瑟,五十弦。瑟,洁也,使人清洁于心,淳一于行。"《广雅·释乐》云:"伏羲氏瑟长七尺二寸,上有二十七弦。"《帝王世纪》曰:"太昊帝庖牺氏","作瑟三十六弦。"《史记·补三皇本纪》云:"宓牺作瑟,四十五弦。"这都是说,伏羲氏发明了琴、瑟乐器,使先民可以娱乐。《楚辞·大招》记载:"伏戏《驾辩》,楚《劳商》只。"王逸注曰:"伏戏,古王者也。始作瑟。《驾辩》之典,楚人因之,作《劳商》之歌皆要妙之音,可乐听也。"《拾遗记》云:"庖牺氏灼土为埙。"《孝经注疏》云:"移风易俗,莫善于乐。"《隋书·音乐志》云:"伏羲有网罟之咏。"《纲鉴易知录》云:"太昊创作了最早的音乐,高唱《扶徕》之歌,吟咏打猎捕鱼,来安定天下的百姓,命名为《立基》之歌。砍削桐木做琴身,搓捻丝线做琴弦。琴有二十七根弦,把它命名为离徽,用来沟通神人的加惠,用来协调天人之间的关系。捆扎桑木作成三十六根弦的瑟,用来修养身心,培养品性,返回到未受世俗影响的本性,音乐就从此兴起了。"㉑《路史·后纪一》云伏羲氏"礼义文物,于兹始作,去巢穴之居,变茹腥之食,立礼教导文,造干戈以饰武,丝桑为瑟,均土为埙,礼乐于是兴矣。"由此我们可知,我国的琴、埙等乐器在距今七八千年前就有了,太昊伏羲氏则是创造发明的第一人。河南舞阳贾湖遗址出土的一件骨笛,已具备七声音阶结构,现仍可吹出旋律。他还创作了《驾辩》《立基》等乐曲。礼乐的兴起,说明当时的社会经济有了一定的发展,先民也逐渐从愚昧走向"礼教以导文"的开明阶段。《史记·封禅书》引管仲曰:"古者封泰山禅梁父者七十二家,而夷吾所记者十有二焉。昔无怀氏封泰山";"宓羲封泰山,禅云云。"伏羲行禅泰山之礼,是在他东迁于陈(今河南淮阳)之后的事。《巩县志》载:县河洛镇洛水入黄河处称"洛口",有伏羲台,传为伏羲举行祭天之礼处。

(3)部落联盟民主议事会建置

《孝经纬·援神契》记载:"伏羲大目(眼),山准,日角,横而连珠。"《春秋纬·元命苞》云:"伏羲大目,山准,龙颜。"《春秋纬·合成图》云:"伏羲龙身牛首,渠肩,大腋,山准,日角,大目,珠衡,骏亮,翁鬣,龙唇,龟齿。"又云:"伏羲长九尺一寸,望之广,视之专。"《拾遗记》云："长头修目，龟齿龙唇，眉有白毫，须垂委地。"魏曹植《女娲画赞》曰："或云画皇，人首蛇形。"《帝系谱》云："伏羲人头蛇身，以十月四日人定时生。"太昊伏羲氏为人有"生日"的开端，也为后人留下了"生死"的准确记载。他崇拜"龙"（蛇），氏族部落及族团也以"龙"为图腾，成为中华民族崇奉"龙"的肇始祖先。"牛首"与"长头"联系，可知其是长头巨目的人，亦可理解为头发很长，盘起来在头顶似两个"牛角"。他身高九尺一寸，十分魁梧，双目大而有神，胡须长而接地，嘴唇似龙，大而厚，牙齿如龟形，眉毛中有白毫，身体强壮，是一个有胆量、有大智慧的氏族部落族团首领。后人又以"五行"说，称他崇"木"，以"木德"而接替"父亲"燧人氏的"王"位（这当然是汉代人赋予的称号）。

　　（4）以龙任官

　　由于"龙"在先民的意识里是神圣的，能在地上行，又能飞上天、入于地，适应各种环境，生气勃勃，所以伏羲和女娲夫妇（一说为胞兄妹）十分崇拜龙，族号、徽号均为活泼、智慧、无所不能的"龙"。因而在"任命"（后人观念）氏族或部落管理人员（多为其"子"或氏族首领）时，也均以"龙"相称。清代吴乘权等《纲鉴易知录》云："太昊时有龙马负图出于河之（祥）瑞，因而名官，始以龙纪，号曰龙师。命朱襄氏为飞龙氏，造书契；昊英为潜龙氏，造甲历；大庭为居龙氏，治居庐；浑沌（盘古氏后裔）为降龙氏，驱民害；阴康氏为土龙氏，治田里；栗陆氏为水龙氏，繁滋草木，疏导泉源。又（任）命五官：春官为青龙氏，又曰青龙；夏官为赤龙氏；秋官为白龙氏；冬官为黑龙氏；中官为黄龙氏。于是共工为上相，柏皇（故里在今陕西黄陵县）为下相，朱襄、昊英居左右（即后世之左右相），栗陆居北，赫胥（伏羲）居南，昆吾居西，葛天居东，阴康居下，分理宇内，而政化大治。"可见伏羲和女娲氏时期，"天下"的疆域已很辽阔，尊奉伏羲为"王"的诸氏族或部落长，进而组成了以伏羲为"王"的"民主议事会",部落或氏族"联盟机构"已比较完整(当时不可能这么齐全,有后世文人学士的观念),各方面的"大臣"辅佐"王"治理天下,"四时"官、东西南北中诸官治理地方(即地方官员),"政化大治"。黄河上下、大江南北的新石器时代文化遗址的考古发现,充分佐证了古代文人学士根据传说之考证是正确的,也是符合历史实际的。

综上所述,太昊伏羲氏确为中国文明起源萌芽阶段的始祖。袭用其号之部落族团,延续近2000年,总称"太昊伏羲时代",迁徙、分布于黄河流域之甘、青以东的广大地区,并有部分后裔迁入或影响到江南地区。各类古书(民国以前)记载的"伏羲氏"事迹(可以用文化或文明概括),经近现代学者去伪存真地研究,大都得到认可。更为重要而可信的是,古今学者认可的史实,在新石器时代早期与中期前段(约1万—6500年前)的遗址及出土文物中,大都得到佐证。因此说,学术泰斗李学勤先生在论述"中华文明萌芽发展和形成的过程"中,将"伏羲"列在"萌芽"阶段的首位,是十分正确而令学界所信服的。这也是对从事伏羲文化研究工作者的肯定和鼓舞。作为在世纪之交就参与天水市伏羲文化研究中心、中华伏羲文化研究会相继举办学术讨论会的年迈学者,我对伏羲文明(文化)研究取得的丰硕成果表示热烈的庆贺!同时,也祝愿在天水市委、市政府的领导和支持下,能进一步团结海内外关心、研究伏羲文明(文化)的人士,使太昊伏羲氏(含女娲氏)的研究更上一层楼!更祝愿全体会员、爱好者和全国人民一道,弘扬文明起源始祖太昊伏羲氏的创造、爱民和奋进精神,在为早日实现中华民族伟大复兴的中国梦中做出更大的贡献!

注释:

①《马克思恩格斯选集》,第4卷,北京:人民出版社,1972年第1版,第173页。

②夏鼐:《国家的起源与民族文化传统》,北京:文物出版社,1985 年版,第 81 页。

③④苏秉琦:《中国文明起源新探》,北京:生活·读书·新知三联书店,1999 年 6 月第 1 版,第 130 页。

⑤苏秉琦:《中国文明起源新探》,北京:生活·读书·新知三联书店,1999 年 6 月第 1 版,第 131 页。

⑥苏秉琦:《中国文明起源新探》,北京:生活·读书·新知三联书店,1999 年 6 月第 1 版,封底页。

⑦苏秉琦:《中国文明起源新探》,北京:生活·读书·新知三联书店,1999 年 6 月第 1 版,第 101 页。

⑧李学勤:《走出疑古时代》,沈阳:辽宁大学出版社,1997 年 12 月第 1 版,第 20—54 页。

⑨何光岳:《炎黄源流史》,南昌:江西教育出版社,1992 年 4 月第 1 版,《前言》第 2 页。

⑩何光岳:《炎黄源流史》,南昌:江西教育出版社,1992 年 4 月第 1 版,《前言》第 1 页。

⑪何光岳:《炎黄源流史》,南昌:江西教育出版社,1992 年 4 月第 1 版,《前言》第 3 页。

⑫何光岳:《炎黄源流史》,南昌:江西教育出版社,1992 年 4 月第 1 版,正文第 27 页。

⑬李学勤:《走出疑古时代》,沈阳:辽宁大学出版社,1997 年 12 月第 1 版,第 41 页。

⑭王友富:《考古中国 110 年》,北京:金城出版社,2011 年 8 月第 1 版,滕新才《总序》第 1 页。

⑮(清)吴乘权:《纲鉴易知录》(管成学译),北京:红旗出版社,1997 年 7 月第 1 版,第 1—2 页。

⑯林汉达:《中华上下五千年》,沈阳:沈阳出版社,1998 年 7 月第 1 版,第 6 页。

⑰张岂之主编:《中国历史·先秦卷》,北京:高等教育出版社,2001 年 7

月第 1 版,第 34—35 页。

⑱曹炳炎、刘琴明:《伏羲八卦蕴含的哲学思想》,《伏羲文化研究》,2005年第 1 期第 47 页。

⑲周大明:《破解千古之谜》,郑州:河南人民出版社,1999 年 10 月第 1版,第 30 页。

⑳周大明:《破解千古之谜》,郑州:河南人民出版社,1999 年 10 月第 1版,第 40 页。

㉑㉒谢志强:《老黄历》,长春:延边大学出版社,2008 年修定,第二次印刷,第 1 页。

㉓甘肃省文物考古研究所:《甘肃省文物考古工作五十年》,载《新中国考古五十年》,(1949—1999),北京:文物出版社,1999 年 9 月第 1 版,第439 页。

㉔陕西省考古研究所:《陕西文物考古工作五十年》,载《新中国考古工作五十年》,北京:文物出版社,1999 年 9 月第 1 版,第 439 页。

㉕㉖河南省文物考古研究所:《河南省文物考古工作五十年》,载《新中国考古工作五十年》,北京:文物出版社,1999 年 9 月第 1 版,第 248 页。

㉗(清)吴乘权:《纲鉴易知录》(管成学等译),北京:红旗出版社,1999 年7 月第 1 版,第 1—2 页。

2016 年 4 月 11 日

中华圣母女娲氏的事迹考

　　《西安晚报》(7月10日)公布了一则振奋人心的消息:"2006年中国骊山'寻根华夏·纪念女娲'系列文化活动"正式展开。这是西安市甚至陕西人民期盼已久的文化盛事,也是陕西和全国学术界议论、期望的一大文化工程。作为一个多年研究古史传说时代的史学工作者,又荣幸担任"中华伏羲文化研究会"(国家级学会)副会长的专业研究人员,我感到无比兴奋,备受鼓舞。特撰拙文对中华民族的人祖女娲氏予以全面介绍,为西安(尤其是临潼区和蓝田县)、陕西乃至中国的经济振兴贡献微薄力量,也向"活动"的主办方、承办方及社会各界人士表达衷心感谢和支持。

一、女娲氏的诸生地之说

　　世界各古老民族在文字产生以前,都经历过神话和传说时代,以口耳相传着史前的历史状况。我国从新石器时代(1万年前)开始的传说人物,一般都和氏族或部落首领或对社会发展有贡献的人物

伏羲氏和女娲氏

联系了起来,且充满着浪漫的神话色彩和先民原始宗教色彩。从中华始祖母华胥(传说为盘古氏后裔)之后,有了"三皇"的传说人物。"三皇"有诸多说法,《风俗通义·皇霸篇》引《春秋纬·运斗枢》云:伏羲、女娲、神农为三皇。伏羲、女娲兄妹(胞氏族)的氏族部落延续两三千年,代代袭号,形成许多生地,难以确指为何代。我们且将神话传说的女娲氏,作为首代进行论述。从女娲(伏羲亦然)生地的方位说,主要有东方、西方、中原和南方四说。

1. 女娲生于东方说

《三坟》云:"伏羲氏,燧人子也,因风而生,故风姓。"《通志·三皇纪》引《春秋世谱》云:"华胥生男子为伏羲,女子为女娲。"《风俗通义》云:"女娲,伏羲之妹。"《帝王世纪》云:"庖牺氏风姓也","女娲氏亦风姓也。"华胥和燧人氏通婚生伏羲与女娲,可以理解为后两个氏族部落来源于前两个部落。

(1)生于雷泽和成阳之说

《山海经·海内东经》云:"雷泽中有雷神,龙身而人头,鼓其腹。"《史记·五帝本纪》《正义》引此载时,末句为"鼓其腹则雷"。郭璞注引《河图》曰:"大迹在雷泽,华胥履之而生伏羲。""今城阳有尧冢、灵台,雷泽在其北也。"《水经·瓠子河注》云:"瓠子河又东迳雷泽北,其泽薮在大成阳县故城西北一十余里,昔华胥履大迹处也。"《辞海》释:"雷泽,古县名。治所在今山东菏泽东北。因雷夏泽得名。隋开皇十六年(596)置,金贞元二年(1154)废入鄄城县。"鄄城县今属菏泽市,成阳县今属鄄城县的西部,均在市的北部,故可称女娲与其兄生于今菏泽市北。

(2)生于承注山之说

《大清一统志》载:山东任城县东南七十六里有承注山,相传为女娲出生处,山下有女娲庙。田继周释:"女娲生于任城(今山东巨野县境)。"[①]史载山东济宁县(今改为市)西南四十里也有承注山,因而又有女娲生于济宁之说。

建国后的老一辈史学家(吕思勉、郭沫若等)和山东的史学家,多认为伏羲、女娲氏生于山东,氏族部落由东向西、向南迁徙。改革开放后,学术界又多认为太昊伏羲氏、女娲氏生于西方,向东、向南迁徙,且认为山东是他们的迁徙或后裔生息地。"山东的伏羲氏正是迁徙而来的后裔,并非王献唐所说,伏羲、女娲起源于东方。"[②]

2. 女娲生于中原说

女娲和伏羲的中原生地也有数处,比较重要的有濮阳、郑州和商丘等。

(1)生于濮阳

这是由对"雷泽"地望的不同认识而产生的。《辞海》释:"濮阳,郡,国名。晋咸宁三年(277)改东郡置国。治所在濮阳(今县西南)。辖境相当今河南滑县、濮阳、范县、山东郓城、鄄城等地。西晋末改为郡。北魏移治鄄城(今鄄城北)。隋初废。唐天宝、至德时又曾改濮州为濮阳郡。"因而有的学者认为伏羲、女娲生于濮阳。我们认为此处说的雷泽,实际上与鄄城之雷泽是一处。因为古雷泽面积广大,在今河南范县、濮阳,山东鄄城三县之间。

(2)生于郑州

《尚书序》孔传云:"伏羲氏,伏,古作虙。牺,本又作羲,亦作戏。"因而有的学者认为郑州所辖之荥阳、新密、巩义、登封一带的"浮戏山"(又称老庙山,为嵩山余脉)即"伏戏山"。明万历三十四年(1606)《重修伏羲女娲庙记》碑文载:"密邑(今新密市)东三十里,浮山岭上有伏羲女娲祠。"故云此为伏羲、女娲故里。我们认为此说比较牵强,难以置信。

(3)生于商丘

《陈州府志》载:"女娲起于承筐之山。"春秋宋国有襄邑(今河南商丘市睢县),邑内有匡城集,传为女娲生处。我们认为这里为女娲的迁居地,非生地。

此外与河南相邻的晋南永济,因古代也有雷泽,故也云为伏羲、女娲的生地。《辞海》释:"雷泽,古泽名,即'雷夏',一名雷水。在今山西永济南。源出雷首山,南流入黄河。相传为'舜渔雷泽'之处,实因水有雷名,强为牵合。"晋南古为"中原"之地,故曰女娲生于雷泽(今永济市南)。我们认为这虽然是因雷泽地望产生的分歧之说,但也不排除女娲后裔生于永济之地。

3. 女娲生于西北之说

伏羲、女娲生于西北之说,在学术界占有一定地位,近些年逐步为多数学者所认同。但在具体地点上仍有分歧。

(1)发祥于平利

陕西平利的女娲文化研究比较滞后,2004年举办学术研讨会后,《郑州晚报》(2004年9月11日)刊《陕西发掘女娲石碑》云:"专家认为,这一发现有力地证实了女娲文化的发祥地在陕西平利。"发祥即故里之义。我们认为平利是女娲的迁居地,非发祥地。

(2)生于成纪

《续汉书·郡国志》载:"成纪(今甘肃天水市秦安县),古帝庖牺氏所生之地。"《帝王世纪》云:"燧人之世,有巨人迹出于雷泽,华胥履之,有娠,生伏羲于成纪。"《史记·补三皇本纪》的记载与此相同。《元和郡县图志》云:"成纪县,本汉旧县也,属天水。伏羲氏母曰华胥,履大人迹生伏羲于成纪,即此邱也。"伏羲既生于成纪,其妹女娲自然也生于此。《通志》云:"秦安县北山有女娲庙。"庙在今秦安县陇城镇北的风台山上。女娲姓风,生于风峪(在陇城镇常营村),长于风台,葬于风茔(在陇城镇南7公里处)。陇城镇北门外有一口大井,世称龙泉,传说为女娲"抟土造人"之泉。这里还有女娲村,"女皇故里"碑等。田继周考证:"伏羲生于成纪。"[③]何光岳云:"伏羲、女娲,皆始出于成纪。"[④]我们赞同这一学术观点。

4. 女娲生于南方之说

伏羲、女娲的出生于南方之说,有的学者认为二者的传说故事是从南方传来的。有的学者又认为"雷泽"或"华胥之洲"是在南方。具体说,有伏羲、女娲出生于四川成都大泽之说,又有出生于江苏太湖之说,还有出生于云南苗族、瑶族地区之说等。我们认为这些多是伏羲、女娲支裔族的迁徙或故事流传所形成的,很难说是女娲本人的生地。因为伏羲、女娲的传说事迹,几乎都是在黄河流域。

二、女娲的形象和主要事迹

1. 女娲的形象和身份

记载女娲来源的是战国时期屈原的《楚辞·天问》,文曰:"女娲有体,孰制匠之?"《山海经·大荒西经》云:"有神十人,名曰女娲之肠,化为神,处栗广之野,横道而处。"郭璞注云:"或作女娲之腹。"又云:"女娲,古神女而帝者,人面蛇身,一日七十变,其腹化为此神。"洪兴祖《补注》曰:"娲,古华切。古天子,风姓也。"我们认为这些"肠"或"腹""化为神"的记载,是为怀念和颂扬女娲之尸变为神、继续为民造福之奉献精神的神话。《列子》曰:"女娲氏蛇首人面,牛首虎鼻,此有非人之状,而有大圣之德。注云,人形貌,自有偶与禽兽相似者,亦如相书龟背离乡鹄步,鸢肩、鹰啄耳。"有的学者以图腾崇拜来解释,有的以女娲柔美的身姿来解释,皆有一定道理。《论衡·顺鼓》曰:"俗图画女娲之像为妇女人之形,又其号曰'女',仲舒之意,殆谓女娲古妇女帝王者也。"汉代墓壁画或砖石刻画中的女娲,也都是人首蛇身,且与伏牺的蛇尾相交。东汉桓帝建和元年(147),山东嘉祥县武梁石室"十帝"刻造像第一内,右为伏羲执矩,左为女娲执规,两尾相交,中作小儿之状,呈男女相接之形状。

山东沂南县北寨出土的石刻像,有一个似天神中最尊贵的"太一"神,一手抱伏羲,一手抱女娲,好像是把他们强结合在一起。南阳出土的汉画像砖或石,伏羲、女娲头戴冠帽,身穿宽袖大袍,腰部以下为蛇身,两尾相交。何光岳综合各种文献记载后说:"女娲形体,一说人首蛇身。一说与今人同,不过赤身裸体,只在腰间系有树叶遮掩。一说赤身欲飞,右手高擎五彩石。一说有布衣,抱一子在胸前,一手提花篮。一说端坐,眼帘下垂,手托泥人、禽兽、芦笙。女娲身份,一说地母,一说天母。一说人祖奶,与人祖爷(伏羲)为夫妻(或为兄妹婚)。一说为民间媒神。一说为送子娘娘。"⑤这些不同的形象,寓意着女娲的事迹和贡献。

从氏族部落首领析,女娲的"蛇身",是其氏族以龙(蛇)为图腾之义,非其本人形象。她是一个美丽而有才能的女酋长,生的儿女较多,氏族人口兴旺。《说文解字》云:"娲,古之神圣女,化万物者也。"女娲族的图腾还有蛙、葫芦、风、云及女阴等说。

2. 女娲造人

先秦时期战国的文献记载,女娲之形象多为人与蛇合体。汉代才记载她创造人类和炼石补天,是人而不是神。《太平御览》卷七八引《风俗通义》云:"俗说天地开辟,未有人民,女娲抟黄土作人,务剧,力不暇供,乃引絙(绳)于泥中,举以为人。故富贵者黄土人,贫贱凡庸者引絙人也。"女娲是伏羲的胞族,从伏羲的事迹中已看到先民的社会日益开明。此载又说女娲时才"抟黄土作人",前后矛盾。我们认为这是说伏羲、女娲时期,在广阔的大地上人口还比较少,伏羲定婚姻,女娲协助实行,又为男女做媒,促进了人口繁衍,先民称颂她,才誉称她为"造人"的祖先神。地质、气候专家研究说,一万多年以前发生过寒冷天气,冻死了不少人,天气逐渐变暖后,人口才又日益增多,女娲造人之说大体就是反映这一状况的。神话故事说:女娲取黄土加水为泥,照着自己的模样捏为人,却欢叫着跳了起来。她继续做泥人,成了不少活蹦乱跳的男女。但速度还是太慢,她便拿起一条绳子(一说是葛藤条)伸入泥中搅动,再向空中挥动,泥点都成了男人及女人,如此连续动作,便产生了许多男女。这个生动的神话故事,在一定程度上反映了伏羲"定婚姻"后人口渐多的情况。女娲抟土造人的传说,在甘肃秦安、陕西平利、山西洪洞、河南西华及济源等地,均有流传。

我国文人学士根据传说资料整理的书中,对女娲氏受到人们崇敬之事也记载甚明。《诗经·大雅·生民》云:"以弗无子。"诗曰:"弗,去也,去无子求有子,古者必郊禖,立禖宫于郊,故称为郊禖。《诗经·鲁颂·閟宫》云:"万舞洋洋。"《闻一多全集》之一《高唐女神传说分析》注曰:"閟宫为高禖之宫,是祀高禖用万舞。其舞富于诱惑性,则高禖之祀,颇涉邪淫,亦可想见矣。"《周礼·媒氏》云:"仲春之月,令会男女,于斯时也,奔者不禁。"《礼记·月令》云:"仲春之月,以太牢祀于高禖。"《绎史》卷三引《风俗通义》云:"女娲祷祠神,祈而为女媒,因置婚姻。"《路史·后纪二》云:"以其(指女娲)载媒,是以后世有国,是祀为皋禖之神。"这些都是记载女娲氏被奉祀为婚姻与生育之神的。我国各地从古代流传下来的女娲庙、圣母庙、娘娘庙、高禖庙(如陕西铜川市耀州区药王山的集禖宫)等,都是人们用来纪念女娲这位"生育神"的,民间对其十分崇拜。《孟子·明鬼篇》云:"燕之有祖(泽),宋之有桑林,楚之有云梦也,此男女之所乐而观也。"祖、桑林、云梦,均是男欢女爱的高禖之所。唐代诗人卢仝《与马异结交诗》云:"女娲本是伏羲妇。"

西南地区苗、瑶等少数民族民间流传的伏羲和女娲,却是由亲兄妹而成为夫妇的。今广西都安、凌云、三江、象县等地瑶族中,流传着伏羲和女娲兄妹躲在葫芦内避大洪水,又结为夫妇繁衍人口的故事。瑶族中还流传有女娲生肉球,劈成十二块而为十二姓的故事。贵州侗族、湖南凤凰北乡、吉首乾城苗族也有这个传说故事。四川中江县流传的《伏羲兄妹制人烟》曰：大洪水后，他们兄妹乘竹篮逃生，先是抟土造人，后来又结为夫妇。由此可知，女娲和伏羲已被各族人民尊奉为生育神。

3. 女娲补天

相传在女娲时期，黄河中游、下游发生了洪水灾害，大地水势汹涌，天也塌了一角，山林起火，猛兽四处侵害百姓，社会不宁。《列子·汤问》云："天地亦物也。物有不足，故昔者女娲氏炼五色石以补其阙。"《淮南子·览冥训》篇云："往古之时，四极废九州裂，天不兼覆，地不周载。火烂炎而不灭，水浩泽而不息。猛兽食颛民，鸷鸟攫老弱。于是女娲炼五色石以补苍天，断鳌足以立四极，杀黑龙以济冀州，积芦灰以止淫水。苍天补，四极正，淫水固，冀州平，狡虫死，颛民生。"《史记·补三皇本纪》云女娲末年，"诸侯有共工氏，任智刑以强，霸而不王。以水乘木，乃与祝融战。不胜而怒，乃头触不周之山，天柱折，地维缺；女娲乃炼五色石以补天，断鳌足以立四极，聚芦灰以止滔水，以济冀州，于是地平天成，不改旧物。"按这两处记载资料，女娲补天治水的业绩，是在她继伏羲氏为"皇"之后所为。马其昶《屈赋微》曰："案《帝王世纪》，女娲氏，亦风姓也，承庖牺制度，一号女希，是为女皇。女帝始于娲，故曰登立为帝。承庖牺制度，是其所尚之道也。"《世本·氏姓篇》云："女氏，天皇（指伏羲）封弟（即妹）呙于汝水之阳（今河南临汝），后为天子，因称女皇。"夏大霖《屈赋心印》云："女娲氏与太昊伏羲氏同母生，而神灵佐太昊，正婚姻以重夫妇之别。太昊氏没，共工氏名康回俶乱天常，女娲诛之，代包牺立极，是为女皇。生体貌丑，至云牛首蛇身，炼石补天，断鳌立极，皆诞说也。"他相信女娲是人，非神话说的怪神。卢文弨《尚书大传续补遗》云："往古之时，四极废，九州裂，于是女娲杀黑龙，以祭冀州。"在太昊伏羲氏去世后，女娲确实又继承"皇"位，继续维护了一段伏羲（即其夫或兄）的事业。她炼五色石补天的地方有在今山西、河南、陕西等地之说。"补天"的神话自然是想象，可能是当时先民还不认识的地震灾害，导致了黄河决口，形成了冀州的水灾，女娲帝便带领先民抗震治水，取得了成功，受到了人民的称赞和爱戴。各族人民还以此故事形成了不同称谓的"节日"，以示纪念，如"天穿日"或"天穿节"等。俞正燮《癸巳存稿》卷十一《天穿节》引《五车韵瑞》云："《拾遗记》曰：江东（指南方）俗，正月二十四日为天穿。"《潜确类书》云："池阳以正月二十日为天穿日，以红缕系煎饼置屋上，谓之补天。古诗（指唐代李白诗）曰："一枚煎饼补天穿。"池阳，即今陕西三原县，可代表北方纪念女娲补天的节俗。江南的节俗亦是如此，只是有的地方改为烙糯米粉为圆饼。以往人们大都认为禹是治水成功的英雄，实则是女娲为治水成功的第一人。吴伯田《"女娲补天"是抗地震》说："女娲补天"神话的中心内容是抗地震。它既反映了原始时代人类与自然灾害作斗争的若干实际情形，也反映了在古代生产力相当落后的情况下，人们要求战胜自然的美好愿望，女娲是这一愿望的产物。"⑥何光岳《炎黄源流史》说："女娲不但是开天辟地大神，而且是人类的大祖母"，"女娲当然是中国人类的始祖了。"⑦

4. 女娲氏制乐作物

音乐是人们精神生活的反映，继承羲皇事业的女娲帝，自然也要制乐。《世本》《礼·明堂位》《风俗通义》等书均记载：女娲作簧。《世本·帝系篇》云："女娲氏命姚陵氏制都良管，以一天下之音；命圣氏为斑管，合明星辰，名曰充乐。既成，天下无不得理。"《史记·司马相如列传》云："使灵娲鼓瑟而舞冯夷。"服虔注："灵娲，女娲也。伏牺作琴，使女娲鼓之。"《汉书音义》云："灵娲，女娲也。"有的学者认为，女娲创制的笙簧即今西南少数民族所吹奏的芦笙。周拱辰《离骚草木史》云："女娲又作笙簧以通殊风，用二十五弦之瑟于泽丘，以效天侑神。乘雷车，驾应龙，登九天，朝帝于灵门。"史载女娲还发明了陶笛、葫芦哨及笛子等乐器。相传先民的劳动工具簸箕、筐箩、骨盘、木盘等,均为女娲所发明。《旧唐书·音乐志》载:唐玄宗开元七年(719),享太庙乐章《均天舞》乐词,"合位娲后,同称伏羲。"说明女娲时已有乐舞。

三、女娲氏的文化遗迹

女娲的生地有上邽(今甘肃秦安)、雷泽(今山东鄄城)、任城(今山东巨野)等几种说法。其葬地更多,河南大学中文系 1986 年编印《中原古典神话流变论考》曰:"女娲陵墓,在中原地区散布很广,西自陕西,东到山东,南到河南,北到山西,女娲陵、女娲阁、女娲庙,历历可数。"田继周《先秦民族史》曰:"女娲生于任城,都于柳城(今河南、山西、陕西相连地区),死后葬五处:一在赵域(今山西南部永济地区),一在任城,一在阌乡县(今河南灵宝),此地并有女娲庙祠多处,一在甘肃秦安,一在陕西蓝田。"⑧还有陕西潼关、山西洪洞县赵城、山东济宁等地,亦有女娲陵。这些城或陵,有的是其陵或纪念性陵,有的是其后裔陵。

1. 陕西地区的女娲遗迹

渭水中下游自古水利资源丰富,土地肥沃,林草茂密,飞禽走兽和水产较多,适宜先民生息和生活,分布的氏族或部落较多。南部有汉水,北依秦岭,适宜人类生存。

(1)平利县的女娲遗迹

《华阳国志·汉中志》云:九君作道在今陕西平利县东,古有女娲抟土作人之传说。南宋罗泌《路史》载:"女娲立,治于中皇山,山在金州(今陕西安康市)之平利,与伏羲山接。伏羲山在西城(今安康)。"女娲抟土造人的诸多地方中,确实有今平利县。正因为如此,世代人民遂在此修建祠庙予以祭祀。《舆地纪胜》载:"女娲山在平利县东,上有祠曰女娲圣后,唐宋旧祠也。"唐宋以来屡废屡修,建国初期仍有四扇大门,房屋百余间,殿堂三层,遂又称"三台寺",为平利第一大寺庙。经"十年动乱"破坏,今仅存一间正殿和"平心门"的残垣。庙内保存有清道光二十年(1840)石碑一通,记录了庙的地界、土地、管理,以及僧人、居士、香客应遵守的庙规。清代学者古沣才平利县《中皇山女娲氏庙碑记》赞曰:"皇为圣兮为神,御灾捍患兮大庇斯民。姓氏正兮伦纪明,礼乐制兮四极宁。寝庙奕奕兮享祀成,千万斯年兮世世期承。"平利县收藏的清雍正十三年(1735)《中皇山女娲氏庙碑》记述了女娲氏的事迹。《陕西通志》云:女娲庙在今平利县东三十里。晋司马勋退屯女娲堡是也。女娲庙在今平利县女娲乡七里村。2004 年,平利县举办了"首届女娲文化学术研讨会",纪念"女皇女娲",并挖掘其历史文化发展旅游事业,使湮没的女娲文化重放了光彩。

(2)丽山的女娲遗迹

周都镐京(今西安长安区西北)东约二十多公里的地方,有一座终南山的支脉,东西绵延 25 公里,主峰海拔 1302 米,南依秦岭,北傍渭水,高峻秀丽。主峰在今西安市临潼区,南麓在今西安市蓝田县。山中有水帘似的瀑布,将山分为东、西绣岭两部分,总名曰"绣岭"。《古迹志》云:骊山"崇峻不如太华(即华山),绵亘不如终南(指今陕西武功县以东至蓝田县以西的一段秦岭山脉),幽异不如太白(指今太白县的太白山),奇险不如龙门(在今陕西韩城市东),但是三皇传为旧居,娲圣既其出治,周秦汉唐以来,多游幸离宫别馆,绣岭温汤皆成佳境。"拙文只论述传说的三皇时期之丽山古史,余则从略。《路史·后纪》载:"女娲氏灭共工而迁于中皇之原(今陕西平利县),所谓女娲山也。继兴于丽。"是说女娲部落的一支迁于平利,再北迁入蓝田(今属西安市),又迁于丽山(今西安临潼区)。清乾隆(1736—1795)《临潼县志》云:"丽戎国,古女娲氏,继兴于此。"昔日一般认为先秦时期称"丽山",称以山色秀丽或商周时有"骊戎国"建此而得名。实际上是因"伏羲氏制嫁娶,以俪皮为礼",女娲助之成礼而得名。俪,是两张同样斑纹的鹿皮为聘礼之义,一张斑纹鹿皮则称为"丽"。女娲曾居此,故名丽山。后来,夏王禹封黄帝之后代子孙于骊,后有此姓,见《姓谱》。《论语·泰伯》载:周武王的十大功臣之一的"丽山氏"。一般认为是骊戎的女酋长。《竹书纪年》云:"周成王三十年,离戎来宾。"沈约注:"离戎,骊山之戎。"春秋后期,晋献公伐骊戎,俘获骊姬归晋,封立为夫人。献公迁骊戎国于少水一带(今山西阳城县)。《史记·秦本纪》云:"始皇初即位,穿治郦山。"始皇三十年(前217),改骊邑为丽县。可见秦朝以前,丽、郦、骊、娌(女娲为丽戎国君后,改丽为娌)山之名通用。而"骊山"则是因周代的骊戎国而得,较"丽"之称要晚。《古今姓氏书辨证》云:"骊,出自姬姓之戎在骊山者,因山以为名,国以为氏,晋骊戎之国是。"

今骊山北麓有女娲氏谷,西麓有女娲氏庄(俗称娲氏庄)。《后魏风土记》云:"西有尊卢氏冢,次北有女娲氏谷,则知此地是三皇旧居之所。"《太平寰宇记》卷二六《蓝田县》载:"有尊卢氏陵,次北有娲氏谷,则知此地是三皇旧居于此。"《陕西通志》云:"三皇祠在蓝田县北三十里,祀华胥氏、伏羲氏、女娲氏。盖伏羲氏、女娲氏皆华胥氏所出,故祀于故里。"元代骆天骧《类编长安志》引《三秦记》载:"骊山巅有三皇庙,不斋戒而往,即风雨迷道","又呼人祖庙。"骊山最高峰曰九龙头,上有人祖庙,内祠伏羲女娲像。附近有补天洞、磨子谷(相传伏羲氏女娲兄妹,以向山俗滚石磨视其合缝与否?来决定是否婚配)等。今临潼骊山西绣岭的老母殿,相传即汉武帝时的女娲祠。殿内塑的女娲像,手持五色石。这说明,骊山也是女娲氏炼五色石补天的地方之一。骊山老母殿又称梨山老母,是关中百姓对女娲氏的尊称⑨。《太平广记》卷六十三引《集仙传》载:

李筌在嵩山（在今河南）得黄帝《阴符经》，不懂其义理。他西行至骊山，遇到发髻盘头，余发半垂，弊衣扶杖的老母，在烧树遗火旁自言自语曰："火生于木，祸发必克。"李筌惊问："这是黄帝《阴符经》上的话，老母是怎么知道的？"老母说："我接受此符已经一千零八十年了。"李筌叩首请教，老母说："《阴符经》是上清所秘传、玄台所尊奉的经书。用它来治国，则天下太平；用它来修身，则能得道，不仅有机权制胜之用，乃是道之最高最重要的部分，哪里是人间常见的经典。""日已偏西，你好像面带饥色，我有麦饭，你吃吧！"老母从袖中拿出一瓠子，让李筌去取水。瓠子水满后，重达百余斤，提不动，沉入泉中。李筌返回，不见老母。从此，筌一心注释《阴符经》，又著《太白阴经》，后不知所终。此为道家的神仙故事。宋敏求《长安志》对这则神话简记说："唐李筌于此遇骊山老母，说《阴符经》。礼教既毕，令筌取水。筌乃携瓢就泉汲水，已失老母，因泣名咽瓢泉。"

　　以上史实说明，临潼、蓝田的骊山确实为中华民族的重要起源地，也是中华文明起源的重要之区。因为华胥、燧人氏等是盘古氏的后裔。尊卢氏为华胥氏的后裔。华胥、燧人氏是伏羲和女娲的母与父。伏羲、女娲为少典（有熊）和有蟜氏的父与母，伏羲和女娲的后裔又生炎帝、黄帝。他们均代表着中国文明的起源，成为中华各族人民的祖先。按照祖先的先后次序，骊山应是中华始祖母华胥陵、始祖女娲庙、始祖尊卢氏陵及三皇（华胥、伏羲、女娲）祠的汇聚之区。宝鸡的炎帝陵和祠庙、黄陵的黄帝陵和祠庙，则是伏羲和女娲的子孙之葬地。真可谓"三皇故居在骊山，炎帝故里常羊山，黄帝陵墓在桥山，中华文明大观园"。

　　女娲氏族或部落活动在骊山的史实，大体可与临潼区油槐乡的白家新石器时代文化遗址（7000 年前）相比附。遗址东西约 400 米，南北约 300 米，面积约 1.2 万平方米。发现有不规则的圆形半地穴房址（面积约 5 平方米），内有灶坑、灶具、放火种的罐子等，出土有石、陶、骨器等,基本上与女娲时代有原始农业的状况相符合。

2. 潼关县东黄河渡口的女娲遗迹

《陈州府志》记载"女娲氏起于承筐之山(在今河南睢县),都于中皇之山(今陕西平利县),葬于风陵。"风陵,又称风后陵,即《水经注》所说的"女娲氏陵",戴延之《西征记》称其为"风堌";《战国策》称其为"封陵";《竹书纪年》则称其为"封谷"。女娲陵是她以后死之葬地之一,为叙述方便,先述于此。陵在今陕西潼关县东的黄河之中(初在岸边),处在今潼关、山西永济、河南灵宝的交界地区。《太平寰宇记》卷五曰:河南道陕州阌乡县(今河南灵宝市)阌乡津,去县三十里,即旧风陵关(女娲墓),自秦汉以来皆受祀典。由此可知,女娲陵起码在春秋、战国时期就被政府和百姓认可了。《丹铅总录》引《旧唐书》云:"天宝十一载(752)六月,濒河人闻有风雷,晓见其墓涌出土,有巨石,上有双柳,号风陵堆。盖女娲亦风姓也。事又见乔潭所撰《女娲陵记》。千万年后,灵异如此,补天之说,亦或不诬乎。"唐代段成式《酉阳杂俎·忠志》载虢州刺史王琦光在乾元二年六月上书曰:"天宝十三载(754),大雨晦冥忽沉。今月一日夜,河上有人觉风雷声,晓见其坟涌出,上生双柳树,高丈余,下有巨石。兼画图进。上初克复,使视史就其所祭之。"他又云:"潼关口河津上有树数株,虽水暴涨,亦不漂没,时人号为女娲墓。"可见潼关县风陵渡口的女娲墓,在唐玄宗天宝十一、十三载两次被洪水淹没,至唐肃宗乾元二年六月,墓才复出。唐宋时期,女娲墓所在处是潼关、灵宝、蒲州三县的交界之区,故三县均有记载。《元丰九域志》载:"女娲墓在今潼关口河滩上,屹然介河,有木数株,虽暴涨不漂没也。"《读史方舆纪要》卷五四载:风陵堆,在潼关卫城东三里黄河北岸,北至蒲关(今属山西永济市)六十里。《帝王世纪》以为女娲陵也。

3. 山西地区的女娲遗址

《大明一统志》云："过山在山西太原府寿阳县南八十里,旧经谓之过山,以其高过群山。又因涡水经其下,故又名涡山。"涡山、涡水之得名,实为女娲的一支迁此而得。汾水赵城(今山西洪洞县赵城镇)还有女娲庙(在赵城镇侯村),可证女娲确曾在此活动过。侯村的"娲皇圣母庙",周围占地约 5 亩,庙内有传说中的黄帝与其植的古柏。庙内保存有宋开宝六年(973)《大宋国新修娲皇庙碑铭并序》碑,元朝至元十四年(1277)《大元国重修娲皇庙碑》。还出土过明朝、清朝皇帝派官员赴祭的"御制"碑等。

4. 河南的女娲遗址

《登封县志》载:三皇庙,在少室(今嵩山)三皇寨上。郑康成(即东汉郑玄)以伏羲、女娲、神农为三皇。宋均以燧人氏、伏羲、女娲为三皇。《开封府志》载:"汜水县(今河南荥阳)南十五里,上有伏羲庙。其西曰白玉岭,有女娲祠。"女娲之城记载较详的是陈州西华县(今属河南)之"女娲城"。《陈州府志》记载:西华县,女娲城在县西北十里。《水经注》云:"又东南过茅城邑之东北注入泄水,又南经一故城西,世谓之思乡城。"《东野纪闻》云:"陈之长平即女娲炼石补天处,今有娲城在焉。"曹植赞曰:"古之国君,造簧作笙。人物未就,轩辕纂成。"《西华县志》云:女娲城在思都冈。西华县女娲城遗址曾发掘出管道、器皿、陶片、炉灰等,还有"娲"字刻砖,证明此女娲城为春秋时期所修。女娲城每年正月十二日至二十日,都会举行隆重的庙会。

西华县思都冈女娲城西南角有女娲坟,1938 年黄河花园口决堤时坟被淹没。水灾过后,方圆数百里的群众纷纷赶来造坟,有的用车拉,或用筐挑,许多男女老少都用手捧或用手帕提土堆坟,还栽了近二百亩桃树和松柏。女娲坟的规模之大,可与淮阳的伏羲陵相匹配。女娲坟前树立一面鲜艳的大红旗,表黄边黄彩带,上写

"天地全神女娲氏"七个大字。女娲庙内的木胎神像有三尺多高，盘腿而坐，裸身，仅在腰间缠绕树叶遮盖。庙会香火旺盛，祈福求子，或得福还愿，热闹异常。我们认为：西华县女娲城、女娲坟可以判定为其都城和陵墓。因为其他女娲城和陵墓，虽有记载，但都无遗迹可寻了。同时，从河南郑州到西华县的几百里，都不是平原，而是"一溜十八岗"之地。山岗多，才有可能产生女娲炼石补天的神话。

河南沁阳县西北的太行山中有女娲山和女娲祠。宋代王应麟《地理通释·十道山川考》云："河北名山太行，在怀州河内（今沁阳）县西北，连亘河北诸州，为天下之脊。一名皇母，一名女娲。其上有女娲祠。"宋代崔伯易作《感山赋》曰："客有余言太行之富。其山一名皇母，一名女娲。或云：于此炼石补天。今其上有女娲祠。因感其说，为之赋。"河南地区还有不少以女娲命名的山、水及村庄等。

河南郑州市地区是伏羲、女娲的重要活动、迁居地之一，有许多传说遗迹。市辖的新密市牛店乡有"补子庙"，内塑的女娲神像，右手托天，风姿绰约；尖山乡天皇山上的"祖始庙"内供奉伏羲、女娲，庙下的红石沟，相传为女娲炼五色石补天之处。明万历三十四年《重修伏羲女娲庙记》碑云："密邑东三十里，浮山岭上有伏羲女娲祠。"

5. 其他省的女娲遗迹

《汉书·地理志》云："东安平（今山东淄博市旧临淄）有菟头山，女水所出。"皆以女娲的氏族迁此而得名。河北、山东及东北三省等地，历代都有不少女娲氏的遗迹。如吉林长白山天池旁有相传的女娲补天石，世代受到人们的瞻仰和祭祀。

6. 南方的女娲传说

何光岳考证："女娲神话是随着民族迁徙和文化交流，由中原一带传入南方长江流域及西南各地的。一个途径是从黄河中下游的河南、陕西一带,经四川省西部向南传入四川、云南等地。这一流传方向,是通过远古游牧民族羌族祖先的迁徙来实现的。一个途径是从黄河中下游一带经长江中下游地区向西南地区流传。这一流传方向,是通过战争、人口迁徙,民族融合来实现的。"⑩ 黄河中下游一带以"蛙"为图腾的氏族,把人们的首领崇拜为"娲",并创造出许多有关女娲的神话。这些神话传到长江中下游和西南地区,也迎合了这些地区人们对女性崇拜的心理,便很快为人们所接受⑪。相传瑶族侗族奉祀的祖母神萨岁,就是侗族文化的女娲神⑫。因为萨岁的形象,立四极、炼五色石补天、除黑龙及立婚姻等传说,几乎和女娲氏的传说一模一样。壮、苗、土家、畲、彝、羌、仡佬、毛南、佤、德昂、白、普米、哈尼、基诺、景颇、苦聪、布朗、傈僳、纳西、藏、水、布依族也流传着女娲、伏羲的神话传说,或与此相类似的神话和传说⑬。清代陆次云《峒溪纤志·蛮僚》载:"贵州和湖南的苗人腊日报草,祭用巫,设女娲、伏羲位。"贝青乔《苗俗记》亦云:"苗女有子,祀圣母;圣母者,女娲氏也。"云南哀牢山彝族人祭祀的葫芦女,亦即女娲圣母。滇南的瑶族也把盘古、葫芦和伏羲兄妹相联结,予以供奉。"直到今天,关于洪水和兄妹结婚的传说,不仅在苗族和瑶族中流传,在壮族、黎族、高山族也广泛流传着。"⑭长沙马王堆汉墓壁画中的天界最高处,正中画有女娲像,人首蛇身,头上无冠,头发经过整饰和梳理,缠在蛇尾上,两手抄在袖中,向左而坐。四川、重庆出土的石棺、石阙、砖石墓内石刻等伏羲、女娲像,多为人首蛇身交尾,手执日月轮,寓意神光普照。江苏徐州出土的伏羲、女娲画像亦是如此。《舆地纪胜》记载:女娲庙,在竹山县(今属湖北)西五十里女娲山下。又兴山县(属于湖北)有女娲山,也有女娲庙。五代时期蜀人杜光庭《录异记》云:"房州上庸界,有伏羲女娲庙,云是抟土为人之所,古迹在焉。"

7. 女娲之死的神话

一种传说是女娲死后同盘古氏一样,身体各部分都变成了神界或人间的物体,继续为民造福。如《山海经·大荒西经》说她的肠子变成了 10 个神人,在蜀地成都平原为民造福。我们可以理解为:他们是女娲后裔的 10 个氏族。另一说法是女娲氏没有死,而是乘了雷车,驾了应龙,使白螭在前面开路,让腾蛇在后面跟随,黄云簇拥着她的车子,天地鬼神都闹哄哄地跟随在她车子的后面。这样她就乘龙,一直上升到九重天顶,进了天门,去朝见了天帝,禀告了自己的情况。天帝就让她住在天堂内,过着平静的生活。这一说法的根据是《淮南子·览冥训》,文曰女娲氏"乘雷车,服应龙,骖青虬"。又云:"络黄云,前白螭,后奔蛇,浮游逍遥,道鬼神,登九天,朝帝于灵门,宓穆休于太祖之下。然而不彰其功,不扬其声,隐真人之道,以从天地之固然。"女娲之死的神话皆发生在今西北甘肃与青海交界的祁连山、青海的青海湖,以及西南的四川成都平原,反映了其故里及西方、南方人民对女娲的祝愿和怀念。女娲是部落首领,自然不会长生不老,更不会升天,以上不过是表达人们对女娲的崇奉、怀念而已,是说她永远活在先民的心里。张岂之主编《中国历史·先秦卷》云:伏羲、女娲的传说,"除神话外,还包函着一些史实的影子"[15]。又云:"伏羲、女娲的传说,反映着人类社会的很古老时代的历史缩影。"[16]所以世代都祭祀这位神母和女皇。

四、女娲氏形成的姓氏人

女娲氏及其风姓,后来又演变为数姓,分布于各地。风姓的演变,伏羲氏一文已述。她的子孙形成的许多姓,也另文叙述。在这里我们只简述其名字和称号形成的姓氏。

1. 女姓和汝姓

《姓氏考略》收有女姓。它据《世本》注云："天皇封弟呙于女水之阳，后称天子，因称'女皇'。其后为女氏。"女水在今山东淄博市旧临淄东南。商代有女鸠、女方。春秋晋国有女叔宽，为魏舒的家臣，以当食时三叹而悟舒。晋国大夫有女叔齐，能言善对，熟谙礼义。汉朝有女敦。"现行较罕见姓氏。今山西之太原、云南之泸水等地有分布。汉族、傈僳族有此姓。"⑰《中文大字典》收有"女叔"复姓；《中国姓氏大全》《中国姓氏集》均收有复姓"女叙"。

汝姓。《世本·氏姓篇》云："汝氏，天皇封弟瑶于汝水之阳，后为天子，因称女皇。"《姓源韵谱》云："周平王少子封于汝州（今河南临汝），其后有汝氏。"汝水系"女"加三点水而称，源于女姓。《姓氏考略》云："以水名为姓。"汝河在今临汝县，女姓、汝姓有时互通用。《元和姓纂》云："汝氏，《尚书》有汝鸠、汝方，《左传》晋大夫汝宽，汝齐。汉长水校尉汝随，颖川（今河南许昌）人。《后汉书·孝子传》有汝郁（陈国人，即今河南淮阳，官鲁相）。《古今姓氏书辩证》上声八语：'汝氏，汝与女同，夏少康遗臣女艾。鲁大夫女贾。《冯夷传》有贼汝章，居槐里（今陕西兴平市），自称将军（西汉人）。又春秋时，秦有不更女父。"西晋辟雍碑有陈国人汝泽。宋代假开州（今属江苏）人，一心爱国，立志灭金。还有普州人汝孝隆、汝日休。明代有汀州（今福建长汀）知府汝讷，吴江人。《续通志·氏族略》：明弘治进士汝泰，嘉靖进士汝齐贤，常州（今属江苏）训导汝可起（苏州人）。唐《新集天下姓望氏族谱》记载：亳州谯郡（今安徽亳州市）十姓之末有汝氏，又豫州汝南（今属河南）郡二十六姓有汝氏。汝为现行罕见姓氏，"今上海之松江，广东之呈川，山西之太原、大同、晋城，陕西之韩城，甘肃之微县等地均有分布。"⑱

2. 呙、涡姓与炮（包、庖）姓

女娲氏的一支在商代时仍居于涡水（今山西寿阳）一带。后来,形成了呙姓,分布在大江南北。《万姓统谱》载:"呙,南唐呙拯。宋呙辅。明嘈校、呙崇、呙文光。"何光岳云:"今湖北公安县多呙姓,明洪武时邵阳(今属湖南)县丞呙仕良,嘉靖时遂溪知县呙文光,万历时知县呙邦永,清顺治时推官呙正仪,康熙广东守备呙鹏南。上述诸人皆湖北呙人的后裔。"今天津武清亦有呙姓人。呙又写作涡。《三辅决录》载:扶风(西汉治所在今西安市西北)太守有涡尚。五代时有涡信,事迹不详。

炮姓,罕见姓氏。《姓氏考略》云:"与'包'同。亦作'郋''庖''泡''鲍'。"《中国古今姓氏词典》引《路史》:"女皇氏炮娲,云姓。"由此可知,女娲又有包(泡、鲍、炮)娲之称,"云"姓系附会"风"姓之说,不确。

综上所述,女娲氏是古代为民谋福利、除灾害的氏族部落首领,以繁育人口、带领人民抗地震、除水灾的贡献受到先民颂扬,被崇奉为人祖、圣女、女皇或女帝,又被人们奉为神女。她的事迹和故事世代流传,几乎遍于中华大地,各地人民以多种方式祭祀,又到处为其修庙或纪念性的陵墓,以表达敬奉祖先的心意。陕西对女娲文化的研究和利用虽然有些滞后,但这次举办的令国人注目的大型文化活动,起点高,规模大,形式多,相信一定会取得圆满成功,也一定会为西安(特别是临潼和蓝田)及陕西经济的腾飞做出重要的贡献。

注释:

①田继周:《先秦民族史》,成都:四川民族出版社,1988 年 1 月第版,第 97 页。

②何光岳:《炎黄源流史》,南昌:江西教育出版社,1992 年 4 月第 1 版,第 35 页。

③田继周:《先秦民族史》,成都:四川民族出版社,1988 年 1 月第版,第

97 页。

④何光岳:《炎黄源流史》,南昌:江西教育出版社,1992 年 4 月第 1 版,第 28 页。

⑤何光岳:《炎黄源流史》,南昌:江西教育出版社,1992 年 4 月第 1 版,第 55 页。

⑥吴伯田:《女娲补天是抗地震》,《求索》杂志,1985 年第 4 期。

⑦何光岳:《炎黄源流史》,南昌:江西教育出版社,1992 年 4 月第 1 版,第 52 页。

⑧田继周:《先秦民族史》,成都:四川民族出版社,1988 年 1 月第版,第 97—98 页。

⑨何光岳:《炎黄源流史》,南昌:江西教育出版社,1992 年 4 月第 1 版,第 42 页。

⑩何光岳:《炎黄源流史》,南昌:江西教育出版社,1992 年 4 月第 1 版,第 39—40 页。

⑪魏娥:《女娲神话源流论》,《黄淮学刊》,1990 年第 2 期。

⑫吴文志:《萨岁为女娲神考论》,《贵州民族研究》,1990 年第 2 期。

⑬何光岳:《炎黄源流史》,南昌:江西教育出版社,1992 年 4 月第 1 版,第 50 页。

⑭田继周:《先秦民族史》,成都:四川民族出版社,1988 年 1 月第版,第 97 页。

⑮张岂之主编:《中国先秦史·先秦卷》,北京:高等教育出版社,2001 年 7 月第 1 版,第 34 页。

⑯张岂之主编:《中国先秦史·先秦卷》,北京:高等教育出版社,2001 年 7 月第 1 版,第 35 页。

⑰窦学田编撰:《中华古今姓氏大辞典》,北京:警官教育出版社,1997 年 10 月第 1 版,,第 444 页。

⑱窦学田编撰:《中华古今姓氏大辞典》,北京:警官教育出版社,1997 年 10 月第 1 版,,第 513 页。

2006 年 8 月 28 日

少典有熊氏和有蟜氏考

少典氏与有蟜氏是三皇时期的传说人物,位在伏羲、女娲之后,炎帝之前,均为中华民族的祖先。少典与有蟜氏通婚,生炎帝、黄帝,分别又形成炎帝氏族和黄帝氏族。

一、少典有熊氏和有蟜氏的事迹

《国语·晋语》卷四载:"昔少典氏娶于有蟜氏,生黄帝、炎帝。黄帝以姬水成;炎帝以姜水成。成而异德,故黄帝为姬,炎帝为姜。"《史记·五帝本纪》《集解》:"谯周曰:'有熊国君,少典之子也。'皇甫谧曰:'有熊,今河南新郑是也。'"《索隐》:"少典者,诸侯国号,非人名也。又案:《国语》云'少典娶有蟜氏女,生黄帝、炎帝。'然则炎帝亦少典之子。炎黄二帝虽则相承,如《帝王代纪》中间凡隔八帝,五百余年。若以少典是其父名,岂黄帝经五百余年而始代炎帝后为天子乎?何其年之长也!又案:《秦本纪》云:'颛顼氏之裔孙曰女脩,吞玄鸟之卵而生大业,大业娶少典氏而生柏翳。'明少典是国号,非人名也。"实际上,少典既是国名、国君名、氏族部落长名,也是人名,号为有熊氏,亦单称为少典氏。多数学者认为对传说人物不必太拘泥于年代数字,一般认为炎帝约生于 6000 年前,比黄帝早约 1000 年。炎帝、黄帝氏族都先后是从少典、有蟜氏族部落繁衍出来的。

1. 少典有熊氏

少典是古代中原古老氏族的首领,世代沿袭此号。这个氏族或部落以"熊"为图腾,故称有熊氏。其氏族约兴起于 7400 年前,是三皇之一的太昊伏羲氏、女娲氏夫妇(当为他们后裔中各自袭号的夫妇)之子。《伏羲庙残碑》云:"东迁少典君于颛顼,以奉伏羲之祀。"可证少典为伏羲之后裔。

关于有熊氏的文献记载,多是在记述炎帝、黄帝时提到的。《国语·晋语》云:"昔少典氏娶于有蟜氏,生黄帝、炎帝。"《史记·五帝本纪》云:"黄帝者,少典(按:炎帝之父称少典,没有名或字。黄帝之父少典,《姓觿》云为大丛。它是名或字)之子,姓公孙,名曰轩辕。"《集解》徐广曰:"号有熊。"唐代司马贞注曰:"号有熊者,以其(指黄帝)本是有熊国君之子故也。"唐代张守节《正义》案曰:"黄帝有熊国君,乃少典国君之次子,号曰有熊氏。"唐代以前的这些记载,都是围绕黄帝而涉及少典(有熊)氏的。宋朝至明代亦然。清代至今,不少史学家在总结以往研究成果中,又进行了归类和分析。

清代梁玉绳《古今人表考》,详细综合排比、分析、考证了少典氏的历史:"少典始见《晋语》四,少又作小(《路史·后纪五》)","《大戴礼记·五帝德》:少典之子轩辕。《帝系》:少典产轩辕。《易系·疏》引《世纪》:有蟜氏为少典妃,生炎帝。《晋语》注:少典,黄帝、炎帝之先,言生者,谓二帝本所生出也。《鲁语》注:黄帝,少典之裔子。《山海经·大荒东经》注云:诸言生者,多谓其苗裔,未必是亲所产。又小司马《补三皇纪》注云:皇甫谧认为少典诸侯国号。《五帝纪·索隐》《秦本纪》:颛顼裔孙女脩生大业,大业娶少典氏生柏翳。明少典非人名也。然则前之少典氏取(娶)有蟜氏生神农,后之少典氏亦取(娶)有蟜生黄帝(《御览》七十九引《世纪》,言有蟜与少典世婚,故《国语》兼称之是也。《路史·后纪三》谓少典氏取(娶)有蟜生二子,一为黄帝之先,袭少典氏;一为神农,恐非)。其名皆不著,表当云生炎帝、黄帝，衍'妃'字，而云炎帝妃生黄帝，缪甚。次子耆曰：以少典为炎帝之妃，以黄帝为炎帝之子，孟坚不应舛误如此。疑元表大字少典、有蟜并列。而于有蟜注云少典妃，生炎帝、黄帝，传写讹脱耳。其说尚通，故附之。"近现代人翟云升《校正古今人表》说："《晋语》少典取（娶）于有蟜氏，生黄帝、炎帝。韦昭曰言生者，谓二帝本所生出也……黄帝即少典后代之子孙。贾逵亦谓然。此以少典为炎帝妃，误也。"这两位史学家对少典的论述，以及对误说的纠正，都是正确的。其主要意思是说少典氏族部落比较古老，以熊为图腾，世代与有蟜部落通婚，派生出了炎帝、黄帝部落等，是中华始祖炎黄二帝的"父族"，且世代以"少典有熊氏"为称号。

金仲翚《十梅馆汉书校记》则不赞同梁玉绳和翟云升的一些说法，考证说："依《国语》，则炎、黄并少典之子，中间凡隔八帝，五百余年，于理不可通。班氏既以少典为人名，又注炎帝妃，当有所本，不必衍'妃'字。"我们认为，金氏疑炎帝、黄帝并为少典之子为"于理不通"，是一种误解。他不了解，少典氏部落及其先后（相距千年）分出来的炎帝部落和黄帝部落，后又同时并存千余年之久，而且少典氏还一直存在到夏代。谓少典氏之女为炎帝（后裔）妃，是不能排除的。因炎帝姜氏与黄帝姬氏本系同一祖先部落，姬姜联姻达三千多年，自然少典氏之女亦可嫁于炎帝（指以此为号的后裔，非炎帝本人）为妃，这是毫不奇怪的。

何光岳《炎黄源流史》概括说："以上诸书以少典氏为黄帝之父，并以少典氏为国名，历代少典氏国君皆以少典氏为自己的名号。少典氏先后皆娶有蟜氏女，生下炎帝、黄帝，炎帝传八代五百余年。则少典氏娶有蟜氏女生黄帝的时间应在炎帝第八代之后。"[①]即黄帝比炎帝晚八代。徐旭生《中国古史的传说时代》云：有熊氏的故里在今河南中部，"古书中只谈到少典，没有谈过有熊，有熊一名词同黄帝、少典二名发生关系，大约是比较晚近的事情。"②我们据古今史学家的研究成果和文献,加上自己的学习心得而认为:有熊氏族部落以"熊"为图腾崇拜而得名,氏族的称号和徽号均为"有熊氏"。其氏族部落与伏羲、女娲的后裔(各自袭号)同时期,部落聚邑在豫州中部的"有熊之墟"(今河南新郑市),中心活动区域在今河南洛阳至开封之间,以郑州市地区的人口较为密集。后来,其部族的一部分,约在有蟜氏部分族民西迁时,也迁到了渭水中、上游,在今陕西宝鸡、甘肃天水地区约传至5000年前时,渭水上游(今甘肃天水市清水县)的少典娶有蟜氏女附宝为妻,生黄帝。黄帝氏族公社发展起来后,东迁入渭水中游的陈仓(今陕西宝鸡市金台区东),再北迁于姬水(古漆水,今陕西长武、彬县一带)流域,渐又发展为部落。之后,黄帝带领族民越过泾水,修筑聚落居室于桥山(今陕西黄陵)。炎帝、黄帝部落,先后(相距约千年)都是由有熊、有蟜两个部落衍生出来的,即他们都是有熊、有蟜的后裔。

　　少典氏又写作小典氏,说明其前必有大典氏或太典氏,以事迹不多而失载了。何光岳《炎黄源流史》说:"从典字看,它与册字形象相似。典似乎是以竹册、木椟串在一起的简片,置于祭台上,供祭司、酋长们查看本氏族人员情况和记载祭神过程;少典氏可能是最早发明文字的人;仓颉发明文字,是刻于陶器上或岩壁上,而少典氏则可能是刻于竹木片上,用藤葛串连起来保存,比苍颉更早。疑仓颉是在少典氏创造文字的基础上加以规范和象形化。所以典字被后来衍化为典册、典籍、典常、典型、典范等名词。"③彭曦先生也认为少典与典册、文字有关系。他在《试说少典和有蟜》中说:"氏族以少典称谓,当必有其所因之内涵。其中关键是'典'。"又云:"有文字才有典有册;我以为少典氏族应与创造发明最早文字有关,若无文字的文化内涵,少典之名就成了无源之水,那是无论如何也说不通的。"④此说与考古发现相符合,是正确的。

2. 母族有蟜氏

有蟜氏同有熊一样,均为伏羲、女娲氏后裔。同见于记载较早的是《国语·晋语》,为炎帝的"母"族。"少典氏、有蟜既是炎帝、黄帝的父母,也是共同的祖先。少典氏与有蟜氏是有通婚关系的双胞族,他们繁衍了炎黄子孙,是绝大多数中华民族成员的共同祖先。"⑤炎帝比黄帝早1000年,父、母显然不是同一代之人。"共同祖先",应是7400年前的少典、有蟜夫妇。

有蟜氏同有熊氏(少典)一样古老,从新石器时代一直延续至夏代。《吴越春秋·越王无余外传》云:"禹三十未取(娶),行到涂山,恐时之暮,失其制度。"又云:"因取(娶)涂山,谓之女娇。"女娇即有蟜氏的后裔。有蟜氏与有熊氏一样,传说故事也散见于关于炎帝、黄帝的记载中。《国语·晋语》有"少典娶有蟜氏女";宋代罗泌《路史·后纪三》注引《春秋元命苞》曰:"少典妃安登,游于华阳,有神龙首感之于常羊,生神子,人面龙颜,好耕,是为神农。"安登即有蟜氏族的女子。《山海经·中山经·中次六山》云:"平逢之山(在今河南洛阳),南望伊洛,东望谷城之山……有神焉,其状如人,而二首,名蟜虫,是为螫虫,实惟蜜蜂之庐。"何光岳《炎黄源流史》释:"蟜虫亦作娇虫,即蟜虫,属蜜蜂类。按照古代图腾崇拜的习惯,有蟜氏应是崇拜蜜蜂的氏族。蟜似应为蜜蜂的肥白娇嫩的幼虫,而不是长了翅膀能飞的蜜蜂成虫。"⑥此释甚有见地。近几年有的学者对"蟜虫"又提出另一种解释。如彭曦在《试说少典和有蟜》中说:"我意释蟜为野蚕可能更符合其本意。蚕,昆虫纲,鳞翅目,蚕蛾科和天蚕蛾科昆虫的总称。野蚕有柞蚕、樟蚕、樗蚕等,原生皆高(乔)栖于山野树上。家蚕皆由野蚕经长期人工驯化而成。我国为世界上驯化家蚕的发源地,亦是发明缫丝制衣的丝绸之国。所以,有蟜氏当是我国上古时期驯化蚕类从而发明养蚕缫丝和制衣而著名的先进氏族。"⑦此论以我国蚕丝起源有一定启示意义,但是以野蚕解释蟜虫，似乎不如蜜蜂的幼虫妥贴。

刘宝山《黄河流域史前考古与传说时代》则从《康熙字典》将"娇"写作"娲"考证起，认为蟜、娇、娲（同蟜、同娃及蛙），一直考证为"蛟龙"，又说到蟜姓等，从而得出结论说："看来有蟜氏应属东夷族，居于山东境内无疑。这'与蛟人是居于海底的人'的说法一致，'居于海底'说明所居之处海拔极低、临海而居，此种情况揭示了其不但居于黄河流域而且必居于我国东部。"⑧此说虽然新奇，但结论显然是不能成立的，有蟜氏族根本不可能是东夷族，还是应以较早的文献《山海经》之说为是。甲骨文已有蟜的象形字，释为虹、蚳或霓，似雌雄二虹而两端有首。这个象形字似"桥"，而桥、乔、矫、蟜音近通用，双首蛇蚳或虹霓似的甲骨文桥，当为蟜字的雏形。《诗经·大雅·板》已有"小子蟜"，《尚书大传》注引时写为"蟜"。《左传·成公十七年》有"长鱼矫"，《史记·五帝本纪》有"桥牛"，《大戴礼记》有"蟜极"等。何光岳《炎黄源流史》释："总的说，有蟜氏开始是以蜜蜂的幼虫为图腾的。蟜虫'弓'形、白嫩，称为娇，后来才以双蚳为子图腾，因善造桥，故又名桥。"⑨

依据各种文献零散记载和古今史学家的研究，我们可以概述如下：以蜜蜂幼虫为图腾的氏族部落，被称为有蟜氏，居住在伊洛河（今河南洛阳）至华山（今陕西华阴市）一带，善于养蜂采蜜。其部落中的氏族公社中有一支西迁入陈仓（今陕西宝鸡市），先后与迁入其东（今陕西凤翔至彬县一带）的有熊氏族部落通婚，繁衍出了炎帝部落。有蟜氏的一支又曾迁入北洛水（今陕北沮河流域），遂将居处的山脉称为乔（桥）山。后来，活动在桥山的黄帝部落支族西迁或东迁时，又将桥山之名带往了各地，形成西海（今青海省青海湖）有桥山（今称日月山），涿鹿（一说在今河北怀来县，一说在涿鹿）也有桥山等说法。

《山海经·海外西经》云："长股之国在雄常北，被发。一曰长脚。"郭璞注曰："或曰有乔国,今伎家有乔人,盖象此身。"何光岳《炎黄源流史》释:"蹻即长股,今之高蹻即踩高桥。楚人庄蹻,亦即长脚而得名。踏高桥恐乔人习俗,或因地多蛇虺之故,用踏高桥来避毒蛇咬脚。"⑩

二、少典有熊氏和有蟜氏部落的文化

1. 少典有熊氏族部落的文化

《竹书纪年》云:"黄帝轩辕氏……居有熊"(今河南新郑市)。《通鉴外纪》卷一上注引皇甫谧曰:"新郑,古有熊国。"我们认为有熊国是晋代人对有熊部落的称号,兴起于今河南省新郑市。之后发展为分布地域较广的大部落,支氏族又向四周迁徙,今河南大部分地区都有其族人。考古发现距今 8000 年前的、以河南新郑裴李岗村遗址命名的"裴李岗文化",应是华胥氏族的文化遗存。其延续的文化,则应是有熊氏族部落的文化遗存。遗址中发掘出一批窖穴、墓葬和陶窑;出土的陶器均为手制,多是火候较低而又质松易碎的红陶,形制也较特殊,包括附有弯月形耳的球形壶、筒形罐、高足碗形鼎等;石器磨制精致,具有固定造型,如四足鞋底形石磨盘、圆柱形石磨棒、两端均磨有圆弧刃的石铲、锯齿状石镰、断面呈现椭圆形的石斧等,也有少量的打制细石器;此外,遗址内还出土有猪、羊骨骼和陶猪、陶羊等原始艺术品。漯河翟庄、长葛石固、偃师马涧沟等遗址的出土器物,亦是如此。密县莪沟北岗遗址除发掘出窖穴、墓葬、陶器、石器外,还发现了房基,麻栎、枣、核桃等果核,兽骨等⑪。这些都说明了有熊氏部落的氏族较多,广布于洛阳以东的河南地区,人们已经定居农耕,有了房屋、窖穴、墓葬、陶器,在以狩猎、采集为主要生活来源的同时,有了原始农业。这也就是说,河南新郑市当为有熊氏族部落起源地。刘宝山《黄河流域史前考古与传说时代》考证："根据考古资料显示:山东邻省河北境内与后李文化的土限有过并存可能的文化是徐水南庄头文化,距今8000多年前,最早可达1万多年。完全有可能是古老的少典部落集团的发源之地。"⑫按古氏族分布的大致地域和时代,距今1万多年前的河北徐水南水庄头文化,当为华胥部落一支的文化遗存,七八千年以前的武安"磁山文化",除华胥裔族人外,应主要是有巢部落的支族。当然,也不排除以后的少典(即有熊氏)部落的先民曾迁居于此,但不是少典部落的起源之地。

　　裴李岗文化遗址的发现,为研究我国农业的起源和发展,陶器的起源和发展,纺织的起源和发展,建筑的起源和发展,都提供了重要的资料;也为我们研究有熊氏族部落社会经济、文化状况提供了翔实资料,丰富了传说人物的内容。相传有熊氏(少典)的一支西迁到了渭水中上游。

2. 有蟜氏族部落的文化

　　有蟜氏及其后裔延续二三千年,迁居地广泛,文化遗存较多,仅以其从洛阳至陕西关中地区而论,河南西部洛阳、孟津、渑池、嵩县、卢氏等地距今8000余年的"裴李岗"类型遗址,具体说应是华胥族的文化遗存。其延续的文化(前7400—前6000)则应是有蟜部落的文化遗存。陕西渭水流域的"老官台"类型遗址,如渭南北刘、临潼白家、华县老官台等距今7300年的遗址,以及宝鸡北首岭下层(距今7000年前)遗址等,都与有蟜和西迁的有熊支族有一定关系(包含有华胥、燧人、女娲等裔支族)。从裴李岗、老官台类型遗址发现和出土器物看,有蟜部落已有定居的村落和房屋,有窖穴、墓葬、陶窑等,以狩猎、采集为主,有了原始农业。石器以磨制为主,器具主要有双弧刃扁平石铲、剖面呈扁圆形的石斧,以及石刀、石锛、石凿等。打制石器有刮削器、敲砸器及尖状器等,骨器较少。陶器以泥质和夹砂陶为主,色不纯正,多为桔红或砖红色,有相当数量的内黑外红与红褐色陶。火候不高,陶质松脆,皆为手制,器壁薄厚不均匀,有圈足或假圈足碗、钵形三足器,罐形三足器,筒形深腹罐、圜底钵、小口球腹形罐等。纹饰主要是绳纹,也有划纹、附加堆纹、剔刺纹。彩陶少见,只是在钵或钵形三足器口沿外有一道较器身颜色为深红的宽带纹⑬。从老官台文化主要分布于关中渭河流域及其支流,包括陕东、豫西及丹江上游的范围说,基本与有蟜部落中心及迁徙地域相吻合,原始经济和文化比较进步。在这一包括河南西部、陕西关中、甘肃东部的范围内,七八千年以前还有华胥、伏羲、女娲等支族或后裔族,人口较多,经济开发较早。有蟜、有熊部落支族的徙入,更加丰富了该地区的"前仰韶文化"。即使是秦岭以南的汉水上游(今陕西汉中和安康市),也有这些氏族部落先民的徙入,文化也受到老官台文化影响。

从汉江上游考古调查和发掘资料看,以汉中市西乡县李家村遗址命名的"李家村文化",在汉中、安康两市辖区均有发现,年代在 8000 至 7000 年前,遗迹和出土器物与遗址中的同类窖穴形制完全相同。皆佐证了汉江上游新石器时代早期的氏族先民相当多是从关中等地徙入的。《陕西考古重大发现》云:"从西乡何家湾新石器时代遗址的地层关系来看,李家村文化层叠压于仰韶文化层之下,碳 14 测定年代距今 7000 年左右,这说明李家村文化和老官台文化,以及中原地区发现的裴李岗文化,都较仰韶文化为早,是我国新石器时代早期偏晚阶段不同地域的文化,它为研究探讨仰韶文化的前身提供了难得的资料。"⑭换言之,就是为研究伏羲、有蟜部落的迁徙以及炎帝部落的兴起提供了重要资料。

有蟜部落沿渭水流域的西迁及北徙,使北洛水的乔(桥)山(在今陕西黄陵),渭水中上游有了其支裔族的分布。在这个区域内自然还有少典族及华胥族等裔族。渭水流域的今宝鸡市区在前仰韶文化阶段有何氏族呢?葛文华《北首岭仰韶文化与炎帝的踪迹》

说:"宝鸡地区700余处仰韶文化遗存,以其完整丰富的资料展示了远古历史的面貌,其中尤以北首岭考古资料对炎帝研究具有独特的价值。在相对年代上,北首岭考古文化与传说中的炎帝同时。"⑮此论有一定研究参考价值,可备一说。但从北首岭(位于今市内金台观下,在渭河北岸金陵河西的二级台地上)遗址下层(属于老官台文化类型)距今7300至7000年前时代析,我们认为其文化遗存的主人,应是早于炎帝氏族的"有蟜氏"部落裔支族。

三、少典有熊氏与有蟜氏的姓氏演变

1. 少典有熊氏演变的姓氏之人

少典氏(即有熊氏)部落或后裔相传数千年,除其"子"炎帝与后裔之子黄帝两大部落集团外,还形成了自己的姓氏少典氏和典氏。

(1)复姓少典

少典氏,历史上罕见的复姓。《中国姓氏大全》《姓氏词典》均已收录,来源不一。《姓氏词典》引《姓觿》云:"少典,国名,黄帝父大丛封国。后以国为氏。"《中国姓氏大全》云:"历史上的复姓,为少典之后。相传黄帝、炎帝时有少典氏。"

(2)典氏

《广韵》上声二十七铣云:"典,又姓。《魏志》有典韦。"《通志·氏族略》云:"典氏望出陈留(今河南开封东)。"《新集天下姓望氏族谱》云:楚州山阴郡(今山东金乡西北)六姓之首为典氏,汴州陈留郡(开封东南)十五姓有典氏。

(3)复姓有熊

《姓氏词典》收有此复姓。其引《姓源韵谱》注曰:"以地名为姓氏。'黄帝开国于能熊,因氏'。"又据《古史考》注曰:"有熊,相传为黄帝之都今河南新郑,黄帝号有熊氏,有熊氏系黄帝少典之族。"少典是黄帝之父,号有熊。黄帝袭父号,都于少典有熊之墟。由此可知,有熊之复姓是源于少典之号。

(4)熊姓

《世本》云:熊姓出自有熊氏。另一说出自黄帝后裔。其地望在江陵(今属湖北),明代有江夏(今武昌)人熊廷弼,万历年间进士,经略辽东,敢作敢为,后被奸臣魏忠贤陷害,斩于西市,崇祯二年平反昭雪。清代有孝感(今属湖北)人熊赐履,康熙年间官至武英殿大学士。

2. 有蟜氏演变的姓氏人

(1)蟜姓

我们先以姓氏书的记载说起。郑樵《通志》《续通志》,均收有"蟜"姓,通"侨"。郑樵据《风俗通》注"侨"云:"黄帝孙侨极之后。侨,亦作'蟜'。"又云:"高阳氏玄孙蟜牛之后,舜之祖也。"望出扶风(治所在今陕西兴平市东南,辖境相当于今陕西秦岭以北,户县、咸阳、旬邑以西地区)。蟜牛为黄帝后裔,比有蟜氏晚两千多年,应是始出于有蟜氏之"蟜"姓,是古代罕见的姓氏。侨、蟜、矫之姓亦然。《礼记·檀弓》云:"鲁有蟜国。"蟜固,时代不详,蟜慎为汉代人。《说文解字》云:"蟜,虫也。从虫,乔声。"《诗·鲁颂·泮水》云:"矫矫虎臣。"矫矫是人名,虎臣是官职。

(2)桥姓

《新唐书·宰相世系表》云:桥姓,姬姓之后裔。郑樵《通志》《续通志》均收入桥姓。自己注:"黄帝葬桥山,子孙守冢,因为桥氏……以地为氏。"蔡邕《太尉桥公庙碑》载:"桥氏之先,出自黄帝。帝葬于桥山,子孙之绍基立姓者,咸以为氏。"《姓氏考略》据《唐书·世系表》注:"桥,姬姓后。"上已述,它最早是出于有蟜氏。《汉书·儒林传序》云:战国时鲁有桥庇,字子庸。还有桥仁,西汉人,汉成帝时任鸿胪寺卿。《汉书·货殖列传》载:西汉有桥桃。《孔丛子》记载:"汉有桥子良。"东汉有桥玄,汉灵帝时任太尉。还有桥瑁、桥扈。三国蜀有桥赞。唐代有桥公山、桥宝明。明代有桥宗义。桥姓"为现行罕见姓氏。今河北之获鹿、辛集,山东之平邑,山西之太原,陕西之韩城等地均有分布。汉族、傈僳族姓氏。"[16]

（3）乔姓

《姓氏考略》注引《唐书·宰相世系表》云:"系出姬姓,本桥氏,其后去'木'字为'乔'氏。"郑樵注:"即桥氏也,后周文帝作相(指宇文泰)。命桥氏去'木',义取高远。"这是以地为氏,也是匈奴族的贵姓。世为辅相。乔姓望出冯翊(治所在今陕西大荔,辖境相当于今陕西渭河以北、泾河以东洛河中、下游地区。即今渭南市地区)与梁国(治所在今河南省商丘南,辖境相当于今商丘市、虞城、民权县及安徽砀山县)。《古今姓氏书辩证》云:乔氏"汉太尉玄五世孙勒,后魏平原内史,从孝文入关,生朗。朗生达,后周文帝去木为乔氏,义取高远也。今望出太原(今属山西)。达裔孙琳,相德宗。"汉有睢阳(今商丘市南)人乔羽,官至任城王国之相。南朝宋有隐士乔顺。唐代有乔知之,冯翊(今大荔)人,官至左司郎中。五代十国的南唐有乔匡舜,高邮(今属江苏)人,官至刑部侍郎。宋有道士乔同。元代有晋宁人乔彝、乔吉(山西太原人)。明代上海有乔一琦,任游击。清代有孟县(今河南孟州市)人乔腾凤[17]。《晋书·良吏传》载:匈奴加入鲜卑族人弄智明,任晋折冲将军。《晋书·匈奴传》载:四大姓中有乔氏。《周书·稽胡传》云:匈奴后裔有乔是罗、乔三勿同、乔索勿同等。

乔姓为"现行常见姓氏,分布很广:今北京、上海,河北之尚义、景县,山东之平邑、龙口,内蒙古之乌海,山西之太原,新疆之塔城,安徽之泾县,广东之新惠,广西之田林,四川之合江等地均有分布。汉、满、蒙、回、傣、苗、布依、锡伯、傈僳、达斡尔等多个民族有此姓。"⑱

（4）复姓有蟜

有蟜是历史上罕见的复姓。《姓考略》引《国语·晋语》注曰："黄帝先族有蟜氏。"又引《路史》注曰："鲁伯禽后有'有蟜氏'。"即源于黄帝母有蟜氏，姬姓之后也有此复姓者。

（5）复姓有乔

有乔是历史上罕见之姓。《姓氏词典》注引《姓考》云："以国名为姓氏。'古诸侯少典妃之宗国，因以为氏'。"

综上所述，少典有熊氏和有蟜氏，不仅是中华祖先伏羲和女娲之后裔，而且是中华人文始祖炎帝、黄帝的"父母"之族。他们世代相传，为母系氏族社会的发展做出了积极的贡献，同样也是中华民族的祖先。

注释：

①何光岳：《炎黄源流史》，南昌：江西教育出版社，1992年4月第1版，第61页。

②徐旭生：《中国古史的传说时代》，桂林：广西师范大学出版社，2003年10月第1版，第46页。

③何光岳：《炎黄源流史》，南昌：江西教育出版社，1992年4月第1版，第63页。

④彭曦：《试说少典和有蟜》，载宝鸡市社科联编：《炎帝论》，西安：陕西人民出版社，1996年3月第1版，第52页。

⑤何光岳：《炎黄源流史》，南昌：江西教育出版社，1992年4月第1版，第60页。

⑥何光岳：《炎黄源流史》，南昌：江西教育出版社，1992年4月第1版，第64页。

⑦彭曦：《试说少典和有蟜》，载宝鸡市社科联编：《炎帝论》，西安：陕西人民出版社，1996年3月第1版，第56页。

⑧刘宝山:《黄河流域史前考古与传说时代》,西安:三秦出版社,2003 年 9 月第 1 版,第 64—65 页。

⑨何光岳:《炎黄源流史》,南昌:江西教育出版社,1992 年 4 月第 1 版,第 65 页。

⑩何光岳:《炎黄源流史》,南昌:江西教育出版社,1992 年 4 月第 1 版,第 63 页。

⑪河南省文物考古研究所:《河南省文物考古工作五十年》,载《新中国考古五十年》,北京:文物出版社,1999 年 9 月第 1 版,第 248—249 页。

⑫刘宝山:《黄河流域史前考古与传说时代》,西安:三秦出版社,2003 年 9 月第 1 版,第 65 页。

⑬河南省文物考古研究所:《河南省文物考古工作五十年》,载《新中国考古五十年》,北京:文物出版社,1999 年 9 月第 1 版,第 248—249 页。陕西省文物考古研究所:《陕西文物考古工作五十年》,载《新中国考古五十年》,北京:文物出版社,1999 年 9 月第 1 版,第 429—430 页。

⑭陕西省考古研究所:《陕西考古重大发现》,西安:陕西人民出版社,1986 年第 1 版,第 10 页。

⑮葛文华:《北首岭仰韶文化与炎帝的踪迹》,载宝鸡市社科联编:《炎帝论》,西安:陕西人民出版社,1996 年第 1 版,第 39 页。

⑯窦学田编撰:《中华古今姓氏大辞典》,北京:警官教育出版社,1997 年 10 月第 1 版,第 485 页。

⑰何光岳:《炎黄源流史》,南昌:江西教育出版社,1992 年 4 月第 1 版,第 66 页。

⑱窦学田编撰:《中华古今姓氏大辞典》,北京:警官教育出版社,1997 年 10 月第 1 版,第 484—485 页。

2007 年 3 月 10 日

炎帝故里的诸种说法和观点辨析

在古代和近现代史学家的辛勤努力下,中华民族祖先炎帝的研究取得了丰硕的成果。仅就炎帝故里来说,从目前研究的情况看,已涉及到湖北、湖南、山东、河南、陕西、甘肃、河北、四川、山西等省。我们对此试作以综合排比、分析和研究,以向前辈请教和与同仁进行交流。

一、黄河流域的炎帝故里辨析

炎帝有 8 世或 17 世(约从前 6000 至前 5000 年),由氏族至部落集团,迁徙分布于大江南北,形成许多地方皆有炎帝的传说故事和遗迹的情况;世代首领又都称炎帝,事迹也均记在"炎帝"身上,分不清是哪一代炎帝的生地和事迹,便只好都归于首代炎帝,这一鸿沟是 6000 年后的史学工作者无法超越或填补的。从全国涉及到的七个省份看,一般都能找到文献记载;近现代史学家的论述、民间传说普遍都有,遗迹亦然;考古发现各地皆能找到。因

炎帝神农氏

而就导致了认识或学术观点的分歧,且各自有据,似乎谁也说服不了谁。从目前的情况而论,则以陕西宝鸡、河南新郑二说较为流行,影响较大。

1. 黄河中下游的炎帝故里

在民国时期和中华人民共和国建立的初期,学术界多认为黄河下游的原始文化比较进步,氏族较多,呈现由东向北、西、南迁徙的态势。吕思勉、唐兰、郭沫若、王献唐等先生的著作中,对此阐述较多。1966年以前的论著或文章,部族东来说占主导地位,赞同此观点的学者也较多。1978年改革开放后,至1990年,大体情况还是如此(我们那时也赞同东夷史前文化较为进步之说),主要证据是山东大汶口文化呈现的进步状况。唐兰先生对这一文化的发现评价甚高,1978年就发表文章说:"我国的文明史只有四千多年,过去一般这样说。其实不然。从解放后发现的考古资料和对古代文献的重新整理,应该说我国的文明史有六千年左右。"① 当时这一远见卓识,震惊了学术界,引起了争论。从目前的认识看,唐兰先生在29年前的论述是有道理的,也是可信的。

(1)炎帝故里在山东之说

晋代皇甫谧《帝王世纪》云:炎帝"初都陈,又徙鲁。"鲁即今山东曲阜。《古史辨》第七册(中)载吕思勉《三皇五帝考》说:"《史记·周本纪·正义》云:'《帝王世纪》云:炎帝自陈营都于鲁曲阜'。""姜氏初虽在东,后则稍徙而西。"② 这一论点的出处较早。《春秋左传·昭公十八年》云:"宋卫陈郑火。梓慎登大庭氏之库以望之。"注曰:"大庭氏,古国名,在鲁城内,鲁于其处作库。"疏曰:"先儒旧说,皆云炎帝号神农氏,一曰大庭氏。服虔云:在黄帝前。郑玄谱云:大庭在轩辕之前,亦以大庭为炎帝。"《吕氏春秋·月令》疏引《春秋说》曰:"炎帝号大庭氏,下为地皇,作耒耜,作百谷,曰神农。"《春秋左传·昭公十八年》之载的"疏"云:"大庭氏神农之别号。《礼记·

明堂位》曰：土鼓、蒉桴、苇龠，伊耆氏之乐也。注云伊耆氏，古天子号。《礼运》云：夫礼之初，始诸饮食，注云：中古未有釜甑，而中古之谓神农时也。《郊特牲》云："伊耆氏始为蜡。蜡者为田报祭。案《易系辞》称神农始作耒耜，以教天下，则田起神农矣。二者相推，则伊耆，神农，并与大庭为一。"吕思勉先生释："则大庭神农为一人，说出纬候，而郑（玄）与诸儒同本之。疏家不明厥人由来，而徒广为征引，是以文繁而转使人不能无惑也。蒉桴土鼓，既相符会，神农居鲁，亦有可征；以三号为一人，虽不中，固当不远。"③以上文献资料和吕先生的论述，只说是炎帝营都于鲁，未说其生于鲁。有的学者引用与此相同的材料，却得出了炎帝故里（生地）在鲁的结论，实不可信。至于神农氏与大庭氏为一人之说，古文献记载明白，大庭氏比炎帝神农氏要早得多，氏族传至炎帝时，袭号为"大庭氏"的部落已衰亡，炎帝神农氏营都迁此后，尊奉祖先，遂以"大庭氏"为号，并不是一个人。

炎帝生于今山东"蒙山脚下"④之说，无可靠资料。蒙山在今蒙阴县北，位于山东中南部的汶河上游，西汉时置蒙阴县，以在山的北面而得名。这一结论也难成立。

（2）炎帝故里在河南之说

炎帝故里在河南之说与生在山东说相似，根据主要是《管子》《帝王世纪》，且认为炎帝族在黄河以北的地区，是由中原向四方迁徙。《管子·轻重戊》载："神农作树五谷于淇山之阳，九州之民，乃知谷实。"淇山在今河南安阳市的林州市南，位于黄河北的省境北端和太行山的东麓，与山西、河北为邻。战国时在山南置临虑县，以隆虑山而名。东汉避殇帝刘隆之讳，更名为林虑县。金代改为林州，明改为林县，1996年更名林州市⑤，隆虑山改名林虑山，也应是在东汉。其又更名为淇山，当因淇河之故。淇县与林州市不远，西汉似应与临虑县为一地，直至元代才另设淇州，明代改为淇县，均以城北的淇河得名⑥。县也位于河南北部的卫河北岸,今划归鹤壁市。朱绍侯主编《中国古代史》(上册)说:"以炎帝为首姜姓部落群大约在太行山东麓的河内地区。"⑦《辞海》释:"河内,古地区名。春秋战国时以黄河以北为河内,河南者为河外。"又云:"郡名,楚汉之际置。治所在怀县(今武陟西南),辖境相当今河南黄河以北。"但这里非首代炎帝之故里。何光岳先生考证:"淇山,在今河南省辉县市西北。北有怀山。'怀'通'隗''鬼',又通'魁',当与炎帝魁(炎帝4代孙)迁此有关。"《路史·后纪四》云:"炎帝魁,帝魁之立,祇修身勤。质(夙)沙氏殆叛,其大臣锢职而哗,诛临之以罪而弗服。其臣箕文谏之,不听,杀之,三卿朝而亡礼,怒而拘焉。哗而弗加,哗卿贰质沙之民自攻其主以归。"质沙氏又作夙氏、宿沙氏,宿沙氏煮海,即今山西南部安邑盐池(今山西运城市盐湖区)。则帝魁已迁于河南辉县。辖地为今辉县、林州二市。有的学者在引用《帝王世纪》"炎帝神农氏,姜姓也,母曰任姒,有蟜氏女登为少典妃,游华阳,有神龙首,感生炎帝"之载后说:"炎帝生于华阳,华阳就在河南新郑市北,考古学家、史学家郑杰祥、马世之、杨静琦、杨国勇、李耀宗等认为只能是河南新郑的'华阳'。"⑧持这一学术观点的专家均认为少典(居于新郑)和有蟜(居于洛阳)部落,一直生产、生活在河南地区,没有裔族西迁于渭水流域,炎帝也未生在渭水流域的姜水。炎黄二帝均生于新郑市,之后西迁于渭水流域,再向北部、南部等地迁徙。郑州黄河风景名胜区炎黄广场上,已塑立了"炎黄鼎"。2007年4月18日,又在广场上塑立了炎黄二帝巨像。就目前全国祭祀和宣传黄帝故里的情况看,新郑公祭黄帝故里的规模盛大,规格最高。公祭炎帝则似乎还未列为重要议事日程,规模和级别也不如陕西宝鸡。

(3)炎帝故里在河北之说

据《史记·五帝本纪》等载,炎帝被蚩尤打败后从鲁西撤,折而渡过黄河向居于涿鹿(今属河北)的黄帝求援,炎黄联军击杀追至涿鹿的赤蚩。三者皆曾以涿鹿为都,后世人在此修建"三祖庙"予以纪念。由于涿鹿、阪泉均属河北,有的学者认为炎帝为火神,北方气候寒冷,对火需求量大,炎帝遂生于涿鹿,为民造逼⑨。此说牵强,不可信。

(4)炎帝故里在山西之说

炎帝生于山西之说的主要根据是:《后汉书·郡国志》载:"羊头山有神农城,山下有神农泉,南带太行,右有散盖。即神农尝谷之所也。"晋代《上党记》云:"神农庙西五十步,有石泉二所,一清一白,味甘美,呼为神农井。"《后魏风土记》云:"神农城在羊头山,其下有神农泉,山上有古城遗址,北有谷关,即神农得嘉谷处。"《泽州府志》云:"上古炎帝陵,相传在县北四十里换马镇。帝尝五谷于此,后人思之,乃作陵,陵后有庙,春秋供祀。"还有炎帝行宫(以上这些遗址均在今山西晋城市的高平市内)。《辞海》释:"上党,郡名。战国韩置,其后入赵、入秦后仍置。治所在壶关(今长治市北),西汉移治长子(今长子西)。辖境相当今山西和顺、榆社以南,沁水流域以东地。"羊头山跨长治、长子、高平市(县)地,遗址相当多,主要集中在高平市,因而有炎帝生于长治和高平二说。这里是炎帝后裔袭号者,非首代炎帝故里⑩。

2. 黄河中上游的炎帝故里

黄河中上游的炎帝故里之说,主要是陕西宝鸡之说,次之是甘肃之说。宝鸡说的主要依据为:《国语·晋语》:"炎帝以姜水成。"《水经注·渭水》:"岐山又东,迳姜氏城南,为姜水。"其地域在今宝鸡市岐山与扶风县交界地。另一说,姜水在宝鸡县南。《大明一统志》:"姜氏城在宝鸡县南七里,城南有姜水。"在今宝鸡市渭滨区神农乡的清姜河流域,遗迹较多,大多数学者赞同后者。徐旭生《中国古史的传说时代》认为:少典、有蟜的裔支族西迁于渭水流域,少典氏娶有蟜氏的女登为妻,生炎帝于姜水。经过 27 年的讨论,专家们多同意炎帝故里在宝鸡之说,且每年公祭的规模大、级别高。"有关炎帝的起源地问题,自 20 世纪 80 年代起就作为一个重要问题受到关注,几乎每次研讨会都要涉及……从目前研究的整体情况来看,炎帝最早的起源地",学术界"通常主张在今陕西宝鸡一带。"⑪

炎帝故里在甘肃说,主要是从炎帝来自羌族之说提出的。羌族比炎帝晚,是炎帝的后裔迁入渭水上游后,与羌族结合,羌族遂尊奉炎帝为祖先。何光岳《炎帝氏族的繁衍和迁徙》云:"炎帝族的前身神农氏,生于姜水,为姜姓,姜即羌,本系今甘肃一带羌人的一支。"⑫"姜姓出自羌"的观点较早,郭沫若等先生皆主张此说。近些年何光岳先生对其观点作了修正,认为羌姓出自姜姓。据《山海经·海内经》载:炎帝后裔"伯夷父生西岳,西岳生先龙,先龙始生氐羌,氐羌乞姓。"伯夷父、西岳的年代距炎帝晚约千年,根本无法证明炎帝的故里在陇山以西(今甘肃东部)。氐羌是西戎的分支,商代始有称谓,也根本不可能是先龙所生。只能说是炎帝后裔传到黄帝时代后,因长期与西戎交错相居,互为婚姻,被戎族尊奉为祖先。夏末、商初始称"氐""羌"人在追述其祖先时,便说是炎帝后裔先龙。甘肃为炎帝故里之说无根据,不可信。

二、长江流域的炎帝故里辨析

目前关于炎帝及其后裔族分布在长江流域的问题,主要有以下几种观点:一是认为炎帝生于江南,或其部族迁于江南;二是认为炎帝及其族只是在黄河流域迁徙,根本未越过长江,南方的炎帝遗迹是战国时期或秦汉"五行"学说"配五方帝"所致。

1. 炎帝故里在湖北随州之说

炎帝生于湖北随州之说，在改革开放以前比较流行，文献资料也比较多。《国语·鲁语》云："昔烈山氏之有天下也，其子曰柱，能殖百谷百蔬。"韦昭注："烈山，炎帝之号。"郑玄注《礼记》云："厉山氏，炎帝也，起于厉山，或曰烈山氏。"《帝王世纪》云："本起烈山，或称烈山氏……神农氏起列山，谓列山氏，今随厉乡。是也。"《水经注·潕水》云："潕水北出大义山，南至厉乡西，赐水入焉。水源出大紫山，分为二水。一水西迳厉乡南，水南有重山，即列山也。山下有一穴，父老相传云是神农所出生处也，故《礼》谓之烈山氏。"《括地志》云："厉山在随州随县北百里，山东有石穴，神农生于厉乡，所谓烈山氏也。"《元和郡县志》载："随县，东汉旧县，属南阳郡，即随国城也"，"厉山亦名烈山，在县北一百里，神农生此。"钱穆先生释云："炎帝神农氏这一支发展较早，他这个帝号名氏，含有在南方和长于耕种的意思。据说神农生于厉乡，又说他生于列山之石室，称厉山氏或列山氏（列又写作烈。列、烈、厉，都是一字一声之转变）。厉乡到春秋时为厉国，大概在现在的湖北随县北百余里。"⑬曾雨农等同志亦赞同神农氏生于烈山，长于姬水之说⑭。有的学者则说："今湖北的学者多主此说。无论是《国语》《左传》或《礼记》，在谈到炎帝和烈山氏时，都是分开来的，看不到有什么必然联系。且《国语》明确地说炎帝'长于姜水'，并说与黄帝同出于少典氏，而在言及烈山氏时，只说其子柱'能殖百谷百蔬'，夏之时祀为一稷。只是郑玄注《礼记》云：'厉山氏，炎帝也，起于厉山，或曰烈山氏。'他合并了炎帝与烈山氏，但也并未注明烈山氏起于何地。北魏人郦道元在《水经·潕水》条中依据'父老传云'说厉乡烈山有神农穴。唐人所撰的《括地志》与《元和郡县志》里干脆说'神农生于厉乡'，炎帝'起于厉山'。其实，史传烈山氏之子柱既曾被祀为稷，这个'父老传云'的神农，何尝不是柱？因为古时也曾以'神农'作为司农之神的通称。况郦氏在《水经注·渭水》中说'炎帝母女登游华阳,感神而生炎帝,长于姜水',又曰'本起烈山',似乎烈山是起源地,姜水是成长之地。这种说法既合并了炎帝、烈氏与柱,又综合了二者不同的发源地。按此说(是将炎帝当作具体人名的),如果炎帝出生于湖北厉乡,又长于陕西姜水,对原始人的迁徙来说,在空间上未免显得太遥远,而时间上不又太短吗?"⑮一般认为柱是炎帝之子,生于姜水(今宝鸡市),曾继任部落长(炎帝年迈之故),袭号称"烈山氏"。他让位后,带领自己的部落沿渭水东行,折而向南,沿后世称的武关道达古汉水,再沿汉水东行,迁居于厉乡。族人尊奉炎帝,带去了传说故事和名称,又修了祭祀实体。厉乡的生地,应当是他的儿子"庆甲"之故里,仍以"炎帝"或"烈山"冠名。《中国史稿》云:"传说中的炎帝后裔有四支,可能属于古羌的四个氏族部落。一支是烈山氏,其子名柱,会种谷物和蔬菜,从夏代以上被奉为稷神。据说,烈山氏在今湖北的一些地方。"⑯大多数学者认为炎帝是华夏族之祖先,羌族出自西戎族,也比炎帝年代晚,不可能是炎帝出自羌族。建国后,随州修建有炎帝纪念馆,立有炎帝像,还修了炎帝庙,而没有故里实体。

朱绍侯主编《中国古代史》云:"烈山氏当是出自炎帝之后的姜姓部落群,在其部落首领人物名字叫做柱的领导下,发挥了这个部落善于'烈山泽而焚之'开荒种地的特长,发展了多种谷物和蔬菜的生产,影响很大,后来被尊奉为谷物之神'稷'。"⑰可见,随州厉乡的炎帝(首代)故里之说证据和理由不足。

2. 炎帝故里在四川之说

蒙文通《略论〈山海经〉的写作时代及产生地域》云:"昆仑不仅是在黄河之南,而且是在若水上源之东。若水即今雅砻江,雅砻江上源之东、黄河之南的大山昆仑,当然就舍岷山莫属了。"⑱胡太玉同志释曰:"蒙先生的条分缕析是令人信服的,海内昆仑也就是岷山。岷山山脉在《禹贡》上包括岷、嶓、蔡、蒙四支分脉。因此《通志》又云:'中国山有两戒,岷为北戒之宗,峨为南戒之宗,其脉皆发自昆仑。'《水经·沫水注》说,岷山即蒙山。而按《禹贡》的说法,则峨眉山谓蒙山之首。由此我们推论,峨眉山便是《山海经》中所载的'昆仑之丘'。"[19]这就是说"昆仑之丘"又有四川岷山、峨眉山二说。因为有炎帝族起源于"昆仑之墟'说,所以有的学者便说:"从地理上看,岷山绵亘于四川、甘肃两省边境,为长江、黄河的分水岭,岷江、嘉陵江的发源地,它的北面与四川平武县相邻;东南面与四川平武、北川、安县紧连;西面、西北面与四川松潘、若尔盖相依;西南面则为四川茂汶、汶川、灌县连。这一广大地区,称之为岷山区域。它座落在我国的西部高原,为上古时期烛龙鬼族的发祥地。相柳、共工、后土、烛龙、鬼国、魃、槐鬼、有穷鬼等部落居在岷山西部、南部的岷江流域。他们四周围绕岷山而居,形成了上古时期西北、西南的一大强族。"其中不少鬼族为炎帝后裔,因而考定炎帝起源于岷山[20]。《山海经·西山经》云:"西南四百里,曰昆仑之丘,实惟帝之下都。"袁珂等先生考证,"帝"指黄帝而非炎帝,且岷山北境至陕甘两省交界处,非只四川一地,因而此地为炎帝"故里"之说难以成立。目前一般认为"昆仑之丘",是今甘肃、青海间的大小祁连山。至于共工等,则是炎帝后裔迁徙于此之佐证。

3. 炎帝故里在湖南之说

关于炎帝故里在湖南之说,大体可分为两种类型。一是认为神农氏为炎帝的祖先,与炎帝非一人;二是从文化上判定炎帝代表南方。

(1)炎帝生于今湖南宁远

这一说的主要根据是:屈原《楚辞·远游》云:"指炎神而直驰兮,吾将往乎南疑。"朱熹《楚辞集注》云:"南方丙丁,其帝炎帝,其神祝融。"是说"炎神"既指炎帝,也指祝融,也就是指向南方的炎帝。《列子·汤问》云："楚之南,有炎人之国。"仍是指九嶷山(今湖南宁远县)的炎帝之国。《史记·五帝本纪》《正义》云:神农氏"又曰连山氏"。湖南、广东、贵州交界的九嶷山地区古称连山县(郡),县、郡之名称与神农氏的"连山氏"之号有直接关系,可佐证炎帝生于此。有的学者说:"左丘明在他的《国语·晋语》中说过'炎帝以姜水成'(成是成长壮大之意,而不是诞生之意)的话,但他在他的另一部作品《春秋左氏传》中,即曾明明白白地说过'炎帝,火师,姜姓其后也'的话。意思是说:姜姓炎帝氏族,只不过是古代最尊(贵)为'火师'的神农氏族的后代子孙而已。因此,有些人认为神农氏是陕西人的说法是不确切的。""从时间来看,以屈原的观点为最早;从地点看,屈原时期的湖南尚未进入中原王朝的版图"。"是最接近历史真实的客观记述",炎帝的生地是在"湖南",而不是在"陕西"[21]。又说:1995 年在九嶷山附近的道县玉蟾岩发现了一万五千年前的人工栽培稻谷壳,"哪里的农耕最早,哪里的民族就是'神农氏族',而这个'神农族'的领袖就是'神农炎帝'。""如果没有更早的人工培养稻出现,中国的农耕之祖'神农炎帝',就肯定是九嶷山苍梧地区人氏了。"[22] 以其引用的《春秋左氏传》之语说,是"姜姓"为炎帝之后裔,而非炎帝为"神农氏"之后代子孙,两者是一人,非为二人。

(2)生于黔中之说

《世说新语》引《伏韬集》载习凿齿(东晋史学家)云:"神农生于黔中。"《辞海》云:"黔中,郡名。战国时楚置,后入秦。秦代治所在临沅(今湖南常德市)。辖境相当今湖南沅水、澧水流域、湖北清江流域、四川黔江流域和贵州东北一部分。西汉改名武陵。"沅陵地区的黔阳至辰阳县一带,发现了距今 7400 年的高庙遗址,出土陶器上刻画有神农氏图腾符号,因而有学者认为炎帝生于此。还有认为炎帝生于洞庭一带者,不多叙。

以上两说实为牵强附会,不可信。九嶷山系炎帝在后世封为南方帝后传说的"神农宫"所在地,而非生地。玉蟾岩的稻谷壳年代早于炎帝6000年,也非炎帝族的农业。黔阳、辰阳一带的高庙遗址,也比炎帝早1400年,显然不是其文化遗存。洞庭湖一带系炎帝后裔"泾阳王"迁居之地,亦非炎帝之生地。

三、对炎帝多故里问题的认识和解释

炎帝故里涉及到7个省,约有15处之多,应该如何认识和解释呢? 我们认为:一是炎帝神农氏与其他传说人物一样,因为距今年代久远,当时没有文字记载,靠先民代代口耳相传,不免增加或遗漏原本的史实,加之原始宗教的"神化",各地在转述中难免添枝加叶,形成不同的说法;二是炎帝代系较多(8代或17代),代代都以"炎帝"或"神农氏"为号,传说的事迹或遗址,也皆说是炎帝神农氏所为,便形成多处生地(故里)之说;三是炎帝由氏族发展为胞族,再发展为部落及部落集团,在千余年中迁布地域广远,遍布于大江南北,带去了祖先的传说故事或地名、山名、水名等等,首领的生地,也以"炎帝"或"神农氏"名号相传,多故里的现象由此而产生和形成;五是夏商周及其以后,历代文献整理传说材料成书时,又糅合了编著者的思想和观念,遂记录了不同生地的根据和说法。同时为纪念祖先,各地又不断营筑故里或祠庙,皆说自己所在地是炎帝或神农氏故里。这种说法纷纭、认识不一的情况,正是古史传说时代状况的真实反映。

从改革开放以来的研究情况看,大多数学者以《国语·晋语》所载,以文献、考古、传说等资料相结合进行多层次、全方位研究和讨论,倾向于首代炎帝神农氏的生地(故里)在今陕西宝鸡之说。这是取得的一项重要阶段性研究成果,也是从中华民族利益大局出发而形成的"文化认同"之观点,应当充分予以肯定;对于其他在历史长河中形成的"故里",不论是哪一代的故里,也不论在学术研究中的根据如何,我们都应正确对待,承认其客观存在的合理性,尊重当地政府和民众的意愿,因为"祖先大家敬"历来是中国人民的优良传统。因此,我们一贯主张在炎帝故里的研究中,既要将炎帝及其 7 世或 16 世子孙的事迹相结合,又要将他们的事迹和传说的"文化载体"加以区别(即把炎帝 8 世或 17 世的学术研究,同开发、利用的旅游历史文化载体加以区别),从而互相取长补短,相得益彰,以促进各地经济的发展和繁荣,进而推动民族复兴。

注释:

①唐兰:《从大汶口文化的陶器文字看我国最早文化的年代》,《大汶口文化讨论文集》,济南:齐鲁书社,1979 年 11 月第 1 版,第 79 页。

②吕思勉:《三皇五帝考》,吕思勉、童书业编著:《古史辨》(第七册中编),上海:上海古籍出版社,1982 年 8 月第 1 版,第 362 页。

③吕思勉:《三皇五帝考》,吕思勉、童书业编著:《古史辨》(第七册中编),上海:上海古籍出版社,1982 年 8 月第 1 版,第 361 页。

④景以恩:《齐地炎黄虞夏史迹钩沉》,《管子学刊》1999 年第 4 期。

⑤牛汝辰编:《中国地名词典》,北京:中央民族大学出版社,1999 年 6 月第 1 版,第 204 页。

⑥牛汝辰编:《中国地名词典》,北京:中央民族大学出版社,1999 年 6 月第 1 版,第 202 页。

⑦朱绍侯主编:《中国古代史》上册,福州:福建人民出版社,1982 年 6 月第 1 版,第 40 页。

⑧刘文学:《中华文明起源——炎黄二帝史略》,《炎黄天地》(创刊号),2006 年第 1 期第 22 页。

⑨叶林生:《炎帝考》,《河北学刊》1995 年第 1 期。

⑩杨东晨:《论山西高平是炎帝明的故里》,王树新、孟世凯主编:《炎帝

文化》,北京:中华书局,2005年11月第1版,第206—222页。

⑪霍彦儒:《2005年"炎帝与民族复兴"国际学术讨论会综述》,王俊义主编:《炎黄文化研究》第4辑,郑州:大象出版社,2006年7月第1版,第318页。

⑫转引自《炎帝与宝鸡》课题组编写:《炎帝·姜炎文化》,西安:三秦出版社,1992年7月第1版,第49页。

⑬钱穆:《黄帝》,台北:台北东大图书有限公司,中华民国六十七年四月(1978年4月)初版,七十二年十月(1983年10月)再版,第4—5页。

⑭曾雨农、曹敬庄、唐理佳:《关于炎帝陵的史籍记载》,《炎黄文化研究》第4辑,郑州:大象出版社,2001年4月出第1版,第35页。

⑮转引自《炎帝与宝鸡》课题组编写:《炎帝·姜炎文化》,西安:三秦出版社,1992年7月第1版,第51页。

⑯郭沫若主编:《中国史稿》第一册,北京:人民出版社,1976年7月第1版,第109页。

⑰朱绍侯主编:《中国古代史》上册,福州:福建人民出版社,1982年6月第1版,第38页。

⑱胡太玉《破译〈山海经〉》,北京:中国言实出版社,2002年1月第1版,第58页。

⑲胡太玉《破译〈山海经〉》,北京:中国言实出版社,2002年1月第1版,第58—59页。

⑳李远国:《试论〈山海经〉中的鬼族——兼及蜀族的起源》,转引自《炎帝·姜炎文化》第61页。

㉑林河《耒阳与神农制耒》,载许焕杰主编:《神农创耒与农耕文明》,长沙:岳麓书社,2004年9月第1版,第9—21页。

㉒林河:《炎帝出生地的文化考析》,《民族艺术》1997年第2期。

2007年3月24日

炎帝的族属和称号考

一、炎帝的族属考

1. 炎帝为戎羌族之说

范文澜《中国通史》云："炎帝族居住在中部地区。炎帝姓姜，神话里说他牛头人身，大概是牛图腾的氏族。姜姓是西戎羌族的一支，自西方游牧先入中部，与九黎族发生长期的部落间冲突。"[①]郭沫若主编《中国史稿》云："传说最早的是炎帝，号神农氏。""从渭河流域到黄河中游，是古代羌人活动的地方。所以炎帝可能是古羌人氏族部落的宗神。号神农氏，说明他们主要是从事农业的氏族部落。"[②]由此，他们将炎帝后裔均判定为羌族。何光岳《炎黄源流史》亦持此观点，并有所发挥："神农氏出于姜水，为姜姓，本系甘青一带羌人的一支。羌人以游牧为生，游牧以养羊为主。当时正是母系社会末期，姜即象征女姓管理羊群之意。羌字，好像人跪着一足在挤羊乳为食。由羊字和表示神明的示字合成的祥字，即祈祷羊群繁殖，以降吉祥之意；养，则是以羊为食来养活人；美为长得肥的羊，是最美好的生活之义，则是以武器之戈杀羊来款待客人，有义气之谓。从神农的牧养为生转入农业生产，游牧氏族变成了农业氏族，以后便称为神农氏。"[③]持炎帝为羌族一支说者还有一些学者，不赘述。按此学术观点，炎帝是以羊为图腾之戎羌族。

从近30年来的考古发现和研究看，甘肃、青海的新石器文化遗址证明，土著戎族在八九千年以前已有，且是定居农耕氏族，至夏代才转入半耕半牧之民,商代才转为游牧民族。炎帝的父族、母族分别来自今河南郑州、洛阳,又约于 6000 年前生于今陕西宝鸡,怎么会是来自今甘肃、青海一带的戎羌之族呢?羌族在商代才转为游牧民族,距今 6000 年前的炎帝族,又怎么会是从游牧的羌地族地区东徙入中原,又变为农耕之族呢?炎帝为羌族之说实不可信。

2. 炎帝为华夏族之说

关于人类发展史,过去多依照司马迁的"大一统"史学观,认为是"一元"的;当代多数史学家则认为是"多元一体"(又称一元多支)的。中国文明的起源问题,也经历了"一元"与"多元"的争论和变化。中国古代民族集团的演变也是如此。

(1)五大民族集团

古代"五大民族集团"形成于黄帝时代,尧舜时代正式称谓,西周有了文献记载。《礼记·王制》云:"东方曰夷,被发文身,有不火食者矣;南方曰蛮,雕题交趾,有不火食者矣;西方曰戎,被发衣皮,有不粒食者矣;西方曰狄,衣羽毛穴居,有不粒食者矣。"他们和居于中原的华夏族,形成当时的"天下"或"四海之内"的"多元一体"格局。

蒙文通《古史甄微》(1933 年版)把我国古代民族分为三支:江汉民族、河洛民族、海岱民族[④]。这三个部落群体与后说的苗蛮、华夏、东夷民族集团相一致。其后,专家们的著作中又增加了北狄、西戎民族集团。一般认为是黄帝、炎帝榆罔、少昊部落结合为"华夏部落联盟"后,以地域观念而称"中原"四周的氏族或部落为东夷、北狄、西戎、南蛮的,又称"四夷"。主要是从"四夷"各自所处的共同地域、共同语言、共同经济、共同文化及心理素质而划分的,丝毫不存在后世的"民族歧视"之义。同时在每个民族集团中,都不是一个单一的部族,而是包含了各个地区内居住的所有氏族或部落。华夏部族人迁居"四夷"地区者,则称"夷";"夷人"入居中原者,则称华夏。就五大民族集团而论,又各有其特征和信仰。北狄地处北方辽阔草原,以采集、狩猎为生,后稍有农业,商周成为游牧民族,以"犬"为图腾;在新石器时代早期,陇山以西就有土著戎族先民居住和生活。新石器时代中、晚期,西戎族中的部分人便和从广义中原(西至今陕西西境,东至河南东境)西迁入的华夏族一起居住和生活。尧舜时戎族集团中始有称羌、氐的氏族,商代时羌族转变为游牧民族(氐族则一直定居农耕),戎族和羌族均以"羊"为图腾,二者又都是善骑射的游牧民族;华夏地处中原(广义之中原),主要以"龙"(蛇)为图腾,定居农耕;东夷地处东方及东北方,主要以"鸟"为图腾,东方的氏族多定居农耕,东北的氏族则多以采集、狩猎为生;南蛮(又称苗蛮)比较复杂,有的以"鸟""牛"为图腾,有的以"戉(钺)"为图腾(古越族),有的以"太阳"为图腾,部分氏族定居农耕,大部分以采集、渔猎为生。各族团的语言、生活习俗、服饰、丧葬等方面又有所不同。因此,当代多认为"五大民族集团"及其文化发展是"多元一体"的。

(2)炎帝为华夏民族

"三皇"(燧人、伏羲、神农)的时代,说法不一,一般认为他们及其后世延续的年代,约距今 9000 至 5000 年,大约可与新石器时代的"前仰韶""仰韶"文化相比附。田继周《先秦民族史》云:"三皇时期的传说人物燧人、有巢、伏羲、女娲、神农,他们的时代更为遥远,事迹也比较渺茫,很难说他们属于什么民族集团。但他们的传说却主要流传于黄河流域的居民中,因此他们则应属于这一居民集团。"⑤翁独健主编《中国民族关系史纲要》云:"三皇时代的传说人物,因时代更为遥远,族属虽然很难判断,但有关他们的传说多出自华夏民族集团则是可以肯定的。因此,他们应当属于华夏族。"⑥王玉哲云:"炎帝的发祥地大概在今陕西的渭水上游,东可能到山西。"⑦张帆云:"传说中涉及的中国上古部族,除起源于西北的华夏集团外,主要还有东方、东北的东夷集团和南方的苗蛮集团。以炎黄联盟为代表的华夏集团逐渐东迁,与东夷发生冲突并将后者打败,同时也与后者缓慢地进行融合。"⑧张岂之主编《中国历史·先秦卷》云:"炎帝族所在姜水是渭水的一条支流,在今宝鸡市境内。"⑨炎帝的父族、母族均来自中原,又是伏羲和女娲氏的子女(即派生出的氏族),属于"五帝"时代形成的华夏民族集团。炎帝的族属,自然应属于华夏民族集团。刘宝山云:"新石器时代中晚期黄河流域的文化格局发生了重大变化,黄帝族与炎帝族联合而成华夏集团,炎帝族西迁的支系与黄河上游西北土著合成了马家窑文化,马家窑文化的主创者为华夏族,马家窑文化中的仰韶因素是显而易见的,越是它的早期就越看得清楚。"⑩此论说炎帝族为华夏族是对的,只是将华夏族的形成界定在仰韶文化时期,时代有些早。

(3)羌族为炎帝的一支之说

何光岳《氐羌源流史》对其以往的"炎帝为羌族的一支"说作了修正,认为:"羌族起源于青海河曲、湟水及甘肃大夏河、洮河、渭水上游一带的高原草原,以放牧羊群为主要经济来源,也以羊为图腾,是炎帝神农氏姜姓的一个分支。姜、羌本为同字,音义相同。羌人部落繁多,主要分布于青、甘、藏、新、滇、川西、陕北、宁夏及黔西广大地,故通常称为西羌。"⑪我们认为西羌是戎族的一支,历史悠久,很难说是炎帝的后裔。

《说文解字》云:羌,西戎,羊种也。从羊儿,羊亦声。西方羌从羊。段玉裁注云:羊种也。各本作从羊人也。《广韵》《韵会》《史记》《索隐》作"牧羊人也。"黄帝时代形成"五大民族集团"后,泛称西方(今甘肃以西)的氏族或部落群体为戎族(或西戎,或羌氏)。土著族比炎帝族早两三千年,根本不可能是来自6000年前的炎帝族。田继周云:甲骨文的"羌"字象"羊",金文亦然。"据此,一般认为羌族在商时,是一个游牧民族。而以羌族为主要成分的西戎,大概当时也处于以畜牧业为主的经济状态,他们的畜牧业,羊类大概占有很大的比重,故以牧羊而得名。羌既是牧羊人的意思,也就很可能是他称,即殷人对西方'牧羊人'的称呼。"⑫刘宝山考证:"三苗始居于共和盆地的年代当在6000年前后,这是西羌最早的产生年代、产生地点是阿尼玛卿山北面青海湖南面的共和盆地。"⑬三苗迁居三危(今甘肃敦煌)较晚,羌族若在 6000 年前形成,只能是部分土著族的演变,难说羌就是炎帝的后裔,只能说是在炎帝族与戎羌氏族迁徙和融合后,戎羌族尊奉炎帝为祖先。

(4)羌族出自三苗之说

从晋代司马彪的《续汉书》到南朝范晔的《后汉书》,都有一种传统的说法。《后汉书·西羌传》云:"西羌之本,出自三苗,姜姓之别也。"杨建新云:"古代羌族应该是当地土著与迁来的苗民,经过长期的共同生活,最后形成了羌族。"⑭这一说法比较流行。马长寿《氏与羌》云:"此说无论在史料上、地理上以及民族语言上,都缺乏可靠的根据。司马彪的三苗为西羌之祖说,本于《尚书·舜典》的'窜三苗于三危'。司马迁在《史记·五帝本纪》对此有所解释,云'迁三苗于三危,以变西戎。'《史记·索隐》对于'变'字有很好的解释,说'变谓变其形及衣服,同于夷狄也'。换言之,即西戎(包括西羌)不是由三苗所变,而是三苗变成了西戎。这里丝毫没有三苗是西羌之祖的意思。"三危"不是羌族分布的中心……语系也不同。"⑮再从年代上说,尧舜迁"三苗于三危"(今甘肃敦煌),距炎帝已 1500 余年,距戎族(即土著)之始相距也已 4000 余年,实不可能。羌族应是戎族的一支,始名于 6000 年前,在发展中与炎帝的裔支族相融合,尊奉炎帝为祖先。至尧舜时期,羌族又与变为西戎的三苗相融合。

3. 烈山氏为三苗南蛮族之说

徐旭生云:"蒙文通把炎帝、共工、蚩尤、祝融全分属于南方的江汉民族(就是本书的苗蛮集团);炎帝问题,傅斯年的意思也是把他归于南方集团。现在把我不能同意他们两人的意见略述如下:姜姓起源于陕西西部黄土高原的意见,自从我 1934 年到宝鸡斗鸡台作田野发掘的时候就已经深切地感觉到。由于前面所说到的姜城堡、清姜河、神农庙、磻溪水、姜氏城诸遗迹的指引,就觉得姬、姜两姓的关系从来已久,绝不能分属两族。以后研究古史,才注意到炎黄二帝氏族均从少典氏分出。炎帝分属于西北方的华夏民族集团。"⑯今日几乎没有人再说炎帝是苗蛮族人了。

从以上所述可知，炎帝和燧人、伏羲氏等一样，虽然均先后生活在氏族或部落时代，当时还没有古代"五大民族集团"。但是他们一脉相承，且与距今约五千多年的黄帝均有血缘关系，所以在黄帝与炎帝后裔等部族组成"华夏部落联盟"（亦称民族集团）后，皆尊"三皇"为祖先，所以炎帝为华夏族人（祖先），是理所当然的。

二、炎帝的称号考

1. 炎帝与神农为一人

炎帝出生后，随母姓任（又写作妊），名叫石年，又名轨。其称炎帝，与发明火和以"五行"定"五德"中的火德有直接关系。《左传·昭公十七年》："炎帝以火纪，故为火师而火名。"《五星占》："南方火，其帝赤（炎）帝。"《淮南子·天文训》云："南方火也。其帝炎帝。"《汉书·律历志》："以火承德故号炎帝。"《史记·补三皇本纪》："以火德王，故号炎帝，以火名官。"《通鉴外纪》："以火承木，故为炎帝。"他的神农之号，以发明农业而得。《白虎通义·号》篇云："古之人民皆食禽兽肉，至于神农，人民众多，禽兽不足，于是神农因天之时，分地之利，制耒耜，教民农作，神而化之，使民宜之。故谓之神农也。"《风俗通义·三皇》云："神农，神者，信也；农者，浓也。始作耒耜，教民耕种，美其衣食，德浓厚若神，故为神农也。"《搜神记》云："神农以赭鞭百草，尽知其平、毒、寒、温之性，臭味所主，以播百谷。故天下号神农也。"《史记·补三皇本纪》云："斫木为耜，揉木为耒，耒耜之用，以教万人。始教耕，故号神农氏。"神农氏号之"神"，源于伏羲前的神民氏，遂含有纪念祖先之义。

（1）神农氏与炎帝为一人

说起"三皇"之末的"神农氏"，不得不先简单地交代古今对神农与炎帝是否为一人的争论。先秦典籍对神农、炎帝的记载，就出现了不一致的说法,而以记载"神农"者居多。春秋左丘明《国语·晋语》已记载"炎帝",而《逸周书·尝麦解》《周易·系辞下》《管子·轻重戊》《庄子·盗跖》《韩非子·五蠹》《商君书·画策》《尸子·重治》《吕氏春秋·爱类》等秦代以前之书,则均记载为"神农氏",且至战国末期的《吕氏春秋》已开始将神农、炎帝并用。西汉的典籍,有的只记"神农",有的只记"炎帝",有的记载为"神农氏炎帝"或"炎帝神农氏"。西汉《世本》云:"炎帝即神农氏。"宋衷注:"炎帝即神农氏,炎帝身号;神农代号也。"东汉前期书籍的记载情况亦是如此。《汉书·古今人表》以"五德相生终始"的理论,也将炎帝与神农整合为一人。东汉中期后,多视炎帝、神农氏为一人,记载"炎帝神农氏"者居多(有的将炎帝称赤帝),但仍有持二者非一人之说的。三国后见于文献说神农、炎帝为二人者,仅《礼记·曲礼》"太上贵德"节《正义》引谯周曰:"女娲之后,五十姓至神农;神农至炎帝,一百三十三姓。是不当身接。"绝大多数人认为神农、炎帝为一人,论著中的炎帝即神农,神农即炎帝,赤帝即炎帝,或连称"炎帝神农氏""赤帝神农氏"。近现代史学家及学者,多数人视炎帝、神农为一人,以郭沫若为代表。赞同炎帝与神农为二人,且神农氏在前、炎帝在后者是少数,以徐旭生为代表。我们赞同并取大多数学者的研究成果进行叙述,即炎帝(赤帝)神农氏为一人,行文中统一使用"炎帝"名号。

　　姜石年(又名轨)的炎帝或神农之称,是从哪里来的呢?《韩非子·五蠹》篇云:"上古之世,民食果蓏蚌蛤,腥臊恶臭,而伤害腹胃,民多疾病。有圣人作,钻燧取火,以化腥臊,而民说之,使王天下,号之曰燧人氏。"燧人氏还设置了管理火的官职"祝融"。炎字出自燧人氏的发明火。《河图挺佐辅》云:"伏羲禅于伯牛,钻木取火。"即伏羲氏继承了燧人氏钻木取火的经验,更加改进了取火的方法。《三坟》云:伏羲"命火龙氏炮制器用。"即有火龙氏官职。火神祝融被封为南方之神。石年以"火"德王称炎帝,既有取自"火神""火龙"的"火"之义,又有敬奉先帝之义。"神农"之号,则是来自古帝神民氏。《潜夫论·卜列》篇云："天地开辟有神民氏。"《春秋命历序》记为"神皇氏"，又作"神人氏"。以此号为氏族首领者，一直传到石年以前。石年号为神农氏之"神"字，就来自女娲后称王的神民氏。

（2）农皇与人皇

古人想象中的远古史，最早是称"皇"的人管理天下的。战国诸子在构想远古至战国史时，也依照皇、王、帝的顺序排列。《管子·兵法》云："明一者皇。"《白虎通·号》云："皇，君也，美也，大也，天人之总，美大之称也。号之为皇者，煌煌人莫违也。"《春秋元命苞》所列"十纪"的首纪人物，就称"人皇氏、泰皇氏"，二纪人物亦称"皇伯、皇仲、皇叔、皇季"。三皇之说也有"天皇、地皇、人皇"。可见"皇"的称号之早和尊贵。《春秋命历序》云："有神人，名石耳，苍色大眉，戴玉理，驾六龙，出地辅，号皇神农。"《春秋纬》的书中，没有炎帝之载，因而"皇神农"即神农氏。炎帝名字曰"石年"，此载的"神人"名曰"石"（耳是虚词，如同尔或也），号"皇神农"，显然是指发明农业、功德无量的炎帝。《尚书大传》云：遂（燧）人为遂皇，伏羲为戏皇，神农为农皇也。郑樵《通志》卷一云："炎帝神农氏，亦曰人皇。"

2.炎帝的其他称号

姜石年除炎帝、农皇、人皇的称号外，还有不少称号，寓意着其德行和功业。同时，也包含着对先祖的敬奉和怀念。

（1）列（烈、厉）山氏

炎帝之号列山氏，一是与传说他生于列（厉）山石室有关，二是与"刀耕火种"时放火烧山有关。南宋郑樵《通志》卷一云："炎帝神农氏起于烈山，亦曰烈山氏。"游修龄《神农创耒耜与农业起源》说："炎帝和神农之所以合而为一，是因为二者的内涵相近，火给人类带来光明和变生食为熟食之外，更是原始农业'刀耕火种'的首要条件，炎帝之称烈山氏，可以和刀耕火种联系起来理解。"[17]《路史·后纪三》云：神农修火之利，官长师事，悉以火纪，故称炎焉。肇迹列山,故以列山、厉山为氏。罗苹注:列、烈、厉、丽、赖等通用。王献唐在《炎黄氏族文化考·列山考》中,对诸文献记载的不同说法进行考证后说:起于厉山者,是往古以来,神农久有此名,周、汉而降,相率沿称。列烈厉同隶祭部,古本同音通用(古读均为本音之赖)。字又作丽、作赖。赖与厉、烈古音亦同。其作丽者,字本隶歌,乃后厉丽皆转今音,又假丽为厉,实亦一事也。其作连山者,连与列、厉皆一声之转,连山亦犹列山、厉山。《世纪》谓八卦,夏人因炎帝曰《连山》。《礼》言夏谓之《连山》,夏人用之也。神农卦卜之术,本无专名,后人以为其出于列山氏,因呼为《列山》,又转为《连山》。列山之列字,与来字双声音转,原始神农率其来族之人树艺于此,因以族名所居之地曰来,又更曰其地之山曰来。其地名之来,后转为厉,因而才有厉国厉乡。厉字又作赖,厉国以为赖国。其山名之来,后转为列,因有列山。字又作烈,作丽,作连,亦为列山、烈山、厉山、连山。神农既曾居于此,因为列山氏[18]。王献唐这一考论可谓大全,廓清了层层迷雾。全国各地在数千年中,形成的此类名称甚多,难以区别先后和年代,见仁见智之说可谓“百家争鸣”。以炎帝氏族起源于渭水支流姜水而论,渭水下游之丽山(秦朝以前称骊山为丽山。丽山始得名于伏羲氏、女娲氏制嫁娶礼仪的“俪皮”,两张带斑纹的鹿皮叫“俪”,一张则叫“丽”。女娲氏迁居此山后,命名曰丽山。又有丽连氏称王者)当是较早的开拓之地,也是炎帝氏族部落向渭水下游发展农业的一个例证。钱穆《周初地理考》认为山西介休县的介山即厉山、烈山,“其先盖有烈山而耕。由烈山而误为历山,为厉山,为介山,其实则一。”[19]何光岳释云:厉烈界皆声转相通,汉魏以来,相传有焚山之事。窃疑相传焚山之事,即烈山氏之遗说也[20]。我们认为应是炎帝的一个氏族又迁入介休,带去了山名,并在那里进行刀耕火种,焚山辟田。即炎帝曾迁“都”于丽,系行都(实为聚落)。

　　炎帝带领族民到达渭水下游的草木茂盛之山时,便刀耕火种,烧山造田,满山通红,烈火冲天,丽山由此得名烈山(列山),炎帝也被称为烈(列、丽)山氏,在以"地名"为氏中仍以火为先,且有承袭祖先伏羲、女娲及丽连氏功德之义。

(2)炎帝号称连山氏

《帝王世纪》云:炎帝"又曰连山氏,又曰列山氏。"《路史·后纪三》云:"炎帝以八卦为连山易,故亦曰连山氏。"可见连山氏之称,与列山和画八卦有直接关系。《路史》曰:"炎帝乃命司怪主卜,巫咸、巫阳主筮。于是通其变以成天地之文,极其数以定天下之象。八八成卦以酬酢而佑神。以通天下之志,以定天下之业。谓始万物者莫盛乎艮。艮,东北之卦也,故种艮以为始。所谓连山易也。故亦曰连山氏。"炎帝是在伏羲氏画八卦基础上再演绎的。连山易之"连",出自《春秋元命苞·神通纪》的"昆连氏","又作厘连氏、丽连氏"之"连"。艮为山,是八卦之一。万物的生长和死亡都在山,方位上,艮在东北,八卦是从艮开始,故称这种易为"连山易"。因它是炎帝发明的,故又称炎帝为连山氏,含有奉祀祖先昆连氏之义。

(3)炎帝之号伊耆(祁)氏

伊耆(祁),一说是炎帝之号,以在伊(今河南伊川县)、耆(今山西长治市)称"诸侯"(部落长)而得号;一说是炎帝之姓。应以前说为妥,姓是炎帝后裔形成的。《竹书纪年》云:"炎帝神农氏其初国伊,又国耆,合而称之,又号伊耆氏。"南宋郑樵《通志》云:"炎帝神农氏,亦曰伊耆氏。"《皇王大纪》称其为伊祁氏。清人雷学淇《竹书纪年义证》云:"耆,姜姓国名,炎帝之先伊耆者,故曰伊耆氏。"罗泌《路史》则云:"炎帝神农氏,姓伊耆。"伊姓、耆(祁)姓较晚,炎帝时"伊耆"应是其以国(部落)名称形成之号。

(4)魁隗氏

魁隗氏,是因炎帝的名字而称,非号,但在认识上,有较大的分歧。汉代王符《潜夫论·五德志》曰:"有神龙首出常羊,感任姒,生赤帝魁隗。身号炎帝,世号神农,代伏羲氏。"《汉书·律历志》云:神农氏"又曰魁隗氏"。郑樵的《通志》亦持此说。《孝经纬·钩命诀》

云:"任己感龙生帝魁。"注曰:"魁,神农名。己或作姒。"《通鉴外纪》则分为帝临、帝魁。魁为炎帝的子孙辈,非炎帝之名。《路史》认为"炎帝号魁隗氏"纯系妄说。《春秋元命苞·循蜚纪》有鬼騩氏,鬼、魁与騩皆古音同而通用,可能是二者混淆在了一起。

(5)朱襄氏

《帝王世纪》云:"神农氏""徙都陈"。《路史·国名纪甲》云:神农氏"都于陈"。陈即今河南淮阳县。《吕氏春秋·古乐》后高诱注云:"朱襄氏,古天子,炎帝之别号。"《春秋元命苞》之《十纪·禅通纪》云:"朱襄氏三世。"《帝王世纪》《汉书·古今人表》,均将朱襄氏排在女娲之后为王者之中。《三坟》云:伏羲"命臣飞龙氏造六书。"即飞龙氏是创造文字的始祖。飞龙氏即朱襄氏。《姓解》亦云:朱、朱襄姓,"古天子朱襄氏之后,相传朱襄,伏羲命为飞龙氏,造书契。"伏羲氏时代就已有朱襄氏部落,十分古老,不可能与炎帝为一人。刘昭《续汉书·郡国志》云:"陈有株邑,盖朱襄氏之地。"《路史》云:"朱襄氏都于朱。"注云:"朱或作株。"朱襄氏的部落在炎帝前已衰亡,炎帝带领部分族人徙入陈后,有的文献误将朱襄氏与炎帝混淆在了一起。炎帝一行在陈居住了一段时间,教当地族民农耕,发展农业生产,受到当地先民欢迎和爱戴,亦尊奉炎帝为盟主或祖先。

(6)大庭氏

《春秋元命苞》将大庭氏排在《十纪》之第八"因提纪"内,位在史皇氏、柏皇氏、中央氏之后,称"大庭氏五世"。首代大庭氏为伏羲、女娲夫妇之子,任氏族首领,后发展为部落。女娲在伏羲去世后登皇位,称女皇。她去世后,大庭氏袭庖牺氏号为王,得到先民拥护,羽毛颜色各异的五只凤凰也飞来庆贺。《遁甲开山图》云:"女娲氏没,大庭氏王天下,五凤异色。"可见了大庭是一个很有威望的部落长和"王",都(聚落)于鲁(今山东曲阜)。其子先后任本部落首领,皆袭"大庭氏"之号,传至炎帝时大庭部落已衰败,迁居于别处。炎帝东巡时居于大庭氏故都鲁,遂亦称大庭氏。郑樵《通志》与《续通志》的《氏族略》均有载,注引《姓氏英贤传》云:大庭,"古天子号",以名为氏。相传神农氏别称大庭氏。又曰:大庭,"一云炎帝时诸侯。"

晋代皇甫谧《帝王世纪》云:神农氏"迁都陈,又徙鲁"。宋代乐史《太平寰宇记》卷二一载:"曲阜县,古炎帝之墟。郑玄注云,大庭氏古国名也,炎帝神农氏居大庭。"南宋罗泌《路史·国名纪甲》云:炎帝又"徙都鲁"。《左传·昭公十八年》云:"宋、卫、陈、郑皆火。梓慎登大庭氏之库以望之。"注:"大庭氏,古国名,在鲁城内,鲁于其处作库。"疏云:"先儒旧说,皆云炎帝号神农氏,一曰大庭氏。服虔云:在黄帝前。"郑玄《诗谱》云:"大庭在轩辕之前。亦以大庭为炎帝也。"即炎帝居于大庭氏故都鲁,遂号大庭氏,与大庭氏非为一人。

综上所述,姜姓炎帝族属于黄帝时代形成之"五大民族集团"中的华夏族。炎帝本名曰石年(又称轨),诸多称号大体可分两类:一类是以其德行或图腾崇拜而称谓;一类是崇奉先皇之号或战国后以"五行配五帝"而称谓,这是因为战国后的史学家多认为"皇"比"帝"早,且多是光照四海的"创世"传说人物之故。

注释:

①范文澜:《中国通史》第一册,北京:人民出版社,1979 年 6 月第 5 版,第 16 页。

②郭沫若主编:《中国史稿》第一册,北京:人民出版社,1976 年 7 月第 1 版,第 108 页。

③何光岳:《炎黄源流史》,南昌:江西教育出版社,1992 年 4 月第 1 版,第 70—71 页。

④蒙文通:《古史甄微》(1993 年版),转引自郑杰祥主编:《炎黄汇典·文论卷》,长春:吉林文史出版社,2002 年第 1 版,第 17 页。

⑤田继周:《先秦民族史》,成都:四川民族出版社,1988 年 1 月第 1 版,第 138 页。

⑥翁独健主编:《中国民族关系史纲要》,北京:中国社会科学出版社,

1990 年 2 月第 1 版,第 36 页。

　　⑦王玉哲:《中华远古史》,上海:上海人民出版社,2000 年 7 月第 1 版,第 129 页。

　　⑧张帆:《中国古代简史》,北京:北京大学出版社,2001 年 6 月第 1 版,第 8 页。

　　⑨张岂之主编:《中国历史·先秦卷》,北京:高等教育出版社,2001 年 7 月第 1 版,第 25 页。

　　⑩刘宝山:《黄河流域史前考古与传说时代》,西安:三秦出版社,2003 年 9 月第 1 版,第 132—133 页。

　　⑪何光岳:《氐羌源流史》,南昌:江西教育出版社,2000 年 12 月第 1 版,第 192 页。

　　⑫田继周:《先秦民族史》,成都:四川民族出版社,1988 年 1 月第 1 版,第 274 页。

　　⑬刘宝山:《黄河流域史前考古与传说时代》,西安:三秦出版社,2003 年 9 月第 1 版,第 132 页。

　　⑭杨建新:《中国西北少数民族史》,银川:宁夏人民出版社,1988 年 12 月第 1 版,第 188 页。

　　⑮马长寿:《氐与羌》,桂林:广西师范大学出版社,1988 年 12 月第 1 版,第 80—81 页。

　　⑯徐旭生:《中国古史的传说时代》,桂林:广西师范大学出版社,2003 年 10 月第 1 版,第 140 页。

　　⑰游修龄:《神农创耒耜与农业起源》,载许焕杰主编:《神农创耒与耕文明》,长沙:岳麓书社,2004 年 9 月第 1 版,第 38 页。

　　⑱王献唐:《炎黄氏族文化考·烈山考》,济南:齐鲁书社,1985 年 7 月第 1 版。

　　⑲钱穆:《周初地理考》,载其《古史地理论丛》,北京:生活·读书·新知三联书店,2004 年 8 月第 1 版,2004 年 9 月第 2 次印刷,第 15 页。

　　⑳何光岳:《炎黄源流史》,南昌:江西教育出版社,1992 年 4 月第 1 版,第 111 页。

论炎帝神农氏创造的文化

前全国人大周谷城副委员长在 1991 年 5 月 10 日的讲话中指出："我们自古以来就是一个多民族的国家,我们通常讲自己是炎黄子孙,就是说我们都是中华民族的女儿。炎黄二帝是我们民族的象征。研究和弘扬炎黄文化,就是研究和弘扬中华民族的优秀文化。"①炎帝文化研究从改革开放后,逐步得到重视,并在近 10 年来进入了高层次研究阶段。受此影响和鼓舞,我们在有限的篇幅内,只能就狭义的炎帝文化(6000 至 5000 年前的炎帝八世之物质、精神、制度文化的总和)在中华文化史上的重要地位及其相关问题谈一些粗浅认识,以向前辈请教并和同仁进行交流。

一、炎帝时代的物质文化

1. 黄河和长江流域炎帝文化的研究概况

一般所说的炎帝,从严格意义说应是指其本人和部族;炎帝时代则包括其子孙,时空较长。又因炎帝下传的 7 代子孙均以其号相称,故炎帝时代文化又简称"炎帝文化"或"狭义炎帝文化"。我们所研究的就是狭义的炎帝文化。炎帝文化的流传和研究已长达6000 年,形成热潮则是改革开放以来的 29 年,尤其是近 10 年。从目前各地的研究情况看,所取得的主要成果是:肯定了炎帝是人不是神,也不是虚幻的仙人。而是一个实实在在的历史人物、氏族部落首领、农耕时代的代表,被崇奉为中华民族的祖先;大多数学者赞同炎帝有 8 世(或 17 世),相传约 1000 年(一说 500 余年),从氏族发展为部落,再从部落发展为姜姓部落集团,迁布地域广阔,江北和江南均有炎帝裔族分布,遂形成炎帝故里、邑城、陵墓等"多元"的复杂现象。炎帝的称号较多,世代又袭"炎帝"之号,且将世代"炎帝"及其族民的发明创造或事迹,均记在"炎帝"一人身上,使我们难以详细区分,因而只能将全国各地的炎帝文化集中概括叙述。

从全国看,炎帝活动遗迹或文化载体较多的,主要有陕西、山西、河南、山东、湖北、湖南等七省,其他省亦有。改革开放后,在大江南北逐步掀起"炎黄"文化研究热潮中,单就炎帝文化说,以陕西宝鸡、湖南炎陵、湖北随州、山西长治、高平等地举办的学术研讨会较多,维护或新建的纪念建筑规模较大,为促进经济发展起了促进作用。就祭祀活动说,湖南公祭炎帝陵的规格为国家级,最高,其余还处在市或省级的"民祭"阶段。大江南北对炎帝的祭祀活动,反映了炎帝是中华民族祖先的史实。随州炎帝文化的宣传声势,改革开放后是大的,抓得也是快的,之后有些减弱。古烈山或厉山,在今湖北随州市,古代是炎帝的重要活动区域之一,是刀耕火种、发展农业的重要地区,也是江南炎帝诸世族或部落的起源地,更是联结江南、江北的枢纽地区。因此,随州炎帝文化,是整个炎帝文化的重要组成部分。

2. 炎帝时代的农业和手工业生产

传统观点是炎帝发明了原始农业,但从目前的考古资料看,原始农业在我国出现在1万年前左右。在河北徐水等前仰韶文化(亦称中石器时代或新石器时代早期)遗址中发现的文物,证明1万年或9000年前已有粟作农业;江西万年、湖南道县在1万年以前(一说其年代为1.2万年前)已有稻作农业。但我们认为这只能说是农业萌芽,因为只是在个别地方出现,不普遍。耒耜、斧等生产工具及陶器也有零星发现。其时为神话传说的人皇、地皇、天皇的后裔时代。《易经·系辞下》云:"包牺氏没,神农氏作。斫木为耜,揉木为耒,耒耨之利,以教天下,盖取诸益(卦名,农耕兴利之义)。"

《逸周书》云："神农之时,天雨粟,神农耕而种之。作陶冶金斧,破木为耜、锄耨以垦草莽,然后五谷兴,以助果蓏之实。"《管子·形势解》云："神农教耕生谷,以致民利。"《淮南子·修务训》云："神农乃始教民播种五谷,相土地宜,燥湿肥墝高下,尝百草之滋味,水泉之甘苦,令民知所辟就。"《尸子》云："神农理天下,欲雨则雨,五日为行雨,旬为谷雨,旬五日为时雨。正四时之制,万物咸利,故谓之神雨。"还有许多文献记载,不多举。炎帝是公认的三皇"之末皇,约处在距今6000年前的母系氏族社会大发展时期,大江南北的先民多已定居农耕,农业经济占据主导地位,渔猎、采集降为辅助经济;居住在半地穴长方、椭圆形的木、泥、草结构之屋室内(江南则出现了干栏式居室);生产工具增多,日用陶器增加,先民生活水平有所提高。

为了及时播种、收获、储藏,利于先民生活,炎帝又继续和部落管理人员(臣)研制历书。《路史·禅通纪·炎帝纪》载(译文):"乱了季节就不能种植,气候不正常就会产生灾害和疫病。于是神农推算一年节气、每月朔望和日名干支,确定立春、立夏、立秋、立冬的时辰。教民除去百物熏蒸的气味,不要坐在潮湿的地上,以免得病。定元月初一为年月日的第一天,称摄提。以岁星(木星)运行确定纪年法,称太初礼。令巫咸等占卜测吉凶,确定事物的成败。炎帝将伏羲的八卦演为六十四卦,以应对万物之求,助成神化之工。"太初历对炎帝发展农业起了相当大的作用。农耕时代的到来,对中国以农业著称之文化的发展和文明起源有着重要作用和划时代意义。

(1)炎帝时代的农业

炎帝8世(一说17世)相传千余年,世代称"炎帝",先民的创造发明均记在其名义下,所谓炎帝的"创造发明",实为姜姓部落集团的创造。东汉班固《白虎通义》云:"古之人民皆食禽兽肉,至于神农,人民众多,禽兽不足,于是神农因天之时,分地之利,制耒耜,教民农作,使民宜之,故谓之神农。"王充《论衡·感虚》篇云:"神农之揉木为耒,教民耕耨,民始食谷,谷始播种。耕土以为田,凿地以为井。井出水以救渴,田出谷以拯饥。天地鬼神所欲为也。"足见其农业的兴旺发达。从文献记载和考古发现看,炎帝时代(约6000—5000年前),在西至今青海、东至山东、北至内蒙古及辽宁、南至长江的"北方",已形成广袤的"干旱地域粟作农业区"。青海湖以东、渭水流域(今甘肃东部和陕西关中)、汾水流域(今山西中、南部)、中原(今河南伊洛河、汉淮河流域及东部平原)、黄河下游(今河北南部及山东)、辽河(今辽宁南部)等地,已形成面积不等的以粟为主要农作物的区域。在河南渑池县仰韶村最早发现而命名的"仰韶文化",以河南大部分、晋南、陕西关中为中心,涵盖了内蒙古、丹江流域(陕南、豫西南及湖北长江以北的部分地区)及青海、甘肃东部的广大地区。山东大汶口文化晚期约与仰韶文化相当,波及豫东、长江以北的江苏、安徽地区;"南方水域稻作物农业区",炎帝时代在今湖南、浙江以北,长江以南,在长江及其支流地区,洞庭湖、鄱阳湖、太湖,以及四川、湖北、湖南、江西、福建、江浙等地的平原、盆地,也形成了面积不等的稻作农业区。先民多以"干栏式"房屋居住,生活水平有了提高。从先民的成分说,既有土著(蛮与古越),又有炎帝、太昊后裔等从江北迁入之族民。就"两河"流域的分布看,姜姓炎帝部族的中心区域仍是在黄河流域,后裔族民已迁布于江南。石兴邦先生考证:"在相当于仰韶文化的中期(距今6000年)即庙底沟文化时期,仰韶文化的发展已形成一个大的原始部落王国,由中原向四周发展,南达江峡、江汉地区,西至黄河上游的洮河(属于甘肃)、湟水(属于青海)流域,东北到辽河上游与红山文化(今辽宁、河北及内蒙古部分地区)相接触,东南到淮河下游并与东南的(浙江)马家滨文化族群相融合,并与当时周边文化接触和融合,形成了一个大的富有融合性和凝聚力的文化体系,以龙、鱼、鸟、蚌、蛇等为图腾的氏族和部落社会,内蒙古的土龙、河南(濮阳)的蚌龙和湖北的石子龙将三龙相连,将这一文化体系的各氏族和部落凝结在一起。这时,成长于海岱(今山东)地区的大汶口文化,其南的马家滨文化,西南(湖北与重庆四川)的大溪文化,东北的红山文化等诸文化共同体,都有仰韶文化的因素渗入其间,反过来也给后者比较大的影响。"② 我们如此辽阔地区的"仰韶文化因素渗入",充分证明了炎帝部落集团族民在大江北、南分布地区的广阔,从而证实了史学和考古界的研究,可以说是"殊途同归,不谋而合"。从大江南北的考古发现看,炎帝时代黄河流域主要的农作物是粟、黍,次之是豆类、稻、蔬果等,江南主要是稻,次之为粟、豆类等。家庭饲养业主要有牛、羊、猪、狗、鸡等。生产工具南北类似,分石质、木质、陶质、骨质及蚌质等类,且皆有了粮食加工的器具。从遗址发现的窖穴、灶坑看,粮食已成为主要的生活资源,除供食用外,还有了一定的储藏。王桢《农书》卷一云:"神农尝草别谷,烝民粒食,后世至今赖之。凡人以食为天者,可不知所本耶。"足见炎帝发展农业(子孙又发扬光大)对国计民生是多么的重要,对以农业著称之中国的发展影响是多么的深远! 从此奠定了以农业为代表的中国文明之基础。

(2)炎帝时代的手工业和货物交换

史载炎帝发明陶器,实为"发展"了制陶业,也是仰韶或与其约同期文化的最高成就。从选料到烧制都形成了一定的工序,器类增多,炊具有鼎、甑、釜、灶等,灶可以随需要而移动,使用方便;饮食器有碗、钵、盆、盘、杯等;取水用具还有小口尖底瓶等;盛水或食物的有瓮、罐等,纹饰更为精美的彩陶器。当时制陶的人多是妇女,一般还是手制。陶器的发明对人类的生活有着重大的意义。在这以前,人类加工食物一般采用烧或烤的方法。有了陶器后,人类增加了煮食物的方法,并且便利了饮用水的运送和储存,使人类进一步有条件在地势较高的地方居住和生活,并扩大了农业生产的地域。所以,陶器的制作是人类与自然界斗争中一项划时代的发明创造,也成为新石器时代文化的一个重要标志。《太平御览》引《周书》佚文记载了这件大事,曰"神农耕而陶"。生产、粮食加工、渔猎、制衣等工具制造也进一步发展,器形种类增多。出现了磨制石器,发明了钻孔技术,可以在石制工具上安装木柄或穿绳子。木耒、骨耜、石铲、石镰等增多,进一步提高了生产力水平。此外,妇女从事的纺织、缝纫业等也有所发展。从河南陕县庙底沟与三里桥仰韶文化遗址发现纺轮和陶器上的纹痕看,炎帝时代先民已会捻线织布;陕西华县泉护村仰韶文化遗址发现的布痕(每平方厘米有经纬线各 10 根),说明纺织技术有了较大改进。《商君书·画策》云:"神农之世,男耕而食,妇织而衣。"《吴越春秋·勾践阴谋外传》云:"神农皇帝弦木为弧,剡木为矢。弧矢之利,以威四方。"即炎帝时制造弓箭的水平有了提高,族军的作战能力有所增强。北齐刘登《刘子·贵农》载:"《神农之法》云:丈夫丁壮而不耕,天下有受其饥者;妇人当年而不织,天下有受其寒者。故天子亲耕,后妃亲织,以为天下先。"又云:"衣食饶足,奸邪不生,安乐无穷,天下和平。"足见物质丰富是实现和谐社会的根本,对今日仍有启示意义。炎帝"为天下先"的大公无私精神,更值得我们发扬光大。农业、手工业生产的发展,又促进了货物交换业的发展。《易·系辞下》云:炎帝时,"日中为市,致天下之民,聚天下之货。交易而退,各得其所,盖取诸'噬(卦名)嗑(合之义)'。"三国人虞翻注:"噬嗑食也。市井交易,饮食之道,故陬诸此也。"《潜夫论·五德志》的记载与《周易》相同。《风俗通·三皇》云:神农"日中为市,致天下之民,通其变,使民不倦,神而化之,使民近之。"可见产品交换是促进经济发展的重要手段之一。这些文献都充分说明:炎帝是继伏羲氏后又一个伟大的创造发明家,也是一个具有大智慧、勇于创新的古帝。

二、炎帝时代创立的制度文化

1. 从炎帝氏族到部落集团

先秦典籍对炎帝有较多的记载,均较为笼统且说法纷纭。西汉伟大史学家司马迁对先秦典籍整理后,依据西汉《世本》《大戴礼记》定"五帝"。又以《春秋》《国语》考察《大戴礼记》《孔子家语》所载的《五帝德》《帝系姓》,撰写了《五帝本纪》。《世本》云:"炎帝即神农氏。"《史记·五帝本纪》云:"轩辕之时,神农氏世衰。"《集解》皇甫谧曰:"《易》称庖牺氏没,神农氏作,是为炎帝。"班固曰:"教民耕农,故号曰神农。"《索隐》:"世衰,谓神农氏后代子孙道德衰薄,非指炎帝之身,即班固所谓'参卢',皇甫谧所云'帝榆罔'是也。"《正义》引《帝王世纪》云:炎帝"初都陈,又徙鲁。"可见文献记载的炎帝8世或17世之说可信,炎帝榆罔为"8世"之炎帝,"徙陈"(今河南淮阳)"徙鲁"(今山东曲阜)者也是多认为是炎帝榆罔。因此,首代炎帝氏族部落的中心地应在渭水中游,被"天下"氏族或部落首领尊奉为"盟主"(后世袭号的炎帝亦然)。姜姓炎帝部落集团(或称部落王国)的形成,亦即成为大江南北的"天下盟主"者,当是第二或第三代炎帝为部落长的时候。至末世炎帝榆罔时期,姜姓的氏族或部落已广布于黄河流域;长江流域的大部分地区也有姜姓氏族或部落迁布,土著部族(蛮与古越人等)也尊奉(世代)炎帝为"盟主"。文献记载这近千年的姜姓部落集团事迹时,是不分代系地统一记在"炎帝"身上。故《管子·轻重戊》记载神农氏时有"九州之民,乃知谷食,天下化之。"西汉《淮南子·主术训》记载神农氏时,"其地南至交趾(今越南北部),北至幽都(今内蒙古和辽宁以南),东至旸谷(今山东的渤海与黄海),西至三危(今甘肃敦煌),莫不听从。"东汉纬书《春秋命历序》云:"有神人驾六龙,出地辅,号皇神农,始立地形,甄序四海。远近山川林薮所至,东西九十万里,南北八十二万里。"南宋罗泌《路史·禅通纪·炎帝纪》云:"遂甄四海,纪地形,远山川林薮所至而正其制。"注曰:"盖正九州之制。"由这些记载可知,炎帝时代的辖地及其影响之区域是非常辽阔的,古"九州"的观念始于炎帝。至于东西、南北的距离之数字,也是指广远之义,并非是那么具体的里数。

2. 炎帝部落集团的管理制度

据林耀华等原始社会史学家的研究,从母系氏族形成至父系社会出现,古皇、古帝创立的制度主要有公社、胞族、部落三种形式,而炎帝时代所创立的则是部落及集团的管理制度。

(1)部落议事会

炎帝时代是母系氏族社会的全盛时期,继承了华胥、燧人、有巢、太昊伏羲和女娲、少典和有蟜等文化,并依据新形势又进行革新和创造。母系氏族公社就是基本经济单位和社会制度的基础,为一个共同祖先传下来的血缘团体。氏族内部的同辈男女必须与另一氏族的同辈男女群婚,人口增加后,便分裂出两个或两个以上的血缘氏族,遂称为胞族。胞族除有首领外,有由两个氏族公社首领和长老组成的议事会,商议和决定胞族的事项。两个或更多胞族的同辈男女群婚制,又逐渐组成了部落。部落酋长(由德高望重之男性或女性担任)之下,设有"议事会",由氏族、胞族的首领组成,"负责处理部落中的公共事务,包括氏族之间或胞族之间的关系等事宜。议事会公开开会,四周围着部落的男女成员,他们有权参加讨论和发表自己的意见。"③"部落议事会还处理对外关系,接待和派遣使者,宣战及媾和、缔结同盟等。"④部落有共同的语言、共同的地位,以血缘关系为纽带。

(2)炎帝的"师团"

炎帝在设部落"议事会"(其子孙为帝后亦然)的同时,还设立询问机构(可称"师团")。东汉《列仙传》卷上云:"赤松子者,神农时雨师也,服水玉(即水晶、云母一类矿物质),以教神农,能入火自烧。"南宋胡宏《皇王大纪》云:炎帝"师为悉诸,学于老龙吉,得《河图》。"悉诸,《新序》写作"悉老"。《路史·禅通纪·炎帝纪》云:"师于悉诸、九灵,学于老龙吉。"又云:太(泰)乙小子为炎帝治理天下之"师"。由此可知,炎帝(首代)的"师团"(即智囊团或顾问团)由赤松子、悉诸、九灵、太乙小子等组成。

(3)炎帝的管理人员

炎帝部落还设有管理人员,分管各方面事务,后世记载时以"官职"称曰"臣"。《左传·昭公十七年》云:"炎帝氏以火纪,故为火师而火名。"《史记·补三皇本纪》云:"以火德王,故曰炎帝,以火命官。"南宋郑樵《通志》卷一载:炎帝"以火纪官,春官为大火,夏官为鹑火,秋官为西火,冬官为北火,中官为中火。"如炎帝后裔祝庸(融)任火官,主管南方;蚩尤管东方等。分管具体事务的人员主要有:《路史》载:主管制扒搜、石锄(分长、短柄两种)等工具,以及生活用具杵臼(加工粮食或捣药用)、陶灶、陶甑(即锅)、挖井的大臣,名曰赤冀(又名赤制);主管占卜的大臣曰司怪;主管巫筮的大臣曰巫咸,由巫阳协助;主管制耒、制乐器及乐舞的大臣曰刑天(又写作夭)。《春秋元命苞》载:主管山川地形的大臣为怪义和自阜。这些"大臣"的任免,都由部落议事会议决定(后世的炎帝时亦然)。

三、炎帝时代创造的精神文化

1. 炎帝时代先民的社会生活

《庄子·杂篇·盗跖》云:"神农之世,卧则居居,起则于于。民知其母,不知其父。与麋鹿共处,耕而食,织而衣,无有相害之心,此至德之隆也。"《庄子·外篇·胠箧》云:"当是时也,民结绳而用之,甘其食,美其服,乐其俗,安其居,邻国相望,鸡狗之音相闻,民至老死而不相往来。若此之时,则至治已。"《商君书·画策》云:"神农之世,男耕而食,妇织而衣,刑政不用而治,甲兵不起而王。"《吕氏春秋·天春论·审为》云："神农氏十七世有天下,与天下同之也。"(按炎帝族延续十余年而论,此载的"十七世"之说比较合理。但因在文献中找不到这十七世的(最多只能找到十三世的名字)人名和事迹,故一般都以"八世"之说叙述这段传说史)由此可知,炎帝时代(严格说应是首代至七世炎帝时期),氏族或部落所有人员一律平等自由,大家共同劳动、共同享受,任何人都没有特权,过着原始共产主义生活。恩格斯指出:"这种十分单纯质朴的氏族制度是一种多么美妙的制度呵! 没有军队、宪兵和警察,没有贵族、国王、总督、地方官和法官,没有监狱,没有诉讼,而一切都是有条有理的。"⑤这样的社会,是靠什么思想和办法教化先民的呢? 十分值得研究。

2. 以原始宗教崇拜聚合先民思想和言行

恩格斯指出:"宗教是在原始的时代从人们关于自己本身的自然和周围的外部自然的错误的、最原始的观念中产生的。"⑥林耀华先生释:"人类学和考古学的资料证明,宗教不是自古就有,而是到了一定的阶段才产生的。""早期智人时期人类的体质形态比直立人时期有了明显的进步,晚期智人的体质结构基本上和现代人相同,人类的思想能力提高了。这时人类社会组织有了新的发展,氏族公社萌芽而逐渐形成了,与此相应的是宗教的萌芽和产生。"⑦即我国的原始宗教产生于二三十万年前,与母系氏族公社的出现同步,万物有灵的自然和图腾崇拜首先出现,约至1万年前的新石器时代初期或稍早(5500年前后日显),又出现祖先崇拜形式。一般说,神话的图腾崇拜多是动物,如炎帝以牛和龙为图腾等,其后裔则崇拜祖先。与之相应的是出现巫术、占卜,以通神鬼。先民都信奉自然、图腾、祖先三种崇拜形式,并相信由它们产生的各种鬼神,人人信奉、崇敬、祭祀,以祈求鬼神免灾保平安,从而形成部落之民的精神纽带,把大家联结为一体。

3. 以原始礼乐巩固部落群体

原始伦理(即人与人的上下关系及言行准则)在母系氏族公社

出现后已初步产生,如子女知其母,长、幼辈不性交等。原始伦理关系形成制度,则是在8000年前的伏羲时代,炎帝沿袭用以教化先民和睦团结。西汉陆贾《新语》云:"先圣乃仰观天文、俯察地理,图画乾坤,以定人道。民始开悟,知有父子之亲,君臣之义,夫妇之道,长幼之序。于是百官立,王道乃生。民人食肉饮血,衣皮毛。"画八卦的祖先就是传说的伏羲氏。从炎帝至先民,都要遵守伦理道德,禁止有对部落不利之事发生,子孙也不例外。《鸿庞氏传》云:炎帝后裔姜禄被封"龙君"后,仍然"教民耕种衣食,始有君臣尊卑之序,父子夫妇之伦。"可见原始伦理道德,已是维系部落社会的重要观念和准则。为此,炎帝又制礼作乐,进一步明确公德准则和次序。

炎帝在沿用伏羲之"婚嫁婚娶"之礼乐的同时,又创立了"吉礼""葬礼"等礼乐。《补记外传》云:"吉礼者,祭祀郊庙社稷之事是也,起自神农氏始教民种谷,礼始于饮食,吹苇籥,击土鼓,以迎田祖,至敬鬼神,祭皆用乐。"唐代杜佑《通典》云:"神农播种,始诸饮食,致敬鬼神,褚为田祭,可为吉礼。褚之义,自伊耆代之,而有其礼。古之君子,使之必报之,是报田之祭也。其神神农,初为田事,故以报之。"乐以两面置皮,陶为圈的"土鼓"演奏。又云:"神农乐名《扶持》亦曰《下谋》。"《通志》卷一之载与此相同。可见是炎帝子孙时才形成吉礼的。炎帝创立了丧葬礼乐,氏族和部落有了"公共族墓"。东汉桓谭《新语·琴道篇》云:神农氏"始削桐为琴,练丝为弦,以通神明之德,合天地之和焉。神农氏为琴七弦,足以通物而考理乱也。"《通典·乐》云:"琴,《世本》云神农所造。"北宋刘恕《通鉴外纪》云:炎帝"国实民富而教化成。削桐为琴,绳丝为弦,以通神明之德,合天人之和。"南宋胡宏《皇王大纪》之载与此大同小异。可见,"天与地谐和""天与人谐和""人与自然谐和"的原始观念在炎帝时代已经形成。《路史·禅通纪·炎帝纪》云:炎帝时,每年举行一次隆重的祭"百谷神"典礼,管理人和民众参加,各种乐器齐奏,民众欢歌载舞,热闹非凡。可见炎帝是继伏羲氏后又一个伟大的创新者与和谐社会的实践者。

4. 炎帝时代以仁德团结天下族民

《吕氏春秋·上德》云:"为天下及国,莫如以德,莫如行义,以德以义,不赏而民劝(服),不罚而邪止,此神农黄帝之政也。"《淮南子·主术训》之载的主要意思是:炎帝神农氏养民出自公心,人民朴实诚厚,不争财不抱怨,和睦相处,依靠天地资财,与天地合一。不施威刑惩罚,以教化为先,刑同虚设,法律杂文闲置,百姓欢悦。"其他南至交趾(今越南北部),北至幽都(今内蒙古),东至旸谷(今渤海及黄海),西至三危(今甘肃敦煌),莫不听从。当此之时,法度刑缓囹圄空虚,而天下一俗,莫怀奸心。"《淮南子·齐俗训》:"安乐无事,而天下均平。"《越绝书·外传枕中》云:"昔者神农之治天下,务利之已矣,不望其报,不贪天下之财,而天下共富之;不以其智能自贵于人,而天下共尊之。"《通鉴外纪》卷一载:"以火纪官。其俗朴重端悫(忠厚诚实)。不忿争而财足,无制令而民从,威厉而不杀,法省而不烦,国实民富而教化成。"至炎帝末世孙榆罔时,随着财产占有的多少,出现了贫富不均,部落间争地争财之战也随之发生,昔日的"太平"也一去不返,也正与考古资料反映的仰韶文化末期葬品多少不一、贫富不均等现象相吻合。

综上所述,炎帝是伏羲氏之后的一个古皇,也是又一个具有开拓进取、创造发明智慧之圣人,更是一个富有包容天下各部族而和谐共存的部落集团首领(末帝前继位的六代炎帝亦然)。炎帝时代的丰富文化不仅是中华传统文化的根基组成部分,而且也是中国文明的基石之一。中华炎黄文化研究会副会长兼秘书长鲁谆先生说:"炎黄研究与中国文明起源的探索,是紧紧联结在一起的。中国文明起源的研究与探讨,常常无法回避炎帝、黄帝。而炎黄问题的研究,又总是同中国文明的起源分不开。对炎黄的基本史实作出有根据、有说服力的阐述,将大大有助于排除对中国有五年文明史的种种疑惑。"⑧这些都是从传统观点而论的,而从目前对古史传说人物研究、考古发现而论,我国的文明史(含起源阶段)已不是上下 5000 年,而是 1 万年了。我们广大学术研究人员尤其地方研究人员,在炎帝及其后世的文化研究中,更应当具有这种认识,拥有宽大的胸怀,互相取长补短,互相支持,共同把炎帝文化研究推向更高的阶段! 发扬炎帝时代的优秀文化,以保证目前科学发展观的顺利贯彻实行,从而促进和保障创新型及谐社会和民族复兴大业早日实现!

注释:

①周谷城:《1991 年 5 月 10 日在中华炎黄文化研究会成立大会上的书面讲话》,王任民主编:《炎黄颂》,北京:中国经济文化出版社,2003 年 4 月北京第 1 版,第 5 页。

②石兴邦:《论"炎帝文化研究"及其相关问题》,王俊义主编《炎黄文化研究》第四辑,郑州:大象出版社,2006 年 7 月第 1 版,第 29 页。

③林耀华:《原始社会史》,北京:中华书局,1984 年 4 月第 1 版,第 280 页。

④林耀华:《原始社会史》,北京:中华书局,1984 年 4 月第 1 版,第 281 页。

⑤恩格斯:《家庭、私有制和国家的起源》,北京:人民出版社,1995 年第 1 版,第 94 页。

⑥恩格斯:《家庭、私有制和国家的起源》,北京:人民出版社,1995 年第 1 版,第 394—395 页。

⑦恩格斯:《路德维系·费尔巴哈和德国古典哲学的终结》,《马克思恩格斯选集》第 4 卷,北京:人民出版社,1995 年第 1 版,第 250 页。

⑧鲁谆:《世纪之交的炎黄研究与中华文化》,北京:中国经济文化出版社,2003 年 4 月第 1 版,第 108 页。

2009 年 4 月 27 日

论炎帝家族的发展史

炎帝家族人口兴旺,延续千余年,由氏族发展为部落,再由部落发展为部落集团。《史记·补三皇本纪》云:"神农氏纳奔(赤之讹)水之女曰听訞为妃。生帝哀,哀生帝克,克生帝榆罔。凡八代五百三十年,而轩辕氏兴焉。"还有十七世或传四百多年之说等。学术界多认为不必太拘泥于这个数字,炎帝家族至黄帝时,约流传千余年。文献对其家族历代的成员,也记载不一,古今历有分歧,很有进一步研究的必要。

一、炎帝的妻妃及其所生的子女

炎帝是少典娶有蟜氏的女儿(名女登)为妻所生之子,成人后先后担任氏族公社、部落首领。他复娶妻和妃而生子女,又形成新的氏族或部落,世代延续,成为庞大的部落集团。

1. 炎帝的妻子和妃子

(1)炎帝之妻听訞

《山海经·海内经》云:"炎帝之妻,赤水之子听訞"。《通鉴外纪》云:神农氏纳莽水之女听谈。《史记·补三皇本纪》曰:"神农氏纳奔水之女曰听訞为妃。"《周易》毛氏本又写作听詙。这不同的三种称谓,还有一些文献记载,不多述。奔水、莽水,皆为与"赤"字形似而讹传,实为赤水。关于赤水氏部落的所在地,有今四川、甘肃二说,以后说较准确。

赤水部落在今甘肃临洮县南。郑樵《通志·氏族略》云："赤氏，《风俗通》谓为帝喾师赤松子之后，见《神仙传》。"《路史·国名纪己》云："赤氏，赤奋、赤松，炎帝诸侯，后有赤氏。赤氏，高阳师。"赤，红色，以赤色为图腾的赤氏族比炎帝族还要古老一些。赤松、赤水，皆为赤部落的氏族，以居地而另称。今甘肃岷县东北 90 里有北魏置的赤水县。礼县东有赤土山，土色如朱，可作染料。陇西县东北有赤谷，下有赤水，又名赤亭水。《水经注》云赤亭水出东山赤谷，西流，南注入渭水。陇西县北 20 里有赤亭山，山色如朱，又有赤亭。陇西县（即今甘肃临洮县）南，当以赤部落的一支居于该县的赤水河谷而名赤水氏族，后发展为部落首领，称赤水氏。成县西南有赤亭，武都县东北有北魏置的赤万县，天水市西南有赤亭，庆阳县西南 70 里有赤城镇等。这些地名、水名等，当与赤人广布于甘肃东南和东北部有关，以"赤"命名者为赤人居地，以"赤水"命名者为赤水氏人居地或迁居地。甘肃东南与陕西宝鸡市接壤，赤部落（赤、赤水、赤松三个较大的氏族组成）与炎帝部落关系密切。陕甘一带有小红土山丘分布，是利用红色染料和红土埋葬的好地方。故赤人应起源于陕甘稀有的红色土壤之地，以赤为贵，并用为族名。赤人很可能是最早发现赤土能染布料和最早用红土埋葬人体者。仰韶文化、马家窑文化等地墓葬，均发现有用红土埋葬之俗。赤部落之人赤冀（又称赤制）、赤奋（又写作赤粪），均是炎帝制造耒耜、杵臼的能工巧匠。赤松子被炎帝拜为"雨师"，成仙后也常游居于王母住过的昆仑之丘石室。因此，炎帝娶赤水氏（今临洮）之女听訞为妻是符合情理的，也是可信的。

（2）炎帝之妃承桑氏

《路史·禅通纪·炎帝纪》云：赤帝（炎帝）"在治百四十有五祀，年百六十有八。亦谓赤帝。其崩也，天下之人，为之不将食者七日，纳承桑氏之子（女），子有十三人。罗苹《路史注·炎帝纪》曰：

"《汉书》作桑水氏,《书传》多作奔水氏,字转失也。"可见承桑(水)氏即赤水氏之女听訞,非炎帝之妃。另一种观点认为:承桑氏为炎帝妃之说,不可轻易否定。张颖、陈速同志考证:罗苹注来自班固之说,不可信。《路史》的炎帝"纳承桑氏之子",不可轻易否定①。我们认为罗苹注是比较可靠的。

(3)炎帝之妃佳已

《孝经·钩命诀》云:"佳已感龙生帝魁。"《史记·补三皇本纪》亦云:神农氏"生帝魁"。可见炎帝有妃佳已。但此记载又与《路史》之载相矛盾,令人难以置信。《路史》卷一三引《年代历》《补史记》等曰:"以帝临为临魁非也,夫帝临在帝承前,而帝魁乃在帝承之后。"遂知魁为炎帝的第四代孙,则佳已只能是帝承之妻。因此,我们认为炎帝之妃佳已之载是误记,根本不可能是炎帝之妃。

(4)炎帝之妃尊卢氏之女

尊卢氏族甚古老。宋敏求《长安志》引《魏书·风土记》曰:骊山北麓(今属陕西蓝田县)"西有尊卢氏冢,次北有女娲氏谷,则知此地是三皇(指华胥、尊卢、女娲)旧居之所。"元代骆天骧《类编长安志》引《三秦记》云:"骊山巅有三皇庙,不斋戒而往,即风雨迷道,又呼人祖庙。"今骊山顶峰有村名"仁宗庙",临潼区有"仁宗乡",即为"人祖"的转音。《太平寰宇记》卷二十六"蓝田县"载:"又西有尊卢氏陵,次北有女娲氏谷,则知此地是三皇旧居于此。"《陕西通志》云:"三皇祠在蓝田县北三十里,祀华胥氏、伏羲氏、女娲氏。盖伏羲氏、女娲氏皆华胥氏所出,故祀于故里。"《帝王世纪》《汉书·古今人表》,皆将尊卢氏(又写作宗卢氏)排在女娲去世后的"王"中,可知尊卢氏为伏羲、女娲氏的后裔,故里在华胥之渚。何光岳《炎黄源流史》云:"华胥为伏羲、女娲之母,今蓝田县华胥乡所在的华胥街,毕沅《关中胜迹图志》称为华胥渚,即华胥氏迁居之地。《西安府志》谓华胥氏陵在蓝田县西北三十五里,伏羲氏母华胥氏所居,尊卢氏为华胥氏的后裔。"②实为华胥、尊卢氏故里。尊卢氏族的世代首领皆袭用其号。史载：炎帝曾纳尊卢氏之女为妃。

《历代神仙通鉴》云：神农氏"复纳尊卢氏之女。"《元和姓纂》卷四云："尊卢，古太昊时诸侯。"张颖、陈速《首代神农炎帝考》考征："尊卢氏是神农氏前代伏羲氏世建号诸侯之一，首代神农氏姜轨于羲、农二代之交娶尊卢女为次妃，其时代相符。""骊山（在今西安临潼）有尊卢氏诸侯死后冢地，尊卢氏之部落所治与尊卢氏女之生前所居之地，必不出骊山周围，帝姜轨于骊山娶尊卢女为妃，其地暗相合，不应有疑义"③。尊卢部落在伏羲时代已著名。郑樵《通志·三皇纪》云："伏羲仍称氏，神农始称帝。"这说明炎帝时代确实比伏羲时代又前进了一步。

炎帝与尊卢氏族或部落的联姻，与刀耕火种有密切关系，而烧山又与发展农业相关。我们从神农、烈山、连山等称谓中可以发现，这些皆与火或农业有着直接关系。《路史·后纪三》云：神农修火之利，官长师事，悉以火纪，故称炎焉。肇迹列山，故以列山、厉山为氏。以八卦为连山易，故亦曰连山氏。罗苹对此作注，写了一段难懂的话，中心意思是说列、烈、厉、丽、赖等通用，初指今西安市临潼区骊山（秦代及以前称丽山）。

神农氏带领族民到达渭水下游之草木茂盛的山上时，便烧山造田，满山通红，烈火冲天，山由此得名烈山、列山，神农也被称为烈（列、丽）山氏，在以"地名"为氏中仍以火为先。因此，今西安市临潼区骊山又称为炎帝烈山氏之号的始地。张颖、陈速《首代神农炎帝考》云："皇神农姜轨初称烈山帝继而称炎帝，最早反映了首代神农氏之帝号已从地号开始向德号进化这个初步规律，也为我国上古史上一件值得称道的大事。"④又因为首代神农氏"在骊山上放火烧荒，利用自然农业向人为农业过渡做一些好事，得初民正式拥戴为可以君临大地的部落联盟首领，遂被'以地为号'称做烈山氏、烈山帝。复因为常在骊山上'烈山泽而焚之',多次烧荒造田,利于人为农业大大发展的许多作为,得初民真心信奉为能致'大火之瑞'德行的天下共主,遂再被'以德为号'称作炎帝的那个进步的确凿事实。"⑤此说法是对的。

2. 炎帝之子

文献记载比较一致、古今学者认识比较统一的是"炎帝之妻听訞"。徐道《历代神仙通鉴》载神农氏"先娶奔水氏之女曰听訞为妃,生子五人"。她生之子,记载和认识比较一致的是炎居。《历代神仙通鉴》载:炎帝有子董、权、不浩及岁,为承桑氏(又称承水氏)所生。承桑氏、赤水氏听訞为一人,即知其"五子"不妄。《历代神仙通鉴》首集卷二《神农艺谷救民饥》云:炎帝"复纳尊卢氏之女,生子曰邛、柱、起我。"这样一来,我们便知道了炎帝8个儿子的名字,另5个儿子的名字失载。尊卢氏族或部落传到炎帝时,善于刀耕火种,在骊山一带著名。炎帝带领族民到骊山农耕时,娶尊卢氏之女为妃。《历代神仙通鉴》记载:神农氏(炎帝)"复纳尊卢氏之女"。《元和姓纂》卷四载:"尊卢,古太昊时诸侯(部落)。"荣氏《遁甲开山图》在"女娲氏没"后排的次序中,也有"尊卢氏"。由此可知,炎帝纳其氏族部落的女儿为妃是可信的。

3. 炎帝的女儿

(1)赤帝女

听訞生的女儿,名字失载,称"赤帝女""才女"或"女才"。相传她学道成仙,住在南阳(今属河南省)愕山的桑树之上。每年正月初一,她就在树上筑巢,正月十五日完成,以此为家。这个美丽的仙女,有时又变为白鹊,在空中飞翔。炎帝思念女儿,劝其从树上下来回家,她不听。炎帝令人放火烧桑树,女儿却在大火中乘空飞去。炎帝悲痛,遂将桑树命名为"帝女桑"。《山海经·中山经》《中次十一经》收录了这个故事:"又东五十里,曰宣山。沦水出焉,东南流注于视水,其中多蛟。其上有桑焉,大五十尺,其枝四衢,其叶大尺余,赤理黄华青柎,名曰帝女之桑。"这棵合抱五丈的桑树,也是一棵神树,火烧不死,仍然存在,每年照样有鹊鸟筑巢。正月十五日,当地人取下鹊巢,烧灰后入水中,把蚕蛹放进浸泡,育化的蚕吐丝量大为增加。因而,人们又把炎帝这个成仙的女儿崇祀为"蚕神"。有的神话,将此蚕神说成是黄帝之妃嫘祖,实妄。

(2)女娃

女娃为听訞所生,到东海游泳,不幸淹死,化为神鸟,名曰"精卫"。《山海经·北山经》《北次三山》记载:"又北二百里,曰发鸠之山(在今山西长子县与高平市交界处),其上多柘木。有鸟焉,其状如乌,文首、白喙、赤足,名曰精卫,其鸣自詨。是炎帝之少女,名曰女娃。女娃游于东海,溺而不返,故为精卫,常衔西山之木石,以堙于东海。"人们熟知的"精卫填海"故事,就源于此。晋代文学家陶渊明《读山海经》诗颂扬女娃曰:"精卫衔微木,将以填沧海。"曾任外交部长的陈毅元帅在《野营》诗中说:"微石终能填血海,大军遥祝渡金沙。"都是赞美精卫填海的悲壮精神的。

(3)炎帝少女

这个名字失载的女儿为尊卢氏之女所生,比"赤帝女"年少,羡慕神仙。当时炎帝有个雨师叫赤松子,系今甘肃临洮赤水氏族部落之人,相传修炼成仙。屈原《楚辞·远游》云:"闻赤松之清尘兮,愿承风乎遗则。"传说他是以常服用"水玉"(即石英)助吸气、呼气而修炼成仙的,今陕西华山、湖北襄樊、湖南张家界、山东泰山、甘肃与青海的祁连山等名山大川,都有其云游的踪迹。《列仙传》卷上云:赤松子常住的地方是祁连山的"西王母石室",能"随风雨上下",在空中飞翔。"炎帝少女追之,亦得仙俱去。"这位仙女云游四方,来去无定处。

(4)瑶姬

她为尊卢氏之女,名叫瑶姬。她刚要出嫁时,到长江巡游,不幸病死,后成仙女,又称巫山(在今重庆巫山县)神女,或高唐神女。《山海经·中山经》《中次七经》载:"又东二百里,曰姑瑶之山。帝女死焉,其名曰女尸,化为瑶草,其叶胥成,其华黄(开黄花之义),其实如菟丘,服之媚于人。"这里美丽的瑶草,结的果实对妇女有美容作用,得到人们喜爱,便精心沪养。后来在阳光、雨露滋养下,瑶草变成了美丽的仙女。炎帝哀怜,封她为巫山"云雨之神"。瑶姬早上化为朝云,在天空飘荡,暮时则化为细雨,滋润山川。相传楚怀王(前328—前299)出巡云梦(今属湖北)时,住休在"高唐馆"内。一天他正在午休,"云雨之神"降临,向怀王诉说飘泊不定,无安身之处;又向怀王倾诉了爱慕之情。怀王喜而醒来,不见美丽的仙女,很是同情和思念,便令人在巫山修建祠庙祭祀,名曰"朝云"。"巫山云雨"的成语典故,就来源于此。宋玉的《高唐赋》《神女赋》对此故事的记载比较详细。《襄阳耆旧传》的记载,也与此大同小异。主要内容是说:怀王去世后,其子继位,称楚襄王(前298—前263)。有一年,楚襄王由朝臣兼诗人宋玉陪同巡视云梦,望见高唐观(馆)上空有五彩云气,变化无穷。襄王问宋玉是何云彩? 宋玉答曰是"朝云"。再问何为朝云? 玉又答曰:怀王时曾游于此,身体疲乏,住在馆内休息,梦见一美女,称自己是炎帝之女,未嫁而死,葬巫山之阳,成为巫山之女,名叫瑶姬,闻君王来游高唐,情愿来陪君王。怀王答应其请求。女神临走时,又向怀王说:我住在巫山之阳,高丘之岨。旦为朝云,暮为行雨。朝朝暮暮,阳台之下。第二天早上,怀王观察天象,果如女神所言,便在巫山之巅为其修建了祠庙,名曰"朝云庙"。唐代诗人李白的《感兴》诗曰:"瑶姬天帝女,精彩化朝云。宛转入宵梦,无心问楚君。"1956年毛泽东主席在《水调歌头·游泳》诗中曰:"截断巫山云雨,高峡出平湖。神女应无恙,当惊世界殊。"引用的就是炎帝之"巫山神女"典故。

今日以唯物史观看待炎帝四个女儿之神话传说,或生而成仙,或死后成仙,都是在一定程度上反映当时先民对征服宇宙、大海,及对天气晴阴或下雨的想象,以及对种桑树养蚕抽丝的期望。"成仙",则是当时先民原始宗教观念的体现,认为人死后灵魂可以升天。

二、炎帝七世子孙的主要活动地和事迹

1. 炎帝的七世子孙

《山海经·海内经》载:"炎帝之妻,赤水之子听訞(又写作听谈或听詙)生炎居,炎居生节并,节并生戏器,戏器生祝融。祝融降处于江水。生共工,共工生术器,术器首方颠。是复土穰,以处江水。共工生后土,后土生噎鸣。噎鸣生岁十有二。"即炎帝下传了八代。《周易·系辞下》《正义》引《帝王世纪》云:炎帝纳赤水氏之女为妃,"生帝临魁,次帝承,次帝明,次帝直,次帝釐,次帝哀,次帝榆罔。凡八代,及轩辕氏。"《史记·补三皇本纪》云:"神农纳奔水之女曰听訞为妃。生帝魁,魁生帝承,承生帝明,明生帝直,直生帝釐,釐生帝哀,哀生帝克,克生帝榆罔:凡八代,五百三十年而轩辕氏兴焉。"《吕氏春秋·慎势》云:"神农十七世有天下,与天下之同也。"《太平御览》卷七八引《尸子》《路史·后纪四》所引《吕氏春秋》皆作"七十世",疑为"十七"之颠倒。《易·系辞》疏引《帝王世系》《礼祭法》疏引《春秋命历序》,皆云"神农八世"。按炎帝系传千年的时间说,十七世之载比较合理。但从目前的资料和研究看,很难排列出黄帝前的炎帝十七代子孙。罗泌《路史》列的神农、柱后,庆甲与临关系不明。承之后的魁,代系不清。下为明、直、来、居、节茎、克与戏、器与榆罔,计十三代。

炎帝神农氏的世系排列各异,莫衷一是,比较详细的是宋代刘恕《通鉴外纪》所载:神农在位一百二十年,或云一百四十年。神农

纳莽水氏曰听谈,生临魁。帝临魁元年辛巳,在位六十年,或云六十八年。帝承元年辛巳,在位六年,或云六十年(一说承在临魁先)。帝明元年丁亥,在位四十九年。帝直元年丙子,在位四十五年。帝厘(釐)一曰克,元年辛酉,在位四十八年。帝哀元年己酉,在位四十三年。帝榆罔元年壬辰,在位五十五年,自神农至榆罔四百二十六年。临魁至榆罔七帝,袭神农氏之麓三百六十年。《春秋命历序》云:炎帝传八世五百二十岁,或云三百八十岁。徐旭生《中国古史的传说时代》云:"《春秋命历序》不过说神农氏系为五百余年,并未指出八世各帝每帝各有几十年。《路史》注说《帝王世纪》说,八世包括神农在内,那五百余年也应包括神农在位年数,毫无疑问。可是在唐以后,各帝又都有在位年数,加起来也是四百几十年,可是又不包括神农的一百二十年(《路史注》说"或云百四十年",《路史》则为百四十五)。此说此后古史书大约承用。"又云:"罗泌这样考出的新世系虽说牵强支难,但从另外一个方面看,也可以说它几乎无一字无来历。"⑥清代《绎史·世系图》排的次序为:神农、临魁、承、明、直、厘、榆罔。二者所列虽不尽同,但均认为炎帝八世孙是帝榆罔(又称参庐)。而榆罔是比黄帝年长一辈的部落长,其后的子孙年代较晚,故我们只取为"帝"的八世说。在此基础上,何光岳又进一步探讨,排列的次序为:炎帝、帝临、帝承、帝魁、帝明、帝直、帝厘、帝榆罔⑦。我们赞同并采取此说。

2. 炎帝第二第三代子孙的业绩

(1)炎帝长子临迁居谷城

临与魁,有的文献记载为一人,有的载为二人,次序也不一样。北宋刘恕《通鉴外纪》云:"帝临魁元年辛巳,在位六十年,或云八十年。"南宋罗泌《路史·后纪四》云:"炎帝临,《通鉴外纪》以帝临为临魁,非也。夫帝临在帝承前,而帝魁乃在帝承之后,盖自异代。《世本》书言夙沙氏叛以归帝魁,则非临也。惟诸历纪,炎帝八世,故临与帝魁递为存废,或合临魁以为一,复有不知神农尝有后代者,则又以帝魁为即神农(如《南都赋》注等以"帝魁"为神农名,尤妄),而更以神农为魁傀氏(《潜夫论》云:"炎帝身号为魁隗",《帝尧碑》作"块隗"。陶渊(明)云:"在炎帝魁之世,独祗修以自勤,非帝临也。")。嘻!儒之无持操如此,夫彼又乌知炎帝之元孙帝魁哉!"何光岳《炎帝八世考》将临归为炎帝之子,列在柱之前,称其为柱之兄。又认为"帝临已东迁今河南洛阳市北郊谷城。"⑧炎帝长寿,临奉祖父炎帝之命带其氏族向东发展。

谷城名称较早。《汉书·地理志》载:"谷水出谷阳谷,东北至谷城入洛。"《水经注》云:"河南有离山水,于谷城东南注于谷(水)。"《括地志》云:故谷城在洛州河南县西北十八里苑中,面临谷中。"宋代《元丰九域志》云:"谷城,神农法五谷于此,名谷城。"谷城在今洛阳市郊区谷水乡。此氏族后成为部落。

未继位的炎帝之子董、权、不浩、喾、邛、柱、起我,多事迹不详。其中的董、邛、柱之事迹,以后再述。

(2)炎帝第三代孙承

《通鉴外纪》云:"帝承元年辛巳,在位六年,或云六十年。"《路史·后纪四》云:"炎帝承,帝临息(子)也。其政因民之忉,发虚土,监贾区,储待废举,以符其诡。益百五而始收,于是贡胥之法行焉。"(《神农书》云:"承为民赋二十,而民有法,而神农亦有终岁献贡之事。赋贡之来久矣,特神农教民稼而后有谷米之赋,帝承为之制尔。")何光岳《炎帝八世考》释曰:"帝承时,完善了向各部落征取贡赋的税收,已普遍存在私有财产的积累。"⑨承为临之子,入居渭水的祖先部落任管理赋税的职务,颇有成就,被称为"炎帝神农氏"。他被袭号"炎帝"的部落长封于黄河之北,去扩展土地。陈仁锡《潜确类书》卷三十一载:"神农涧在卫辉府温县,神农采药至此,以枝画地,遂成涧。"即今河南温县。民国三十年(1941)《续河南通志》载："三皇庙，在温县治东。"民国二十年（1931）《温县志稿》载："先农坛，在县城外东南隅，清雍正五年（1727）知县刘大观建，每年仲春择日祭。民国废；神农庙，在县东北大黄村，清道光二年（1822）重修。"何光岳先生考证炎帝承的氏族部落分布于此⑩。这些遗迹都记在炎帝名下，其内当含有炎帝承的功业。

3.炎帝没有继位的子孙

炎帝的子孙中，还有没继位者，分别为自己氏族的首领。从文献记载中，可知还有以下这些人。

（1）炎居之子节并

炎帝之妻听訞生炎居，炎居有子节并，系罕见的连体人。甲骨文中的"并"字，字形为两人并立。金文中的"并"字，犹如两人头戴尖盔并立于地上。实为原始社会的连体人，被视为神圣，而受到人们的崇敬，后来便形成"并氏族"的称号。节并氏族的始居地在今陕西大荔县的"并蓝镇"，地名以并人居住而得。它发展为部落后，有的氏族向中原迁徙，有的向今山西北部迁徙，禹治水时划的"并州"（在今山西太原），就因并氏族或部落居此而得名。

（2）炎帝之孙灵恝

《山海经·大荒西经》记载："炎帝之孙名曰灵恝。"郭璞注："恝，音如券契之契。"即姜灵恝又写姜灵契。古代先民向天祈祷降雨以求丰收时，以占卜祈求，将卡辞刻在木板或甲骨、竹片上，抑或刻在石头上，皆称为"契"。可见契文并非晚至商朝才有，而是始于伏羲时代，炎帝时代又有所发展，这个使之发展的人就是灵契，且以契为名，又被视为图腾崇拜和族名。灵契氏族初兴于今甘肃华亭县，系隋代分立之县，以灵人居此地而得名。《山海经·大荒西经》载：大荒中"有灵山，巫咸、巫即、巫盼、巫彭、巫姑、巫真、巫礼、巫抵、巫谢、巫罗十巫，从此升降，百药爰在。有西王母山、壑山、海山。"西王母传说为神女，实为从伏羲时代就见记载的母系氏族首领，世代相传,均以"西王母"为号。炎帝时西王母之山即今甘肃灵台县之王母山。灵山,袁珂先生注曰即巫山。古今人研究,当时的巫山非今重庆的巫山,是指今灵台县西北的灵山(一说为今甘肃祁连山)。

灵契部落以善于占卜著名,出了十名"巫师",即部落有十个氏族组成。之后,氏族四迁,有的东迁入陕西、河南、山西及山东等地。陕西咸阳的得名,就源于巫咸氏族的迁居该地。西安市长安区的灵台、灵沼,渭南市东南的灵台山等,皆以灵人迁此或经此而得名。

(3)炎帝之孙姜伯陵

《山海经·海内经》云:"炎帝之孙伯陵。"又称逢或逢,伯陵,是其后代封爵之称,其本名为姜陵。《路史·国名纪甲》云:"逢,伯爵,伯陵之国,黄帝所封。"可见逢伯陵是陵的后代。陵氏族的父族已西迁于逢留(今青海贵德县),故亦称逢氏族部落,姜陵也以地名称逢陵。《读史方舆纪要》卷六四"陕西西宁镇赐支河"条云:"后汉永元五年(93),护羌校尉贯龙造河桥于逢留大河,欲渡河击迷唐。"逢陵氏族在发展中逐渐东徙,形成以逢或陵命名的山、水、地、陵等,且形成逢姓族人。

4. 炎帝第四代孙魁

炎帝第四代孙很多,排列为"八世"之内的是炎帝魁。《路史·后纪四》载:"帝魁之立,祗修自勤。质(夙)沙氏始叛,其大臣锢职而哗,临之以罪而弗服。其臣箕文谏之,不听,杀之,三卿朝而亡礼,怒而拘焉。哗而弗加,哗卿,贰质沙民自攻其主以归。"质沙氏又称夙沙氏、宿沙氏,是一个善于晒盐的氏族首领,居于盐池(今山西运城市的盐湖区)。魁氏族奉部落长炎帝之命东迁于共,逐渐发展为部落。共(今河南辉县市)地距盐池不远,夙沙氏以晒盐而富强,不服从辖治,帝魁派哗去讨伐,压服其归依。《管子·轻重戊》云:"神农作,树五谷淇山之阳,九州之民,乃知谷食,而天下化之。"

何光岳《炎帝八世考》曰："淇山,在今河南省辉县市西北,北有怀山,'怀'通'隗''鬼',又通'魁',当与炎帝魁迁此有关。"⑪

炎帝有 13 个儿子,孙子一定不少,知道名字的有以下几人。

(1)姜殳三兄弟

姜殳、姜鼓、姜延三兄弟(即三个氏族或部落)的排行,史载不一。《山海经·海内经》载:"炎帝之孙伯陵,伯陵同吴权之妻阿女缘妇,缘妇孕三年,是生鼓、延、殳。殳始为侯,鼓、延是始为钟,为乐风。"袁珂《山海经校译》曰:"炎帝的孙子伯陵,伯陵同吴权的妻子阿女缘妇私通,缘妇怀了三年孕,生下鼓、延、殳三个儿子。殳开始创制了射箭的箭靶,鼓和延制作了钟,创制了乐曲和音律。"⑫

姜殳以发明箭靶著名,便以殳(箭靶)为图腾崇拜和氏族部落的标志,氏族部落名称也为殳,自己则是这个部落的首长。其部落的兴起地在今陕西扶风县,未几又东迁居郃(今陕西武功),后迁于沮河下游(今陕西铜川市耀州区),西汉初曾在此置祋祤县,以殳部落居此而得名。姜鼓任炎帝部落的乐官。因鼓的声音"嘭",后形成彭姓。

姜延氏族部落初居于今甘肃会宁县东北的大延水、小延水一带,水以延人居此而得名。后又向东北迁,居于今陕北,今那里有延水,又称吐延水,隋置延川县,唐置延水县,西魏置延州,又于绥德县置延陵县,隋改名为延福县。唐置延安郡及延昌县(今安塞县北、延长县)。即今陕西延安、延川、安塞及绥德一带,延水及以延命名的县,皆以延人居此而得名。姜延为首领的部落呼为"延",成为延水流域一大部落,地跨今甘肃庆阳和陕西延安地区。有的延人氏族还迁徙于黄河北岸(今内蒙古河套),成为匈奴人的祖先,居繇、呼衍、呼延、居延等匈奴族名或地名,皆源于延人。陕北及内蒙古河套地区的仰韶文化遗存,可以说是延部落及土著氏族先民创造的。清代方志书记载:呼和浩特、土默台左旗等地,均修建有先农坛。

（2）互（氏）人氏族部落

《山海经·海内南经》载："氏人国在建木西，其为人面而鱼身，无足。"《大荒西经》载："有氏人之国。炎帝之孙名曰灵恝，灵恝生氏人，是能上下于天。"袁珂《山海经校译》注曰："经文二氏原均作互人，从王念孙、孙星衍、郝懿行校改。"⑬我们仍以经文称其互人（互、氏相通）。人的脸、鱼的身子、无足，当然不是炎帝四代孙姜互人的形象，而是由姜互人为氏族首领、以鱼为图腾的、称作"互人"的姜姓氏族，鱼在河水里游动自如，好像鸟儿在天空上下自由飞翔。互人氏族初兴地在渭水流域北（今甘肃灵台县），后向东迁徙，居住、生活、劳动在渭水支流浐河旁（今西安半坡氏族聚落遗址地），崇拜食源之一的河中之鱼，因而在生活用具陶器上画上了各种人面鱼的图案，可以典型的"人面鱼纹盆"为代表。不知过了多么漫长的时间，互人的后裔也不知因何南迁到了"建木西"（今四川西部和西藏交界地），又建立了互人国。

5. 炎帝的五代孙明

炎帝的第五代孙姜明，率其部落迁于今山西高平市。祝融有二人，易于混淆。我们先述非炎帝五代孙的祝融。祝融有天神与火神二说，实为氏族部落酋长。《庄子·胠箧篇》称伏羲氏以前已有祝融氏。祝融氏是伏羲、女娲时期的氏族部落首领，《山海经·海外南经》云："南方祝融，兽身人面，乘两龙。"可知祝融氏族部落是以人面怪兽为图腾的，世代号"祝融"。传到炎帝时，首领祝融被任命为火官，主管南方。《淮南子·天文训》云："南方火也，其帝炎帝，其佐朱明（即祝融），执绳而治夏（南方）。"相传他去世后升天，被天帝封为天神，又称火神，这不过是表达人们对他的祝愿而已。祝融死后，葬于衡山（在今湖南衡阳），山名曰祝融峰。

炎帝的五代孙有姜祝融。《山海经·海内经》云：祝融是戏器之子,降处江水。祝融氏族部落以善于用火、管火而著名。《史记》《集解》虞翻曰:"祝,大;融,明也。"韦昭曰:"祝,始也。"祝融又被称为"火官"的职务之名。

6. 炎帝第六代孙直

(1)炎帝直

炎帝的第六代诸孙中,列入"八世"的是炎帝直。《通鉴外纪》云:"帝直元年丙子,在位四十五年。"《路史·后纪四》云:"炎帝直,直生鳌,是为帝值。"何光岳《炎帝八世考》认为炎帝直的氏族部落分布于陈。他说:"炎帝都陈,则炎帝直迁都于伏羲故都,即今河南淮阳县。"⑭这里何时成为炎帝族之地,史载不一。《续汉书·郡国志》载:"陈有株邑,盖朱襄之地。"《吕氏春秋·古乐》高诱注曰:"朱襄氏,古天子,炎帝之别号。"《路史》云:"朱襄氏都于朱。"注云:"朱或作株。"何光岳《炎黄源流史》释:"朱在今河南淮阳县。炎帝以火为纪,尚赤,朱亦是赤,襄则象农人扶耧耕于山岗播种之状。"⑮我们认为朱襄氏与炎帝神农氏非一人,因为炎帝无此称号,且《春秋纬·命历序》将其列在《禅通纪》内,称"朱襄氏三世",故只能说朱襄氏与炎帝是亲族,曾以陈(今淮阳)为都。《帝王世纪》载:"神农以火承木,位在南方,故谓之炎帝。都于陈,又徙鲁,又曰魁隗氏,又曰连山氏,又曰烈山氏。"一般认为"南方""烈山氏",指的是炎帝之子柱。"都于陈,又徙鲁",指的是炎帝八世孙帝榆罔。罗泌《路史》认为炎帝号"魁隗氏"是"妄"说,且与"炎帝魁"相混淆。因此,炎帝神农氏后裔以陈为都者,当为炎帝直的氏族部落。文献记载,皆称炎帝。民国二十年(1931)《淮阳县志》载:"县为伏羲、神农二氏旧都。《五帝纪》帝太昊伏羲氏成纪也。以木德继天而王,都宛邱。注:今陈州太昊之墟。炎帝神农氏,以火德王,都于陈。注:陈国名今陈州。五谷营,在城北十里。相传神农种五谷处。神农井,今失其处。《史记》注云:淮阳多古迹,有神农井。"

（2）炎帝未继位的六代孙共工氏

按《山海经·海内经》记载，炎帝的第六代孙中还有共工氏，是祝融的儿子。《路史·后纪二》注引《归藏·启筮》云："共工人面蛇朱发。"即他的形象是人的面貌、蛇的身子，头发是红色的。这只能解释为共工部落是以蛇为图腾崇拜的。《国语·鲁语上》载："共工氏之伯九有也，其子曰后土，能平九上，故祀以为社。"郭沫若主编《中国史稿》曰："在传说的炎帝后裔中，比较有点头绪的是共工部落。"据说，共工氏也曾治水，但失败了，他儿子治水成功，被奉为社神。这些传说都和农业有关系。"九有""九土"，从字面上看是九个地方，所以"伯九有"也就是"霸九州，实际上是反映九个氏族或九块地方，共工氏在其中于居首要地位。""他们长期活动的地方应是今河南西部伊水和洛水流域。这地方，古代称为"九州"，可能来源于共工氏的九个氏族⑯。之后，共工部落向北发展，迁都于共（今河南辉县市），九个氏族分布在河南北部与河北南部，与羊头山（今山西高平市）、淇山之阳（今河南林州市）等地的姜姓部落互为支持，形成较大势力。《管子·揆度篇》载："共工之王，水处什之七，陆处十之三，乘天势以隘制天下。"即当时天下是江河湖泽池沼占十分之七，陆地占十分之三，共工部落位于黄河中下游，便利用地理优势发展势力，是炎帝直时部落集团中的一个强盛部落。他虽未列入以"炎帝"为号的"七世"，但以强盛而被时人誉称为"王"，且世代部落首领皆以"共工"为号。《山海经·海外北经》载："共工之臣曰相柳氏，九首，以食于九山"；"相柳者，九首人面，蛇身而青。"即也是人脸蛇身，浑身青色，长有九个头，一次要吃九座山上的食物，又叫相繇。《路史·后纪二》云：共工"爱以浮游为卿。"注引《汲冢琐语》："晋平公梦朱熊窥其屏，恶之而疾，问于子产，对曰：'昔共工之卿曰浮游，败于颛顼，自沉于淮。"相柳、浮游的神话，是说他们都是武艺、智慧不凡的人，佐共工发展势力，威震天下，使其成为独霸中原的共主。

7.炎帝第七代孙

（1）炎帝釐

炎帝的七代孙甚多，列入"七世"子孙内的是"厘"。《通鉴外纪》云："帝釐一曰克，元年辛酉，在位四十八年。"他是炎帝明之孙，炎帝直之子，不知何因，既未继承祖父的部落长位，也未继承父亲的部落长位，而是另外发展地域。《路史·后纪四》云："炎帝釐，釐生居，是为帝来。"何光岳《炎帝八世考》释："炎帝都曲阜，或即指来，居大庭氏之故里。其后裔一支为来国。"⑰大庭氏与神农氏，史载也不一致。《左传·昭公十八年》疏云："先儒旧说，皆云炎帝号神农氏，一曰大庭氏。"《月令疏》亦把炎帝、神农、大庭氏看作是一人。《庄子·胠箧篇》则将二者并列。何光岳《炎黄源流史》释："原来，大庭氏居曲阜，后来神农氏又居于大庭氏故里。所以，神农氏又兼有大庭氏之号，其实是两个不同的氏族。"⑱按其所说，这个居于大庭氏故地的"神农氏"，应是炎帝釐（即帝来）。《帝王世纪》《汉书·古今人表》，皆将大庭氏排在继女娲为王的人中，可知大庭氏在炎帝之前，与炎帝非一人。

（2）炎帝未继位的七代孙。

①共工之子术器和后土

据《山海经·海内经》载：炎帝的七代孙有："共工生术器，术器方颠，是复土壤，以处江水。"是说术器头顶是平的，曾扩展部落领土。《史记·五帝本纪》《正义》："《括地志》云：'安阳故城在豫州新息县（今河南新县与息县一带）西南八十里。应劭云古江国也。《地理志》亦云安阳古江国也'。"又云："共工生后土。"后土名曰句龙，是以句龙为图腾之故。《左传·昭公二十九年》记载："蔡墨曰：共工氏有子曰句龙，为后土。"即术器、后土为炎帝的七代孙。

②宜之子禄续

《鸿庞氏传》记载:"帝明生帝宜",帝宜生"禄续"。"封禄续为泾阳(今属陕西)王(实为部落首领)以治南方。"氏族部落之地在巴陵(今湖南岳阳)洞庭湖一带。

8.炎帝第八代孙

炎帝的第八代孙仍是多而易混淆,记载不一,只能取其一种说法加以论述。八代炎帝榆罔的事迹,第四章将叙述,现只简述炎帝的其他八代孙。

(1)炎帝哀

《路史·后纪四》云:"釐生居。"《通鉴外纪》云:"帝哀元年乙酉,在位四十三年。"《通志》云:"帝哀嗣位四十三年。"炎帝釐去世后,安葬于鲁(今山东曲阜),儿子姜居继位,仍以炎帝为号。又因鲁是大庭氏古帝的都城,故帝居与其父釐一样,皆复称大庭氏。这样一来,先民传说以及后人据此整理的文献中,都说炎帝神农氏又称"大庭氏"。

(2)炎帝克

炎帝克未袭部落集团酋长之位,代系也较错乱。《路史·后纪四》云:"炎帝节茎,节茎生克及戏。"罗苹注:"年代历帝刻同,余书皆作'哀',非。古书'克'作'扈'。又作'泵',谬为'哀'尔。"《路史·后纪四》云:"炎居生节茎,节茎生戏,戏生器(见《山海经》《书传》)。釐后为哀,哀后为榆罔。失之。按'釐''来'互音,故《书传》多作'帝来'。《史记》:'厘生哀,哀生克,克生榆罔。'又以'哀''克'为二。"古今学者多以为哀、克、戏、榆罔(又叫参卢)为兄弟,均以"炎帝"为号。

(3)炎帝戏

《路史·后纪四》云:"炎帝戏,戏生器及小帝。自庆甲以来疑年。"《路史·国名纪甲》载姜姓国有戏国:"戏,骊山之北,水名。今新丰有戏亭,幽王死焉。或云幽、褒戏此而名,妄也。正音希。"《汉书·高祖纪》云："闻沛公已定关中,羽大怒,使黥布等攻破函谷关,遂至戏下。"又云："诸侯罢戏下,各就国。""陈涉之将周章西入关,至戏。"颜师古注："戏在新丰县东,今有戏水驿。"《后汉书·郡国志》云："戏水,在临潼县(今名西安临潼区)东二十七里(今新丰镇),《水经注》:渭水又东,戏水注之,水出骊山冯公谷,东北流。"即姜戏的氏族部落在今西安市临潼区东北,戏水、戏亭等,均以戏人居此而得名。之后,以"炎帝"为称号的姜姓(戏)部落西南移,建聚落于骊山脚下。这一地区北望今渭河,南临今泾河,气候温和,土地肥沃,山水宜人,是戏部落先民居住、农耕的理想之地。这里也是共工部落曾活动过的地方。

20世纪七八十年代,考古工作者研究发现临潼姜寨仰韶文化遗址(7000—6000年前)分住区、窑场和葬地三部分。居住区外围以小的界沟护卫,沟东是公共墓地,沟西靠河岸的地方作为烧制陶器的窑场,形成椭圆形的布局(南北长150米,东西宽160米,面积1.8万平方米)。从内部结构看,这个部落是由五个氏族组成的,氏族居房区域之间都留有一定的空地,反映了氏族先民的社会组织、婚姻、生活状况。遗址还出土了1万多件生产工具和生活用具,以及粮食朽壳、动物骨骸、装饰品及工艺品等。聚落使用时间很长,恰与炎帝戏部落居此时间相吻合,即姜寨遗址应是戏及其子孙的活动地。戏人的一支,后来又迁入山西繁峙县东120里的大戏山一带,有的又迁入河南地区。

综上所述,先民祖先炎帝是六千年前的古帝,也是姜姓部落的首领,以创造农耕文明而被后人尊奉为农神。其子孙繁多,延续千余年。其部落由渭水中游兴起,发展、兴盛为部落联盟,广布于渭水中下游、黄河中游,开创了中华文明先河。其家族的业绩,不仅为当时各氏族、部落先民所敬仰,而且也受到中华儿女的尊崇和颂扬。

注释：

①张颖、陈速：《首代神农氏炎帝姜轨"有天下"考实》，霍彦儒主编：《炎帝与汉民族论集》，西安：三秦出版社，2003 年 6 月第 1 版，第 32 页。

②何光岳：《炎黄源流史》，南昌：江西教育出版社，1992 年 4 月第 1 版，第 42 页。

③④张颖、陈速：《首代神农炎帝考》，《宝鸡社会科学》，2003 年第 1 期，第 37—38 页。

⑤何光岳：《炎帝八世考》，《寻根》杂志，1997 年第 1 期。

⑥徐旭生：《中国古史的传说时代》，桂林：广西师范大学出版社，2006 年 5 月第 1 版，第 271 页。

⑦⑧⑨⑩⑪何光岳：《炎帝八世考》，《寻根》杂志，1997 年第 1 期。

⑫⑬袁珂：《山海经校译》，上海：上海古籍出版社，1985 年 9 月第 1 版，第 310 页。

⑭何光岳：《炎帝八世考》，《寻根》杂志，1997 年第 1 期。

⑮何光岳：《炎黄源流史》，南昌：江西教育出版社，1992 年 4 月第 1 版，第 111—112 页。

⑯郭沫若主编：《中国史稿》第一册，北京：人民出版社，1976 年 7 月第 1 版，第 99—100 页。

⑰何光岳：《炎帝八世考》，《寻根》杂志，1997 年第 1 期。

⑱何光岳：《炎黄源流史》，南昌：江西教育出版社，1992 年 4 月第 1 版，第 71 页。

2007 年 4 月 8 日

炎帝陵的重要地位应当充分肯定

家喻户晓的"三皇五帝"之名由来已十分久远,但研究热潮却是出现在20世纪90年代以后。为了适应华人寻根问祖、增强民族凝聚力需求,国家和地方学者做了大量的研究工作,表现出了高度的爱国热情,出版了不少书籍,发表了许多论文,都是值得肯定和称赞的。但是研究也出现了太地方化、具体化的倾向。如湖南株洲市对炎帝陵问题的研究和看法,就是如此。

一、对墓主虽认识不同但承认是炎帝陵

从新中国建立后,尤其是改革开放至目前的研究情况看,炎帝文化的研究广度和深度,在一定程度上超过了黄帝。这是因为炎帝是原始农业的创造发明人,又有8世或17世,延续时间达千年,分布地域广泛之故。关于炎帝神农氏的出生地(即其氏族兴起地)目前已有陕西、湖北、湖南、河南、山东、河北、甘肃、四川及山西等九省十几处之说,以陕西宝鸡、湖北随州、湖南宁远、山西高平四说影响较大;炎帝陵已有湖南株洲市炎陵县、陕西宝鸡市、山西高平市等三说。对湖南炎帝陵持肯定观点的,大概可分为三种情况:认为炎帝生于湖南、葬于炎陵县;从炎帝文化上论定炎帝在南方;从末代炎帝葬于炎陵县而肯定有陵。

1. 炎帝生于九嶷葬于株洲炎陵县

从这一观点的文章和著作中看,作者立论和主要根据是:屈原《楚辞·远游》:"指炎神而直驰兮,吾将往乎南疑。"《列子·汤问》:

"楚之南,有炎人之国。"《汉书·魏相传》:"南方之神火帝,乘离执衡司夏。"《淮南子·天文训》:"南方火也,其帝炎帝,其佐朱明。"《礼记·月令》:"其帝火帝,其神祝融。"以及各种关于南嶷、衡山(南岳)之炎帝、祝融等的神话资料。他们对《国语·晋语》"炎帝以姜水成"之载,则视为孤证,不相信。考古资料为:湖南道县玉蟾岩出土的1.2万年前人工栽培稻谷,长沙马王堆汉墓地形图,湖南耒阳出土的"耒"等。此外,九嶷山地区古代曾称连山县,出自炎帝之号"连山氏";湖南的自然地理条件比较优越,适于农耕等。林河先生从自然地理、文献记载、考古发现、民俗和语言等方面进行研究,以31条理由论证炎帝神农氏生于(神宫)九嶷山一带。他以文献和考古资料相结合考证说:"哪里的农耕最早,哪里的民族就是'神农氏族',而这个'神农氏族'的领袖就是'神农炎帝'。""如果没有更早的人工栽培稻出现,中国的农耕之祖,神农炎帝就肯定是九嶷山苍梧地区人氏了。"[①]他又引东晋史学家习凿齿语、《衡湘稽古》《淮南子》等21种资料,考证炎帝就生长在九嶷山区。"马王堆汉墓的'地形图'上画了九嶷山,山的南面和东面,各有一组图腾柱,舜帝南面而王,南山的图腾柱应该是祭祖舜帝的。炎帝的图腾是太阳鸟,应该向东而祭,东山的图腾柱应该是祭祀炎帝的,与屈原所说的炎帝的神宫在九嶷山上不谋而合。"[②]炎帝在湖南的另一生地之说,始于东晋。《世说新语》引《伏韬集》载"习凿齿论青楚人物"曰:"神农生于黔中。"《辞海》云:"黔中,郡名。战国时楚置,后入秦。秦代治所在临沅(今湖南常德市)。辖境相当今湖南沅水、澧水流域、湖北清江流域、四川黔江流域和贵州东北一部分。"黔阳县高庙发现了约7400年前的新石器时代遗址,出土了不少文物。其中陶器上的图案有不少是神头人像,还有石雕神像,多为女性。"东晋史学家习凿齿有'神农生于黔中'之说,地处'黔中之阳'的黔阳高庙遗址,正处于古黔中郡政治文化中心的古辰州地区(今沅陵地区),这里发现的女神像,应该是中国最早的女性神农氏的形象,也是神农氏生于湖南的证据之一。"③这个生地之说可以有多处解释,当以炎帝神农氏生于黔阳县较为准确。

　　说明炎帝葬于湖南炎陵县的资料主要有:《帝王世纪》云:炎帝"以火承木,位在南方。"又云:"在位一百二十年而崩,葬长沙。"北宋《元丰九域志》附录《新定九域志》卷四云:"峋嵝山;鄙湖;古鄙县城,云阳山;后汉蔡伦宅;炎帝庙及陵;罗含墓;杜甫墓。"南宋罗泌《路史》云:炎帝神农氏"崩,葬长沙茶乡之尾,是曰茶陵,后谓天子墓。"王象之《舆地纪胜》云:"炎帝墓在茶陵县南一百里康乐乡白鹿原。"宋宁宗嘉定四年(1211),分茶陵县之康乐、霞阳、常平三个乡,另置鄙县,至1994年更名曰"炎陵县"。"湖南省的神农传说如此密集证明了一个问题,那就是神农炎帝的出生地和埋葬地都在湖南。"有的学者虽认为炎帝生于湖北随州,但葬地是在炎陵县。"炎帝神氏'生于烈山''长于姜水''葬于长沙',是古今史学家的共识。"④"宋以前确认的炎帝陵,只此一处。"⑤

2. 从文化方面论定炎帝在南方

　　何为炎帝神农氏?何为炎帝神农氏时代?何为炎帝神农氏文化?解释起来比较复杂和占用篇幅较大。我们认为:所谓炎帝研究,主要是研究他本人的生平事迹,及其家人和族人。所谓炎帝时代,就包括了他的7代或16代孙、家族、部落等的千余年事迹。所谓炎帝文化,狭义地说主要是指炎帝8世或17世及其部落创造的千余年物质、精神、制度文化,广义地说泛指炎帝以后至今的文化(包括各种炎帝文化载体),很难严格区分,使用时也有所侧重。

　　从炎帝文化方面论述者历来都有,当代形成比较系统的看法。刘彬徽先生说:"中华文化的本源正是南炎北黄二元耦(偶)合而成。"⑥又云:"黄帝乃北方文化的代表,炎帝乃南方尤其是洞庭湖平原及其周围地区文化的代表。""南炎北黄,只有持此看法,才能正确认识我国远古文化和源远流长的中华文化。"⑦李学勤先生指出:"黄帝、炎帝代表了两个不同的地区,一个是中原的传统,一个是南方的传统。""黄帝可以代表中原地区是很清楚的",炎帝"是南方的传统"⑧。虽然两位先生都没有明确说炎帝生地和葬地在"南方"的什么地方,但肯定是在长沙江以南,不在黄河流域。

3. 炎帝后裔之帝葬于株洲炎陵县

持此观点的学者,认为炎帝没有生在湖南,是其后裔中以"炎帝"为号者迁到了今炎陵县,去世后葬于此。最早记载为炎帝八世榆罔陵者,始于唐代。《元和姓纂》和南宋罗泌《路史》均载:"黄帝灭炎帝,封榆罔于路,路在茶陵露水乡,有露水山,高与衡山等。"《茶陵州志》亦有此载。是说黄帝封炎帝榆罔于今炎陵县,死葬于此。另一说是被黄帝逼迫,南迁于此。20世纪90年代初,何光岳《炎帝氏族的繁衍和迁徙》云:"神农氏只能在一个地方诞生,而另一个地方的诞生地则无疑是他的另一个后裔,世袭称神农氏。(湖北)随县厉乡的神农诞生地,当系榆罔南迁之后的一个后裔神农氏所有。""由于神农氏的后裔南迁湖南,所以今湖南酃县塘田乡便出现了炎帝陵,传说是神农氏之墓。"后来,他又作了进一步阐述:"炎帝榆罔被迫南迁于湖南酃县(今改炎陵县)之白鹿原,死即埋在今炎陵。因种植油茶和茶叶,又被称为茶王。"⑨《路史》罗苹注:"宋代炎陵山附近尚存二百余坟,都是神农氏后妃、亲属之墓葬。"罗立洲释:"有的专家认为这正是氏族公墓从葬之地。我认为这里的神农氏,不是开创者的神农氏,那时属母系社会,没有帝的称号,也没有后妃。只有到神农的后裔榆罔时,才有炎帝的称号,也才能有后妃。""这很可能是榆罔被流放到茶陵之后,因怀念其祖神农氏,乃与同族建立此墓,作为纪念先人的场地。榆罔本人及其亲属也就埋葬在附近,故有古墓群的存在。这一说是合乎情理的。"⑩《路史》云:"炎帝柱、神农子也。""炎帝庆甲、帝柱之仙也。"厉山实为烈山氏柱的部落迁居地。炎帝南巡时到过厉山(今随州市),留下不少遗迹和传说。传至庆甲时,遂有氏族向南迁徙,逐渐徙居于茶岭一带。传到庆甲的子孙时,又形成较大的部落,也渐形成"族墓群"。《路史·后纪四》云：庆甲、来"俱兆茶岭"。《酃县志》云："自庆甲至小帝皆茶陵令。陵山上有二百余坟，盖后妃亲宗子属存焉。"我们认为，正因为如此，炎帝榆罔战败后才逐渐迁徙于此，但仍被南方的同姓亲族尊奉为炎帝。他曾是天下共主，故去世后，才单独安葬，战国后修陵，"二百余坟"当为庆甲后裔及榆罔族之墓群，庆甲陵应在随州，不可能在此。炎帝 8 世或 17 世之陵均曰"炎帝陵"，遂导致今日地方学者都称自己家乡的炎帝陵是"一代炎帝陵"。曾雨农等同志引《帝王世纪》《史记补·三皇本纪》《路史》等载后，得出结论说："葬在长沙（即今炎陵县）炎帝陵的是第一代炎帝。""未见史籍中有其他说法。亦未见有史籍提出异议，更无什么'酃县炎帝陵安葬的是第八代炎帝榆罔'的论断。也就是说，葬在长沙（即今炎陵县）炎帝陵的是第一代炎帝这个结论史籍无争议。"[11]其实，明确记载黄帝封炎帝榆罔于茶陵，以及柱的后裔庆甲、来（即鳌）"俱兆茶岭"者，正是南宋罗泌的《路史》。1993 年 9 月底至 10 月初，我应株洲市社科联主席邀请，参加了"炎帝文化学术研讨会"，认识了何光岳、邓玲玲等同志，亲赴炎帝陵进行了参观学习，受益匪浅。当时只有这一个炎帝陵，还没有什么争议。后来，随着炎帝文化研究的深入和广泛，对炎帝故里的认识逐渐倾向于姜水（今陕西宝鸡市）之说，炎帝的南北之争也随之突出。学术研究在某种意义上，是在争论中发展和深入的，是一件好事。我们认为，既然学术界大都承认炎帝有 8 世或 17 世（传 500 年或 1000 年），又大体可与仰韶文化相比附，那么，第一代炎帝就根本不可能会有今日已知的江南、江北 3 座陵墓。即使是后人修建的纪念性陵，也一定有其当时的根据，不会无缘无故地修建。还有认为株洲炎帝陵是祝融后裔为帝者，不多叙。

　　以上所述，无论是炎帝出生在湖南、湖北、陕西、山西，也无论是首代炎帝，还是末代炎帝，但均承认炎帝部落或裔支族曾在黄河和长江流域迁徙，炎陵县确实有炎帝陵，并从宋代起，就已成为国家规格的祭祀祖先炎帝的重地。

二、对怀疑和否定炎帝陵之说论析

客观地说,否定古代氏族或部落迁徙的学者,比肯定有迁徙史实的学者要少得多;主张炎帝部落由江南向江北迁徙的学者,也比主张由江北向江南迁徙者要少得多;否定炎帝族向江南迁徙、株洲没有炎帝陵的学者则更少。但是,正因为少,就显得观点新颖,格外引人注目,影响也就较大。这对弘扬中华民族传统文化,发扬炎帝精神是不利的。

1. 炎帝陵系传说而根据不足之观点分析

持这一观点的专家不否认炎帝族南徙于湖南,只是认为炎帝陵以"传说资料"修建而不可信。屈原《楚辞·远游》:"指炎神而直驰兮,吾将往乎南疑。"朱熹《楚辞集注》:"南方丙丁,其帝炎帝,其神祝融。"邹衡先生释曰:"此处的'炎神',既指炎帝,也指祝融。'指炎神'即指向炎(火)神,也就是指向南方。南疑,即今九嶷山。炎帝陵究竟在哪里? 不知道。北宋初,宋太祖赵匡胤奉炎帝为感生帝,遂遣使遍访天下古陵,这如同大海捞针。乾德五年(967)在湖南茶陵县找到炎帝陵墓,乃'立庙陵前,肖像而祀'。皇帝旨意,谁敢不遵从。至今不过千年而已,年代不够,当时不懂考古,此说纯系传说,当然难以置信。其根据是不可靠的。但并不说明炎帝后人不生活于此地。这是有可能的。即使是有可能,也是出于传说。"⑫李尚英同志亦说:"湖南炎帝陵修建的过程是这样的:北宋初年,宋太祖为使自己从后周世宗手中抢得的政权具有理论基础,便奉炎帝为感生帝,于是遣使遍访天下古陵,这如同大海捞针。忽然一次梦中经神指点,在湖南茶陵县找到了炎帝陵,于是在陵前建筑了规模宏大的祠、坊。这虽然是传说,但此地建有炎帝陵确是不争的事实。湖南为什么建有炎帝陵呢? 原来,炎帝部落在自宝鸡向河南迁徙中,炎帝的臣属重黎(祝融)曾定居于河南滑县东的北楚丘一带,其后裔又徙居湖北、湖南。如今湖南的炎帝陵安葬的很可能是其中一支部族的首领。但从时间上看,湖南的炎帝陵比山西高平的炎帝陵晚了四五千年。"⑬两位学者的文章同时刊出,可说是不谋而合。高强同志也说:"宋太祖赵匡胤为了使自己通过陈桥驿兵变'黄袍加身'夺来的帝位合法化,尊奉炎帝为感生帝,遣使遍访天下古陵,据说在梦中经神仙指点,终于在湖南茶陵县觅得炎帝葬地,遂修成规模宏大的炎帝陵。"⑭还有一些论述,不多举。这些学者承认炎帝后裔的南迁,也承认北宋初修建的炎帝陵,只是仅"千年""系传说或梦中神人指点",根据不足,"难以置信"。

我们认为,株洲市的炎帝陵(在今炎陵县)并不是始修于北宋初,也非"仅千年"。炎帝陵在北宋以前已有,规模较小,屡建屡废,北宋是重建,且扩大了规模。《酃县志》载:传说茶陵人祭祀炎帝甚早,西汉时已修陵祭祀。西汉末年,绿林、赤眉农民军反抗王莽的反动统治,邑人担心炎帝陵被毁,遂夷为平地。按为古帝修陵的一般规律说,炎帝陵应当是在战国时期就有了。因为那时楚国强盛,地域已达番禺(今广州);灭炎帝诸后裔国后,鄀、申、吕等文化已成为楚文化的主体。楚人又是炎黄后裔,自然会在湖北、湖南等地营修炎帝(包括黄帝)陵墓或祠庙等,举行祭祀、纪念活动。从而表示楚王问鼎中原、称霸天下是合乎天意的,也是建立华夏一统,并非"南蛮"北"侵占"华夏地域。有的学者说:宋宁宗嘉定四年(1211)才分置酃县⑮,实际上酃县的设置和名称,在秦朝就有了。《汉书·地理志第八下·长沙国》载:"长沙国,秦郡,县十三:临湘(今长沙市),罗,连道,益阳,下隽,攸,酃,承阳,湘南,昭陵,茶陵,容陵,安成。"《后汉书》之晋代司马彪撰《郡国四·长沙郡》载:长沙郡,秦置。"十三城","临湘,攸,茶陵,安城,酃,湘南侯国。衡山在东南。连道,昭陵,下隽,罗,醴陵,容陵。"注一引《荆州记》云:酃县"有酃湖,周回三里。取湖水为酒,酒极甘美。"引《湘东记》曰:"县西南母山,周回四百里。"可见秦朝始置酃县、茶陵县,距今已约 2027 年。"茶陵县"在《汉书》《后汉书》中均未见到,南宋罗泌《路史》记载有此县名,"茶"与"荼"的含义不同,是否为一个县名的音转,还是两个县之名,我们未查到可以辨证的资料。秦置、汉朝及以后沿袭的酃县地域较广,在湖南省东部,与江西相邻。有学者解释说:"宋析茶陵县置酃县,取汉代酃县为名(汉之酃县在今衡阳,因酃湖为名)。据《水经注》:"因县东有酃湖,水可酿酒而得名。"⑯ 可见宋初置的酃县,是秦朝酃县的一部分。从资料上见到有《郡国志》云:"炎帝神农葬长沙。长沙之尾,东至江夏,谓之沙羡。今郡有沙祠,故曰长沙。"《郡国志》,一般是指司马彪《续汉书·郡国志》或其《后汉书·郡国》,但未查到这几句话。正式见到"茶陵县"之书,是唐代李吉甫的《元和郡县图志》卷二十九《江南道五》。其文曰:"衡州(衡阳)。秦属长沙郡,汉为酃县地""管县六:衡阳,攸,茶陵,耒阳,常宁,衡山。"何时始置,不详,但它比酃县的设置要晚得多,则是无疑的。这也就是说,唐代时在秦汉酃县地域内已有茶陵县,炎帝陵属于该县。"唐代,佛教传入,陵前建有佛寺,名曰'唐兴寺',至五代荒落。以致晋代皇甫谧作《帝王世纪》和唐代司马贞作《史记补·三皇本纪》,都只知炎帝葬长沙,而不知其确切位置。所以西汉末至宋代以前,鹿原陂炎帝陵所在既无陵庙,更无修葺活动。"因此说,认为从宋代始修陵,距今千余年而不可信之观点,是不够全面、公正的。

2. 相信秦汉阴阳五行学说而否定有炎帝族南迁和陵墓

在以阴阳五行学说怀疑或否定湖南炎帝陵的专家、学者中,赵世超先生的观点最具有代表性。他在 1992 年的论文中说:"炎帝传说的迁徙。这当然与炎帝、神农、烈山氏的合并密切相关。烈山氏又称厉山氏(烈与厉古音相同假借),其发祥地据说就是湖北随县的厉山店,学者们既认定烈山氏就是炎帝,炎帝的传说岂不就迁到了南方? 不过,我认为南迁更得力于阴阳五行说的广布。"⑰ 战国时期邹衍在"五行说的基础上建造了五帝始终说",历秦朝、汉初，至汉武帝，"终于认准了克水的土德，又依土德推德定制，都反映五行说影响于当时统治者甚剧。而在秦汉人的日常生活中，也几乎一切都五行化了。五色与五行相配，青为木，赤为火，白为金，黑为水，黄为土；四时与五行相配，春为木，夏为火，六月为土，秋为金，冬为水；五方与五行相配，东为木，南为火，西为金，北为水，中央为土，等等，不一而足。"[18]又云："炎字从字面上看就从着两火，说炎帝居火德最为方便不过。而在五行说中，火又代表南方，于是炎帝也就随风而去，成为南方人民崇祀的大神，甚至在湖南的茶陵，还有人营造炎帝墓，这与少昊氏本居东方，而西岳华山却称少昊之墟一样，都是五行说广为流布后发生的新现象。道理明白如画，有何难解之处？可是，目前一部分不懂古代学术流变的人，为古帝的发祥区域困扰不已，而一些深知个中奥秘的专家，也故意不将奥秘揭破，违心地要为自己的省份争到尽可能多的名人。任这种与'诸侯经济'遥遥相应的'诸侯文化'发展下去，将会带来什么样的恶果，难道不值得深思吗？"[19]他在2001年又撰文陈述了这一观点，说得更为明白："炎帝崇拜在南方广为流行，是因为阴阳五行说广布以后，炎帝被配为南方之帝造成的。为了使大家在崇拜时有一个物化的对象和形式，所以就造了炎帝陵、炎帝庙。这是战国秦汉时期阴阳五行学说影响下产生出来的一种文化现象。这样理解，可能比较符合学术发展的规律，比较切合实际。所以，我个人只承认炎帝文化的南迁，不承认炎帝族和炎帝本人从陕西迁到河南，最后又迁到湖南，终于死在湖南，葬在湖南。"[20]这一理论和学术观点是为其炎帝出生、成长、事迹、葬地均在陕西宝鸡市作根据的，因而对炎帝族的迁徙和湖南炎帝陵予以了否定，出言曰那里是"造陵"。宝鸡炎帝研究会霍彦儒常务副会长，是位对炎帝文化研究很有贡献的学者，在论著中一贯主张炎帝族的迁徙，对全国各地的炎帝遗迹看法比较公正。他说：在阪泉之战中失败的炎帝，部分留居，部分向其他地方迁徙。"这也就使今湖北随州、湖南炎陵县有了炎帝(榆罔)的踪迹和传说。《史记》《山海经》《淮南子》等古籍均有此记载。从某种意义说,战争也是一种融合形式,甚至比其他融合形式如通婚的速度更快。"㉑赵世超先生的文章发表后,他颇为推崇,改变了一贯的看法,明确地说:"我同意有学者说的南方炎帝及有关史迹、古建等现象,完全是导源于战国晚期的'五行'学说。而炎帝族和炎帝本人并未迁湖北,又迁湖南,最后死葬湖南今炎陵县";"至于有关古籍记载炎帝'在位百二十年而崩,葬长沙''崩葬长沙''崩葬长沙茶乡之尾''炎帝墓在茶陵县南一百里康乐乡白鹿原'等语,均是西晋以后人们依据'五德始终'说的推测而已。秦汉以前史料均无此记载。所以,南方出现的炎帝文化并不是由于炎帝的南迁而形成的,而是'五行'造成的。试想,一个被黄帝打败了的炎帝'榆罔',怎么能'孤军'迁入到一个'异族'区域。因为今之湖北、湖南、江西一带则是苗蛮集团的主要活动地。"㉒两位学者的出发点是说炎帝葬地在宝鸡,以阴阳五行学说解释南方的炎帝崇拜及其文化。遗憾的是对部落先民的迁徙、湖北与湖南的炎帝遗址采取了虚无主义的态度。李尚英《炎帝部落迁徙中几个问题的探讨》说:赵世超先生"的分析有其精辟的一面。但同时我们也不应忘记,炎帝部族在自宝鸡向东、向南迁徙过程中及迁徙后,确实建立了一些方国,申、吕、齐、许即是"。"由此,我们可以这样认为,炎帝部族迁徙到南方是一个客观事实,而五行说的影响则为南方很多地方崇拜姜炎文化起了催化剂的作用。"㉓杨向奎先生指出:"申吕文化即属于炎帝一支,炎帝姜姓,申吕是其后裔。""申先楚而王,本为一族,疆界相接,后申衰而楚继之王,逐渐申楚为一,而申在政治、文化上实为楚之核心。"㉔可见炎帝部族或后裔有迁入江南的。如果说江南湖南、湖北等地的炎帝传说和遗迹都是秦汉阴阳五行学说的广布所致,那么生活在战国时期的屈原(约前340—前278),又怎么能在《远游》中写到九疑山的"炎帝神宫"呢?

　　石兴邦先生对部族的迁徙作过多次精辟的论述,对炎帝族与仰韶文化的关系讨论后曰："大体在仰韶文化的中期（约距今 6000 年）即庙底沟文化时期,仰韶文化的发展已形成一个大的原始部落王国,由中原向四周发展,南达江峡、江汉地区;西到黄河上游的洮、湟水域;东北辽河上游与红山文化相接触;东南到淮河下游并与东南的马家滨文化族群相融合。并与当时周边文化接触和融合,形成一个大的富有融合性的凝聚力的文化体系,以龙、鱼、蚌、蛇等为图腾的氏族和部落社会,内蒙古的土龙、河南濮阳的蚌龙和湖北黄梅的石子龙相连,将这一文化体系的各氏族部落凝结在一起。"㉕其时,"长江流域的农业文化",即"大溪文化的族群经过湖南、浙江向长江流域发展;中游赣江流域的氏族部落文化,通过北江向广东发展,直到珠江三角洲。东方沿海的大汶口文化,沿海岸南行转移到台湾、福建和粤东地区。"㉖由此可知,6000 至 5000 年前,是部族大发展、大迁徙的时代,炎帝部族怎能说未向江南迁徙呢?

三、株洲炎帝陵的重要地位应充分肯定

1. 古史传说人物研究的尺度很难把握

炎帝文化的研究同其他古史传说时代人物一样,由于春秋、战国及以后整理的书籍是据先民口耳传诵的资料编写而成的,既有先民的不一传说,也有整理者当时的时代观念和思想,不可能像有文字记载的历史人物那样准确,就形成了古今对一个人物的多种认识和观点。尽管近现代大史学家和考古学家都指出:对古史传说资料既不可完全否定,也不可完全肯定,要通过神话传说去寻求其反映的历史真实;把传说人物视为虚无的神是不对的,视为真人真事加以考证也是"失真"的;考古文化反映了原始社会的真实面貌,但不能把某种考古文化说成就是某部族的文化等。还有专家主张对传说人物的研究应采取"模糊史学法"或"二重""三重"乃至"多重证据法",或以现代化手段进行多学科综合研究等。这些理

论、原则、方法,无疑都正确的、有指导性的。但是,在实践中如何把握"标准"和采取"方法",实在是难上加难的事情。改革开放后,各地挖掘历史文化,开展旅游事业,普遍的倾向都是下功夫把传说人物写成真人真事。若说某地的传说人物遗迹与学术不相符,当地人就不高兴;传说人物有的世系较多,都想把自己所在市的炎帝陵称为第一代之陵。当然,也有极少数学者连"劳动创造人"和传说中的"三皇五帝"一律予以否定,认为是不可信的。

2. 炎帝及其文化研究的主要收获

关于炎帝及其文化的研究,在 21 世纪或更远的时期内,也不可能达到学术观点上的完全统一。但就大多数学者的认识看,改革开放的 29 年来,在以前研究的基础上取得的主要成果为:炎帝和神农氏为一人,炎帝不是神而是人,为中华民族"人文初祖";炎帝生长的姜水,尽管近 10 个省的市或县寻找出了当地的"姜水",但大多数学者认为陕西宝鸡市的"姜水"之说(具体有今渭滨区、岐山县东之说)比较可靠;炎帝的事迹和其族人的向四方迁徙,基本上已无大的争议;炎帝的世系,虽有 8 世和 17 世的争议,但多数学者认为 8 世有名字可考,事迹多少也能知道一些,炎帝时代的下限,多认为应在黄帝时代以前;炎帝时代的文化,多数学者认为可以和仰韶文化及其同期文化相比附,炎帝属于华夏民族集团的祖先;不论株洲传说陵墓中的炎帝是哪一代,但从宋代已成为皇帝钦定、人民认同的"朝廷"祭祀祖先的重地和圣地,已成为海内外华人公祭的炎帝陵,文化认同的古帝陵之重要地位不可否定。"炎帝陵基金会""黄帝陵基金会"分别以炎陵县、黄陵县所在的湖南、陕西成立,就是有力的证明。

3. 炎帝陵已成为华人心目中的一座丰碑

史载宋太祖乾德五年(967),在茶陵县南百里康乐乡(今塘田乡)访得了炎帝陵后,在陵前修庙塑像供奉祭祀,唐代修建的佛教寺庙(唐兴寺)仍然保存。太平兴国年间(976—983),宋太宗准官员奏请,移陵前的炎帝庙于茶陵县城以南五里处,便于祭祀,唐兴寺则仍予以保存。至宋孝宗淳熙十三年(1186)才拆毁唐兴寺,移城南炎帝庙于此,祭祀活动也随之移于陵墓前,宋宁宗嘉定四年(1211)始置酃县。宋代、元代的炎帝庙,规模不大。陵庙大规模的营修是在明清时期,陵殿定名及其四进院落的布局,是清雍正十一年(1733)诏许的。今日保留和维修的炎帝陵,基本上是清道光十七年(1837)大规模修复的。株洲市人民政府从1986至1988年对炎帝陵殿进行了全面修复和维护(一进为午门,二进为行礼亭,三进为主殿,四进为墓碑亭,后为陵墓)。从2000至2002年,又修建了"神农大殿、祭祀广场、朝觐广场、圣火台、咏丰台、祭祀大道,并改造炎帝陵广场,使炎帝陵更为雄伟壮观,更显庄严肃穆。"[27]从照片上看,与我14年前去参观的情况相比,可谓焕然一新。炎帝陵的祭祀,从宋太祖修建陵庙后,"三岁以举,率以为常"成为定制。皇帝亲赴茶陵祭祀炎帝者曰"大祭",春、秋地方官主持祭祀者曰"时祭";民间祭祀活动形式更是多种多样。元、明、清时期,官方祭祀活动频繁,隆重异常,礼仪齐备。新中国建立后,尤其是改革开放后,经过修复,1988年10月正式对外开放,1993年9月,中华人民共和国江泽民主席题写了《炎帝陵》,县名也正式改称炎陵县。从此,均由湖南省人民政府主持公祭炎帝陵,国家有关领导人光临参祭,规格很高,炎帝陵已成为全球华人心目中的一座丰碑。

中共中央政治局常委李瑞环同志指出:"中华炎黄文化也可以说是中华民族文化,博大精深,源远流长,影响深远,是祖先留给我们的一份极其丰厚、极其珍贵的遗产。在当今世界上,凡是炎黄子孙,不管他走到什么地方,只要他良知未泯,都不能不为辉煌灿烂的中华民族文化而感到自豪。"[28]我们作为炎黄子孙,都应该热爱祖国,尊敬祖先,保护好炎黄陵墓。湖南株洲炎帝陵在中华民族史上的重要地位,我们应当充分肯定。因为维护炎帝文化,就是维护中华文化。

4.炎帝文化研究应加强互动性和广泛性

改革开放后,学术界同其他学界一样,思想空前解放,百家争鸣,百花齐放。促使"书斋学者"纷纷走向了社会,参与地方文化研究,和地方各界人士一起,为弘扬民族文化做了大量工作,取得了巨大成就。但是,在对以"三皇五帝"为代表的古史传说人物研究中,从一定意义说还是相当"封闭"的。单就炎帝文化研究而言,这个领域的学者也很"封闭",涉及炎帝文化的近10个省际之间互动很少,根本谈不到互相取长补短,共同研究。宝鸡市炎帝会在这方面做得还是比较好的,每次都邀请持不同学术观点的学者参加,发表意见。但是,从1993年以来我个人去宝鸡参加学术研讨会看,始终未见过株洲市的专家赴会,山西高平炎帝文化研讨会上也未见到;湖南、湖北等省的炎帝文化研讨会,北方省际的专家也很少赴会,形成各说各的,互不沟通之情况。这种"封闭"对全面认识和研究炎帝文化,是有害而无益的。全国人大副委员长许嘉璐指出:"任何文化,停滞不前是不行的;只靠自身的调节和自发的成长也是不行的;必须在自己文化的基础上学习异质文化中好的东西,文化才能前进;文化前进了国家才能发展。"他虽然是讲中国传统文化与世界各国文化交流的,但对目前各省炎帝文化的研究也是很有指导意义的。

综上所述,全国各地的炎帝及其文化研究,已取得了阶段性的丰硕成果,我们应当予以充分肯定。对于传说时代诸地炎帝陵的重要作用,大家更应当予以充分肯定,使其在增强民族凝聚力、振奋民族精神、又好又快建设社会主义和谐社会中发挥更大的作用!

注释:

①林河:《炎帝出生地的文化考析》,《民族艺术》,1997年第2期。

②林河:《耒阳与神农制耒》,载许焕杰主编:《神农创耒与农耕文明》,长沙:岳麓书社,2004年9月第1版,第12—17页。

③林河：《耒阳与神农制耒》，载许焕杰主编：《神农创耒与农耕文明》，长沙：岳麓书社，2004 年 9 月第 1 版，第 18 页。

④⑤曾雨农、曹敬庄、唐理佳：《关于炎帝陵的史籍记载》，《炎黄文化研究》第四辑，郑州：大象出版社，2006 年 7 月第 1 版，第 35 页。

⑥刘彬徽：《炎帝文化的考古思考》，《炎帝与中华文化》，北京：人民出版社，1994 年第 1 版，第 57 页。

⑦刘彬徽：《炎帝文化研究中若干问题的评论》，"炎帝文化与 21 世纪中国社会发展学术研讨会"《论文汇编提要》，内部资料，2001 年。

⑧李学勤：《古史、考古学与炎黄二帝》，《当代学者自选文库·李学勤卷》，合肥：安徽教育出版社，1999 年第 1 版，第 48 页。

⑨何光岳：《炎帝八世考》，宝鸡社科联主编：《姜炎文化论》，西安：三秦出版社，2001 年 6 月第 1 版，第 39 页。

⑩罗立洲：《关于炎帝神农氏几个问题的初探》，载谷峰编著：《高平发现炎帝陵》，呼和浩特：远方出版社，2004 年 6 月第 1 版，第 408 页。

⑪曾雨农、曹敬庄、唐理佳：《关于炎帝陵的史籍记载》，《炎黄文化研究》第四辑，郑州：大象出版社，2006 年 7 月第 1 版，第 35 页。

⑫邹衡：《炎帝的原生地究竟在哪里？》，宝鸡炎帝研究会霍彦儒主编：《炎帝与汉民族论集》，西安：三秦出版社，2003 年 6 月第 1 版，第 1 页。

⑬李尚英：《炎帝部落迁徙中几个问题的探讨》，宝鸡炎帝研究会霍彦儒主编《炎帝与汉民族论集》，西安：三秦出版社，2003 年 6 月第 1 版，第 16—17 页。

⑭高强：《炎黄子孙称谓的源流与意蕴》，霍彦儒主编《陈仓文化丛书》（第一辑之一），西安：三秦出版社，2006 年 9 月第 1 版，第 37 页。

⑮曾雨农、曹敬庄、唐理佳：《关于炎帝陵的史籍记载》，《炎黄文化研究》第四辑，郑州：大象出版社，2006 年 7 月第 1 版，第 35 页。

⑯曾雨农、曹敬庄、唐理佳：《关于炎帝陵的史籍记载》，《炎黄文化研究》第四辑，郑州：大象出版社，2006 年 7 月第 1 版，第 36 页。

⑰赵世超：《炎帝与炎帝传说的南迁》，《炎帝与宝鸡课题组》编著：《炎帝·姜炎文化》，西安：三秦出版社，1992 年 7 月第 1 版，第 41 页。

⑱赵世超：《炎帝与炎帝传说的南迁》，《炎帝与宝鸡课题组》编著：《炎

帝·姜炎文化》,西安:三秦出版社,1992 年 7 月第 1 版,第 204—205 页。

⑲赵世超:《炎帝与炎帝传说的南迁》,《炎帝与宝鸡课题组》编著:《炎帝·姜炎文化》,西安:三秦出版社,1992 年 7 月第 1 版,第 205 页。

⑳赵世超:《阴阳五行学说与炎帝文化的南迁》,宝鸡社科联主编《姜炎文化论》,西安:三秦出版社,2001 年 6 月第 1 版,第 39 页。

㉑霍彦儒:《论姬姜二族的"三缘"关系》,《姜炎文化论》,西安:三秦出版社,2006 年 6 月第 1 版,第 163 页。

㉒霍彦儒:《炎帝族的起源与迁徙》,宝鸡炎帝研究会霍彦儒主编:《炎帝与汉民族论集》,西安:三秦出版社,2003 年第 1 版,第 169 页。

㉓李向英:《炎帝部落迁徙中几个问题的探讨》,宝鸡炎帝研究会霍彦儒主编:《炎帝与汉民族论集》,西安:三秦出版社,2003 年 6 月第 1 版,第 17 页。

㉔杨向奎:《论"以社以方"》,《烟台大学学报》,1990 年第 2 期。

㉕石兴邦:《炎黄研究的有关问题》,霍彦儒主编:《炎帝与民族复兴》,西安:陕西人民出版社,2006 年 7 月第 1 版,第 3 页。

㉖石兴邦:《炎黄研究的有关问题》,霍彦儒主编:《炎帝与民族复兴》,西安:陕西人民出版社,2006 年 7 月第 1 版,第 5 页。

㉗曾雨农、曹敬庄、唐理佳:《关于炎帝陵的史籍记载》,《炎黄文化研究》第四辑,郑州:大象出版社,2006 年 7 月第 1 版,第 41—42 页。

㉘《中共中央政治局常委李瑞环同志在中华炎黄文化研究会成立大会上的讲话》(1991 年 5 月 20 日),王仁民主编:《炎黄颂》,北京:中国经济文化出版社,2003 年 4 月第 1 版,第 1 页。

　　　　　　　　　　　　　　　　　2007 年 3 月 15 日

第四编　五帝文明研究

黄帝故里的诸种说法和观点辨析

中华民族的祖先黄帝,同古史传说的三皇人物一样,生地(故里)较多,主要有生于西北、中原、东方、北方、南方等五种学术观点。学术界和各地方学者虽然已做了很多研究,出版了不少著作,发表了许多文章,但是仍有进一步研究、讨论、整合的必要,也对进一步加深对黄帝及其文化的认识,有着重要的历史和现实意义。

一、黄帝故里在黄河中上游地区考

1. 炎黄二帝出自少典和有蟜部族而先后相距千年

《国语·晋语》云:"昔少典娶有蟜氏,生黄帝、炎帝。黄帝以姬水成,炎帝以姜水成,成而异德,故黄帝为姬,炎帝为姜,二帝用师,以相济也。"他们的"父母"氏族部落虽然相同,但却先后相距甚远,黄帝的"父母"则是炎帝"父母"的后裔,炎

轩辕黄帝

帝比黄帝早 1000 年（一说 500 年），显然不是第一代黄帝。清水县的黄帝故里是第几代？今还不知。我们暂只能将其作为文献记载的黄帝进行论述。《史记·五帝本纪》云："黄帝者，少典之子，姓公孙，名曰轩辕。"南朝梁人萧绎《金楼子》载："炎帝神农氏，姜姓也。母曰女登。"又写作安登。晋代皇甫谧《帝王世纪》载："黄帝，少典之子，姬姓也。母曰附宝，见大电绕北斗枢星，照郊（一作祁）野，感附宝，孕二十四月，生黄帝于寿丘。长于姬水，有圣德。受国于有熊，居轩辕之丘，故因以为号。"《孝经纬·钩命诀》载："附宝出，降大灵，生帝轩。"由此知黄帝的父母亲与炎帝的父母亲非同一人，感孕的神话也不一样（女登以神龙感应，附宝以雷电感应）。《轩辕黄帝传》载：黄帝"以枢星降，又名天枢"。《路史·疏仡纪·黄帝》云："黄帝有熊氏，姓公孙，名荼，一曰轩，轩之字曰玄律。少典氏之子，黄精之君也。母吴（又写作昊）枢曰符葆。"从这些记载中我们可以知道，黄帝的母亲有附宝、符葆、吴枢、昊枢 4 个称谓；黄帝姓公孙，有轩辕、轩、天枢、荼 4 个名称，字玄律。

2. 西迁少典与有蟜氏族在关中西部地望考

有熊氏的部落居地在今河南省新郑市一带，有蟜氏的部落在今河南洛阳至陕西华阴一带，后均有氏族西迁。徐旭生《中国古史的传说时代·序言》云："我们的祖先一部分，此后叫作华夏族，内中有一个氏族叫作少典。它与有蟜氏族互为通婚。它的生活区域大约在今甘肃、陕西两省交界的黄土原上或它的附近。"[①]郭沫若主编《中国史稿》中只说炎帝生于陕西岐山县东姜水，未提黄帝的生地[②]。《陕西通史·原始社会卷》只笼统地说："在渭水流域今宝鸡地区一带分布着许许多多氏族，他们过着稳定的农耕生活，间以渔猎补充生活品，其中有两个世代通婚的氏族，一个叫有蟜氏，一个叫少典氏。"[③]分别在宝鸡地区的什么地方？未判明。张岂之《从炎黄时代到周秦文化》说："少典族原居住陕西、甘肃交界处。"[④]也未指明在什么地方。陈连开《宝鸡秦川地区在中华民族一体格局中的地位与影响》说："陇山东西、泾渭流域是炎黄两个部落集团起源之区,至今 6000—5000 年这一个千年纪。"⑤此说之地域,包括了陕西省西部和甘肃省东部。刘起釪先生云："黄帝族在未向中原发展以前的居住活动地区就在东起渭水北境,自陕西中部,西迄甘肃之境的地域。"⑥此论的地域,约与陕西关中平原和甘肃东部地区相当。我们现在考证迁居于渭水中游的少典和有蟜之地望。

　　要探明渭水中游的黄帝父族和母族所在地,就得从姬水入手。关于姬水,有数省数地之说而论,以渭水中游(即今陕西宝鸡和咸阳等地)说,目前主要有"在姜水附近""姬水即漆水""姬水即歧水""姬水即漳水"等 4 说。李绍连先生说:"姜水即在今陕西省岐山县城东。可见,炎帝一支早期活动于渭水流域。由于黄帝部落也是少典部分裂出来的,亦当活动在这一带地区。"⑦张岂之主编《中国历史·先秦卷》云:"炎帝族所在姜水是渭水的一条支流,在今陕西宝鸡市境内,黄帝族所在的姬水是现今的哪一条河流尚无定论,但应距姜水不很远。因而可以推侧,炎黄两个氏族部落发祥于我国西北黄土高原地区。"⑧宫长为、郑剑英主编的《炎帝神农氏》云:"姬水的地望,虽不能确指,但是,肯定在宝鸡一带。"⑨这三说,均未指明是哪条支流为姬水。霍彦儒考证:"一种是指发源于今麟游(属宝鸡)西北的杜林,于今武功(属咸阳)入渭的漆水,'姬''漆'通假;一种是指岐水,'姬''岐'古音义相同。"⑩陕西地区的古漆水有 4 条,我们先论述今关中西部的漆水。《辞海》释:"漆水,古水名。《诗·大雅·绵》'自土沮、漆',《周颂·潜》'猗于漆、沮',《传》:'漆、沮,岐周二水也。'这是周朝发祥地的漆水,见于汉以后的记载有:一见《汉书·地理志》,在漆县(今陕西彬县)西;一见《说文》《水经》,源出杜阳(今麟游西),东入渭;《水经注》《元和志》二水并载。前者当即今水帘河,后者是雍水支流之一,南流合岐水、雍水东入渭。

《禹贡锥指》认为前者是古漆水,后者是古沮水。"由此释我们可知古漆水(今称水帘河)在今陕西省咸阳市的彬县西,与咸阳市长武县相邻:发源于杜阳的古漆水(今称漆河),岭南诸溪流汇入后,漆河东南流,经永寿、武功县注入渭水。因此,古代两条漆水地区(今陕西宝鸡麟游以东、咸阳彬县以西)应是少典氏族部落的居地;有蟜部落则仍然是居于今宝鸡金台区的"北首岭遗址"一带。少典部落的"姬水",与传统说的姜水(今岐山县东)或大家比较公认的明清所说之姜水(今宝鸡市渭滨区神农乡清姜河),均相距较近,且又有长武县下孟村仰韶文化晚期遗址可为佐证。此外,还有学者认为姬水是今岐水或漳水者。《辞海》云:"漳水,故道出陕西岐山县东北漳谷,东南流,至扶风县西、岐山县东入雍水,又东南入渭水。入雍后,雍水亦兼称漳水。"又云:"雍水,源出陕西凤翔县西北,东南流经县南至岐山县南,俗名濊河,又东会漳水,自下通称漳水,又东经扶风县南至武功县南会武亭水注入渭水。"麟游、岐山、扶风相邻,均属宝鸡,其东北的长武、彬县则属咸阳,皆为少典部落居地,不论是漆(一说为沮水,今漆水河)水、古漆水(今水帘河),还是漳水为"姬"水,均在今关中西部,无什么大的分歧。

3. 黄帝故里在宝鸡东境说难以定论

姬水既然在今陕西宝鸡凤翔县至咸阳彬县地区,那么黄帝故里在这一带也就顺理成章了。《陕西通史·原始社会卷》云:"大约在5000年前,在关中盆地与北部高原交界的西部,活动着一个以农耕为主,兼营渔猎采集经济的少典氏族,这个氏族曾先后出了炎帝与黄帝两个著名人物。在炎帝时期,以少典氏族分化出来的女儿(应为儿女)氏族仍然以少典为名,向东北方向发展而去,逐步迁徙到黄土高原的南部。"[11]这里对"少典氏族"的今具体地方未明确指出,但在关中西部与陕北黄土高原的交界地则说得明白(似应在今陕西彬县至麟游一带)。至于其"迁徙到黄土高原的南部",以今日陕北黄土高原南部地域说,似应在宜君县(原属延安,今属铜川)。又说:"这时有蟜氏族一个叫附宝的姑娘嫁给了少典氏族的首领"。"传说附宝曾看到一道闪电凌空而起,缠绕北斗七星后,大地一片光亮,惊讶之中,附宝怀孕了,二十四个月后生出一位神童,一落地便能说话,姓公孙,取名为轩辕。少典氏族活动在姬水一带,遂以姬为姓。中国古代许多著名的先史人物的出世都有一番类似的传说故事","实际上是后人对英雄祖先的崇高敬意和附会的产物,也反映了从母居、从母姓的继嗣传承制度并未随父权的产生就完全泯灭。"⑫我们认为黄帝故里在此姬水可谓一种学术观点,但很难定论。因为黄帝的出生材料较多,不像炎帝出生的材料说"以姜水成"。黄帝生地的"寿丘""轩辕之丘""有熊之墟""鲁东门"等,在宝鸡麟游至咸阳彬县一带都很难找到,故难以定论。

4. 黄帝故里在陕北高原说亦需要再研究

一般认为陕北黄土高原的桥山(今陕西黄陵)是黄帝部族迁徙的聚落地和葬地。新中国建立后,相继有学者提出桥山是黄帝故里的观点。徐旭生《中国古史的传说时代》曰:"看古代姬姓传说流传的地方,可以推断黄帝氏族的发祥地大约在今陕西的北部。"⑬田继周《先秦民族史》云:"姬水,大概在陕西北部地区。"⑭张岂之先生说:"黄帝生于今陕北黄土高原。"⑮又云:"人们常说,黄河流域是中华民族的发祥地,其实这还是一种笼统的说法。如果用审慎的历史眼光和实事求是的治史态度溯本求源的话,陕北黄土高原才是中华民族的发祥地。"⑯柏明、李颖科《黄帝与黄帝陵》曰:"我们认为黄帝出生于陕西境内的黄土高原,确切地说,就是今陕北高原的黄陵境内。"⑰何炳武《黄帝与中华文化》云:"黄帝族最初活动的地域在今天陕甘边界和陕西黄土高原地区。"⑱他和刘宝才主编的《陕西省志·黄帝陵志》云:"在中国广袤的土地上,只有西北黄土高原是深厚的黄色土壤。近几年的考古勘察也在今天的黄帝陵周围发现有多处新石器时代仰韶文化遗址和古城遗址,说明这里曾经是远古人类活动的一个重要地位。所以,黄帝生于黄土高原是非常有可能的。"[19]王晖考证:"黄帝族早期活动地域也许就在洛河之东北一带,往后才发展到泾(河)渭(河)地区。"[20]《中华文化》创刊号载穆长青《沮水、桥山、寿丘新考》云:"黄帝可能诞生于有熊氏之少典族西迁过程中,出生于西北黄土高原。《帝王世纪》等古书中有关'黄帝生于寿丘'的记载,后人多理解寿丘为山东的寿丘,这实际是一种误会。寿丘即陕西省黄陵县。"诸位学者的论述,只有两篇文章肯定"黄陵"是黄帝的故里,但证据较少,"黄陵"是否即"寿丘",未见文献记载,难以令学术界多数人士认同。尽管伪《孔传》、阚骃《十三州志》认为"漆沮"是一水,就是(北)洛水下游。但却没有学者认为北洛河下游的"漆沮水"为"姬水"的。至于说黄帝故里在今陕西省渭南市,仅见于田继周《先秦民族史》所说"轩辕之丘,一说在陕西渭南"一语,根据不足,也实难成为一家之言。

就目前陕西地区对炎黄研究和祭祀活动看,宝鸡是全力以赴宣传、挖掘、利用炎帝故里文化;陕西省政府、延安市政府和黄陵县政府是全力以赴抓黄帝陵的维护、祭祀和利用,但均未将黄帝故里问题列入重要议事日程或重要文化工程之内;咸阳至今对其地域内的故里,似乎还不知道,无声无息。

二、黄帝故里在黄河上游地区考

目前学术界多认为黄帝是西北民族集团,或炎黄生于(即氏族兴起)西北黄土高原。晋代皇甫谧《帝王世纪》云:"黄帝生于寿丘","长于姬水","居于轩辕之丘"。因而确定黄帝故里,就需要讨论这些地方的今地望。我们之所以不同意黄帝故里在今陕西宝鸡

（或咸阳彬县）、黄陵、渭南之说，就是因为在那里找不到这些遗迹。

1. 黄帝故里在上邽之说较为可信

《史记·秦本纪》云："（武公）十年（前688），伐邽、冀戎，初县之。"《集解》："《地理志》陇西有上邽县。应劭曰：'即邽戎邑也。'冀县属天水郡。"

（1）上邽的地望及今范围

《辞海》释："上邽，古县名。本邽戎地，在今甘肃天水市。公元前688年秦武公取其地，置邽县，后改为上邽县。"它之所以改为"上邽"，是为了与"下邽县"（今陕西渭南下邽镇）相区别。上邽县辖地较广，比今天水市区范围大得多。牛汝辰云：天水市"在甘肃东部，渭河南岸。秦汉置上邽县，汉置天水郡，地有湖，冬夏无增减，故有天水之名。据《水经注》上邽城中有湖水，有白龙出此湖，风雨随之，故汉武帝改为天水郡。又据《汉书·地理志》颜师古注引《秦州地记》曰：'郡前湖水，冬夏无增减，因以名焉。'唐置天水县，取汉郡之名。1949年设天水市。1985年天水县撤销并入。"㉑《辞海》又释："天水，郡名。西汉元鼎三年（前114）置，治所在平襄（今通渭西北）。辖境相当今甘肃通渭、静宁、秦安、安西、清水、庄浪、甘谷、张家川等县及天水市西北部、陇西东部、榆中东北部地。东汉永平十七年（74）改为汉阳郡，并移治冀县（今甘谷东南）。三国魏仍改天水郡。西晋移治上邽（今天水市）。北魏辖境相当今天水、秦安、甘谷等市、县地。"上黄治所在今天水市麦积区，天水市今辖有武山、甘谷、清水、秦安、张家川回族自治县等5县及秦城、麦积2区，约与北魏天水郡的辖地相当。

（2）陇右的少典和有蟜氏族居于天水市清水县

徐旭生等专家考证：中原的少典（有熊氏）、有蟜部落的裔支迁居于陇山东西（今天水市和宝鸡市交界地区）。说到上邽的少典、有蟜氏族或部落（由中原迁入），地望较笼统。其具体地望是在今天水市的清水县内,与陇山东(今陕西宝鸡与咸阳交界处)的少典、有蟜为同族的支系。"秦州东又有桥亭。《水经·渭水注》:'渭水出桥亭西。'桥与乔通,而乔又作娇、蟜。桥亭,当系有蟜氏始居地。"⑫少典(有熊氏)氏族与有蟜氏相邻。

(3)黄帝生于清水县考证

《史记·五帝本纪》云:"黄帝者,少典之子,姓公孙,名曰轩辕。"《汉书·古今人表》云:"有蟜氏以戊巳日生黄帝于天水。"晋代郭璞《水经》记载:"黄帝生于上邽轩辕谷","今城东南七十里有谷与溪焉。"《帝王世纪》亦云黄帝生于寿丘。《拾遗记》云:"轩辕出自有熊之国,母曰昊枢,以戊巳之日生,故以土德称王也。时有黄星之祥。"北魏郦道元《水经·渭水注》云:横水"西北出泾谷峡,又西北轩辕谷水注之。水出南山轩辕溪。南安(今江西大余县)姚瞻(应为睦)以为黄帝生于天水,在上邽地东七十里轩辕谷。皇甫谧云生寿丘,丘在鲁(今山东曲阜)东门北,未知孰是也。"这些记载说明黄帝(第8代)故里"上邽轩辕谷"不在今天水市区,而是在天水城东70里处,所说"生天水"是概说。田继周《先秦民族史》云:"寿丘,一说在鲁,今山东曲阜县(市),一说在上邽,今甘肃天水市。根据黄帝的整个传说看来,我们倾向于后一种意见,即寿丘应在今天水市地区。"㉓此说是正确的,但未指明具体地方。

清康熙《清水县志》载:"轩辕峪,邑东南七十里,姚瞻谓黄帝产此。"乾隆《清水县志》载:"轩辕谷,东南七十里,黄帝诞于此。"《甘肃省志考异》云:"轩辕谷在上邽城东南七十里,轩帝生处也。"《直隶秦州新志》云:"帝生轩辕之丘,名曰轩辕。今清水县东南七十里,黄帝诞于此。"上邽县治所在今天水市麦积区西,东南70里恰为清水县。《大清一统志》卷二一〇《秦州》记载:寿山,在州北一里,下有鲁谷水。何光岳《炎黄源流史》云:"寿山不高,与土丘相似,叫寿丘也可以。鲁谷水在秦州城之北。秦州在秦人未西迁至之前,为黄帝之裔、十二姓中的姞姓鲁人所居,并因而得名。鲁人所在地叫鲁城,其北门有寿丘,则为寿山无疑。州东有轩辕谷,水出南山轩辕溪。这些轩辕谷、轩辕溪、寿山都在一起,正是黄帝轩辕氏的最早居地。"㉔"《水经注》谓水出西北天水郡黄卢山,即秦州(今天水)南,恰又与轩辕谷、寿丘紧邻,可能即黄帝得名于此山。"㉕赵世超考证说:"至于'黄帝以姬水成'的姬水在什么地方,这不是我们讨论的重点,但是徐旭生等前辈学者的推测是值得重视的,多数人认为是天水,天水有一条河称为轩辕谷,姬水应该在天水的轩辕谷。这和陈连开先生讲的炎黄二帝都是发祥在陇东、陕西西部,也就是古代的秦地等观点完全一致。古代的秦地范围很广,包括甘肃的一部分。这个说法是平实的,可以接受的,甚至是推不翻的。"㉖

(4)清水县的具体地点考证

黄帝的具体生地又在什么地方呢?安江林等考证:"清水(县)古称上邽,又属天水郡管辖,故史料上所说的天水轩辕谷就是清水轩辕谷。"㉗霍彦儒考证:"一种是说在天水,天水(实在今清水县)有一条轩辕谷,姬水可能就是天水轩辕谷中的那条水。"㉘轩辕谷,学者考察后认为在山门乡三皇沟村(一说在白河村)。安江林等说:"轩辕溪水从轩辕丘两边流淌着。溪水的流向由南向北,此水又注入通关河,在(陕西)宝鸡以西注入渭"。"陕西宝鸡市的峪家村(北距宝鸡五公里)有神农祠,相传炎帝神农生于蒙峪。黄帝生地清水轩辕谷之轩辕溪,为通关河的上游支流,轩辕谷紧邻宝鸡地界一步之遥。宝鸡的峪家村,在通关河下游入渭水处。史书上的姬水、姜水应相距不远,这也是情理中之事。"㉙又云:"早年,清水县在(今山门镇)三皇沟曾有三皇庙,七十年代修梯田时,翻出过瓦砾砖块;1993年春,三皇沟村民犁地时,又翻出过两块方砖。据当地年长村民说,三皇沟原盖有三皇庙,对面有戏台。至今村民还称轩辕黄帝为‘轩王爷’或‘三皇爷’。后来由于交通不便,先移建到(县城)窑庄沟,后移建到清水县永清堡下”,“庙前曾树一石碑,系明朝学者胡缵宗所题。清水县城,民国时称‘轩辕镇’。在县城以北两公里处的上邽乡李崖村有两孔窑洞遗址,曰‘轩辕窑’。相传为轩辕母携帝栖息之所。此地断崖处有大量的细泥,壁薄而呈红色的龙山齐家文化陶片,灰坑层多处,属龙山齐家文化遗存,考古证明,龙山、齐家文化与黄帝同时代。”㉚

以上所述表明,黄帝的故里在天水市清水县(山门镇)是有根据的。何光岳为《轩辕故里》写的《序》说:“据史料记载和研究表明,黄帝诞生于上邽城东70里处的轩辕谷,即今清水县东70里处的轩辕谷。因而,清水县自古享有‘轩辕故里’的殊荣。而县内除了轩辕谷之外,还有三皇庙、轩口窑等遗址;有轩辕镇、轩辕区、三皇庙塬等地名;曾树有‘轩辕故里’石碑;有‘轩王爷’‘三皇爷’的黄帝称谓;民间有丰富多彩、口耳相传的黄帝故事和神话传说;还有以永清堡遗址为代表40余处新石器时代仰韶至齐家文化时期的遗址。这共同昭示了作为‘轩辕故里’的古城清水县具有永远的历史和丰厚的文化底蕴——这里曾是中华先祖轩辕黄帝的故乡。”还有一说是“姬”字来自“氏”字音转,黄帝族源于古氏族,而古氏族居住地就在甘肃东部㉛。此说无什么根据,难以成为一家之言。

2. 黄帝故里在昆仑之丘说的根据不足

《山海经·西山经·西次三经》记载:“又西三百五十里,曰玉山,是西王母所居也”。“又西四百八十里,曰轩辕之丘,无草木。洵水出焉,南流注入黑水,其中多丹粟,多青雄黄。”《山海经·大荒西经》云:“有西王母之山、壑山、海山”。“有轩辕之台,射者不敢西乡(射),畏轩辕之台”。“有轩辕之国。江山之南栖为吉,不寿者乃八百岁。”《山海经·海外西经》云:“女子国在巫咸北”。“轩辕之国在此穷山之际,其不寿者八百岁。在女子国北。人面蛇身,尾交其上。穷山在其北,不敢西乡(射),畏轩辕之丘。在轩辕国北,其丘方,四蛇相绕。"这"三经"所说的"西王母王"(即玉山)、"轩辕之丘"(又称轩辕之台)、"轩辕之国",实为一个地望和方位,即昆仑山。徐旭生《中国古史的传说时代》云:"山海经中保存古代神话最多者,无过于《西山三经》。盖多由传说得之,且错简不少,故最难董理。然其山名并非子虚。唐兰先生曾告余,昆仑实指祁连。今细核之,其说甚近,然尚有小误。盖昆仑乃青海高原,祁连山似为经中槐江之山或恒山。祁连山有水北流,而昆仑水绝无北流者,明其北尚有高山,水未能北流。《尔雅》云:'三成为昆仑丘。'而'恒山四成',则高于昆仑矣。恒山离槐江不远,后者之水北流,故余疑为经中槐江之山或恒山也。"㉜古昆仑山即今甘肃与青海交界的祁连山。

(1)黄帝故里在甘肃酒泉市南祁连山之说不确

《山海经》所说的玉山为"昆仑"的一部分,一般认为古昆仑之山即今甘肃的祁连山,非今新疆南部至青海西南的昆仑山。屈原《离骚·远游》曰:"邅吾道夫昆仑兮,路修远以周流。"王逸注引西汉成书的《河图·括地象》云:"昆仑在西北,其高万一千里,上有琼玉之树也。"《汉书·地理志》金城郡临羌县载:"西北至塞外,有西王母石室、仙海、盐池。北至湟水所出,东至允吾入河。西有须抵池,有弱水,昆仑山祠。"《后汉书·明帝纪》载:永平十七年(74)十一月窦固等"出敦煌昆仑塞,击破白山虏于蒲类海(今新疆罗布泊),遂入车师"。注:"昆仑,山名,因以为塞,在今肃州酒泉县西南。山有昆仑之体,固名之。周穆王见西王母于此山,有石室、王母台。"朱熹《楚辞辨证》引《博雅》与《后汉书》注曰:"二书之语,似得其实。"这些记载均说明:古之昆仑山指的就是今祁连山,西王母的"玉山"也是指今甘肃省酒泉市南的祁连山。李斯《谏逐客书》云:"昆冈之玉。"指的就是玉山。赵逵夫先生考证:"神话中昆仑山原型,乃今之祁连山。河西走廊自上古为东西方民族交流的通道,文化比较发达。祁连山在河西走廊以南,很多神话传说与它有关,是自然的";"昆仑最早仍是指今之祁连山,随着人们地理认识范围的扩展,则变为指今之昆仑山。原来的昆仑山,则因秦汉之际匈奴赶走月氏占领了那一片地方,故用匈奴语称之为祁连(意为天山)。"③③此论甚确,黄帝居"轩辕之丘"或"轩辕之国"的地望,亦即黄帝的故里为今甘肃酒泉市西南的祁连山一带。龚维英《原始崇拜纲要》云:"《山海经·海内经》一曰,状如人,昆仑虚北所有。'一曰的说法是对的;有蟜氏处昆仑虚北,方好和少典氏结为婚姻族。有蟜氏准原生态图腾是虎;'其为人虎文'乃指有蟜酋长的图腾打扮";"炎、黄二族已由昆仑丘东迁,抵达了河渭地区。"③④他未指明少典、有蟜部族在"昆仑之虚北"的具体地方,而炎、黄兴起于今甘肃祁连山则是明确的。我们认为:昆仑山是黄帝的西巡之地,也是其族的迁徙之地。神话故事说昆仑之丘是黄帝上天宫的"通天梯"之山,也是黄帝"仙宫"、苑囿的所在之山,根本与"黄帝故里"无关系。

(2)黄帝故里在青藏高原之说不可信

《山海经》所载的"昆仑之山",还有认为在青藏高原(今青海)的。此说见于曹桂岑《黄帝轩辕丘考》,文曰:"轩辕丘在哪里,史书说法不一,文献记载有二说:一曰,青藏高原说,在西王母的玉山之西四百八十里";"玉山在哪里,在昆仑山附近"③⑤。按玉山(今祁连山)的方位,此"昆仑山"当是今青海省西部偏南的昆仑山,古称"大昆仑"。严可均辑《全晋文》一五四卷,收有酒泉太守马岌《上言宜立西王母祠》书。徐文清《管城硕记》第十四卷引此书曰:"《十六国春秋》后魏昭成(可能有误,查北魏帝无此年号)十年,凉张骏,酒泉太守马岌上言,酒泉南山(祁连山),即昆仑之体,周穆王见西王母乐而忘归,即为此山。"他还说:(黄)河源(今青海巴颜喀拉山北麓)昆仑为"大昆仑",酒泉南山为"小昆仑"。由此我们可知,青藏高原的"轩辕之丘",是在今青海省格尔木市西南的昆仑山处。黄帝西巡狩,到过此地,非其生地。"这里气候恶劣,黄帝根本不可能在这里生活。所以《山海经》所记载的轩辕丘,不可能是(黄帝)所居住的轩辕丘。"㊱

从目前研究和开发利用看,甘肃省天水市主要是致力于伏羲文化;清水县对黄帝故里的研究和宣传是刚刚起步;青海之说不可信,自然是无声无息。至于说昆仑之丘就是今四川省峨眉山,更是没有根据,从略而不论。我们认为:历史研究的黄帝故里,应是今甘肃天水市清水县山门乡三皇沟村。

三、黄帝故里在黄河中游和下游地区考

1. 黄河中游的黄帝故里考

有熊氏者,是以熊为图腾的氏族部落首领,为伏羲和女娲之子(即其氏族出自伏羲和女娲族),约为距今7400年前之人。其氏族(后发展为部落)首领世代以"有熊"为号,延续二三千年。

《伏羲庙残碑》载:"东迁少典君于颛顼,以奉伏羲之祀。"何光岳释:"少典奉祀伏羲,知为伏羲裔。"㊲少典是有熊氏部落首领的名字,亦称少典有熊氏。西汉焦延寿的《焦氏易林》载:"黄帝,有熊国君少典之子。有熊,即今河南新郑是也。"《史记·五帝本纪》载:"黄帝者,少典之子,姓公孙,名曰轩辕。"《索隐》云:"少典者,诸侯国号,非人名也。"《集解》:"皇甫谧云:'有熊,今河南新郑是也。'《括地志》云:'郑州新郑县,本有熊之墟也'。"这些文献说明了新郑是有熊氏族、部落的中心所在地,也是"有熊国君少典"的邑城所在地。少典有熊氏部族的活动地域,主要是在嵩山(又称中岳)地区今洛阳以东的巩义、登封、禹州、新密、新郑、郑州等市县。少典有熊部族世代与以洛阳为中心、辖有豫西和陕西省华阴市以东地区

的有蟜部族相通婚,繁衍出了新的氏族。

所见文献,多记载少典娶有蟜氏女(部落中心在今河南洛阳)生黄帝、炎帝。古今学者则认为炎帝比黄帝早 500 年或 1000 年,同出自两个相同的部落而却不同代。《竹书纪年集征》引《路史》则云:"少典娶有蟜氏,是曰女登,生二子,一为黄帝之先袭少典氏,一为神农是为炎帝。盖少典始则其乃继以为氏。"这里一是指明炎帝与黄帝祖先"袭少典氏"者为兄弟关系,即黄帝的祖先"少典",是炎帝之父"少典"的另一个儿子,与炎帝同代;二是指明名字为少典的"国君",子孙以其名字为姓,皆称"少典氏"。黄帝之父少典氏,系这个"少典"的下传 7 代孙。炎帝族兴盛后,裔支族祝融部落东迁于有熊之墟(少典氏部落衰亡之故),遂又有新郑为"祝融之墟"的记载。

2. 黄帝生于有熊之墟考

古今史学家在研究文献记载时,一种观点是认为有熊、有蟜部落一直生活、生产在故里(河南新郑、洛阳),没有裔支族向四周迁徙,因而二者通婚衍生出的炎帝、黄帝之先人(即炎帝的兄长)及黄帝部族,均在中原。王嘉《拾遗记》云:"轩辕黄帝出自有熊之国。"唐代《元和姓纂》载:轩辕"史称黄帝,生于轩辕之丘,故曰轩辕氏。"陆应明《广舆记》云:"轩辕丘新郑,故有熊之国。"《大明一统志》《古今图书集成》均载:"轩辕丘在新郑县境,古有熊氏之国,轩辕黄帝生此,故名。"《大清一统志》云:"轩辕丘在新郑西北故城。《史记》:'黄帝居轩辕之丘。'《通典》:'新郑祝融之墟,黄帝都于有熊亦在此。'"清乾隆二十九年(1764),在黄帝故祠遗址还树立了"黄帝故里"碑。这些文献,都充分说明"有熊之墟"是在今河南新郑市双洎河畔。黄帝"在新郑主要活动遗址有轩辕丘、姬水河、黄帝城、大隗山、风后顶、洪堤、大鸿山、大熊山、西太山、崆峒山、黄帝口、黄帝饮马泉、黄帝御花园及黄避暑洞等"[38]。从全国涉及到的"黄帝故里"

看,新郑市的"轩辕故里"祠庙最为完整和典雅。1992年10月5日至10日,在新郑举行的"炎黄文化与中原文明学术讨论会"会议纪要云:"学者们从不同学科、不同侧面研究,认为轩辕故里在新郑地区是可信的","新郑县应是轩辕故里"[39]。李学勤先生说:"黄帝的区域比较清楚,大家知道,传说他都于新郑。黄帝亦有熊氏,新郑号称有熊之墟,也就是黄帝居处的故址。这个地点刚好在中原的中央,所以黄帝可以代表中原地区是很清楚的。"[40]又说:"黄帝生于轩辕之丘,所居在新郑,其说渊源有自,凿然可据。"[41]戴逸先生云:"黄帝诞生于新郑。"[42]

从目前全国的黄帝故里祠庙复修情况看,以新郑的"轩辕故里"庙最为典雅和完整,坐北向南,东西排列,中间为主殿,两旁为偏殿,前为广场,观众从南沿坡道拾级而上。从祭祀规模看,新郑的规模最大、级别最高。正如万川明等报道:"新郑是中华人文始祖轩辕黄帝的出生地和建都地。相传农历二月初三是黄帝统一天下、成就伟业的日子。后人为表达对他的敬仰之情,从春秋时期就兴起了盛大的拜祖活动,一直延续至今。本次(指2006年3月31日)拜祖大典首次由河南省政协主办,郑州市政府和新郑市政府承办,是近年来规模最大、规格最高、参加人数最多的一次"。"全国人大常委会副委员长、民革中央主席何鲁丽,全国政协副主席张思卿,全国政协副主席、致公党中央主席罗豪才应邀参加大典"。"来自联合国、亚太经合组织以及美国、英国、泰国、日本等31个国家和地区的169个社团组织和52个姓氏宗亲会的嘉宾出席了本次大典。"[43]丁亥年(2007)郑州(新郑)黄帝故里拜祖大典的规模更大、规格更高。全国人大副委员长许嘉璐、国民党前主席、现名誉主席连战等参加了"公祭"大典。"近些年来,随着我国改革开放和全球华人寻根热潮的兴起,全国各地都在充分发掘寻根资源。关于黄帝故里至少有五种说法:分别在陕西宝鸡、陕西黄陵、甘肃天水、河南

新郑、山东曲阜。对于何处为真(陵)的问题,专家共同认可的是
'炎(黄)帝多世说'。据湖南省社会科学院研究员何光岳的研究,
历史上炎帝神农氏和黄帝轩辕氏各有八代,第一世为亲兄弟,均生
于陕西宝鸡境内,河南新郑是第八代轩辕黄帝生长、建都、统一万
国的地方。"⑭何光岳先生的《黄帝八世考》未公开发表,已经公开
出版的《炎黄源流史》及发表的论文,没有定位八世黄帝的故里在
新郑。我们期待着其文能揭开这个千古历史之谜。

　　1987年海内外各界著名人士倡议:在郑州黄河游览区(后更名
为郑州黄风景名胜区)的向阳山上兴建炎黄二帝巨型塑像。炎黄
巨塑用花岗岩建筑,高106米,内设天象、渔猎、农牧、石器、陶器、
冶炼、兵器、科技、民族、文化十大展厅;巨像前设12万平方米的广
场,广场中央建8000平方米的纪念坛,坛内塑56个民族大团结的
浮雕,坛外花岗岩壁上为10万炎黄子孙万姓归宗壁,坛道两侧建
钟、鼓、九鼎与上下5000年百位名人塑像;广场两侧建华侨馆和万
姓归宗馆,广场围墙建碑廊,整个工程为中华民族5000年文化的
高度浓缩,是全球炎黄子孙和国际友人寻根问祖、观光旅游的圣
地⑮。1991年12月,炎黄二帝巨塑工程隆重开工,历时15年,于
2007年4月18日落成。"炎黄二帝塑像坐落在郑州黄河风景名胜
区,黄河南岸50多米高的同盟山上,以山体为二帝之身,以水泥钢
筋为体,外部砌以花岗石塑成头像,胸部以下自然虚化与山体相
连。整个塑像高达106米,仅眼部就长达3米,鼻子长约8米。整
个像身重达4万吨,塑像高者为炎帝,略矮者则是黄帝。"⑯"4月18
日(农历三月初三),炎黄二帝塑像落成典礼在郑州黄河风景名胜
区炎黄广场卫生举行。全国人大常委会副委员长许嘉璐、中共河
南省委书记许光春等领导向二帝塑像敬献花鲜花,两万余海内外
炎黄子孙参加了典礼。"⑰这一功在当代、利在千秋的伟大文化工
程,真可谓是"惊天地,泣鬼神",已成为民族复兴、和谐社会、全球

华人大团结的一座里程碑,也是中华民族自豪地屹立于世界东方的象征和丰碑。

3. 黄帝故里在黄河下游地区考

唐兰先生考证:"黄河下游的东南方,东到海,南面到淮河,这一地区在《尚书·禹贡》里是兖州、青州和徐州。以现在的地图看,则包括山东全省,北面是河北省的东南部,西面是河南省的东部,南面是江苏省的北部和安徽省东北部。这个区域里最早孕育着我国古代的文明,所谓太昊、炎帝、少昊及炎帝后裔共工等的国家都在这里。"[48]以山东为中心的东方,是中国史前文化比较发达的重要地区之一。

(1)黄帝生于曲阜说需要再研究

《史记·五帝本纪》《正义》张守节"案:黄帝有熊国君,乃少典国君之次子,号曰有熊氏,又曰缙云氏,又曰帝鸿氏,亦曰帝轩氏。母曰附宝,之祁野,见大电绕北斗枢星,感而怀孕,二十四月而生黄帝于寿丘。寿丘在鲁东门之北,今在兖州曲阜县(今山东曲阜)东北六里。"《大清一统志》第129卷《山东兖州府》载:"寿邱,在曲阜县东北八里,皇甫谧《帝王世纪》:黄帝生于寿邱。《史记·五帝本纪》:舜作什器于寿邱。《元和郡县志》:寿邱在曲阜县东北六里。"《战国策·魏策》云:"黄帝战于涿鹿(今属河北)之野,而西戎之兵不至,禹攻三苗,而东夷之民不起,以燕伐秦,黄帝之所难也。"《吕思勉读史札记》释:"此黄帝在东方之诚证。"[49]唐兰、王献唐、王燕均等史学家,皆认为黄帝故里在曲阜,且以山东大汶口文化、龙山文化相佐证。我们赞同曲阜为黄帝迁居地或子孙都城地之说。

(2)黄帝故里在冀州说不确切

《辞海》云:"冀州,古'九州'之一。《书·禹贡》的冀州,西、南、北三方都以当时的黄河与雍、豫、兖、青等州为界,指今山西和陕西间黄河以东、河南和山西间黄河以北和山东西北、河北东南部地区。《尔雅·释地》:'两河间曰冀州。'《周礼·职方》:'河内曰冀州'。"我们所要探讨的冀州黄帝故里,侧重于今黄河下游的今河北地区。这因为黄帝、炎帝榆罔、蚩尤之战在涿鹿,才产生黄帝故里在河北之说的缘故。关于涿鹿之战的文献记载甚多,不复述。《吕思勉读史札记》对诸文献研究后认为:"河北之地,平旷宜牧,谓黄帝以游牧之族而居此(涿鹿),亦合事情。若上谷(今河北怀来)则相去太远,盖据汉世名附会也。"[50]郭沫若主编《中国史稿》云:"传说黄帝号有熊氏,又号轩辕氏(即天鼋),也号缙云氏,这显然是把北方许多氏族部落的想象祖先集中到所谓黄帝的头上了。相传,黄帝分别同蚩尤和炎帝作战的时候,曾经训练熊、罴、貔、貅、䝙、虎六种野兽参加战争。这实际上是以野兽命名的六个氏族,共同组成一个部落。黄帝为有熊氏,说明有熊氏族在这个部落中居于首位。"[51]以其所引资料和作战地,自然是说黄帝故里在涿鹿了。"河北说认为与黄帝紧密相关的涿鹿、阪泉、轩辕之丘均在河北;郭沫若考轩辕氏即天鼋,为大鳖,龟属,古以龟为北方之神,黄帝族以鼋为族徽,显示其本出于北方之义。"[52]我们认为,涿鹿是黄帝的一个临时都城(炎帝榆罔、蚩尤亦在此短暂居住),非其故里。

(3)黄帝故里在红山文化区域说比较牵强

这一学术观点,出自苏秉琦先生提出的"以燕山南北长城地带为重心的北方区"(包括今河北省北部、内蒙古南部及辽宁西部地区)之说[53]。"五帝时代以五千年为界可分为前后两大阶段,以黄帝为代表的前半段主要活动中心在燕山南北,红山文化的时空框架,可以与之对应。"[54]黄帝族发祥于"辽宁说"的依据"为辽西红山文化是黄帝族所为"[55]。内蒙古说的依据除红山文化外,还有"昔者黄帝氏以云纪,故为云师而云名",说明黄帝族以云为图腾,而内蒙古"高原上的云比平原上的云更易使古人产生对云的崇拜,这应该是云图腾产生的物质基础。"[56]这两处黄帝故里之说比较勉强,应为黄帝族的迁徙地。

四、黄帝故里在长江流域考

1. 黄帝故里在湖南长沙说难以成立

黄帝生于长江流域的学术观点,是近些年南方学者提出来的。自从浙江学者陈剩勇《中国第一王朝的崛起》提出"夏族的始居地在长江下游地区,而不是传统史家所说的黄河流域;中国历史上第一个王朝夏朝崛起于东南地区"[57]后,至 20 世纪与 21 世纪之交时,湖南年轻学者刘俊男又提出了黄帝生在长沙的观点。他在《黄帝生葬古长沙考》曰:"黄帝生于寿丘(或曰青邱),而寿丘、青邱均应在古长沙国,因为第一,天上的寿星、青邱星对应地上的长沙国;第二,黄帝的祖先、正妃、嫡系子孙均生活在湖南。古崇山、尧山、会稽山均在湖南,华夏文明源于湖南。黄帝主要活动在北方,与抗荤粥和战蚩尤有关。黄帝杀蚩尤后在今湖南洞庭湖一带即位,代神农氏,死后葬洞庭湖边的黄陵(今湖南湘阴县),其后裔青阳仍都长沙。"[58]这一观点,可以说是对传统史学观点的挑战,也是首次提出黄帝生于长江下游的长沙、葬于岳阳洞庭湖附近的说法。从全国史学界反响情况看,赞同这一观点的文章并不多,需要进一步研究和讨论。如,寿丘是否即青邱,寿丘是否在长沙? 黄帝族是否由长沙北迁黄河流域,死后是否在湘阴的黄陵(一般认为这里是帝舜二女的葬地)等,皆还没有得到学术界的认同。

2. 昆仑之丘为四川峨眉山考

胡太玉考证:"我们还查到,'从母之男子'为昆。在母系社会中,男子是从母的。可知,昆仑山的得名也来于母系社会。'昆'与'我'都表示'姆'的意思,不过一个是从女人称呼'峨眉',一个是从这个女人的兄弟称呼'昆仑'。"[59]他又举了《山海经》的四处记载后说:"四经中均点到了昆墟(山),即说明实以昆仑为中心也。其地域大概是中国的西北、西南、东南以及中原的一部分"⑥⓪,"峨眉山与昆仑山一山之两称"⑥①。若然,"那么,中国神话中最古远的一部分——昆仑神话的起源地必在这一地域。以神话即是历史的折射的观点来看,巴蜀地区为华夏古文明发祥地是可以认定的。"⑥②不言而喻,"昆仑之丘"一带的氏族和传说人物等,也就从今甘肃、青海移到了四川地区。我们认为,此论可备一说,证据和论点难以成立。作者又称是"假说",且在举出华胥、伏羲、女娲、常羲、羲和、少昊、颛顼等为"四川人"中,没有说"黄帝生于四川",只说"黄帝姓姬,其源于臣,也就是脚印之意,这与华胥是同一意思,史书载'以姬水成',是后人的揣测。在母权时代,是以母而姓的,黄帝也是华胥人"⑥③,"是天府之国的女婿"⑥④。因而不再细考述。认为大渡河为古溉水,即黄帝生长的姬水⑥⑤,亦判定黄帝故里在四川。

3. 黄帝故里在广西考

黄帝生于广西之说,是个别学者的一种观点,主要依据是民间传说故事资料。认为黄帝生于广西,后来北迁到蜀地,被西陵氏族拥戴为"领袖",今四川盐亭县(嫘祖故乡)流传的黄帝和嫘祖故事有此说⑥⑥。这一观点是牵强附会,不可信。

五、黄帝故里诸说的比较和结语

1. 传说人物多文化载体是普遍规律

黄帝同古史传说时代的其他人物一样,大体可分为透过神话色彩揭示历史真实的"黄帝历史人物研究";"黄帝时代(时空不限于本人)研究";"黄帝文化载体研究"(包罗万象)。从其是"人"及部落"首领"而论,故里(生地,即氏族兴起地)只能有一个地方(传说的地域比较大而笼统,今日被划分为一个或两个以上的行政区);从黄帝文化载体而论,由于黄帝"迁徙往来无常处",地名山名水名的随迁,传说故事或神话的四方传播,时人和后世历朝的营修纪念实体,所以便形成了多故里、多邑城、多陵墓、多祠庙等现状。

2. 正确对待传说人物历史研究与其文化载体

在对以"三皇五帝"为代表的神话传说人物研究中,我们赞同冯友兰先生"疑古、信古、释古"的理论。透过神话或众说纷纭的迷雾和现象,结合史前社会实际和考古发现,寻求历史的真实和人物的本体,探索文明的起源;对神话传说人物的文化载体(旅游历史文化),则既要与人物的历史研究相结合,又要加以区别;前者的核心是去伪存真和求真,后者的核心是以前者为依托,结合民间传说或遗迹,广泛开展旅游事业;历史文化产业(媒体炒作文化)是新兴的实体,与旅游历史文化又有所不同,是古代建筑风格与现代化建筑设施相融合的实体,广告、影视、电台等媒体的诱人宣扬(也是现实财富),更不能以历史真实去严格要求。因此,我们认为陕西、甘肃、青海、河南、山东、河北、内蒙古、辽宁、四川、湖南、广西(目前认识或看到的)等11个省涉及的约15处黄帝故里,从黄帝的历史研究说,应力求确定一个比较接近史实的地方;从其文化载体说,诸省辖的县市对客观存在的传说故里进行祭祀、开发利用,都是无可非议的;以黄帝传说兴建历史文化产业(如黄帝文化公园、文化城等)中的现代仿古建筑等,亦应积极支持。因为三种文化的有机结合和不同的职能,已经成为弘扬黄帝精神、增强全球华人凝聚力、繁荣中华经济、建立社会主义和谐社会的有效方式和强大的力量。

3. 学术研究与文化载体的黄帝故里

有的学者认为:"黄帝发祥地诸说中影响较大的是河南新郑说和陕西说。"[67]从新中国成立后的情况看,改革开放以前山东曲阜说影响最大,次之是河南新郑说。著名的史学家多认为黄帝部族是由东方向西方迁徙;改革开放后,黄帝故里在新郑说、陕西说、甘肃说兴起,尤其是甘肃说备受关注,著名史学家的论著或新编古代史、大学教材,多称"炎黄集团是西北民族",由西向东迁徙;炎黄两大部落在中原结合东方主要部落形成"华夏部落联盟",黄帝定都于郑新,几乎已成为定论。就中原(河南)地区说,炎黄之前是有熊(亦称少典,聚落古城在新郑)、有蟜(聚落古城在洛阳)两大部落的中心地,几乎也已成为定论。因而从历史研究的学术观点说,目前天水(清水)、郑州(新郑)为黄帝故里(生地)之说影响较大;从目前研究和开发利用、祭祀规模说,新郑当属中国的"首位"。黄帝故里与炎帝故里相比,省际、县(市)际间的争论多表现在学术观点上,民间、政府间几乎没有什么争论。

(1)天水与郑州黄帝故里的学术研究比较

史学研究比较重视文献记载和考古发现,民间传说只作为参考。从前边黄帝故里的诸说考述中,我们已知以清水县、新郑市之说的影响较大,遗迹、地名、水名、考古文化等皆有,古今史学大家亦各有论述,很难断定哪里是历史研究的故里,哪里是黄帝文化载体的故里。再从黄帝的"父母"部族居地说,当然是对新郑市有利。钱穆先生曰:黄帝"最初活动的地域约在现在的河南中部,后来到达山西南部和陕西边境"[68]。少典(有熊)部落在新郑,自然其"子"黄帝故里是在此;徐旭生先生认为少典、有蟜的裔支族西迁到了渭水流域的陕甘黄土高原(前已述),遂生炎帝和黄帝。刘文学、王金岭先生撰文反对说:"古代历史文献没有提到黄帝族起源于西北黄土高原,然而徐旭生在他的《中国古史的传说时代》中却提出了西北高原说:'看古代关于姬姓传说流传的地方,加以推断,黄帝族的发祥地大约在陕西北部。'此说一出,一些学者不加细查,也人云亦云,天长日久,集非成是,造成错误事实。"[69]又说:"少典氏和黄帝有熊氏部落的起源地,只能是在古有熊,即今河南新郑一带,决不可能在一二千里之外的西北黄土高原或河北涿鹿。"[70]学者们各持已见,仍难定论。我们认为:中国人类发展史证明,从猿到智人就已迁徙,新石器时代的氏族和部落迁徙频繁,徐先生的推断是有道理的。从改革开放后新版中国古代史或通史,以及大中专历史教科书大都称"炎黄是西北民族集团",由渭水流域东迁入中原、河北,又在中原形成"华夏部落联盟"析,黄帝的故里在甘肃清水县之说比较可信和接近历史实际。新郑是学术界公认的黄帝都城所在地,也是华夏部落联盟机构的所在地。以都城判定故里在新郑,或以陵墓判定故里在黄陵,均显得证据不足。

　　(2)对文化载体之故里的解释

　　　对以新郑为首的黄帝文化载体之十多个故里该如何认识呢?张正明等先生在考定炎帝故里在陕西宝鸡市后说的一段话,可以用于黄帝其地"故里"的解释上。他说:"其他地方的炎帝'故里',凡有胜迹可寻的,大抵事出有因。无论在学术上是否成立,只要当地官民乐意,就可继续保留,我们认为应该听其自然。"⑦此说是有道理的。我们还认为,从弘扬黄帝文化,增强民族凝聚力,振兴中华经济,建立社会主义和谐社会的大局出发,将具有较多证据、祭祀规模最大、规格最高的黄帝文化载体新郑称为"黄帝故里"也完全可以,不同的学术观点则可各自保留和继续研究。钱穆先生在62年前就说:"史者一成而不变,而治史者则每随时亦而异其求。故治史之难,莫难于时变之方新";"昔人言:画犬马难,画鬼神易。今之治史者,亦如画鬼神:易于无凭,而难于近是"。我们今天在黄帝故里上难以达到大家公认的统一观点,也是如此。

　　　综上所述,我们在对"人文初祖"黄帝故里诸多说法的研究中,将上邽(今甘肃清水)判定为在学术上可以成立的黄帝故里,也仅是在对传说人物研究中的一种见解和认识,并不否定其他学术观点;将有熊之墟(今河南新郑)判定为黄帝文化载体的故里,是一种"文化认同",并认为国家级祭祀黄帝故里的大典可以定在新郑市,是因为历史上与当代已形成令世人注目的客观事实。对于其他涉及黄帝(8世以外)文化载体故里的十几个地方亦不否定,对当地政府和人民的祭祀活动也应表示积极参与和支持。因为"祖先大家敬"是5000年来中国人民的优良传统,也是以"三皇五帝"为代表的神话传说人物和精神能够世代流传、发扬至今的根本原因。简而言之,崇祀祖先,振兴中华,是我们今日研究远古传说人物的宗旨和目的。

注释:

①徐旭生:《中国古史的传说时代》,桂林:广西师范大学出版社,2003年7月第1版,《序言》第6页。

②郭沫若主编:《中国史稿》第一册,北京:人民出版社,1976年7月第1版,第108页。

③张岂之等主编:《陕西通史·原始社会卷》(石兴邦主编),西安:陕西师范大学出版社,1997年3月第1版,第316页。

④张岂之:《从炎黄文化到周秦文化》,载宝鸡社科联编:《炎帝论》,西安:陕西人民出版社,1996年3月第1版,第3页。

⑤陈连开:《宝鸡秦川地区在中华民族一体格局中的地位与影响》,宝鸡社科联编:《姜炎文化论》,西安:三秦出版社,2000年第1版,第4页。

⑥刘起釪:《续古史辨》,北京:中国社会科学出版社,1991年第1版,第179页。

⑦李绍连:《华夏文明之源》,郑州:河南人民出版社,1992年4月第1版,第60页。

⑧张岂之主编:《中国历史·先秦卷》,北京:高等教育出版社,2000年7月第1版,第25页。

⑨宫长为、郑剑英主编:《炎帝神农氏》,北京:中国文史出版社,2005年12月第1版,第290页。

⑩霍彦儒:《炎黄二帝与华夏族发端》,载《中央民族大学学报》,2002年

第 4 期。

⑪⑫张岂之等主编:《陕西通史·原始社会卷》(石兴邦主编),西安:陕西师范大学出版社,1997 年 3 月第 1 版,第 335 页。

⑬徐旭生:《中国古史的传说时代》,桂林:广西师范大学出版社,2003 年 7 月第 1 版,《序言》第 346 页。

⑭田继周:《先秦民族史》,成都:四川民族出版社,1988 年 1 月第 1 版,第 106 页。

⑮张岂之:《陕北黄土高原是中华民族的发祥地》,转引自兰草《历朝历代祭祀轩辕黄帝历史变迁》,《华圣文化》,2005 年第 2 期,第 77 页。

⑯何炳武、刘宝才主编:《黄帝陵志》,西安:陕西人民出版社,2005 年 3 月第 1 版,引言。

⑰⑱柏明、李颖科:《黄帝与黄帝陵》,西安:西北大学出版社,1995 年第 1 版,第 5 页。

⑲河炳武、刘宝才主编:《陕西省志·黄帝陵志》,西安:陕西人民出版社,2005 年 3 月第 1 版,第 11 页。

⑳王晖:《黄帝祭祀名号与黄帝部族考》,载《华圣文化》,2005 年第 2 期第 59 页。

㉑牛汝辰:《中国地名由来辞典》,北京:中央民族大学出版社,1999 年 6 月第 1 版,第 385 页。

㉒何光岳:《炎黄源流史》,南昌:江西教育出版社,1992 年 4 月第 1 版,第 504—505 页。

㉓田继周:《先秦民族史》,成都:四川民族出版社,1988 年 1 月第 1 版,第 106 页。

㉔何光岳:《炎黄源流史》,南昌:江西教育出版社,1992 年 4 月第 1 版,第 505 页。

㉕何光岳:《炎黄源流史》,南昌:江西教育出版社,1992 年 4 月第 1 版,第 510 页。

㉖赵世超:《阴阳五行学说与炎帝文化的南迁》,载《姜炎文化论》,西安:三秦出版社,2000 年第 1 版。

㉗㉘安江林、李自宏:《大地湾与清水轩辕故里》,载刘兰香主编:《轩辕故里》,清水县档案局编印,2006年5月(内部交流),第118页。

㉙安江林、李自宏:《大地湾与清水轩辕故里》,载刘兰香主编:《轩辕故里》,清水县档案局编印,2006年5月(内部交流),第118—119页。

㉚安江林、李自宏:《大地湾与清水轩辕故里》,载刘兰香主编:《轩辕故里》,清水县档案局编印,2006年5月(内部交流),第120页。

㉛高强:《炎黄子孙称谓的源流与意蕴》,西安:三秦出版社,2006年9月第1版,第38页。

㉜徐旭生:《中国古史的传说时代》,桂林:广西师范大学出版社,2003年7月第1版,第49页。

㉝赵逵夫:《〈离骚〉中关于西北神话传说的地名考述》,载雍际春主编:《陇右文化论丛》第二辑,兰州:甘肃人民出版社,2005年12月第1版,第4页。

㉞龚维英:《原始崇拜纲要》,北京:中国民间文艺出版社,1989年10月第1版,第23页。

㉟㊱曹桂岑:《黄帝轩辕丘考》,载王仁民主编:《炎黄颂》,北京:中国经济文化出版社,2003年4月第1版,第135页。

㊲何光岳:《炎黄源流史》,南昌:江西教育出版社,1992年4月第1版,第62页。

㊳刘文学:《中华文明起源》,载《炎黄天地》(创刊号),2006年第1期,第23页。

㊴《炎黄文化与中原文明学术讨论会纪要》,载《炎黄颂》,北京:中国经济文化出版社,2003年4月第1版,第124页。

㊵李学勤:《走出疑古时代》,沈阳:辽宁大学出版社,1997年12月第2版,第42页。

㊶转引自《新郑黄帝故里都史料拾零》,《光明日报》,2005年4月19日第10版。

㊷戴逸:《河洛文化与中华文明》,载《炎黄文化研究》,1994年第1期。

㊸万川明、张如铁:《新郑拜祖,盛世盛典,炎黄子孙,共祝祥和——记丙

戌年黄帝故里拜祖大典》,《炎黄天地》(创刊号),2006年第1期,第6—9页。

㊹董宏伟:《炎黄二帝塑像郑州落成——整个塑像高达106米,郑州欲打'寻根经济'牌》,《华商报》2007年4月19日第19版。

㊺王仁民主编:《炎黄颂》,北京:中国经济文化出版社,2003年4月第1版,前言。

㊻㊼董宏伟:《炎黄二帝塑像郑州落成——整个塑像高达106米,郑州欲打'寻根经济'牌》,《华商报》2007年4月19日第19版。

㊽唐兰:《中国奴隶制社会的上限远在五六千年前》,载《大汶口文化讨论文集》,济南:齐鲁书社,1979年第1版。

㊾吕思勉:《吕思勉读史札记》,上海:上海古籍出版社,1982年版。刘兰香主编:《轩辕故里》节选,第34页。

㊿郭沫若主编:《中国史稿》第一册,北京:人民出版社,1976年7月第1版,第108页。

51高强:《炎黄子孙称谓的源流与意蕴》,西安:三秦出版社,2006年9月第1版,第38页。

52苏秉琦:《中国文明起源新探》,北京:生活·读书·新知三联书店,1999年6月第1版,第40—42页。

53苏秉琦:《中国文明起源新探》,北京:生活·读书·新知三联书店,1999年6月第1版,第161页。

54高强:《炎黄子孙称谓的源流与意蕴》,西安:三秦出版社,2006年9月第1版,第38页。

55高强:《炎黄子孙称谓的源流与意蕴》,西安:三秦出版社,2006年9月第1版,第39页。

56陈剩勇:《中国第一王朝的崛起》,长沙:湖南出版社,1994年4月第1版,第233页。

57刘俊男:《华夏上古史研究》,吉林延边自治区:延边大学出版社,2000年10月第1版,第67页。

58胡太玉:《破译〈山海经〉》,北京:中国言实出版社,2002年1月第1版,第62页。

㉟胡太玉:《破译〈山海经〉》,北京:中国言实出版社,2002 年 1 月第 1 版,第 63—64 页。

㉠胡太玉:《破译〈山海经〉》,北京:中国言实出版社,2002 年 1 月第 1 版,第 62 页。

㉡胡太玉:《破译〈山海经〉》,北京:中国言实出版社,2002 年 1 月第 1 版,第 64 页。

㉢胡太玉:《破译〈山海经〉》,北京:中国言实出版社,2002 年 1 月第 1 版,第 71 页。

㉣㉤㉥胡太玉:《破译〈山海经〉》,北京:中国言实出版社,2002 年 1 月第 1 版,第 69 页。

㉦钱穆:《黄帝》,台北:东大图书有限公司印行,中华民国七十二年(1983)再版,第 3 页。

㉧㉨㉩㉪刘文学、王金岭:《黄帝族起源与铸鼎原礼仪中心》,《历史文化研究》2000 年第 4 期。

㉫张正明、董璐:《炎帝散论》,载霍彦儒主编:《炎帝与汉民族论集》,西安:三秦出版社,2003 年 6 月第 1 版,第 11 页。

2007 年 4 月 29 日

论轩辕黄帝故里在甘肃清水县

中华人文始祖黄帝的故里（生地）问题，从学术研究的不同观点看，分歧和争议还是比较大的。从目前情况知，涉及到甘肃、陕西、河南、河北、辽宁、山东、湖南及浙江等省的十多个市县，以河南、河北、陕西的争论较多，且

清水轩辕谷的轩辕泉所在地

河南新郑黄帝故里祭典规模最大，级别最高。黄帝是中华民族的祖先，传说和遗迹已长达5000年，历朝历代修建了许多纪念载体。因而有关省、市以当地传说遗迹为载体祭祀黄帝，都是合理的好事，对各地和国家社会发展都是很有益处的。作为史学研究对象的黄帝，不论说其是氏族公社首领、部落酋长，还是华夏部落联盟最高军事民主首长、古帝，但确有其人则是千真万确的。我们仅就黄帝生于上邽（今甘肃天水）东南70里处（今清水）之说，再做重点考证，同时也涉及到麦积、秦州二区的黄帝故里之说，以与方家交流和共赏。

一、地理环境与少典有蟜氏的西迁

1.陇上江南天水市政区沿革

天水市位于甘肃东部,渭河南岸,气候温和,土地肥沃,山青水秀,有"陇上江南"的美称。《辞海》云:"上邽,古县名,本邽戎地,在今甘肃天水市。公元前688年秦武公取其地,置邽县,后改为上邽县。北魏时因避道武帝邽讳,改名上封;隋大业初复名上邽县。处渭水上游,又当陇山外围,汉唐之间为秦陇地区交通中心和军事重镇,晋以后常为秦州治所。"秦武公十年(前688)灭邽戎而设县时,还灭冀戎而设了冀县(今甘谷县),为天水市辖区中最早的两个县置。汉代以邽县有湖水,冬夏无增减,设郡时改邽县为天水郡。《水经注》云:上邽北城中有湖水,有白龙出入,风雨随之,故汉武帝改为天水郡。《汉书·地理志》下颜师古注此《秦州地记》云:天水"郡前湖水,冬夏无增减,因以名焉"。唐置天水县,取汉郡之名。1949年设天水市。1985年,撤销天水县,并入市内。今天水市为甘肃省第二大城市,地理形势优越,辖秦州、麦积二区,武山、甘谷、秦安、清水、张家川五县。地处陇东黄土高原,自古就是人类的发祥和生息之地。

2.适于原始先民劳动生息的清水县

清水县位于天水市东北,渭水上游,关山西麓,处于陇山向陇西黄土高原的过渡地带。东与陕西陇县、宝鸡相接,南联麦积区,西依秦安县,北与张家川回族自治县相邻,属于温带大陆性季风气候区①。因其地处古陇坂(俗称关山),山上有四注而下的大清水泉,故汉代置县时,遂命名为清水县。从出土的象牙化石(陇东乡田湾村)、鱼化石(泰山庙塬小河床)、陶网坠、木炭、兽骨等析,远古时代的清水县,同陇东地区一样,气候温和湿润,水草丰富,森林茂密,飞禽走兽出没其间,鱼虾较多,自古就是人类理想的生息之地。

"时至今日,四季分明,气候宜人,山清水秀,东部陇山及其余脉盘龙山一带,林海苍茫深邃,草地茂密郁葱,在2012平方公里的境域内,土地资源、水资源,均为天水之最,森林覆盖率达百分之三十点九,是天水市重要的水源地、生态后花园。"②2009年7月初,我和何光岳研究员,应邀曾去清水县实地考察,炎热的夏天,森林茂密的"温泉"地带,却气候宜人,犹如春天。大、小河水,泉水、小溪,布于县城。在古代,为何会有华胥、伏羲、女娲、有蟜、少典、神农、黄帝等传说人物,活动或生于渭水上游地区,就不难理解了。

3.少典和有蟜氏族部落的故里均在河南

《国语·晋语》记载有少典氏、有蟜氏。《史记·五帝本纪》之《集解》引谯周曰:"有熊国君,少典之子也。"引皇甫谧曰:"有熊,今河南新郑是也。"《索隐》云:少典是国名,非人名。梁玉绳《古今人表》对少典、有蟜等,做了详细考证及纠误。其主要意思是说:少典氏族比较古老,以熊为图腾,又称有熊氏。对于"典",有的学者认为是竹或木简册,说明少典是最早发明文字之人。我认为少典是有熊部落的首领,亦是人名、古国名,部落以今河南新郑市为中心,广布于今河南省郑州市以西、洛阳市以东的广大地区,与有蟜氏族部落相邻。有蟜氏,《山海经·中山经》载:"平逢之山,南望伊洛,东望谷城之山","有神焉,其状如人面而二首,名曰蟜虫,是为螫虫,实惟蜜蜂之庐。"许顺湛《中原远古文化》对此研究较早,认为蟜虫(螫虫)是蜜蜂的幼虫。"平逢之山在河南洛阳谷水以西。有蟜氏大概就是居住在这里。"③李德方等认为:"平逢山当即洛阳北面的邙山。"④聚落地未指明。"洛阳说具体系指河南省洛阳市孟津县,故而或可称做孟津说。"⑤孟津县"龙马古堆一带应是炎黄母族有蟜氏的居地"⑥。有蟜部族分布于豫西和陕西省华阴市以东的地区。新石器时代中原的仰韶文化,大体可与少典、有蟜氏部落的年代相佐证。少典、有蟜氏,皆为伏羲女娲之裔。

4.少典和有蟜部落裔支西迁陕甘交界地区

中原少典和有蟜部落的支族或后裔族,何时迁于渭水的中游和上游? 文献无载,近现代学者罕见有人考证。1993 年我曾经提出,仰韶文化时期,中原的少典、有蟜部落支族分别西迁,先到达今陕西中部和西部,留居了各自的氏族,部分又沿今千河向西北迁徙,上邽(今天水地区)成为少典、有蟜氏族的又一分布之区⑦。1997 年,我又说"前仰韶文化"的地域,包括河南西部和陕西关中、陕南及甘肃东部的天水,也基本上与有蟜部族和有熊西迁部族的地望相符合⑧。徐旭生《中国古史的传说时代》中,虽然猜测"两个氏族"到达过陕甘地区,但与我所说不同。他"曾经考证古昆仑丘就是现在的青海高原";"又猜测我们华夏集团在文献还留有一点微弱痕迹的远古是住在昆仑丘的脚下,这就是说他们住在洮河、黄河、湟河、大通河诸河谷中可能住人的地方"。后来"他们逐渐东迁,少典氏和有蟜氏就是他们到达甘肃和陕西交界地区时的两个氏族"⑨。徐先生的推测,今日看来是不够妥切的。何光岳《炎黄源流史》在引用《山海经·中山经》"中次六经缟羝山之首,曰平逢之山,南望伊、洛,东望谷城之山,无草木,无水,多沙石。有神焉,其状如人而二首,名曰骄虫,是为螯虫,实惟蜂蜜之庐"后,认为"有蟜氏开始是以蜜蜂的幼虫蟜为图腾的。蟜虫'弓形,白嫩,称为娇。后来以双虬为子图腾,因善造桥,故又名桥"⑩。他又说:"《路史》引《思玄赋》云西海有桥山,西海即今青海湖,桥山似即日月山。当系有乔氏始居此地而得名,后东迁今甘肃正宁县东,即陕西黄陵县西桥山。"⑪这二说,显然也没有今洛阳为有蟜氏故里说妥切。鲁旭等《九天女初考》,引用有关资料后认为:"有蟜氏部落(族)的活动区域,与少典氏部族的活动区域相同。因而,他们在'华山之阳'与少典氏部族通婚,有蟜氏部族的女登成了少典正妃,生下了炎帝。"⑫两部族的故里是在华阳(具体地方未说),还是由外地徙入"华阳",他未说明,但却说明了秦岭之南确有少典、有蟜部族。至于他说:"《太平御览》中'人首而鸟形'的九天元女形象,实为女登的崇拜神形象";"女登作为九天元女,当然地只能以一位慈祥的老妇人的形象"出现⑬。这一说法,则需要再讨论。此外,从宝鸡民间传说的"女登降世神话"及其事迹⑭,亦说明宝鸡地区在远古确有女登的部族,即有蟜部族。

二、轩辕黄帝生于清水县的进一步研究

1.关于轩辕黄帝生于清水县的有关资料

春秋左丘明《国语·晋语》云:"昔少典娶于有蟜氏,生黄帝、炎帝。黄帝以姬水成,炎帝以姜水成,成而异德,故黄帝为姬,炎帝为姜。"《史记·五帝本纪》载:"黄帝者,少典之子,姓公孙,名曰轩辕。"晋代皇甫谧《帝王世纪》云:"黄帝生于寿丘,长于姬水,因以为姓。居轩辕之丘,因以为名,又以为号。"郭璞《水经》云:"黄帝生于上邽轩辕谷","今城东南七十里有谷与溪焉"。北魏郦道元《水经注》云:"南安姚瞻以为黄帝生于天水,在上邽城东七十里轩辕谷。"《史记·五帝本纪》唐代张守节《正义》案:"黄帝有熊国君,乃少典国君之次子,号曰有熊氏,又曰缙云氏,又曰帝鸿氏,亦曰帝轩氏。母曰附宝,之祁野,见大电绕北斗枢星,感而怀孕,二十四月而生黄帝于寿丘。寿丘在鲁东门之北,今兖州曲阜县东北六里,生日角龙颜,有景云之瑞,以土德王,故曰黄帝。封泰山,禅亭亭。亭亭在牟阴。"乾隆《甘肃通志》云:"轩辕谷在谷隘,清水县东七十里,黄帝诞此"。《甘肃志异考》云:"轩辕谷在上邽(县)城七十里,轩帝生处也。"《直隶秦州新志》云:"帝生轩辕之丘,名曰轩辕。今清水县东南七十里,黄帝诞于此。"光绪《直隶州新志》云:"今清水县轩辕谷。"康熙《清水县志》云:"轩辕峪,东南七十里,黄帝诞于此。"清代吴乘权《纲鉴易知录·黄帝有熊氏》载:"纲:黄帝有熊氏,以土德王。纪:初,神农氏母弟世嗣少典为诸侯。帝榆罔之世,少典国君之妃

曰附宝者,感电光绕斗而有娠,生帝于轩辕之丘,因名轩辕,姓公孙。轩辕生而神灵,弱而能言,幼而徇齐,长而敦敏,成而聪明,国于有熊,故号有熊民。长于姬水,故又以姬为姓。"这无疑是对春秋至清代,关于黄帝生地和身世的概括和总结。

2.专家学者以文献资料结合传说对黄帝生地的研究

从古代文献、地方志所载知,不同认识和观点的形成,主要原因是对寿丘、轩辕之丘、姬水等的认识不同。即使是甘肃天水一个地区内,亦是如此,如黄帝生地(故里),就有清水县、麦积区及秦州区东南齐寿山等三说。我们认为:清水县为轩辕故里之说比较可信,理由比较充分。其根据和理由,主要有以下几个方面。

(1)有蟜氏和少典的氏族在清水县牛头河流域

古史传说人物的系统:华胥生伏羲、女娲,二者又生少典、有蟜。少典娶有蟜氏女,又生炎帝、黄帝。一是说明先民的传说中,透露出原始祖先是有一脉相承之血缘关系的。二是"生"含有少典、有蟜氏族部落的裔支族之义。《史记·秦本纪》索隐:"女修,颛顼之裔女,吞蟜子而生大业,其父不著。而秦、赵以母族而祖颛顼,非生人之义也。"徐旭生《中国古史的传说时代》云:"少典生黄帝、炎帝,是说后面这两个氏族由少典氏族分出,不是说这两位帝是少典个人的儿子。有蟜氏大约是与少典氏族互相通婚姻的一个氏族,就像后代姬姓同姜姓的关系。"⑮田继周《先秦民族史》曰:"少典可能代表一个氏族部落群体。至于说黄帝和炎帝都为少典所生,大概是说他们都是少典这个氏族或部落群体的后裔,有同源关系。后来,由于属于姬水和姜水不同,而发展为不同的氏族和部落体⑯。不言而喻,这是20世纪二三十年代中国考古学兴起后,马列主义史学家按新的社会形态提出的。为研究方便,在注意社会形态的同时,大都还是以文献之说进行论述的。

《水经注》载:渭水东与东亭水合,"水源发小陇山,众川泻注,统成一水,西入东亭川为东亭水"。王建兴说:"清水的得名与县名有关。清水县城,从西汉以来一直在樊河西岸阶地上,樊河古称清水,即来源于县名。在牛头河水系中,有两条支流,曾称'清水',一条是西干河,一条是樊河;故西樊河因县名清水,牛头河又因樊河名清水了。"⑰《水经注》云:"东亭川水又西得清水口,清水导源东北陇山,二源俱发,西南出陇口,合成一水。"又云:西南流经细野峡、清池谷,"迳清水县故城东,王莽之识睦县矣。其水西南合东亭川,自下亦通,谓之清水矣"。王建兴考证:故县城北的牛头河段,又称西江。牛头河今有 14 条支流:汤峪河(在今清水县城东北约 15 公里白沙乡汤浴村一带)古称温谷水;东干河古为银水;后川河古称秦水;白沱河,古称羌水、盛沙水;林家河古有绵诸水、葱秧河、稠泥河等名称⑱。可见牛头河上游及中上游支流,是相当多的。从《水经注·渭水》及图所示,大陇山在今清水县东北部,小陇山在其南,相距较近。大陇山有两条溪流,在古秦川处汇合为一条河,至古六盘山又与陇山西南流的一条水汇合,流至清水县城北又与羌水合流;小陇山的溪流出山后,依次有小祇(氏)水、大祇水二支流汇入,流至县城北,与大陇山的河流合二为一,总称牛头河(又称桥水等)。它沿县城西流时,又与西北向的绵诸水合流。因其西桥亭之故,牛头河又称桥水。再折而向东流时,又有西、东干河之称。王仲满认为:羌水即姜水;姬水即氏水,就是今清水县牛头河上游的大祇水和小祇水⑲。任稼祥认为:县城东北约 15 公里处白沙乡有汤峪河(系牛头河支流),汤峪村中央有寿丘山等⑳。按其方位,少典、有蟜氏亦应生在牛头河上游一带。范三畏教授说:"少典氏大约居小祇(氏)水,而有蟜氏则居于桥水上游,毗邻而通婚。其后发展,少典氏到了黄帝时代,不仅繁衍到大祇水,而且向桥水下游发展;而有蟜氏的后代神农氏炎帝氏族,或初居于羌水,后与轩辕氏一道,沿牛头河(清水)往南"㉑迁徙。我认为,大体上说,有蟜部落的中心地应在古羌水(今白沱河)流域,羌出自姜,故炎帝"以姜水成";少典部落的中心地应在今三皇沟村一带,白沙乡东南地区属少典部落区域,汤峪河很可能就是古姬水。不论怎样说,清水县牛头河流域为少典、有蟜的分布地,则是可信的。

(2)轩辕谷与寿丘等均在清水县

徐旭生《中国古史的传说时代》云:"皇甫谧又说'少典配附宝生黄帝于寿丘。'他又说:'寿丘在鲁北门之北'(鲁,今山东曲阜),这又似乎在山东的东南部。实在,鲁国本为'少耗墟',是东夷集团的大本营,华夏集团的黄帝绝不能生在那里。"㉒多数学者赞同此说。文献和志书亦无记载宝鸡地区有寿丘、轩辕谷等地的,只有与宝鸡交界的天水有明确记载。田继周先生说:"寿丘,一说在鲁,今山东省曲阜县,一说在上邽,今甘肃省天水市。根据黄帝的整个传说来看,我们倾向于后一种意见,即寿丘,应在今天水市地区。轩辕之丘,有说在天水市,有说在陕西渭南。"㉓《水经注·渭水》云:"南安姚瞻以为黄帝生于天水,在上邽城东七十里轩辕谷。皇甫谧云生寿丘,丘在鲁东门北。未知孰也。"何光岳《炎黄源流史》认为:"这个山东曲阜之寿丘,乃黄帝族以后东迁到曲阜而带去的地名。最早的寿丘,应从姬、姜二水和轩辕谷附近去找。据《清一统志》卷二百一十秦州:寿山,在州北一里,下有鲁谷水。寿山不高,与土丘相似,叫寿丘也可以。鲁谷水在秦州城之北。秦州在秦人未西迁至此以前,乃为黄帝之裔、十二姓中的姞姓鲁人所居,并因而得名。鲁人所在地叫鲁城,其北门有寿丘,则为此寿山无疑。州东有轩辕谷,水出南轩辕溪。这些轩辕谷、轩辕溪、寿山都在一起,正是黄帝轩辕氏的最早居地。"㉔即他认为今清水县是黄帝故里。20世纪90年代初,我没有到天水地区实地考察过,对何先生之说对否,不能断定。故我在1993年只是笼统地说:"黄帝轩辕氏的故地在甘肃天水与宝鸡交界地。"㉕后来,我与岳先生相识,读了他的书,才赞同了他的看法。李子伟同志赞同何光岳的观点,并曰:"何光岳先生旁征博引,分析入微。何光岳的观点基本为学界所接受。"㉖此论无疑是正确的。但他又引的专家之论,却与自己的观点不符。

他引用几位先生的观点,就与自己的认识是相背的。如引石兴邦先生说:"从目前学者的研究趋向和认识看,炎帝部落最早的发祥地在陇东、陕西西部的黄土高原的溪谷中,即古代的秦川大地。"㉗赵世超先生说:"至于黄帝以姬水成的姬水在什么地方,这不是我们讨论的重点,但是徐旭生等前辈学者的推测是值得重视的,多数人认为是天水,天水有一长河称为轩辕谷,姬水应该在天水的轩谷。这和陈连开先生讲的,炎黄二帝者发祥在陇东、陕西西部,也就是古代的秦地等观点完全一致。古代的秦地范围很广,包括甘肃的一部分。这个说法是平实的,可以接受的,甚至是推翻不掉的。"㉘石兴邦先生是持黄帝故里在陕西宝鸡地区的,故说在"陕西西部的黄土高原的溪谷中"。李晓伟亦说:"现今的甘肃天水一带,包括陕西西部,即渭河的上游地区,相传是中国远古时代的三皇即伏羲、炎帝、黄帝的出生成长之地。"㉙可见陈连开、石兴邦、李晓伟等先生均未认可轩辕故里在今清水县。

(3)天水市其他地黄帝故里说的依据

在多数专家学者认为黄帝生于清水县的同时,我们也注意到了不同的认识和观点。王彦俊等在引用《水经注·渭水》、罗苹的《路史》注之后说:"寿丘一说是上邽城北之寿山,一说是嶓冢齐寿山。泾谷水为今出泾谷山、泾谷峡,另一说为黄家峡神农山一带而经街子口入渭水的东柯河。轩辕谷水也就是神农山其上源轩辕溪所出之水了。神农山下的轩辕溪之东北为刑马山,之南为黄卢山,山南有华阳黄卢水(即今党川花庙河),龙庙河入徽县永宁河。"㉚嶓冢山(今名齐寿山,在天水市秦州区东南至礼县一带)有寿丘、兑山、崦嵫山、昆仑山等称谓,遂有"寿丘在此"说,认为轩辕黄帝生于此㉛。潘守正则认为:"称轩辕谷在秦州区南部齐寿山北麓,轩辕溪即今麦积区中部的永川河支流谢家河上源花羊峪,并称其源于《水经注》。"㉜这是对《水经注》的极大误解,"早在千年前古人已认定轩辕谷在今东柯河流域"㉝。周祖昌考证:"寿山在今天水市麦

积区街子乡,今叫神农山";"姬水即古氐水,今天水市清水县的大
祇水和小祇水"㉞。马汉江引用何光岳《炎黄源流史》后说:郦氏为
《水经》作注时上邽城已由东柯谷(在今街子乡神农山下)口早迁到
了今州城内。州东七十里为今街子黄家,很难说是北向的清水和
西南向的齐寿。而他(指何光岳)把寿山说成是今城北一里的天靖
山。因鲁谷水在藉河北岸太京乡境;天靖山和仁寿山隔有罗玉河,
实是按图索骥得出的结论。天靖山连仁寿山都不是,怎么会有是
寿丘寿山? 实际可叫寿丘、寿山在街子北坪长八股槐的坪梁就
是㉟。又说:刑马山(古籍"黄帝始于刑马提地之国"的今山名)、轩
辕谷水及寿山均在今街子附近㊱。这样一来,在天水市"清水县,
秦州齐寿乡及麦积街子乡也出现了三个和黄帝生地有关的地方。
纵观几种说法,可以得出黄帝生处有三个地名特征:一是轩辕谷,
二是刑马山,三是寿丘。"㊲

3.天水市三个黄帝故里中应以清水县为确

　　通过改革开放以来 34 年的研究,再结合我们 2009 年 7 月 2 日
至 3 日的实地考察,对清水县的黄帝故里说,也有必要再做研究和
考证。在研究中,不免也要涉及对齐寿乡、街子镇两个黄帝故里之
说的看法。

　　(1)调查所得与对比研究

　　一是少典和有蟜氏族的居地。纵观甘肃学者的研究,我认为
秦州区东南齐寿乡的黄帝生地说,证据较少;街子镇黄帝故里的证
据较为充分。但二者均未考证出少典、有蟜氏族或部落的迁居地,
证据不足。清水县山门镇一带的桥水(今牛头河)支流大小祇水处
为有蟜族居地,牛头河的山门镇白河村轩辕谷(今三皇沟村)为少
典族居地,则多有学者考证。相比之下,条件优越,证据较足。

　　二是寿丘和轩辕谷。马汉江考证:城北一里是天靖山,罗玉河
之北为仁寿山,天靖山不可能是寿山、寿丘。此说比之 1992 年何
光岳《炎黄源流史》的考证较为正确。黄帝出生的清水县的寿山

(寿丘)在什么地方呢？2009年7月2日，在天水市轩辕文化研究会副秘书长、清水县统计局王建兴局长、《西部发展报》副主编任稼祥引导下，我和光岳先生到距县城70里的山门乡白河村三皇沟进行了调查，寻找和观察了有蟜、少典氏族所在的牛头河及其支流；参观了三皇庙(村民复修，十分简陋)及古遗物；目睹了圆盘形的轩辕谷，谷中有座属于青凤山，即为古轩辕丘。丘旁有从地面流出的三条溪流，至谷口汇成一条小河，由南向北注入通关河，至陕西宝鸡西注入渭水。谷口向东经古黑龙潭，是群山的东峰，千年以上的松柏、青桐、杜梨树傲立，传说梨树为黄帝手植。再向上，有传说的轩王爷睡觉石。考察后，何光岳和我认为：离轩辕丘不远，应该是一条较长的山丘(即古寿丘)。何光岳赋诗曰："轩辕诞清水，胤裔遍九州，华夏尊祖；神国兴地利，物丰通三江，世代敬宗。"

　　三是重新寻访寿山(寿丘)等。2009年7月3日，由任稼祥副主编引导，我们又实地考察了清水县城东北约15公里处的寿山等古迹。寿丘，当地人称寿丘山，在今白沙乡汤峪村一组吴家庄旁。"寿丘山东侧有一条发源于关山深处(今张家川小陇山车古峪)的河流，叫汤峪河(古称温谷水)，由北向南流经寿山，经过汤峪川，注入牛头河(系该河的支流)。由寿丘山附近的马圈沟翻过一道山梁，就到鲁沟村。在鲁沟村旁，有一条河流，叫鲁沟河，《水经注》谓之延水。我和何光岳先生交换意见后，认为汤峪河当为姬水，寿丘、鲁谷水等，均在这一地区，比以往说的在"秦州城北一里"要准确得多。同时，这与黄帝生于轩辕谷，长于姬水，也不矛盾。在牛头河北岸的县城北二公里处邽山上，有《清水县志》记载的"黄帝母携帝栖居处"之两孔窑洞遗址，当地百姓称为轩辕窑或轩口窑，也为"附宝"和子轩辕在这一带居住过提供了实证。应邀，何光岳题写了"轩辕故里在清水，寿丘姬水有汤峪"；我也书写了"清水汤峪，轩辕姬水""轩辕长于姬水""轩辕座椅""观轩辕元宝石，思黄帝爱民情"，作为留念。我认为，黄帝生地在山门乡，成长于白沙乡，比较可信和合理的。

四是城名地名等的变迁。《史记·秦本纪》载：武公"十年(前688)，伐邽县。应劭曰：'即邽戎邑也'。"具体地点，在今清水县城北二里的邽山之北，当地人称上邽城，古城垣今仍存。文献、方志书，对此城记载得十分清楚。三国至隋的秦州城，一直在今清水县城(永清镇)处。唐高祖武德四年(621)，改秦州为邽州，以清水县北二里的邽山而得名。如此，文献、方志书所载"上邽城东七十里有轩辕谷"问题，就迎刃而解了。清水县的上邽西城、上邽古城遗址，上邽镇、上邽乡等地名和行政乡镇名等，都可作为资证。《辞海》释秦州城在今天水市，为宋代置。邽山遂迁移到窑庄沟，再移建于县城(永清堡下)。明代学者胡宗缵曾题写"三皇源庙"四字，山门乡白河村三皇沟的三皇庙建于何朝，难以详考。传说早有祭祀活动，庙的对面有戏台。清水县与他地一样，因三皇庙在偏远的山区，交通困难，祭祀不方便，刻碑立于庙前；官府又请书法家为县城门楼书写了"轩辕故里"匾。时县城所在地曰"轩辕镇"，直至民国未变。三皇庙在1943年遭国民党驻军破坏，只余一间厢房。新中国建立后，尤其是改革开放后，县城及三皇庙等古建筑，经过修复，面貌已焕然一新。

(2)传说遗迹和考古文化的佐证

清水县民间有关黄帝的传说故事甚多，如轩辕谷流传的"附宝"怀孕故事，黄帝小时候的成长故事；白沙乡汤峪村剑道古镇"寿丘山"，有关的故事和景观也相当多，有祭天台、奠地台、打鼓堡、赐福洞、轩辕爷泉、轩黄爷井、轩帝宫、黄母墓、轩辕爷槐、溜槽、剑道、九座古堡等[⑧]。

清水县新石器时代遗址较多，可作为黄帝及其文化的依托。如，永清镇李家崖村传说的轩辕窑(又称轩口窑)处，断崖上发现有大量的细泥、壁薄、红色齐家文化陶片、灰坑层等；县城西南第一中学校址，后峪沟以西、西干河以东、草川公路以北，一中草操场以南,发现了总面积为 7.5 万平方米的仰韶文化、齐家文化遗址。永青堡遗址出土了相当多的陶器、石质生产工具和纺轮等。此类年代与黄帝时代大约一致的遗址,在清水县多达 40 余处,主要分布在牛头河中游及其支流樊河、后川河、南道河、白驼河、林家河一带的台地上。这些文化遗存,充分说明了黄帝故里在清水县之说的可靠性。

三、对齐寿乡和街子镇黄帝故里的认识

1.天水市秦州区东南齐寿乡古嶓冢山的黄帝故里说

提出此说的学者所引用材料,同各地研究其处是黄帝故里的材料基本相同,但结论各异。如都以《国语·晋语》《帝王世纪》《路史》等为依据,之所以能得出不同的结论,是在当地都可以找到寿丘(寿山)、轩辕谷(丘)、姬水等遗迹或名称。王仲满考证:氐道,即在天水南徽县北,即《山海经》中所说的氐人国(在徽县白家河),其水源于嶕冢山(即齐寿山)。另外,黄帝及其后裔在这一带所建之国,可考证出的有轩辕之国,西鲁山东麓至今有水流经庙沟门,经考证花羊峪水,就是当年的轩辕谷水。此水在甘泉镇汇入永川河,再注水渭水中。又说:齐寿山周围西秦岭山脉之间多有称天子山、天帝山者,都可与《山海经·西山首经》的"天帝山"相对应,天帝即"黄帝"。黄帝能在昆仑山(齐寿山东南)上帝之下都,直接代表天意,所以他称得上是"帝"的人。接着,他又考证说"西鲁"最早在天水市西南部,其后发展到北部渭水流域。山以东之"鲁国"为"西鲁国"的东迁之国,又说"上邽"所在地为今秦州区而非清水县,齐寿山东麓轩辕谷(今羊花峪),位置正好在上邽城东 70 里处。又以山名、水名、地名等,否定了黄帝生于清水县之说。再以西鲁东门的西汉水源头(即今之齐寿山)地有鲁国,再西有鲁沟村,再西有鲁城,齐寿山东麓有轩辕庙(有地名庙沟村),南隅有藏黄沟,山附近

有轩辕寨(今袁家村)、黄帝山(今黄山村)、黄住关(今黄渚关)、黄卢山等,结合考古材料,可以证明轩辕黄帝故里在齐寿山,而不在清水县[39]。"近年来著名学者西北师范大学范三畏教授和当代国学文史专家甘南州原博物馆馆长李振翼研究员,通过大量的文史资料发掘考析和地理水文深层论证,更明确、更进一步地认为,轩辕黄帝出生在渭水中游的天水秦州东南齐寿山。"[40]我们认为,齐寿山是黄帝的重要活动地之一,称故里比较勉强。潘守正也论曰:释解《水经注》中河流,不能只以流向来确定。因为不同河流的流向往往有相似之处,而应以河流入口来确定。今永川河在渭水纳入永川河以下,又从南部纳入的支流,而泾谷水(今称东柯河)是在渭水纳入永川河以下,又从北部纳入东亭水(今牛头河)后,再从南部纳入的支流。可见泾谷水只能是今东柯河,绝不会是从东亭水汇入口以上纳入的永川河。况且谢家河上源与齐寿山之间,还隔着从齐寿山东麓稍子坡附近发源、西北向流入藉河的南沟河上源。因此称轩辕谷在齐寿山附近,是对《水经注》的极大误解[41]。这也就是说,他认为齐寿山根本不可能是轩辕黄帝的故里。

2.麦积区街子镇的轩辕故里之说

天水市麦积区麦积镇街亭东二里的永庆村,有著名的神农山。《水经注·渭水》载:"渭水又东南合泾谷水,水出西南泾谷之山,东北流,与横水合。水出东南横谷,西北经横水坊,入西北泾谷水。后流西北,出泾谷峡,又西北,轩辕谷水注之,水出南山轩辕溪。南安姚瞻以为黄帝生于天水,在上邽城东七十里轩辕谷。"潘守正考证:泾谷水即今东柯河;泾谷之山指今麦积镇东部盘崖以西一带,《水经注》谓其地为今东柯河源头;横谷山指今石门山以西山谷,现视为东柯河正源;泾谷峡即今街子镇东约4公里处神农山一带的温家峡,泾谷水出峡后再西北流,至今街子镇纳轩辕谷水。其水即今东柯河另一源头号"南河",发源于麦积镇东部秦岭北麓,即仙人崖一带。轩辕谷水,即仙人崖下至街子镇一段河流的名称[42]。马汉江考证:泾谷水是今东柯河,轩辕谷水是神农山下黄家峡内从庵子梁所流出的那条水,轩辕谷当在其流内。而东柯河之东所依的、界于伯阳谷间的山当是泾谷之山,山之南是刑马南山;东柯谷内八股槐的长山包即是寿山、寿丘。因而神农山下的轩辕谷,才是有多证的黄帝生处。清代巩建丰就提出伏羲、轩辕生在天水,具体地方未指明。周祖昌亦说:罗泌《路史》:寿丘在上邽。古上邽在天水市。清《秦州直隶州新志·地域》载:"长山之南,寿山之北通名三阳川。"三阳川在今麦积区的渭南、中滩、石佛三乡;寿山在今秦州区之北山,今名中梁山、寿山;轩辕谷在街子乡,今叫神农山,正合"在上邽城东七十里",故是黄帝的生地㊸。不同意此观点的王仲满说:"近年来又有一说,轩辕谷是在天水麦积区境内的东柯谷。此位置虽然相近于郦道元《水经注》之所载,但是这里没有黄帝及其后裔所建的'轩辕之国''氐人之国'和'西鲁之国'等遗址和遗迹可考,加之史料不足,所以此观点不能成立。"㊹可见齐寿山、麦积镇两地的黄帝故里说,争论是相当激烈的。

3.对天水市三处黄帝故里的认识和分析

对于甘肃天水市三处的黄帝生地该如何认识呢? 从上述可知,麦积、秦州二区的黄帝故里之说,主要根据是古上邽城在今天水市街子乡、齐寿山,符合文献载的"城东70里"之说。因而认为清水县三皇沟的方位,不符合文献之载。人们从各种文献的记载中认为,春秋秦武公灭邽戎而置上邽县城在今清水县城北,移于今天水较晚。王彦俊等说:"无论轩辕谷在麦积区麦积镇的神农山一带或清水县牛头河一带,均在天水市。神农山一带和牛头河一带都有可能是炎黄两部落活动区域,都是有据的。"㊺王仲满说:"今河南新郑、山东曲阜、甘肃清水、神农山等地,都有黄帝时期的文化遗址、传说等,而被誉为'轩辕故里',这是不准确的。因为炎帝、黄帝在全国许多地方留下遗迹,同时华夏大地众多民族都尊崇炎黄为祖先,建庙立祠,世代祭祀,这是很自然的,但是并不代表那些地方就是轩辕黄帝诞生之地。"[46]王彦俊之说是以天水市辖区而言的,只认为麦积镇、清水县是炎黄部落活动地。王仲满是充分肯定齐寿山为黄帝故里之观点,对清水县、街子镇及其他省的黄帝生地,均予以了否定。关于麦积区街子镇东柯河(轩辕谷)一带为黄帝故里之说,可能是与传说炎帝神农氏诞生于此有关。其与齐寿山的黄帝故里之说相比,较为充分。

我们认为,黄帝故里在清水县。牛头河在渭河之北,东柯河在与其相对而稍偏东的渭河以南,街子镇在东柯河与南沟河的分界处,与清水县的轩辕谷相距较近。因而黄帝本人或其"子"(氏族),在街子镇一带活动是很自然的,亦或有其东迁后,留下的"子"(后裔氏族或部落)有迁居于街子镇一带的。齐寿山在清水县轩辕谷东南较远的地方,没有少典、有蟜氏的遗迹,又将花羊峪判定为轩辕谷,证据更不如清水县三皇沟充足和可靠。甘肃其他地区及青海东部,乃至祁连山(古昆仑山)的黄帝传说故事和遗迹,都是黄帝后裔氏族或部落的文化遗迹。

历史与文化是两个概念,含义有联系又有区别。历史必须是真实的,文化则有真实而又有传说。黄帝同其他神话传说人物一样,因5000年前没有文字准确记载其世系、生年、生地、寿命等,故我们只能从先秦文献资料中,结合考古材料,以及各学科研究成果,得出一个比较合理、多数学者认同的结论。因此,我们谨建议三地的学者能从大局出发,求大同存小异(个人观点自然可以坚持),在甘肃省能持"清水县为黄帝故里"的观点而向外宣传,以免使外地学者无所适从。

综上所述,从史学研究传说人物论,我们仍坚持20余年以来"黄帝故里在清水县"之学术观点。街子镇、齐寿山的黄帝故里,当为黄帝的重要活动地,属于黄帝文化分布范畴。我们期望三地的学者能顾全大局,在"甘肃省轩辕文化研究会"指导下,互相取长补短,携起手来,将天水地区的轩辕黄帝及其文化研究推向全国,为天水乃至甘肃经济文化的科学发展做出更大的贡献!

注释：

①王建兴:《轩辕故里·清水文化》,兰州:甘出准 006 字总 82 号(2009)42号,2009 年 11 月印刷(内部资料),《前言》第 6 页。

②王建兴:《轩辕故里·清水文化》,兰州:甘出准 006 字总 82 号(2009)42号,2009 年 11 月印刷(内部资料),《前言》第 7 页。

③王建兴:《轩辕故里·清水文化》,兰州:甘出准 006 字总 82 号(2009)42号,2009 年 11 月印刷(内部资料),《前言》第 8 页。

④许顺湛:《中原远古文化》,郑州:河南人民出版社,1983 年第 1 版,第411 页。

⑤李德方、黄吉博:《黄帝的故里和老家分别为新郑、洛阳》,中国古都学会编《中国古都》第十辑,西安:三秦出版社,2004 年第 1 版。

⑥⑦马世之:《有蟜氏故里及相关问题》,《黄河大学学报》2011 年第 2期。

⑧杨东晨:《炎黄故地考辨》,《宝鸡师学院学报》,1993 年第 1 期。

⑨杨东晨:《西迁有蟜氏族与宝鸡北首岭遗址考》,《宝鸡社会科学》1997第 1—2 期合刊。

⑩徐旭生:《中国古史的传说时代》(修订本),北京:中国科学出版社,1960 年第 1 版,第二章《我国古代部族三集团考》注释。

⑪何光岳:《炎黄源流史》,南昌:江西教育出版社,1992 年 4 月第 1 版,第 64 页。

⑫何光岳:《炎黄源流史》,南昌:江西教育出版社,1992 年 4 月第 1 版,第 65 页。

⑬⑭鲁旭、邰潇:《九天元女考》,宝鸡市社科联:《姜炎文化论》,西安:三秦出版社,2001 年第 1 版,第 296 页。

⑮白纯洁:《女登的传说》,载《姜炎文化论》,西安:三秦出版社,2001 年第 1 版,第 297—300 页。

⑯徐旭生:《中国古史的传说时代》,北京:中国科学出版社,1960 年第 1版,第 2 章。

⑰田继周:《先秦民族史》,成都:四川民族出版社,1988 年 1 月第 1 版,第 106 页。

⑱⑲王建兴:《轩辕故里·清水文化》,兰州:甘出准 006 字总 82 号(2009)42 号,2009 年 11 月印刷(内部资料),《前言》第 8 页。

⑳王仲满:《中华文化之根齐寿山》,北京:中国文史出版社,2008 年 12 月第 1 版,第 33 页。

㉑任稼祥:《漫话清水寿丘山》,《甘肃日报》2012 年 5 月 9 日。

㉒范三畏:《旷古逸史——陇古神话与古史传说》,转引自《轩辕故里·清水文化》,第 7 页。

㉓田继周:《先秦民族史》,成都:四川民族出版社,1988 年 1 月第 1 版,第 106 页。

㉔何光岳:《炎黄源流史》,南昌:江西教育出版社 ,1992 年 4 月第 1 版,第 65 页。

㉕杨东晨:《炎黄故地考辨》,《宝鸡师学院学报》,1993 年第 1 期。

㉖李子伟:《炎帝的神话传说探微》,载《神农山与神农文化》,北京:中国文史出版社,2007 年 4 月第 1 版,第 140 页。

㉗石兴邦:《有关炎帝文化的几个问题》,宝鸡社科联编:《姜炎文化论》,西安:三秦出版社,2001 年 6 月第 1 版,第 13 页。

㉘赵世超:《阴阳五行学说与炎帝文化的南迁》,宝鸡社科联编:《姜炎文化论》,西安:三秦出版社,2001 年 6 月第 1 版,第 13 页。

㉙李晓伟《昆化山——探寻西王母古国》,天津:天津社会科学院出版社,20011 年第 1 版,第 69 页。

㉚王彦俊、王国瑞:《试论神农氏族文化》,载《神农山与神农文化》,北京:中国文史出版社,2008 年 12 月第 1 版,第 23 页。

㉛王仲满:《中华文化之根齐寿山》,北京:中国文史出版社,2008 年 12 月第 1 版,第 33 页。

㉜潘守正:《史载轩辕谷在街子镇神农山一带》,载《神农山与神农文化》,北京:中国文史出版社,2008 年 12 月第 1 版,第 20 页。

㉝潘守正:《史载轩辕谷在街子镇神农山一带》,载《神农山与神农文化》,北京:中国文史出版社,2008 年 12 月第 1 版,第 21 页。

㉞周祖昌:《华夏文明之源》,载《神农山与神农文化》,北京:中国文史出版社,2008年12月第1版,第20页。

㉟马汉江:《炎黄文化在古街亭(神农山一带)二议》,载《神农山与神农文化》,北京:中国文史出版社,2008年12月第1版,第74页。

㊱马汉江:《炎黄文化在古街亭(神农山一带)二议》,载《神农山与神农文化》,北京:中国文史出版社,2008年12月第1版,第73页。

㊲任稼祥:《漫话清水寿丘山》,《甘肃日报》2012年5月9日。

㊳王仲满:《中华文化之根齐寿山》,北京:中国文史出版社,2008年12月第1版。

㊴王仲满:《中华文化之根齐寿山》,北京:中国文史出版社,2008年12月第1版,第36页。

㊵潘守正:《史载轩辕谷在街子镇神农山一带》,载《神农山与神农文化》,北京:中国文史出版社,2008年12月第1版,第21页。

㊶潘守正:《史载轩辕谷在街子镇神农山一带》,载《神农山与神农文化》,北京:中国文史出版社,2008年12月第1版,第72—73页。

㊷马汉江:《炎黄文化在古街亭(神农山一带)二议》,载《神农山与神农文化》,北京:中国文史出版社,2008年12月第1版,第71—72页。

㊸王仲满:《中华文化之根齐寿山》,北京:中国文史出版社,2008年12月第1版,第36—37页。

㊹㊺王彦俊、王国瑞:《试论神农氏族文化》,载《神农山与神农文化》,北京:中国文史出版社,2008年12月第1版,第72—73页。

㊻王仲满:《中华文化之根齐寿山》,北京:中国文史出版社,2008年12月第1版,第36—37页。

2013年10月9日

黄帝正妃嫘祖与本姓后裔的事迹考

中国古史传说时代人物的研究,在改革开放后受到了高度重视。在各级政府关怀下,学术界和地方学者联手,将三皇五帝及其有关传说人物的研究推向了高潮,学术观点日益增多且更加具体化。黄帝正妃嫘祖文化的研究,也是这样。我自感学识浅薄,仅就传说人物研究与嫘祖后裔源流谈些认识,以求教于前辈和同仁。

一、古史神话传说人物与其文化载体

圣人孔子删订的"六书",先秦诸子百家及《楚辞》《山海经》,秦汉有关经书、史书及纬书,三国《古史考》至清代的《绎史》等,都或多或少地保存了神话传说资料,为我们研究古史传说时代人物奠定了基础。从战国到魏晋形成的五德终始、三统及纬说等,是三皇五帝史及理论基础的政治产物。相比之下,后者的史料价值,则不如《楚辞》《山海经》《世本》《大戴礼记》等。

1. 古史传说人物多故里多陵墓的原因

随着考古资料的日益丰富,历史、考古、地理、民族、方志等学科研究的深入,学术界认为不仅黄河流域是中华文化的摇篮,而且长江流域也是中华文化的摇篮;中华民族的形成和发展是多元一体的,而非传统的一元论;中国文明的起源是多元的,文明的进程或步履存在着快慢的差别。相比之下,中原的文明进程是比较快的,"三皇五帝"的神话传说多发生在黄河流域。从黄河流域看,目前号称文化大省者有河南、陕西、山东、河北、山西及甘肃等；从古史传说的代表人物说，从华胥至帝舜，以及与他们同期的许多人物，也都出生（即氏族兴起）在黄河流域；从新石器时代遗址说，前仰韶文化遗址，在 20 世纪 50 年代末首先在陕西华县老官台发现。仰韶文化遗址，在 20 世纪 20 年代首先在河南渑池仰韶村发现。龙山文化遗址，20 世纪 30 年代首先在山东章丘龙山镇城子崖发现。先民口耳相传、不断演绎的神话传说人物，后世整理时，也是神与人或兽（或鸟、蛇）与人糅合；神话传说人物多世代袭用一个称号，迁徙频繁，事迹也都记在一个称号之下；世代官民依照传说，不断在各地营修纪念祖先的建筑。这样一来，便形成以"三皇五帝"为代表的许多传说人物多故里、多邑城、多陵墓、多祠庙的一大特征和规律。

2. 古史传说人物与文化载体的关系

我们一贯主张采用"模糊史学法"对待神话传说人物，让历史研究与这些人物的文化载体既要结合，又要加以区别。从史学观点说，一个学者对一个传说人物的生地、葬地，按职业道德准则只能有一种学术观点；从挖掘历史文化，发展旅游事业，振兴中华经济的大局说，凡是一个传说人物在各地客观存在的多处故里、邑城、陵墓、祠庙等文化载体，不论其在学术上的根据如何，我们认为每个史学工作者，都应当尊重当地政府和人民崇奉祖先的意愿，予以热情支持。黄帝以前的传说人物，世代袭用一个称号，故里、邑城、陵墓、祠庙均以相同的名号称谓，很难区分是哪一代的遗迹。从黄帝起，子孙虽然不再袭号，但子孙们分迁各地后，带去了祖先的传说和地名，并修陵墓、祠庙等予以祭祀。后世亦然。我们今日也只能以较早的文献记载，结合多学科的研究成果，大体分辨出哪个是原文化载体，哪个是纪念性（或某代）的文化载体。因为一切传说人物的陵墓，都是无法以考古发掘来证实的。黄帝正妃嫘祖的故里,有河南开封东(传统观点多认为在此)、荥阳、西平,山东费县,山西夏县,湖北宜昌、黄冈、浠水,四川盐亭、叠溪,陕西陇县及浙江杭州等6省12地之说。何光岳考证:"嫘祖始生于四川茂县北叠溪北面之蚕陵山,又曾称西陵山,后南迁(四川)盐亭。在盐亭居住了很长时间,再顺长江而迁湖北宜昌之西陵,最后北迁定居于河南西平县之西陵,与北邻新郑居于轩辕之墟的第八代黄帝联姻。"①是说嫘祖的故里在四川茂县,西平是迁居久住之地。刘文学《嫘祖故里地望》云:"哪种说法比较可信,我们应当进行综合判断。我以为取决于四个基本条件:一是那里必须有'西陵'这个地名(《史记·正义》说'西陵是古国名');二是'西陵'这个地名必须在汉代以前已有;三是必须有具体的'西陵'地望;四是必须与有熊国,即今河南新郑较近。"②其中的湖北宜昌,虽然《战国策·秦策》已记载有"西陵"之名称,比《汉书·地理志》记载西平县有"西陵"称谓较早,但是宜昌附近没有轩辕之丘,也没有"有熊之墟",证据不如西平县充足。许顺湛、马世之、郑杰祥、张维华、张国硕、蔡全法、张新斌、刘文学、高沛、李清彦、谢文华、高蔚等先生旁征博引,进行考证,均认为嫘祖故里在西平。

3. 会议达成嫘祖故里在西平的共识

2006年10月13日至15日,由中华文化研究会、河南省炎黄文化研究会主办,西平县人民政府承办,召开了"中国·河南西平嫘祖文化研讨会",全国各地70余人参加了大会。经过认真、广泛讨论,对嫘祖的故里问题达成了共识:"西平北距黄帝故里新郑仅120公里,黄帝与嫘祖的联姻正是黄帝族和炎帝族的西陵族团的融合,并结成地域性联盟。武威(今属甘肃)汉简记载有'汝南郡西陵县';《水经注》载:'西陵平夷,故曰西平。'可知西平县古称西陵,乃嫘祖西陵氏族团初居之地。在西平县吕店乡黄桥村,还发现了面积达48平方米的新石器时代遗址,包括与嫘祖生活时代相当的仰韶文化和龙山文化内涵,遗址及其附近原有嫘祖庙、西陵亭、嫘坟、九女山、蜘蛛山等众多有关嫘祖的古迹名胜,董桥村现存有在遗址中出土的原存嫘祖庙的元代大铁钟。可以认为,河南西平应是嫘祖故里。"③

二、黄帝正妃嫘祖的生平和事迹

1. 嫘祖的名字和称号

《山海经·海内经》云:"黄帝娶妻嫘祖,生昌意,昌意降居若水。"《史记·五帝本纪》载:"黄帝居轩辕之丘,而娶于西陵之女,是为嫘祖。嫘祖为黄帝正妃,生二子,其后皆有天下,其一曰玄嚣,是为青阳,青阳降居江水;其二曰昌意,降居若水。"《索隐》:"一曰雷祖。"《正义》:"一作'傫'。"又云:"西陵,国名也。"《索隐》:"案:黄帝立四妃,象后妃四星。皇甫谧云:'元妃西陵氏女,曰累祖,生昌意。'"《路史·后纪》又写作"傫祖"。这就是说嫘、傫、累、傫、雷古音近通用。她有黄帝之妻、正妃、元妃三个称号。史学界对江水、若水的今地望认识不一,主要有今四川西北、河南东部、山东西部三说。

2. 嫘祖的姓氏

郝懿行《山海经笺疏》云:"雷,姓也,祖,名也。"《路史·国名纪六》云:"西陵,黄帝元妃,嫘姓国。"可见,西陵既是地名、部落名,又是国名;氏族部落长和族人姓嫘(雷),黄帝娶西陵氏之女,自然是嫘(雷)姓。

郑樵《通志·三皇纪》云:"帝娶西陵之女嫘祖,亦曰女节,生二子,其后皆有天下。"此说与《史记》之载有异,嫘祖为黄帝元妃,与女节非一人。《史记·五帝本纪》《索隐》引皇甫谧云:"次妃方雷氏女,曰女节,生青阳。"司马贞案:"太史公乃据《大戴礼》,以累祖生昌意及玄嚣,玄嚣即青阳也。"嫘祖与女节是什么关系呢?《国语·晋语四》记载:"黄帝之子二十五人,其同姓者二人而已,唯青阳与夷鼓,皆为己姓。青阳,方雷氏之甥也;夷鼓,彤鱼氏之甥也。"韦昭注:方雷,西陵氏之姓也。《汉书·古今人表》云:方雷氏黄帝妃,生玄嚣,是为青阳。梁玉绳《史记志疑》考证:"方雷氏始见《晋语四》。雷又作累(《路史·后纪五》),又作 儽(《路史·后纪七》),名女节","嚣又作枵(《家语》《五帝德》),青阳又作清阳(本书《律历志》),亦曰清,亦曰少昊(《逸周书·尝麦解》)。案:方国,国名。故《晋语》云:青阳,方雷氏之甥也。《索隐》引皇甫谧谓方雷氏女为黄帝次妃。韦昭以方雷为嫘祖之姓,以甥为姊妹之子。盖因雷、嫘声而误。玄嚣乃嫘祖所生,姬姓,与青阳实二人,表仍《世本》(见《山海经·海内经》注)。《帝系》《史记》误合为一尔。"何光岳《炎黄帝源流史》对诸文献记载和各种说法分析后曰:"可见,黄帝正妃累祖、次妃女节,俱系西陵氏方雷之二女,西陵为方雷氏居地之名。其二女同时嫁于黄帝为妻。"④从而我们可知,嫘祖又有复姓"方雷"。因她和女节是姊妹,故又可互称其子为"外甥"(均为黄帝之子)。

3. 嫘祖的事迹及崇祀称号

黄帝是个大有作为的氏族部落首领、华夏部落联盟最高军事民主首长,正妃嫘祖是勤劳的贤内助,协助其发展生产和征战,多有奉献。相比而言,她的最大功绩是植桑养蚕,缫丝制衣,为部落先民造福。《淮南子》云:"黄帝元妃西陵氏始蚕,即为先蚕。"淮南王刘安《蚕经》云:"黄帝元妃西陵氏始蚕,盖黄帝制衣裳因此始也。"《路史·疏仡纪》云:"黄帝命西陵氏劝稼蚕。"《路史·后纪》云:"黄帝之妃西陵氏曰傫祖,以其始蚕,故又祀之先蚕。"刘恕《通鉴外纪》云:"西陵氏之女,为黄帝之妃,始教民养蚕,治丝茧以供衣服,后世祀为先蚕。"《纲鉴易知录》云:"西陵氏之女嫘祖为黄帝元妃,始教民育蚕,治丝茧以供衣服,而天下无皴瘃(皮肤干裂和冻疮之义)之患,后世祀为先蚕。"《辞海》综合释曰:"嫘祖,一作累祖。传为西陵氏之女,黄帝之妻。神话传说中把她说成养蚕治丝方法的创造者。北周以后被祀为'先蚕'(蚕神)。"从属于仰韶文化时期的河北正定县南阳庄遗址出土2件陶蚕蛹;河南荥阳青台遗址瓮棺内发现有丝帛,郑州大河村遗址的彩陶上有蚕形图案知,先民的确已会采桑养蚕。炎帝之女的故事,也可以说明河南的植桑养蚕缫丝是很早的,进而可证明嫘祖缫丝制衣是可信的。《太平御览》卷九百二十一引《广异记》载:"南方赤(炎)帝女,学道得仙,居南阳(今属河南)愕山桑树上。正月一日,衔柴作巢,至十五日成。或作白鹊,或作女人。赤帝见之悲恸,诱之不得,以火焚之,女即升天,因名帝女桑。今人至十五日焚鹊巢作灰汁,浴蚕子招丝,象此也。"南阳一带既有此大桑树,那么,西平县一带在黄帝时有植桑养蚕之业,就是很自然的事情了。李清彦《嫘祖故里初探》说:西平处于北亚热带向温暖带的过渡地带,居亚湿润的大陆性季风型气候,土壤主要是黄棕壤土和砂姜黑土两种,这样的气候特征和土壤成分非常适宜植桑养蚕。西平发掘了耿庄遗址、上坡遗址、小潘庄遗址、董桥遗址、三所楼遗址、康庄遗址、茨园遗址七处。这些遗址都是新石器时代遗存,时间大约在距今4000到7000年之间。出土了很多陶纺轮,有红陶,也有灰陶,其形状和大小没有大的差别,只是有的粗糙,有的表面光滑精细,就是今天照样可以用来纺线,可见当时缫丝业的繁荣和规模⑤。黄帝时代,先民一般还是以兽皮、树叶、麻布为衣,丝织品极少,但起码反映出西平当时已有桑蚕、缫丝业。高沛《嫘祖故里在西平》说:"嫘祖是中华之母,是黄帝时代一位伟大的女性发明家,是她始教民养蚕,缫丝制衣,结束了人类赤身裸体的荒蛮时代,同黄帝一道,带领子民,开创了中国男耕女织的农耕文明,为人类进入文明社会做出了卓越贡献。"⑥此说基本接近史实,只是炎帝之妻听訞已教民养蚕纺织,制做衣服,嫘祖是继承发扬者,非创始人。制"皮革衣",则是始于伏羲时代。

4. 嫘祖的葬地有多处

黄帝正妃嫘祖的葬地,目前主要有三种说法。一说是在湖南衡阳的衡山。清代李元度重修《南岳志》引《衡湘稽古》云:"雷祖从帝南游,死于衡山,遂葬之。今岣嵝有雷祖峰,上有雷祖之墓,谓之先蚕冢。其峰下曰西陵路,盖西陵氏始蚕,后人祀之为先蚕也。"一说在四川。李德书考证:四川盐亭县高灯镇盘村蚕丝山下祖家湾,"是嫘祖茔地。这里的古墓无字、没封顶,但石壁上有很模糊的图案,经众多专家学者考察证论,图案为《轩辕酋长礼天祈年图》和《蚩尤风后归墟扶桑值夜图》。这里的古墓图案恰与美国纽约州易洛魁人保存的鹿皮画遥相呼应,真乃异域同工之妙。"⑦一说是在今河南西平县。高沛《嫘祖故里在西平》云:"嫘坟。离董桥遗址不远处有一片墓葬区,当地人叫嫘坟,《云笈七签·轩辕本纪》载:'帝周游时,元妃嫘祖死于道,帝祭之以为祖神。'嫘祖死于'道',这个道在何处? 为什么嫁到轩辕丘的嫘祖,在她的故乡还有墓? 有的说墓冢里长眠的是真身,有的说是衣冠。"⑧三地陵墓(其他地可能还有)各有证据和实体,以西平之说为确。

三、嫘祖本姓氏后裔的源流考

从目前姓氏学专家的研究成果看,黄帝之子共计 25 人,后来演变为 296 个姓氏。这些姓氏后来又演变为数千姓氏。在这里仅对嫘祖本姓演变的后裔源流作以简述。

1. 嫘姓

《元和姓纂》云:"西陵氏女嫘祖为黄帝之正妃,后世以嫘为氏。"《中国姓氏大全》曰:"相传黄帝有二十五子,别为十二姓。其中嫘氏为西陵氏女嫘祖之后。"由于嫘又写作累、傫,所以又有此两个姓氏。这三个姓都是罕见的姓氏，只有山西运城、临汾及吕梁地区，有纍（累）姓人分布。湖北武汉分布者皆写作累姓⑨。《左传》载：晋国七舆大夫有累虎。

2. 雷姓

雷姓，一是源于嫘祖，二是源于黄帝之臣雷公，在这里仅述前者。《通志·氏族略》云：雷姓初为复姓方雷氏，是上古诸侯国。黄帝曾娶方雷氏之女为妻，生子玄嚣。方雷氏的后裔子孙以国为姓，再分为方姓和雷姓。注云："方雷氏之后，女为黄帝妃，生元枵（按：或作玄嚣），盖古诸侯之国"，后"以国为氏"。史国强《中国姓氏起源》云："雷姓望出冯翊（今陕西大荔）、豫章（今江西南昌）。东汉有雷义，与陈重为同郡（指冯翊）好友，皆通经诗，太守举孝廉于陈重，陈让以义，刺史举茂才于雷义，雷让于重，史称友好情深为'雷陈之谊'。清朝有雷学淇，通州（今四川达县）人，嘉庆进士，因五代以来《竹书纪年》残缺不全，立志复旧，用九年之功，博考唐朝以前诸书补成，遂传为珍本。"⑩唐《新集天下姓望氏族谱》云：同州冯翊郡八姓有雷氏。一部留居青海、甘肃一带，成为羌人豪族。《魏书·王遇传》云："冯翊李闰镇羌也，与雷光、不蒙俱为羌中强族。"《魏书·太祖纪》云："天兴五年（402）十月，获姚兴建忠将军雷星。"《晋书·姚弋仲载纪》云：有雷恶地。《十六国春秋·前秦录》云："苻坚丞相雷弱儿"；"苻生又诛丞相雷弱儿，弱儿，南安羌酋也。"《圣母寺面像碑》记载：有司马雷荣显等二十八人，均为羌族大姓。何光岳《炎黄源流史》云："另一支雷姓人南迁江南和岭南后，成为俚人，亦多雷姓。这两种羌人、俚人的雷氏，大多成为汉族，一部分人融入彝、侗、苗、瑶、畲、布依、壮、黎族。雷氏尤为畲族大姓，在瑶族也是大姓，有谓'盘、雷、兰、钟'四大姓。"⑪雷姓是常见姓，分布很广，今北京、河北尚义、正定、阜平，山东平邑，山西大同，湖北监利，江西金溪，广西田林，云南泸水、河口、陇川，四川合江等地均有。汉、鲜、白、回、畲、壮、苗、水、瑶、景颇、阿昌、布依、土家、锡伯等民族均有⑫。雷姓华侨名人有：美国华裔雷柏锐，1991 年获美东地区"拿破伦杰出工业成就奖"。雷祖威，作家，著《错置》《爱的痛苦》。马来西亚华侨雷沧海，兴办金山通商银行。法国华侨雷子声，曾任巴黎旅法华侨抗日救国联合会会长。新西兰雷维东，清末任惠灵顿中华会馆负责人。秘鲁雷法臻，任《民醒日报》负责人。澳大利亚雷镇宁，任墨尔本中华文化中心负责人。

3. 方姓

《世本》云："方氏，为方雷氏之后。"应邵《风俗通》云："方氏，方雷氏之后，汉有方贺。"《姓氏考略》注云："榆罔之子曰雷，封于方山（在今陕西陇县，一说在河南），后人以地为氏。"西陵氏之女嫘祖为炎帝八代孙榆罔的孙女，遂又姓方雷，再分为方姓、雷姓。《通志·氏族略》云：尧帝有仙人方回，隐居五柞山（在今陕西周至县）中，尧聘为闾士，夏启时为官士，见于《列仙传》。方回是位隐士，非仙人。何光岳释："方回即方雷，因甲骨、金文的回字与雷字相似。尧都山西平阳（今山西临汾），方回居于汾阳（今属山西），两相邻近。到夏启时都于阳城（今河南登封告成镇）。方回部落后迁至嵩县之方山，又与夏启为邻。"⑬周代有方相、方良、方叔。

（1）河南固始县的方氏

河南固始县《金紫方氏族谱》宗图"序"云：汉代有方纮，避王莽之乱迁于歙县（今属安徽）东乡，生子方雄，雄有子储，储有子赞之、观之、弘之，子孙方星居江浙。方观之一支北返固始，居于方龙山，官至唐都督长史。观之有子方琇，琇有子殷符。殷符有子廷康、廷年、廷范、廷远、廷英、廷辉、廷滔，计七子。乾隆二十二年（1757）《方氏宗祠捐祭田碑记》载：方廷范因中原战乱，迁居福建莆田刺桐巷，更名曰方巷。明初，十七世方胜，任庆阳（今属甘肃）卫世袭指挥使，洪武时期（1368—1398）封武威将军，又返归固始。其后裔有方仕,明正德三年(1507)进士。方端,万历五年(1577)进士。今固始县方龙山南一里有方集镇,以方氏居多,其祖宅在镇北端。

(2)安徽的固始方氏

方廷范后裔留居歙县,人口兴旺。宋代有方桂森、方恬、方腊等。宋徽宗宣和二年(1120),方腊在睦州(今浙江淳安)领导农民起义,攻占睦、杭等7州48县。次年四月战败被俘,八月死于东京开封。元代有方尹,明代有方森、方士杰、方惠,清代有方日章、方天青、方觐、方骞、方仕煌、方日华、方震时、方鼎录及方凯等,均为进士、举人或官员。

从安徽歙县迁居桐城的方氏,明代有方佑,任桂林知府。方大镇任大理寺少卿,著《荷新义》《田居乙记》。方孔炤任湖广巡抚,著《周易时论合编》,其子方以智,任翰林检讨,著《通雅》《易枢》《古今性说合观》《一贯问答》《物理小识》及《药地炮庄》。方以智有三子:方中德著《古事比》《遂上居集》;方中通著《度数衍》《揭方问答》《浮山文集》;方中履著《汗青阁集》《古今释疑》。方学渐任祭酒,著《心学宗》《迩训》及《桐彝》。清代有方鲲、方观承、方拱乾、方宗诚、方世举、方世泰等,均是著作家,各有著作留世。方式济、方孝标、方孝儒、方观承等,皆为明清桐城名流。

(3)福建的固始方氏

迁居莆田县的固始人方廷范,家族兴旺。其后裔留居者,至宋代有方会,官至两浙巡抚使,封文安侯。方绚为书法家。方龟年任屯田郎中,著《经史解题》《群书新语》。元朝时有方烔,诗人兼医学家,著《杏林肘后方》《伤寒书》《脉理精征书》。明代有方守,任湖广右布政史。方良永,官至右副都御使。莆田县方巷(刺桐巷)的廷范后裔,有经商者信奉阿拉伯伊斯兰教,融入了回族,在宋元时迁居琼州(今属海南省)。明万历(1573—1619)《琼州府志》卷三云:"宋元间,因乱挈家驾舟而来,散泊海岸,谓之番村、番浦。其人多蒲、方二姓，不食豕（即猪）肉，家不供祖先。"

（4）湖北的固始方氏

湖北通城县《云溪洞方氏族谱总序》云："方氏之得姓，始于炎帝神农氏八世孙榆罔帝之长子名雷，受赐方姓封河南郡公。世家金陵（今江苏镇江），历唐虞以及汉唐，人丁大旺。""曾闻东汉明帝时，方纮公始迁歙县之东乡绩溪。至唐昭宗十二年（900），方尧臣以翰林院迁江西洪州府（今南昌）铁柱宫。至五世孙方迪，字白允；方进，字盘允。迪公官宰相，赐谥文正。休政后，又迁湖北崇阳县，寿九十三岁。生五子，长琼，字仕东；次珍，字仕南；三曰玳，字仕西；四曰珣，字仕北，迁武昌马迹乡（今属武汉），亦称望族；五曰玠，字仕中，仍守洪都之祖居，今亦冠裳鼎盛。"通城县的方氏，是从洪州迁来的方琼一支。琼官至宋徽宗（1101—1125）的镇夷将军，后战死。明初方孝儒为武昌撰《方氏谱序》曰："大抵江南之方氏皆纮后，而歙其宗邑也。今（安徽）歙山间犹多方氏祖庙云。武昌之有方氏，则自元巡检汉祥始由九江（今属江西）迁来。汉祥之先本莆人，而莆之方又本闽（今福建），闽本泉州长史达。方达，歙裔也。方汉祥之孙鼐，以国子生仕于朝，三转为通政司参议。"

湖北嘉鱼县《方志合谱序》载："方氏至我明嘉（靖）隆（庆）之际，若嘉邑则有大司马方金湖先生，巴邑则有大司农方砺庵先生，临湘则有招讨使方毅轩先生、御史方启东先生，监利则有尚书方望之先生。"可见明朝中叶湖北嘉鱼、监利、湖南巴陵（今岳阳）、临湘等地均有方姓人分布，且多为大官。

（5）湖南的固始方氏

《云溪洞方氏族谱总序》云：方迪的二子方珍，字仕南，举家"迁平江（今属湖南）长寿村。至四世孙方从周，历官礼部、刑部尚书。丁亦大盛，盖迪公之裔珍为最盛。三曰玳，字仕西，迁巴陵县（今湖南岳阳）沙陂，丁族亦大，科第蝉联，历有显官。"《沙陂方氏族谱序》

云:方玑之后有方澄,澄的裔孙为方岳,"几十有九世,上下历数百年,源渊可考。五世祖生三子曰汝钦、汝舟、汝楫。又五世曰麟者,生定、泊、寓,皆读书明经。寓生开,开生五子。长子曰寿元,生敏中。寿元之弟一中,一中生汉(汉之子廷玉)。"方姓为岳阳第一望族,"明清以来仕宦名人辈出,素有'方氏三斗三升芝麻官'之谚语。明代有户部尚书曰方钝、陕西按察使方必寿。元代有正统十二年举人方宗穆。明代弘治五年有举人方应斗。清代有方显,任广西巡抚。方大淳,任军机章京,著有《四书通义》《竹林问答录》。"⑭

(6)江西的固始方氏

唐昭宗十二年(900),河南固始县迁居安徽歙县的方纮后裔尧臣,以官职举家移往洪州府(今南昌),人丁兴旺,其子孙有的留居,有的又向四方迁徙。明成祖永乐九年(1411)八月,吴景撰《德兴方氏重修族谱序》云:"饶之乐平德兴方氏为巨族,皆浙之桐庐,风雅先生方干之后。再转至楷,而生子殊起,迁至河湖(今湖口)。殊起二子曰咏、曰讷。咏号云亭,生十子分居弋阳、上饶、贵溪;讷号云岫,生望之,望之生庆远。庆远又自河湖迁德兴之建节,生四子霆、霁、云、霖。霆始迁乐平长城桥,而蔓翠、塘尾皆其裔也。霁分(居)鄱阳(今波阳)小吉,霖分(居)德兴长溪下坊,云居建节冕源。"嘉靖《江西德兴族人请合谱书·迁徙传》云:"自雷祖四十六代孙(方)显,世居河南平陵。"

(7)浙江的固始方氏

南宋恭帝德祐元年(1275)绍兴《鉴湖方氏谱序》云:"今之闽浙通谱内,指其固始同出。"柯昌济考证:方氏"原居地在西北地域,但此姓后世繁殖在长江流域,尤其在苏、皖、浙、赣各省。皖省方氏尤为巨族,足证上古时期,方族已南迁江南一带。"⑮《风俗通》云:"唐睦州(今浙江建德县)桐庐人方干,以唇缺不第,有诗名,号元英先生,至今为盛族,谓之鸬鹚方氏。鸬鹚,地名。"宋代潜溪《徽州方山谱序》云："惟方氏出自方雷氏。方雷者,西陵氏女也,轩辕之正妃,是为音雷、嫘祖。或曰榆帝之子雷封于方山,后人因以方为姓,未详孰是。"嫘祖为雷之女,方、雷姓的形成是一回事。又云："周宣王时,方叔食邑于洛,故世望于河南。至西汉末,新莽将篡位,司马府长史方纮官于吴中(今苏州),度天下必乱,即避歙(今属安徽)之东乡,因家焉。其孙侪、俨、储。侪,关内侯,行南部太守;俨,大都督;储,字圣明,一字颐真,太守周歆举为孝廉,又举方正第一,官太常卿兼洛阳令,封黟县(今属安徽)侯,和帝时,以忤上意,饮鸩而卒。储能役使鬼神,故乡人立庙祀之,称为仙翁云。生子三:赞之、宏之、观之。"其"子孙分为三支。赞之之后则严、衢、婺、越(今均属浙江);宏之之后则徽、宣、池、秀(今属安徽)、湖、常(今属江苏);观之之后则莆田(今属福建)、九江(今属江西)、滁阳(今属安徽),至今藩盛。赞之后裔布列于浙江之东,多仕吴越钱氏(五代十国之国,都城在今杭州)。"宋代后浙江方姓人才辈出,桐庐人元修,浚州通判,著《礼记集解》。元代淳安人方道睿,江南行省员外郎,著《春秋集释》《愚泉集诗稿》。明代鄞县人方仕,书画家,著《续图绘宝鉴》。杭州人方九叙,承天知府,著《承天遗稿》。永嘉人方日升,著《韵会小稿》。淳安人方定,著《止轩稿》《听松集》。清代淳安人方士颖著《恕斋偶存》,长子方棻如著《周易通义》,次子方桑如著《集虚斋集》。

今日方姓人,在北京、河北、山东、内蒙古、山西、江西、广东、贵州、云南、河南、陕西、甘肃、四川、安徽、湖北、湖南等地均有分布,汉族人居多。满、回、苗、彝、水、土家、布依、傈僳、纳西等族中,亦有方姓人[16]。华侨中的方姓名人有:美国旧金山《平民书报》社社长方雾初、副社长方少英。《匹兹堡邮政报》记者方秋胡,肯塔基大学教授方肇霞。马来西亚槟榔屿商人方福虎,吉华独立中学董事长方卓仁,《马来西亚通报》董事长方汉勇,马来西亚写作人协会副主席方北方,沙巴《斗湖时报》董事长方成。越南堤岸《亚洲日报》主编方中格,独立团政治处主任方野。泰国方虹岸,曼谷《华侨新语》总编。方瑞麟,泰中民小校长。方思浩,泰华写作人协会会长。方舟,暹罗华侨青年会负责人。方修畅,暹罗华侨文艺研究会负责人。印度尼西亚方渊源,曾任印尼华侨各界抗敌后援会负责人。新加坡方怀南,《南洋商报》主编。缅甸方海田,仰光族缅厦门联合会理事长。菲律宾方维旭,菲律宾华文教师协会发起人。秘鲁方灿景,利马永安昌公司负责人。法国方世玲,女,桂东人,巴黎一个大学缝纫设计师[17]。

4. 房姓

《广韵》《元和姓纂》等云:禹封帝尧之子丹朱于房(今河南遂平县)为侯。丹朱的儿子以房邑为姓,称房陵,其后裔遂为房姓。何光岳云:"房国的名称,正因方人故地而得名。""房字,意即系置耒耜于重室之内。这种住房,乃是房国的普遍建筑形式,故在原方人的基础上改称为房,以后形成房国。"[18]是说房出自方,渊源于方雷氏。春秋时房国被楚所灭。《左传·昭公二十二年》云:吴房亦作防。罗苹注云:"房子国,楚灵王灭之,迁房于楚,夫概奔楚,封国曰吴房。"《汉书·地理志》云:汝州郡有吴房县。颜师古注引孟康曰:"本房子国,楚灵王迁房于楚,吴王阖闾弟夫概奔楚,楚封于此,为棠溪氏。以封吴,故曰吴房,今吴房城棠溪亭是也。"《水经注》云:汝南西有吴房。即今河南省西平县西谭村附近。郑杰祥《黄帝与嫘祖》亦考证:"棠溪城与古西陵同在一个地区。古房国当古方姓即方雷氏的后裔,古房国位于西平西陵,显然西平西陵应是方雷氏族即嫘祖母家西陵氏的故居。"[19]房姓为常见姓,郡望在西河(治所在今山西汾阳)。唐朝有太宗的名相房玄龄,临淄(今山东淄博市旧临淄)人。

5. 方雷姓等

历史上罕见之复姓。《姓氏考略》注云:"方雷,黄帝妃西陵氏女名方雷之后。"《姓氏词典》《中国姓氏大全》《中国古今姓氏辞典》等的记载,与此大同小异。它们在收"方雷"姓时,又收进了"方累""方纍""方垒"等姓。此外,还收进了"方叔"之姓。《通志·氏族略》注:"鼓,方叔之后也。"鼓国,在今河北晋县。

综上所述,黄帝正妃嫘祖,是助黄帝成就大业的女杰,以发明植桑养蚕、缫丝织帛做衣服而被崇祀为"先蚕"。她姓嫘(累、傫)、雷、方雷(嫘、累、纍、垒),后裔演变为常见的方姓、雷姓,罕见的嫘、累、傫及方雷等姓氏。雷姓、方姓人,同中华民族的其他姓氏人一样,为中国社会的发展做出了重要贡献。

注释：

①何光岳:《嫘祖的迁移与最后定居西平西陵亭》,参加西平县嫘祖文化研究会论文第 1 页,2006 年 7 月。

②刘文学:《嫘祖故里地望》,河南省西平县炎黄文化研究会编印:《嫘祖文化资料摘编》(内部资料),2006 年 7 月,第 10 页。

③《中国·河南西平嫘祖文化研讨会会议纪要》,西北民族大学西北民族研究所主办:《民族》(内刊),2006 年第 4 期。

④何光岳:《炎黄源流史》,南昌:江西教育出版社,1992 年 4 月第 1 版,第 534 页。

⑤李清彦:《嫘祖故里初探》,河南省西平县炎黄文化研究会编印:《嫘祖文化资料摘编》(内部资料),2006 年 7 月,第 18 页。

⑥高沛:《嫘祖故里在西平》,河南省西平县炎黄文化研究会编印:《嫘祖文化资料摘编》(内部资料),2006 年 7 月,第 11 页。

⑦李德书:《人类起源与中华文明起源漫谈》,四川大禹研究会编印(内部资料),1998 年 11 月印刷。

⑧高沛:《嫘祖故里在西平》,河南省西平县炎黄文化研究会编印:《嫘祖文化资料摘编》(内部资料),2006 年 7 月,第 14 页。

⑨窦学田编撰:《中国古今姓氏大辞典》,北京:警官教育出版社,1997 年

10 月第 1 版,第 347 页。

⑩史国强:《中国姓氏起源》,济南:山东大学出版社,1990 年 11 月第 1 版,第 52 页。

⑪何光岳:《炎黄源流史》,南昌:江西教育出版社,1992 年 4 月第 1 版,第 530 页。

⑫窦学田编撰:《中国古今姓氏大辞典》,北京:警官教育出版社,1997 年 10 月第 1 版,第 346 页。

⑬何光岳:《炎黄源流史》,南昌:江西教育出版社,1992 年 4 月第 1 版,第 574 页。

⑭何光岳:《炎黄源流史》,南昌:江西教育出版社,1992 年 4 月第 1 版,第 540 页。

⑮柯昌济:《中华姓氏源流考举例》,《社会科学》,1981 年第 4 期。

⑯何光岳:《炎黄源流史》,南昌:江西教育出版社,1992 年 4 月第 1 版,第 169 页。

⑰何光岳:《炎黄源流史》,南昌:江西教育出版社,1992 年 4 月第 1 版,第 574 页。

⑱何光岳:《炎黄源流史》,南昌:江西教育出版社,1992 年 4 月第 1 版,第 656 页。

⑲郑杰祥:《黄帝与嫘祖》,河南西平县炎黄研究会编印:《嫘祖文化资料摘编》(内部资料),2006 年 7 月,第 8 页。

2007 年 4 月 25 日

轩辕黄帝八次迁徙定都于河南新郑考

　　轩辕黄帝是传说时代的五帝之首,处于父系氏族社会初期阶段,距今约 5000 余年。"传说中的黄帝,是中国历史上第一个伟人,具有奠定中国文明的第一座基石。"①轩辕黄帝是中华民族的人文初祖,也是中国文明的初祖。2015 年春节前夕,习近平总书记在陕西视察时指出:"黄帝陵是中华文明的精神标识。"拙文根据文献记载,结合考古文化,吸取传说遗迹和有关文化研究,仅就轩辕黄帝氏族兴起至定都于有熊之墟(今河南省新郑市)的有关问题,作一些粗浅探讨,以与同仁交流。

一、轩辕黄帝故里及其在西北的三次迁徙

1.轩辕黄帝的故里在今甘肃清水县

　　《国语·晋语四》云:"昔少典娶于有蟜氏,生黄帝、炎帝。黄帝以姬水成,炎帝以姜水成。成而异德,故黄帝为姬,炎帝为姜,二帝用师以相济也,异德之故也。"按此载,黄帝年长于炎帝,与"三皇"在前,"五帝"在后相矛盾。汉代贾(谊)侍中释云:"少典黄帝、炎帝之先。有蟜,诸侯也。炎帝,神农也。"晋代韦昭云:"神农,三皇也,在黄帝前。黄帝灭其子孙耳,明非神农可知也。"《史记·五帝本纪》载:"黄帝者,少典之子,姓公孙,名轩辕。"可见他是由公孙改姓姬的。严格地说,在他未登上"帝"位以前,应当称姬轩辕,登上帝位后才称轩辕黄帝或黄帝(一说以图腾黄龙而称,一说以生在黄土高原、崇尚土德而称)。但为行文方便,一般都以"黄帝"或"轩辕黄

帝"相称了。少典、有蟜属于伏羲氏后裔。

　　少典有熊氏部落在今河南省新郑市(新密市地区古亦属之),有蟜氏部落在今河南省孟津县东南及洛阳市地区,西达今陕西省华阴市。二者在不断发展中,在黄河中上游的渭水流域已有分布。加之姜水、姬水方位无确切记载,就形成了黄帝生地(故里)多元的文化现象。"从我国新石器时代的考古资料,也证明了我国'三皇'传说的可信性。'五帝'传说反映的时代比'三皇'传说反映的时代为晚,所以流传得更为广泛和具体了。"②

　　在多达十五六处黄帝故里之说中,我们赞同今甘肃省清水县山门乡三皇沟村之说。徐中舒先生说:"我国地势西北高,东南低,古代各族人民总是从高向低迁徙。高还有远、悠久等项含义。"③甘肃省天水市位于省境东南部渭河上游,渭河自西向东横贯市境,辖五县两区。旧石器时代、新时器时代早中期与他地一样,无行政建置。大约在禹治理洪水而划天下为九州时,天水地区才开始属于雍州。《辞海》释:"雍州,州名,古九州之一。《书·禹贡》:'黑水西河惟雍州。'《尔雅·释地》:'河西曰雍州。'《周礼·职方》:'正西曰雍州。'黑水所指,自来说法不一,有张掖河、党河(在今甘肃)、大通河(在今青海)等说。"春秋时代始置县。《辞海》释:"上邽,古县名。"本邽戎地,在今甘肃省天水市。公元前688年秦武公取其地,置邽县,后改为上邽县。县域广大(比今天水市辖区要广),治所在今清水县时间较长,亦曾迁治所于今天水市秦州区。为行文方便,均以黄帝生(故里)于甘肃省清水县称之。

　　关于黄帝故里在清水县之说,我曾写过几篇文章④,不多叙。晋代皇甫谧《帝王世纪》云:"黄帝有熊氏,少典之子,姬姓也。母曰附宝,其先即炎帝母有蟜氏女,世与少典通婚。"又云:"少典氏又取(娶)附宝,见大电绕北斗枢星照郊野感附宝,孕二十五月生黄帝于寿丘。"《水经注·渭水》云:"黄帝生于天水,在上邽城东七十里轩辕谷。"《甘肃通志》载:"轩辕谷隘,清水县东七十里,黄帝诞此。"《直隶秦州新志》载："帝生轩辕之丘,名曰轩辕,今清水县有轩辕谷。"据《甘肃省志考异》,具体说,黄帝诞生地在今山门乡三皇沟村,古代有三皇庙(1943 年被国民党军队拆除,作修碉堡用),今日村民仍称"三皇爷"或"轩王爷"。当代学人调查说:清水县城在民国时称"轩辕镇",解放初称"轩辕区"。县城北二公里处的上邽李崖村有"轩辕窑"(2 孔),传为黄帝和其母亲居住处。清水县出土的齐家文化陶片,也与黄帝时代相吻合⑤。

2.黄帝部落迁徙的主要原因

如果说炎帝时代是农耕为业,黄帝时代则是进入了耕战(即以农业为生和征战扩土)社会,这也是黄帝是"人文初祖"或"文明初祖"的特征,更是时代进步的表现。此外,大致在 6500 至 5000 年,气候再次发生变化,开始由此前的持续升温向逐渐降温过渡,黄土地上变得干旱少雨,加上人口增多,水源缺少,人不得不向外迁徙或扩张,而'市井'社会的出现,也许反映的正是黄土高原干旱缺水的现状⑥。我们认为这是次要原因,征战扩土才是真正原因。

3.黄帝部落在渭水流域的三次迁徙

炎帝时代的八世传人有名字有事迹,黄帝的代系亦应有八世,但却考证不出名字,故我们只能说黄帝迁徙了八次,难以考证出是八世先后之邑城。黄帝部落的迁徙路线,一说是沿渭水东迁;一说是从北进入陕北南部;一说是由清水县经陕西陇县,再进入宝鸡。我赞同后说。

(1)黄帝氏族部落迁于陈仓

黄帝带领其氏族部落向东迁徙,居于陈。陈,一般认为指的是今河南省淮阳县,但也有陈为古陈仓之说。《水经注》载:"渭水又过陈仓西。"又记载:"姚睦曰:黄帝都陈,言在此。"吕思勉先生释云:"赵氏一清曰:'上云南安(今江西省大余县)姚瞻此云姚睦,未知即一人也?抑误字也?'案《路史》引姚睦云'黄帝都陈仓,非宛邱(今河南省淮阳县)',则睦似非误字。然谓黄帝都陈仓,要亦附会之说也。"⑦我们认为,姚睦即姚瞻,"瞻"为误字无疑。黄帝都于陈,亦非"附会之说"。何光岳释:"陈,为伏羲、神农、黄帝所都,他们起源于甘青高原,这个陈是陕西宝鸡县(今改为宝鸡市),不是河南淮阳的陈国。"⑧我在对黄帝迁徙的研究中,曾对此表示过怀疑,并撰文不同意"陈"是"陈仓"之说。之后再深入研究,改变了认识,觉得此说是对的。黄帝氏族沿渭水的东迁,陇山以东当为其第一站。陈仓的具体地方在哪里呢?《史记·秦本纪》云:文公十九年,"得陈宝"。《索隐》案:"《汉书·郊祀志》云'文公获若石云,于陈仓北阪城祠之,其神来,若雄雉(今称山鸡或野鸡),其声殷殷云,野鸡夜鸣,以一牢祠之,号曰陈宝'。又臣瓒云"陈仓县有宝夫人祠,岁与叶君神会,祭于此者也。苏林云'质如石,似肝'。云,语辞。"《正义》引《括地志》云:"宝鸡(神)祠在岐州陈仓县东二十里故陈仓城中。"《晋太康地志》云"秦文公时,陈仓人猎得兽,若彘(读志,今称猪),不知名,牵以献之。逢二童子,童子曰:'此名为媦,常在地中,食死人脑。'即欲杀之,拍捶其首。媦亦语曰:'二童子名陈宝,得雄者王,得雌者霸,陈仓人乃逐二童子,化为雉,雌上陈仓北阪,为石,秦祠之。"《搜神记》云:"其雄者飞至南阳,其后光武帝起于南阳(今属河南。实为今湖北枣阳,时属南阳郡),皆如其言也。"秦文公十九年(前747)得陈宝,约在秦武公时置陈仓县,以山得名。陈仓山,今名鸡峰山,在今宝鸡市陈仓区(原宝鸡县)马营镇南侧,有三座峰,以中峰最高(海拔2014米),十分险峻。相传盘古开天地时,二郎神杨戬从昆仑山(今甘肃祁连山)担土堆积而成。秦穆公(前659—前621)改陈仓山为鸡峰山,又改陈仓为宝鸡,在城内立祠纪念,起名曰陈宝,穆公果应"媦"的预言,成为"春秋五霸"之一。因此黄帝初都陈仓(即其氏族居地)的地方,应在今宝鸡市陈仓区马营镇南(一说戴家湾)一带,位于渭水的南岸。久而久之,人们对黄帝居陈仓信而不疑。

宋代罗泌《路史·疏仡纪》云:有熊氏,少典之子。王承火而土行色尚黄,天下号之,而都于陈。注曰:今宝鸡故陈仓。姚睦曰:黄帝都陈仓,非宛邱。清高宗乾隆三十一年(1766)《重修凤翔府》卷五《封建》条载:"陈,黄帝后,姬姓,今宝鸡故陈仓有陈山,非宛丘之称。"乾隆五十年(1785)《重修宝鸡县志·沿革》载:宝鸡"在上古曰陈仓,为庖羲所治。"可见从伏羲至黄帝所徙地陈仓,是指今宝鸡市陈仓区。

(2)黄帝二迁居于姬水考

陇山以西以东的有蟜部落是同族,又均为炎帝榆罔部族集团和黄帝族的亲族,关系密切,因而黄帝氏族得以在炎帝邑城近郊居住、生产和生活。随着氏族成员的增加,公孙轩辕便又率领族民渡过渭水,向东北的泾水(渭水支流)迁徙,在人口相对较少而地广的"北山"(渭水平原与陕西北部黄土高原过渡地带的诸山,横跨关中平原西东)发展,筑氏族聚落于姬水岸旁(今陕西省宝鸡市麟游县或咸阳市彬县)。也不知道过了多少年,轩辕氏族逐渐发展成了部落,约分布在今陕西省宝鸡市麟游县、岐山与扶风县北,咸阳市的长武、彬县、旬邑,甘肃灵台、泾川、宁县、正宁县等地区。其氏族部落因久居姬水(有学者认为即古漆水)流域,故轩辕也以水名而改姓"姬"。按古代氏族迁徙时地名多随迁的规律,宝鸡市陈仓区、咸阳市彬县应有寿丘、轩辕谷及鲁等地名,但今难以觅寻,所以《陕西通史·原始社会卷》只好说:"黄帝取名轩辕,是因为他这一氏族曾在叫轩辕的地方活动过,这个地方位于陕甘交界一带的黄土高原上。古人有因地为名的习惯。战国时邹衍创立了五德终始之说后,以土、木、金、水、火为次,黄帝作为五帝之首,应有土德,而土地色黄,故称黄。"⑨"轩辕"之丘在什么地方? 未确指。但按其说的"陕甘交界一带",则不是天水,就是宝鸡。

陕西省长武县下孟村仰韶文化遗址,也证明当时"长于姬水"的黄帝氏族兴起之时已进入父系氏族社会。出土的遗迹有仰韶文化的房基、窖穴、陶窑、墓葬等。房子多为方形圆角半地穴式,个别也有圆形。窖穴多为圆形直筒或圆形口小底大袋状,此外还有长方形、椭圆形等。陶穴有横穴窑和竖穴窑两种。墓葬均为单身仰式直肢葬,随葬有陶器、石器、骨器等。整个遗址已出土各种器具近千件,佐证了黄帝氏族部落的定居农耕经济形态。这也与《国语》的"黄帝以姬水成"相吻合。徐旭生《中国古史的传说时代》云:"少典生黄帝、炎帝,是说后面这两个氏族由少典氏族分出,不是说这两位帝是少典个人的儿子。"⑩李民教授等说:"黄帝氏族部落活动的陕甘交界的黄土原上,正处于黄河流域东西往来的西段,炎帝氏部落活动的关中平原西部,渭水岸边亦属于这条交通线,二支氏族部落同出一源,关系密切,其间的文化交流非常频繁,它们在这一带地区的开发,正是黄河流域东西文化交流的准备期。"⑪黄帝部族在姬水流域有了较大的发展。

(3)黄帝三迁居于桥山

姬姓黄帝部落发展壮大后,又向东迁徙,营筑聚落于北洛水的支流沮(读巨,北洛水下游,亦称古漆水)水岸旁。

桥山在黄陵县城内,县域位于陕北黄土高原的南部,西高东低,地势以店头镇至建庄一线为界,分为东西两部。东部有川有原,沟壑纵横,葫芦河和沮河地相同,适宜多种作物生长,经济林木较多,利于畜牧业发展,更有利于黄帝联合西北、北部、东北的氏族。桥山以山势高峻如桥而得名。沮水环山而过,形成山环水抱,青山绿水的优美环境,河流谷地适宜农耕,有鱼等水产之利,山林又适于狩猎和放牧;姬水以北地区是关中盆地向陕北黄土高原过渡地带,从西向东多山,泛称为"北山"。彬县、长武、旬邑、宜君县以北至延安,沟壑纵横,丘陵与土塬相间,有河流谷地。延安以北与榆林市,北达黄河,自然地理面貌也是梁峁、川塬相间。当时陕北黄土高原的植被较好,适于氏族先民生息,相对地说,人口比渭水、泾水流域稀少,利于黄帝氏族部落的发展,也避免了与炎帝部落集团的领土之争,关系较好;距今约5500年以前,阴山(今属内蒙古)以南,陕北、晋西北等地还处于气候湿润期,炎帝的氏族已有徒入,仰韶文化遗址可为资证。"考古资料告诉我们:从陕北无定河上游柳河的大沟湾,无定河中游的横山、米脂、绥德和榆林的油房头、鱼和堡,神木的永兴堡,吴堡的宋家川,以及黄陵县都有新石器文化遗存。尤其是在黄帝陵所在地的桥山及其周围,仰韶遗址非常非富。"⑫

二、黄帝再五次东徙定都于新郑考

姬姓黄帝部落定居桥山,标志着进入父系氏族社会。在划时代的变革中,黄帝部落、乃至部落族团呈现出蓬勃发展的趋势。尤其是农业和家畜驯养业并重的经济发展,使其经济、军事力量快速增长,成为强盛的庞大部落。石兴邦主编《原始社会卷》云:"黄帝部族东迁之前,活动范围在陕西和山西的北部黄土高原。"⑬黄帝族应是以农业为主、兼及家畜训养的经济形态。炎帝虽然还是"九州"氏族共奉的大帝,但经历千余年的历程,已走向衰败阶段,天下大势已发生巨变。

1.东方部落的渐强

三皇中的太昊伏羲氏,以及其胞族女娲氏(一说兄妹,一说夫妇),由今甘肃省天水市逐渐东迁后,活动在今河南东部和山东,因而又称他们为东方部族。有熊、有蟜、伏羲、女娲等,皆尊奉华胥为老祖母。太昊、女娲的后裔传至母系氏族社会末年,又派生出少昊、蚩尤等氏族部落。

(1)少昊金天氏

《帝王世纪》云:"少昊(又写作暤)帝名挚,姬姓也。"《史记·五帝本纪》《集解》云:黄帝之妃"嫘祖生昌意及玄嚣,即青阳也。"《索隐》云:"青阳非少昊。"这就指明了青阳是姬姓,为黄帝之子,与少昊同名。宋代罗泌《路史·发挥》云:"玄嚣、青阳、少昊,三人也。"少昊非黄帝之子,而是太昊后裔的一支。

《帝王世纪》云:"少昊氏在穷桑(今山东曲阜),故或谓之穷桑。帝以金承土德,图谶所谓白帝朱宣者也,故称少昊,号金天氏。"少昊为秦、赵之祖先,故二国崇祀白帝。《左传·昭公十七年》载:少昊部落的管理人员都以鸟命名,有凤鸟氏、玄鸟氏、伯赵氏、青鸟氏、丹鸟氏、祝鸠氏、鴡鸠氏、鳲鸠氏、爽鸠氏、鹘鸠氏,还有"五雉""九扈"。全是鸟的名字,共 24 种。即少昊部落由 24 个氏族组成。少昊初为己姓,后改为嬴姓。太昊后裔中的一支居偃地,又姓偃。嬴、偃音近通用。少昊部落有己、嬴两姓人组成,活动地包括今山东、苏北及皖北、豫东地区。《中国史稿》曰少昊以鸟命名"官"者共"二十四种,当是二十四个氏族。氏族中又分母氏族和女氏族。几个氏族合为一个胞族,如从凤鸟氏到丹鸟氏就是一个胞族。合起来就是一个完整的部落了。这个部落最初可能是从太皞氏分出来的。在古代文字中'风'即'凤',风夷也就是'凤'夷。从一个凤鸟氏族分为两个,一个属太皞,另一个属少皞。夷人中这两支,一支在江淮流域,另一支北上到黄河下游,后来大部分融为华夏族。"⑭"融为华夏族"是以后之事,炎帝榆罔时是称"太皞""少皞"为东方氏族部落。这里的"太皞"是"三皇"时代太皞(昊)的后裔。黄帝通过联姻与少昊部落建立亲缘关系。

(2)蚩尤氏族部落

蚩尤氏族部落的族属,历有争议,有苗蛮、东夷(含黎氏族)、炎帝后裔三说,应以东夷说为确。徐旭生《中国古史的传说时代》曰:蚩尤不属于南蛮集团,而属于东夷民族集团。因为蚩尤的活动地区在山东西部和河南东北部,九黎在山西南部,不在三苗活动的江汉地区⑮。《中国史稿》曰:"相传蚩尤'兄弟'八十一人,当为八十一个氏族。这样,九黎就是九个部落,每个部落有九个氏族,是一支庞大的势力。"⑯此说是因蚩尤成为东夷本部落与结合的九黎首领之故。王玉哲先生说:"蚩尤也是东夷氏族,《逸周书·尝麦解》

说：'命蚩尤于宇少昊，以临四方。'蚩尤既居少昊之地，那么他的氏族应该是在山东西南东夷所处之地"，蚩尤与太皞、少皞实为同一集团⑰。蚩尤部落强盛后，逼迫少昊迁移，占据其聚落城曲阜。

观当时天下形势，东方有强大的蚩尤和少昊部族集团（约有今山东、江苏、安徽及河南中部以东的地域），南方（江汉地区）有苗蛮，只有西方还是炎帝榆罔一统天下。局势严峻，榆罔帝决定东迁，以稳定东方。黄帝亦奉命东迁，助榆罔帝稳定东北方。

2.炎黄两大部落的东迁

《中国历史·先秦卷》云："炎黄两个氏族部落发祥于我国西北黄土高原地区。"⑱《中国古史的传说时代》说："炎帝和黄帝的氏族居住陕西，也不知道经历几何年月。此后也不知道因为什么缘故一部分逐渐东移。黄帝氏族东迁的路线大约偏北，他们大约顺北洛水南下，到今大荔、朝邑（今合为陕西大荔县）一带，东渡黄河，跟着中条及太行山边缘向东北走。今山西南部沿黄河的区域，姬姓的建国很多。《左传》上说：'虞、虢、焦、滑、霍、杨、韩、魏皆姬姓也。'此外见于《左传》的还有芮、有荀、有贾、有狐、有耿、有魏"。"这杨（今洪洞）、魏（今芮城）、荀、贾（皆在今新绛）、耿（今河津）的晋南小国，全不知它们为何时所封。我们怀疑那里面有一部分为黄帝氏族东迁时沿途留下的分族。""古蓟地就在今北京附近，不在蓟县境内。山西南部诸姬姓国家的分布，芮、马骊戎、鲜虞（今河南正定县）、蓟的建国，或者可以指示黄帝氏族东迁的路线。"⑲又云："炎帝氏族也有一部分向东迁移。他们的路途大约顺渭水东下，再顺黄河岸向东。"⑳徙于陈，再徙于曲阜。

（1）黄帝四迁于涿鹿

黄帝部落集团中部分人的东徙是顺利的，没有遭到九黎、蚩尤部落的阻挡。他们经过今山西南部、河南北部而进入河北南部，再向蚩尤未控制的北部及东北迁徙，直到今北京城西南，营筑"都城"（中心聚落）于涿鹿（今属河北省，还有河北涿县、巨鹿二说，可能是迁徙中驻休之地)。《中国古史的传说时代》曰"黄帝支的姬姓建国则偏于北方,全在黄河北岸,沿中条山及太行山跟,远或已到燕山以北,今涿鹿一带。"[21]黄河中游以北接近河岸的一带,多是姜姓炎帝氏族或部落,间有九黎或蚩尤氏族,北部(今晋北和冀北)的土著或由中原、东方徙入之族,多附于黄帝部族集团,因此比较安全。

黄帝都于涿鹿后,对自从在姬水形成部落以来的管理机构进行了充实和健全,凡是比较大的氏族部落首领,皆为其部落议事成员。知道名字的"官"员有苍颉、大鸿、风后及力牧等。经过征战与结盟,黄帝部落集团已控制今甘肃、陕西、山西、河北、北京等北部广大地区。

(2)黄帝五迁于平谷

黄帝族东迁于涿鹿后,又继续向东北徙,到达今北京市平谷。之后,留氏族先民于此,返回后都于涿鹿。

(3)黄帝六徙于迁安市

黄帝带领族人向东北迁徙中,还曾到过今河北省迁安市。其原为卢龙县辖区,地处燕山脉系、滦河之畔。迁安市在文物普查中,发现五千多年前古遗址,又有许多黄帝的传说和地名等。经调查研究和专家论证,已出版了《迁安黄帝古都》《轩辕黄帝及子孙居燕山地区》系列丛书。

(4)炎帝都于曲阜

炎帝榆罔带领部分族民东迁,受到陈(今河南省淮阳县)地的同姓部落人欢迎。炎帝榆罔在此居住一段时间后,对东方的局势放心不下;时军事力量强盛的蚩尤部落,已攻占了与炎帝榆罔、黄帝部落友好的少昊邑城曲阜,少昊族人的安全受到了威胁。《逸周书·尝麦解》载"蚩尤宇于少昊",就是说的他占据少昊之墟(今曲阜)后,帝榆罔只好封他为"卿",以免其叛乱。于是,帝榆罔便又带领族民东徙,去稳定东方的局势,受到各氏族首领的欢迎,蚩尤便让出了原少昊故都曲阜,供榆罔帝居住,局势暂时平定。

3.炎黄共抗蚩尤

炎帝榆罔和奉其命东迁的黄帝分别都于曲阜、涿鹿后,相安无事了几年,但总的形势是黄帝族在黄河以北呈现出生机勃勃的趋势;蚩尤(含九黎)部族集团势力强盛,对帝榆罔、黄帝皆构成威胁;姜炎部族集团趋于衰败之势。《史记·五帝本纪》载:"轩辕之时,神农氏世衰。"《集解》皇甫谧曰:"《易》称庖牺氏没,神农氏作,是为炎帝。"班固曰:"教民耕农,故号曰神农。"《索隐》云:"世衰,神农氏后代子孙道德衰薄,非指炎帝之身,即班固所谓'参卢',皇甫谧所云'帝榆罔'是也。"蚩尤反叛,榆罔帝大败,逃于涿鹿。

《逸周书·尝麦解》云:"赤帝大慑,乃说于黄帝。"《中国古史的传说时代》释:"炎帝族本住在今河南北部,狼狈北窜,疆土全失,'九隅无遗',就是说他们的任何一个角落也没有了。'赤帝大慑'是说他很害怕。'乃说于黄帝'是说他求救于同集团的黄帝与东夷族大战于涿鹿。"[22]蚩尤以自封的"炎帝"号令弱小的部落参战,所向披靡,攻势凶猛;炎帝榆罔无立锥之地,成了名义上的"天下共主";轩辕居涿鹿后则得到长足发展。《史记·五帝本纪》载"神农弗能征"伐反叛的部落时,"轩辕乃习用干戈,以征不享,诸侯咸来宾从",势力强盛。他不仅是炎帝部落集团的可靠成员,而且还是榆罔帝的女婿,关系非同一般。一败涂地的榆罔一行逃入涿鹿后,轩辕自然是予以热情厚待。在此关乎生死存亡的关头,炎帝榆罔主动把"天下共主"的职权让于轩辕,令他"摄政",全力反击蚩尤的东夷集团。轩辕临危受命,担负起了历史使命和重担。《二十六史通俗演义》云:"炎帝逊居涿鹿,轩辕乃征师诸侯,与蚩尤战于涿鹿之野。"

4.黄帝七迁于灵宝

为了征讨蚩尤,黄帝首先屯兵于今河南省灵宝市铸鼎原,各部落首领也率各自的军队陆续会聚于此。他们采首阳山之铜,铸鼎于荆山脚下,对天发誓,自愿组成一个强大的联盟。这个联盟紧密团结在黄帝的周围,形成了一支纪律严明、骁勇善战的队伍㉓。此说值得进一步研究。

5.蚩尤战败被杀

《史记·五帝本纪》载:"蚩尤作乱,不用帝命。于是黄帝乃征师诸侯,与蚩尤战于涿鹿之野。"轩辕代帝榆冈行政之事已明。《正义》曰:"《龙鱼河图》云:'黄帝摄政,有蚩尤兄弟八十一人,并兽身人语,铜头铁额(头戴铜饰件之义),食沙石子(指吃白色盐),造立兵仗刀戟大弩,威振天下,诛杀无道,不慈仁。万民欲令黄帝行天子事,黄帝以仁义不能禁止蚩尤,乃仰天而叹。'"蚩尤军强,黄帝处于守势。《山海经·大荒北经》云:"蚩尤作兵伐黄帝,黄帝乃令应龙攻之冀州之野(今河北涿鹿之野)。应龙畜水(断绝水源,欲困死蚩尤军),蚩尤请风伯(传为上箕星化成的风神,名叫飞廉)、雨师(天上的雨神,名叫萍翳),纵大风雨。"雷电大作,狂风大雨顿起,破了应龙的"畜水"阵法,黄帝之军迷失方向,不能作战,大败。臣子风后立即造出指南车献于黄帝,带军回营。"黄帝乃下天女曰魃"(天上的旱神,一说是黄帝之女),又破了蚩尤的"风雨迷漫"阵法。转败为胜。蚩尤又令山精鬼怪出征,黄帝的将士惶恐,用雷兽的肋骨作鼓槌,复与蚩尤军大战,令军队戴虎狼等野兽面具出阵。两军交战,黄帝令击大鼓,响声震天,那些蚩尤的山精水怪、牛鬼蛇神被如雷的鼓声吓破了胆,慌作一团,溃败而逃,应龙指挥大军冲杀,斩蚩尤猛将三十余人,血流成河。不久,蚩尤又聚大军进攻,阵法古怪,难以识破,黄帝军又被打败,十分发愁。《龙鱼河图》载,在此生死存亡关头,天帝又派"玄女下授黄帝兵信神符",教其识破神鬼阵法。黄帝得"九天玄女兵法书"后,重新调整兵力,列为"九天含珠军阵"。蚩尤率风伯雨师、鬼怪等进攻,进入交战地后,一声鼓响,黄帝的军阵大变,层层包围,无头无尾,无门无缝,蚩尤带残军大败南逃。《中国史稿》释曰:"这些神话反映出蚩尤原在东南方,习惯于阴雨气候,黄帝则属于'迁徙无常处'的北方游牧部落,能适应干旱的环境。蚩尤战败南逃,被黄帝彻底打败。"㉔新的考古材料证实,黄帝仍是农耕首领,并非游牧部落,因游牧民族是夏末商初才逐渐形成的。

徐旭生《中国古史的传说时代》云:"应龙及女魃全是天神,可是黄帝全能命令他们,使他们下到地上,为他所用,古代人想象他们的人帝应该有这样的威力。蚩尤的同盟军有太皞族,就姓风,风伯属于此族也难说。黄帝本来想使'应龙畜水'来淹没蚩尤所领导的军队,可是他不晓得蚩尤也有很大的神通,能使风伯和雨师作出来大风雨。他没有办法,只得从天上请下来一位很危险的神祇,女魃仗着她的神通,才能够止住大风雨,打了胜仗。"㉕此释显然比前者全面、正确,而且比较符合《山海经·大荒北经》的原意。

蚩尤形象狰狞,人身牛蹄,四目六手,头长竖角,耳旁毛发直竖如戟剑,本身又有超常的神力,还有 81 个勇猛异常的战将和九黎将士,以兽为图腾的首领,神话还说有天神、鬼怪相助。但因其发动的是不义之战,故受到天帝与代表其行事的黄帝征伐,终于遭到灭顶之灾。他不甘心束手就擒,收拾残兵败将,退出涿鹿,率军南撤。蚩尤率残军狼狈南逃,应龙、风后、力牧奉黄帝令率军追击,炎帝榆罔的故地(今山西东南部与河南北部)族人乘机收复土地,攻杀蚩尤守军。蚩尤且战且走,入蚩尤城(安邑和解州,均在今山西运城市),企图以坚固的蚩尤城和富饶的盐池卷土重来。黄帝大军穷追不舍,包围了蚩尤城,经过几次大战,蚩尤军死伤惨重,被黄帝活捉处死。南宋民族英雄文天祥《瞻涿鹿》诗曰:"我瞻涿鹿野,古来战蚩尤。轩辕立此极,玉帛朝诸侯。"战争从冀州、涿州一直打到盐池,故涿州(含阪泉)之地名在盐池亦有,"中冀"就包括这些地区。《孔子三朝记》云:"黄帝杀之于中冀,蚩尤肢体身首异处,而其血化为卤,则解之盐池也。因其尸解,故名其地为'解'。"《河东盐法备览·盐池门胜迹》云:"轩辕氏逐蚩尤于涿鹿之野,血如池化卤,今池南有蚩尤城,相传是其丧处。"解,即今山西省运城市西南的解州镇，该地的盐池泛红色，相传为蚩尤的血所染。当地方言读解为害，为蚩尤被害于此之义。《解县志》云："原解梁亦称涿鹿。"唐代诗人王翰咏解州诗《盐池晓望》曰："涿鹿城头分曙色，素池如练迥无尘。"《中国史稿》说："最后，黄帝擒杀蚩尤于冀州之野，有的说在凶黎之谷（黎山，今中条山，在运城一带）。黄帝的前锋追到今山东一些地方，所以有黄帝'封泰山，禅亭亭'的传说。"[26]

《韩非子·十过》篇云："昔者黄帝合鬼神于西泰山上，架象车而六蛟龙，毕方并辖，蚩尤居前，风伯扫进，雨师洒道，虎狼在前，鬼神在后，腾蛇伏地，凤凰覆上，大合鬼神，作为《清角》。"徐旭生先生释曰："这段混杂神话的史实可以这样解释：古代氏族的名称与氏族首长个人的名字常常没有分别。蚩尤个人既被杀，他的族人总有不少人为黄帝虏，蚩尤族人仍可称蚩尤，所以能使他们'居前'。因为蚩尤战败，所以他的联盟部落的首领，风伯、雨师等全在战胜者的前后奔走，所以能使他们或进扫，或洒道。"[27]少部分不愿意归依的蚩尤旧族人则先逃入淮汉地区，后又逃入江汉苗蛮地区。轩辕黄帝安抚东夷诸族人后，原谅被迫派军参战的少昊氏，任其官，管理东方的氏族部落。《逸周书·尝麦解》云：黄帝"乃命少昊清司马鸟师，以正五帝为官，故名曰质。"东夷集团的主要部落（海隅和偏远山区的氏族除外），由此与炎黄部族集团结盟。

蚩尤虽然被杀，但他在天下氏族或部落长眼中仍为"兵神"，在东夷（包括九黎）人民心中仍是一位英雄。黄帝为安抚民心，使东夷心服口服，便礼葬蚩尤，但不合埋尸体，免他再复生作乱。《史记·五帝本纪》《集解》引魏朝王象、缪袭《皇览》曰："蚩尤冢在东平郡寿张县（今山东省东平县）阚乡城中，高七丈，民常十月祀之。有赤气出，如匹绛帛，民名为蚩尤旗。肩髀冢在山阳郡钜野县（今山东巨野县）重聚，大小与阚冢等。传言黄帝与蚩尤战于涿鹿之野，黄帝杀之，身体异处，故别葬之。"《索隐》案："皇甫谧云'黄帝使应龙杀蚩尤于凶黎之谷'。或曰：黄帝斩蚩尤于中冀。"东方局势稳定后，黄帝和联军又返回涿鹿。"英雄"蚩尤后被南蛮族人尊奉为祖先。

6.黄帝成为盟主

黄帝摄政，炎帝榆罔作为天下共主和先辈，受到敬重，住在涿鹿城内宫廷。蚩尤被杀，失土恢复，炎帝榆罔离开涿鹿，返居上党郡的神农城(今山西省高平市神农镇羊头山，一说榆罔退居于今山西长治)。因为黄帝、炎帝都曾以涿鹿为都，蚩尤亦曾攻占过，所以史载涿鹿为炎帝、黄帝、蚩尤(伪称炎帝)之都。改革开放后，涿鹿修建了"三皇祠"、广场等建筑，学术活动较多。

（1）黄帝打败榆罔帝

东夷集团归服后，不愿失去千余年世代正统帝位的炎帝榆罔，在其同族部落首领的劝说和支持下，又失信而欲从黄帝手中再夺回"天下共主"的地位。《史记·五帝本纪》载：炎帝榆罔"欲侵陵诸侯"，威逼他们共同伐轩辕，"诸侯"不从，反而"归轩辕。轩辕乃修德振兵，治五气，艺五种，抚万民，度四方"，教熊、罴、貔、貅、虎等以兽为图腾的部落作战，"以与炎帝战于阪泉之野。"《中国古史的传说时代》云："这一次黄帝与炎帝的战争为华夏集团内部的战争。阪泉的战争，古书里面都有记载。如《左传·僖公二十五年》就有'遇黄帝战于阪泉之兆'的说法，足证春秋时人相信这一次的战役。""炎帝族还没有衰败的时候，黄帝族也已经开始强盛，两强相忌相争，也是一件常遇的情形。"⑳《绎史》卷五引《新书》云：炎帝(榆罔)、黄帝在战胜蚩尤后，商定"各有天下之半。黄帝行道而炎帝不听，故战于涿鹿之野(今河北涿鹿)，血流漂杵"。交战三次，黄帝胜利，炎帝失败。《史记·五帝本纪》云："诸侯咸尊轩辕为天子，代神农氏，是为黄帝。"

宋代罗泌《路史·禅通纪·炎帝纪下》对炎黄之战记载得较详细(译文)："由于黄帝有熊氏大有圣德，所以有利于诸侯向之臣伏。参卢大惧，起而禅位于有熊氏。"又云："于是四方诸侯都来参加有熊氏招待宾客的大典，表示臣服。炎帝的光辉就为有熊氏所取代，开始了黄帝的新时代。"明代《三才图会·人物卷》云(译文):"炎帝神农氏在位一百四十年",子孙"袭神农之号三百八十年之后,至榆罔失政,诸侯相伐"。"其臣蚩尤作乱,帝遂居于涿鹿。有熊国君曰公孙轩辕,大有圣德,诸侯归之。帝立五十五年,诸侯尊轩辕为天子。"薛翔骥《中国神族》则说:"炎帝收住败军,只见出军时的数万神兵,战罢只剩下五千来残兵败将,且个个带伤,人人丧气。炎帝一声长叹,令三军将士安营歇息。又令刑天写降表送呈黄帝"㉙,表示归服,不再攻战,愿禅位。此言可备一说。当时部落之间的战争,只要归服或远徙就行了,不会消灭或俘虏对方的军民。"战争结束后,炎帝部族被融合进黄帝部族,形成了炎黄联盟。由此奠定了中国文明形成的基础。"㉚

　　(2)巩固天下盟主地位

　　黄帝成为"天下盟主"后,从炎帝榆罔失位得到教训,特别重视与姜姓和东方风、嬴两姓集团的关系,欲打破地域和血统而建立比较牢固的部落联盟。《路史·后纪四》载:"炎帝器,器生钜及伯陵、祝庸。钜为黄帝师,祝庸为黄帝司徒,伯陵为黄帝臣。"炎帝戏、吕降为本部落首领。相传黄帝还封炎帝榆罔为南方帝的嗣位者,祝融氏后裔辅佐,掌管火与夏天,又称夏官。封榆罔的第五子于潞(今山西潞城)等。凡姜姓炎帝后裔的首领或贤者,皆予以封职,亡职者皆予以祭祀,成神仙者封其寓所。如封炎帝小女儿化成精卫鸟于发鸠山,封另成仙的女儿瑶姬于姑瑶山等。又通过姜姬氏族或部落互相联姻,结为牢固的亲缘团体。对华胥、有巢、燧人、女娲、有熊、有蟜等祖先的后裔(大部分已融合为炎黄族),更是如此。

　　对以太昊伏羲后裔、少昊和蚩尤族为主体的东夷,黄帝特别注意安抚和团结;封伏羲后裔嗣"东方天帝太昊"位(称东帝或青帝),由少昊之子句芒(又叫重)辅佐,掌管春天和万物生命,称为春官;封少昊挚(又称质或青)为西方天帝,称白帝,由其子蓐收(又叫该)代执政,住在长留山(今甘青高原),掌管秋天,兼司察落日沉入汤谷时折向东方的余辉,称秋官。少昊则仍为东方部落的总首领。再通过姬、姜两姓与风、嬴、偃三姓的人通婚,结成亲缘联盟。

西北炎黄与东方太昊少昊两大部落(二者的远祖先同宗)联盟于中土(天下之中,又称中原或夏),以地理位置冠以老祖母华胥氏之"华",遂称黄河流域融合的庞大族团为"华夏部落联盟"(或称华夏民族集团)。黄帝自称"中央帝",任部落联盟最高军事民主首长,由年轻有为的颛顼(昌意之子,黄帝之孙)辅佐(他还兼任北方天帝,称黑帝,由其子禺京代行政,掌管冬天,称冬官)。下有大臣风后、力牧、常先、苍颉等。联盟内设民主议事机构,大事由黄帝和诸部落的酋长议定。华夏民族集团按居住区称其四周未加入联盟的氏族为东夷、北狄、西戎、南蛮(或苗蛮)民族集团,毫无歧视之义。"四夷"的氏族或部落比较分散,势力较弱。黄帝时期社会比"三皇"时期有所进步,分散的氏族或部落逐渐趋于联合。

(3)威慑不轨的部落

姜姓炎帝的天下相传千余年,势力和影响非短时间内能被黄帝所取代,反叛的部落时有出现,就不可避免地会发生战争。《史记·五帝本纪》云:黄帝"邑于涿鹿之阿。迁徙往来无常处,以师兵为营卫(环绕军兵为营以自卫之义)。"史载比较大的战争是黄帝讨伐刑天之战,刑天的事迹已述,其后裔部落长仍号为"刑天",是帝榆罔的近臣,但有异心,而与蚩尤关系较好。蚩尤被杀后,他不敢造次,忠于炎帝,炎帝榆罔失政被流放,他便对黄帝怀恨在心。一次黄帝出巡,年轻的颛顼守于涿鹿,刑天乘机发动战争攻击,颛顼令军队反击,刑天战败西逃,企图依赖西方的姜姓不轨者抵抗黄帝之军。黄帝令军队追击,直至常羊山(今甘肃祁连山一带),双方展开激战,黄帝的军队胜利,阵斩刑天之头。刑天却不死,在地上摸找头颅,树断石飞,黄帝的神将一剑劈开常羊山,使刑天的头落入裂开的山谷中,山又合二为一。刑天复猛地站起,两乳变成了双眼,肚脐眼变成了口,继续持剑拼杀,血流尽后才倒下。黄帝闻,令女祭、女戚两个巫师祭刑天亡灵。这则神话是颂扬刑天维护榆罔正统地位和死而复战精神的。《山海经·海外西经》收录了这个故事："刑天与帝争神,帝断其首,葬之常羊之山。乃以乳为目,以脐为口,操干戚以舞。女祭女戚在其北,居两水间,魌,祭操爼。"他与蚩尤一样,都是战败的英雄,灵魂皆升天成为"兵神"。这显然是夸大、虚构的情节,表达人们尊奉英雄的心愿。刑天头被砍掉后,自然是死而不能复生。

黄帝为使天下安宁,除以恩威笼络人心外,还以蚩尤之威制服不从者。《龙鱼河图》云:"蚩尤没后,天下复扰乱不宁,黄帝遂画蚩尤形像以威天下,天下咸谓蚩尤不死,八方万邦皆为殄服",即以蚩尤之威震摄不轨之人。钱穆先生说:"黄帝和蚩尤的战争,是古时候第一个惊天地、动鬼神的大战争。后来的传说,也真加入了天地鬼神。"㉛他又说:"黄帝的武功在涿鹿之战达到最高峰,蚩尤灭亡以后,诸侯推尊黄帝代神农为天子——当时的共主。各国并立,最不容易安定",黄帝"一方面耀武扬威,图画蚩尤的形象给他们看,一方面立即整顿军队,讨伐叛乱者。他们当然不堪一击,黄帝才真正平定当时的世界。"㉜

7.黄帝八迁定都于新郑

《吕氏春秋·孟秋纪》云:"未有蚩尤之时,民固削木为战矣,胜者为长……黄帝五十五战而天下服……少昊之难,四十八战而后济"。这些数字虽难令人相信就这么准确,但反映的黄帝时代征战之多,却符合当时生产力进步、财产渐多,诸部落争地域、资产或争盟主而互相征战的社会实际。《括地志》云:"黄帝征战蚩尤,初都涿鹿,即位乃都有熊。"即黄帝巩固其盟主地位后,为了加强对华夏部落联盟的管理,以及对"四夷"的震摄,便离开偏北的涿鹿之阿,渡过黄河,定都于"有熊之虚"(今河南省新郑市),雄踞中原,威临四方。《商君书·画策》云:"神农既殁,以强胜弱,以众暴寡",故黄帝"内行刀锯,外用甲兵。"《吕思勉读史札记》释:"可见炎黄之际,世变转移之枢也。盖为暴治于蚩尤,而以暴易暴,实惟黄帝。"战争促进了古代五大民族集团的产生,故曰黄帝时代是民族第一次大融合的时代。炎黄与东夷融合为华夏民族集团,也与仰韶、大汶口文化融合而形成中原龙山文化相一致,史学研究与考古发现可称为不谋而合。

不论是持黄帝生于新郑,还是持黄帝生于他地之见解者,在黄帝定都于新郑的问题上,都没有多大争论。《史记·五帝本记》《集解》皇甫谧曰:"有熊,今河南新郑是也。"《续汉书·郡国志》"新郑"下刘昭注引皇甫谧云:"古有郑国,黄帝之所都。"《帝王世纪》云:"新郑,古有熊国,黄帝之所都,受国于有熊,居轩辕之丘,故因以为名,又以为号。"《竹书纪年》载:"黄帝轩辕氏,元年即帝位,居有熊。"《元和郡县图志》云:"郑州新郑县,本有熊之墟。"《读史方舆纪要》卷四七《开封府新郑县》载:"古有熊地,黄帝都焉,周封黄帝后于此,为郐国。"黄帝在新郑主要活动遗址有轩辕丘、姬水河、黄帝城、大隗山、风后顶、洪堤、大鸿山、大熊山、西太山、崆峒山、黄帝口、黄帝饮马泉、黄帝御花园及黄帝避暑洞等。

综上所述,黄帝及其氏族部落由西向东经过八次迁徙,又经过与其他部族的战争或融合,以黄帝部落族团为主体,结合炎帝与蚩尤余民,联合少昊部落,共同组成了华夏部落联盟集团,成为"最高军事民主首长",定都(邑城)于今河南省新郑市。从此,天下的"万国"逐步形成以地域划分的"五大民族集团",开始了"多元一体"的中国文明和中华民族格局发展的新阶段。

注释:

①钱穆:《黄帝》,《沧海丛刊》,《历史》,台北:东大图书有限公司印行,中华民国六十七年(1978)初版,第4页。

②田继周:《先秦民族史》,成都:四川民族出版社,1988年1月第1版,第103页。

③徐中舒:《先秦史论稿》,成都:巴蜀书社,1992 年 8 月第 1 版,第 16 页。

④杨东晨:《炎黄故地考辩》,《宝鸡师范学院学报》,1993 年第 1 期;《再论清水县是轩辕黄帝的故里》,2013 年 10 月参加在清水县召开之学术研讨会论文)。

⑤刘兰香主编:《轩辕故里》,甘肃省清水县档案局印行,2006 年 5 月。

⑥令平:《中国史前文明》,北京:中国文史出版社,2012 年 1 月第 1 版,第 174 页。

⑦吕思勉:《吕思勉读史札记》,上海:上海古籍出版社,1982 年第 1 版。引文见刘兰香主编《轩辕故里》第 36—38 页。

⑧何光岳:《炎黄源流史》,南昌:江西教育出版社,1992 年 4 月第 1 版,第 517 页。

⑨郭琦主编:《陕西通史·原始社会卷》(石兴邦主编),西安:陕西师范大学出版社,1997 年第 1 版,第 334 页。

⑩徐旭生:《中国古史的传说时代》,桂林:广西师范大学出版社,2003 年 10 月第 1 版,第 46 页。

⑪李民等:《略论黄河流域东西部落集团融合及其意义》,《中州学刊》1990 年年第 2 期。

⑫张岂之:《炎黄时代到周秦文化》,载宝鸡社科联编:《炎帝论》,西安:陕西人民出版社,1996 年 3 月第 1 版,第 5 页。

⑬郭琦主编:《陕西通史·原始社会卷》(石兴邦主编),西安:陕西师范大学出版社,1997 年第 1 版,第 337 页。

⑭郭沫若主编:《中国史稿》第一册,北京:人民出版社,1976 年 7 月第 1 版,第 113 页。

⑮徐旭生:《中国古史的传说时代》,桂林:广西师范大学出版社,2003 年 10 月第 1 版,第 58—61 页。

⑯郭沫若主编:《中国史稿》第一册,北京:人民出版社,1976 年 7 月第 1 版,第 113 页。

⑰王玉哲:《中华远古史》,上海:上海人民出版社,2000 年 7 月第 1 版,第 130 页。

⑱张岂之主编:《中国历史·先秦卷》,北京:高等教育出版社,2001 年 7 月第 1 版,第 25 页。

⑲徐旭生:《中国古史的传说时代》,桂林:广西师范大学出版社,2003 年 10 月第 1 版,第 50—53 页。

⑳徐旭生:《中国古史的传说时代》,桂林:广西师范大学出版社,2003 年 10 月第 1 版,第 52 页。

㉑徐旭生:《中国古史的传说时代》,桂林:广西师范大学出版社,2003 年 10 月第 1 版,第 109 页。

㉒徐旭生:《中国古史的传说时代》,桂林:广西师范大学出版社,2003 年 10 月第 1 版,第 40 页。

㉓周大明:《中华文明寻根——从口耳相传到文字著述》,北京:人民出版社,2007 年 7 月第 1 版,第 16—17 页。

㉔郭沫若主编:《中国史稿》第一册,北京:人民出版社,1976 年 7 月第 1 版,第 113 页。

㉕㉖郭沫若主编:《中国史稿》第一册,北京:人民出版社,1976 年 7 月第 1 版,第 124 页。

㉗徐旭生:《中国古史的传说时代》,桂林:广西师范大学出版社,2003 年 10 月第 1 版,第 112 页。

㉘徐旭生:《中国古史的传说时代》,桂林:广西师范大学出版社,2003 年 10 月第 1 版,第 113 页。

㉙薛翔骥:《中国神族》,上海:上海古籍出版社,2000 年第 1 版,第 37 页。

㉚郭琦主编:《陕西通史·原始社会卷》(石兴邦主编),西安:陕西师范大学出版社,1997 年第 1 版,第 337 页。

㉛钱穆:《黄帝》,《沧海丛刊》,《历史》,台北:东大图书有限公司印行,中华民国六十七年(1978)初版,第 9 页。

㉜钱穆:《黄帝》,《沧海丛刊》,《历史》,台北:东大图书有限公司印行,中华民国六十七年(1978)初版,第 13 页。

2016 年 3 月 15 日

论黄帝治理天下及其创造的文化

一、黄帝巡视天下氏族先民

　　黄帝同伏羲、神农一样,作为华夏部落联盟的最高军事民主首长,自然要向天下的诸部落施以恩威,巡视民情,关注四方安危。黄帝时的疆域已东至大海,西至昆仑(今甘肃、青海),北至幽陵(今内蒙古南境),南至君山(今湖南)。中心区域是黄河中游、下游及淮河以北地区。黄帝出巡的时间、次序等,今已难详考,只能说予以概述。

1.巡视东方

　　《史记·五帝本纪》载:"东至于海,登丸山(今山东临朐县东南),及岱宗(今山东省泰安市的东岳泰山)。"相传黄帝东巡时由伶伦、仓颉、巫彭等陪同,体察民情后又祭祀泰山,于峰巅观看日出景象。他任命少昊之子倍伐为副酋长,助年迈的少昊管理东方。黄帝一行又祭祀了雷泽(在今山东鄄城至河南濮阳一带)之神、守护海隅的天吴之神、管理东风的折丹之神、掌管日月出入的鹓神及掌管东海波涛的夔神等,祈求诸神保护东方平安。这些"神"都是被巫师和先民神化的氏族首领。玄嚣、少昊欢迎、陪同、接待之热烈不必多言。之后,黄帝一行便又巡视西方。

2.巡视西方

　　黄帝一行西巡,一路受到华夏氏族部落长的欢迎之情从略。《史记·五帝本纪》云:"西至于空桐,登鸡头。"《索隐》:鸡头,"山名

也。后汉王孟塞鸡头道,在陇西。一曰崆峒山之别名。"《正义》:
"《括地志》云:'空桐山在肃州福禄县东南六十里。'《抱朴子·内篇》
云'黄帝西见中黄子(神仙),受九品之方,过空桐,从广成子受自然
之经',即此山。《括地志》又云:'笄头山一名崆峒山,在原州平高
县西百里(今甘肃省平凉市北),《禹贡》泾水所出。《舆地志》云或
即鸡头山也。郦元云盖大陇山异名也。《庄子》云广成子学道崆峒
山,黄帝问道于广成子,盖在此'。"上邽(今甘肃天水)至桥山(今陕
西黄陵)是黄帝未东徙时的属地,姬姓氏族较多,黄帝的踪迹也较
多。黄帝一行继续西行巡狩,到达西王母神女(应是世代居此的氏
族首领,世代袭西王母之号)所居的昆仑之丘(今甘肃祁连山),会
见了西王母。《山海经·海内西经》《淮南子》等,对昆仑之墟的"帝
下都"作了绘声绘色的描写,还写下了不少守宫的天神天将,又写
了四周的神山仙境。袁珂《中国神话传说》(上册)对诸说释曰:"昆
仑山真是其高无比的大山,一层一层的山重叠起来好像城阙,共有
九重,从山脚到山顶,它的高据说是一万一千里一百一十四步二尺
六寸。在它的下面,包围着弱水的深渊,在它的四周,又环绕着炎
火的大山。"山顶"上面四周围绕着玉石栏杆,每一面有九口井、九
扇门,进入门内,便是巍峨的帝宫,是五座城十二座楼所组合而成
的。最高的地方生长着一株长五丈、大五围金黄的稻子(谷子)树。
它的西边有珠树、玉树、璇树,又有凤凰和鸾鸟"[①],还有许多奇珍
异兽、仙花异草,仙人神怪。我们从中可以看到的史实是:黄帝巡
视过今甘肃和青海,留下了帝下都、轩辕国、轩辕台、桥山等遗迹和
神话传说。黄帝一行祭祀了诸山和诸神,如掌管日月运行时辰的
石夷神、守护西海(今青海湖)的弇兹神、昆仑山神陆吾、昆仑山门
神开明兽和护树神离朱、槐江山神英招、三危山(在今甘肃敦煌)神
三青鸟、天山(今属新疆)神帝江等,还在赤水北看望了化为青衣旱
神的女儿。这些"神"都是先民对久远氏族首领崇祀的反映,也是
模糊记忆和想像的模样。

黄帝一行巡视昆仑之丘后,东返途中自然是要看望陈仓、姬水、桥山等故地的百姓,询问他们的生产、生活情况,安抚诸部落首领。之后,继续东返,复巡视采铜的荆山,在其密都稍作休住。《山海经·中山经》云:"青要之山,实惟帝之密都。"袁珂《中国神话传说》云:从"昆仑之丘,实惟帝之下都","槐江之山,实惟帝之平圃"析,"这里的帝,也应是黄帝。"青要山,在今河南新安县,传说是黄帝在中土上天见上帝奏事的"密宫"。《山海经·中山经》又云:这个行宫由女神武罗管理。她面貌似牡丹花,身上有美丽的豹纹,牙齿洁白,身材苗条,异常美丽。作为黄帝行宫,自然有宫女管理,"女神"之说系天帝之都的神话。黄帝一行游山观景,举行了祭神仪式,巡视了民情,就返回了都城"有熊之墟"。

3. 黄帝北巡

黄帝是在西北发祥的,相继以陈仓、桥山、涿鹿为都,又依靠农业、牧业并重之部落的支持取得盟主地位,故必然关注北方的形势,防御北狄反叛。《史记·五帝本纪》云:"北逐荤粥,合符釜山。"《集解》引《汉书·匈奴传》云:"唐虞以上有山戎、猃狁、荤粥,居于北蛮。"即分布于陕北、晋北、冀北及内蒙古南部。《索隐》云:"匈奴别名也。唐虞已上曰山戎,亦曰熏粥,夏曰淳维,殷曰鬼方,周曰猃狁,汉曰匈奴。"黄帝在釜山(今河北省怀来县)召见了各部落首长,宣谕了恩威。黄帝一行又到燕山巡视了其子的部落(在今北京市平谷县),祭祀了北方的诸神。返回途中在涿鹿休住,会见驻守的官员,便返回有熊之墟。《山海经·大荒北经》载:黄帝巡视北方后,派儿子苗龙和姓依的儿子去加强管理。

4. 黄帝南巡

《史记·五帝本纪》云:"南至于江,登熊、湘。"《集解》:"《封禅书》曰:'南伐至召陵,登熊山。'《地理志》曰湘山在长沙益阳县。"《正义》曰:《括地志》云:"熊耳山在商州上洛县西十里(在今河南西北洛宁至卢氏县一带),齐桓公登之以望江汉也。湘山一名君山,在岳州巴陵县南(今湖南省岳阳市)十八里也。"这些文献记载存在着不同的认识。成孺《史汉骈枝》谓:"《封禅书》之熊耳山,即《汉志》所称之弘农郡卢氏,熊耳山在其东者是。今河南宜阳县西接永宁县界有熊耳山,后汉建武三年(27),赤眉积兵宜阳城西与熊耳山齐是。其地东南距召陵岗仅数百里,故桓公至召陵,得登之以望江汉。"钱穆先生云:"今安登熊湘乃一山,不得登熊,又登湘,而两山相距千里而遥也","考《一统志》河南陕州,熊耳山在卢氏县南,又有轩辕陵,在阌乡县(今河南灵宝)南十里铸鼎原,南北相距百里之遥。则谓黄帝登熊山,即齐桓之所登。盖与所谓黄帝上空峒,登具茨,地望皆相近也。至称熊湘,疑是山本有湘名。后人见湘字,必谓在江南长沙,故裴骃谓熊湘乃召陵,长沙南北两山矣。"[②]何光岳先生释曰:"把湘山定在熊耳山附近是对的。但湘山不是长沙,而是(河南)襄城县的襄山,又称相山,也即湘山。"[③]从黄帝巡视情况看,湘山应以湖南的湘山为确。《衡湘稽古》记载:黄帝一行还巡视过南岳衡山(今湖南省衡阳市北),从行的元妃嫘祖病逝后葬在衡山南,四妃嫫母求为元妃守墓,黄帝允许。帝又在衡山祭祀南方诸神,尤其是南方水神应龙,并藏玉书于此(大禹治水时寻得)。还在此召见南方部落长,予以安抚。黄帝一行北返中,还沿江而上,在巫山(今属重庆)祭祀女神瑶姬(炎帝之女)、守药之神黄鸟等。再西行入都厂之野(今四川盆地),巡视姬姓部落,并到青城山(今四川灌县西南)祭祀女神素女。之后,黄帝一行沿汉水返回有熊之墟。他巡视天下时居住的地方,都被后人传为黄帝"行宫"。

5.天下太平

黄帝巡视四方,安抚部落长和族民,劝导他们友好相处,安心发展生产,改善生活,祭祀山川诸神,以保平安。黄帝同"三皇"一样,既是华夏部落联盟最高军事民主首长(人帝),又是天帝之子,为上通天宫、下联百姓的大巫师,集天事、人事集于一身的古帝。司马迁从丰富的神话故事、民间传说和庞杂的文献资料中,去伪存真,分析、求证、筛选了"人帝"的社会状况。他在《史记·五帝本纪》中说:"官名皆以云命,为云师。置左右大监,监于万国。万国和,而鬼神山川封禅与为多焉。获宝鼎,迎日推筴。举风后、力牧、常先、大鸿以治民。顺天地之纪,幽明之占,死生之说,存亡之难。时播百谷草木,淳化鸟兽虫蛾,旁罗日月星辰水波,土石金玉。劳勤心力耳目,节用水火材物。有土德之瑞,故号黄帝。"从中可知,黄帝和下属仁慈爱民,一心为民谋福利,得到了天下五大民族集团先民的拥护和爱戴;氏族部落和睦相处,按时播种五谷,衣食丰足,天下一派太平景象,处处有颂扬黄帝之声。汉代挚虞《赞黄帝》云:"黄帝在位,实号轩辕。车以行陆,舟以济川。弧矢之利,弭难消患。垂衣而治,万国乂安。"三国诗人曹植诗曰:"少典之子,神明圣咨。土德承火,赤帝是灭。服牛乘马,衣裳是制。氏云名官,功冠五列。"

二、创造发明为民造福

黄帝同"三皇"一样,所处时代劳动人民的创造发明,都归功于他名下,是不同阶段社会进步的重要标志。黄帝的创造发明甚多,有的是本人发明的,有的是其臣子发明的,还有先民发明的,只能大体归类略述于下。钱穆《黄帝》云:黄帝"以前,人类虽然已经开始前进,对事物已经有很多发明,但是到了他,似乎有一个时期的激剧发展。在他以前,人类只是应付自然环境,人与人间很少可以纪念的事情。"④

1. 发展农耕和改善人民生活

黄帝崇尚大地黄土,继承三皇事业,进一步发展农耕经济,发明和改进生产工具,解决"民以食为天"的根本问题。《史记·五帝本纪》云:黄帝"艺五种,抚万民。"《集解》:"《周礼》曰'谷宜五种'。郑玄曰:'五种,黍、稷、菽、麦、稻也。'"艺五种,就是种植五谷,为粮食作物的总称或泛称。又云：黄帝教民"按时播百谷草木。"《正义》："言顺四时之所宜而布种百谷草木也。"百谷，仍是农作物的总称或泛称。《路史·疏仡纪·黄帝》载：黄帝"平春种角谷（即菜豆）"。又云："正夏种芒谷（即小麦及赤豆）、种房谷（麻类作物）。"耒耜、铫、耨、规矩等生产工具，提高农业生产效律。他还教民翻土耕种，修水沟灌田或排水。在缺水的干旱地方挖井，灌田或供人畜饮用。《世本》云："黄帝见百物始穿井。"随着水井的发明，先民的居住、生产地域进一步扩大了。有的学者从"井"字析，认为"轩辕制定闻名世界的井田制度，把全国土地重新划分，划成'井'字形状。周围八家都是私田，当中一块是政府财产，由八家合作耕种，收割的庄稼归政府所有。"⑤此说显然不确，黄帝时不可能有"井田"制，只能说是"井田"制萌芽于黄帝之时。

　　黄帝在先民的食源得到保障后，又发明或改进粮食加工方式和饮食器物。《管子·轻重戊》云："黄帝作，钻燧生火，以熟荤臊。民食之，无兹（疢）胃之病，而天下化之。"燧人氏钻燧取火，是烧烤兽肉。黄帝是用火解决谷物的熟食问题。《易·系辞下》云：黄帝"断木为杵，掘地为臼，臼杵之利，以济天下。"黄帝还令臣子雍父造加工谷物的杵臼。《太平御览》卷七五引《古史考》云："黄帝始蒸谷为饭，烹谷为粥。"又云："黄帝始造釜（锅）甑（陶罐）。"《云笈七签》卷一百引《轩辕本纪》云："帝作灶。"又云："令孔甲始作盘盂。"《物原》云："轩辕作碗、碟。几创始自黄帝也。"

2. 发展畜牧和狩猎驯兽

　　黄帝时期是个农牧业并重的时代，一是为了补充人民的食源，仍要辅以采集和狩猎，二是战争需要牛、马、犬等。这就要在以往家畜驯养基础上，进一步捕捉野生动物杀食或驯养。《易·井》载：黄帝发明了设陷阱捕捉动物的方法。《易·系辞下》云：黄帝"服牛乘马，引重致远，以利天下。《史记·五帝本纪》云：黄帝"教熊罴貔貅䝙虎，以与炎帝战于阪泉之野。"《索隐》："《书》云'如虎如貔'，

《尔雅》云'貔,白虎',《礼》曰'前有挚兽,则载貔貅'是也。《尔雅》又曰'貙獌似狸'。此六者猛兽,可以教战。《周礼》有服不氏,掌教扰猛兽。即古服牛乘马,亦其类也。"《正义》:"熊音雄。罴音碑。貔音毗。貅音休。貙音丑于反。罴如熊,黄白色。郭璞云:'貔,执夷,虎属也。'案:言教士卒习战,以猛兽之名名之,用威敌也。"虽然以今日理解说,是以野兽为图腾的六个部落,但从中也可多少窥见黄帝时驯服猛兽的情况(或这六种猛兽已被驯服而用于战争)。

3. 制衣裳和筑宫室

先民的食物有保障后,黄帝又关注其穿衣问题。"衣裳的原料最初是树叶兽皮,后来有可以编织的纤维,象像一类的东西。丝是中国最伟大的发现,有史以来就有丝的记载。据说黄帝之妃西陵氏女名叫嫘祖的开始养蚕。"⑥衣裳不仅可以使先民保护身体,而且也是社会向文明前进了一步。《易·系辞下》云:"黄帝垂衣裳而天下治。"《世本·作篇》云:"黄帝作冕旒(帽子及饰物)。"又云:黄帝臣胡曹作衣、作冕衣。黄帝臣于则作扉履(袜子和鞋)。伯衣作衣裳。黄帝作旃。唐代杜佑《通典》云:"上古穴处衣毛,未有制度。后代以麻易之。先知为上,以制其衣,后知为下,复制其裳。"《中华古今注·舆服》云:"华盖,黄帝所作也。"黄帝是麻、丝衣服的改进者、发明者。不言而喻,当时的衣裳还是很简陋和粗朴的。

《易·系辞下》云:"上古穴居而野处。后世圣人易之以宫室,上栋下宇,以待风雨。"《新语》则明确记载说:"天下人民,野居穴处,未有室屋,则与野兽同域,于是黄帝乃伐木构材,筑作宫室,上栋下宇,以避风雨。"《白虎通义》云:"黄帝作宫室,以避寒暑,此宫室之始也。"《史记·封禅书》载:"黄帝时为五城十二楼。"钱穆先生释曰:"原始的人穴居野处,后在树上构木为巢,巢上面加一层掩蔽,以遮风雨,慢慢形成房屋。房屋的样式经过许多变化,发明者传说不一,有的说是黄帝的发明。"又说:"汉朝人传有黄帝的明堂图,中间有一殿,四面无壁,上盖茅草,垣墙的周围是水。"⑦黄帝"筑宫室",

一是指黄帝的迁居之城或定都之城，一是指教民修筑居屋。柏杨先生说："轩辕教人建筑房屋，人们遂舍弃树枝树叶，改用泥土或石头，使自己的住所便坚固实用，而且逐渐成为村庄，再由村庄扩大成为城市。"⑧《史记·五帝本纪》《正义》云："黄帝之前，未有衣裳屋宇。及黄帝造屋宇，制衣服，营殡葬，万民故免存亡之难。"《路史·后纪五》罗苹注："棺椁之作，自黄帝始。"开始改变无葬具、土埋尸体的落后习俗。可见制衣和筑室屋对先民是多么的重要！

4. 发明车与船而方便交通

衣、食、住的问题解决后，黄帝又开始关心人们的"行"，于是又发明了交通工具。《易·系辞下》云："刳木为舟，剡木为楫。舟楫之利，以济不通，致远以利天下。"《汉书》曰："黄帝作舟车，以济不通。"《路史·前纪七》载："轩辕氏，作于空桑之北，绍物开智，见转风之蓬不已者，于是作制乘车。"下车，即独木轮车，舟也为独木挖制，三皇时代已有，黄帝改进双轮高车，木板之舟。《世本》云：黄帝之臣共鼓、化狄（又称化狐）造舟。容成刳木为舟。柏杨先生释："姬轩辕把木头插在圆轮子中央，使它运转，因而造成车辆。又把树木当中剖空，做成可以浮化在水面上的小舟。从此人们能够走向较远的地方。"⑨

从"创世神话"的盘古、天皇、地皇、人皇，到创造发明的羲皇伏羲、女娲等，都是最关注先民衣食住行，黄帝也是这样。因为"人类文明从这方面开始，文明进步也在这方面表现得最清楚，黄帝部族由畜牧进到农业，各方面都要改进，衣、食、住、行自然最急切"，故他在这方面的"发明很多"⑩。现在我们再来论述黄帝在天文历法、礼乐、文字等方面的发明创造。

5. 制造兵器防御受侵害

《世本·作篇》云："挥作弓，牟夷作矢"。又云："倕作弓，浮游作矢。"挥和牟夷相传是黄帝之臣，倕又叫巧倕，是能工巧匠的称谓，一说是人名。弓箭在"中石器时代"已出现，黄帝时当是提高了制造的技术。《古史考》载："黄帝作弩。"这是比弓箭制造技术要求更高的一种兵器。黄帝以"夔"的皮制造大鼓,用"雷兽"的骨作鼓槌,鼓声响亮,用于平时的喜庆节日,或是用于作战。《路史·疏仡纪·黄帝》云:"歧伯作鼓。"《通鉴外纪》载:"蚩尤为大雾,军士昏迷,轩辕作指南车以示四方。"《黄帝内传》云:"玄女为帝制司南车,当其前,记里鼓车当其后。"在兵器改进的同时,黄帝还教给士卒作战的阵法,以取得较大的战果。《云笈七签》卷一百引《轩辕本纪》载:黄帝"又令风后演河图法,创十八局,名曰《遁甲》,以推胜负之说。"黄帝之所以能统一天下,与军队战斗力的增强是分不开的。

6.采铜铸器

　　炎帝时代已发现铜片,但不普遍。《史记·封禅书》载:"黄帝作宝鼎三,象天、地、人。"又云:黄帝采首山之铜,铸鼎荆山之阳。这个"首山",在今河南省灵宝市,一说在今河南省襄城县南五里处。《隋书·地理志》《元和郡县图志》记载说:荆山在左冯翊怀德县(今陕西省富平县西南),传说黄帝曾在此采铜铸鼎。崔豹《古今注》记载:黄帝曾到荆山采铜和炼丹。《广博物志》卷三九引《真诰》记载:黄帝在荆山(今灵宝市)下铸铜鼎时,老虎、豹子、飞鸟,皆来帮助守护炉灶和加柴。虞荔《鼎录》记载:黄帝在荆山下铸的铜鼎很大,有一丈三尺高,容量可以装十石谷子。鼎的周围刻有腾云驾雾的龙(可能是擒杀蚩尤、击败炎帝榆冈而立有大功的应龙形象),还雕刻有四方鬼神和各种奇禽怪兽图案。大鼎造成后,黄帝在荆山脚下召开了庆贺大典,四面八方的氏族部落长、附近的百姓,以及天上、地下的诸神、山精水精和鬼怪,都来参观和祝贺,百姓欢呼,百鸟鸣叫,百兽起舞,热闹非常。

　　《稗史类编》引《黄帝内传》记载:黄帝在王屋山(太行山支脉,在今山西东南)会见西王母时,令臣子尹寿铸造了十二面铜镜,用来照华堂盛宴的隆重场景。镜子按一年十二月铸造,互不联系,精美而珍贵。王度《古镜记》载的黄帝造铜镜与此不同,言是十五面小铜镜。第一个镜子直径一尺五寸,"法月满之数",以此递减,第十五个镜子的直径为一寸。唐初人王度得到第八面镜子(直径八寸,由隋末人侯生珍藏),背面刻精美的八卦十二辰及文字,照见了许多妖魔鬼怪,遇到许多奇人异事,写成此书,成为唐人小说的鼻祖。

7.发明天文历法

从三皇到黄帝,氏族或部落首领和先民在生活生产中,不断思考和想像天空的太阳、月亮、星辰变化,气候的冷暖,万物生长的规律,设法适应自然,改造自然。《史记·五帝本纪》云:黄帝"获宝鼎,迎日推荚。"《集解》晋灼曰:"策,数也,迎数之也。"瓒曰:"日月朔望未来而推之,故曰迎日。"《索隐》云:"《封禅书》曰'黄帝得宝鼎神策,下云'于是推策迎日',则神策者,神蓍也。黄帝得蓍以推算历数,于是逆知节气日辰之将来,故曰推策迎日也。"《正义》云:"荚音策。迎,逆也。黄帝受神荚,命大挠造甲子,容成造历是也。"《吕氏春秋·尊师》云:"黄帝师大挠。"一说为黄帝史官,发明干支纪年法。容成子,黄帝之师。《世本·作篇》云:"黄帝使羲和占日,常仪占月,臾区占星气,伶伦造律吕,大挠作甲子,隶首作算数,容此综成六术,而著调历也。"羲和,黄帝之臣,常仪亦然,相传他们原是太阳神和月神,下凡为黄帝的巫师。伶伦下凡后,任黄帝的乐官。《山海经》有羲和、常仪分别是"占日""占月"女神的故事,伶伦也是神人。有的学者认为前二者是"官名",我们认为他们是氏族或部落的首领,为黄帝的"臣子"。羲和主要是推测太阳的运行规律,造历象;常仪主要是观测月亮的圆缺,把一年分为十二个月。鬼灵区又称鬼容区,主要是占星象,定阴晴,并以星、云、风等天象变化,预测吉祥与灾害。大挠是黄帝史官,甲子就是干支纪年和每天的十二个时辰。容成为黄帝史官,研制的历法称为"调历"。史书则说黄帝制调历。从河南郑州大河村仰韶文化遗址发现彩陶器上的星星、日晕、十二个太阳图案看,黄帝定星历是比较可信的。《史记·历书》太史公云:"黄帝考定星历,建立五行,起消息,正闰余,于是有天地神祇物类之官,是为五官。各司其序,不相乱也。"实为黄帝和部属进一步完善了天文历法。

8.黄帝制乐律

《吕氏春秋·古乐》载(译文):"古时候,黄帝叫伶伦创制乐律。伶伦从夏山(今阿富汗北部)的西方,到达昆仑山(今甘肃祁连山)的北面,从山谷中取来竹子,选择中空而壁厚均匀的竹子,截取两个竹节中间的一段(长三寸九分)吹奏,把发出的声音定为黄钟律的宫音,吹出来的声音是'舍沙'。接着依次共制作了十二根竹管,带到昆仑山下,听凤凰的鸣叫,借以区别十二乐律,雄凤鸣叫有六个音律,雌凤鸣叫也有六个音律。把根据这些声音定出的乐律同黄钟律的宫音相比照,均适度和谐;这些声音都可以由黄钟律的宫音派生出来。所以说:黄钟律的宫音是乐律的本源。黄帝又令伶伦和荣将铸造十二口钟,用以和谐五音,借以展示华美的声音。在仲春的月份之乙卯这一天,太阳的位置在奎宿的时候,开始演奏它们,奏出的乐曲命名为《咸池》。"还有乐曲《六英》《九招》。十二律是从黄钟算起的,单数称律,双数称吕,合称律。隶首作算数,与乐律关系密切。他是数学的鼻祖。音律、度、量、衡等均离不开数。历法、甲子、天文、乐舞等的创制,与黄帝时代文字的形成有着直接关系。相传饶、磬、箫等乐器,皆为黄帝发明。

9.发展中医药学

黄帝时代,中医学又有了进一步的发展,出了三个著名的医师。《史记·扁鹊苍公列传》载:"上古之时,医有俞跗,治病不以汤液醴洒,镵石挢引,案扤毒熨,一拨见病之应,因五脏之输,乃割皮解肌,诀脉结筋,搦髓脑,揲荒爪幕,湔浣肠胃,漱涤五脏,练精易形。"这就是说,俞跗医术高明,不用汤药、针石、按摩、药敷,而是直接在病人的五脏六腑动手术,把内脏洗干净,除去病源,使病人恢复健康。《搜神记》云:"昔皇(黄)帝时有榆(俞)附者,善好良医,能回丧车,起列人。"即他有起死回生之术。《帝王世纪》云:"黄帝有熊氏命雷公、歧伯论经脉。"《抱仆子·极言》篇云：黄帝身体不适，由雷公、歧伯诊治。《太平御览》卷七二一引《帝王世纪》云："歧伯，黄帝臣也。帝使歧伯尝味草木，典主医药、经方，《本草》《素问》之书咸出焉。"又曰："雷公歧伯论经脉傍通，问难八十一，为《难经》，教制九针，著《内外术经》十八卷。"《汉书·艺文志》载有《黄帝歧伯按摩》十卷。《隋书·经籍志》载有《歧伯经》十卷。今存《黄帝内经》，就是以黄帝歧伯论医、更相问难的形式写成的。

10.黄帝发明文字

《世本》云："黄帝使苍颉作书。"张注引汉《苍颉庙碑》云："苍颉天生，德于大圣，四目灵光。"《淮南子·本经训》云："昔者仓颉作书，而天雨粟，鬼夜哭。"钱大昕《说文解字注·序》曰："仓颉之初作书，盖依类象形，故谓之文，其后形声相益，即谓之字。"考古发现的龙山文化卜骨文字及陶文，证明黄帝时代在"三皇"时代刻划符号(初始文字)的基础上，再进一步研究创造出了象形文字。西安市长安区花园龙山文化遗址中，出土了甲骨文，可证明黄帝时已有简单文字。《古今姓氏书辩证》引《周地记》云："苍颉姓侯冈氏，名颉，其后居冯翊衙县(今陕西省白水县)，今望出冯翊(今陕西省渭南市所辖地区)。"在今陕西省白水县东北 60 里纵目乡彭衙村，春秋时秦国置彭衙邑，汉置衙县。彭衙东南 10 里有史官镇和史官嘴，两地之间有仓颉庙，武庄村有苍颉墓，可佐证《周地记》之说是正确的。2006 年谷雨节，白水县各界人士在仓颉庙前举行了公祭"中华文祖"大典。《史记·五帝本纪》《正义》引《帝王世纪》载：黄帝"得力牧(今河南省开封市人)于泽(古牧泽，在今开封)，进以为将。黄帝因著《占梦经》十一卷。"引《汉书·艺文志》载风后(伏羲后裔，风姓，今山东近海地区人，黄帝之相)著"《风后兵法》十三篇，图二卷，《孤虚》二十卷，《力牧兵法》十五篇。"又载："《鬼容区兵法》三篇。"鬼容区，又写作鬼臾区，号称大鸿氏，生、葬于雍(今西安市西北)，墓曰"鸿冢"。他们贡献突出，皆被人们奉为神仙。所谓黄帝及其下属的经书、医药书、兵书等，皆为后人假托其名所署，非四五千年以前就有这些文字书籍。

《管子·五行》《史记·历书》《世本作篇》等书，皆对黄帝在各个方面的发明创造作了记述和称颂。先民从生到死，都有生产生活规范、礼仪制度；天事、人事、地事等社会各个方面，都有专人管理。《淮南子·览冥训》云："昔者黄帝治天下，而力牧、太山稽辅之。以治明之行律，治明阳之气；节四时之度，正律历之数，别男女，异雌雄，明上下，等贵贱，使强不掩弱，众不暴寡；人民保命而不夭，岁时熟而不凶；百官正而无私，上下调而无尤（忧）；法令明而不暗，辅佐公而不阿；田者不侵畔，渔者不多隈；道不拾遗，市不豫贾；城郭不关，邑无盗贼；鄙旅之人，相让以财；狗彘吐菽粟于路，而无忿争之心；于是日月精明，星辰不失其行；风雨时节，五保登孰；虎狼不妄噬，鸷鸟不妄搏；凤凰翔于庭，麒麟游于郊；青龙进驾，飞黄伏皂；诸北、儋耳之国，莫不献其贡职。"黄帝的丰功伟迹一览无余，被表述得淋漓尽致，一幅理想的和谐之大同社会图像。风调雨顺，五谷丰登；官员尽心辅佐黄帝，没有贪官污吏；男女平等，尊老携幼，没有尔虞我诈；没有剥削压迫，没有战争，没有盗贼和恶人，大家在礼仪中和睦生活。张岂之主编《中国历史·先秦卷》云："黄帝时代，中国史前社会发展取得了伟大成就。黄帝时代开始驯养使用牛马，发明了车船，并学会了打井和养蚕缫丝，战争中开始使用铜制武器。这些是物质文明的飞跃发展。黄帝时代发明了文字，制定出历法和甲子，美术、音乐、舞蹈创作繁荣起来。这些是精神文明的成就。冠冕衣裳的发明则具有物质文明和精神文明双重意义。特别重要的是，中华民族制度文明发端于黄帝时代。"⑪"三皇"时代创始的文明，至黄帝时达到了新的高度。炎帝代表了"三皇"时代的初始文明，黄帝代表了"五帝"时代的中级文明，"炎黄"成为中华文明的祖先。戴逸先生说："黄帝轩辕氏及其大臣们，发明舟车弓箭，建造宫室，制作衣裳、陶器、乐器，并创造文字，黄帝时代，人类的衣食住行以及文字、艺术、武器、用具均有极大的进步,反映了中国远古文明繁荣发展的盛况。"⑫

三、黄帝创立部落联盟机构制度

我国原始社会自从有了氏族公社,就有了简约的制度或社会公德,至三皇之一的太昊伏羲氏时代,就有了部落机构和"官职"。黄帝时代又有所发展。华夏部落联盟形成后,社会制度和管理人员的配备进一步健全。

1. 部落联盟机构和长官

从古文献记载看,华夏部落联盟的军事民主首长只有黄帝一人,没有设置"副首长"。《中国史稿》曰:"部落联盟由参加联盟的各氏族部落的首领组成联盟议事会。重要事务都要由联盟议事会讨论决定,部落联盟的首领也由议事会推举产生。"⑬可见"议事会"是最高权力机构。与议事会相应的是名誉高、无实权的"帝师团"(相当于今之顾问或参谋班子)。黄帝之下,设左、右大监,当是议事会的两个首领,辅佐黄帝处理联盟的大事。依《淮南子·览冥训》"昔者黄帝治天下,而力牧、太山稽辅之",可能此二人为左右大监。大监之下设"三公"。《五记·史帝本纪》《集解》郑玄曰:"风后,黄帝三公也。"《正义》案:"黄帝仰天地置列侯众官,以风后配上台,天老配中台,五圣配下台,谓之三公。"此与汉代后的"三公"大不相同。按《帝王世纪》所说的风后,似乎"三公"是官名,非三种官职之三人。但后世的"三公"之称,当源于黄帝。风后、力牧、常先、大鸿四人又称黄帝之"臣",官位可能高于"六相"。

2. 部落联盟的各类官职

《史记·五帝本纪》《集解》:"应劭曰:'黄帝受命,有云瑞,故以云纪事也。春官为青云,夏官为缙云,秋官为白云,冬官为黑云,中官为黄云。'张晏曰:'黄帝有景云之应,因以名师与官'。"从古文献记载看,也不尽是以"云"名官。"三公"之下设的"六相"又有名称。《管子·五行》载:"黄帝得六相而天地治,神明至。蚩尤(此指蚩尤被杀后,部落族民又推举的首领,仍以蚩尤为号)明乎大道,故使为当时(主官天时);大常察乎地理,故使为廪者(主管仓廪),奢龙辩乎东方,故使为工师(即司空,主管手工业生产),祝融辩乎南方,故使为司徒(主管农业);大封辩乎西方,故使为司马(主管兵马);后土辩乎北方,故使为李(主管刑狱)。是故春者土师也,夏者司徒也,秋者司马也,冬者李也。"许顺湛先生释:"这一段话清楚地告诉我们,黄帝时代已有了政权机构,天时、仓廪、手工业、农业都有官僚分管,特别是出现了将领和狱官。"⑭《帝王世纪》云:黄帝"得力牧于大泽,进以为将。"比"六相"低的"灵台五官",陶正宁封、木正赤将,"四史官",亦各有称谓。《拾遗记·轩辕黄帝》载:还"置四史以主图籍,使九行之士以统万国。九行者:孝、慈、文、信、言、忠、恭、勇、义。以观天地,以祠万灵,亦为九德之臣。"还有前述的羲和、常仪、鬼臾区、伶伦、大桡、隶首、容成、沮涌、苍颉、雍父、挥、夷牟、垂、胡曹、伯衣、于则、史皇等,均未以"云"名官。明确以"会"名官者,是管"四季"和"中官"者。

《路史·疏仡记·黄帝》记载:黄帝时期设二监、三台、四辅、六相、九卿二十四官,共有一百二十名。官员各司其职,分别管理天象、历法、地舆、农业、手工业、法律、军队、刑狱、教化、典籍、礼仪、祭礼等,具体人名和详情今已难知。不言而喻,这是后代人不断地据其生活时代所研究得到的,因为有后世官名职责夹杂其中,黄帝时代还不可能有这么完备的政治制度。但在黄帝时代已形成一定的管理系统的结论则是可信的。有的学者说:"这些都是姬轩辕的伟大发明和伟大创举,如果他是一个普通的人,我们一定不会相信。但他既然是一个神祇,我们就不得不承认他有如此伟大的能力。"⑮其实,正因为黄帝"是一个普通的人",才可以相信,他的创造发明和创立制度,是先民集体的智慧和功绩,只是都记在黄帝名义下。他若是个"神祇",则是不可信的。李绍连先生说:后人对炎黄"伟大的创举无法理解时,将他们神化也在情理之中。""龙颜、龙体、天神、天子都是对帝王神化的颂词。对领袖人物,特别是对帝王神化是封建社会愚民政策的一部分。上述古籍都出自春秋战国以后的封建社会阶段,出现上述现象是不足为怪的,可怕的是因其神化而当神崇拜之。"⑯我们绝不能把黄帝的发明创造(包括物质、精神、制度)看作是"神"的功业,许顺湛先生说:"后代的物质文化、精神文化中的许多具体内容,其祖根都可以追溯到炎黄帝时代,所以不论是从宏观微观来看,都可以说炎黄二帝是中国文化之根,中国文化的鼻祖。"⑰李学勤先生说:"《史记》一书沿用《大戴礼记》所收《五帝德》的观点,以黄帝为《五帝本纪》之首,可以说是中华文明形成的"一个标志"⑱。这些论述都是正确和符合历史实际的。

综上所述,黄帝确是一个划时代的伟大英雄人物,也是善于总结先民经验,富有勇敢开拓、创造精神的部落联盟军事首长,也是中国文明萌芽到形成的里程碑式的典型古帝,称其为"人文初祖"是名副其实的。

注释:

①袁珂:《中国古代神话传说》,北京:中国民间文艺出版社,1984年9月第1版,第166—167页。

②钱穆:《黄帝故里地望考》,载《禹贡半月刊》第3卷第1期。

③何光岳:《炎黄源流史》,南昌:江西教育出版社,1992年4月第1版,第519页。

④钱穆:《黄帝》,《沧海丛刊》,《历史》,台北:东大图书有限公司印行,中华民国六十七年(1978)四月初版,中华民国七十二年(1983)十月再版,第14页。

⑤柏扬:《黄帝王朝与轩辕》,载河南省炎黄文化研究会主办:《炎黄天地》(创刊号),2006年第1期,第29页。

⑥钱穆:《黄帝》,《沧海丛刊》,《历史》,台北:东大图书有限公司印行,中

华民国六十七年（1978）四月台北初版，中华民国七十二年（1983）十月再版，第 4 页。

⑦钱穆：《黄帝》，《沧海丛刊》，《历史》，台北：东大图书有限公司印行，中华民国六十七年（1978）四月台北初版，中华民国七十二年（1983）十月再版，第 25 页。

⑧⑨钱穆：《黄帝》，《沧海丛刊》，《历史》，台北：东大图书有限公司印行，中华民国六十七年（1978）四月台北初版，中华民国七十二年（1983）十月再版，第 24 页。

⑩钱穆：《黄帝》，《沧海丛刊》，《历史》，台北：东大图书有限公司印行，中华民国六十七年（1978）四月初版，中华民国七十二年（1983）十月再版，第 14 页。

⑪张岂之主编：《中国历史·先秦卷》，北京：高等教育出版社，2001 年 7 月第 1 版，第 26 页。

⑫戴逸：《研究炎黄文化，建设现代文明》，载王仁民主编《炎黄颂》，北京：中国经济文化出版社，第 61 页。

⑬郭沫若主编：《中国史稿》第一册，北京：人民出版社，1976 年 7 月第 1 版，第 130 页。

⑭许顺湛：《炎黄二帝与根文化》，《炎黄天地》，2006 年第 1 期，第 15 页。

⑮柏扬：《黄帝王朝与轩辕》，载河南省炎黄文化研究会主办：《炎黄天地》（创刊号），2006 年第 1 期，第 29 页。

⑯李绍连：《论炎帝和黄帝》，载王仁民主编《炎黄颂》，北京：中国经济文化出版社，2003 年 4 月第 1 版，第 154 页。

⑰许顺湛：《炎黄二帝与根文化》，《炎黄天地》，2006 年第 1 期，第 17 页。

⑱李学勤：《走出疑古时代》，沈阳：辽宁大学出版社，1997 年 12 月第 1 版，第 41 页。

2007 年 4 月 18 日

黄帝同期人物探寻

中国古史传说时代的"五帝",《世本》《大戴礼记》《史记·五帝本纪》均载为:黄帝、颛顼、帝喾、唐尧、虞舜。古今学者基本上赞同此说,没有什么大的争议。《礼记·月令》说的五帝人物,只有黄帝、颛顼与《史记》所说的相同,少昊是与之同期的东方部落首领;太昊伏羲氏、炎帝神农氏则属于"三皇"人物。《帝王世纪》说的五帝人物,黄帝被少昊所取代,其他四帝与《史记》所载相同。《皇王大纪》说的五帝人物,伏羲、神农属于"三皇",黄帝、尧、舜则与《史记》所载的相同。这样看来,列入"五帝"的人物,只有少昊与黄帝约同期。拙文所研究的对象,是与黄帝同期的传说人物及其后裔的事迹。

一、东方的部落首领

黄帝同期的人物相当多,我们在此文中只侧重研究辅佐其大业的人物,三皇后裔及其子孙皆有别文论述,从略。

1. 东方氏族部落首领少昊金天氏

少昊(又写作皞)是太昊伏羲氏的后裔,约与黄帝同期或稍晚,为东方(今山东)氏族部落长,率先与黄帝部落和炎帝裔族相结合,组成华夏部落联盟,并受黄帝命令管理东方部落的事务。

(1)少昊及其子

《山海经·大荒东经》云:"东海之外大壑,少昊之国。"《尸子》云:"少昊金天氏,邑于穷桑(今山东曲阜)。日五色,互照穷桑。"神话传说故事曰:女神皇娥常在璇宫夜织,一日乘桴昼游,经过穷桑苍茫之浦,遇太白之精,貌美无比,遂婚合而生少昊。不言而喻,这是为少昊生而不凡所撰的吉祥之语。少昊以生于穷桑,便称穷桑氏,亦称桑丘氏、金天氏、金穷氏,曾为百鸟之王。少昊部落以玄鸟(今燕子)为图腾,模拟玄鸟叫声而姓嬴。《左传·昭公十七年》记载春秋时期的郯子曰:我祖少皞氏,名挚。以鸟纪官,有凤鸟氏、玄鸟氏、伯赵氏、青鸟氏、丹鸟氏、祝鸠氏、鸤鸠氏、爽鸠氏、鹘鸠氏,还有"五雉"和"九扈"。《中国史稿》云:"这些全是鸟的名字,共二十四种,当是二十四个氏族。氏族中又分母氏族和女氏族。几个氏族合为一个胞族,如从凤鸟氏到丹鸟氏就是一个胞族。合起来,就是一个完整的部落了。"①《左传·昭公二十九年》云:少昊有四子,曰重,曰该,曰修,曰熙,实能金、木及水。使重为句芒,该为蓐收,修及熙为玄冥,遂济穷桑,此其三祀也。杜预注:句芒为木正,蓐收为金正,玄冥为水正。"正"即主管之长官。"四子能治其官,使不失职,济成少昊之功,死皆为民所祀。"少昊死后被封为白帝,居西方。

　　由于少昊及其四子的功劳大,所以被先民奉祀为神。《拾遗记》称:少昊为西方帝,号金天氏,母曰皇娥,父曰白帝之子,即太白之精。《山海经·西次三经》云:"又西二百里曰长留之山,其神曰帝少昊居之。其兽皆文尾,其鸟皆文首,是多文玉石,实惟员神磈氏之宫。是神也,主司反景。"郝懿行注:"是神,员神,盖即少昊也。"其子也为神。少昊子"重"封为句芒(东海之神)。《山海经》记载:黄帝封太昊为东方天帝,辅神为少昊之子句芒。"东方色青,故东帝也称青帝;句芒又名重,手持圆规,执掌春天和生命"②;修与熙封为玄冥(北方水神);该被封为蓐收(西方之神,佐少昊)。《山海经》记载:黄帝封少昊为西方天帝,辅神为其子蓐收。"西方白色,故西帝也称白帝,白帝住西方长留山(今甘肃祁连山西脉);蓐收又名该,手持曲尺,执掌秋天,兼司察落日沉入汤谷(约指今青海西境山谷)时折向东方的余辉③。

　　(2)少昊氏形成的姓氏

少昊的姓氏和称号,后来又形成了姓氏。少姓:《郑通志·氏族略》云:"少昊氏之后。"《礼记》有"少连善,居丧。东夷之子"之载。《姓氏考略》云:"又或少正、少施等氏所改。望出曲阜。"汉代有少年唯(又称少年雄),宋代有少盖;昊(暤、暭、浩)姓来源不一,其中之一为少昊氏。《风俗通》载:"一云少昊之后。"昊姓人流传至今;嬴姓:《说文解字》云:"嬴,帝少暤之姓也。"秦人的祖先。

(3)少昊之子形成的姓氏

《春秋纬》之《春秋元命苞·十纪·循蜚纪》有"句强氏",列于钜灵氏之后;又有"钩阵氏",列于涿光氏之后。此纪的传说人物多为三皇时期的氏族首领,而这两个姓氏却较晚,系少昊之子"重"的官职句芒所形成。溯其源,乃出自前者所形成的姓氏。徐旭生《中国古史的传说时代》云:句、禺古音同在侯部,句强当即禺强。又《吕氏春秋·十二月纪》中说:东方神为句芒,南方神为祝融,西方神为蓐收,北方神为玄冥。《山海经》四《海外经》末所记四方神,除禺强外,余与《吕氏春秋》完全相同。神名的第一字:句、祝、蓐、玄,全应该是地名或氏族名。如果这个句强及下文的钩阵原为人名,那就应该与句芒同族④。何光岳《东夷源流史》考证:"崛夷的首领禺虢、禺强,被尊为东海、北海之神。"又曰:"把禺强当作海神、天神,法力无边。这只能说禺强在古代非常强大,能威慑附近各部族,故其首领才被神化。"⑤简言之,句同禺,句强、钩阵二人及其氏族部落,是职务为句芒的该之后裔,源于东夷族。禺强、禺虢的氏族部落居地在何处呢?《山海经·大荒北经》云:"又北三百八十里,曰虢山,其上多漆,其下多桐椐,其阳多玉,其阴多铁。伊水出焉,西流注于河。其兽多橐驼,其鸟多窝,状如鼠面鸟翼(即今日之蝙蝠),其音如羊,可以御兵。"伊水发源于秦岭余脉熊耳山,即禺强、禺虢的氏族部落居住、活动于此山(在今河南洛宁至卢氏一带)。

句(勾)姓。《通志·氏族略》云:"勾(句)芒氏之后。《史记》有勾强。"郑樵《续通志·氏族略·总论》云:"勾氏、钩氏、苟氏、句氏、句龙氏、勾氏、约氏,皆勾姓。"《中文大字典》注引《正字通》云:"勾,姓。宋(朝)勾涛,不(依)附秦桧,高宗叹其忠。"杨慎曰:"句井强,孔子弟子。其后有勾景延,后唐时入蜀,为著姓。建炎(1127—1130)中,避高宗(赵构)嫌名,或加金,钩光祖是也;或加系,绚纺是也;或加草,苟湛是也;本为勾涛一姓。"实际上皆出自句强氏、钩阵氏。

威姓。《山海经·大荒北经》云:"有人一目,当面中生。一曰是威姓,少昊之子,食黍。"即其是善于种植黍的农耕氏族。

2. 蚩尤氏族部落

蚩尤约与少昊同时代,为东夷族的一个部落首领,居住和活动在鲁西南(部落邑城在今山东曲阜),后又征服九黎(今山东、河南、河北交界地区的部落),成为庞大部落的首领,至末代炎帝榆罔时势力强大。《史记·五帝本纪》云:"蚩尤最为暴,莫能伐。"于是"黄帝乃征师诸侯,与蚩尤战于涿鹿(今属河北)之野,遂擒杀蚩尤"。《集解》云:"应劭曰:'蚩尤,古天子。'(公孙)瓒曰:孔子《三朝记》曰'蚩尤,庶人之贪者'。"蚩尤本为炎帝榆罔时的诸侯,都于曲阜。炎帝榆罔迁鲁后,居住于曲阜,引起蚩尤不满,发动了战争。炎帝战败西走,蚩尤追击,只好渡河向黄帝求救,遂联合共抗蚩尤。《索隐》案:"此纪云'诸侯相侵伐,蚩尤最为暴',则蚩尤非为天子也。又《管子》曰'蚩尤受庐山(在今江西九江市)之金而作五兵',明非庶人,盖诸侯号也。刘向《别录》云'孔子见鲁哀公问政,比三朝,退而为此记,故曰《三朝》。凡七篇,并入《大戴(礼)记》。今此注见《用兵篇》也。"《正义》:"《龙鱼河图》云:'黄帝摄政,(蚩尤)有兄弟八十一人,并兽身人语,铜头铁额,食沙石子,造立兵仗刀戟大弩,威振天下,诛杀无道,不慈仁。万民欲令黄帝行天子事,黄帝仁义不能禁止蚩尤,乃仰天而叹。天遣玄女下授黄帝兵信神符,制伏蚩尤,帝因使之主兵,以制八方。蚩尤没后,天下复扰乱,黄帝遂画蚩尤形象以威天下,天下咸谓蚩尤不死,八方万邦,皆为弭服。'《山海经》云'黄帝乃令应龙攻之冀州之野。应龙畜水,蚩尤请风伯、雨师纵大风雨。黄帝乃下天女曰魃,以止雨。雨止,遂杀蚩尤。'孔安国曰'九黎君号蚩尤'是也。"

　　黄帝、少昊、蚩尤三大氏族部落,时皆奉日趋衰败的炎帝榆罔为"盟主",分别主管东北方(黄帝居涿鹿)、东方(少昊与蚩尤,中心地在曲阜),蚩尤的势力最强,欲夺取炎帝的地位。《国语·楚语下》云:"及少皞之衰也,九黎乱德。"《山海经·大荒东经》云:"大荒东北隅中,有山名曰凶犁土丘。"蚩尤的部落兴起发展于此(今山东省西南部)。《中国史稿》云:"九黎的首领据说就是蚩尤。从一些材料推测,蚩尤属于夷人。那么,九黎也可能是九夷了。相传蚩尤'兄弟八十一人',当为八十一个氏族。这样,九黎就是九个部落,每个部落有九个氏族,是一支庞大的势力。由于蚩尤被黄帝战败,给夷人的发展造成了新局面。"⑥徐旭生《中国古史的传说时代》云:"蚩尤既居于少昊之地,那他的部落应该是在山东的西南部。"⑦"少皞既属于东夷集团,蚩尤就不能属于其他集团。蚩尤属于东夷集团的证据此其一。"⑧"寿良为今山东东平县。寿张仍即寿良,为东汉光武帝的时候避叔父赵王良讳所致。距野今仍用旧名(今山东巨野)。""他的祠堂和坟墓"在寿张和钜野,是"蚩尤属于东夷集团的证据"之二⑨;"九黎为山东、河北、河南三省接界处的一个氏族。蚩尤为其酋长",是"蚩尤为东夷集团的证据"之三⑩。黄帝击杀蚩尤,东方平定,威望大升,炎帝不甘心失去"盟主"地位,又发生争权之战,以失败而告终。黄帝联合少昊,收拢蚩尤、炎帝余民组成华夏部落联盟;蚩尤的部分余民逃入江汉,与当地土著日渐融合,苗蛮便尊奉战神蚩尤为祖先。炎帝榆罔带亲从和少部分人南走,成为江南氏族或部落之"帝",五大民族集团的分布格局初步形成。《史记·五帝本纪》《集解》引《皇览》曰:"蚩尤冢在东平郡寿张县(今山东省东平县)阚乡城中,高七丈,民常十月祀之。有赤气出,如匹绛帛,民名为蚩尤旗。肩髀冢在山阳郡巨野县(今山东巨野),大小与阚冢同。传言黄帝与蚩尤战于涿鹿之野,黄帝杀之,身体异处,故别葬之。"《索隐》案:"皇甫谧云'黄帝使应龙杀蚩尤于凶黎之谷'。或曰,黄帝斩蚩尤于中冀(今山西东南),因名其地曰'绝辔之野'。注《皇览》,书名也。记先代冢墓之处,宜皇王之省览,故曰《皇览》。是魏人王象,缪袭等所撰也。"蚩尤是战败的英雄,兵神和战神,亦被中华民族(尤其是南方民族)崇奉为祖先。

二、传说中的黄帝之师

神话传说中的黄帝之师,一般都是其以前的德高望重的氏族或部落首领,因其为民造福的功德被先民崇祀为祖先或神仙。后世学者在整理时,有意或无意地夹杂了自己所处时代的观念和认识。方士、术士出现后,注重"仙人"的传说,不惜夸大和美化。"五行"学说出现后,又以中国的方位配置"五帝"和各类"神"或"天帝",尤其是秦始皇、汉武帝的欲长生不老,迷信神仙思想,术士便将不少帝王、古人类化为神仙。王莽欲篡权,术士及御用文人便又为其制造舆论,寻找根据,纬书随之盛行,古人、古帝次被奉为神或仙人。道教兴起后,又将其中的一些人尊奉为宗教仙人。实际上,他们是人或古皇、古帝以及各类英雄。凡称数百年或千年的仙人,一般是指其世代流传的年代,非本人真的成仙,长生不老。

1. 大挠氏

大挠又写作大桡,一说为神话人物,一说为古代族首领,以后说为确。《吕氏春秋·尊师》云:"黄帝师大挠。"《世本·作篇》云:"大挠作甲子。"《史记·五帝本纪》云:黄帝"获宝鼎,迎日推筴。"《集解》云:"晋灼曰:'筴,数也,迎数也。'(公孙)瓒曰:'日月朔望未来而推之,故迎日'。"《索隐》云:"《封禅书》曰'黄帝得宝鼎神策',下云'于是推策迎日',则神策者,神蓍也。黄帝得蓍以推算历数,于是逆知节气日辰之将来,故曰推策迎日也。"《正义》云:"筴,音策。迎,逆也。黄帝受神筴,命大挠造甲子。"可见大挠是以部落长而任帝师、帝史官的,主要贡献是创制干支纪年法(实为发展和改进)。

2. 容成子

《春秋元命苞·十纪·因提纪》将其列在遂人氏之后,曰"庸成八世"。庸、容古音近通用,是很古老的氏族首领,故里在容城(今属河北)。《庄子·胠箧》篇记载女娲没后,袭庖牺号为王的人物中有"容成氏"。可见他是炎帝之前的传说人物。传到黄帝时,氏族部落首领为容成,又称容成子。相传黄帝为了修行,曾和容成子等在黄山同游学道。《古今图书集成·山川典》卷八七引《太平县志》:"黟山(在今安徽黟县),因(黄帝)与容成子、浮丘公同游,故又名黄山。"浮丘伯,姓李,约与黄帝同时代,嵩山(在今河南省登封市)隐士。相传他饮用黄精 20 年,白发变黑,齿掉复生,得道成仙,白日可乘云飞游。撰的《原道歌》曰:"虎优龙亦藏,龙藏先伏虎。但毕河车功,不用提防拒。诸子学飞仙,狂迷不得住。左右得君臣,四物相念护。乾坤法象成,自有真人顾。"又传说,他还迎王子乔上嵩山修道,后亦成仙。"成仙"之说不可信,只能说是反映了其族人的延续年代之长。容成子的业绩突出,死后被崇祀为仙人。《列仙传》曰:"容成公者自称黄帝师,见于周穆王,善能辅导之事。"即相传他曾见周穆王,教导治天下之术。其修道的秘诀是"守生养气,可返老还童。"后为老子所袭用。实为容成后裔相传的年代,非他一人这么长寿。春秋时期楚国灭庸(容)后,余民以国号为姓,形成容姓等。元代有普定知府容直。永乐年间(1403—1424)有香山(今属广东)人容悌与,任县教谕,著《云岚集》。其孙容师偃,孝子。明代正德年间(1606—1521)有淮安府审理容恭,安庆(今属安徽)人。其子容若王,万历(1573—1619)时官至江西岭北道甲巡抚。还有士人容善。《清朝通志·氏族略》载:容而舒,康熙年间举人。洋务运动时有容闳,广东东莞人,中国第一个留学生,1854 年出国留学,就读于美国耶鲁大学。2006 年 4 月 21 日,胡锦涛总书记出访美国时,访问了耶鲁大学,校方赠送了容闳留学时的肖像;鄘氏,唐人的一支,西周成王时,鄘国亡后形成的姓氏。《续通志·氏族略》载:明代有鄘琼,任庆远(今属浙江)府照磨。

3. 中黄子与广成子

《春秋元命苞·十纪·禅通纪》云:"中央氏即中皇氏四世。"列在柏皇氏之后。中皇氏又写中黄氏,是伏羲和女娲氏的后裔,曾袭庖牺号而称王。他去世后,被先民崇祀为"仙人"。其后裔则袭"中央"或"中皇(黄)氏"号,任部落长,传至黄帝时有中黄(皇)子;广成子也是古代的氏族首领,世代相传千余年,神话传说为仙人。《史记·五帝本纪》云:黄帝"西至空桐,登鸡头。"《正义》曰:"《括地志》云:'空桐山在肃州福禄县(今甘肃省酒泉市)东南六十里'。《抱朴子·内篇》云'黄帝西见中黄子,受九品之方,过空桐,从广成子受自然之经',即此山。《括地志》又云:'笄头山一名崆峒山,在原州平高县(今甘肃平凉西北崆峒山)西百里,《禹贡》泾水所出。《舆地志》云或即鸡头山也。郦(道)元云盖大陇山(今六盘山)异名也。《庄子》云广成子学道崆峒山,黄帝问道于广成子,盖在此。'案:二处崆峒皆云黄帝登之,未详孰是。"从黄帝西巡情况看,两地之山皆巡视过,问道当在崆峒山。

《神仙传》《历世真仙体道通鉴》卷二均载:广成子居崆峒石室,黄帝前往问道曰:"敢问至道之要?"答曰:"至道之精,窈窈冥冥;至道之极,昏昏默默。"又答曰:"我守其一,而处其和,故千二百年未尝衰老。得吾道者上为皇,失吾道者下为士。予将去汝,入无穷之间,游无极之野,与日月齐光,与天地为常。人其尽死,我独存焉。"遂传授给黄帝《阴阳经》。《列仙全传》云:"广成子,远古仙人,隐居崆峒山石室中。黄帝往问修身至道之要,答曰:'至道之精粹,深远暗昧;至道之极致,静默沉潜。不视不听,抱神以静,不劳形体,不耗精神,自然健康长寿。一面地各司其职,阴阳各居其所,谨守自身,万物昌盛。并以《自然经》一卷授予黄帝。"或曰广成子又称力默子,撰《道成纪》七十卷。其长寿"一千二百年",应是其氏族到他这一代已延续的年代。

4.封钜

《世本》云:"封氏,炎帝之后,封钜为黄帝师,胙土命氏,夏封父侯国君也,今封邱(今属河南)。"《路史·后纪四》云:"炎帝器,器生钜及伯陵、祝庸。钜为黄帝师,胙土命氏,而为封。钜夏有封,父封文侯,至周失国,有封氏、钜氏、巨氏、封父氏、富父氏。"罗苹注:《山海经》炎帝生封钜,又云器生祝庸。"封钜既与逢伯陵是兄弟,那么其生地(即氏族兴起地)也必然是在逢留(今青海省贵德县逢留)。

5.九天玄女

九天玄女在道教中是至高女神之一,宣扬她管理着中天、羡天、从天、昊天、苍天、廓天、咸天、上天、成天等"九天",法力无边,遂曰"九天神女";民间传说她是女性的典范之一,奉祀为感应随通的天神,称其为"元女""玄女",或"九天娘娘",十分灵验;《云笈七签·九天玄女传》记载:她"人头鸟身",为黄帝师(即她是源于东夷之以鸟为图腾氏族的后裔,以为民造福而赢得先民爱戴,又因懂军事、有谋略而成为黄帝之师。正因为如此,所以她又被民间和道家奉为仙女和天神)。黄帝与蚩尤大战于涿鹿(今属河北),九战而不胜,焦急而忧愁。圣母元君(天神)遂命玄女下凡,以六壬、遁甲、兵符、图策、印、剑等物授予黄帝,并亲自制作夔鼓八十面助威,"橛之以雷兽之骨,声闻五百里"。黄帝得助,军威大振,终于击败蚩尤,擒而杀之,取得胜利。《史记·五帝本纪》《正义》引《龙鱼河图》云:"万民欲令黄帝行天子事,黄帝仁义不能禁止蚩尤,乃仰天而叹。天遣玄女下授黄帝兵信神符,制伏蚩尤,帝因使之主兵,以制八方。"以此载,我们完全可以将玄女理解为是东夷中"九夷"(《后汉书·东夷传》云:夷有九种:曰畎夷、于夷、方夷、黄夷、白夷、赤夷、玄夷、风夷、阳夷)的女首领,有勇有谋,精通军事。她率英勇善战的"九夷"参战后,黄帝拜其为统领军队的主帅(主兵),打败蚩尤,威震四方,成为黄帝的"主兵"之臣。

三、传说中的黄帝之臣

《史记·五帝本纪》云:黄帝时期,"官名皆以云命,为云师。置左右大监,监于万国";黄帝"获宝鼎,迎日推筴。举风后、力牧、常先、大鸿,以治民。"《集解》云:"应劭曰:'黄帝受命,有云瑞,故以云记事也。春官为青云,夏官为缙云,秋官为白云,冬官为黑云,中官为黄云。'张晏曰:'黄帝有景云之应,因以名师与官'。"《正义》:"《帝王世纪》云:黄帝梦大风吹天下之尘垢皆去,又梦人执千钧之弩,驱羊数万群。帝寤而叹曰:'风为号令,执政者也。垢去土,后在也。天下岂有姓风名后者哉?夫千钧之弩,异力者也。驱羊数万群,能牧民为善者也。天下岂有姓力名牧者哉?'于是依二占而求之,得风后于海隅(今山东海边),登以为相。得力牧于大泽(今山东菏泽),进以为将。黄帝因著《占梦经》十一卷。《艺文志》云:'《风后兵法》十三篇,图二卷,《孤虚》二十卷,《力牧兵法》十五篇。'郑玄云:'风后,黄帝之三公也。'案:黄帝仰天地置列侯众官,以风后配上台,天老配中台,五圣配下台,谓之三公也。(《史记》)《封禅书》云'鬼臾区号大鸿,黄帝大臣也。死葬雍(今西安市西北),故鸿冢是'。(《汉书》)《艺文志》云'《鬼容区兵法》三篇'也。"《史记·历书》《索隐》引《世本·律历志》云:"黄帝使羲和占日,常仪占月,臾区占星气,伶伦造律吕,大桡作甲子,隶首作算术,容成综此而著《调历》也。"可见黄帝的大臣是比较多的。

1. 风后

风后是太昊伏羲氏和女娲氏的后裔,为氏族部落首领,被黄帝任为相。《太平御览》卷十五引《志林》云:黄帝和炎帝(榆罔)联合抗击蚩尤,在涿鹿(今属河北)大战。蚩尤作法,大雾漫天,三昼夜不散,黄帝被困于雾中,不能分辨东西,一筹莫展。风后以北斗星斗柄旋转而斗勺始终指向北的原理,制造了指南车,献于黄帝。黄帝得指南车辨别了方向,终于打败了蚩尤。《抱朴子·地真》篇载:黄帝战胜蚩尤后出巡,安抚天下,风后和常伯陪同,分别携带着书与宝剑,一同巡视大江南北。

2. 常先

常先是以氏族部落长身份而任黄帝之臣的,后裔遂以"常"为姓。《通志·氏族略》云:常氏,"或言黄帝臣常先之后"。《姓氏考略》云:"常先为大司空。"《姓氏词典》注引《新纂氏族笺释》云:常氏,"系出有熊氏,黄帝相常先之后。"

3. 力牧

梁玉绳(清代史学家)《古今人表考》云:"力牧始见《列子·黄帝》《淮南子·览冥训》。姓力名牧(《史记·五帝纪·正义》引《世纪》。而《路史·后纪五》《国名纪六》作刀,音雕。恐非)。牧又作墨(《陶潜四八目》引《论语·摘辅象》)。又作黑(《御览》八十二引《诗纬·含神雾》)。案:《荀子·赋篇》《韩诗外传》四有力父,与嫫母并称,疑是力牧。"翟云升《校正古今人表》云:"《群辅录》作力墨。"王先谦《汉书补注》卷二二曰:"见《五帝纪·集解》引班固曰黄帝相也。疑此脱'黄帝相'五字。"力牧的氏族部落兴起于大泽(今山东菏泽),后迁居牧泽。《水经注》云:"开封繁台之北有牧泽,俗谓之蒲关泽。而在商都朝歌(今河南淇县)西南七十里有牧野,即商代牧地,为古牧人所在地,为商所并。"牧野在今河南省新乡市河南师范大学处,即力牧部落再迁居之地。他任黄帝之"将"后,对统一黄河流域颇有贡献。之后,他的后裔又形成力姓和牧姓。

《通志·氏族略》云:力氏,"黄帝臣力牧之后。汉有鲁相力题;汉末有力子都,为盗。今临安(浙江杭州)多有此姓。"《续通志·氏族略》云:宋有潮州(今广东潮安)金判力圭,明朝郧阳(今湖北郧县与郧西县一带)知县力魁,尉氏县(今属河南)丞力谊,清朝有福建人力暄春;牧姓。《通志·氏族略》云:牧氏,黄帝臣力牧之后,汉有越嶲(今四川西昌)太守牧良。其他资料记载:北魏有牧子万,明代有浙江人牧文正等。

4. 史皇氏

《春秋元命苞·十纪·禅通纪》云:"史皇氏一世。"他是三皇时期的氏族首领,在女娲后曾袭庖牺号为王。其子孙则袭"史皇"之号,世代为氏族或部落长。传至黄帝时,部落长"史皇氏"为黄帝之臣。《世本》云:"史皇作图。"宋衷注:"史皇,黄帝之臣也;图谓画物象也。"《吕氏春秋·分览》云:"史作图。"《皇明文衡·图原》云:"史皇作画。"《历史名画记》云:"史皇,黄帝之臣也。始善图画,创制垂法,体象天地,功侔远化。"他集绘画的现实作用和"魔力"为一身,故被先民奉为"画神"或"古圣人",堪称中华绘画之祖。其号后来形成"史"姓与"史皇"姓。《姓氏词典》据《新纂氏族笺释》注曰:"史姓出自史皇氏。"史皇姓亦然。战国时期魏国有史起,汉有史恭、史高,唐代有史维则,南宋有史达祖,明代末年有抗清英雄史可法等,近代有爱国民主人士史良。

5. 仓颉

《荀子·解蔽》篇云:"古之造书者众矣,而苍颉独传者一也。"杨树达《读荀子小笺》曰:"仓颉,黄帝史官,言古亦有好书者,不如仓颉一于其道,异术不能乱之,故独传也。"此二说是符合历史实际的。因为相传伏羲时已开始"造书"。《三坟》云:伏羲氏"命飞龙氏造六书。"飞龙氏是官职名,任此职者为朱襄氏。少典氏时也造"书契"。仓颉继承"造书"而有所发展。《韩非子·五蠹》篇载:苍颉作书。《吕氏春秋·君守》云:"苍颉作书。"高诱注云:"苍颉生而知书,写仿鸟迹以造文章。"《淮南子·本经训》载:"昔者苍颉作书,而天雨粟,鬼夜哭。"刘文典《淮南鸿烈集解》释云:苍颉始视鸟迹之文,造书契,则诈伪萌生。诈伪萌生,则去本趋末,弃耕作之业,而务锥刀之利。天知其将饿,故作雨粟。鬼恐为书文所劫,故夜哭也。鬼或作兔,兔恐见取毫作笔,害及其躯,故夜哭。这一解释十分正确而且清楚。陶方琦云:《意林》引许慎注:"仓颉,黄帝史臣也。造文字则诈伪生,故鬼哭也。"苍、仓音同通用,有的文献称苍颉,有的则写作仓颉。何光岳考证:"仓颉称作史颉,是因为他始用文字记事,故名。又叫皇颉、颉皇、史皇、仓帝,因其有大功于人类,故被后人尊为皇、为帝。又因发明文字为万古圣人,故又被尊称为仓圣、苍圣。苍颉部落起源于炎帝时,历经黄帝时代,长达千余年之久,与炎黄为亲族,是毫无疑义的。"⑪《古今姓氏书辩证》引《周地记》云:"苍颉姓侯冈氏,名颉,其后居冯翊衙县(今陕西省白水县),今望出冯翊。"冯翊郡的治所,西汉时在长安,东汉时在高陵(今属陕西),三国时在临晋(今陕西大荔)。辖境相当于今陕西渭河以北、泾河以东洛河中、下游地区。今白水县史官乡杨武村有仓颉庙及墓(昔称武庄村)。

　　仓颉之后形成仓姓和颉姓。《通志·氏族略》云:"仓氏,黄帝史官仓颉之后。或言古有世掌仓庾者,各以为氏。春秋时,周有仓葛,魏有敦煌(今属甘肃)太守仓慈,望出武陵(武都之误,今属甘肃)。"《姓氏急就篇》云:"仓氏,黄帝史官仓颉之后,《左传》周有仓葛。又以官为氏,有仓公(实误,仓公姓淳于),魏有仓慈,后魏有仓跋。"宋代有仓振,清代有仓尔祯、仓永龄(皆今河南省中牟县人)。《路史》云:颉氏,黄帝史官仓颉之后,后赵有胡人颉独微。《续通志·氏族略》云:明代有永乐(今山西永济)举人颉文林、赵州(今河北赵县)通判颉宣。《清朝通志》云:清代有监利(今属湖北)巡检颉际元,直隶(今北京)人颉耀(清远守备)等。

　　6. 沮诵

　　《世本》云:"沮诵、仓颉为黄帝左右史。"可见沮诵与仓颉一样,也是以部落长身份为黄帝史官的。《说文解字·叙》注引《四体书势》云:沮诵始作书契,以代结绳。杨慎《外集》云:"仓颉、沮诵,共创文字。今但知有仓颉,不知有沮诵。"卫恒《古文赞》曰:"黄帝之史,沮诵、苍颉,眺彼鸟迹,始作书契,纪纲万事,垂法立制。"沮诵氏后有沮姓。《姓氏词典》依《世本》注曰:"沮诵,黄帝时史官,后有沮氏。"《中国姓氏大全》注:"沮水为周朝发祥地(今陕西彬县、岐山一带)的河流(见《诗经·大雅·绵》和《周颂·潜》),以水名为氏。"由此可知,沮诵氏族部落的兴起地是在沮水流域的今彬县一带。东汉有沮隽,任射声校尉。又有广平(今河北鸡泽东南)人沮授,为袁绍部将。

7. 大封

《路史·后纪四》云:"炎帝器,器生钜及伯陵、祝庸。"祝庸为黄帝的司徒。三兄弟(即三个氏族)的生地在逢留(今青海省贵德县逢留),今甘肃省临潭县西南有隋所置之封德县,距贵德县逢留的东南不远,皆为其氏族部落活动地。封钜的后裔大封,曾任黄帝的司马。《路史·后纪五》云:黄帝命"大封辨乎西,以为司马,玩巽禽,种邃谷,收谷荐祖,组甲厉兵,戒什伍以从事"。黄帝还任命封胡为丞。这二人为封钜之子,氏族居地出产白麦、金谷、冰谷、菽、黍、炊(近代青海河曲一带还有野麦)。于是黄帝便令他们将这些野生谷培植为家植谷,供民耕种。

8. 岐(歧)伯

岐伯。岐又写作歧,古音近通用;或岐、歧氏族同源。歧氏族十分古老,约从炎帝传至黄帝,世代以歧伯为号。屈原《楚辞·天问》云:"女歧无合,夫焉取九子?"王逸注:"女歧,神女,无夫而生九子也。"这正是母系氏族社会内只知其母、不知其父状况的反映,说明女歧的时代比歧伯早得多。传至歧伯时,氏族部落迁居于岐山(今属陕西),以山名而又称"岐伯"。《史记·封禅书》云:"自华(山)以西,名山曰歧山。"《文选·西京赋》薛综注引《说文》云:"山有两岐,因以名焉。"文献有的记为岐伯,有的称歧伯。丁晏《楚辞天问笺》云:"女巨、歧(岐)伯令帝封东泰山、禅丸山,合符,然后不死焉。"《衡湘稽古》曰:"岐伯作《本草经》,以丹砂为首。《世纪》曰:神农使歧伯定《本草经》。歧伯再见黄帝之世,或曰寿之永,或曰歧伯为封爵,后裔袭爵者,未知谁是矣?"我们认为:当以"后裔袭爵者"为是。周太王古公亶父由邠(今陕西彬县)迁岐后,灭岐伯国,余民便以国名为姓。《姓氏急就篇》云:"岐氏,黄帝时岐伯。《吕氏春秋》夏桀臣岐踵戎。唐有岐灵岳。晋楚王(司马)玮舍人岐盛。《高道传》岐晖。"《古今姓氏书辩证》引《陈留风俗传》曰:唐有万福府统军岐才,庆州(今甘肃庆阳)人。元有解州(今山西运城西有解州)人岐裕斋。《汉语大字典》注引《篇海类编》云:"歧,姓。"又引《姓觿》云:"岐,一作歧。"即岐、歧二姓同源而通用。

9. 常仪

常仪,又写作常羲(二字古同声通用),有月神和人二说。此处的常仪为氏族部落首领,善于占卜月亮的晦、朔、弦望,被黄帝任命为占月之臣。

10. 伶伦

伶伦是氏族部落长,擅长音律,被黄帝任为乐官,先民奉其为乐神。伶伦又写作"冷纶氏"(《汉书·古今人表》)"冷沦"(《汉书·律历志》)"冷伦"(《说苑·修文》),音近通用之故。《世本》云:"伶伦作磬。"《太平御览》引《通礼义纂》载:"黄帝使伶伦造磬。"《吕氏春秋·仲夏纪·古乐》记载:"昔黄帝令伶伦作为律。伶伦自大夏(今阿富汗北部)之西,乃至阮隃(即昆仑,今甘肃祁连山)之阴,取竹于嶰溪之谷,以生空窍厚钧者,断两节间,其长三寸九分,而吹之以为黄钟之宫,吹曰舍少。次制十二筒,以之阮隃之下,听凤凰之鸣,以别十二律。其雄鸣为六,雌鸣亦六,以比黄钟之宫,而皆可以生之。""黄帝又令伶伦与荣将,铸十二钟,以和五音,以施英韶。"可知伶伦又制造竹质乐器和(红)铜钟。《风俗通义·声音》云:"黄帝使伶伦自大夏之西,昆仑之阴,取竹于嶰谷。""天地之风气正,而十二律定。五声于是乎生,八音于是乎出。声者,宫、商、角、徵、羽;音者,土曰埙,匏曰笙,革曰鼓,竹曰管,丝曰弦,石曰磬,金曰钟,木曰柷。"他是自伏羲氏以来乐器和音乐制造的集大成者。《史记·律书》《索隐》云:"自昔轩(辕)后,受命伶伦。雄雌是听,厚薄伊均,以调气候,以轨星辰。军容取节,乐器斯因。自微知著,测化穷神,大哉虚受,含养生人。"音乐的社会影响之大,可见一斑。歧或称歧母,或称九子母，"《汉书·成帝纪》元帝在太子宫，生甲观画堂。颜（师古）注引应劭曰，画堂画九子母。《天问》本依图画而作，意古人壁上多画此像。"《太平御览》卷七二一引《帝王世纪》云："岐伯，黄帝臣也。帝使岐伯尝味草木，典主医病，经方《本草》《素问》之书咸出焉。""雷公、岐伯论经脉，傍通问难八十一，为《难经》，教制九针，著《内外术经》十八卷。"《汉书·艺文志》云："太古有岐伯、俞拊"，《黄帝岐伯按摩》十卷。《隋书·经籍志》载有《岐伯经》十卷。这个岐伯，是炎帝时定《本草经》之岐伯的后裔。他是黄帝的著名医官。因其功劳大，又被道家奉为神仙。《太平御览》卷八引《黄帝岐伯经》云："岐伯乘绛云之车，驾十二白鹿，游于蓬莱（在东海）之上。"因岐、歧通用，故有的文献写为"歧伯"。

11. 宁封子

宁封子，黄帝之陶官。一天有异人路过，为封子掌管烧陶火候，窑内升起五色之烟。时间长了，异人喜欢封子，便教给其掌握火候的技艺。封子学成后，积火自烧陶窑，能随烟气上下自如，提升了陶器的质量（《列仙全传》）。

12. 马师皇

马师皇也是黄帝的马医，熟知马的形体、气性及生死原理。尝有一龙飞至，向其垂耳张口。师皇曰："此龙有病，知我能治。"遂在龙唇下用针，让龙吃甘草，病愈。之后，又有数条龙从水中浮出求治病，师皇皆治愈。后来，师皇成仙，乘飞龙而远去（《列仙全传》）。

黄帝时期还有不少传说的人物，难以尽述。他们往往被道教敷演、附会为"神仙"。这是因为中国道教是一个多神的宗教，"众多的道教神灵憩息在诸天、三岛、十洲、五岳、三十六洞天、七十二福地等仙境。"⑫远古名人成仙，符合先民崇拜祖先的愿望，也符合道教劝善做好事的教义。

综上所述，黄帝时期的部落首领在各族均有，而以华夏族首领流传下来者居多。黄帝之师、之臣，也多是"三皇"时期氏族或部落的后裔。他们辅佐黄帝完成了统一天下的大业，使华夏部落联盟得到了初步巩固,并与东夷、北狄、西戎、南蛮有了较多的往来,使社会又向前大发展了一步。

注释:

①郭沫若主编:《中国史稿》第 1 册,北京:人民出版社,1976 年 7 月第 1 版,第 112 页。

②③薛翔骥:《中国神族》,上海:上海古籍出版社,2000 年 12 月第 1 版,第 41 页。

④徐旭生:《中国古史的传说时代》,桂林:广西师范大学出版社,2003 年 10 月第 1 版,第 293—294 页。

⑤何光岳:《炎黄源流史》,南昌:江西教育出版社,1990 年 8 月第 1 版,第 559 页。

⑥郭沫若主编:《中国史稿》第 1 册,北京:人民出版社,1976 年 7 月第 1 版,第 113 页。

⑦徐旭生:《中国古史的传说时代》,桂林:广西师范大学出版社,2003 年 10 月第 1 版,第 57 页。

⑧徐旭生:《中国古史的传说时代》,桂林:广西师范大学出版社,2003 年 10 月第 1 版,第 58 页。

⑨徐旭生:《中国古史的传说时代》,桂林:广西师范大学出版社,2003 年 10 月第 1 版,第 58—59 页。

⑩徐旭生:《中国古史的传说时代》,桂林:广西师范大学出版社,2003 年 10 月第 1 版,第 60 页。

⑪何光岳:《东夷源流史》,南昌:江西教育出版社,1990 年 8 月第 1 版,第 252 页。

⑫成寅:《中国神仙画像集》,上海:上海古籍出版社,1995 年 4 月第 1 版,《前言》。

2006 年 11 月 24 日

论帝颛顼高阳氏的生平事迹

西汉伟大史学家司马迁依《世本》《大戴礼记》考定的"五帝"世系,帝颛顼列在第二位,曰其为黄帝之孙。他继承了黄帝的伟业,并发扬光大,推动了文明的进程,出现了国家的雏形制度,为社会的发展做出了重要贡献。

一、颛顼的家世和称谓

颛顼出现的最早记载,是战国时期的《庄子》《楚辞·离骚》《山海经》及《吕氏春秋》等,秦汉整合后更加人格化,称"帝颛顼",号高阳氏。

1. 颛顼的家世和生地考

颛顼的出生地与其父亲昌意的降居地、母亲昌仆族的所在地,有着直接的关系。

（1）颛顼生于汶川考

《山海经·海内经》云:"流沙之东,黑水之西,有朝云之国、司彘之国。黄帝妻雷祖生昌意,昌意降居若水,生韩流。韩流擢首、谨耳、人面、豕喙、鳞身、渠股、

帝颛顼

豚止,取淖子曰阿女,生帝颛顼。"《汉书·地理志》云:"流沙在张掖
居延县(今内蒙古额济纳旗东南)。"一般认为流沙是指今甘肃敦
煌。黑水,古代传说之水,无法确指。《山海经》诸篇所说黑水,有
在南方者,也有在北方者。不过,提到较多者是发源于昆仑山(今
甘肃祁连山)的黑水,亦称甘州(今张掖)河,在甘肃西北部河西走
廊,为弱水源流之一。按此载,颛顼为黄帝的四代孙。韩流是人与
动物相糅合的神话人物,长头、小耳朵、人脸、猪嘴、麒麟身子,两腿
相连,猪蹄似的双足。《世本》《大戴礼记》等之载与此不同,没有韩
流。故司马迁整理时,删去了不"雅驯"之说,在《史记·五帝本纪》
中云:"黄帝居于轩辕之丘,而娶于西陵(氏)之女,是为嫘祖。嫘祖
为黄帝正妃,生二子"。"其二,曰昌意,降居若水。昌意娶蜀山氏
女,曰昌仆,生高阳。"晋代皇甫谧《帝王世纪》云:"帝颛顼高阳氏,
黄帝之孙,昌意之子,姬姓也。母曰景仆,蜀山氏女,为昌意正妃,
谓之女枢。金天氏之末,女枢生颛顼于若水。昌意虽黄帝之嫡
(子),以德劣,降居弱水,为诸侯"。我们认为昌意的降居若水,很
可能是黄帝为了发展部族的势力,非其"德劣"。可见黄帝生长于
"轩辕之丘"(今甘肃天水清水县城东 70 里的山门镇白河村一带)
时,已娶正妃嫘祖而生昌意。"若水"有今甘肃西部说、四川北部
说、河南东南部说等,多数学者认为若水在四川。《水经注》云:"水
出牦牛徼外,东南至故关为若水。"《中国历史地名大辞典》注:"若
水即今雅砻江,其与金沙江合流后的一段,古时亦兼称若水。西汉
武帝时司马相如通西南夷,西至沫、若水,即此。"①何光岳《炎黄源
流史》考证:"景仆即昌仆","蜀山氏之女","名叫女枢"。"昌意降
居弱水而生颛顼,若水即今(四川)岷江上游汶川。因岷、汶、若都
是羌语、彝语和古汉语'黑'的意思,决不是汉代所指的雅砻江。岷
江发源于岷山,岷山东有景山(即昌山),为昌仆居地。岷北麓有墨
曲,即若水或黑水,北流经若尔盖注入黄河河曲,入口之北即为蜀
山。此为蜀山氏所居之地。"②此说较确,昌意部落居地在汶川(今

分为汶川、茂县及北川三县），活动和分布地较广。这也就是说颛顼的出生地，是在今四川阿坝藏族羌族自治州的汶川县。

（2）颛顼生于淇县的推论说

宋代《太平御览》卷七九引《河图》云："瑶光之星如蜺，贯月正白，感女枢幽房之宫，生黑帝颛顼。"《山海经·大荒北经》云："卫丘（今河南淇县）方员（圆）三百里"，"丘西有沈（深）渊，颛顼所浴。"是说昌意妻女枢，感应白色之星而怀孕，生子颛顼，黑帝是战国五行说，封颛顼为北方帝之义。颛顼出生后，曾洗体于卫丘深渊。两书之载相联系，似乎有颛顼生在今淇县之义。田继周先生云："既然颛顼主要活动区在河南与山东、河北交界的地带，就对颛顼生于若水和若水在蜀的记载产生了疑问。因为，在当时部落林立的状态下，他怎么能在短期内从蜀搬到河南、山东与河北的交界地区呢？又怎么搬来后就那么有影响有威望呢？"[③]若颛顼生于淇县可以成立，那么似乎就可以回答这个疑问了。不过，我们认为这一推论没有颛顼生于四川汶川可靠和可信。

2. 颛顼的族属和祥瑞

对于《史记·五帝本纪》论述昌意有子颛顼的世系，学者们的认识并不一致。

（1）颛顼为黄帝之孙

《中国史稿》在叙述高阳氏的八子后说："所谓八子，当是八个氏族。其中的庭坚同皋陶并祀。按照古代'神不歆非类，民不祀非族'的传统，可以推定颛顼也属于（东）夷人的一个分支系统。"[④]此论影响较大，部分学者认为颛顼是东夷族。《中国古史的传说时代》认为颛顼是黄帝后裔，但不是"祖孙"关系。文曰："自黄帝死以后，不晓得经过了几百年，又出来了一位帝颛顼大巫。"[⑤]《先秦民族史》云："说颛顼是黄帝之孙，当然难以相信"，"但颛顼为姬姓，可能出自黄帝或为黄帝的后裔"，"颛顼生存时代比黄帝、少昊为晚"则"是可信的。"[⑥]徐中舒先生认为："司马迁整理的系统是有相当根据的。他所据的'古文'是战国时代六国流传下来的资料,而这些资料保存了古代人民对于过去的酋长各据一方及其互相次第代立的史传。这些传说的次第,经过战国的史家们根据当时人民渴望统一的要求,从他们生活在私有制社会形成的父子世(系)及观念出发而整齐划一的,司马迁就是以这种观念而评定选用他认为是'雅驯'又'不离古文'的资料,抛弃了汉代流传的对于黄帝的许多'不雅驯'的传说,而著成《五帝本纪》。"⑦我们认为此论是符合历史实际的,颛顼为黄帝之孙,亦是华夏族。

(2)颛顼出生的祥瑞

颛顼同其以前的古帝一样,生而祥瑞。《史记·五帝本纪》云:昌仆"生高阳,高阳有圣德焉。"《正义》:"《华阳国志》及《十三州志》云:'蜀之先肇于人皇之际。黄帝为子昌意娶蜀山氏,后子孙因封焉。帝颛顼高阳氏,黄帝之孙,昌意之子,母曰昌仆,亦谓之女枢。'《河图》云:'瑶光如蜺贯月,正白,感女枢于幽房之宫,生颛顼,首戴干戈,有德文也'。"《论衡·讲瑞》篇载:"戴角之相,犹戴干也。颛顼戴干,尧舜未必然。"其《骨相》篇亦载:"颛顼戴干。"蜀山氏的蜀部落系炎帝裔族,昌意娶昌仆为妻,仍是姜、姬两大部族的婚姻。颛顼生而"戴干"何意? 于省吾《双剑誃殷契骈枝》释:"戴辛戴干"无什么差别,"在人则为头饰,在物则为冠角类之形象",可知颛顼出生时,头较长,发上有饰物,物件上有"德"字,非同凡人。

3. 颛顼的称谓

一般认为颛顼是名字,姓姬,其含义有几种解释。郝懿行《说文解字笺疏》曰:"《说文》云:'颛,头颛颛,谨貌;顼,头顼,谨貌。'即谨耳之义。然而颛顼命名,岂以头似其父故与?《说文》又云:'擢,引也。'《方言》云:'擢,拔也。'拔引之则长,故郭(璞)训为长矣。"此载是说颛顼的称谓,是因其头为扁长形而名;《太平御览》卷一五八引《图经》云:颛者,专也;顼者,正也。能专正天人之道,故称之。尚赤,荐玉以赤缯。是说以其"正天人之道"而名颛顼;应劭

《风俗通义》《宋书·礼志》均云：颛者，专也；顼者，信也。言其承易文之以质，使天下蒙化，皆贵贞悫也。是说其以教化先民之德而名颛顼。

高阳氏。一般认为高阳是颛顼以其氏族兴盛之地名的称号。《史记·五帝本纪》《集解》引张晏曰："少昊以前，天下之号象其德。颛顼以来，天下之号因其名。高阳、高辛皆所兴之地名；颛顼与喾皆以字为号，上古质故也。"高阳之号较晚，非其幼小时就有此号；一说其名与号有相同之义。《汉书·叙传》载《幽通赋》云："系高顼之玄胄兮。"注引应劭曰："高阳颛顼之连绪也。"《庄子·天地》篇云："顼顼然不自得。"郭璞注："顼顼，本又作旭旭。"《诗经·邶风·匏有苦叶》云："旭日始旦。"《楚辞·离骚》云："帝高阳之苗裔兮。"王逸注："高阳，颛顼有天下之号也。"何光岳先生释："诚如是，颛顼亦即高旭。旭者，初日也"，"高旭亦即高阳。所以在传统的旧说上，以帝颛顼曰高阳，前人以为颛顼为人名，高阳为国号。其实古代人帝名与国号是一样的。"⑧此论是正确的。此外，颛顼还有以迁居地"敖"而别号"大敖"的称谓。

二、颛顼四迁而定都于顿丘

《中国古史的传说时代》云："在古代各帝里面，最难明了而关系又颇为重要的莫过于帝颛顼。"⑨这是因为颛顼在成长（即其氏族发展）过程中有不少问题难以说清。

1. 颛顼生于若水而十年佐少昊考论

《吕氏春秋·古乐》云："帝颛顼生自若水，实处空桑（今山东曲阜）。"《山海经·大荒东经》云："东海之外大壑，少昊之国。少昊孺帝颛顼于此，弃其琴瑟。"郭璞注："《诗含神雾》曰：'东注无底之谷。'谓此壑也。《离骚》曰：'降望大壑。'"《列子·汤问》云："渤海之东,不知几亿万里,有大壑焉,实惟无底之谷,其下无底,名曰归墟。"郝懿行注云:"《说文》云:'孺,乳子也。'《庄子·天运篇》云:'鸟鹊孺。'盖育养之义也。"列子的"里数"是形容远也,非具体数字。若按其说大壑在渤海之东。少昊之国(部落)黄帝时是在今山东曲阜一带,也没那么远。《帝王世纪》云:"颛顼生,十年而佐少昊。"颛顼既为昌意之子、黄帝之孙,怎么又从小由东方部落长少昊抚养?又怎么会十岁而辅佐少昊? 的确是不易回答的问题。

《中国神族》一书为回答这个难题,解释说黄帝有个女儿名叫皇娥,与东方一个自称为太白金星之子的男子通婚,生子少昊于穷桑(亦称空桑,今山东曲阜),后来建立了鸟国。颛顼为韩流之子,是少昊的外甥,"若水生活条件极差,无奈,经雷祖娘娘通融,韩流把襁褓中的颛顼送到表弟的鸟国,托少昊代为抚育。"⑩此说与《五帝本纪》不同,沿袭了《山海经》之韩流生颛顼的说法。将少昊列为与黄帝之孙韩流同辈,成了颛顼的表叔,从而抚养颛顼,似乎合理。不过,一般认为少昊是太昊的后裔,为东方(今山东)的一个部落长,约与黄帝同代,不可能与黄帝之孙同代,更未见文献记载黄帝有女儿远嫁于东方,生子少昊;颛顼若为黄帝第四代孙,怎么能继承黄帝之位? 因而此说是难以成立的,也是不可信的。《炎黄源流史》说是少昊入赘于玄嚣为女婿,成为颛顼的叔伯姐夫,从而养育颛顼⑪。此释与前者一样,无根据,难以成立。我们认为,要回答这个难题,还得从文献记载中寻求答案。

《史记·五帝本纪》载:"黄帝二十五子,其得姓者十四人。"《索隐》:"旧解破四为三,言得姓者十三人耳。今案:《国语》胥臣云'黄帝之子二十五宗,其得姓者十四人,为十二姓,姬、酉、祁、己、滕、箴、任、荀、僖、姞、儇、衣是也。唯青阳与夷鼓同己姓'。又云'青阳与苍林为姬姓'。是则十四人为十二姓,其文甚明。唯姬姓再称青阳与苍林,盖《国语》之误,所以致令前儒共疑。其姬姓青阳当为玄嚣,是帝喾祖本与黄帝同姬姓。其《国语》上文青阳,即是少昊金天氏为己姓者耳。既理在不疑,无烦破四为三。"这就是说,黄帝25个儿子中,除继承黄帝的姬姓外,又另外以居地不同或分支的族徽不同又形成了11个姓。玄嚣又有号或字曰"青阳",与东方部落长少昊的号或字相同。《史记·五帝本纪》"嫘祖为黄帝正妃"。《索隐》案曰:"黄帝立四妃,象后妃四星。皇甫谧云:'元妃西陵氏女,曰累祖,生昌意。次妃方雷氏女,曰女节,生青阳。次妃彤鱼氏女,生夷鼓,一名苍林。次妃嫫母,班在三人之下。'案:《国语》夷鼓、苍林是二人。又案:《汉书·古今人表》彤鱼氏生夷鼓,嫫母生苍林,不得如谧所说。太史公乃据《大戴礼》,以累祖生昌意及玄嚣,玄嚣即青阳也。皇甫谧以青阳为少昊,乃方雷氏所生,是其所见异也。"女节与嫘祖同出于"方雷氏",为妹与姐的关系。《国语·晋语》云:"青阳,方雷氏甥也。"《索隐》又曰:"玄嚣,帝喾之祖。案:皇甫谧及宋衷皆云玄嚣青阳即少昊也。今此纪下云'玄嚣不得在帝位',则太史公意青阳非少昊明矣。而此又云'玄嚣是为青阳',当是误也。谓二人皆黄帝子,并列其名,所以前史因误以玄嚣青阳为一人耳。宋衷又云:'玄嚣青阳是为少昊,继黄帝立者,而史不叙,盖少昊金德王,非五运之次,故叙五帝不数之也。"清代学者梁玉绳《古今人表考》《史记志疑》,皆不同意《史记》《汉书·古今人表》的说法,认为玄嚣、青阳是二人,非一人。何光岳先生对古文献进行排比和综合分析后认为:"《史记》《汉书》误合为一,亦自误";"《帝王世纪》既以玄嚣青阳为少昊,又以少昊为姬姓,可说是双重谬误"。又说:"《周书》云:青阳,少昊之父也。故《帝德考》云:'青阳之子曰挚。曹植赞少昊云:青阳之裔,则少昊为青阳之子信矣。盖少昊亦号青阳'。是玄嚣降居江水,后迁清阳而得其名,生子蟜极。少昊乃东夷族纪姓,入赘于玄嚣为女婿,故继承玄嚣之位为清阳,后任部落联盟为酋长,称为帝少昊。人们弄不清两个青阳的继承关系,以至有人说是一人,有人说是二人。"⑫可见从古至今,学者们在解决颛顼"十岁而佐少昊"问题上动脑筋之多,说法之多。我们认为:玄嚣、青阳为一人之说较确,无论是他初年称"青阳",还是以后迁居青(清)阳才以此为号,但与少昊的称号相同,决不是一人。正因为黄帝正妃嫘祖生昌意,次妃生玄嚣号青阳,比昌意年长,所以黄帝在继位人的问题上遇到了困难:按正妃所生之子昌意继位,却是次子;以次妃所生的长子玄嚣继位,又非正妃所生。无奈,他只得将玄嚣(青阳)、昌意两个氏族或部落首领都"降居"于"江水""若水"。之后,他让长子玄嚣的氏族或部落从江水(今四川省北川)先返,再沿汉水东下,居于江水。《史记·五帝本纪》《正义》注此"江水"曰:"《括地志》云:'安阳故城(今河南正阳县西南)在豫州新息县西南八十里。应劭云古江国也。《地理志》亦云安阳古江国也。"嫘祖之子昌意娶昌仆生子颛顼后,黄帝令他们将其子送予玄嚣青阳夫妇养育,理由是若水偏僻穷苦。实为颛顼生而有吉兆,黄帝欲传位于颛顼,使他成为长子玄嚣的"养子",既照顾了正妃嫘祖的正统地位,又不伤害次妃女节,还是嫘祖嫡孙继位之故。玄嚣夫妇虽有子蟜极,但心知父亲黄帝之意,且侄儿颛顼生而不凡,待如亲子,加倍爱护。之后,玄嚣携家人、部族相继迁居"嚣"(又写作敖,在今河南荥阳西北敖山,后迁今河南开封敖山),再迁居青(清)阳(今山东聊城县)。何光岳先生说:玄嚣是因其迁居青(清)阳后,"因此地水甚清,而列为部落之名",玄嚣也才以"青(清)阳"为号。"部落分布自(今河南)中牟到(今山东)菏泽、郓城、聊城、东阿以至长清。"青(清)阳古又称青邱。《归藏·启筮》云:"蚩尤出自羊水,登九淖以伐空桑,黄帝杀之于青邱。"《后汉书·张衡传》注曰:"《帝系》:黄帝产青阳、昌意。《周书》曰:乃命少昊清,清即青阳也。"是说,玄嚣青阳部落势力强盛后,少昊部落衰弱或者是少昊已亡,迁往他地,黄帝命玄嚣青阳居于空桑(今山东曲阜),因而出现了将青阳误记为"少昊"的情况。所以《吕氏春秋》《帝王世纪》等书所载的颛顼"实处空桑""十年佐少昊"等,均就是玄嚣青阳。

2. 颛顼的威望提高后继承黄帝之位

颛顼聪明绝伦,十岁佐养父(伯父)玄嚣青阳治理东方有功,被封于高阳(即其自有的一个部落)。高阳地名较多,地理书说今指河北省高阳县、河南省杞县阳寨、开封市高阳故城等。以当时情况分析,当先封于今杞县,再徙封浚仪(今开封)高阳故城。《开封图志》载:"高阳氏佐少昊(玄嚣之误)有功,封于此。"《元丰九域志》《太平寰宇记》的记载与此相同。《路史·后纪八·高阳纪》罗苹注引车频《秦书》云:新平(今河南淮阳县东北,与杞县高阳城相近),古颛帝之墟。由于颛顼地位的提高,所以其生父昌意家人和氏族部落可能在这时才离开若水,北返渭水流域,再沿黄河南岸东迁,先迁居昌谷(今河南宜阳西),再迁至中原顿丘(今河南省濮阳市)。颛顼渐渐长大成人,有了一定的管理经验,黄帝便又让他和部落族民东返穷桑(即空桑),佐养父玄嚣青阳氏管理东方的部族。

颛顼20岁时,祖父黄帝年迈,便让位于他。《吕氏春秋·古乐》云:颛顼在空桑"登帝位"。《帝王世纪》云:颛顼"二十而登帝位"。《路史·后纪八·高阳纪》罗苹注:"帝立于穷桑,有穷桑之号。"穷桑即今山东曲阜。按传统惯例,颛顼被立为帝,应在黄帝之都"有熊之墟"(今河南省新郑市)举行大典,为何在穷桑登帝位呢?一种原因当是玄嚣病亡,东方局势需要颛顼在那里稳定;另一种原因是颛顼登帝位于穷桑,让祖父仍安居于都城,继续维护天下大局,直至祖父去世,他才真正行使职权。故《史记·五帝本纪》云:"黄帝崩,葬桥山。其孙昌意之子高阳立,是为帝颛顼也。"这里强调"昌意之子",明显是对嫘祖地位的尊重,以示继位者是其嫡孙颛顼。同时也说明颛顼是黄帝生前登帝位的,因为若是黄帝去世后颛顼继位,必然是在国都新郑登基。再者,嫘祖先于黄帝病逝,若非黄帝生前安排,众部落长很有可能会举荐玄嚣之子蟜极继位(他是黄帝长孙)。

3.帝颛顼定都于顿丘

《白虎通·德论》云:"颛顼有天下,号曰高阳。高阳者,阳犹明也,言道德高明也。"可见"高阳"既是颛顼之号,也是其部落之号和为帝后"有天下"之号,含有封地高阳和道德高明两重意思。《史记·五帝本纪》卷首《正义》:"郑玄注《中候勑省图》云:'德合五帝坐星者,称帝。'又《坤灵图》云:'德配天地,在正不在私,曰帝'。"也是说"帝"之称一要有星坐,二要道德高尚。徐旭生先生释"帝"曰:"我们使用帝颛顼、帝尧、帝喾、帝舜、帝丹朱等名词,固然因为古代人相沿着这样称呼他们,而最主要的,却是因为当日处在原始公社时代末期,宗教势力很庞大,专名前面加一'帝'字,很恰切地表明他们那半神半人的性质。帝就是神,单称'帝'或加一字作'皇帝',而下面不系专名的,均指天神,并无真实的人格。如《尚书·吕刑》篇所说'皇帝请问下民'的'皇帝',就是这样,可是帝下带着专名的却是指的人神,他们虽说'神'气十足,而人格却并非子虚。必须兼这两种性质来看,才近真实。"⑬此释虽含有新义,但不够确切,有"帝"下面无专名者非都是"神",如"炎帝""黄帝"等,就不是神,而是人格化的古帝。"帝颛顼",一是当时人质朴,二是名字前加"帝"更加人格化,表明其由部落长升至华夏部落联盟最高军事民主首长的崇高地位。

帝颛顼为什么未从穷桑迁都新郑呢?没有文献详载,从当时情况析,当是黄帝去世后,曾发生帝位之争。与其争位者,不可能是其养父和伯父玄嚣之子。《古今姓氏书辩证》载:"高阳氏别号大敖,其后有敖氏。"何光岳释:"其实高阳氏颛顼的老师叫大敖,即玄嚣之子,以敖为氏。"可见颛顼对比他年长得多的叔伯哥是十分敬重的,关系是亲密的。至于高阳氏"别号大敖",亦非误记。因他曾迁居于敖(又写作隞),故以"大敖"为号也合情理。《淮南子·天文训》云:"昔者共工与颛顼争为帝,怒而触不周之山,天柱折,地维绝。"《兵略训》篇亦云:"颛顼尝与共工争为帝。"共工是炎帝神农氏的第五代孙,其部落活动于伊、洛河(今河南省洛阳市地区)流域,世代以"共工"为号。他的子孙为部落长时,已迁居于共(今河南省辉县市),控制了中原黄河以北的地域,势力较大。他与颛顼争夺帝位,有的说是在颛顼即位以前,有的说是即位以后,我们认为当是发生在黄帝去世以后。因颛顼在黄帝生前已成为合法之"帝",故共工氏带领族民反叛时,帝颛顼才有权调动众部落族军讨伐共工部落。经几次战争,帝颛顼打败了共工氏,共工怒,碰"不周山"(在今洛阳西南部,可能是熊耳山)而死。神话说共工力大无穷,碰折了撑天柱,河水四溢,造成了水害。一说是共工部落地处黄河中下游,堵塞或决堤以河水淹颛顼之民。《史记·律书》载:"颛顼有共工之陈,以平水害。"《帝王世纪》云:帝颛顼"始都穷桑,徙帝邱。"当是帝颛顼迁于帝邱(今河南商丘),以避共工部族的水患,并展开与共工的战争,共工败死后,帝颛顼一面让共工氏余民选出新的首领,恢复共地秩序。何光岳先生亦说:共工与颛顼争夺帝位,"以致闹得天崩地裂。后来颛顼胜利了,登上了帝位,共工氏也依顺了,接受颛顼的命令去平息洪水。"⑭共工已死,此共工自然是其新首领。一面带领众部落先民治理水土,恢复生产,稳定局势。《左传·昭公十七年》云:"卫,颛顼之墟也,故为帝(顿之误)丘。"何光岳先生亦云:颛顼迁居帝丘期间"曾与共工氏作过斗争。"⑮之后,帝颛顼带联盟机构成员迁至其父亲昌意的故城"东郡顿丘"。《辞海》云:"东郡,郡名。战国秦王政五年(前 242)置。治所在濮阳(今河南濮阳西南)。西汉辖境相当今山东东阿、梁山以西,山东郓城、东明、河南范县、长垣北部以北,河南延津以东,山东茌平、冠县、河南清丰、濮阳、滑县以南地区。"可见这一带皆为玄嚣、颛顼及后迁入的昌意部落集团之根据地,国都在濮阳(当有今濮阳、清丰两县之地)。这也就是说,帝颛顼之所以不以新郑为都,而定都于顿丘,是其在顿丘的势力比新郑要大得多,在顿丘才较易巩固政权,统领天下。徐旭生先生说:帝颛顼"不过同共工氏小有争斗。那是因为共工氏(此处原有逼字,意思不通,遂去之)处在今日的辉县,与颛顼所居的濮阳相近,所以有小战争。"⑯即说共工的叛乱是在帝颛顼定都顿丘之后,似乎没有前说妥切。

三、帝颛顼的主要事迹和贡献

徐旭生《中国古史的传说时代》曰:在古代"浅化人民中间,有武功的容易传播,没有武功的很难显著。颛顼没有显著的武功,却是声明洋溢,超过黄帝(在《山海经》中见面回数多就是证明),是一件颇不容易明白的事情。"⑰因此,对帝颛顼的事迹和贡献很有探讨的必要。《史记·五帝本纪》云:"帝颛顼高阳者,黄帝之孙而昌意之子也。静渊以有谋,疏通而知事;养材以任地,载时以象天,依鬼神以制义,治气以教化,絜诚以祭祀。"高度概括了帝颛顼的事迹和贡献:主要表现在稳定局势、教化万民、宗教改革等方面。

1.巩固和加强部落联盟机构

帝颛顼"静渊以有谋,疏通而知事。"这方面的才能与表现上已述。他生而神灵,得到祖父黄帝、祖母嫘祖的珍爱。自幼离开父母养育在伯父母(实为养父母)之家,敬老尊兄,聪明伶俐,十岁被举为嚣部落的副首领。之后又自领一氏族,逐渐发展为部落,深得族人和其他部落首领爱戴,年20岁被举为黄帝的继位人。黄帝去世后,能战败反叛的共工,巩固了"最高军事民主首长"地位,足见其智慧和才干非同一般。黄帝时部落联盟议事会成员、大小管理人员,除年迈体弱需要休养外,基本保留,并选拔年轻的部落首领参加管理。黄帝之师与大臣或其后裔,有的仍为颛顼之师。如罗泌《路史·前纪六》载黄帝臣柏常之后"柏亮乂为颛顼师"。

2.发展农业生产使万民和睦生活

《国语·鲁语》载展禽云:"黄帝能成命百物以明民共财,颛顼能修之。"修,是继承之义。帝颛顼带领先民大规模地治理洪水、平整土地之事,前已述。他"养材以任地",就是善于教导诸部落先民利用水土、山谷丘陵,种植各种农作物,以及发展畜牧、渔业、林木业,保证先民衣、食、住、行之所需。"载时以象天",即颛顼在前人的基础上继续以天象、气候变化划分四季,以星辰运转变化将四时划分为春分、夏至、秋分、冬至,形成比较科学的《颛顼历》。使民以季节变化种植、收获作物以便生活,适应、利用自然,为民谋利益。"依鬼神以制义,治气以教化,絜诚以祭祀",是说颛顼带头和民众一起祭祀山川之神(鬼神之有灵者),使其兴云下雨,滋润万物生长。还以天气阴晴冷暖变化晓谕万民,和睦生活,适时收取所需之物。他还十分关心万民的身心健康,制乐以悦民。《吕氏春秋·古乐》云:帝颛顼"惟天之合,正风乃行,其音若熙熙凄凄锵锵。帝颛顼好其音,令飞龙作(乐),效八风之音,命之曰《承云》,以祭上帝。乃令鱓先为乐倡,鱓乃偃寝,以其尾鼓其腹,其音英英。"万民以乐舞祭"上帝",乃是祈祷上天保民平安之举。

3.颛顼最大的功绩是进行宗教改革

《大戴礼记·五帝德》所说的一段话,多被司马迁《史记》所摘录,突出地说明了帝颛顼在原始宗教方面的贡献是十分重大的。其本身就是一个大巫师,对天事、地事、人事了如指掌。《中国古史的传说时代》云:"帝颛顼特别重要是因为他在宗教进化方面有特别重大的作用。"⑱《国语·楚语下》记载:"及少皞之衰也,九黎乱德,民神杂糅,不可方物。夫人作享,家为巫史,无有要质。民匮于祀,而不知其福。烝享无度,民神同位。民渎齐盟,无有严威。神狎民则,不蠲其为。嘉生不降,无物以降。祸灾荐臻,莫尽其气。颛顼受之,乃命南正重司天以属神,命火正黎司地以属民,使复归常,无相侵渎,是谓绝地天通。"氏族社会的先民宗教信仰,是对自然的崇拜和对祖先的敬仰。人人家家皆可以祭祀,活动频繁,没有固定的礼仪和模式。少皞之后,九黎作乱,局面更加混乱,浪费资财,思想和认识杂乱,严重影响了生产和人民的生活。帝颛顼面对此况,果断对原始宗教进行改革,把祭祀大权集中在自己手中,命大臣"重"统一管理,百姓之事由大臣"黎"统一管理。《山海经·大荒西经》云:"颛顼生老童,老童生重及黎,帝令重献上天,今黎印(又写作邛)下地。"可知掌管天事(即宗教)的重和掌管地事(即民事)的黎,是帝颛顼的孙子。

帝颛顼的宗教改革,是先民意识形态发展和社会进步的反映和体现,意义重大。朱绍侯主编《中国古代史》云:"所谓'南正重',当时善于观察天象通晓巫术的巫师之类的人物。从此他们就成了管理与天神有关事宜的专职人员,表达天命,显示神灵,就成了他们的特权,这就形成了控制广大黎民群众的灵魂的宗教职能。而广大黎民群众只能在'火正黎'之类的部落首领人物的监督管理下,在田地中劳作,不准'侵渎'天上的神事。'火正黎'之类的部落首领人物就成了管地下'民事'的'民师',后来就发展成为各级官尹和国家机构。天与地的隔绝不通,神事与民事的分离,实质上反映了阶级关系的对立日益严重,标志着国家权力和政府机构的萌芽。"[19]《中国历史·先秦卷》亦云:"颛顼'绝地天通'的宗教改革正是宗教文化上升发展时期的重大事件,它适应政治权威形成的需要,同时促进了宗教人员职业化,促进了远古文明的发展。"[20]这就是帝颛顼虽然没有黄帝的显著"武功","却声名远扬超过黄帝"的根本原因。因为他结束了"民神杂糅"的时代,将古代文明推进到了国家的"雏形"阶段,故备受人们尊崇和颂扬。其和黄帝最大的不同处就是：华夏部落联盟机构的大权都集中在他的手里，核心重大臣和黎都是其孙子。换言之，已是显著的"家天下"。

4. 包容天下万民和社会和谐

如果说黄帝是为统一天下而不断进行战争的时代，那么帝颛顼则是一个安抚诸方氏族或部落，包容各民族集团，形成和谐社会的时代。《史记·五帝本纪》云：帝颛顼的疆域，"北至于幽陵（即幽州，今北京、辽宁），南至于交阯（即今两广和越南北部），西至于流沙（今甘肃敦煌，一说今内蒙古额济纳旗），东至于蟠木（今东海）。动静之物，大小之神，日月所照，莫不砥属。"这当是其"声名远播"的区域，实际管理区不可能南达今越南北部。《中国古史的传说时代》云："在《山海经》里面，虽说《山经》《海外经》《海内经》《大荒经》各经没有严格的区别，可是它所记的东西南北的方向大致可靠。帝颛顼却见于《海外北经》《大荒北经》《海内东经》《大荒东南经》《大荒西经》，像他这样东西南北'无远弗届'的情形，在《山海经》里面，除了帝俊以外，没有第三个人。"[21]这与颛顼进行宗教改革，垄断宗教建立政治权威，以及其家族人分理四方等，有着相当大的关系。

（1）统一先民的思想认识

帝颛顼以前，经历了母系氏族社会及向父系氏族社会过渡的阶段，黄帝时代处于父系氏族社会的初期，先民无法认识自然现象，幻想是天神、鬼神所为，能沟通神与人者是特殊之人，即原始宗教阶段的巫者。随着先民思维能力的提高，逐渐认识到主宰万物的非大小鬼神，而是非凡的"大神"，不在人间，在天庭。清代龚自珍《定庵续集》卷二《壬癸之际胎观》一云："人之初，天下通，人上通；旦上天，夕上天。天与人，旦有语，夕有语。"这种原始宗教初期的人人祭神（大小神），家家有巫师可通神的情况已不适应变化了的社会。《山海经》记载黄帝之上天梯及密宫有都广之野（今四川成都盆地)、昆仑之丘(今甘肃祁连山)、青要之山(今河南新安县之山)等几处。上天的大巫见的神不一,归来传达的意思纷纭,民不知所从。帝颛顼改革宗教,只有他和南正重才能沿"天梯"上天宫领旨下达于民众,人间的"群巫"由火正黎管理,施行帝和重传达的上帝之旨。颛顼还只留一个"天梯",封闭其他"天梯",使群巫无上天之路。"这样一来,社会所应该遵守的科条才得统一,社会的秩序又得一时安宁。这是宗教里面从低级向高级上升的一个大进步,关系重大。帝颛顼是一个宗教主。"[22]因而帝颛顼的权威超过了黄帝,不仅华夏部落联盟族民尊奉他,而且东夷、北狄、西戎、南蛮民族集团之民也尊奉天帝在人间的代言之帝颛顼。从文献资料看,只有《潜夫论》说"九黎乱德,乃命重黎讨训服",战争的确是很少的,天下一派太平景象。《南子齐务训》云:"帝颛顼之法,妇人不辟(避)男子于路者,拂于四达之衢。"也就是说,"直到帝颛顼才以宗教的势力明确规定男重于女,父系制度才确实地建立。"[23]《文献通考》和《乾隆御批纲鉴》记载:颛顼继黄帝后完成了大江南北的统一,创立了九州,"统领万国,日月所照,莫不砥属。"

(2)"大臣"和家族人忠心治理天下

黄帝时期的"联盟机构"已比较完备,"以云纪官",即黄帝及其以前一般是以火、水、木、土、龙、云等神圣的图腾为官名,参与神圣事业的首领较多。帝颛顼统一以职责(即所管的事项)为官名,天下大事由他决定,只有重和黎可以参与,且黎的地位低于重。其他大小管理人员必须听命于他,忠实执行政令,并派家族人参与管理各种事务和地方。

帝颛顼的正妃、次妃均无详载,只知其娶邹屠氏、胜渍氏(东夷族后裔),也不知二人是正妃还是次妃。《山海经·大荒北经》云:颛顼还有"九嫔",即其最少有正妃和妃嫔11人。《山海经·大荒西经》载:"大荒之中,有山名曰日月山,天枢也"。"颛顼生老童。"魏嵩山先生释："日月山在今青海西宁市西。《元史·宪宗纪》：'会诸王于颗颗脑儿之西,乃祭天于日月山'。"㉔即老童的氏族部居于此,守西方。《大荒西经》又云："西北海外","有国名曰淑士,颛顼之子。"西北之海又称西海(即今青海省青海湖),是淑士部落活动、居住的地方;又云："大荒之中,有山名曰大荒之山,日月所入。有人焉三面,是颛顼之子,三面一臂,三面之人不死,是谓大荒之野。"这个残疾人的部落约在今甘肃祁连山,"不死""三面"皆是神话。《山海经·大荒北经》云："大荒之中,有山名曰衡天。有先民之山,有槃木千里。有叔歜国,颛顼之子,黍食,使四鸟(兽):虎、豹、熊、罴。有黑虫如熊状,名曰猎猎。"其部落有以这四种动物为图腾的氏族组成,约居于今河北省北部(一说在今衡水县境内)。《山海经·大荒南经》云："又有成山,甘水穷焉。有季禺之国,颛顼之子。"魏嵩山先生释："甘水,源出今河南伊川县西,东北流至宜阳县东入洛河。唐许浑有'早发洛中次甘泉'诗。"㉕这就是说甘水流至成山一带注入洛水,今宜阳县北洛水畔应是季禺部落的居住、活动地;又云："有国曰伯服,颛顼生伯服,食黍。"从其附近有"陈州之山"看,伯服的部落约在今河南淮阳之南。《山海经》所载的老童、淑士、残疾人等三个部落在西方;叔歜部落在北方;季禺、伯服部落在南方。从他们兄弟与人及其氏族部落的地域看,当是以帝颛顼的都城顿丘(今河南濮阳)之方位而言的,"南方"并非今日"江南"之地望。

帝颛顼的其他儿子,先秦文献说法不一,西汉后整理的文献中有以下这些人。《史记·五帝本纪》载："昔高阳氏有才子八人,世得其利,谓之八恺。"《集解》贾逵曰："恺,和也。"《索隐》引《左传》史克对鲁宣公曰："昔高阳氏有才子八人,仓舒、隤皑、梼戡、大临、龙降、庭坚、仲容、叔达。"《左传·文公十八年》之载与此大同小异(仅将叙达写作叔达),说八子"齐圣广渊,明允笃诚,天下之民谓之八恺。"《宝椟记》云:八恺"一曰八神,一曰八力,一曰八英。言神力神明也。"又记云:"梦日则生子八,梦日而生八子,故曰梦。"《路史·后纪八·高阳记》:邹屠氏(有说其为蚩尤的族民)有个女儿,不践踏龟类,有贤德,帝颛顼娶她为妻,生禹的祖先(鲧)及梦八人:苍舒、伯益(《左传》为隤皑)、梼戴、大临、庞江(《左传》为龙降)、廷坚、中容、叔达,是为八恺。《史记·五帝本纪》又载:"颛顼氏有不才子,不可教训,不知话言,天下谓之梼杌。"《集解》贾逵曰:"梼杌,顽凶无畴匹之貌,谓鲧也。"《正义》:"梼音道刀反。杌音五骨反。谓鲧也。凶顽不可教训,不从诏令,故谓之梼杌。案:言无畴匹,言自纵恣也。《神异经》云:'西方荒中有兽焉,其状如虎而大,毛长二尺,人面、虎足、猪口牙,尾长一丈八尺,搅乱荒中,名梼杌。一名傲很(狠),一名难训。'案:言鲧性似,故号之也。"可见邹屠氏生的九个儿子中,八个都是贤人,惟鲧性格暴烈,被帝远徙到今四川省北川羌族自治县。何光岳先生说:"这样,就构成了占据中原的庞大氏族八支,也即团结和睦和繁荣昌盛的八恺氏族。"㉖其说是正确的。《中国史稿》将颛顼判定为东夷族,言"所谓八子,当是八个氏族"㉗,皆为东夷族,是不够妥当的。关于鲧,《史记·夏本纪》亦云:"鲧之父曰颛顼。"《索隐》:"皇甫谧云:'鲧,帝颛顼之子,字熙。'又,《连山易》云:'鲧封于崇',故《国语》谓之'崇拜鲧'。《系本》亦以鲧为颛顼子。《汉书律历志》则云'颛顼五代而生鲧'。按:鲧既仕尧,与舜代系殊悬,舜即颛顼六代孙,则鲧非是颛顼之子。盖班氏之言近得其实。"还有一些不同的说法,不多叙,司马迁之说影响较大。《史记·五帝本纪》载:"帝颛顼生子曰穷蝉。"《索隐》:"《系本》作'穷系'。宋衷云:'一云穷系,谧也'。"知名字颛顼之子共计有 15 个,即这 15 个部落构成了帝颛顼庞大的部落集团。此外,《汉旧仪》记载:"颛顼氏有三子,生而亡去为疫鬼。"《王中记》卷四引《岁时记》载:"高阳氏子瘦约,好衣弊食糜,正月晦日巷死,世作糜,弃破衣,是日祀于巷,曰'送穷鬼'。"何光岳释:"这个瘦约可能是穷鬼的别名,因为又瘦又俭约,合成人们想象的代号,并非其真实名字。这个部落可能是颛顼各族中最贫穷落后的一支,穷到被人称作'穷鬼',而一直流到秦宋时代。"㉘这四子名字均不详。

如此看来,帝颛顼起码有 20 多个儿子,有女儿也是肯定的,但无详载。至于其在世时的孙子孙女,就更多了,最著名、权力最大者就是重和黎。

四、帝颛顼积劳成疾而逝

生老病死是任何人都无法逃避的自然规律,帝颛顼亦是如此。同时,他和先帝、先祖一样,去世后都被崇祀为"神"或"仙帝"。

1. 帝颛顼安葬地考

西汉伟大史学家司马迁,对其见到关于古帝的年龄是不相信的,未予以摘取,后世人则又相信或又提出新的看法,因而说法不一,也很难取得统一认识。《史记·五帝本纪》只载"颛顼崩"三字,《集解》引晋代皇甫谧曰:"在位七十八年,年九十八。"唐代文学家韩愈说颛顼活了 79 年。宋代《路史》说颛顼在位 76 年(若按 20 岁登帝位计算,则活了 86 年)。台湾作家柏扬的《传说中黄帝王朝的世系》曰:黄帝第二代玄嚣、昌意之年代为公元前 2598 至前 2515 年(即活了 83 年);第三代蟜极、颛顼之年代为公元前 2515 至 2437 年(即活了 78 年)㉙。二者相差 20 岁,相比之下颛顼的年龄为 98 岁较为可信。有的学者又说:"颛顼正处在氏族社会的末期,颛顼时代是人类社会文明的初荣时代。考古资料证实,这个时代距今 4500 年至 5000 年左右,正好与中华文明史的初步繁荣相吻合。因而,颛顼是中华文明初荣时代的伟大人物毋庸置疑。"㉚此说显然不符合史实,颛顼时代根本不可能有 500 年。

帝颛顼去世后葬于何地?司马迁的《史记·五帝本纪》没有说。

《集解》引魏国人王象、缪袭等撰的《皇览》曰："颛顼冢在东郡濮阳顿丘城门外广阳里中。顿丘者城门,名顿丘道。"《索隐》皇甫谧云:"据左氏,岁在鹑火而崩,葬东郡。"《辞海》云:"东郡,郡名。战国秦王政五年(前242)置。治所在濮阳(今河南濮阳西南)。"古濮阳县辖地较广。《山海经·海外北经》云:"务隅之山,帝颛顼葬于阳,九嫔葬于阴。"《大荒北经》云:"东北海之外,大荒之中,河水之间,附禺之山,帝颛顼与九嫔葬焉。"两文所载之"务隅山""附禺山",实为一山,在东郡濮阳,属于今河南。可见"海外北""大荒北"的观念与我们今日的北方、西方地望观念是不同的。《山海经·海内东经》载:"汉水出附鱼之山,帝颛顼葬于阳,九嫔葬于阴,四蛇卫之。"何光岳释:"汉水上游之附鱼之山是颛顼葬地,那当是颛顼之裔麋子国所崇奉的祖先衣冠冢。当然也很可能是颛顼历代中的一代葬于汉水上游者。"[31]这也可备一说。不过从《海内东经》所说的方位,应是东方,不会偏于西南。再者除"汉水"二字外,所说的"附鱼山"及所葬位置应当仍是指附禺之山,"汉水"当另有所指,似乎不是指今陕西汉中、安康东流的汉江。田继周说:"务隅、附鱼、附禺,其实一也。"[32]此释比较确切,大方位也较为吻合。《水经注》载:淇水"历广阳里迳颛顼冢西。"《通典》载:"魏州顿丘县鲋禺山,颛顼葬其阳,九嫔葬其阴,今名广阳山。"由此两处记载,可知《山海经·海内东经》载的"汉水",当是"淇水"之误。《太平寰宇记》载:"澶州顿丘县,鲋禺山在县西北三十里,今名广阳山。《山海经》云:颛顼葬其阳,九嫔葬其阴。颛顼陵在县西北三十里。"田继周先生释:"上书所记颛顼葬地,虽然历代名称有所不同,却是指的一个地方,在今河南清丰县境。清丰县和濮阳是毗邻的。"[33]建国后的诸书一般都持此说。《中国地名由来词典》云:"清丰县在河南省东北部,与河北、山东省为邻。汉置顿丘县,唐大历七年(772)置清丰店。这里有个孝子张清丰,为人所仰。《旧唐书·地理志》:'以县界有孝子张清丰门阙,魏州田承嗣请为县名'。"㉞又云:安阳市"内黄县,在河南省北部,卫河上游,与河北为邻。汉置内黄县。魏称黄河以北为内,黄河以南为外,故有内黄、外黄之称。黄河南岸有外黄和小黄,黄河以北称内黄。"㉟《内黄县志》载:"内黄古属东郡濮阳,金大定七年(1167)划归滑州(今河南滑县)。因境内有高阳氏、高辛氏两位先帝的陵墓,古时又有以帝陵为名的惯例,故在1940年新置高陵县。1949年撤销高陵县,将颛顼帝喾陵重新归入内黄。据史料记载和考古发现,颛顼帝喾陵历史悠久,文化内涵极为丰富。帝陵唐太和四年(830)建庙,宋乾德六年(968)修缮,金大定七年(1167)重修,元代以后又多次修葺。颛顼帝喾陵建筑宏伟,古朴典雅,碑碣林立,松柏蓊郁。"清丰、内黄紧密相连,原为一行政区,故所说的颛顼陵指的是同一个陵。

2. 颛顼寿终后的神话

帝颛顼之死是无可怀疑的,而《山海经·大荒西经》却曰:"有鱼偏枯,名曰鱼妇。颛顼死即复苏。风道北来,天乃大水泉,蛇乃化为鱼,是为鱼妇。颛顼死即复苏。"该怎么理解呢? 徐旭生先生释:"苏是苏醒,复苏是重新苏醒,应该是说它又变作蛇"。"风自北来,或者就是象征着帝颛顼要出现,这时候讨厌蛇也就变成无害的鱼。"㊱其实连贯起来读,就不致于误解为是颛顼死而复生了。是说颛顼死后,对人有益的鱼变成了人们厌恶的毒蛇,闻死后成为北之神的颛顼要来,毒蛇又变成了益虫鱼。这仍然是称颂颛顼的威望和英灵。

颛顼与北方紧密的关系又该如何理解呢?《吕氏春秋·孟冬纪》云:"其帝颛顼,其神玄冥。"高诱注:"颛顼,黄帝之孙、昌意之子,以水德王天下,号高阳氏,死祀北方水德之帝。玄冥,官也。少昊之子曰循,为玄冥师,死祀为水神。"《尚书大传》曰:"北方之极,自丁令北至积雪之野,帝颛顼、神玄冥司之。"《淮南子·时则训》的记载与此一致。《庄子·大宗师》云："颛顼得之,以处玄宫。"玄宫是黑色的宫殿,为死后被封为北方之帝的居处。《尔雅·释天》曰:"玄枵,虚也。颛顼之虚,虚也。北陆,虚也。"是北方的虚星有三个称谓,以颛顼而命名。这些都是颛顼死后被人们崇祀为天神、为天帝的反映,也与其子在北方部落族人的怀念有关。顾颉刚先生云:"依昔人想象,所以有今日之天地,实出于颛顼之伟绩。颛顼为造物主,为人类祖,崇德报功,故祭祀者特虔(诚)。"㊲ 即他和黄帝一样,死后被升华为天帝、天神、星神,由人格升华为神格。

总而言之,帝颛顼是继承黄帝伟业并发扬广大的"最高军事民主首长",为中华民族又一古帝和祖先。他推动了文明的进程,建立了雏形国家的体制,开拓了疆域,融合了更多更远的氏族或部落之民,为氏族社会向文明国家的过渡做出了重大的贡献。

注释:

①魏嵩山主编:《中国历史地名大辞典》,广州:广东教育出版社,1995 年 5 月第 1 版,第 626 页。

②何光岳:《炎黄源流史》,南昌:江西教育出版社,1992 年 4 月第 1 版,第 571—572 页。

③田继周:《先秦民族史》,成都:四川民族出版社,1988 年 1 月第 1 版,第 115 页。

④郭沫若主编:《中国史稿》第一册,北京:人民出版社,1976 年 1 月第 1 版,第 115 页。

⑤徐旭生:《中国古史的传说时代》,桂林:广西师范大学出版社,2003 年 10 月第 1 版,第 165 页。

⑥田继周:《先秦民族史》,成都:四川人民出版社,1988 年 1 月第 1 版,第 114 页。

⑦徐中舒:《先秦史论稿》,成都:巴蜀书社,1992 年 8 月第 1 版,第 16 页。

⑧何光岳:《炎黄源流史》,南昌:江西教育出版社,1992 年 4 月第 1 版,第

576 页。

⑨徐旭生：《中国古史的传说时代》，桂林：广西师范大学出版社，2003 年
10 月第 1 版，第 85 页。

⑩薛翔骥：《中国神族》，上海：上海古籍出版社，2004 年第 1 版，第 28—
29 页。

⑪何光岳：《炎黄源流史》，南昌：江西教育出版社，1992 年 4 月第 1 版，
576 页。

⑫何光岳：《炎黄源流史》，南昌：江西教育出版社，1992 年 4 月第 1 版，
566 页。

⑬徐旭生：《中国古史的传说时代》，桂林：广西师范大学出版社，2003 年
10 月第 1 版，第 86 页。

⑭⑮何光岳：《炎黄源流史》，南昌：江西教育出版社，1992 年 4 月第 1 版，
第 577 页。

⑯徐旭生：《中国古史的传说时代》，桂林：广西师范大学出版社，2003 年
10 月第 1 版，第 86 页。

⑰徐旭生：《中国古史的传说时代》，桂林：广西师范大学出版社，2003 年
10 月第 1 版，第 85—86 页。

⑱徐旭生：《中国古史的传说时代》，桂林：广西师范大学出版社，2003 年
10 月第 1 版，第 95—96 页。

⑲朱绍侯主编：《中国古代史》上册，福州：福建人民出版社，1982 年 6 月
第 1 版，第 41 页。

⑳张岂之主编：《中国历史·先秦卷》，北京：高等教育出版社，2001 年 7
月第 1 版，第 27 页。

㉑㉒徐旭生：《中国古史的传说时代》，桂林：广西师范大学出版社，2003
年 10 月第 1 版，第 97 页。

㉓徐旭生：《中国古史的传说时代》，桂林：广西师范大学出版社，2003 年
10 月第 1 版，第 87—88 页。

㉔魏嵩山主编：《中国历史地名大辞典》，广州：广东教育出版社，1995 年
5 月第 1 版，第 154 页。

㉕魏嵩山主编:《中国历史地名大辞典》,广州:广东教育出版社,1995 年 5 月第 1 版,第 230 页。

㉖何光岳:《炎黄源流史》,南昌:江西教育出版社,1992 年 4 月第 1 版,第 581 页。

㉗郭沫若主编:《中国史稿》第一册,北京:人民出版社,1976 年 1 月第 1 版,第 115 页。

㉘何光岳:《炎黄源流史》,南昌:江西教育出版社,1992 年 4 月第 1 版,第 581 页。

㉙柏扬:《黄帝王朝与轩辕氏》,河南省炎黄文化研究会主办《炎黄天地》(创刊号),2006 年第 1 期,第 28 页。

㉚赵明林:《颛顼帝喾文化》,《炎黄天地》(创刊号),第 31 页。

㉛何光岳:《炎黄源流史》,南昌:江西教育出版社,1992 年 4 月第 1 版,第 31 页。

㉜㉝田继周:《先秦民族史》,成都:四川民族出版社,1988 年 1 月第 1 版,第 115 页。

㉞牛汝辰:《中国地名由来词典》,北京:中央民族大学出版社,1999 年 6 月第 1 版,第 207 页。

㉟牛汝辰:《中国地名由来词典》,北京:中央民族大学出版社,1999 年 6 月第 1 版,第 204 页。

㊱徐旭生:《中国古史的传说时代》,桂林:广西师范大学出版社,2003 年 10 月第 1 版,第 87—88 页。

㊲顾颉刚:《史林杂识初编·颛顼》,北京:中华书局,1963 年 2 月第 1 版,第 31 页。

2007 年 2 月 13 日

论帝喾高辛氏的生平事迹

帝喾是"五帝"中排位第三的古帝,处在帝颛顼与尧之间,虽然文献记载较少,又鲜有系统的研究,但他也是中华民族的重要祖先之一,为中国文明做出了积极的贡献,则是无疑的。

一、喾三十岁登上帝位前的有关问题考述

《史记·五帝本纪》:"帝喾高辛氏,黄帝之曾孙也。高辛父曰蟜极,蟜父曰玄嚣,玄嚣父曰黄帝。"是其为华夏族甚明,惟有东汉王符《潜夫论·五德志》云:帝喾是"太燡后嗣。"《中国史稿》遂释喾为"夷人"(东夷之族)①,和夷人颛顼关系亲近。只是"由于他们较早地融入了华夏族,所以有些传说就把他们作为黄帝的后裔。"② 多数学者相信司马迁之说。《先秦民族史》云:"从帝喾为姬姓和与出自黄帝的周人的关系看来,说帝喾出自黄帝或为黄帝之后裔可能比较接受史实。"③ 此说虽未肯定,但倾向于司马迁之说。从目前学术界研究情况看,大多数人认为颛顼、帝喾是华夏

帝　喾

族人。

1. 姬喾的出生地和名字

依《史记》之说喾的父亲是蟜极，蟜极之父是玄嚣。《五帝本纪》云：西陵氏女嫘祖为黄帝正妃，生子玄嚣、昌意，玄嚣"是为青阳，青阳降居江水。"《帝王世纪》云：黄帝"次妃方雷氏女，曰女节，生青阳。"女节和嫘祖为妹与姐的关系，所生之子同父。江水有今甘肃、四川、河南、河北、山东等地之说，多数学者认为在今四川（一说为岷江，一说为雅砻江）。具体说，玄嚣部落和弟昌意的部落相邻，应在汶川郡（汉武帝置，治所在茂汶，即今茂县、汶川县之地。郡辖境相当于今四川黑水县、邛崃山以东，岷山以南，北川、灌县以西地区）。究竟在何县何乡，难以确指，从昌意部落中心地在今汶川县析，玄嚣部落的中心地当在今茂县境内，因而玄嚣之子蟜极的出生地亦应在此。在不同的认识中，以江水、若水在河南、山东二说较多，这与黄帝生于新郑、曲阜之说有直接关系，认为玄嚣、昌意不可能属于蜀地。

（1）姬喾的生地考

玄嚣家族和部落何时从"江水"返回黄河流域，是先返回渭水流域，后迁入中原，还是北返时折而沿汉水东下进入中原，皆无法考知。我们认为玄嚣部族返回的时间比昌意部族早，未回到渭水流域，是从汉水东下直接进入中原的，并带入了"江水"中水名。因为《史记·五帝本纪》"青阳降居江水"的《正义》引《括地志》云："安阳故城在豫州新息县（今分为河南新县和息县）西南八十里。应劭云古江国也。《地理志》亦云安阳古江国也。"古安阳县非今安阳市，是在今河南正阳县境，国名似应以带入的"江水"而得，正阳今属于驻马店市管辖。从见到的文章看，河南的"江水"也说法不一，有正阳县南的"淮水"为"江水"之说，与"正阳县"地望相合；有玄嚣、蟜极居于泜水之说，且说泜水一指今沙河。沙河为南汝水（又称溱水，以今西平县洪水为源），有学者认为其是古"若水"，"泜水"

是否为南汝水的别称,不详,沙河亦在正阳以南。因此说,玄嚣、蟜极家族和部落迁居于今正阳县(活动地域应包括今驻马店大部分地区)是可信的。蟜极和妻子应当也是在此生子喾。

(2)姬喾的名字考

《路史·后纪九上·高辛纪》载:"一曰逡,喾之字曰亡斤,黄帝氏之子曰玄枵(即玄嚣)之后也。父蟜极,取(娶)阵(陈)丰氏曰衺,履大迹而侣生喾。方喾之生,握衺莫觉。生而神异,自言其名,遂以为名。方颐庞𩑔,珠庭仳齿,戴干。"罗苹注:"逡,《山海经》作俊,言帝俊处甚多,皆谓喾。郭景纯(即郭璞)皆以为舜,谓舜俊声相近,失所考矣。"《大戴礼记》云:"高辛氏初生,自言其名其君氏,终无迷缪也。"《帝王世纪》云:喾生,"自言岌","一作佶。"《河图矩起》及《白虎通》均载:"帝佶骈齿。"《春秋元命苞》载:"帝佶戴干,是渭清明。发节移度,盖像招摇。"注:"干,楯也。招摇为大戈,戈盾相副,戴之像见天中以为表,干或辛,古辛作于,于作千,二字相似云。"从这些记载中我们可知,蟜极之妻名叫"衺",为陈丰(又写作锋,还称隆)部落之女,这个部落约在今河南淮阳一带。"大迹"有说是熊的足印,有说是雷神的足印,皆为怀孕的祥兆,以示帝王的降生不凡。出生时的神话更是如此。自言其名曰喾(又写作佶)、曰岌,(逡、俊),当父母为其取之名,字亡斤。头"戴干",一说是兵器饰物,一说为发型。何光岳《炎黄源流史》释"喾"曰:"这里说明帝喾叫喾是自呼其名,亦如天鹅叫声'鹄',因而称天鹅为鹄,疑喾即鹄的叫声,因以鹄为图腾。"④

2. 姬喾二次迁徙居高辛

帝喾是个神童,在父母养育下由幼年成长为少年,在兄弟姐妹中成为佼佼者,备受父母、祖父母及伯父帝颛顼的喜爱和器重。有的学者说:二代玄嚣、三代蟜极居泜水(一说河南沙河,一说可北至元氏县)⑤。上已述,应以玄嚣和其子蟜极、孙子喾居住于古江国(今河南正阳县)较确。少年的喾相貌堂堂,"四方脸,广额,下颚有

颗圆痣,牙齿是连着的,头戴干盾以作首饰。"⑥伯父帝颛顼使年仅
15 岁的喾入都城顿丘(今濮阳)辅政,见习治理部落事务。《帝王世
纪》云:"帝喾高辛,姬姓也。其母见其神异,自言其名曰岌。龆龀
有圣德,年十五而佐颛顼。"喾成年后,帝颛顼又任其为部落长,迁
居于曾祖父黄帝的故都"有熊之墟"(今河南省新郑市),守护祖庙
重地。《毛诗谱》载:"昔高辛氏之土,祝融之墟,历唐至周,祝融之
后,妘处,其地。"何光岳释:"祝融氏吴回乃颛顼之孙,老童之子,亦
即妘之父,妘不是祝融氏黎之后。喾与老童年辈相同,比吴回大一
辈。则高辛氏自新郑东迁至拓城东北的高辛集后,旧地便被祝融
氏吴回所居,故称为祝融之墟。"⑦喾管理新郑有功,又被帝颛顼封
于辛。《路史·后纪九·高辛纪》:喾"厥德神灵,厥行祗肃,年十有
五,而佐高阳氏,受封于辛,为侯国。"《十道志》:"襄邑有高辛城。"
《地志》云:"下邑,梁国也,今砀山县(今属安徽)。下邑,今隶南京
(指今河南商丘)。"《帝系篇》云:"帝佸年十五,佐颛顼有功,封为诸
侯,邑于高辛。"《元丰九域志》载有"高辛城庙"。何光岳释:"襄邑
在今河南拓城县东北胡襄镇。镇东十五里有高辛集,位于宋朝的
南京,即今商丘之南,其东即安徽砀山县。是高辛氏受颛顼帝所封
之地。"⑧至此,喾才成为自己部落的首领,有了独立的活动地(今
河南商丘)。

3. 姬喾年三十岁登上帝位

《史记·五帝本纪》云:"自玄嚣与蟜极皆不得在位。"其原因是
玄嚣虽为黄帝长子,但因其是女节(帝次妃)所生,不得继位;昌意
是黄帝正妃嫘祖所生,却为次子,应让于兄继位。黄帝权衡天下之
大局,便将他们及其氏族南迁(降居)于江水、若水,均不得继位,史
家记载时只好说二人"不德"。昌意和昌仆夫妇的儿子颛顼生而不
凡,黄帝、嫘祖特别喜爱,欲传位于他,便将襁褓中的颛顼送到已迁
往东方(今山东)的伯父玄嚣家养育,视为长子之养孙,至 20 岁时
名正言顺地登上了帝位。颛顼作为黄帝长子玄嚣的"养子"继位,

实际上又是正妃嫘祖之子昌意的生子,对内对外都合乎情理和礼仪。《史记·五帝本纪》云:"高辛于颛顼为族子。"帝颛顼对侄儿喾十分喜爱,又让他单独管理一个部落,封于高辛,至 30 岁时,喾的威望已相当高。但按传统和礼仪,颛顼去世后自然是其嫡长子继位,又怎么会是侄儿喾继位呢?《路史·后纪八·高阳纪》在叙述帝颛顼的"有才子八人"后曰:"帝崩,而元子立袭高阳氏,是为孺帝。寻崩,而帝喾立。"帝颛顼有子近 20 人,"元子"姬立(当为正妃所生)在父亲 98 岁去世时年已迈,故继帝 10 日便去世了,谥号"孺帝"。按传统礼仪制度,孺帝去世,应由其子或其弟袭位,为何改立帝喾呢? 我们认为:一是玄嚣为黄帝长子,帝位本该传于他。黄帝未传位于诸子,而是传于二子之子、孙子颛顼,颛顼去世,应还位于玄嚣之孙,但未这样做。袭位的姬立去世后,"联盟议事会"认为应归还帝位于玄嚣之孙;二是喾的才干和威望大大超过颛顼的其他诸子,众部落长皆举荐喾继承帝位,"议事会"的长老们也完全赞成。据《淮南子·原道训》载:共工氏不服,又与"高辛争于帝",结果被杀,高辛才正式登上帝位。

帝颛顼的都城在顿丘(今河南濮阳),帝喾为何不以此为都呢?何光岳考证,是因为帝喾在即位前居于今山西曲沃县鹊邑,势力范围在顿丘的西南部(今晋南与豫西),故渡过黄河以伊、洛河地区的亳为都。《帝王世纪》云:"都亳,今河南偃师是。"即今偃师市城关镇商城遗址之地。

二、帝喾高辛氏的主要事迹和贡献

徐旭生《中国古史的传说时代》云:"帝喾。对于这位人帝,我们没有好多话可说,因为材料太贫乏了。以罗泌的善于东拉西扯,把他老先生的事迹写了好多页,可是他还是不能不说:'帝喾之治天下,其迹之闻于代者,初无赫赫之功。'又说:'喾之政亦惟仁柔无苟而已。'（《路史·国名纪》丙）足见材料贫乏，就是善于附会的人也没有办法。"⑨我们认为，对文献进行仔细检理，还是可以知道一些帝喾的事迹和贡献。他既然在 15 岁时地位那么高，才智那么过人，继位后也必定是有大作为的，只是介于帝颛顼与帝尧两位"名帝"之间，史家记述较少而已。

1. 帝喾是一个睿智能干的"首长"和古帝

《大戴礼记·五帝德》引孔子曰："玄嚣之孙，蟜极之子也，曰高辛。生而神灵，自言其名。博施利物，不于其身。聪以致远，明以察微。顺天之义，知民之急。仁而威，惠而信，修身而天下服。取地之材而节用之，抚教万民而利诲之，历日月而迎送之，明鬼神而敬之。其色郁郁，其德嶷嶷。其动也时，其服也士。春夏乘龙，秋冬乘马，黄黼黻衣，执中而获天下，日月所照，风雨所至，莫不从顺。"足见孔子对帝喾评价之高，称颂言语之多。何光岳对此释曰："他教育人民敬事鬼神，使上层人物服从于他。他开始穿当时贵重的黄绣衣服，龙和马已被驯服而用于骑行，可说是社会的一大进步。"⑩司马迁推崇《大戴礼记》，在《史记·五帝本纪》中摘录了这段孔子之语，并简而化之。曰："高辛生而神灵，自言其名。普施利物，不于其身。所以致远，明以察微。顺天之义，知民之急。仁而威，惠而信，修身而天下服。取地之材而节用之，抚教万民而利诲之，历日月迎送之，明鬼神而敬事之。其色郁郁，其德嶷嶷。其动也时，其服也士。帝喾溉执中而遍天下，日月所照，风雨所至，莫不从服。"《集解》张晏曰："少昊以前，天下之号象其德。颛顼以来，天下之号因其名。高阳、高辛皆所兴地名；颛顼与喾皆以字为号，上古质故也。"《索隐》宋衷曰："高辛，地名，因以为号。喾，名也。"这些记载均说明，帝喾是与颛顼同样著名的古帝，亦是文明的推进者，各方面的业绩也是显著的。

2. 遵循黄帝和颛顼的制度并有所发展

《鹖子》云："昔者帝喾年十五而佐帝颛顼，三十而治天下。其治天下也,上缘黄帝之道而明之,学帝颛顼之道而行之。"贾谊《新书》云:"帝喾曰:缘道者之辞而与为道已,缘巧者之事而学为巧已,行仁者之操而与为仁也。故节仁之器以修其躬,而身专其美矣!故上缘黄帝之道而明之。学帝颛顼之道而行之,而天下亦平也。帝喾曰:德莫于博爱于人,而政莫于博利高于人。故政莫大于信,治莫大于仁,吾慎此而已也。"这一是说明帝喾基本上是个守业的古帝,无需再创立多少新制度,只要按黄帝、颛顼之制行事就能取得社会发展和稳定;二是说明帝喾也具有高尚的品德和才干,能团结和带领民众切实按已定的制度和礼仪办事,以人为本,实行仁爱、诚信之政,教化百姓;还能平等待民,共同劳动,共同享受得来的财富,保持社会和谐与发展;还按颛顼的教化,实行男尊女卑,巩固父系社会制度;男女劳动分工,少有所育,壮有所用,老弱病残有所养,急民之所急,想民之所想,纳民之善言。因而,天下百姓称其德,颂其明。

3. 尊师用臣共守大业

帝喾尊重博学之师,虚心听取他们的意见,勤恳治国,造福于民。《路史·后纪九·高辛纪》云:帝喾遵守高阳之道而不务乎其前,任智守数以道其常,周听广谋以补其明。于是致学柏昭,而师于赤松;舟人授书于钟山,而拜师于牧德。这些部落都是炎帝以来较强盛者,首领的祖先有的为黄帝、颛顼之师,有的为臣。何光岳先生对此载释曰:"柏昭为柏庭氏之后,赤松为神农氏时的古老部落,舟人为祝融氏吴回八姓之后,牧德为黄帝时力牧之后。帝喾向这些古老的大部落酋长学习,得到了他们的大力支持。"[11]又云:"帝喾任重黎为火正,使火普遍为人民所使用,有功,因命名为祝融。后共工氏作乱,帝喾使重黎去征伐。因没有把共工氏部落除尽,便治重黎死罪,而以重黎的弟弟(吴回)为火正祝融。"[12]重黎为老童之子,一说是二人,一说为一人,按帝颛顼任重"正南司天以属神",任"火正黎司地以属民"看,前者较确。吴回亦为老童之子,三者皆为颛顼之孙。讨伐共工者应为火正黎,处死后,其弟吴回任火正,亦称火正祝融。即帝喾对颛顼之孙予以了重用。《帝王世纪》载:帝喾与颛顼一样,"以人事纪官",以苟芒(少昊之子)为木正,祝融(此祝融为人名,颛顼之裔)为火正,蓐收(少昊之子)为金正,玄冥(少昊之子)为水正,后土(炎帝之裔,共工之子)为土正,是五行之官分职而治诸侯,于是天文被下,天下大治。这一记载表明帝喾是注意选拔华夏、源于东夷的人才为"联盟机构"的管理人员。即使是与己争帝被诛的共工之子后土,帝喾也予以了重用。

4. 进一步改进历法而促进生产发展

《国语·鲁语上》云:"帝喾能序三辰以固民。"韦昭注曰:"三辰,日月星。谓能次序三辰。以治历明时,教民稼穑以安也。"《礼记·祭法》云:"帝喾能序三辰以著众。"《潜夫论·五帝德》云:"帝喾能叙三辰以固民。"《大戴礼记·五帝德》云:帝喾"历日月而迎送之。"这就是说,帝喾沿用颛顼观测星宿运行规律的方法,继续改进和推算历法,使它能更好地为人民的生活、生产服务。田继周对《史记》及以上这些记载释曰:"所谓能序三辰以'固民'或'著众',就是以治历明时,教民稼穑以安也。所谓历日月而迎送之,明鬼神而敬事之,也具有同样的意义。这表明,帝喾在农业生产和与农业生产有密切关系的天文历法方面,有一些作为和创造,因而受到人们的崇敬而列入祀典。"[13] 喾的正妃有邰氏女姜原,善于种植五谷,女儿善于植桑养蚕,妇女跟随她们为业。

5. 进一步提高先民的娱乐生活

帝喾在部落联盟的农业生产取得丰硕成果、人民生活逐步提高和社会更加安定后,便在昔日的基础上进一步研制乐器、创作歌舞,以提高人民的娱乐生活。《山海经·海内经》云:"帝俊有子八人,是始为歌舞。"可见喾时乐舞风之盛。《吕氏春秋·古乐》云:"帝喾命咸黑作为声歌:《九招》《六列》《六英》;有倕作为鼙鼓钟磬,吹苓管埙,篪鞀椎钟。帝乐乃令之抃,或鼓鼙击钟磬,吹苓管埙,因令凤鸟天翟舞之,帝喾大喜,乃以康帝德。"《帝王世纪》云:"帝乐六茎(英),以康帝德。"《宋书·符瑞志》云:"使鼓人拊鼗,击钟磬,凤凰鼓翼而舞。"刘勰《文心雕龙·赞篇》云:"昔帝喾之世,咸黑为颂,以歌《九招》。"《二仪实录》云:"帝喾始制帷帐",它用于生活或演唱。这就是说,帝喾时期的乐器已有鼓、鼗、钟、磬、箎、鞀、埙、管、苓(笙)等,为民众伴奏《九招》《六列》《六英》歌舞,场面热烈,欢乐而壮观。

三、帝喾兴旺的家族和事迹

1. 帝喾元妃姜原

帝喾仍与姜姓炎帝后裔通婚,娶有邰部落之女为妻。《史记·周本纪》载:"周后稷,名弃。其母有邰氏女,曰姜原。姜原为帝喾元妃。姜原出野,见巨人迹(即熊的脚印),心忻然说,欲践之,践之而身动如孕者。居期而生子,以为不祥,弃之隘巷,马牛过者皆辟(避)不践,徙置林中,适会山林多人,迁之,而弃渠中冰上,飞鸟以其翼覆荐之。姜原以为神,遂收养长之。初欲弃之,因名曰弃。"注释甚多,简言之,有邰部落是姜姓炎帝之后,居于邰(今陕西武功杨凌农业示范区)。帝喾都于亳(今河南省偃师市城关镇商城遗址处),娶姜原(又写作嫄)为正妃,生子弃。怀孕及生后的神话,是母系氏族社会只知其母、不知其父的遗俗,是姜原感"大人迹"而怀孕生子想象的反映,也是对弃生下来就遭受磨难的反映。《路史·后纪九上·高辛纪》载:上妃有骀(同邰)氏,曰姜嫄,清静专一而好稼穑,衣帝衣,履帝履,居期而生弃。《世本》云:元妃有邰氏女曰姜嫄,生后稷。《史记·周本纪》又载:"弃为儿时,屹如巨人之志。其游戏,好种树麻、菽,麻、菽美。及为成人,遂好耕农,相地之宜,宜谷者稼穑焉,民则皆法之。"他的好耕农,自然是受到母亲的影响,后成为周人的祖先。《山海经·大荒西经》云:"帝俊生后稷,稷降以百谷。稷之弟曰台玺。"是知姜嫄还生有子姬台玺。

2. 帝喾的三位次妃

（1）《史记·殷本纪》载："殷契，母曰简狄，有娀氏之女，为帝喾次（即第二位）妃。三人行浴，玄鸟（今称燕子）坠其卵，简狄取吞之，因孕生契。"《集解》引《淮南子》曰："有娀在不周之北。"《正义》按："《史记》云'桀败有娀之墟'，有娀当在蒲州（今山西永济）也。"《世本》《帝王世纪》亦载："次妃有娀氏之女曰简狄，生契。"契为商人之祖先。

（2）帝喾之三妃，陈锋氏女曰庆都。《史记·五帝本纪》云："帝喾娶陈锋（又写作丰）氏女，生放勋。"《世本》云："次妃陈邦氏之女曰庆都，生帝尧。"《大戴礼记》曰"陈隆"氏。其部落似在今河南淮阳一带。

（3）帝喾之四妃，娵訾氏女曰常仪。《史记·五帝本纪》云：帝喾"娶娵訾氏女，生挚"。《世本》记作"訾陬"，《大戴礼记》写作"陬訾"。这个部落的居地约在陬（今山东曲阜附近）。古仪、羲同声通用，常仪又写作常羲、常娥。《广博物志》卷十一引《异苑》载："陬訾氏生而发与足齐，坠地能言。及为高辛帝室，日而生八子，世号八元。"可知常仪出生与喾一样不凡，出了娘胎就会说话，秀发与身子一样长。这里说她梦生八子，是误将喾的其他妃子之"八子"记在了她的名下。

《史记》中的帝喾有四位妃子，生有五子，弃后为周人之祖，契为商人之祖，挚、尧相继为帝，故《帝王世纪》云："帝喾有四妃，卜其子皆有天下。"绝大多数学者相信这些记载，少数学者有异议，认为喾与其子的世系"当然是不可相信的，显然是后人把他们编织在一起的。"[14]"周弃绝不是帝喾的儿子，所以姜嫄为帝喾元妃的说法实属后人附会。"[15] 从他们的论述看，理由和根据不够充分，难以服人。

3. 帝喾四妃以外的妃子考

《山海经》内涉及"帝俊"之处较多，也记载了其他的妻子或儿子。宋代史学家罗苹认为"俊"就是喾,郭璞解释为舜是"失考"。

(1)帝喾妃邹屠氏

帝喾还有末妃邹屠氏。《拾遗记》卷十载:"帝喾之妃,邹屠氏之女也。轩辕去蚩尤之凶,迁其民善者于邹屠之地(约在今山东邹县境内),迁恶者于有北之乡。其先以地命族,后分为邹氏、屠氏。女行不践地,常履风云,游于伊、洛。帝乃期焉,纳以为妃。妃常梦吞日,则生一子。凡经八梦,则生八子,世谓'八神',亦为'八翌'。"西汉《焦氏易林·泰之十一》载:"伯虎、仲熊,德义渊闳,使布五数,阴阳顺序。"该书《坤之二》又载:"伯虎、仲熊,德之洵美,使而五谷,阴阳顺序。"《史记·五帝本纪》载:"高辛氏有才子八人,世谓之'八元'。"《集解》贾逵曰:"元,善也。"《索隐》引《左传》云:"高辛氏有才子八人,伯奋、仲堪、叔献、季仲、伯虎、仲熊、叔豹、季狸。"由这些记载可知,帝喾确有末妃(五妃)"邹屠氏之女",生子八人,世称"八元"(即八位仁善的贤才)。再联系帝颛顼曾娶邹屠氏之女,亦梦生八子,世称"八恺",《异苑》说是陬訾氏梦生八子,当是误记。

(2)帝喾(俊)妻羲和

羲和在神话中为"日神",掌管日出,在东方,远古又有主管东方之官。《山海经·大荒东经》载:"东海之外,甘水之间,有羲和之国。有女子名曰羲和,方浴日于甘渊。羲和者,帝俊之妻,是生十日。"可见这个女子羲和是人,其部落在东方(今山东海隅);"生十日"是说她为帝俊之妻后,生有十个儿子,长大后分立十个氏族,以"日"为图腾,非生了十个太阳。

(3)帝俊之子

《山海经·大荒东经》云:"大荒之中,有山名曰合虚,日月所出。有仲容之国。帝俊生中容,中容人食兽、木实,使四鸟(兽):豹、虎、熊、罴。"是中容部落有以这"四兽"为图腾的四个氏族组成之义;"大荒之中,有山名曰明星,日月所出。有白民之国。帝俊生帝鸿,帝鸿生白民,白民销姓,黍食,使四鸟(兽)。"这三子的母亲是谁,无详载。《山海经·海内经》载："帝俊生禺号,禺号生淫梁,淫梁生番禺,是始为舟。番禺生奚仲,奚仲生吉光,吉光是始以木为车";"帝俊生晏龙,晏龙为琴瑟";"帝俊生三身,三身生义均。义均是始为巧倕,是始作下民百巧。"是义均为能工巧匠之义。这三子为谁所生,亦不详,若以一妃生一子,则帝喾(俊)又有六妃。合计帝喾约有十二位妃子,生二十三个儿子,仅次于黄帝,家族之兴旺可想而知。

4. 帝喾的女儿考

帝喾既然有如此之多的妃子,那么女儿也一定是比较多的,惜已失载,只能从有关文献中寻得一二。

(1)帝喾的三个公主

晋代干宝《搜神记》载："昔高辛氏时,有房王作乱,忧国危亡,帝乃召募天下得房氏首者,赐金千斤,分赏美女。群臣见房氏兵强马壮,难以获之。高辛氏有犬曰盘瓠,其毛五色,常随帝出入。其日忽失此犬,经三日以上,不知所在,帝甚怪之。其犬走投房王,房王见之大悦,谓左右曰:'辛氏其丧乎! 犬犹弃主投吾,吾必兴也。'房氏乃大张宴会,为犬作乐。其夜房氏饮酒而卧,盘瓠咬王首而还。辛氏见犬衔房首,大悦,厚与肉糜饲之,竟不食。经一日,帝呼犬亦不起。帝曰:'如何不食,呼又不来,莫是恨朕不赏乎? 今当依召募赏汝物,得否?'盘瓠闻帝此言,即起跳跃,帝乃封盘瓠为会稽侯,美女五人,食会稽郡(治所在今浙江绍兴)一千户。后生三男三女。其男当生之时,虽似人形,犹有犬尾。其后子孙昌盛,号为犬戎之国。"此载只说赏予盘瓠美女五人,未见说有"帝女"。《玄中记》载:"高辛时,犬戎为乱,帝曰:有讨之者,妻以美女,封三百户。帝之狗曰盘瓠,去三月而杀犬戎,以其首来,帝以女妻之。不可教训,浮之会稽(今绍兴)东海中,得地三百里,封之,生男为狗,女为美人,是为犬封氏。"二说不同:前者是盘瓠去三日以上,咬得房王首(部落在今河南遂平),赏美女封为会稽侯,食邑千户;后者是盘瓠去三月,咬得犬戎(约在今晋北或冀北)王首,"帝以女妻之",徙往会稽东的海中,得地三百里。《山海经·海内北经》云:"犬封国曰犬戎国,状如犬。"《大荒北经》云:"有犬戎国。有人,人面兽身,名曰犬戎。"当是盘瓠的儿子后来被喾封于北方,成为戎之祖先之故。唐代樊绰《蛮书》卷十引王通明《广异记》载:"高辛时,人家生一犬,初女小特。主怪之,弃于道下,七日不死,禽兽乳之。其形继日而大,主人复收之。当初弃道之时,以盘盛叶覆之,因以为瑞,遂献于帝,以盘瓠为名也。后立功,啮得戎寇吴将军头,帝妻以公主,封盘瓠为定边侯。公主分娩七块肉,割之有七男。长大各认一姓,今巴东姓田、雷、再(冉)、向、蒙、旻、叔孙氏也。"按盘瓠咬得戎将军头析,封侯之地应在北边;以七子得姓地说,是在今重庆市东。广西金秀瑶族传说的故事与此不同,称是"龙犬",以功娶三公主,犬变为人形,生六男六女,成为十二姓之祖。福建畲族的神话故事说,帝高辛耳痒,掏出一条金虫,放在瓠篱内养,上盖金盘,名曰盘瓠。金虫长大化为金龙,飞入大海,抵御番兵入侵,擒杀番王有功,娶排行为三的高辛公主,生三男一女,成为畲族的盘、蓝、雷、钟四姓之祖。《伊尹四方令》《后汉书·南蛮西南夷列传》《水经注》《述异记》《黄冈武陵记》等,都有类似的记载。

综合诸文献记载和民间传说,我们可知帝喾有三个女儿(公主),排行为三的女儿许配予了盘瓠,盘(又写作槃)瓠(又写作护)又称盘王。其来源有帝之家犬、先民献犬二说,又有帝辛耳中的金虫化为金龙与传说的"龙犬"二说。盘瓠咬得叛者之首者,有房王(华夏族)、犬戎吴将军。龙犬或金龙擒杀的有番王及少数民族叛者等。这些正是帝喾向北、向南增强控制力的反映,对反叛者杀而不赦。盘瓠作为帝喾的女婿,决非是犬、龙犬或金龙,是说他以龙为图腾的氏族部落身份长为帝之婿,能征善战,平定中原"房王"之乱后,又征讨大戎(北方),擒杀戎将,再远征南方及海外入侵者,屡立战功。帝以功赐女为妻,封为侯,去管理南方的部族,被民众称为王。盘瓠与公主生有六男六女，形成六个部落，封在南方者为少数民族祖先；封于北方者，成为以犬为图腾的戎狄人的祖先。

（2）帝喾善于养蚕的女儿

宗懔《荆楚岁时记》载："正月十五日"，"其夕迎紫姑以卜将来蚕桑，并占众事。按《洞览》云：'帝喾女将死，云：生平好乐，至正月可以见迎'。"这个死后被祀为紫姑神的女儿，是一位植桑养蚕的公主。帝喾不知名的女儿一定还有，今已无法考知。

何光岳先生论曰：由以上这些记载看，"高辛氏确实有女儿，而且不止一个。这是符合原始社会后期，氏族首领因财富积累，权势益大，部落联盟酋长才拥有多妻多妾的特权之情况的。盘瓠氏既是高辛氏的女婿，也应以高辛氏为祖，以犬为图腾。以后衍生为盘瓠蛮，发展成为瑶、畲和苗族中的一支。所以说，瑶、畲、苗族也应纳入炎黄族系高辛氏集团。"[16]李剑平先生云："盘瓠，也作槃瓠，盘护，又称盘王，瑶、畲、苗族犬图腾英雄祖神，流传于湖南、贵州、云南、广西、广东、江西、福建、浙江等省区少数民族地区。"[17]

四、帝喾的陵墓和崇祀

帝喾的生年、卒年与先帝一样，也有几种说法，葬地则比较单一，无什么分歧。

1. 帝喾的葬地

《史记·五帝本纪》云："帝喾崩，而挚代立。"《集解》皇甫谧曰："在位七十年，年百五岁。"有的学者考证：帝喾在公元前2406年继帝位，公元前2337年崩[18]；有的认为帝喾生于公元前2437年，崩于公元前2367年[19]。这些具体年龄可备一说，无什么可靠的根据。其葬地比较明确。《皇览》载："帝喾冢在东郡濮阳顿丘城南台阴野中者也，又北经祀山，东历广阴里，经颛顼冢西，俗谓之殷王陵。"以往的帝喾冢同颛顼冢一样，皆说在今河南省濮阳市清丰县，近年又说在今安阳市内黄县,当是两县相邻,行政区划变化的缘故。《山海经·海外南经》云:"狄山","帝喾葬于狄山,又称崇山,在今河南东北部的清丰县境,《墨子·节葬下》载为"蛩山"。可见狄山跨今清丰、内黄二县,陵规模大,亦当跨有二县之交界地区。《山海经·大荒南经》云:帝喾"葬于岳山。"岳山上还葬有尧舜,因而不可能还是指"狄山",应是古称"岳山"的今山西省霍州市"霍山","三帝陵"为纪念性陵。中华炎黄研究会、河南省炎黄文化研究会和内黄县人民政府、内黄县颛顼帝喾与华夏文明研究会,于2006年4月(3—15日)共同举办了"颛顼帝喾与华夏文明学术研讨会"。参加会议的专家学者一致认为内黄县是颛顼、帝喾活动的重要地区和陵寝之地,既有文献记载,又有文化遗存可证[20]。颛顼帝喾陵经过整修,肃穆宏伟,已成为内黄县之闻名全国的华人寻根问祖圣地。著名学者许顺湛会长说:"颛顼、帝喾活动的地域及二帝陵位置都在内黄已达成共识,可以定盘。"[21]

2. 帝喾去世后受到民众的崇奉和景仰

钱穆《黄帝》称:"颛顼氏为一时之主。"[22] 全国性的《颛顼帝喾与中华文明学术研讨会会议纪要》曰:"颛顼帝喾在五帝时代上承炎黄,下启尧舜,是一个承前启后继往开来的划时代帝王。"[23] 故帝喾去世后,同黄帝、帝颛顼一样,受到了民众的崇奉和景仰,甚至被神话,妃子中亦有享此殊荣的,文献亦有记载。《礼记·祭法》有"殷人禘喾""周人禘喾"之说。孙希旦《礼记集解》云:"殷、周皆禘喾者,稷、契之所自出也。"徐旭生先生对帝喾的世系不相信,认为帝喾的氏族与周氏族只是有"派分的关系,其他东方的氏族,如陶唐氏、有虞氏、殷人全同他没有关系。《礼记·祭法》篇'有虞氏禘黄帝而郊喾'及'殷人禘喾的说法全是后改的、错误的'。"[24] 不过,大多数学者还是相信司马迁的说法和观点,喾的子孙祭祀祖先也是正常合理的事。同时,帝喾还被祀为高禖,配姜嫄以颂扬他们繁育子女的恩德。王绍兴《王氏经说》卷二高禖条云:"《月令》仲春之月,玄鸟至之日,以太牢祠于高禖。"郑玄注:"媒氏之官以为侯,高辛氏之世,玄鸟遗卵,娀简(狄)吞之而生契。后王以为媒官嘉祥,而立其祠焉,变媒言禖,神之也。祭邑以为禖神,是高辛以前旧有。高者,尊也,谓高尊之禖。不由高辛氏而始有高禖。"《毛诗传》曰:"姜嫄从帝而祠于郊禖","简狄从帝而祈于郊禖"。帝喾之妃常仪去世后还被崇奉为月神。《山海经·大荒西经》载:帝俊妻常羲(仪)生了十二个月亮,常在天上银河内给月亮洗澡。因而她被称为月神或月亮之母。又因为羲、仪、娥古音近通用,后来常羲(仪)又逐渐演变为奔月的嫦娥。帝喾之妻羲和被崇祀为太阳神或太阳之母,也是这种情况。

综上所述,我们可以认为帝喾是一个上承黄帝、颛顼大业,下启帝尧伟业的古帝,在政治、经济、文化、拓土等方面都取得了一定的成就,推动了文明的进程,并非是无什么功业的古帝。他的高贵品德、进取精神、治国方略,都是值得肯定和颂扬的。

注释:

①郭沫若主编:《中国史稿》第一册,北京:人民出版社,1976 年 7 月第 1 版,第 114 页。

②郭沫若主编:《中国史稿》第一册,北京:人民出版社,1976 年 7 月第 1 版,第 117—118 页。

③田继周:《先秦民族史》,成都:四川民族出版社,1988 年 1 月第 1 版,第 120 页。

④何光岳:《炎黄源流史》,南昌:江西教育出版社,1992 年 4 月第 1 版,第 584 页。

⑤刘文学、王金岭:《黄帝族起源于铸鼎原礼仪中心》,《历史文化研究》,2000 年第 4 期,第 8 页。

⑥⑦⑧何光岳:《炎黄源流史》,南昌:江西教育出版社,1992 年 4 月第 1 版,第 584 页。

⑨徐旭生:《中国古史的传说时代》,桂林:广西师范大学出版社,2003 年

10 月第 1 版,第 101—102 页。

⑩何光岳:《炎黄源流史》,南昌:江西教育出版社,1992 年 4 月第 1 版,第 585 页。

⑪何光岳:《炎黄源流史》,南昌:江西教育出版社,1992 年 4 月第 1 版,第 586—587 页。

⑫何光岳:《炎黄源流史》,南昌:江西教育出版社,1992 年 4 月第 1 版,第 585 页。

⑬⑭田继周:《先秦民族史》,成都:四川民族出版社,1988 年 1 月第 1 版,第 120 页。

⑮徐旭生:《中国古史的传说时代》,桂林:广西师范大学出版社,2003 年 10 月第 1 版,第 106 页。

⑯何光岳:《炎黄源流史》,南昌:江西教育出版社,1992 年 4 月第 1 版,第 585 页。

⑰李剑平主编:《中国神话人物辞典》,西安:陕西人民出版社,1998 年 10 月第 1 版,第 595 页。

⑱刘家齐:《黄帝和夏朝年代考》,《安徽史学》1994 年第 2 期,第 23 页。

⑲柏扬:《黄帝王朝与轩辕氏》,《炎黄天地》(创刊号),2006 年第 1 期,第 28 页。

⑳㉑《颛顼帝喾与华夏文明学术研讨会在河南省内黄县举行》,《炎黄天地》(创刊号),2006 年第 1 期,第 62 页。

㉒钱穆:《黄帝》,台北:东大图书有限公司,中华民国七十二年(1983)第 2 版,第 34 页。

㉓《颛顼帝喾与华夏文明学术研讨会在河南省内黄县举行》,《炎黄天地》(创刊号),2006 年第 1 期,第 62 页。

㉔徐旭生:《中国古史的传说时代》,桂林:广西师范大学出版社,2003 年 10 月第 1 版,第 106 页。

2007 年 2 月 15 日

论帝尧陶唐氏的生平事迹

帝尧又称唐尧,是中华古帝之一,列在"五帝"中的第四位。他是黄帝的第五代孙,帝喾之子。毛泽东主席在 1958 年 7 月 1 日写的《七律二首·送瘟神》(第二首)中有著名诗句曰:"春风杨柳万千条,六亿神州尽舜尧。"以古帝尧舜比喻当家做主、消灭吸血虫病的中国人民,足见毛主席对他们的评价之高,且肯定了他们是中华民族的圣人和祖先的地位。

一、姬放勋顺利登上帝位

1. 放勋的生地及封地

帝喾次妃(排行为三妃)庆都,是陈丰氏部落的女儿,姓伊祁或祁,为炎帝后裔族之姓氏。炎帝先迁居于伊(今河南伊川县),再迁居于祁(今山西省长治市),称伊祁氏。他的后裔便以伊祁或祁为姓。何光岳《炎黄源流史》云:"祁人以后东迁到山西祁县及广灵县的祁夷水。又东至河北的祁州,唐置州于此,今为安国县。祁县北邻望都(今属河北),正是帝尧

帝 尧

诞生之地。望都县北临完县之西有伊祁山。《太平寰宇记》云：'尧住此山，后因作姓。'其实是因伊祁氏居此而得名。祁水发源于此，伊祁山也叫尧山。"①相传庆都游于三河之首，受赤龙盛应怀子。《史记·五帝本纪》《集解》引《谥法》曰："翼善传圣曰尧。"《索隐》云："尧，谥也。放勋，名。帝喾之子，姓伊祁氏。案：皇甫谥云：'尧初生时，其母在三阿之南，寄于伊长孺（庆都之父）之家，故从母所居为姓也'。"《正义》："言尧能放上代之功，故曰放勋。谥尧。姓伊祁氏。《帝王纪》云：'帝尧陶唐氏，祁姓也。母庆都，十四月生尧'。"从这些记载看，一是说明帝尧的出生已无什么神话般的祥瑞故事；二是说明尧有姬、伊祁、祁三个姓，名字叫放勋，尧是谥号，陶唐是其称号；三是说明放勋未出生在喾都亳地，而是生在外祖父母家。

　　《帝王世纪》云庆都"生尧于丹陵。"《汉书·地理志》"中山国唐县"注云："尧山在南。"颜师古注云："应劭曰：'故尧国也，唐水在西。'张晏曰：尧为唐侯国于此。尧山在唐山东北望都界。"《后汉书·郡国志》"唐县"注："《帝王世纪》曰：尧封唐，尧山在此，唐水西入河，南有望都。"唐代曾置尧山县，金代避完颜宗尧之讳改名唐山县。《太平寰宇记》卷六二"定州望都县"记载："尧母庆都在南，登尧山见都山，故以望都为名，今邑有尧祠"。"都山一名豆山，尧母望之，故有望都之号。"由此可知，放勋初封于唐（实为氏族部落长），遂以"唐"为号，称唐放勋。到他继位后有德，谥号尧，便称为"唐尧"，行于世，姓名却很少有人叫了。帝喾时期依然还没有什么区域规划名称，庆都的父母氏族部落居地，生放勋的地方等，只知在黄河以北。今河北望都、唐县、曲阳等县当时为一地，相传放勋生于此，封于此。西汉置县时，相传庆都曾在豆山上北望封于唐的儿子放勋的故事，遂命名为"望都县"。县城内的尧母陵，修建时间无明载，恐怕也是西汉设立县城以后所修。尧母祠庙修建较晚，直到明世宗朱厚熜熜嘉靖年间（1522—1566）才修建。

　　西汉望都县地域较广，约包括今河北望都、唐县、曲阳三县之地。北齐(551—577)分出望都县西境一部分设置新县时,以其在恒山南的弯曲处而命名为"曲阳县"。隋代初年,更其名为恒阳县。唐宪宗元和十五年(820),避唐穆宗李恒之讳,复改为曲阳县,一直沿用至今。《史记·赵世家》记载:"赵武灵王攻中山(其国时在今河北省定州市东北),合军曲阳,攻取丹丘。或曰:丹丘,恒山别名也,城在山上,因名。"因曲阳县故属望都,望都又曾称唐山县、尧山县,所以尧母庆都生育的地方丹陵(陵、丘同义通用),文献记载有的说在望都县,有的说在唐山或尧山,而实际上是在今河北曲阳县丹丘。

　　放勋受封于唐,按帝喾在位 70 年析,应是喾所封侯(实为氏族或部落长)之地。《保定府志》载郝浴《重修望都尧庙记》却云:"尧年十二佐挚封植,受封于陶(今山东定陶县),十五改封于唐,又号陶唐氏。"《古今地名大辞典》云:"尧初尧居陶,后徙唐,故称陶唐氏。"《辞海》亦释:"陶,古邑名,在山东定陶县西北,相传尧初居此,故称陶唐。"《左传》哀公四年引《夏书》曰:"唯彼天常,在此冀方。"郭沫若先生释:"祁姓有传说中的陶唐氏,即唐尧所属的氏族部落。陶唐氏原在今河北省的一些地方。"②唐尧的氏族部落,有的迁居于今河北行唐县及隆尧县西南尧山镇一带。《先秦民族史》认为:"尧本人及他所代表的部落集团又主要活动在什么地方呢? 我们倾向于在山东西南部与河南交界的地区","这里有尧城、尧沟、尧冢",亦"即今山东定陶县。"③此说显然依《辞海》《古今地名大辞典》等说,以便解决"陶唐氏"称号的先后矛盾。而实际上,放勋先封于唐,称唐放勋,称帝后才称唐尧。后又被迁封于陶,遂在唐尧前再加上"陶"而为"陶唐氏",亦顺理成章,并无什么矛盾之处。正因为陶唐氏尧的部落活动在黄河中下游一带,地域广、人口多,经济比较繁荣,所以尧的声望空前提高,迁陶仅一年就被诸部落长推荐为华夏部落联盟最高军事民主首长。

2. 尧代挚的原因

《史记·五帝本纪》云："帝挚立，不善，而弟放勋立，是为帝尧。"《索隐》云："古本作'不著'，音张虑反。俗本作'不善'。不善谓微弱，不著犹不著明。卫宏曰：'挚立九年而唐侯德盛，因禅位焉'。"《正义》引《帝王世纪》云："挚在位九年，政微弱，而唐侯德盛，诸侯归之，挚服其义，乃率群臣造唐而致禅。唐侯自知有天命，乃受帝禅。乃封挚于高辛（今河南柘城县东北胡襄镇东 15 里的高辛集）。今定州唐县（今河北省唐县）也。"这就是说：帝挚在封尧为陶侯的第二年（即执政的第九年），因政绩不佳，不孚重望，诸侯归心于年16 岁的唐尧，便欲让位于弟。尧依"禅让"故事，推让不就，避居于故封地唐（今河北唐县）。挚率群臣（联盟机构管理成员）到唐侯故封地进行"禅让"仪式，尧再次推让，然后受禅，成为华夏部落联盟最高军事民主首长，史称"帝尧"。帝尧在唐即位后，封兄挚于父亲帝喾的故封邑"高辛"城。这种和平移交权力和"帝位"的方式，是儒家所津津乐道的模式。但在实际历史中却很难做到互相谦让，彬彬有礼。尤其是在"五帝"的英雄时代，更不容易做到。因而另一说是帝挚被废或崩。《纲目前编》记载："挚荒淫无度，诸侯废之，而推尊尧为天子。按帝挚或崩或禅或废，诸说各不同也。"《通鉴外纪》云："帝挚，元年已未，在位九年，不善，崩。或云荒淫无度，不修善政，见废。"何光岳《炎黄源流史》释："帝挚被废，多说因荒淫之故。但恐怕是部落内部争权夺利造成的。"④我们认为，以唐尧仅16 岁的年龄析，是不会同其兄争权的。

马骕对其以前的文献记载研究后，在《绎史》中综合分析说："或称挚荒淫，诸侯废之；或称唐侯盛德，挚微弱，而禅焉。若是，则尧有利天下之心，诸侯有擅立之权，尤非所论尧也。《史记·五帝本纪》但曰挚立不善，崩而已。所谓不善者，德不邪？民不从邪？抑如书所谓，有疾弗豫，传所谓弱足不良者邪？荒淫微弱，皆后世揣摩之言。挚之贤不肖，未可以臆度也。"这段话的意思是说：诸侯逼挚禅位于尧,是对道德高尚之尧的贬低;帝挚荒淫无度,是后人的臆断;传说帝挚体弱有病,则可信。《绎史》又曰:"意者,帝喾之子,挚最居长,当如《世纪》所说。即而享年不永,兄终弟及。"我们认为《绎史》说法比较合理和正确,应是挚病重不能执政而让位的。

3.唐尧的都城

《古本竹书纪年》云:"尧元年丙子。"这虽然只有一句话,但他却是我国有"干支"纪年开始的首帝,意义较大。朱右曾对此载不相信,在《汲冢纪年存真》的"案"中曰:"原古人之法,以岁星定太岁之所舍,星有超辰,则太岁亦与俱超,故不可以甲子名岁也。东汉以来,步历家废超辰之法,乃以甲子纪年,以便推算。此'丙子'二字,疑荀勖、和峤等所增也。"《华夏文明》(第1辑16页)载李学勤《古本〈竹书纪年〉与夏代史》则曰:"汉初已有系统的干支纪年,因此《纪年》有这一纪年法是完全可能的。"干支纪年,传说伏羲、神农时已有,帝尧又予以了改进和完善。

《通鉴外纪》载唐尧十六岁继"帝"位。《史记·五帝本纪》《集解》:"徐广曰:'号陶唐。'皇甫谧曰:'尧以甲申岁生,甲辰即帝位,甲午征舜,甲寅代行天子事,辛巳崩,年百一十八,在位九十八年'。"若以尧98岁得子尧,则尧继兄登上"帝位"应是20岁。《正义》:"徐广曰:'号陶唐。'《帝王世纪》云:'尧都平阳,于《诗》为唐国。'徐才《宗国都城记》云:'今晋州所理平阳故城(今山西临汾南偏西30余里)是也。平阳河水一名晋水也。'"《汉书·地理志》上记载"河东郡属县平阳下"。应劭曰:"尧都也,在平河之阳。"这些记载均说明尧在唐受禅后,正式迁都于平阳。《帝王世纪》云:"尧始封于唐,今中山唐县是也。后徙晋阳(今山西省太原市南晋源镇)。及为天子,都平阳,于《诗》为唐国。"《水经注·汾水》记载:"汾水又南迳平阳县故城东,晋大夫赵晁之故邑也。应劭曰:县在平河之阳,尧、舜并都之也。"对于"晋阳"之说,如何认识呢?雷学淇《竹书纪年义证》卷五云:"今中山之唐,在直隶保定;晋阳之唐,在山西太原。盖尧之初封,在中山之唐,与望都接壤,即望尧母之葬处者,晋阳之唐,乃帝裔之封国,非尧之徙矣。"曲英杰《先秦都城复原研究》说:"据此,陶唐氏之初居当在唐,在今河北唐县境。后越太行山,沿汾水南下,徙至平阳,其为盟主时以平阳为都,在今山西临汾市境","而晋阳之唐,当如雷学淇所辨,为尧之后裔所居之地。"⑤《后魏风土记》云:"平阳城东十里,汾水东原有小台,台上有尧神屋石碑。"郑康成(即郑玄)《诗谱》曰:"唐者帝尧旧部,今日太原晋阳,是尧始居地,后乃迁河东平阳。"

　　唐尧定都于平阳的文献记载,也为考古资料所佐证。《文物考古工作十年》载山西省考古研究所《1979—1989年山西省的考古发现》云:龙山文化遗址在全省均有分布,遗址范围大,往往与仰韶文化共存。在一些遗址和墓葬中出土的铜器、玉器、木器、彩绘陶器、磬鼓礼乐器,建筑遗址的水井,生产工具的耒耜等,"反映了社会发展到一个较高阶段,并出现了文化的多样性。"晋西南类型的龙山文化,面貌与豫西"河南龙山文化"大致相似。由此可知,从黄帝始的龙山文化,主要分布在河南、山东、河北与山西南部、陕西、甘肃东部等地,即华夏民族集团的主要分布地。就山西南部地区而言,文化面貌与黄河南岸的地区基本一致。晋南(塔儿山)类型的龙山文化主要分布在山西临汾盆地周围,近些年发掘的主要有襄汾肥丁村、侯马市呈王、曲沃县东许、翼城县南石等遗址。其中以襄汾县的陶寺遗址最具有代表性,发现了我国最早有木构设施的水井、石灰地面的房基、道路、石灰窑和陶窑等。生产工具除常见的石斧、刀、铲、锛外,还有大型厚重的长方形石锄、矩形或曲尺形石刀和钺形石铲等。生活用具有一批具有特色的陶器,如炊器的釜灶、鼎、鬲、罐,饮盛器的觚、杯、豆、盆、钵、簋、扁壶、大口瓮等,在约3万平方米的墓地上,已发掘了近千座长方形土圹,分大、中、小三种。出土器物丰富,重要的铜器有铃,玉器有琮、璧、璜,木器有豆、案、斗(勺)、俎,陶器有彩绘去雷纹壶、蟠龙纹盘,还有礼器乐器石磬、鼍鼓及土鼓等。"这些前所未有的发现,显示了陶寺遗址和墓地应是当时一个重要的拥有若干氏族或人口的部族的落遗址。"⑥1998 年在临汾附近下靳村又发现了大批陶寺类型的墓葬。广布于临汾盆地的龙山文化遗存,当为尧部族的物质文化。考古界多认为尧都在此。

经不断发掘和研究,至 1999 年出版的《新中国考古五十年》载山西省考古研究所《山西省考古五十年》一文明确地说:"襄汾陶寺遗址,总面积 300 多万平米,包括居住址和墓葬两部分。"1978 年以来主要发掘了 1000 多座墓(大型墓 6 座,中型墓 60 至 70 座,小型墓约 1000 座),"墓地已经有了明显的贫富、阶级差别和世袭制的痕迹,以及最早的礼乐制度。"⑦经碳 14 测定,早期的器物是帝尧时期的,哪些墓是尧族先民的? 已很难进行辨别了! 从龙山文化时期的房基址来看,帝尧时的都城还是联盟机构的大聚落,所谓宫殿也不过是较大的房屋。《韩非子·五蠹篇》记载(译文):"尧统治天下时,茅草盖的屋顶不用修剪,树木做的椽子不用砍削;吃的是粗糙的谷物,喝的是用藜藿做的汤;冬天穿的鹿皮衣,夏天穿的是葛布衣。即使是看守大门的人,吃穿也不比帝尧差。"《淮南子·主术训》在记述尧的衣食住行时还说(译文):"尧睡在不加装饰的草席上,出门坐的车子也朴素无华。"因此,尧都平阳的建筑还是比较简陋的,过着与族民一样的生活。田继周《先秦民族史》说:"尧时这样的生活状态,反映了当时社会生产水平还是很低的,同时也反映着当时的社会还比较平等,阶级分化还没有达到悬殊的程度。"⑧

4. 部落联盟机构成员

帝尧的华夏部落联盟机构,基本上是沿袭颛顼、帝喾时期的模式,管理人员仍由众部落长举荐。我们从《尚书·尧典》及司马迁《史记》以此编写的帝尧事迹中,可知其主要管理人员有以羲、和、羲仲、和仲、和叔等为代表的"百官",且以羲与和的职务最为重要。

《史记·五帝本纪》载:"乃命羲、和,敬顺昊天,数法日月星辰,敬受民时。"《集解》引孔安国语云:"重黎之后,羲氏、和氏世掌天地之官。"《正义》释曰:"《吕刑传》云:'重即羲,黎即和,虽别氏族,而出自重黎也。'案:圣人不独治,必须贤辅,乃命相天地之官,若《周礼》天官卿、地官卿也。"《正义》又曰:"《尔雅·释天》云:'春为苍天,夏为昊天,秋为旻天,冬为上天'。而独言昊天者,以尧能敬天,大,故以昊大言之"。"《尚书考》《灵耀》云:'主春者,张昏中,可以种稷。主夏者,火昏中,可以种黍菽。主秋者,虚氏中,可以种麦。主冬者,昂昏中,可以收敛也。'天子视四星之中,知民缓急,故云敬授民时也。"由这些记载或注释可知主管天、地、历法的要职,与高阳、高辛时期一样,仍有重、黎的后裔部落长羲、和二人担任。这四句话的意思是:"于是尧便令羲、和二人,恭谨地遵循上天的意旨行事,根据日月星辰的运行规律制定历法,以教导人民按时令节气从事生产活动。"他们之下,又设管理四方之官。

《史记·五帝本纪》云:"分命羲仲,居郁夷,曰旸谷。敬道日出,便程东作。日中,星鸟,以殷中春。其民析,鸟兽字微。"《集解》引孔安国语曰:"东表之地称嵎夷(今山东平度县)。日出于旸谷。羲仲,治东之官。"《正义》曰:"《禹贡》青州云:'嵎夷既略'。案:嵎夷,青州(唐代治所在今山东益都县)也。尧命羲仲理青州嵎夷之地,日所出处名曰阳明之谷。羲仲主东方之官,若《周礼》春官卿。"由这些注释可知,《五帝本纪》这段话的意思是:"帝尧又命羲仲,住在东方海滨,名叫旸谷的地方。恭敬地等待着日出,并通过观察来辨别不同时间日出的特点。以昼夜平分的那天作为春分,并以鸟星见于南方正中之时,为考定仲春的依据。这时人民分散在田野里劳作,鸟兽也顺时育生小鸟和小兽。"⑨羲仲为羲之子。

《史记·五帝本纪》云:"申命羲叔,居南交。便程南为,敬致。日永,星火,以正中夏。其民因,鸟兽希革。"《集解》孔安国曰:"夏与春交,经治南方之官也。"《索隐》云:"然南方地有名交趾者,或古文略一字名地,南交则是交趾(治所在今越南河内,辖境相当今越南北部及中部地区)不疑也。"《正义》曰:"羲叔主南方之官,若《周礼》夏官卿也"。《正义》对第二句释曰:"命羲叔宜恭勤民事。致其种植,使有程期也";《集解》孔安国对第三句释曰:"永,长也,谓夏至之日。火,苍龙之中星,举中则七星见可知也,以正中夏之气节"。"马融、王肃谓日长昼漏六十刻,郑玄曰五十五刻";孔安国对第四句释曰:"因,谓老弱因就在田之丁壮以助农也。夏时鸟兽毛羽希(稀)少改易也。革,改也。"《五帝本纪》之四句话是说:"帝尧又命令羲叔,住在太阳由北向南转移的地方,这地方叫做明都。在这里观察太阳向南移动的次第,以规定夏天所应该从事的工作,并恭敬地等待着太阳的到来。以白昼时间最长的那天为夏至,并以这天火星见于南方正中之时,作为考定仲夏的依据。这时人民住在高处,鸟兽的羽和毛也都稀疏了起来。"⑩

《史记·五帝本纪》云:"申命和仲,居西土,曰昧谷。敬道日入,便程西成。夜中,星虚,以正中秋。其民夷易,鸟兽毛毨。"《正义》释:"和仲主西方之官,若《周礼》秋官卿也。"《集解》云:"徐广曰:'一无土字。以为西者,今天水之西县(今甘肃天水市西南)也'。"四句话是说:"尧又命令和仲,住在西方名叫昧谷的地方,以测定日落之处,恭敬地为太阳送行,并观察太阳入山时的次第,以规定秋季收获庄稼的工作,以秋分这天昼夜交替和虚星见于南方正中的时候,作为考定仲秋的依据。这时,人民离开高地而住在平原,从事收获庄稼的劳动;这时鸟兽毛全盛,可以选取在生活中使用。"⑪羲叔为和之子。

《史记·五帝本纪》载:"申命和叔,居北方,曰幽都。便在伏物。日短,星昴,以正中冬。其民燠,鸟兽氄毛。"《集解》孔安国曰:"北称幽都,谓所聚也。"《索隐》云:"《山海经》曰:'北海之内有山名幽都',盖是也。"《正义》案:"北方曰幽州(治所在今北京城西南,汉代辖境相当于今北京市、河北省北部、山西少部分、辽宁大部分、天津市海河以北及朝鲜大同江流域。唐代时辖有今北永清及安次等县。应以后者为妥切），阴聚之地，命和叔居理之。北方之官，若《周礼》冬官卿。四句话的含义是："尧又命令和叔，住在北方叫做幽都的地方，以观察太阳从极南向北运行的规律。以白昼最短的那天作为冬至，并以昂星见于南方正中的时候，作为考定仲冬的依据。这时，人们都住在室内取暖，鸟兽为御冬，毛长得特别细密丰盛。"⑫和叔为和之子。

《史记·五帝本纪》载："岁三百六十六日，以闰月正四时。信饬百官，众功皆兴。"《史记》的这几句话，据《尚书·尧典》所载，是帝尧与羲和两位大"臣"说的话："唉！羲与和啊！望你们以三百六十六日为一周期，剩下的天数，每三年置一闰月，以推定春夏秋冬四时而成岁。由此规定百官的职务，这样许多事情便得以顺利进行了。"⑬此农历沿用至今，真是惊人之举！

据《尚书大传》与郑玄注释，羲、和、羲仲、羲叔、伯夷、弃、咎繇、垂八人，又合称为"八伯"。尧还先后任鲧、禹为水官等。

二、帝尧以仁德治天下

《史记·五帝本纪》太史公曰："学者多称五帝，尚矣。然《尚书》独载尧以来，而百家言黄帝，其文不雅驯，荐绅难言之。孔子所传宰予问《五帝德》及《帝系姓》，儒者或不传。余尝西至空桐（今甘肃平凉），北过涿鹿（今属河北），东渐于海，南浮江淮（今河南淮河以南与汉江以北）矣，至长老皆各往往称黄帝、尧、舜之处，风教固殊焉，总之不离古文者的是。予观《春秋》《国语》，其发明《五帝德》《帝系姓》章矣，顾弟弗深考，其所表见皆不虚。（《正义》：顾，念也。弟，且也。太史公言博考古文，择其言表见之不虚，甚章著矣，思念亦且不须更深考论）。《书》缺有间矣，其轶乃时时见于他说。非好学深思，心知其意，固虽为浅见寡闻道也。余并论次，择其言尤雅者，故著为本纪书首。"田继周《先秦民族史》对此释曰："这就是说，五帝中的尧舜的事迹,已经有了文字的记载,《尚书》中有了《尧典》《舜典》等著作。但是,这些著作仍是后人根据传说写成的,因此尧舜不仅在社会制度上而且在文献记载上仍属于传说时代的人物。"⑭

1. 治理天下

帝尧时期的疆域,西达今甘肃东部,东达海,北达内蒙古阴山以南,南达今越南河内。其中心活动地域在黄河中下游,四方边远地区可能是影响所及。《尚书译注·尧典》云:"考查古时传说,帝尧的名字叫做放勋。他恭敬地处理政务并注意节约,明察是非,态度温和,诚实恭谨,能够推贤让能。因此他的光辉照耀四海,以至于上通天下通地。他能够举用同族中德才兼备的人,使族人都亲密地团结起来;族人和睦团结了,便又考察百官中有善行者,加以表彰,以资鼓励;百官中的事务处理得妥善了,又努力使各个邦族之间都能做到团结无间,亲如一家。天下臣民在尧的教育下,也都和睦地友好相处。"⑮

2. 推举官员治理洪水

《尚书·尧典》云:"汤汤洪水方割,荡荡怀山襄陵,浩浩滔天,下民其咨。"《孟子·滕文公》云:"当尧之时,天下犹未平,洪水横流,泛滥于天下。草木畅茂,禽兽繁殖,五谷不登,禽兽偪人。兽蹄鸟迹之道交于中国。"根据人类、地质、气候等学科专家的研究,世界上曾发生过冰河解冻造成洪水泛滥的灾害。中国约在公元前3000年的后期,即帝尧时期也发生了洪水灾害,给当时的人民造成很大苦难,最为严重的地区是黄河中下游。在洪水灾害降临后,帝尧十分焦急和忧愁,便召集官员议事,推举治水官员。尧说:"唉!谁能顺应四时的变化获得功绩呢?"臣子放齐说:"你的儿子丹朱,聪明能干,可以让他担任这项职务。"尧说:"唉!像他那样愚鲁而不守忠信的人,可以担任这种职务吗?唉!谁能够根据我的意见来办理政务呢?欢兜说:"啊,还是共工吧!他现在于安集人民方面已经取得一定的功效了。"尧说："唉！这个人很会说些漂亮话，但却阳逢阴违，貌似恭敬，实际上对国君十分轻慢。"尧又忧愁地说："唉！四方诸侯之长啊！奔腾呼啸的哄水普遍为害，吞没一切的洪水包围了大山，冲上了高冈。水势大极了，简直要遮蔽天空。在下的臣民都愁苦叹息，有谁能治理洪水，使人民得以安居乐业呢？大家都说："哦！还是上鲧来担任这项职务吧！"尧说："唉！这个人常常违背法纪，不遵守法令，危害同族的人。"四方诸侯之长说道："我们听到的情况和你说的不一样，还是让他试一试，如果实在不行，再免去他的这项职务。"尧说："去吧！鲧！可要恭敬地对待你的职务啊！"[16]鲧治水九年，毫无功绩，事实证明帝尧对鲧的看法是正确的。

3. 破凶除害保民安

《淮南子·本经训》记载："逮至尧之时，十日并出，焦禾稼，杀草木，而民无所食。凿齿、九婴、大风、封豨、修蛇，皆为民害。尧乃使羿(任射正官)诛凿齿于畴华之野，杀九婴于凶水让，缴大风于青丘之泽，上射十日而下杀。猰㺄，断修蛇于洞庭，擒封豨于桑林，万民皆喜，置尧以为天子。于是天下广狭险易远近始有道理。"田继周《先秦民族史》对此释曰："所谓'十日并出'，大概是'焦禾稼，杀草木'的严重旱灾的一种神话般的形容。从上述传说记载，尧时不仅有火灾，还有风灾、兽灾。尧大概在与这些灾害斗争过程中，起过重要作用或取得了重大成就。他的这种作用和成就，不单在本部落集团传诵着，而且也影响和传诵于其他部落集团。这就是他的声望之高和广泛传诵的原因了。"[17]此释是从字面上理解的，非皆为自然灾害，而是有着更深的含义。郭沫若主编《中国史稿》释曰："这样神话的传说，当然不可能确定其具体的年代，但在这里却形象地刻画了后羿(应为羿，非后羿)这样的人物。其实，所谓'十日并出'正反映着十个氏族或部落的首领同时称王，那时毒蛇猛兽也都是氏族的名称。例如，大风可能是居于青丘(今山东青州)地区的风夷；封豨可能是有仍氏(在今山东济宁)，善乐舞，所谓舜的乐正后夔就是有仍氏的首领;修蛇则是用来称呼三苗的。"⑱三苗当时活动在今湖南岳阳的洞庭湖一带。羿是族源东夷的有穷氏部落(时已由今山东曲阜迁至德州的古鬲城)首领,以擅长射箭而著名,皆以"羿"为称号。黄帝时,有穷氏首领"羿"就任射正。帝颛顼、帝喾、帝尧时的射正,相继由称"羿"者担任。正因为其部落势力较大,他又武艺高强,所以才能奉帝尧之命击溃东方(今山东)的"十日"氏族,海隅的九夷及其他氏族部落,并击溃了洞庭湖一带的三苗,保护了华夏部落联盟人民的利益和安全。帝尧的威望由此大为提高,人们称颂他为"天子"。

4. 教民守法勤耕

帝尧任命舜管理五典,制定度量衡及五种礼仪,制定百官制度,分天下为十二州,并制定五刑(墨、劓、剕、宫及大辟),使全联盟的人有法可依。崔豹《古今注》记载:帝尧还令人设立诽谤木(今称华表),警告那些造谣的人。《淮南子·主术训》记载:尧还在平阳都城门外设敢谏之鼓,鼓励人民言其为政得失,提出合理建议。还公开断案,使民知法守法。《六韬·盈虚》记载:帝尧令官员整肃法度,禁止诈骗和巧取豪夺;抚养孤寡老弱及残疾之人,救济遭天灾人祸或贫困之家;自己和官员带头节俭,减少赋税和劳役,使人民安心生产,发展经济,不愁吃穿,过太平的生活。实现了"万民富乐,而无饥寒之色"的理想和愿望。

5. 一派盛世景象

帝尧以仁慈治天下,是儒家所津津乐道的,不免有溢美之辞,但起码是当时取得的效果是较好的。《淮南子·主术训》记载:尧在官员陪同下不断到所辖地去巡视民情,宣谕法教与礼教,衡山(湖南省攸县的尧帝宫,就是尧和妃南巡时筑的行宫。其后裔据尧踪迹,又修了尧陵、庙等,还带入了丹陵等地名。)泰山、恒山、嵩山、华山之"五岳"皆有其足迹,东达海边,西达流沙(今甘肃敦煌)。《荀子·五霸篇》引《尸子》记载:尧南巡狩至今越南北部,北巡狩至今北京一带。贾谊《新书》云:帝尧巡视,教化于雕题(南方古越)、蜀族。然后再巡视流沙(今甘肃敦煌)封独山,见西王母(今甘肃祁连山,少数民族首领。神话说她是下凡的天宫神女,伏羲时就开始拜见她了),训及大夏(今阿富汗北部),渠搜(今青海湟水流域),远及狗国(今缅甸北部)、人身鸟面及僬侥(今西南之云南与缅甸交界地区)之人。《述异纪》载:遥远的越裳国(在今越南北部)也派使者向帝尧献千岁神龟。

《吕氏春秋·古氏》云(译文):"帝尧立,乃命质为乐。质乃效山林溪谷之音以歌,乃以麋鞈缶而鼓之,乃拊石击石,以象上帝玉磬之音,以致舞百兽。瞽叟乃伴弦瑟,作以为十五弦之瑟。命之曰大章,以祭上帝。"《管子·封禅篇》云:帝尧一行还到泰山(今山东省泰安市)去祭祀,举行封禅礼。这些都是说明帝尧时,人民的娱乐活动是丰富的,到处是一派升平安定的景象,华夏族进入了日趋兴旺发达的盛世时代。

6. 推举继位贤人

帝尧娶散宜氏族部落之女曰"女皇",生丹朱(又写作丹绱),性格暴烈,傲慢荒淫,成年后被尧封于丹水(今山西省高平市)。帝尧曾以下棋方略教育丹朱,不听。弃奉尧命将丹朱流放于丹川。《括地志》云:"丹水故城在邓州内乡(今河南淅川县)西南百三十里。丹水故为县。"《史记·五帝本纪》载:尧也说丹朱"顽凶"。《正义》曰:"《左传》云:'口不道忠信之言为嚚,心不则德义之经为顽。'凶,讼也。言丹朱心既顽嚚,又好争讼"。即丹朱是一个不讲忠信,不守仁德,好争斗闹事的人,尧对其大失所望。《史记》《燕世家》与《伯夷列传》皆记载:姜姓西岳(炎帝后裔)的后裔许由是个贤人,尧想让位于他,不接受。《正义》引皇甫谧《高士传》云:许由字武仲,尧听说其德才兼备,自己年迈,欲让位于他。许由闻,射避于中岳嵩山,隐居颍水南的箕山(今河南登封市东南35里告城镇)。有巢氏的后裔巢父也是一位贤人,不愿意接受尧让之位,也避居于嵩山下。后来,帝尧又欲召许由回平阳任九州长,许由闻,感到羞耻,便到颍水去洗双耳,恰遇巢父在那里让牛饮水,他怕许由的洗耳水污染了牛嘴,便牵牛到上游去了。巢父、许由都以谦让的美德成为高节的名士。帝尧觉得两次让位都行不通,便欲让位于善卷。《吕氏春秋·本生》高诱注曰:"古人谓尧时许由、方回、善卷","皆不肯富贵者"。善卷为尧师,亦不受位。许由、巢父、方回、善卷等,都是较大的部落长,为何皆辞受位呢?《庄子·盗跖》云:"善卷、许由得帝而不受,非虚辞让也,不以事害己。此皆就其利,辞其害,而天下称贤焉,则可以有之,彼非以兴名誉也。"疏云:"善卷、许由被禅而不受,非是矫情于辞让,不以世事害己也。斯皆就其长生之利,辞其篡弑之害,故天下称其贤能,则可谓有此避害之心,实无彼兴名之意。"可见他们已看透尧非真心让位,而是试探他们,故采取了明哲保身的态度,并带其部落迁离了平阳周围地区。

尧几次让位都行不通,只好召开联盟机构官员商议。主管四方的春、夏、秋、冬时节首领(即羲之子羲仲、羲叔,和之子和仲、和叔;一说为西兵之后裔四岳,炎帝之后,应以前说较确),均举荐虞舜。尧还有几个妃子,生子九人,皆德行不高,使天下诸侯不能归心。

三、帝尧为民操劳成疾而病逝

舜被确定为继位人后,帝尧仍管理着华夏部落联盟和天下的大事,让舜接受农耕、安抚东夷、历父母及弟象谋害、典五刑百司、狂风暴雨猛兽毒蛇侵害等考验。舜在长达20年的考验中吃苦耐劳,孝敬父母,政绩突出,得到帝尧和臣民信任,终于在尧90岁时摄政,代尧处理天下大事。

1. 帝尧让舜摄政时的斗争

《史记·五帝本纪》载:"尧立七十年得舜,二十年而老,令舜摄行天下之政,荐之于天。"按此说,尧继兄为帝时已20岁,在位70

年,是为 90 岁而得舜。考验舜 20 年,让他摄政,时年帝尧则已经 110 岁。对此还有不同的记载和认识,不赘述。从各种不同文献记载中,我们认为尧子丹朱及其拥护者(华夏部落的几个首领)同东夷族人舜的争权斗争,从舜任副首长时(摄政的前三年)就开始了。《韩非子·外储》篇记载:"尧欲传天下舜,鲧谏曰:'不祥哉,孰以天下而传之于匹夫之匹夫乎!'尧不听,又举兵而诛之共工于幽州(今北京城西南)之都。"《吕氏春秋·行论》载:"尧以天下禅让,鲧为诸侯,怒于尧曰:'得天下道者为帝,得地道者为三公。今我得地之道,而不以我为三公。'欲得三公,怒甚猛兽,召之不来,帝舜于是殛之于羽山。"王应麟《困学纪闻》卷二引林少颖《尚书全解》云:"各子谓共,兜之徒,当舜登庸之始,仄陋之人,乃居其上,此凶乱之人所不能堪者也,故其恶彰,而舜诛之。"细理这件事,舜在任"司徒"时,就将治水九年未取得成果的崇部落首领鲧流放到羽山了,且复任其子禹(以部落长的身份)为水官,继续治理洪水。因此,鲧反对尧禅让舜,只能是在尧让舜摄政之时。共工反对尧禅让,也只能在这时。因为舜登帝位时,尧已病逝三年,他们怎能当面谏尧,尧又怎么能令舜处死他们呢?同理,尧子丹朱反对舜掌权,也只能是在尧活着之时。何光岳《东夷源流史》说:"开始舜与丹朱搏斗时,似乎丹朱占了上风,逼使舜退让"。"舜先除去他的反对派欢兜、共工、鲧、三苗,而用服从他的禹、皋陶,其余都是炎黄族。"[19] 此时,舜的势力已不亚于以丹朱为首的正统势力。

帝尧对舜的接其"帝"位为何动摇呢?丹朱为何在鲧、共工被诛后又与舜争权呢?

《韩非子·十过篇》云:"尧禅天下,虞舜受之,作为食器,斩山木而财之,削锯修其迹,流漆墨于其上,输之于宫,以为食器,诸侯以为益侈,国之不服者三。"丹朱欲乘机夺回权力,尧又弃婿而倾向于儿子。于是舜在拥戴者的支持下囚闭了尧和丹朱。《孟子·万章上》云:"而(舜)居尧之宫,逼尧之子,是篡也。"《韩非子》《古本竹书纪年》均有此载。《括地志》云："故尧城在濮州鄄城县(今山东省菏泽市鄄城县)东北十五里,《竹书》云皆尧德衰为舜所囚也。又有偃朱故城,在县西北十五里。"帝舜为摆脱尧势力的束缚,没有多久就迁都于故城蒲坂(今山西省运城市永济)。

2. 尧禅位于舜之说

尧禅位于舜之事,发生在尧死之后。《孟子·万章》上云:"舜相尧二十有八载,非之之所能为也,天也。尧崩,三年之丧毕,舜避尧之子于南河(今鄄城县西北)。天下诸侯朝觐者,不之尧之子而之舜;讼狱者,不之尧之子而之舜;讴歌者不讴歌尧之子而讴歌舜。故曰'天也'。夫然后之中国,践天子位焉。"另一说是丹朱知自己的威望不如舜,故避而不争位。《竹书纪年》云:"帝子丹朱避舜于房陵,舜让,不克。朱遂封于房,为虞宾。三年,舜即天子位。"此说比较接近历史实际。因舜在帝尧去世前的八年,已是实际上的"帝",丹朱的拥护者很少,故避而不再争位了。丹朱避舜的"房陵",有今湖北房县、河南遂平或安阳三说,应以后说为是。

3. 关于尧的葬地

帝尧的葬地与其晚年的生活有紧密联系。认为舜逼尧让位者,皆曰尧死在被囚闭的故尧城,遂安葬在那里。《史记·五帝本纪》《集解》徐广曰:"尧在位九十八年。"骃案:"《皇览》曰'尧冢在济阴城阳。刘向曰'尧葬济阴,丘垄皆小'。《吕氏春秋》'尧葬谷林'。皇甫谧曰'谷林即阳城。尧都平阳,于《诗》为唐国'。"《正义》皇甫谧云:"尧即位九十八年,通舜摄政二十八年也,凡年百一十七岁。"孔安国云:"尧寿百一十六岁。"《括地志》云:"尧陵在濮州雷泽县(今山东省菏泽市鄄城县北旧雷泽县城)西三里。"郭缘生《述征记》云:"城阳县东尧冢,亦曰尧陵,有'碑'是也。"《括地志》云:"雷泽县本汉城阳县也。"即尧陵在今山东省菏泽市鄄城县东北 15 里的故尧城一带。相传在今山东高青县也有尧陵。按尧禅位者之说,舜是和平摄政的,帝尧则不会离开都城平阳(今多认为山西襄汾县陶寺古城址为尧都)。他 118 岁去世后,自然应是葬在都城附近。皇甫鉴《城冢记》云:尧陵在平阳,'俗谓之神林,又曰神临'。在今山西临汾东 70 里的伊村,世代流传着尧的故事和遗迹,建国后还修了尧陵。我们赞同尧葬在今山东省菏泽市鄄城县东北之说,其他二陵当为纪念性陵。

《史记·五帝本记》云:"帝尧者,放勋。其仁如天,其知如神。就之如日,望而如云。富而不骄,贵而不舒(不傲慢之意)。黄收纯衣,彤车乘白马。能明驯德,以亲九族。九族既睦,便章百姓。百姓昭明,合和方国。"帝尧是一个继承黄帝、颛瑞、帝喾大业并发扬光大的人君。他发展了颛项帝承祖父黄帝之业创立的雏形国家,进一步健全了联盟机构和补充了"官"员,修定了制度和公共道德法则,加强了"五大民族集团"的团结,成为中华民族发展史上的又一个建立丰功伟绩的圣帝。他还是一个仁慈明德、勤政爱民,倡导和发展农业、手工业生产,繁荣原始经济、文化的有大作为之人君,因而得到当时天下各部落人民的爱戴和后人的敬仰!

我们衷心祝愿菏泽市人民政府和社会各界人士,能以饱满的崇敬祖先之情,动员社会各界力量,尽快修复帝尧陵,使其在民族复兴、振兴山东经济中发挥更大的积极作用,也使帝尧精神和人格魅力更加发扬广大!

注释:

①何光岳:《炎黄源流史》,南昌:江西教育出版社,1992 年 4 月第 1 版,第 628 页。

②郭沫若主编:《中国史稿》第一册,北京:人民出版社,1976 年 7 月第 1 版,第 119 页。

③田继周:《先秦民族史》,成都:四川民族出版社,1988 年 1 月第 1 版,第 123 页。

④何光岳:《炎黄源流史》,南昌:江西教育出版社,1992 年 4 月第 1 版,第 519 页。

⑤曲英杰:《先秦都城复原研究》,哈尔滨:黑龙江人民出版社,1991 年 8 月第 1 版,第 18 页。

⑥文物出版社编:《文物工作十年》(山西省),北京:文物出版社,1991 年 1 月第 1 版,第 39 页。

⑦文物出版社编:《新中国考古五十年》(山西省),北京:文物出版社,1999 年 9 月第 1 版,第 68 页。

⑧田继周:《先秦民族史》,成都:四川民族出版社,1988 年 1 月第 1 版,第 126 页。

⑨王世舜:《尚书译注》(修订本),成都:四川人民出版社,1982 年 7 月 1 版,第 5 页。

⑩王世舜:《尚书译注》(修订本),成都:四川人民出版社,1982 年 7 月 1 版,第 5—6 页。

⑪⑫⑬王世舜:《尚书译注》(修订本),成都:四川人民出版社,1982 年 7 月 1 版,第 6 页。

⑭田继周:《先秦民族史》,成都:四川民族出版社,1988 年 1 月第 1 版,第 122 页。

⑮王世舜:《尚书译注》(修订本),成都:四川人民出版社,1982 年 7 月 1 版,第 4 页。

⑯王世舜:《尚书译注》(修订本),成都:四川人民出版社,1982 年 7 月 1 版,第 9 页。

⑰田继周:《先秦民族史》,成都:四川民族出版社,1988 年 1 月第 1 版,第 26 页。

⑱郭沫若主编:《中国史稿》第一册,北京:人民出版社,1976 年 7 月第 1 版,第 139 页。

⑲何光岳:《东夷源流史》,南昌:江西教育出版社,1990 年 8 月第 1 版,第 173 页。

2007 年 4 月 13 日

论帝舜有虞氏的生平事迹

　　黄河中游的山西与陕西隔河相望,南临中原,东接河北,北依内蒙古,以位于太行山之西而得名,简称晋。山环水绕,地貌多样,是人类发祥和社会文明起源地之一。旧石器时代遗址主要分布在晋西南黄河沿岸和汾河流域(180万年至2万年前),新石器时代遗址也比较多,佐证了这一地区的氏族部落文化比晋北、晋中要高和进步一些。"三皇"及其同期的传说人物如燧人氏、女娲氏、有巢氏、神农氏等,在晋南都有其活动遗迹(永济有女娲陵,洪洞县有女娲陵和庙等)。苏秉琦先生将其归为"以关中晋南豫西为中心的中原"文化区系,大致西起甘肃东部,东至河南郑州,中间穿过关中盆地,为华夏族活动的中心地区,晋南地区在社会文明前夕的地位尤其重要。"五帝时代后半段的代表是尧舜禹,是洪水与治水。史书记载,夏以前的尧舜禹,活动中心在晋南一带,'中国'一词的出现也正在此时,尧舜禹时代万邦林立,各邦的'诉讼''朝贺',由四面八方之'中国',出现了最初的'中国'概念。这还只是承认万邦中有一个十分确定

帝　舜

的中心,这时的'中国'概念也可以说是'共识的中国'。"①即晋南
是当时"中国"的"都城"所在地,为天下氏族或部落向往的中心和
圣地。考古发现的"多种文化并行发展的格局,折射出山西作为中
原与北方联系地带的民族大熔炉性质,其稳定连续不断的文化传
统与中心地位奠定了文明的根基,文明时代即将到来。"②。鉴于
篇幅有限和学术会议的主题,我们仅就尧舜禹中的"帝舜"生平事
迹作以简述,以求教于方家,并与晋地学者共勉。

一、姚重华三十岁以前的坎坷经历

尧舜两位古帝,都是儒家津津乐道的、以"德"治理天下的"明
君"。而帝舜则又被儒家宣扬为能吃大苦、耐大劳、尽孝道的世人
楷模。司马迁将他排在"五帝"中的第五位。《辞海》曰:"舜,传说
中父系氏族社会后期部落联盟领袖。姚姓,有虞氏,名重华,史称
虞舜。"

1. 源于东夷的舜

徐中舒教授的《先秦史论稿》云:《尚书·尧典》"可能是春秋时
代或战国早期的书籍。它的成书年代不能早于《论语》或《左传》,
因为在这两部书里讲到尧舜的事迹都与《尧典》不同。"③尧舜事迹
简略记载,说明他们虽然还都属于中国古史传说时代的人物,但比
帝尧的事迹更为具体和真实,神话成分也更为减弱。西汉史学家
司马迁对先秦典籍综合排比分析后,在《史记·五帝本纪》说:"虞舜
者,名曰重华。重华父曰瞽叟,瞽叟父曰桥牛,桥牛父曰句望,句望
父曰敬康,敬康父曰穷蝉,穷蝉父曰颛顼,颛瑞父曰昌意,以至舜七
世矣。自从穷蝉以至帝舜,皆微为庶人。"昌意为黄帝次子,即舜为
黄帝的八代孙。按此谱系,舜则是叔伯祖父尧的孙子(尧系黄帝之
长子玄嚣的四代孙子),显然是矛盾百出,令人难以置信。因为若
真的如此,舜的祖辈必为姬姓,也必为黄帝后裔部落,同姓伯祖父

尧又怎么能将其两个女儿嫁于舜为妻呢？因此，舜必为异姓部落之人。为此，我们就得进一步探讨舜的祖先和族源。

(1)舜的祖族有虞氏部落为东夷族

《史记·五帝本纪》排的帝舜世系，是取自《大戴礼记》之《帝系》篇的。宋代罗泌《路史》后纪十一《疏仡纪·有虞氏》针对此世系云："五帝之中，独(舜)不出黄帝，自敬康而下，其祖也。"即明确指出舜非黄帝后裔，颛顼之子穷蝉非敬康之父。敬康又出自何族何人呢？《吕梁碑》云："舜祖幕，幕生穷蝉，穷蝉生敬康，敬康生桥牛，桥牛生瞽叟，瞽叟生舜。"幕又为何族何姓何人呢？《国语·鲁语上》云："幕能帅颛顼者也，有虞氏报焉。"二者也说穷蝉是幕之子，且幕比颛顼还年长一些。王应麟《困学纪闻》曰："《左传》史赵云'自幕至于瞽叟，无违命。舜重于明德，真德于遂。'则幕在瞽叟之先，非虞思也。"朱芳圃教授《中国古代神话与史实·虞幕》说："据《国语·鲁语》，可见自幕于瞽叟，世为虞君，而《史记·五帝本纪》谓自从穷蝉以至帝舜，皆微为庶人，当系诬说。"至于颛顼之子穷蝉，可能是误记，或其有与幕之子同名者。

有虞氏部落是何族，又居于何地呢？朱芳圃教授《甲骨学文字编》第五卷释"虞"引叶玉森先生语云："疑即虞字，古之虞人，乃掌田猎之官。猎时或被(披)虎首以慑群兽，故其字从虎从大。大乃人形。"何光岳《东夷源流史》释曰：叶玉森之说"甚是。自古至今，山区猎兽者，常戴虎头(面具)大喊大叫以吓唬野兽，把兽驱向围猎的圈套里，然后埋伏的人群用罗网、绳索、套筒、陷阱和弓矢、刀棍进行捕猎。虞幕之称有虞氏，正是实行这种围猎方式而得名。"[④]有虞氏是以"仁兽"黑纹白虎为图腾的部落，初兴起于燕山一带，后南下，迁居于雷泽(今山东省菏泽市鄄城县)，成为东夷的一个部落，虞幕是其较早的首领。幕的子孙，亦相继任部落长，也是较早加入华夏部落联盟的东夷部落，且尊奉太昊、少昊为祖先。

(2)舜之祖辈的业绩

关于幕的事迹,主要是擅长观察气象,识别风向。《国语·郑语》言,幕"能听协风以乐物生。盖农业社会,风与植物有密切的关系,而乐舞可以和风,使之应节而全。虞幕有此功德,故其祀典特隆。"幕之子穷蝉、孙子敬康,史无详载。

《史记·五帝本纪》云:"舜父瞽叟盲。"由此而说舜的父亲是个盲人。《正义》孔安国曰:"无目曰瞽。舜父有目不能分别好恶,故时人谓之瞽,配字曰'叟',无目之称也。"此说是正确的,瞽叟不是盲人。但说其"不能分别好恶",则不符合史实。黄模《国语》补云:"按《周语》先立春五日,瞽告有协风(即今日说的和熙春风)至,此云能听协风,即无违命之实也。《左传》又云瞽史知天道。瞽,史官名,非即无目者,以虞氏世为瞽史,故《尚书·尧典》言舜曰瞽子,又曰父顽,瞽以举其职,顽而言其性也。"可见瞽是"史官"之名。由此我们可以清楚地知道,从虞幕至瞽叟,不仅都相继任本部落长,而且还均以知天文而相继担任华夏部落联盟的史官,舜之父并非是好坏不分的无道德之人,而是相继任史官、乐官及天文官之人。

郭沫若主编《中国史稿》云:"从各种传说和神话材料推测,有虞氏的农业、农畜饲养业和制造业都是相当发达的。例如'虞幕能听协风,以成乐物生者也',就是每年春天东风到来的时候,发动氏族部落成员开始农业活动。协风,也叫俊风,就是春天的东风。传说中的帝俊,可能由此衍化而来。在有些神话里,认为日月干支也是从帝俊产生的。在传说里,关于有虞氏的父权世系的断断续续的记载,也是最多的。这说明,有虞氏的父系氏族社会比较发达,对此后我国的历史的发展作出了较大的贡献。"⑤东夷有虞氏部落的所在地雷泽,位于今山东西南部与河南相邻的地区,古代时土地肥沃,水利资源丰富,交通便利,是东方氏族先民的聚居地,原始农业、家庭饲养业及制陶业,均比较兴旺发达。

(3)桥牛奉命率部落北迁

有虞氏部落传至桥牛为部落长时,奉帝喾令北迁于妫州,去防御北狄侵犯。《辞海》释曰："妫州,州名。唐贞观八年(634)改北燕州置。治所在怀戎(今河北涿鹿西南)。长安中(703)移治清夷军城,今怀来县东南的旧怀来。辖境相当于今河北张家口市、怀来、延庆(今属北京市)、赤城、崇礼、张北、怀安、涿鹿等县地。开元中(714—741)张说(玄宗的宰相)在州北筑长城,东南有居庸塞,形势险要,为北方重镇。"其州辖地位于今河北省西北部,妫水当为今妫水河。桥牛为部落长的有虞氏已迁居妫水流域,至其子瞽叟时便以水名为姓。这便是舜之父为"冀州"人和"妫姓"的由来。其长子舜又为什么姓姚呢?瞽叟对长子又为什么那么凶狠呢?我们就得从舜的身世去寻找原因。

2. 舜的微贱身世

黄帝至帝舜,部落间先民的婚姻状况还是较为松散而自由的,母系社会的"只知其母,不知其父"的野合遗风依然存在。而后世人的观念中,认为无父或后父后母的孩子是最可怜的,也是为人们所鄙视的。瞽叟是世代为部落长、天文官的儿子,明理有道德,怎么会虐待长子呢?流传故事和后世资料便说舜不知父名、不从父姓,说他为"私生子"。《史记·五帝本记》《索隐》引晋代皇甫谧语云:"舜母名握登,生舜于姚墟,因姓姚氏也。"父系氏族社会,女已入嫁夫家,生的子女随父姓,舜却以生地为姓氏,可证其非明媒正娶的夫妇之子。正因为如此,才发生了有关舜的一系列苦难遭遇。

握登生舜的地方和舜是东夷人,记载最早的是《孟子·离娄下》,言"舜生于诸冯","东夷之人也"。诸冯即今山东诸城县,文献记载较多的,则是舜生于姚墟。《孝经·授神契》云:"舜生姚墟。"刘藻《曹州府志》卷四《舆地志》记载:"姚墟在濮州(今山东鄄城县北旧鄄城)东南九十里,《援神契》曰:'舜生姚墟。'应劭曰:'姚墟与雷泽相近,后世称为姚城。'"又记载:"雷泽城,在州东南六十里,本汉成阳古城,古之成伯国也。"雷泽县为隋朝置,在今鄄城县南,是知姚墟、姚城为同一个城的异名,还称洮城。所以,学者们多认为舜生于今山东省菏泽市鄄城县,诸城是其迁居地。

3. 随母入瞽叟家

舜出生后由母亲握登养育,生活困苦,处境孤单,遭到村人鄙视,便带儿子迁居于诸冯。后为生活所迫,遂又离开诸冯(今山东诸城县),带着舜远嫁于妫州的瞽叟为妻。

(1)舜出的祥瑞故事难以置信

司马迁在《史记·五帝本纪》中说:"虞舜者,名曰重华。重华父曰瞽叟。"《集解》:"《谥法》曰:'仁圣盛名曰舜'。"《正义》曰:"《尚书》云'重华协于帝。'瞽叟姓妫。妻曰握登,见大虹(即今说的彩虹)意感而生舜于姚墟,故姓姚。目重瞳子(即今说的双瞳仁),故曰重华。字都君。龙颜,大口,黑色,身长六尺一寸。"《法苑珠林》卷四九引刘向《孝子传》云:"舜父夜卧,梦见一凤凰,自名为鸡,口衔米以哺己,言鸡为子孙,视之,如凤凰,《黄帝梦书》言之,此子孙当有贵者。"这些记载虽为舜的出生带上了不同于凡人的光环,但却矛盾之处甚多。瞽叟既居于妫州,又改虞姓为妫姓,为什么舜不生于此而姓妫,却仍生于姚墟而姓姚呢? 且瞽叟既然知道舜是天之子,有虹或凤凰吉兆,作为尊奉天帝,知天文的他又何敢犯天条而加害舜呢? 可见舜的出生吉兆之故事是不可信的,而握登未婚而生舜,则比较符合当时的实际。

(2)舜在后父母家的遭遇

《史记·五帝本纪》载:"舜父瞽叟盲,而舜母死,瞽叟更娶妻而生象,象傲。瞽叟爱后妻子,常欲杀舜,舜避逃,及有小过,则受罚。顺事父及后母与弟,日以笃谨,匪有解。"《尚书·尧典》云:舜"家本冀州,每徙则百姓归之。其母早死,瞽叟更娶,生象,象傲,而父顽、母嚚,咸欲杀舜。舜能和谐,大杖则避,小杖则受,年二十,始以孝闻。"《孟子·万章下》云:"象忧(舜)亦忧,象喜(舜)亦喜"。"舜往于田,号泣于昊天。"由此我们可知,舜非瞽叟后妻亲生子,厌恶和仇恨握登带来的这个孩子,常怒而发脾气,用棍棒打舜;后母凶悍,蛮不讲理,视舜为私生子,倍加虐待;后母之子象娇惯成性,十分骄横和霸道,又怕舜继承其父母的财产,不断向父母要求杀死舜。舜的年龄也不大,在家中吃的是剩饭,穿的是破烂衣衫,干的是脏活累活,还得到田里劳动。他处处让着弟象,象高兴时,他才少受打骂,象不高兴时,就拿他出气。父母打得轻了,就忍受着,往死里打时,哭天天不应,哭地地不灵,真是可怜极了! 这哪里还有一点亲生父亲的心肠!

4. 避难返回姚城

《史记·五帝本纪》载:"舜,冀州之人(此是据瞽叟生长、居住的地方而言的,非舜生于冀州)也。舜耕历山,渔雷泽,陶河滨,作什器于寿丘,就时于负夏。舜父瞽叟顽,母嚚,弟象傲,皆欲杀舜。舜顺适不失子道,兄弟孝德。欲杀,不可得,即求,尝在侧。"此冀州,一说指妫州(今河北怀来县),一说指蒲州(今山西省永济市),应以妫州为确。《墨子·尚贤中》云:"古者舜耕历山,渔雷泽,陶河滨。"《括地志》云:"濮州雷泽县有历山有舜井,二所又有姚墟,云生舜处也。""雷夏泽在濮州雷泽县郭外西北。《山海经》云雷泽有雷神,龙身人头,鼓其腹则雷也。"清代《一统志》卷一四四《曹州府》云:"历山,在濮州东南七十里,接菏泽县界。《水经注》:雷泽西南十里许有小山孤立峻上,亭亭杰峙,谓之历山,山北有小阜,南属池,泽之东北有陶墟,郭缘生言,舜耕陶所在,墟埠连属,滨带瓠河也。"《释海》释:雷泽与雷夏是古代一个"泽"的两个名称,在今山东省菏泽市东北,隋开皇十六年在此设立雷泽县,金代贞元二年(1154)废而归入鄄城县。瓠河,又称瓠子河,从今河南省濮阳市南分黄河水东西出,流经山东鄄城、郓城县南,折向北流经梁山县西、阳谷县东南,至阿城镇再折回向东流,经茌平县南,东注入济水,这些记载告诉我们:舜避难时居住的姚墟,耕种庄稼的历山,捕鱼的雷泽,烧造陶器的瓠河,均在今山东西南地区。

5. 舜返回妫州城

我们从《淮南子·修务训》《洛书·灵准听》《宋书·符瑞志》等记载中,知虞舜是一个中等身材、体格健壮的人。额宽脸方,双瞳仁,目光敏锐,嗓音洪亮。思维清晰,办事成法,出口成章。吃苦耐劳,忍辱负重,孝敬父母,爱护弟妹,在有虞氏部落中享有较高的威望。

约在舜二十四五岁时,瞽叟年迈力衰,部落长老不举象而举舜为部落长,迁部落邑地于怀戎(今河北怀来县)。《读史方舆纪要》云:"天宝初(742),改妫州为妫州郡,废潘县。"《魏土地记》载:"下洛城西南四十里有潘城,西北三里有历山,山上有舜庙。"不言而喻,这些祠庙是后人修建的。这就是说,有虞氏部落从雷泽复迁至妫州后,一直定居于潘城(今河北涿鹿县保岱乡)。舜无论避难于何处,或是到他地去谋生,父母和弟妹都一直住在这里。潘城西北三十里的历山,也系舜将濮州的历山名带入。后因舜为古帝,故有的文献就说:"舜都潘。"之后,舜和父母、弟妹又迁于怀戎县。

二、姚重华被确定为继位人后经历的考验

舜何时被尧选为继位人?《史记·五帝本纪》云:"舜年二十以孝闻。三十而帝尧问可用者,四岳咸荐虞舜,曰可。"《集解》引徐广语曰:"皇甫谧云'舜以尧之二十一年甲子生,三十一年甲午征用'。"我们赞同司马迁的舜三十岁被荐为继承人之说。

1. 舜被确定为继位人的经过

《尚书译注·尧典》记载:"尧说:'唉! 四方的诸侯之长啊! 我在位七十年,你们之中有谁能顺应上帝的命令,代替我登上天子大位的吗?'四方诸侯之长回答说:'我们的德行鄙陋,不配登上天子的大位。'尧说:'应该考察贵戚中的贤人,或是隐伏在下面,地位虽然低贱,实际上却是贤能的人,还是使贤德之人登上帝位吧!'大家告诉尧说:'在民间有一个处境困苦的人,名字叫做虞舜。'尧说:

'是啊！我也听说过这个人。但他的德行到底怎样呢?'四方诸侯长回答说:'他是乐官瞽叟的儿子。其父心术不正,其母善于说谎,其弟象十分傲慢,对虞的态度很不友好。而舜和他们却能和睦相处。以自己孝行美德感化他们,家务处理得十分妥善。家人也都改恶从善,使自己的行为不至流于奸邪。'尧说:'让我考验考验吧!'于是决定把两个女儿嫁给舜,从两个女儿那里考察他的德行。尧命令在妫河的隈曲处举行婚礼,让两个女儿做了虞舜的妻子。尧说:'恭谨地处理政务吧!'"⑥

2. 妫河的隈曲地望

《尚书·尧典》云:"厘降二女于妫汭,嫔于虞。"《水经注》说:"河东郡南有历山,舜所耕也,有舜井,妫汭二水出焉,南曰妫水,北曰汭水,西经历山下。"《史记·五帝本纪》《正义》云:"蒲州河东县(今山西省永济市蒲州镇)本属冀州。《宋永初山川记》云:'蒲坂(今永济市)城中有舜庙,城外有舜宅及二妃坛。'《括地志》云:'妫州有妫水,源出城中。《耆旧传》云即釐降二女妫汭之所。外城中有舜井,城北有历山,山上有舜庙,未详。'案"妫州亦冀州城也。"这些记载均说明帝尧接受四岳的建议,确定舜为继位人后,在平阳(今山西省临汾市)都城的西南河东县(今永济市)修了宫城,使两个女儿在这里与虞舜成家。舜在城外耕种、捕鱼、烧制陶器等,接受尧之二女的考察。蒲州河东地区的历山,源于雷泽历山之名,陶城亦然。妫水,则为潘地的妫水之名带入。往昔史学家未细理时序,将蒲州之历山、陶城、妫水等判定为最早之名,是不妥当的。

3. 舜的婚姻遭到家人反对

瞽叟认为舜随己姓妫,应成家于潘城(今河北怀来),而舜却成家于河东县,是入姬(或祁)尧家当了女婿,心中大为不满。另一方面也说明司马迁将舜列入黄帝后裔的原因在于此。何光岳《东夷源流史》说:"舜帝正因入赘于黄帝、颛顼族的尧,为尧的女婿,所以舜的子孙便把尧、颛顼、黄帝当作祖先来祭祀。所以说,舜是由东夷族融入炎黄族的。"⑦赘婿(今俗语称为上门女婿)是时人和后人最瞧不起的人,也落在了舜的身上,不能不使人想到这又是文人的有意安排,以便为舜之后在瞽叟家的遭遇做合理解释。

4. 舜治东夷有功

《史记·五帝本纪》载:帝尧"使九男与(舜)处,以观其外","尧九男皆益笃"。"舜耕历山,历山之人皆让畔;渔雷泽,雷泽上人皆让居;陶河滨,河滨器皆不苦窳。一年而所居成聚,二年成邑,三年成都。"《正义》引《韩非子》云:"历山之农相侵畔,舜往耕,期年,耕者让畔"也。以往有的学者认为考验舜的地方是在蒲州河东县,实为不确。河东是尧都平阳的近郊,也是姬姓部落的基地,不可能发生"侵畔"之事。因此奉尧令去安抚的地方仍是舜有威望的濮州(山东省菏泽市鄄城县)。

《水经注·济水注》云:"泺水出历城县故城西南,城南对山,山上有舜祠,山下有大穴曰舜井。"《尸子》载:"舜爱百姓,务利天下,其田历山也。荷彼耒耜,耕彼南亩,与四海俱有其利;其渔雷泽也,旱则耕者凿渎,险则猎者表虎。故有若日月,天下归之若父母。"舜治东夷取得了成功。他不仅得到东夷族民的称赞,而且也得到西邻地区的华夏之民称赞,冀州西北的有虞氏之民、夷人和华人,都纷纷投靠于他,不到一年便形成氏族聚落(成聚),二年形成占据四井之地的邑落,三年形成占据四县地域的"都",约有今山东省菏泽市西南的地域,威望大增。鲁西南大汶口文化晚期和龙山文化也反映出这一带的原始农业、手工业是比较进步的。

5. 三次生死考验

"九子"向帝尧禀报了舜治理东夷的政绩,尧十分满意,令他带二妃回家探望父母,并予以赏赐。《大戴礼记·五帝德》载:舜"好学孝友,闻于四海,陶家事亲,宽裕温良,敦敏而知时,畏天而爱民,恤远而亲近。"干宝《搜神记》也说:"虞耕于历山,得玉历于河济之岸,舜知天命在己,体道不倦。"

（1）父母仍不宽容舜

《列女传·有虞二妃》云："有虞二妃，帝尧二女也，长娥皇，次女英。"《史记·五帝本纪》云："尧二女不敢以骄贵事舜亲戚，甚有妇道。"《正义》云："二女不敢以帝女骄慢舜之亲戚。亲戚，谓父瞽叟，后母，弟象，妹颗手等也。"《五帝本纪》又云："尧乃赐舜 绤衣（即细葛布衣），与琴，为筑仓廪，予牛羊。"家人却对其仍不谅解，欲害死他夺取财产，象则占有尧女。

（2）设计谋烧死舜

《史记·五帝本纪》所说："瞽叟尚复欲杀之，使舜上涂廪，瞽叟从下纵火焚廪。舜乃以两笠自捍而下，去，得不死。"《正义》引《通史》云："瞽叟使舜涤廪，舜告尧二女，女曰：'时其焚汝，鹊汝衣裳，鸟工往。'舜既登廪，得免去也。"叟等做了这件伤天害理之事，毫不羞愧，恨未有烧死舜；舜和二妃也不记恨这件事，仍如往日一样，尽心照顾、伺候父母，爱护弟妹。

（3）欲填井埋没舜

《中国神话传说》（上册）据《史记·五帝本纪》曰：过了一段日子，瞽叟又对舜说："前些日子爹糊涂，对不起你，爹想再让你帮助我打一口井使用。"舜说："爹放心，我明天一定过去为你打井！"舜又将此事告诉了二妃，她们说："上次大火没烧死你，这是又要将你压死在井中。"舜说："该怎么办？"二妃说："还是得去，我们给你穿身有龙图案的衣服，套在旧衣里边，遇紧急情况，脱去旧衣就可以了。"次日，舜到父母家时，已准备好了打井工具，瞽叟、象帮助舜往上吊土筐，后母还准备了食物和开水。打了一天，井深二丈余，已见水，舜正欲喘口气时，不料泥土从井上突然而下，舜急忙脱去旧衣，顿时变成了一条黄龙，潜水而行至附近的另一孔井内。瞽叟、后母及象高兴极了，一齐到隔壁舜家分财产，妹也跟着去看热闹。象说："房屋、财产、土地、牛羊等都归父母，我只要琴和两个嫂嫂。"父母高兴得合不拢嘴，象不顾嫂嫂们的哭泣，弹琴进行调戏，妹妹此时看父母、兄象大残忍,害死长兄,又瓜分其家产,霸占嫂嫂,便上去安慰和护卫二妃。正在这时,舜却安然无事地回来了,瞽叟夫妇一时惊呆,象只好厚着脸皮没趣地说:"我正弹琴思念哥哥呢!"舜若无其事地说:"我知道你和爹娘正在想念我啊!"他们没说什么,灰溜溜地离开了舜家。⑧

(4)欲用酒灌醉舜而杀之

瞽叟和象两次设计害舜失败后,更加凶相毕露,便又设计以酒将其灌醉,一刀杀死。《列女传·有虞二妃》载:"瞽叟又速舜饮酒,醉,将杀之。二女乃与舜药浴豕(矢),往,舜终日饮酒不醉。舜之女弟系怜之,与二嫂谐。"以此载,"豕"是今日说的猪,应是以猪屎和药,非用狗屎和药洗浴。舜三次死里逃生,不记仇,仍孝敬父母,爱护弟妹,善待村人,威望更加提高。这三次生死考验的地方,说法不一,应仍是在怀戎家中。《括地志》载:"舜井在妫州怀戎县(今河北怀来县旧怀来城)西外城中。其西又有一井,《耆旧传》云并舜井也,舜自井出。"瞽叟的祠庙也在此。

全面观察、分析以上舜的出生和苦难遭遇,以及对其的不一记载,我们可知一个出身微贱的平民,在成为天下共主中的艰难。尤其是一个外族外姓人的舜,要成为华夏集团的"帝",则更为艰难。他之所以会经历人生的几大磨难,我们一直认为是文人们的杜撰,实际情况可能不是这样。正如《孟子·告子下》所说:"舜发于畎亩之中","故天将降大任于斯人也,必先苦其心志,劳其筋骨,饿其体肤,空乏其身,行弗乱其所为,所以动心忍性,增益其所能。"这也就是平常所说:"不受苦中苦,难为人上人!"

三、姚重华任副首长后进而摄政

帝尧从两个女儿、九个儿子的禀告中,知虞舜确如四岳所说是个有贤德的人,便任命舜为副首长,主理五典,制定度量衡,规范礼仪,划天下为十二州,立刑法,加强部落联盟机构对各地部落的管理;舜则以此天赐良机,顺应尧帝好恶笼络亲己者,打击反对者,以培植自己的核心势力,为夺取炎黄的天下做准备。

1. 舜重用八恺和八元

《史记·五帝本纪》载:"昔高阳氏有才子八人,世得其利,谓之'八恺'。高辛氏有才子八人,世谓之'八元'。此十六族者,世济其美,不陨其名。至于尧,尧未能举。"《五帝本纪》又载:"舜举八恺,使主后土,以揆百事,莫不时序。举八元,使布五教于四方,父义,母慈,兄友,弟恭,子孝,内平外成。"概而言之,舜任用华夏族的这十六个部落长后,生产发展,社会风气大变,人民安居乐业,四方的夷族也友好相处,天下安宁,尧、舜的威望随之大为提高。不言而喻,这十六个部落长对舜更加感恩戴德。

2. 接受恶劣环境的考验

《尚书·尧典》云:"若稽古帝舜,纳于大麓,烈风雷雨不迷。"《论衡·乱龙篇》云:"舜以圣德入大麓之野,虎狼不犯,虫蛇不害。"《列女传·有虞二妃》载:"既纳于百揆,宾于四门,选于林木,入于大麓,尧试之百方,每事常谋于二女。"袁珂先生释曰:"舜在尧对他的各种各样的考试中,每遇到一种新的考试,都要和他的妻子们商量。到雷雨的山林里去的这件事情,据说也是和他的两个亲爱的妻子商量过的,至于她们怎样帮助他渡过难关,古书上没有明确记载,只能阙疑。推想起来,舜身上或许带有妻子们给他的某种除害的宝物,他因此才能够安然回来。可是他那单独一人进入山林接受考试的勇敢精神,也就实在难能可贵,不由人不佩服了。"[⑨]帝尧至此才对源于东夷的舜完全放心了!

3. 舜代尧摄行天子之职

从黄帝至帝尧,我们可以看到,部落长的推举虽然是民主制,但一般地说,出身于部落长家庭的人或同族的人居多,也比较顺利,帝高阳、帝高辛、帝尧的继位都是如此。既然司马迁说舜也是黄帝的后裔,那么为何在继位的过程中这么艰难呢? 可见他不是华夏族的后裔,再次证明他是孟子、周处等所说的"东夷之人",且又是一个平民的"私生子"。所以虽然舜有四岳等的举荐,帝尧还是要亲自对他进行各种考验,甚至不惜将两个女儿许于舜为妻,将次妃们生的九个儿子去侍奉,陪伴舜,实际观察舜在家内和社会上的所作所为。舜经历千辛万苦和人为、天灾的考验,帝尧才终于放心和满意,遂任他为副首领,助他处理全部事务。

《尚书·尧典》记载:"慎徽五典,五典克从。纳于百揆,百揆(官之义)时序。宾于四门,四门穆穆。纳于大麓,烈风雷雨弗迷。帝曰:'格汝舜。询事考言,乃言底可绩,三载。汝陟帝位。舜让于德,弗嗣。"舜谦让三次后,接受尧使他摄政行天子职的任命,举行了仪式。即帝尧在舜任副首领三年(加以前考验的十七年,共为二十年)后,才让舜摄政,代己处理天下大事。

四、姚重华继位后称帝舜

1. 帝尧禅让于舜之说

《史记·五帝本纪》记载:虞舜"摄政八年而尧崩。三年丧毕,让丹朱,天下归舜。"《孟子·万章章句上》云:"舜相尧,二十有八载,非人之所能为也,天也。尧崩,三年之丧毕,舜避尧之子于南河(今陕西潼关以东的黄河段)之南(今山东鄄城县西北一带)。天下诸侯朝觐者,不之尧之子而之舜;讼狱者,不之尧之子而之舜;讴歌者,不讴歌尧之子而讴歌舜。故曰:'天也。'夫然后之中国,践天子位焉。"司马迁据此在《史记·五帝本纪》中说:"尧立七十年得舜,二十年而老,令舜摄行天下之政,荐之于天。尧辟位凡二十八年而崩。百姓悲哀,如丧父母。三年,四方莫举乐,以思尧。尧知子丹朱不肖,不足授于下,于是乃权授舜。授舜,则天下得其利而丹朱病(不乐之义）；授丹朱，则天下病而丹朱得其利。尧曰'终不以天下之病而利一人'，而卒授舜以天下。"按此载，帝尧应是118岁才病逝。《集解》刘熙曰："天子之所都为中，故曰中国。"这都是说，舜的帝位是尧"禅让"的，舜之德高，当之无愧也。田继周《先秦民族史》认为文献所载，"这就是我国广泛和长期流传的'禅让'说的一个'实例'。"⑩徐中舒《先秦史论稿》云："在《论语》里关于尧舜的事很简略，《左传》也是一样，这是比较原始的传说，就是当时有一个禅让或推选的共同基础。在私有制和传子局面产生以前，禅让或推选是社会发展的必经阶段。我们可以在少数民族史中得到例证。"⑪我们认为，在贫富分化、阶级、特权已产生的帝尧时期，禅让是不太可能的。即都认为舜是和平登上帝位的。

2. 舜以暴力夺取帝位之说

虞舜从摄政到登上帝位的另一说是尧被逼让位的。郭沫若主编《中国史稿》（第1册）认为，舜和尧争夺帝位的斗争从舜任副首领以前就开始了，之后日渐激烈。"这种变化也反映到部落联盟议事会的内部来。在表面和协一致的议事会内部，争夺首领地位的斗争开始了。例如尧在位的时候，多听信四岳的意见，甚至让共工和瓘兜部落参加会议，而舜所信用的，除伯夷是个管祭的空头职务外，其余大部分都是（东）夷人氏族部落首领。特别是'八元'和'八恺'，'尧不能举'，舜则举而委以重任。在所谓四'凶族'中，除少皞氏的不才子穷奇外，浑沌即瓘兜，梼杌为鲧，缙云氏的才子饕餮为传说中炎帝的后裔，他们全被舜加以罪名而赶跑了"，"结果"是"尧向舜屈服了。"⑫这就是说，帝尧让舜摄政而行施天子大权是被逼无奈的。尧非禅让，而是尧以宫廷政变夺取帝位的。

《孟子·万章上》于是又记载："而（舜）居尧之宫，逼尧之子，是篡也。"《韩非子·外储》云："舜逼尧"。《古本竹书纪年》亦载："舜囚尧于平阳（尧都，在今山西省临汾市），取之帝位。"又云："舜囚尧，复偃塞(阻止之义)丹朱,便不与父相见也。"《史记·五帝本纪》《正义》引《括地志》云:"故尧城在濮州鄄城县东北十五里(今山东鄄城县东北的故尧城),《竹书》云昔尧德衰,为舜所囚也。又有偃朱故城,在县西北十五里。《竹书》云舜囚尧,复偃塞丹朱,使不与父相见也。"案:"濮州北临瀁,大川也。在尧都之南,故曰南河,《禹贡》'至于南河'是也。其偃朱城所居,即'舜让避丹朱于南河之南'外也。濮州是尧未继位前的迁居地,农耕和烧制陶器之地,继位后在此筑离宫、修城池,巡狩时常住于此。舜"摄政"后,丹朱等又争权,尧倾向于其子,才发生囚闭尧而夺权的暴力事件。不言而喻,舜从此掌权,迁都于蒲坂(今山西省永济市),以摆脱旧势力的束缚。

帝尧传位于舜所存在的两种相反说法,究竟哪一种正确或更接近史实呢?王玉哲《中华远古史》说:"我们认为两种说法同时并存的事实,正是由'传贤'制转为'传子'制过渡阶段的真实反映。两种对立的传说,可能都有几分事实根据"。"民主选举的旧传统'禅让'制虽然仍在执行,但是,这些酋长都已经视其职位为私有,都想给自己的儿子"⑬,因而不可避免地发生斗争。从炎帝榆冈在存亡关头令轩辕摄政,形势稳定后欲收回帝权看,帝尧在继位人发生危机时接受四岳意见,选取了舜,摄政后,尧也欲收回帝权。二者有些相似。摄政的本质是为保自己的天下,禅让则是要把自己的天下交于异姓人,斗争就不可避免。姜姓炎帝与姬姓黄帝发生了流血争帝战争,姬姓帝尧与虞姓舜发生了"政变式"的帝位之争。可见禅让是发生在异姓交替间的事情,礼仪与斗争交织。

3. 帝舜加强管理

帝舜同黄帝、颛顼、帝喾、帝尧一样,登上华夏部落联盟最高军事民主首长高位后,第一件大事就是调整、充实联盟机构,加强管理。《尚书译注·尧典》云:"当舜摄理政务第二十八年的时候,帝尧便死去了。百官和人民好像死去父母一样的悲痛,在三年中,全国上下不奏音乐。守丧三年以后的正月初一,舜到了文祖庙,和四方诸侯之长共商国家大事,开明堂的四门,明察四方政务,倾听四方意见。舜对十二州的君长叹息着说:'只有衣食才是人民的根本啊!因而重要的是在于颁布历法。安抚远方的臣民,爱护近处的臣民,并顺从他们的意思去处理政务。德行厚,才能取信于人,才能使政务达到至善的地步;拒绝任用那些花言巧语的人,边远地区的民族,才能都对你表示臣服。"⑭接着,帝舜就开始调整或任命部落联盟机构的管理人员。

4. 帝舜治天下取得成功

帝舜对炎帝、黄帝、太昊、少昊等后裔部落一视同仁,贤者均予以重用,使部落联盟更加巩固,来自不同地区的诸侯百姓更加团结,联盟的政治、经济和文化,在帝尧时的基础上又有了新的发展。尤其是禹受命后,治理洪水的成功,保障了人民的生产和生活。《史记·五帝本纪》云:分管联盟机构各种事务的"二十二人咸成厥功:皋陶为大理,平,民各伏得其实;伯夷主礼,上下咸让;垂主工师,百工致功;益主虞,山泽辟;弃主稷,百谷时茂;契主司徒,百姓亲和;龙主宾客,远人至;十二牧行而九州莫敢辟违;唯禹之功为大,披九山,通九泽,决九河,定九州,各以其职来贡,不失厥宜。方五千里,至于荒服。南抚交阯、北发(今越南北部一带,发为户之误),西戎、析枝、渠廋、氐、羌(今甘肃与青海一带),北山戎、发、息慎(今内蒙古南境),东长、岛夷(今韩国与朝鲜,日本),四海之内咸戴帝舜之功。于是禹乃兴《九招》之乐,致异物,凤凰来翔。"在四海之内安定祥和的景象下,帝舜又提倡和创制乐舞,丰富人民娱乐生活,使社会更加健康的发展。这是因为音乐与政治相通,起着移风易俗的作用。风俗的形成是音乐潜移默化的结果,是衡量政治、帝王清明的一个标准,故从黄帝至舜,都特别重视以音乐宣扬其教化。

5. 帝舜南巡而逝

《史记·五帝本纪》《集解》引皇甫谧曰："舜所都,或言蒲阪,或言平阳,或言潘。潘,今上谷也。"《正义》引《括地志》云:"平阳,今晋州城(今山西省临汾市)是也。潘,为妫州城(今河北涿鹿县境内,舜都)是也。蒲阪,今蒲州南二里河东县界蒲阪故城(今山西省永济市蒲州镇)是也。"又云:"涿鹿山在妫州东南五十里,山侧有涿鹿城,即黄帝、尧、舜之都也。"潘是舜未为帝时的居住城,平阳是舜即位之城,蒲阪是舜迁居的都城。帝舜在蒲阪宫主持联盟机构事务长达37年,为华夏联盟集团做出了巨大贡献。

(1)年迈的帝舜南巡而病逝

帝舜高寿,年约107岁时还到南方巡视。其原因一说是征伐逃往南方的三苗,二说是为禹所逼,三说是巡察民情,安抚南方各族百姓,应以后说为是。舜在大臣陪同与武士护卫下渡过黄河,经鸣条(今河南封丘东)、宛(今河南省南阳)、江汉(今湖北省北部)、夷陵(今湖北武汉),至巴陵(今湖南岳阳),一路体察民情和采风。《礼祀·乐记》云:"昔者舜作五弦之琴,以歌南风。"《淮南子·泰族训》载:"舜为天子,弹五弦之琴,歌南风之诗,而天下治。"《尸子》载:"帝舜弹五弦之琴,以歌南风,其诗曰:'南风之薰兮,可以解吾民之愠兮,可以阜吾民之财兮。"《春秋繁露》云:"舜时,民乐其昭尧之业也,故韶,韶者,昭也。"章太炎《古经札记·舜歌南风解》云:"舜南巡苍梧(今湖南宁远九疑山),地本属楚,其歌风,盖即在南巡时,阙后楚之《九歌》九章,当即南风遗音,故有《湘君》《湘夫人》等篇,既用舜律,而又咏舜事也。且夷乐亦惟南音最合。"之后,舜一行继续南行,到达零陵(今湖南宁远),又巡视余姚(今浙江余姚县)。《括地志》云:"越州余姚县有历山舜井。"《太平寰宇记》卷九八《明州》云:"古舜后,为余姚之墟。"这皆为舜后裔所修的纪念性遗迹。帝舜在巡狩余姚后,又到会稽山(今浙江绍兴)祭祀诸神,体察民情。《述异记》云:"会稽山有虞舜巡狩台,台下有望陵祠,帝舜南巡,葬于九疑,民思之,立祠曰望陵祠。"帝舜北返至零陵而病逝。

(2)帝舜葬地等问题简述

关于帝舜的葬地,一般认为是在零陵(今湖南宁远县)九疑山。我们也同意此说。《尚书·舜典》云:"舜生三十征庸,三十在位,五十载陟乃死。"以此载,帝舜长寿达一百一十岁。《史记·五帝本纪》载:"舜年二十以孝闻,年三十尧举之,年五十摄行天子事,年五十八尧崩,年六十一代尧践帝位。践帝位三十九年,南巡狩,崩于苍梧之野。葬于江南九疑,是为零陵。"此说中,帝舜的寿命也是一百一十岁。还有许多文献记载和民间传说,且从夏代以来就不断祭祀舜陵(亦称永陵),古今学者也多认为帝舜葬于九疑山。改革开放后,永州市、宁远县人民政府及社会团体出资,将舜帝祠庙、陵等修葺一新,已成为全国著名的旅游景区。

舜的葬地还有三说,《孟子·离娄下》云:舜"卒于鸣条"。《吕氏春秋》云:舜葬于纪城九疑山下。孟子所说的"鸣条",一说在安邑鸣条陌。安邑,有古邑名之称,在今山西夏县西北。又有县名之称,秦朝置,与邑的地望相同。北魏时分为北安邑(今夏县西北)、南安邑(今运城东北)。隋朝改南安邑为县,相继为虞州、安邑郡治所。"安邑鸣条陌"的具体地望,是在今夏县西北,属于运城市;一说是在陈留(河南省开封市东)平邱鸣条亭;郭沫若先生认为鸣条在今河南封丘东。吕不韦说的"纪城九疑山",在今江苏省连云港市南海州镇。宋代罗苹、明代顾炎武、清代王夫之等学者,认为鸣条、纪市皆在安邑。田继周先生《先秦民族史》说:"鸣条不会在山西夏县地区,在河南东北地区可能比较接近事实。"⑮按其言下之意,当是同意郭老的河南封丘东之说。还有一说是帝舜葬于今山西省霍州市的霍山。《山海经·大荒南经》云:"帝尧、帝喾、帝舜葬于岳山。""岳山",即霍山。在四省八个舜陵地点中,以湖南宁远的遗迹和祠庙最早,流传最广。

面对帝舜陵的不同传说和地点,应当如何认识和对待呢?我们认为:帝舜同其他古帝一样,流传的故事和遗迹相当多,有的是其真迹,有的是其后裔修的纪念性建筑遗迹,或以其名称谓的地名、山名、水名等。从今日欣欣向荣的旅游历史文化事业而论,全国各地纷纷纪念"三皇""五帝"都是应该的,也是值得庆贺的。就舜陵而言,湖南宁远县可以修陵及祠庙,山西运城市、夏县或霍州市亦可以修建,河南封丘、开封,江苏连云港市等地也可以修建。这正是中国传统文化兴旺的具体反映,也是中华儿女不忘祖先优良传统的大发扬之标志,所以我们一再强调在对待传说人物上,要把历史研究的学术观点同旅游文化(含商业炒作历史文化)区别开来,不要混为一谈,争论不休,或互相指斥,争名人、争古帝、争遗迹,而是应互相理解和宽容,以保障我国发展旅游事业,振兴中华经济,从而促进和巩固中华各民族的大团结。因此,我们对运城市政府和社会各界投资修建舜陵,是热情支持的,并为之讴歌。

综上所述,帝舜是源于东夷而与华夏结合较早的氏族部落首领,以吃苦耐劳、仁孝得到部落联盟议事会议成员信任,又以久经考验而任华夏部落联盟最高军事民主首长(帝)。他遵循和发扬帝尧之德,团结各族人民发展生产,繁荣经济,改革部落联盟机构,划分天下为九州十二牧,任命了上下管理人员,为禹建立夏朝拉开了序幕,为中国社会文明的出现做出了重要贡献。所以人们将他和帝尧共同崇奉为夏朝建立的先躯和古帝,常联称为"尧舜"。毛泽东主席也将他们誉称为中国人民美德的象征和榜样,"春风杨柳万千条,六亿神州尽舜尧"的著名诗句,就是对这两位"明德"圣帝的真实写照。

注释:

①苏秉琦:《中国文明起源新探》,北京:生活·读书·新知三联书店,1999

年6月第1版,第161页。

②山西省考古研究所:《山西省考古工作五十年》,载《新中国考古工作五十年》(1949—1999),北京:文物出版社,1999年9月第1版,第67页。

③徐中舒:《先秦史论稿》,成都:巴蜀书社,1992年8月第1版,第20页。

④何光岳:《东夷源流史》,南昌:江西教育出版社,1990年8月第1版,第139—140页。

⑤郭沫若主编:《中国史稿》第一册,北京:人民出版社,1976年7月第1版,第116—117页。

⑥王世舜:《王世舜译注》(修订本),成都:四川人民出版社,1982年7月第1版,第11页。

⑦何光岳:《东夷源流史》,南昌:江西教育出版社,1990年8月第1版,第172页。

⑧袁珂:《中国神话传说》上册,北京:中国民间文艺出版社,1984年9月第1版,第31页。

⑨袁珂:《中国神话传说》上册,北京:中国民间文艺出版社,1984年9月第1版,第35页。

⑩田继周:《先秦民族史》,成都:四川民族出版社,1988年1月第1版,第127页。

⑪徐中舒:《先秦史论稿》,成都:巴蜀书社,1992年8月第1版,第22页。

⑫郭沫若主编:《中国史稿》第一册,北京:人民出版社,1976年7月第1版,第131—132页。

⑬王玉哲:《中华远古史》,上海:上海人民出版社,2000年7月第1版,第141页。

⑭王世舜:《王世舜译注》(修订本),成都:四川人民出版社,1982年7月第1版,第13页。

⑮田继周:《先秦民族史》,成都:四川民族出版社,1988年1月第1版,第173页。

2004年6月20日

永州九嶷山舜陵的传统地位不可动摇

自从两千多年前司马迁为我国人民留下《史记》后,历史便成为一门博大精深的文化宝库。他在对其以前的文献排比、分析、综合研究后,结合自己的实地调查和采访,去其糟粕(即不雅训之词),取其精华,在众说纷纭中写出《五帝本纪》,列黄帝、颛顼、帝喾、帝尧、帝舜为"五帝",作为不朽的中国第一部纪传体通史的"首"篇。从此,历代史学家随着社会的发展,时代的变化和需要,对《史记》不断研究和注疏,形成传统观点和说法。20 世纪 20 年代后,马克思的唯物辩证法和史学观传入中国,随之考古学也在我国逐步兴起,郭沫若、范文澜等马列主义史家学,遂以新的思想和方法对中国古代史进行审视和研究,取得了众所周知的巨大成就。新中国建立后,尤其是改革开放的 30 年来,随着挖掘历史文化、发展旅游事业、振兴中华经济,"三皇五帝"的研究出现了"遍地开花"的可喜局面,对"五帝"的传统观点和说法提出了新的观点和看法,进一步具体化和地方化,是史学的"书斋"研究走向"社会"或"大众化"研究的重要标志之一。不言而喻,有些在历史研究、学术观点方面是正确而符合历史人物实际的;有些则多是古史传说人物的"文化载体"或遗迹,还有依据传说新修的纪念祖先之建筑等。这些都是神话传说时代没有文字准确记载、先民口耳相传特点所决定的;加之古帝世系多,事迹又都记录在一个古帝的"名字"下,便形成"三皇五帝"的"多故里""多都城""多陵墓"等现象。我们 21世纪的史学工作者,对这些现象和丰富的民族传统文化,应当既互相联系,又加以区别,热情支持全国各地崇敬祖先的历史文化载体,为建立和谐的社会和促进民族复兴贡献力量。在此,我们谨就帝舜的陵墓文化再次发表粗浅认识,以与专家、学者们进行交流。

一、古帝虞舜的族属和生长及活动地区概述

关于这些比较重要的学术问题,我们在改革开放后,相继发表过数篇论文①,不再详述和重复,仅就其论点和根据作以扼要的概述。

1. 帝舜家族是源于东夷的华夏化之族

在研究中国古史的传说时代人物中,首要的问题是要分清其族属问题。帝舜是"五帝"中的末帝,在黄帝时代(约距今5000年前)虞姓已是东夷(今山东)中一个较大的氏族或部落,其后裔较早地融合到了华夏部落联盟之中,至虞舜时以部落长身份被帝尧选为继承"帝位"之人,历经考验被推举为"副首长"(双头体制)。帝尧病逝后,舜继位(一说是禅让,一说是舜夺位)为华夏部落联盟最高军事民主首长(称帝舜)。加之,他是帝尧两个女儿的夫婿,所以司马迁以秦汉"大一统"的史学观,将虞舜粗线条式地编排为"黄帝世系"之内。《史记·五帝本纪》载:"虞舜者,名曰重华。重华父曰瞽叟,瞽叟父曰桥牛,桥牛父曰句望,句望父曰敬康,敬康父曰穷蝉,穷蝉父曰帝颛顼,颛顼父曰昌意:以至舜七世矣。自从穷蝉以至帝舜,皆微为庶人。"此载来自西汉戴德的《大戴礼记·帝系》篇,载曰:"黄帝产昌意,昌意产高阳,是为颛顼。颛顼产穷蝉,穷蝉产敬康,敬康产句芒,句芒产桥牛,桥牛产瞽叟,瞽叟产重华,是为帝舜,及产象、敖。"穷音穷,"穷蝉"即"穷蝉"。此载是出自或是对《国语·鲁语上》"有虞氏禘黄帝而祖颛顼"的发挥。这些都是虞舜族为黄帝后裔的主要根据和理由。

我们之所以不赞同虞舜为"黄帝后裔"之说,主要的根据和理由是:《孟子·离娄章句下》云:"舜生于诸冯"(今山东省菏泽市鄄城

县),"东夷之人也"。《史记·五帝本纪》《索隐》皇甫谧曰:"舜母名握登,生舜于姚墟,因姓姚氏也。"可证重华为"私生子",以生地名称为姓,不知父亲。《孝经·援神契》云:"舜生姚墟。"刘藻《曹州府志》卷四引《舆地志》曰:"姚墟在濮州东南九十里,《援神契》曰:'舜生姚墟。'"应劭曰:"雷泽城,在州东南六十里,本汉成阳古城,古之成伯国也。"雷泽县为隋朝置,在今鄄城县东南,是知姚墟、姚(又写作洮)城、诸冯,均为一地而异名。之后,其母又迁居今山东诸城,均为东夷故地。有虞氏的一支后迁于妫州(今北京延庆县,以妫水名州),又姓妫。姚重华随母入于妫(虞)瞽叟家后,随后父而姓妫(亦姓虞)。《史记·五帝本纪》《正义》引《括地志》云:北魏"周处《风土记》云:舜东夷之人,生姚丘。"南宋罗泌《路史·后纪》十一《疏仡纪·有虞氏》云:"五帝之中,独(舜)不出黄帝,自敬康而下其祖也。"《吕梁碑》载:"舜祖幕,幕生穷蝉,穷蝉生敬康,敬康生桥牛,桥牛生瞽叟,瞽叟生舜。"《国语·鲁语上》载:"幕能帅颛顼者也,有虞氏报焉。"幕比颛顼帝年长,生穷蝉,可证穷蝉非颛顼之子。王应麟《困学纪闻》载:"《左传》史赵云:'自幕至于瞽叟,无违命。舜重于明德,闿德于遂。'则幕在瞽叟之先,非虞思也。"朱芳圃《中国古代神话与史实·虞幕》云:"据《国语·鲁语》,可见自幕于瞽叟,世为虞君,而《史记·五帝本纪》谓自从穷蝉以至帝舜,皆微为庶人,当系诬说。"据朱芳圃、叶玉森、何光岳等对甲骨文"虞"字的考证,虞姓的称谓,是因担任田猎官职,常戴虎头面具狩猎(虞为黑纹白虎,是一种仁兽)而名。"幕"为善于观测气象、识别风向之人。《国语·郑语》云:虞幕"能听协风以乐物生。"盖农业社会,风与植物有密切关系,乐舞可以和风,使之应节气而全。虞幕功德高尚,其祀典隆重。《中国史稿》云:"有虞氏就被说成颛顼的后裔,但传说有虞氏为姚姓或妫姓,都不在祝融八姓之中,应为另一个分支系统。"②这支东夷族后裔"著名的有虞氏,当在今河南虞城县一带。从各种传说和神话材料推测,有虞氏的农业、家畜饲养业和制陶业都是相当发达的。例如'虞幕能听协风,以成乐物生者也',就是当每年春天东风到来的时候,发动氏族部落成员开始农业劳动。协风,也叫做俊风,就是春天的东风。传说中的帝俊,可能由此衍化而来。在有些神话里,认为日月干支也是从帝俊(舜之别名)产生的。在传说里,关于有虞氏的父权世系的断断续续的记载,也是最多的。这说明,有虞氏的父系氏族社会比较发达,对此后我国的发展做出了较大的贡献。"③可见,从虞幕时就与华夏族融合了。其后裔瞽叟的北迁,当是为了向东北发展,或受"最高军事民主首长"所封去防御狄族南进。

《史记·五帝本纪》云:"舜父瞽叟盲。"《正义》孔安国云:"无目曰瞽。舜父有目不能分别好恶,故时人谓之瞽,配字曰'叟'。叟,无目之称也。"其实,完全是一种误解。黄模《国语补》云:"按《国语·周语》先立春五日,瞽告有协风至,此云能听协风,即无违命之实也。《左传》又云瞽史知天道。瞽,史官名,非无目者,以虞氏世为瞽史。故《尚书·尧典》言舜曰瞽子,又曰父顽,瞽以举其职,顽而言其性也。"虞(又姓姚或妫)瞽叟,即虞姓的老人为"史官"之义,主管观测天象,预报天气变化,使民按季节耕种和生活。这些都说明,虞氏族部落是源于东夷而和华夏族融合较早的部落。正是由于姚重华源于东夷,和黄帝不同族、不同姓,所以帝尧才能将两个女儿许配于他(今岳父与女婿)。若重华是黄帝后裔,帝颛顼为黄帝三代孙,帝喾为黄帝四代孙,与颛顼之子穷蝉同代。喾之子帝尧是黄帝五代孙,穷蝉之子敬康与其同代。敬康有子句望(黄帝六代孙),句望有子桥牛(黄帝七代孙),桥牛有子瞽叟(黄帝八代孙),瞽叟之子重华(号舜,黄帝九代孙),则重华为叔伯曾祖父帝尧的四代孙,怎么能娶两个"姑奶"为妻和妃呢? 足证《五帝本纪》中的帝舜世系,是不可信的,也决非黄帝之孙颛顼的直系。

2. 重华被选为继位人和称帝的经历

按先秦和西汉武帝以前的典籍材料,司马迁整合后写的《五帝本纪》,我们多次在文章中陈述,舜的"私生子"随母入于瞽叟家(今俗称带犊儿子,后爸),后父继母蛮不讲理和欲害死重华的继母与异父母弟象;选为继位人后的几次生死磨难;到东夷故地耕种和烧制陶器;安抚夷民发展生产;再历狂风暴雨和狼虫虎豹的洗礼;典五司的考验等。即,将人生的悲剧和磨难,皆集中于姚(虞或妫)重华一人身上,是三代、尤其是春秋战国时期文人学士为颂扬帝舜美德(历人生的大不幸,几乎丧命,又历赘婿之痛等,都恪守孝道,以德报怨)而撰写的故事,舜本人前半生可能不会那么倒霉④。《孟子·告子章句下》云:"故天将降大任于斯人,必先苦其心志,劳其筋骨,饿其体肤,空乏其身,行拂乱其所为,所以动心忍性,曾益其所不能。"这既是大儒孟子对姚重华登上"帝"位前所历磨难和考验的评论与感叹,又是对姚重华为"帝"前苦难经历之"真谛"的深刻揭示。孔子的《论语》对帝舜的仁、孝、德等品德称颂不已,《孟子》一书亦然,不多叙述。关于重华的生地和活动地,由于对文献认识和理解不一,古今存在着分歧,主要有以下五种观点。

(1)山东西部和河南东部之说

这一说是传统的史学观点和说法,主要根据是《孟子·离娄章句下》:"舜生于诸冯,迁于负夏,卒于鸣条,东夷之人也。"杨伯峻注曰:"此三处地名更无法确指。依孟子文意,当在东方,则鸣条未必是《书序》所谓'遂与桀战于鸣条之野'的'鸣条'。诸冯,传说在今山东菏泽县南五十里。"⑤诸冯,还有指今山东诸城之说。亦有舜生于陶(今山东定陶)之说。这些均在今山东西与河南东部地区。《史记·五帝本纪》云:"舜耕历山,渔雷泽,陶河滨,作什器于寿丘",亦均在今山东省西部。"一年所居成聚,二年成邑,三年成都"之地,亦在于此。因而认为"东夷"在今山东东南和河南东北一带⑥。

(2)山西南部之说

对于《孟子》《史记·五帝本纪》所载的材料,有些学者则得出相异的结论:认为"东夷之人也"的"东夷"是相对而言的,孟子所说东夷应指山西永济⑦。还有学者考证"东夷"指今山西南部一带⑧。"据考证,舜的出生成长、建都、卒葬之地,均在今运城市所辖范围内,位于运城市盐湖区鸣条岗上的舜帝陵庙即为舜帝卒葬和祭祀所在地。据县志和庙内碑刻记载,陵始建于禹时,庙建于唐开元二十六年,1985 年被山西省人民政府确定为'省级重点文物保护单位'。千百年来,舜帝陵庙历经兵火地震,风雨侵蚀,墙垣坍塌,殿堂破损,一片凄凉。2000 年以来,盐湖区委、区政府本着'保护历史文物,弘扬虞舜文化,实施文化强区,推进经济发展'的战略思路,累计设资 4000 余万元,修复了陵区,开发建设了景区。"⑨2004 年 9 月 27 日,举行了"中国先秦史学会尧舜禹研究基地"挂牌仪式,多数学者赞同运城市盐湖区为舜生长、活动、建都、陵墓地。"晋南说"的"学者阵容强大,吴荣曾、杨善群、蔡运章和张培莲先生均持此说,此说既有丰富的典籍文献支撑,又有当地丰厚的考古文化底蕴来佐证,几成定论。"⑩

(3)活动于湖南永州地区说

帝舜晚年活动并葬于九嶷山(今湖南永州市宁远县)之说,由来已久,为传统观点之一。山西运城盐湖区举办的舜文化研讨会中,对舜活动在零陵地区提出了异议,且称"零陵说"因"论据薄弱,基本上也不再有学者坚持。"⑪此说有些偏颇,因赴会的多为赞同运城说的学者,持"活动于零陵"的观点之学者,大都未赴会。赴会的学者中,"以宋会群为代表的学者认为虞舜南巡既有大量的传统文献为依据,又可以与今日湖南、广西等地发现的众多考古资料相印证,因此是不能否定的;只是不能机械地看作是虞舜个人的活动,它反映的应是文明初期中原部族与南方百越部族之间的交流,战争与融合。由此可知我国南北方文化的交融,自五帝时代就已开始了。"⑫此说是正确而符合历史实际的。

(4)生于和活动于浙江会稽地区说

《史记·五帝本纪》《正义》引《括地志》载:"越州余姚县,顾野王云舜后支庶所封之地。舜姓姚,故云余姚。县北七十里有汉上虞故县。《会稽旧记》云舜上虞人,去虞三十里有姚丘,即舜所生也。周处《风土记》云舜东夷之人,生姚丘。"坚持这一观点的学者,以王晖为代表。"他先以文献资料论证自己的观点,再继之以考古学及语言学资料,所论颇为充分。"⑬这一观点,赞同的学者甚少。

(5)活动于陕西南部之说

2004年的山西运城舜文化研讨会,赴会的学者中有人提出帝舜活动于陕南说。会议综述认为"汉中说"只见于《世本》,是孤证,暂置不论⑭。实际上舜在陕西南部的活动还是比较多的。《史记·五帝本纪》载:"舜子商均亦不肖。"《集解》皇甫谧曰:"娥皇无子,女英生商均。"《正义》谯周云:"或云封舜子均于商,故号商均也。"商,又称上洛,即今陕西省商洛市商州区。《吕氏春秋》云:"尧战于丹水(在今商洛市)之浦,以服南蛮;舜却有苗,更易其俗。"尧之子丹朱封于丹渊,舜之子封于商,均在丹江流域。商州有舜妃女英墓,安康有帝舜的行宫,汉中相传有舜井等。汉水又称苍浪之水,得名于舜之后裔苍浪之族。还有尧子丹朱封于汉水流域之说。

二、九嶷山为舜陵是文化认同之陵

帝舜时期创造了相当丰富的文化,得到了先民的爱戴和颂扬,形成了不少纪念帝舜的遗迹。就其陵墓说,因虞舜部族及其后裔迁徙广泛,古代王朝又不断修陵,各地百姓也不断修陵修庙祭祀,因而形成多故里、多陵墓的文化载体。从目前看,主要有以下几种观点和说法。

1. 传统观点多认为陵墓在九嶷山

《史记·五帝本纪》载:"舜年二十以孝闻,年三十尧举之,年五十摄行天子事,年五十八尧崩,年六十一代尧践帝位。践帝位三十九年,南巡狩,崩于苍梧之野。葬于江南九疑,是为零陵。"《集解》

《皇览》曰:"舜冢在零陵(治所在今湖南宁远)营浦县。其山九溪皆相似,故曰九疑,传曰'舜葬苍梧,象为之耕'。《礼记》曰'舜葬苍梧,二妃不从'。《山海经》曰'苍梧山,帝舜葬于阳,丹朱葬于阴'。皇甫谧曰'或曰二妃葬衡山'。"《正义》《帝王世纪》云:"舜弟象封于有鼻。"《括地志》曰:"鼻亭神在营道县(今湖南省永州市道县)北六十里。故老传云,舜葬九疑,象来至此,后人立祠,名为鼻亭神。《舆地志》云零陵郡应阳县东有山,山有象庙。王隐《晋书》云本泉陵县,北部东五里有鼻墟,象所封也。"

较早的文献《山海经》,对舜葬在九疑(今写为嶷)山的记载较多。《海内南经》云:"苍梧之山,帝舜葬于阳,帝丹朱葬于阴";《大荒南经》云:"赤水之东,有苍梧之野,舜与叔均之所葬也";《海内经》云:"南方苍梧之丘,苍梧之渊,其中有九嶷山,舜之所葬,在长沙零陵界中。"均指的是今永州市宁远县之九嶷山。这些记载,都充分说明帝舜晚年活动在零陵地区,卒葬于九嶷山。何光岳《东夷源流史》,对此有非常广博而充实的考证[15]。帝舜葬于湖南省永州市宁远县九嶷山之说,"魏嵩山、刘俊男、尤慎等学者持此观点,其中尤慎所论更为充分,他从考古春秋时期楚章华台为仿照湖南舜陵形制而建出发,与(长沙)马王堆地图及《山海经》的记载相参照,得出了湖南舜陵至迟在春秋晚期以前就存在的结论。"[16]因此,九嶷山帝舜之陵的传统地位是不可动摇的。至于有的学者说,舜年迈时未"巡狩"过南方,则纯属于偏见。"虞舜不畏年高,不辞途远,深入南土兴教化,施德政,竟至于如《史记》所述,'巡狩'到时中国的南部边陲,'崩于苍梧之野,葬于江南九疑',因而泽被南国,德服南民,实现的是南北一体、华蛮与共的天下大治。"[17]舜在南巡时作《南风》,就是其证。《孔子家语·辩乐解》载:"昔者帝舜弹五弦之琴,造《南风》之诗,其诗曰:'南风之薰兮,可以解吾民之愠兮。南风之时兮,可以阜吾民之财兮'。"改革开放以前,一般认为舜陵在湖南宁远。

2. 鸣条与纪市等六处舜葬地之说

《孟子·离娄》云:舜"卒于鸣条。"鸣条的地望主要有四说:一说在今山西安邑(今夏县);一说在今山西省运城市盐湖区;一说在今河南封丘东[18];一说在陈留(今河南开封)[19]。田继周先生说:"舜的葬地,也是两千多年争论不休,未有定论的问题。《大戴礼》《礼记·檀弓上》《史记》《帝王世纪》等书,都说舜南巡狩或南征,死葬苍梧之野,或苍梧九疑山之阳, 为零陵。"[20]"苍梧九疑之说,虽然广为流传,甚至也出自夫子之口,但很早就有人怀疑了。墨子和孟子所提出的'卒于鸣条','葬南己之市'(今江苏省连云港市),就是对苍梧九疑说的否定。后汉人王充、宋人罗苹、明人顾炎武也都不信九疑说,而采用鸣条、己(又写作纪)市之说,但他们却认为鸣条、纪市在山西夏县地区。"[21]即己(纪)市有今山西夏县、江苏连云港二说。又说:"我们不同意苍梧九疑之说,因这是不可能的。我们倾向于孟子和墨子的说法。但鸣条不会在山西夏县地区,在河南东北地区可能比较接近史实。"[22]王夫子反对孟子、墨子否定苍梧九疑之观点,他说:"孟子言舜卒于鸣条,则檀弓卒葬苍梧之说亦流传失实,而九疑象田、湘山泪竹,皆不足采。安得尧女舜妻为湘水之神乎?"[23]其认为舜葬于九疑山是正确的,但"湘山泪竹""湘水女神"则不确,湘水女神非"尧女舜妻",而是舜妃登北氏的两个女儿,湘阴县黄陵埋葬的是登北氏。《山海经·大荒南经》载:"帝尧、帝喾、帝舜葬于岳山。"岳山即今山西省霍州市的霍山(又称霍太山)。

以上材料和古今史学家之说,帝舜的葬地(即陵墓)在传统说的九疑之外,主要还有今山西夏县、运城市盐湖区、霍州市霍山,河南开封、封丘,江苏连云港等六个地方之说。共计七个帝舜之陵或传说遗迹,皆为纪念帝舜功德的历代所修之文化载体,哪一个也经不起考古发掘。从古今海内外人士的"文化认同"看,以九疑山舜陵最为悠久,大体可说是所谓的"原陵"。考古界从发掘资料中认为山西襄汾陶寺遗址为尧(文献说尧都在今临汾市)、舜(文献说舜都在今山西永济)、禹(文献说其都在今夏县)的都城遗迹,晋南就自然成为都城范围之区,更是尧舜禹的重要而长久的活动地域,因而遗迹繁多是理所当然之事。即使是浙江余姚或其他地方,历代所徙于此的帝舜后裔所营筑的故里、庙宇、陵墓等,也是有据而合理的。因为其符合传说时代的社会状况,也符合传说人物活动广泛,族人及其后裔迁布地域广的实际,更符合中华民族崇祀祖先的优良传统美德。这也是我们一贯主张和提倡将古史传说人物的历史研究(即学术研究),同各地旅游历史文化载体既要紧密联系,又要加以区别的主要原因。作为传说的历史人物(或首领),其故里、陵墓只能认同一个,是众所周知的道理。现在我们就再对运城的舜陵做一些考证。

3.山西运城的帝舜之陵

在对史前传说人物的研究中,以往人们会自觉或不自觉的常常以春秋战国后"落叶归根"的思想观念,或"三代"及其后世帝王陵墓一般都在都城附近的规律等,去论述"三皇五帝"的故里或陵墓。史前的神话传说人物,虽也有这个情况,但却是很少见的,当时这些观念并未普遍形成,绝大多数古"皇"或"帝",以"四海"为家,在哪里去世也就随地而葬,没有"落叶归根",陵墓也多不在都城附近。以往说到舜都,大都以文献说的蒲阪,是在今山西省永济市,陵墓在苍梧之野的九疑山。自从 2005 年 9 月 5 日至 7 日,全国虞舜文化学术研讨会暨中国先秦史学会第八届年会,在山西省运城市盐湖区举行(参加的学者达 160 余人)后,大多数学者(转变观点者不少)则倾向于帝舜的"原陵"在运城,其他陵均为纪念性的"次生"或"续生"之陵。

(1)对会议认为舜的主要活动地在晋南的评论

山西省运城市盐湖区舜文化研讨会报道:"达成了舜的一生主要活动区域在晋南(今运城市境内)的共识,基本理清了虞舜文化发生、发展和演变的历史进程,认为:根据文献和传说,舜帝卒葬在运城市盐湖区鸣条岗舜帝陵庙符合当时社会条件,比较具有说服力。"㉔会议总结宣布:"关于有虞氏或舜的活动地域,主要有三种不同的看法:第一,舜活动于晋南地区;第二,活动于今豫东鲁西地区;第三,活动于今湖南零陵地区。经过讨论,似乎第三种说法,即零陵说已少有人再坚持了。有的原来持零陵说的同志来到运城,看到这里丰厚的文化底蕴,尤其是参观了这里的舜帝陵以后,更相信黄河流域,特别是晋南应当是可信的舜(或有虞氏)的活动地区。但是仍有部分学者据《孟子》等文献,认为舜(或有虞氏)应当活动于豫东鲁西,或认为有虞氏先活动于豫东鲁西,后迁于晋南运城地区。"㉕就帝舜的生长、活动地区(为未任副首领前)说,显然是豫东鲁西比较准确和符合历史实际。舜被举荐为尧的继承人之后,尤其是娶帝尧的两个女儿为妻、妃后,便迁居于晋南地区了,直到年迈南巡狩前,主要活动地域是在晋南运城市地区(永济、盐湖区皆在运城市)。零陵地区是虞舜去世前的活动地区,以往学者们多认为零陵九疑山是舜的葬地,认为是舜的主要活动地者甚少,认为帝舜的主要活动地在浙江绍兴地区者则更少。

(2)对虞舜葬地在运城的辨析

古帝舜葬于晋南(运城盐湖区鸣条岗)之说,前已述。否定帝舜南巡狩死葬九疑山的观点,古来已有,前也已述。运城会议上,否定葬于湖南的学者"认为江南苍梧古乃荒服之地,舜无由远涉于此;这一错误的出现是后人将冀州苍梧(今山西运城北)误认为江南苍梧造成的。"㉖此说显然是地方感情的偏见,湖南在旧、新石器时代是人类发祥和文明起源的较早地区之一,除土著古越、蛮人外,东夷、华夏的祖先之族已有徙入。约在神话传说的天皇、人皇、地皇及盘古氏时代,湖南道县玉蟾岩就发现了人工栽培稻(一说距今 1.5 万年,一说距今 1.2 万年),成为我国原始农业萌芽的最早之典型;澧县彭头山为古华胥氏时代(1 万至 8000 年前),在遗址发现了大量的稻谷炭化粒(距今 9000 年前),怎么能说是"荒服"之地呢？伏羲、女娲（约 8000 至 6000 年前）、炎帝（约 6000 至 5000 年前）的部族等，在湖南已有较多的先民迁入；五帝时期迁入的华夏、东夷族民增多，帝喾的女儿、女婿之盘瓠部族，已迁居于洞庭湖西北地区，原始农业已有较大的发展，怎么能说舜时还是"荒服"地区呢？史实说明帝舜时，湖南的原始农业、手工业、家畜家禽饲养业，均已相当进步[27]。澧县城头山古城出现、延续时间约为 6000 至 4000 年前，说明帝舜时湖南的文明古国已经形成。至于是后将"冀州苍梧误以为是江南苍梧"，更为牵强。《辞海》未释山的地望，释苍梧郡曰："西汉元鼎六年（前 111）置。治所在广信（今广西梧州市）。辖境相当今广西都庞岭、大瑶山以东，广东肇庆、罗定以西，湖南江永、江华以南，广西藤县、广东信宜以北。"此释中，与冀州"苍梧"（山西运城北）无涉。魏嵩山主编《中国历史地名大辞典》云："苍梧，一作仓梧，指今湖南省南部、广东省西北部及广西省东北部广大地区"；"苍梧山，1) 即九疑山，在今湖南宁远县南。《史记·五帝本纪》：'舜崩于苍梧。'旧说以为即此。2) 即今江苏连云港市东北云台山。本在海中，清末与大陆相连。宋苏轼有'郁郁苍梧海上山'诗句"；"苍梧县，隋开皇中以广信县改名，治所即今广西梧州市"。"苍梧道，辛亥革命后置，治所在苍梧县（今广西梧州市）"；"苍梧邑，一作苍野聚。在今陕西商州市（今为区，属于商洛市，杨注）东南。《左传·哀公四年》：'楚右师军于苍野'。即此。"[28] 均未见有"冀州苍梧"之载，不知根据是从何而来？持苍梧在冀州，帝舜葬此（即今山西运城北）的学者，"以张培莲为代表，她主要以先秦礼制为依据，得出了舜陵"在运城市盐湖区"的结论"[29]。以先秦礼制推论史前传说人物陵墓，也显得论据不足。不过，从后世人们祭祖先的观念说，在舜帝的主要活动地区（不论是都城在永济，还是在襄汾县陶寺遗址处）修陵墓、祠庙（不论是盐湖区、夏县，还是永济及霍州市）等，都是合理而无可非议的。河南开封、封丘，江苏连云港等地亦是如此。

（3）运城市政府和人民的祭舜之陵应热情支持

根据《孟子》《竹书纪年》等记载，以及地方志和民间传说，经专家考证，运城市区北 10 公里的鸣条岗西端，有"禹时修建的墓冢"，唐代修建的祠庙，现存的庙宇系"元明清历代建筑"③⑩。后者是可信而正确的；前说是不可信的，因为修筑"墓冢"是春秋晚期才开始的制度，以前均"不封不树"，没有土冢。"舜帝陵庙原占地 150 庙，分外城、陵园、皇城三部分。2000 年 7 月至今，盐湖区委、区政府为了发挥人文资源优势，发展旅游文化产业，带动全区经济社会快速发展，对舜帝陵墓进行大规模的修复开发，将原陵庙扩展到了 1700 庙，扩增了景区。今日的舜帝陵庙已成为集元明清殿堂建筑风格与休闲娱乐、园林景点为一体的大型景区，跻身于全省 20 大旅游景区之列，并以其承载的深厚根祖文化吸引了众多海内外华人前来寻根祭祖、观光旅游。"③① 我们对运城市领导和社会各界人士的这一壮举，感到欣欣鼓舞，并致以热烈的庆贺。黄帝时代标志着文明起源阶段的结束，文明的正式开始（昔日认为夏朝是文明社会的开始）。这就是说，文化认同的帝舜陵墓，究竟是湖南宁远九疑（嶷）山，还是山西运城盐湖区鸣条岗，可以继续再讨论。我们只是从学术观点上说，同意九嶷山为文化认同的帝舜"原陵"，运城为纪念性之陵。相信以后或更远的将来，学术界会有一个统一认识。谨建议目前湖南宁远和山西运城的政府和人民，以及持不同观点的学者，加强联系和协作，共同促进民族复兴大业的快速发展。

总而言之，从目前我们的研究和认识水平出发，认为湖南省永州市宁远县九嶷山帝舜陵的传统地位，不是不可动摇的；对作为运城文化载体的舜陵同样给予热情支持和颂扬。大江南北同祭舜帝，是一件值得普天下同庆的喜事和盛事。

注释：

①杨东晨：《炎帝和帝舜陵何以在湖南》，《衡阳师专学报》1997 年第 1

期。杨东晨:《从古帝陵遗迹论部族的迁徙和融合》,《贵州文史丛刊》1999年第2期。杨东晨:《帝舜"明德"五说》,载2001年《永州日报》。杨东晨:《中华古舜的传统美德和献身精神》,九疑山舜文化研究会编:《社科大视野:舜德千秋——首届舜文化研讨会论文》(周亚平、许亮主编)收入,三亚:海南出版社,2001年9月第1版。杨东晨:《帝舜家族史考辨——兼论传说遗迹和帝舜生平事迹的关系》,湖南永州《零陵师范高等专科学校学报》2002年第1期。

②郭沫若主编:《中国史稿》第一册,北京:人民出版社,1976年7月第1版,第117页。

③郭沫若主编:《中国史稿》第一册,北京:人民出版社,1976年7月第1版,第116页。

④杨东晨:《帝舜家族史考辨》,湖南永州《零陵师范高等专科学校学报》,2002年第1期。

⑤杨伯峻:《孟子译注》上册,北京:中华书局,1980年1月第1版,第184页。

⑥⑦⑧白国红:《全国虞舜文化学术研讨会暨中国先秦史学会第八届年会综述》,《先秦史研究动态》2005年第2期。

⑨⑩柴存喜:《新闻发布词》,《先秦史研究动态》2005年第2期。

⑪⑫⑬⑭白国红:《全国虞舜文化学术研讨会暨中国先秦史学会第八届年会综述》,《先秦史研究动态》2005年第2期。

⑮何光岳:《东夷源流史》,南昌:江西教育出版社,1990年8月第1版,第132—144页。

⑯何光岳:《东夷源流史》,南昌:江西教育出版社,1990年8月第1版,第146页。

⑰蔡靖泉:《舜歌〈南风〉与舜化南国》,载九疑山舜文化研究会编:《舜德千秋》,三亚:海南出版社,2001年9月第1版,第127页。

⑱郭沫若主编:《中国史稿》第一册,北京:人民出版社,1976年7月第1版,第160页。

⑲田继周:《先秦民族史》,成都:四川民族出版社,1988年1月第1版,第129页。

⑳田继周:《先秦民族史》,成都:四川民族出版社,1988年1月第1版,第

139 页。

㉑田继周:《先秦民族史》,成都:四川民族出版社,1988 年 1 月第 1 版,第 139—140 页。

㉒田继周:《先秦民族史》,成都:四川民族出版社,1988 年 1 月第 1 版,第 130 页。

㉓王夫子(清代人):《楚辞通释》卷二《九歌》第 31 页,上海:上海人民出版社,转引自《先秦民族史》第 130 页。

㉔《繁荣虞舜文化,探源中华文明》,《先秦史研究动态》2005 年第 2 期。

㉕沈长云:《全国虞舜文化学术研讨会总结》,《先秦史研究动态》2005 年第 2 期。

㉖白国红:《全国虞舜文化学术研讨会暨中国先秦史学会第八届年会综述》,《先秦史研究动态》2005 年第 2 期。

㉗杨东晨:《先秦时期鄂湘赣的民族与文化》,《益阳师专学报》1996 年第 2 期;《原始社会图腾崇拜与龙的形成》,《衡阳师专学报》1996 年第 2 期;《长江流域史前文化和氏族部落论纲》,《长江文化》2000 年第 1 期;《洞庭湖西北岸澧水和沅水古文化区的氏族探寻》,《求索》2002 年第 2 期;《论盘瓠故事与古代氏族部落迁徙与融合的关系——兼论盘瓠故事和传说遗迹的史料价值》,《广西右江民族师专学报》2003 年第 1 期;《湘东第一宫——从湖南史前文化攸县的尧帝宫等遗迹》,《株洲师范高等专科学术学报》2004 年第 4 期;《华夏的古农业文明之星》,载许焕杰主编:《神农创耒与农耕文明》,长沙:岳麓书社,2004 年 9 月第 1 版,第 75—87 页。

㉘魏嵩山主编:《中国历史地名大辞典》,广州:广东教育出版社,1995 年 5 月第 1 版,第 500—501 页。

㉙白国红:《全国虞舜文化学术研讨会暨中国先秦史学会第八届年会综述》,《先秦史研究动态》2005 年第 2 期。

㉚㉛《繁荣虞舜文化,探源中华文明》,《先秦史研究动态》2005 年第 2 期。

2007 年 5 月 22 日

第五编　　弘扬炎黄文化

民族血脉五千年　华夏祖先为开端

——论《史记》对炎黄文化确立的重要贡献和价值

十八大报告再次强调和指出："文化是民族的血脉，是人民的精神家园。""文化实力和竞争力是国家富强，民族振兴的重要标志。"在十八届中央政治局常委同中外记者见面会上，习近平总书记说："我们的民族是伟大的民族。在五千多年的文明发展历程中，中华民族为人类文明进步做出了不可磨灭的贡献。""我们的人民是伟大的人民。在漫长的历史进程中，中国人民依靠自己的勤劳、勇敢、智慧，开创了各民族和睦共处的美好家园，培育了历久弥新的优秀文化。"这 5000 多年文明，是近 200 万年中国原始社会发展的必然结果。它起源于以炎黄二帝部族为主体，联合东夷少昊部族所组成的华夏族。先秦时期的文化典籍，已或多或少地记载有夏朝以前的神话传说人物，三皇五帝的概念也已初步形成。伟大史学家司马迁在此基础上，正式创立纪传体通史《史记》(初名《太史公书》)，将《五帝本纪》列为首篇。由此，炎帝、黄帝成为正史认定的华夏之祖、中国文明起源的典型代表。《史记》对中华民族优秀传统文化做出的卓越贡献，古今为炎黄子孙所颂扬。

一、司马迁创立我国第一部通史《史记》

在中国新考古学未兴起之前,原始社会的情况难以知晓,也没有甲骨文、金文等可以资证。因而对夏朝以前的社会组织、神话传说人物,以及夏、商、周三代的历史,都知道得甚少。相传夏、商、周已有王室、贵族子弟之学。《孟子·滕文公上》云:"夏曰校,殷曰序,周曰庠,学则三代共之,皆所以明人伦也。"周公旦从少年起,先上宫廷小学,后上大学,精通"六艺"。长大后从政、从军,文武双全,成为我国知识渊博的第一个圣人。他曾整理过武王以前的文化,又创立了周王朝的"礼乐制度"和思想文化,但留下的资料不太多。

1.先秦典籍对三皇五帝的记载

传统观点认为,相传春秋时期孔子删订的《易》《书》《诗》《礼》《乐》,以及他编写的《春秋》,是我国最早的书,称"六艺"(近现代学者研究除《春秋》外,余则是至战国时代才成为定本的)。春秋时期相传还有整理的西周文献《逸周书》,左丘明撰的《国语》《左传》等。《书》已有《尧典》《舜典》等篇;《逸周书》已记载上古三皇之一的"神农氏"事迹。《逸周书·佚文》云:"神农之时,天雨粟,神农耕而种之。作陶冶斤斧,破木为耜(木质锄),锄耨以垦草莽,然后五谷兴,以助果蓏之实。"《尝麦解》篇载:"蚩尤乃逐帝,争于涿鹿(今属河北)之阿,九隅无遗。赤(炎)帝大慑,乃说于黄帝,执蚩尤,杀之于中冀。"可见,周朝时已认为联合杀蚩尤的炎黄二帝为同代人。《国语·晋语》也记载:"少典娶有蟜氏(女),生黄帝,炎帝。黄帝以姬水成,炎帝以姜水成。成而异德,故黄帝为姬,炎帝为姜,二帝用师以济,异德之故也。"认为二人为胞兄弟。相传周朝时有大小 130 个国家,经相互征伐兼并,至战国只存有七个强国。诸国争霸,纷纷变法,诸子百家争鸣,政治环境宽松,学术气氛活跃,文化典籍层出不穷,主要有《庄子》《孟子》《管子》《墨子》《韩非子》《荀子》《山海经》等。其中以《山海经》记载的神话故事和人物最多,几乎包括了古九州的万象,以及三皇五帝等及其后裔人物。《庄子·胠箧》以皇帝之梦,记述了"华胥国"人们自由自在的生活情景;还记载了华胥氏后裔伏羲氏至神农、轩辕氏的 18 代世系。从而说明了三皇五帝从始祖母华胥氏起,就是血脉相承的。《缮性》篇又载:"燧人、伏羲,始为天下,是故顺而不一。德又衰,及神农黄帝始有天下,是故安而不顺。"此神农是指与黄帝同代的炎帝八世孙榆罔。《周易·系辞传下》云:"包牺(伏羲氏)氏没,神农氏作。"神农即第一代炎帝。《系辞下八》云:"神农氏没,黄帝作。"此神农即第七代炎帝。《列子·黄帝》载有黄帝与炎帝战于阪泉之事。《韩非子·六反》云:"夫民之不及神农。"下叙述了神农氏治世之德。《扬权》则记载了黄帝治理天下之道。黄帝曰:"上下一日百战,下匿其私,用试其上,上操其量,以割天下。"《山海经》记载炎帝、黄帝的事迹最多,不多叙。《吕氏春秋》亦然。战国时期诸子的观念是先有"皇",后有"帝",再有"王"。大体说,三皇五帝时期的百余人物,在先秦时期的书籍中均有简略的记载。

2.涵盖约两千九百年历史的《史记》

秦王政扫灭六国建立秦王朝后,已认同"三皇""五帝"有其人和称号,且认为自己的功劳,超过了他们和历代之王,所以便取"皇"与"帝"之号称为"皇帝",不再以三代和春秋战国的"王"相称。因其是第一位称"皇帝"之君,故又称为秦始皇帝(简称秦始皇)。秦始皇是一个大有作为、功高盖世的皇帝,为各民族大统一做出了划时代的重大贡献。但他为防止"六国"再分裂和叛乱,错误地实施了"焚书""坑儒"之加强思想控制政策,使先秦文化典籍几乎毁灭殆尽。秦朝短命,首尾仅 15 年。汉朝建立(前 206)后,历高祖、惠帝、文帝、景帝,文化典籍才重新复出,呈现古今文两种版本。同时,汉代文人学士也撰写出了新的书籍。这些文化典籍和皇室文书档案,都为一代宗师司马迁创立我第一部纪传体史书奠定了基础。

　　太史公司马谈之子迁,聪明好学,刻苦努力。在其父言传身教下,博览群书,精通诸家学说。成年后喜爱游历名山大川,访老问贤,扩大视野,增加阅历,丰富知识。他入朝为吏后,仍酷爱经典之书。父亲司马谈病逝后,汉武帝任命其为太史令,遂也称太史公。他继承父志父业,以"究天人之际,通古今之变"为宗旨,开创了我国首部纪传体通史之书,时称《太史公书》。《史记》共有130篇;本纪12篇、世家30篇、书8篇、表10篇、列传70篇,覆盖了上始于黄帝,下止于天汉(前100)的约2900年历史。《史记》的《本纪》,记述了五帝、夏商诸代王、西东二周诸代王、秦嬴至秦王政等的主要事迹。秦始皇本纪,涵盖了始皇帝、二世亥、王子婴的事迹。项羽本纪,除记述项籍、项羽本人及家族事迹外,还记述了原"六国"之王后裔的事迹。汉高祖至武帝的事迹(含惠帝与吕后),记载较详。《表》中的《三代世表》,记录了从黄帝至共和元年(前841)的古帝、诸代王的代系,皆曰出自黄帝。《索隐述赞》曰:"高辛(即帝喾)之胤,大启祯祥。修己吞薏,石纽兴王(指夏王禹)。天命玄鸟,简狄生商。姜嫄履迹,祚流岐(今陕西岐山县)昌。俱膺历运,互有兴亡。风余周召,刑措成康。出彘(指厉王)之后,诸侯日彊。"高度概括和纲要地理顺了黄帝至周厉王,长约2200年的历史和人物。《十二诸侯表》列了周、鲁、齐、晋、秦、楚、宋、卫、陈、蔡、曹、郑、燕、吴等12国的年纪。《六国年表》记韩、赵、魏、燕、齐、楚六国纪年和大事。《秦楚之际月表》记录了秦、楚、项、赵、齐、汉、燕、魏、韩等诸侯的月纪和大事。《汉兴以来诸侯年表》尽列所封异姓、刘姓诸侯及功臣。礼、乐、律、历、天官、封禅、河渠、平准称"八书",《汉书》称为志,记述了国家概况。《列传》记事,包括了先秦诸子、大臣、公子、将军、文人等的事迹。概而言之,"五种体例"囊括了黄帝至汉武帝的所有要人,诸国的天文、地理、气候、水利、山川、湖泽等情况。时空久长,内容广泛,涉及面甚广,各种事情、各类人物汇聚,博大精深。先秦至汉昭帝前的无论哪一部书，都无法与《史记》相比。

　　面对约2100年前的史书，我们纵观横析，帝颛顼至舜的历史，皆始于炎帝和黄帝；夏朝、商朝及其末年形成的800多个诸侯、周朝的130余个大小国、春秋战国诸君、秦汉之君等，从世系族系而论，几乎均与三皇五帝，都有着千丝万缕的关系。因此说，《史记》这部不朽著作，是永远值得我们认真研读和传颂的。正如《史记》出版说明所云："《史记》是我国第一部纪传体通史。在《史记》之前，有以年代为次的'编年史'如《春秋》，有以地域为限的'国别史'如《国语》《战国策》，有以文告档卷形式保存'政治史'如《尚书》，可是没有上下几千年，包罗各方面，而又融会贯通，脉络分明，像《史记》那样的通史。"又曰："从《汉书》到《明史》，尽管名称有改变，但都有'纪'有'传'，绝无例外地沿袭了《史记》的体例。"

3.司马迁何以将《五帝本纪》作为《史记》首篇

　　生活在约距今2100年前的太史令（后为中书令）司马迁，是怎样为距他约2900年的炎黄二帝写出"本纪"的呢？我认为，一是他依靠先秦文化典籍的记载；二是他依靠汉皇室所藏书籍；三是靠其实地调查所得的材料；四是依靠他的辛勤检索、排比、分析和创造。《五帝本纪》太史公曰："学者多称五帝，尚矣。然《尚书》独载尧以来；而百家言黄帝，其文不雅驯，荐绅（即缙绅）先生难言之。孔子所传宰予问（人名）《五帝德》及《帝系姓》，儒者或不传（意思是汉代儒者认为非正经，不学不传也）。余尝西至空桐（在今甘肃平凉市西北），北过涿鹿（今属河北省），东渐于海，南浮江淮（今河南、山东淮河以南与湖北、安徽、江苏三省之长江以北地区）矣，至长老皆各往往称黄帝、尧、舜之处，风教固殊焉，总之不离古文者近是。予观《春秋》《国语》，其实发明《五帝德》《帝系姓》章矣。顾弟弗深考（自谦之词，意为念己没有深入研究），所表见（指《五帝德》，帝系姓）皆不虚。《书》缺有间矣（意为：不是《尚书》未记载黄帝，而是古文《尚书》缺页而已），其轶乃时时见于他说（指据《春秋》《国语》而成的二书）。非好学深思，心知其意，固难为浅见寡闻道也。余并论次，择其言尤雅者，故著为本纪书首。"《正义》云："太史公据古文并诸子百家论次，择其言语典雅者，故著为《五帝本纪》，在《史记》百三十篇书之首。"

从伟大史学家司马迁自述撰写《五帝本纪》中，我们可以得出认识和受益如次：一是就读书和实地调查访问的关系说，一般应是先"读书破万卷"，而后有计划、有主旨、有目的地去调查访问；二是读古书要全面、深入，切忌走马观花。对古文记载的要相信，对未载的要追寻原因，不可因此书未见到，就认为没有；三是对文献资料要结合调查材料，予以鉴别或补充，或核实；四是他之所以将炎帝、黄帝置于"五帝"之首，主要原因是二者的时代早于下"四帝"，且五帝又是三皇的后裔。《索隐》曰："纪者，记也。本其事而记之，故曰本纪。又纪，理也，丝缕有纪。而帝王书称纪者，书为后代纲纪也。"可见三皇五帝有着血缘、地缘、文化缘等一脉相承的亲密关系。《正义》按："春秋时置左右史，故云《史记》也。"汉代以燧人、伏羲、神农（炎帝）氏为三皇，黄帝至舜为五帝之说，基本上已成为定论。

二、司马迁确立了炎黄是华夏祖先的地位

1.《五帝本纪》确立了炎黄的祖先地位

司马迁《史记·五帝本纪》与《三代年表》，都肯定并认可了黄帝是华夏族的祖先，并以《本纪》《人表》予以记载。我在此首先说明所谓黄帝，是轩辕打败炎帝而成为"盟主"后的称号，以前应只称轩辕。古代人写文或著书时，无这样严格的要求，故在此文中，有时说黄帝，有时说轩辕，没有二人之义。以下不再注明。

《五帝本纪·黄帝》云："黄帝者，少典之子，姓公孙，名曰轩辕。

生而神灵,弱(出生)而能言,幼而徇齐,长而敦敏,成而聪明。"但没有记载其身世和生地。在记载轩辕事迹时,则说神农之世,诸侯强,不能征,轩辕征之。神农氏与蚩尤战,败退于涿鹿(今属河北),轩辕与之战,擒斩蚩尤。之后,炎帝又与轩辕发生战争,在阪泉(今涿鹿西北)之阿进行了三次大战,而轩辕取得胜利,代神农氏天下盟主的帝位而称黄帝。之后黄帝又经 50 次(一说 70 次)大战,统一了天下,定都于有熊之墟(今河南新郑市),辖有"万国"。这段复杂的历史和详情,我们曾进行过论述①,不多叙。在两千多年前的汉武帝时期,司马迁在众说纷纭、神人杂糅中,以其敏锐的洞察力,认定三皇、五帝是人不是神,将神农氏(即炎帝)、轩辕(即黄帝)确立为中国文明和文化的开创人,尊奉"炎黄"为华夏民族的始祖。张岂之主编《中国历史·先秦卷》云:"炎帝族和黄帝族是史前两个关系密切的大氏族部落,我国古文献中有关于他们的古老的传说"②。"三皇五帝的传说,有些记述氏族部落的事迹,有些记述其领袖人物的生平,作为领袖人物生平记述的内容中又有一部分事实上并非个人事迹,而是一个时代成就的反映。"③又云:"炎黄两个氏族部落发祥于我国西北黄土高原地区。其后,炎黄两个氏族部落发生过冲突,在阪泉之战中黄帝部落打败了炎帝部落。"击杀蚩尤后,"胜利的黄帝部落成为中原各部落的盟主,也就是古文献中所说的黄帝代神农氏而为'天子'了。"④抚今思昔,司马迁所撰《史记》的伟大贡献和历史重要价值,无论怎样高度评价和颂扬,都是不过分的。

2. 华夏民族与四夷集团的形成

马克思列宁主义唯物史观告诉我们,世界古老的民族和国家,都经历过漫长的原始社会(分旧石器时代早中晚三期和新石器时代早中晚三期)。考古材料证明我国有约 200 万年的原始社会,新石器时代则为其末约 1 万年前至公元前 2070 年的一段(约 7930 年)。古史传说时代的、以三皇为代表的数十个人物,大约传世(或氏族部落存在)于 1 万年至 5000 年前;以五帝为代表的数十个人物

（或部落古国），存在于约 5000 年至 4082 年前。现代专家学者多认为：汉代后形成的三皇五帝之说可信，炎帝和神农氏为一人较符合历史实际。炎帝（神农氏）、蚩尤被轩辕打败后，轩辕联合他们的余民和东方的少昊部落，组成了以中原（今河南）为基地的部落联盟，以始祖母华胥氏之族的花（古与华同音通用）图腾和夏（中原之义）为名，曰华夏族。按地域将华夏部落联盟以外的民族集团，分别称为东夷、北狄、西戎、南蛮，没有"歧视"或"少数民族"之义。原始社会的氏族和胞氏族，是社会的初级组织，部落则是氏族制度的最高组织，神圣不可侵犯。其纽带是共同的血统、语言、思想和原始宗教观念。随着社会的发展和人口增多，必然会分裂、变化和争斗。"华夏族就是这样开始形成的。传说中的'炎黄子孙'，正是神话式地反映这种错综复杂的形成过程。"⑤四夷族团也是如此。

3.炎黄二帝距今的大约时代

　　司马迁写《五帝本纪》时，只有神农氏或炎帝的事迹，没有生地年代等。现代学者认为，炎帝氏族部落大体经历了考古学的仰韶文化中晚期（约 6000 或 5500 至 5000 年前），首领为母系氏族社会繁荣至消亡阶段的代表人物。传统观点认为，首代炎帝神农氏的故里在今湖北省随州市厉乡镇。近些年已成立了湖北省炎帝研究会，公祭炎帝故里大典，由省政府举办，国家领导人参祭。20 世纪90 年代后，又多认为炎帝故里在今陕西宝鸡市渭滨区神农镇。相继由宝鸡"社科联"或宝鸡炎帝研究会，举办了多次国内大型学术研讨会，出版了会议论文集。但遗憾的是，至今研究会和公祭炎帝故里，还一直停留在宝鸡市的规格上。炎帝陵的公祭大典，湖南省政府举办，国家领导人参祭，在炎陵县举行，规格高，规模大。按《国语》之说，第一代黄帝比炎帝年长，为同一"父母"所生，故当代也有史学家、民族学家认为黄帝亦应有八世，且都以"黄帝"或"轩辕"为号。因"姬水"史书无明载在何处，故黄帝故里与炎帝故里一样，在黄河流域五省市、长江流域的有关省市，均有其故里之说。

其中,以陕西省轩辕黄帝研究会成立最早,创办有《华夏文化》刊物(季刊),发表了许多短小精湛的文章,影响较大。中华炎黄文化研究会成立后,河南省炎黄文化研究会相继成立,创办了《炎黄天地》刊物(季刊)。新世纪以来,以河南新郑市的黄帝故里祭祀大典最为隆重,规格也最高,已成为海内外拜谒黄帝的又一个圣地。郑州市还建立了炎黄文化广场,依山体为身,雕塑了炎黄二帝巨像。原党和国家领导人华国锋生前题写"轩辕故里"的清水县,祭祀活动也初具规模。2012年4月下旬,县级研究会已上升为甘肃省轩辕文化研究会。黄帝陵的祭祀大典,从汉武帝始而至于清朝,均相继由地方举办,皇帝亲祭或派官员代祭。民国时期亦由省政府举办,大典在中部县(今陕西省黄陵县)举行。新中国建立后,尤其是改革开放后,黄帝陵已修葺一新,公祭黄帝陵大典,由省政府举办,国家领导人参祭,级别、规模空前提高。

近十几年来,我在炎黄研究中认为:《史记·五帝本纪》中的神农氏和黄帝,应为年龄不一的同代部落族团首领;或说"炎黄"是指在涿鹿共同反击蚩尤的炎帝与黄帝,距今约5000多年。因为《国语》记载的黄帝和炎帝(首代),据后世人的研究,他们的名字与《五帝本纪》中的炎黄二帝名字不同,炎帝在位年数也与"首代"有异。东汉伟大史学家班固(今陕西咸阳市西北人)就明确指出,"神农氏世衰"非指神农氏本身,是指榆罔帝(又名参卢)。我在此需要说明的是,汉代人多认为炎帝与神农氏为一人(炎帝、神农氏、炎帝神农氏,都是一人的称号)后,仍有持炎帝、神农氏为二人之观点(神农氏在前,炎帝在后)的。因而至今,亦有坚持二人之说的。从学术观点论,都无可厚非。近年有的地方学者又提出:哪里农业出现最早,哪里就是神农氏故里,导致了"神农氏故里"的乱象。有的地方学者又提出了第三种观点:神农氏传数千年,炎帝传数百年,前后相加而称神农氏即炎帝,或炎帝即神农,结合的考古文化长达3000余年(8000—5000或4500年)。真不知这个炎帝怎么这样"长寿"?

又竟能和距其 3000 或 3500 年后的黄帝,发生"争夺天下"的"三次"大战? 显然是不符合汉代"一分为二"或"合二为一"两种含义和学术观点的。李学勤先生说:"这几年,我在几次演讲中提到一个观点,就是我们中国人自称炎黄子孙,以及讲中国有五千年的文明史,是彼此密切相关的。大家这样说,都是根据《二十四史》的第一部即西汉司马迁的《史记》。《史记》开头是《五帝本纪》,而《五帝本纪》是由炎黄二帝的时代开端的,作为文明的开始。依照后来历代史家的推算,传说炎黄二帝的时代距今约五千年,也就是说我们有五千年的文明史"⑥。

从世系和社会性质论,炎帝榆罔之上七世,均处在母系氏族社会时期,为原始农业文化的典型代表。统一天下的黄帝,为耕战文化的典型代表人物。以炎黄族团为主体,包括有"东夷"少部分人的"华夏部落联盟",尊奉炎黄为祖先,且在汉代以来就成为定制,是符合历史实际和逻辑的。

三、司马迁为华夏文化和文明做出的重大贡献

1.炎黄祖先地位之确立对华夏一统的重大贡献

《史记·五帝本纪》确立神农氏、黄帝为华夏祖先后,又进一步阐明了他们的子孙在"天下"的分布和世系。进而又为夏商周秦、春秋战国时期历代先祖理清了脉络。如帝颛顼、喾、尧、舜、禹等,均为黄帝的后裔。夏朝首代王是禹,子孙为王,传至桀亡国。商氏族部落的始祖契,周氏族部落的祖先弃,均为帝喾之子。契的子孙世代相传,至汤建立了商王朝。弃的子孙世代相传,至周武王时灭商王纣,建立西周。秦氏族部落的首领,司马迁认为是颛顼帝裔孙女"所生"的儿子大业(即皋陶),大业又有子伯益。皋陶、伯益均为尧、舜之"臣",又相继被禹任命为继位人(近现代学界以地域划分,一般认为皋陶部落是太昊的后裔,伯益部落是少昊的后裔,属于近

亲部落。二者均为东夷族团中同华夏融合较早者）。这样一来,黄河流域大部分地区、长江流域的少部分地区,在夏商周时期基本上都已经成为华夏的版图。

西周灭亡,东周在雒邑（今河南洛阳）复位,王室名存实亡,百余小国相互征战兼并,逐渐形成一二十个国家。至战国时期,又形成七个强国。《史记·世家》记载:建都于今浙江绍兴的越国,始祖是夏朝少康王的儿子;建都于今苏州的吴国,始祖是周太王的长子太伯和二子虞仲;建都于今湖北江陵的楚国,祖先是黄帝之孙颛顼的后裔;江北地区之建都于今山东曲阜的鲁国,是周文王之子姬旦的封国;建都于河北邯郸的赵国,以今陕西咸阳为都的秦国,均为伯益的后裔;以今河南开封为都的魏国,以今河南新郑为都的韩国,均是周武王之子的后裔国;以今北京西南为都的燕国,亦是周文王的近族（一说为文王之子）大臣召公的封国;以今山东淄博市临淄区为都的齐国,则是姜姓炎帝的后裔子牙的封国等。那时又将春秋战国的诸国统称为华夏或诸华,即均为炎黄二帝的后裔之国。至于西戎族团,《山海经》记载,亦是炎帝之孙的后裔。战国至西汉武帝时,一直以今内蒙古为基地,西达甘肃西北部及新疆的匈奴族,《史记·匈奴传》也记载其祖先,是夏王桀之子淳维的后裔。秦汉多民族的中央集权的统一王朝建立,都是在炎黄为华夏之祖先确立后形成的,也是诸民族文化交流、融合的必然结果。概括地说:公元前2900年的中国历史或文化,都是杰出史学家司马迁费尽一生心血,采纳众家之长撰写而成的。其重大贡献和价值,将永远彪炳于史册!

2.炎黄时代形成初步的中国文明

考古材料证明我国之200万年悠久史,约近199万年的社会状况,都是靠实物材料佐证的。新石器时代的7930年史,大体说是既有考古材料,又有传说人物（以三皇五帝为代表）。现代史学家从前仰韶与仰韶文化时期的古城址、陶器刻画符号、原始铜器等分析研究,认为已处在社会文明的萌芽阶段。又从龙山文化时期发掘出规模扩大的古城址,比较进步的铜器、陶器刻画符号或文字,规模不同与葬器多少悬殊等,认为社会已处在文明形成的初步阶段。其时,国家的基本形式已经呈现。苏秉琦先生指出:"古文化、古城、古国这三个概念,是我 1975 年提出的。""古文化指原始文化;古城,指城乡最初分化意义上的城和镇,而不必专指特定意义上的城市;古国指高于部落以上的、稳定的、独立的政治实体。"三者是"逻辑的、历史的、发展的"关系⑦。这也就是正式国家夏朝建立前,学界称龙山文化时期部落为古国的由来。从建构文明起源至形成的传说人物论,则是从伏羲氏至黄帝时代。从 20 世纪 90 年代甘肃天水市伏羲文化研究中心成立后,尤其是 2002 年国家级"中华伏羲文化研究会"在北京宣告成立后,三皇中第二位的伏羲氏及其文化研究,上升到了海内外学术研讨会的地位。我们三位学术方面的副会长,同历次参会的大多数专家学者一样,认为约处在 8000 年前的伏羲氏(含女娲氏),应为创立华夏文化的先祖。因其是古氏族首领华胥与另一氏族首领燧人氏(后世文献载他们是伏羲和女娲氏的母亲和父亲)通婚所生,故称华胥氏(传世约 9000至 8000 年前)为中华始祖母,燧人氏则是人工火的发明人。氏族部落长伏羲氏,在创造原始"八卦"后,又创造了几乎包括后世一切文化的萌芽。其"胞妹"(一说是其妻)女娲氏,实为胞氏族部落首领,以繁殖男女、炼五彩石补天而著名。先秦史学家李学勤先生早在 1994 年就指出:"古史传说从伏羲、神农到黄帝,表现了中华文明萌芽发展和形成的过程。《史记》一书沿用《大戴礼记》所收《五帝德》的观点,以黄帝为《五帝本纪》之首,可以说是中华文明形成的一种标志。"⑧他在引用黄帝的事迹后又说:"以炎黄二帝的传说作为中华文明的起源,并非是现代人创造的,乃是自古有之的说法。"⑨这些论述,是正确而又符合历史实际的。这也是说,我国的社会文明已从传统观点的"夏朝开始(4082 年前),又提前到了炎黄时期（5000 年前）。假若将文明萌芽至初步形成（华胥至榆罔与黄帝），那么中国社会文明将有 8000 年了。

3.《五帝本纪》所载的黄帝文明与炎帝有密切关系

所谓文明，《史记·五帝本纪》载：黄帝擒杀蚩尤与打败神农氏后，又经历战争和交往，使天下逐渐统一。所谓文明，我国从共产党成立后，有马列主义的文明含义；近些年又有人类所创造的物质、精神、政治总和就是"文明"之含义。本文所说的文明，是指前者。

（1）文明的内容和为何始于炎黄时代

《五帝本纪》载：黄帝"部落联盟"管理机构的"官职"均以"云"为称号。黄帝之下设左右大监。以管理"万国"（实为部落众多之义）。风后、力牧管征伐。农业、家畜禽驯养业、手工业生产、筑城及建房等各有职官。正文下的《正义》《集解》《索隐》又说：黄帝时已有天文、历算、史官、礼官等。炎帝榆罔为天下盟主时的"官员"、机构设置，在黄帝为"盟主"后，更进一步健全和充实。至于从华胥至榆罔和黄帝间的约有百余个的神话传说人物，以及他们创造的文明萌芽及发展情况，就略而不述了。总之，黄帝创造的文明，在其以下四代古帝时期又继续发展，为我国第一个夏王朝的建立奠定了坚实基础。

我们这里所说的"文明"，是唯物史观说的贫富、阶级、剥削已经初步出现；共同劳动、共同享受、人人自由平等的原始大同社会不复存在。考古学家将新石器时代晚期这种高于部落、低于夏王国的体制，称为古国（又称部落古国）时代。至于以距今 200 万年前"巫山"猿人为开端的《中华文明史》（或《中国文明史》），则是以新世纪中央文件对"文化""文明"的定义而撰写的著作。这样一来，传统的、（马列主义）"社会文明"，便成为了从伏羲氏时代的"文明萌芽"（约 8000 年前），至炎黄时代（约 5000 年前）文明时社会因素或标志初步具备的一段（约 3000 年）了。从炎黄延续至今的

5000余年中国文明史,也就成为200万年悠久文明史的末段了。作为学术观点,两者皆可,不必强求统一。我在研究中国文明、中华民族传统文化时,我赞同并采用三皇五帝时代的文化,作为渊源或为"开端"之说的;在研究中国史和人民创造的文化时,撰文或著书,则赞同并采取从"巫山"猿人为始之说。

(2)考古发现和当代史学成果对《五帝本纪》的佐证

郭沫若主编《中国史稿》指出:"从氏族社会到奴隶制社会之间,有一个过渡的时期。在我国历史上,这个时期可以溯源到传说中的黄帝时代,经尧、舜、禹到夏代前期,持续了数百年之久,从血缘性的氏族部落到地域性的部落联盟,其间出现过许多冲突和战争,曲折和反复,奴隶制度最后才代替了氏族制度。"⑩又云:"氏族制度的基础是极端狭小的生产规模和低下的生产力。一旦生产的规模有所扩大,生产力有所提高,到一定的界限,氏族制度就无法容纳了。氏族的最高界限是部落结为联盟,当部落结为联盟逐渐凌驾于社会之上的权力渐成为凌驾于社会之上的权力时,国家就从原始社会中脱胎而出了。"⑪我之所以在此引用这段对从原始社会过渡到奴隶社会的论述,其主要原因是郭老的观点,与马列主义和中国革命实践相结合的毛泽东思想是符合的。再进一步说,即使是以改革开放后的马列主义中国化实际化的理论说,夏商周及春秋,也不能称其"大国"或仅是"富人与贫人"的社会。至于以"《中国史稿》是十年动乱产物"而加以全盘否定,或讽刺讥笑引用郭老观点之学者的所谓某"年轻博士",实为可笑而可怜!苏秉琦先生指出:从全国发现的文明遗址看,"就全国六大区系而言,社会发展总是不平衡的,是有快有慢的,但相对于历史长河而言,史前社会发展的步伐又是大体相当的。不迟于四五千年前大体都进入古国时代,即城邦、万国林立的时代。"⑫又说:"从氏族到国家的历史过程,各地相差的幅度一般不超过五百至一千年,但都可以追溯到四千年、五千年、六千年前,甚至还可以追溯到更早。总之,在距今五千年前后,在古文化得到系统发展的各地,古城、古国纷纷再现,中华大地社会发展普遍垮入古国阶段。"⑬以古史人物论,恰与先秦史学界(包括中华義文化研究会的专家学者)之"从伏羲时代的文明萌芽",至"炎黄时代"文明形成的共识相一致。从而进一步证明了,两千多年前司马迁之《五帝本纪》的真实性、可靠及远瞻性是多么的高! 李学勤先生说:"司马迁写《五帝本纪》,有着丰富的文献依据。要知道司马迁生于史官世家,他所能见到的载籍,无疑比我们后人要多得多。后世传流或发现的一些材料,司马迁很可能都看见过,可是他认为'百家言黄帝,其文不雅驯',与他亲身旅行调查所得不能相合,他所能依靠的,乃是《左传》《国语》和现存于《大戴礼记》的《五帝德》《帝系姓》。根据这些,他把文明历史上溯到炎黄时代,绝不是任意的,如《本纪》末所说:'非好学深思,心知其意,固难为浅见寡闻道也'"⑭。他在引用《左传》《国语》《帝王世纪》有关记载后又说:"炎帝之后有帝临、帝承、帝魁、帝直、帝厘、帝哀、帝榆罔,一共八代,才同黄帝并世。不管怎样说,炎黄所代表的历史时代,是中国文明开始形成的重要关掖,对主定时代的探索,是古史研究不可缺少的组成部分。相当这一时代的一系列考古发现,正可从一方面予以印证。"⑮著名历史地理、民族史学家何光岳,也曾发表《炎帝八世考》⑯,为炎帝深入研究做出了有益的贡献。《五帝本纪》所载,在约 2100 年后能得到考古发现和史学研究成果证实,真令人佩服和威叹不已!

4.汉武帝祭祀黄帝陵的思想和意义

我国的祖先崇拜和祭祖,相传炎黄时代已有。三代时期的祭祖活动和礼仪,已在"宗庙"隆重举行。春秋时秦文公已设畤(土丘)祭少昊帝等,战国时秦公已设"五畤"于雍(今陕西凤翔县),内有炎帝和黄帝。秦始皇以"黄帝得土德",夏朝得木德等,而以"黑帝"(颛顼)为水德。汉高祖祭"五祠"中,有炎帝和黄帝。汉文帝时,已在渭阳(今陕西咸阳市)东北正式修建炎帝(位在南)、少昊

(位在西)，颛顼(位在北)、太昊(位在东)、黄帝(位在中)祠庙，号曰"五帝祠"，每年以隆重礼仪祭祀。之后，又在"长门"外道北筑"五帝坛"，以"五牢"祭祠。这些祭礼，都为汉武帝祭黄帝陵开辟了先河。

(1)接受方术之士的黄帝成仙升天邪说

《史记·封禅书》云：武帝"初即位(前140)，尤敬鬼神之事。"他除敬祭以往沿袭下来的"鬼神"外，在窦皇太后去世(前146)后，学士公孙弘等得到重用，"敬鬼神"之风欲浓。李少君、宽舒、少翁、公孙卿等方术之士，在先后得到武帝重用下，大兴修庙、筑坛、封神、巡游及求不死仙之药的妄言，于是封齐人术士栾大为将军、乐通侯，许予卫长公主为妻，家僮千人。汾阴(今山西万荣县宝鼎村)巫师"锦"，狂言其地之鼎为神仙造，太守上奏告，武帝以重礼迎入甘泉宫(今陕西淳化县)。之后，又迎宝鼎于长安祖庙，改年号为元鼎一年(前116)。在"宝鼎"瑞气下，到传说的东海"蓬莱仙岛"，求取"长生不老药"的术士，仍未获得仙药，惧武帝治罪。于是，方术士公孙卿，又妄说蒙蔽武帝以保命。《史记·封禅书》记载卿向武帝上奏曰：上古赤(炎帝)、黄(黄帝)青(太昊)、白(少昊)、黑(颛顼)等"五方帝"，都得宝鼎之气而成仙。陛下圣明，当在雍(今凤翔)铸立"太一"(北极星名)大鼎，以其"瑞气"感应，才能得到"神仙"赐的"长生"之药。又大讲黄帝得宝鼎而制历，推演自己380岁时会成仙升天。微臣曾听已故的申公说，黄帝所得宝鼎上的文字预言："汉之圣者在高祖之孙且曾孙也"。这个曾孙，恰是汉武帝，帝自然信奉和大喜。不仅决定在雍为北极星铸大鼎，而且还要效仿黄帝，大封"神山"，去与"神"或"仙"相会，以达成仙升天的终极目的。

(2)隆重祭祀黄帝陵而祈祷成仙升天

关于武帝的祭黄帝陵，也是与以公孙卿为首的方术士，怂恿武帝封泰山的前奏。《史记·封禅书》载公孙卿向武帝(前116)奏曰："黄帝郊雍(今凤翔县南凤栖原)上帝，宿三月。鬼臾区号大鸿(黄帝之大臣），死葬雍，故鸿冢是也。其后黄帝接万灵明廷。明廷者，甘泉（今陕西淳化县甘泉山）也。所谓寒（又写作塞）门者，谷口（在今陕西礼泉县东北，经泾水出山谷之处而得名）也。黄帝采首山铜，铸鼎于荆山（今陕西三原、富平、阎良区的交界处，区内有土山，今仍称铸鼎原）下。鼎既成，有龙垂胡须下迎黄帝。黄帝上骑，群臣后宫从上者七十余人，龙乃上去。余小臣不得上，乃悉持龙须，龙须拔，坠，坠黄帝之弓。百姓仰望黄帝既上天，乃抱其弓与胡须号（哭），故后世因名其处曰鼎湖，其弓曰乌号。"武帝相信不疑，大为感慨地说："嗟乎！吾诚得如黄帝，吾视去妻子如脱履（鞋）耳。"遂"拜（公孙）卿为郎，东使候神于太室。"从此，汉武帝郊祀雍，巡陇西，登崆峒（今甘肃平凉市西北崆峒之古仙山），幸甘泉（宫和山），令祠官（方士）宽舒等在山上筑太一祠庙和高三阶的祭坛，"五方帝"之坛按方位环绕在"太一坛"四周下，而黄帝坛西南修"除鬼"道八条。黄帝"成仙升天"，成为武帝的最大引力和心愿。

　　元鼎六年（前 111）春灭南越国后，武帝同意并决定次年赴泰山封禅。《封禅书》载："上议曰：'古者先振兵泽（古释字）旅，然后封禅。'遂北巡朔方（武帝元朔二年，即前 127 年置之郡，治所在今内蒙古杭锦旗北，辖境相当今河套西北部及后套地区），勒兵十余万骑，还祭黄帝冢桥山，释兵须如。"十万大军驻休于桥山下，护卫和显威，武帝在文臣武将护驾下，上山祭祀黄帝陵。《史记·五帝本纪》云："黄帝崩，葬桥山。"《集解》引《皇览》曰："黄帝冢在上郡（战国魏文侯置，秦朝治所在今陕西榆林市，汉朝辖境相当今陕西北部和内蒙古乌审旗等地）桥山。"《索隐》："《地理志》桥山在上郡阳周县，山有黄帝冢也。"《正义》《括地志》云："黄帝陵在宁州（西魏 533 年改豳州置，治所在今甘肃宁县）罗川县东八十里子午山。《地理志》云上郡阳周县（今陕西子长县西北）桥山南有黄帝冢。"案："阳周，隋改为罗川。《尔雅》云山锐而高曰桥也。"因战国至汉武帝的政区沿革不同，故形成黄帝冢有今子长、洛川、黄陵及甘肃宁县等说,实际上为一地,即今黄陵县北的桥山(又作乔山)。

黄帝的祠庙和院落,武帝时有否,无载。陵下东北有黄帝"柏"(约5000年前),武帝挂甲柏(约2101年前),均为传说。其礼仪,从武帝袭文帝祭雍"五方帝"(内有炎黄二帝)、尤其是对黄帝祭祀时,已沿袭文景二帝礼仪:乘四匹饰具齐全的骏马御车,穿红色袍、戴皇冠,至庙坛附近,下车步行,以表示恭敬;铜盆盛玉圭和钱币,祭品为三只羊、三头猪、一头牛(或一匹黑马)析,肯定会比这些祭品更为丰富。不过在通常情况下,若有祠院和庙,祭礼一般是在庙前隆重举行的;若无院庙,则在坛下举行。因此,我认为武帝祭黄帝陵时,当无庙和院落,故才相传有武帝时修的祭坛圆土丘,(在今陵旁)。礼仪在坛下隆重举行,先祭天帝,后祭黄帝。今"官员到此下马"遗迹,是否始于汉武帝,史无载。武帝下御车,带群臣步行至坛前时,却亲眼见到了黄帝冢,便奇异而问一直说"黄帝成仙升天"的祠官宽舒、能与神仙相见的郎官公孙卿均为方术之士等。"吾闻黄帝不死,今有冢,何也?"显然有责问之意。公孙卿等立即诡辩地对曰:"黄帝已仙上天,群臣葬其衣冠。"武帝未再言。武这一行祭天帝后,向黄帝陵拜祭而归。大军护卫武帝至甘泉宫后,便决定次年(前110)封泰山。元鼎七年,封禅礼成,改年号为元封(前110)。

(3)祭祀黄帝陵的重要历史意义

作为一个封建集权制的皇帝,我们不可能苛求汉武帝是为国家、为人民而隆重祭祀黄帝(含炎帝庙、炎帝坛)及其陵的。但其在2111年前,就能不断祭祀"五方帝"(与常称五帝有异),且正式祭黄帝陵,在客观和实际上,已将"炎黄"视为了当时中国人民的共同祖先,因而具有重要的历史价值和意义。翁独健先生说:"汉朝建立后,夏、华夏、秦人这些族称依然存在,并产生了汉这个族称。汉这个族称,当然是因为汉朝的建立而产生的。但由于汉朝存在了400多年(包括前后汉),它在我国历史上和民族关系中起过巨大作用,因而这一族称也就不限于汉朝而成为这一族体的通称了。并逐步代替称夏或华夏的族称而成为广泛的称谓了。"⑰又云："秦汉建立的地域辽阔、民族众多的多民族国家，继承了我国各民族政治、经济、文化以及他们关系发展的一切成果，为我们伟大祖国和中华民族的发展奠定了坚实的基础。"⑱这也就是为什么说"炎黄"是中华民族人文初祖的根本原因，也是我们不同意极少数学者认为的"炎黄"仅是汉族之祖先的理由之所在。

综上所述，司马迁《史记·五帝本纪》对华夏祖先炎黄及其文化的确立，不仅标志着近200万年的原始社会进入了文明社会阶段，而且也标志着血缘氏族社会进入了以家庭为单位的、地域性的古国社会。炎黄从此成为中国5000年文明、中华民族5000年优秀文化的祖先；炎黄文化（又称本族、本时代或狭义的炎黄文化）从而也成为中华民族血脉的渊源，优秀传统文化的开端。从广义炎黄文化或华夏至中华民族的文化、文明而论，又可将中国5000多（即至今的5012年）年文明、中华民族5000多年文化，泛称为炎黄文明、炎黄文化。在全面加快社会主义建设强国的豪迈时代，我们要弘扬伟大史学家司马迁创立的，以炎黄为祖的华夏一统文化，并以"炎黄"为旗帜加强各民族的团结和海外华侨的内聚力，为在2020年全面建成小康和谐社会、实现中华民族伟大复兴之梦做出更大的贡献！

注释：

①何光岳、杨东晨：《中华炎黄时代》，西安：三秦出版社，2007年7月第1版。

②张岂之主编：《中国历史·先秦卷》，北京：高等教育出版社，2007年1月第1版，第24页。

③张岂之主编：《中国历史·先秦卷》，北京：高等教育出版社，2007年1月第1版，第25页。

④张岂之主编：《中国历史·先秦卷》，北京：高等教育出版社，2007年1

月第 1 版,第 26 页。

⑤郭沫若主编:《中国史稿》第一册,北京:人民出版社,1976 年第 1 版,第 122 页。

⑥李学勤:《炎帝古庙》序,(山西高平市政府主办)《高平新闻》报,2011 年 12 月第 1157 期。

⑦苏秉琦:《中国文明起源新探》,北京:生活·读书·新知三联书店,1999 年 6 月第 1 版,第 131 页。

⑧李学勤:《走出疑古时代》,沈阳:辽宁大学出版社,1997 年 12 月第 1 版,第 41 页。

⑨李学勤:《走出疑古时代》,沈阳:辽宁大学出版社,1997 年 12 月第 1 版,第 41—42 页。

⑩郭沫若主编:《中国史稿》第一册,北京:人民出版社,1976 年第 1 版,第 129 页。

⑪郭沫若主编:《中国史稿》第一册,北京:人民出版社,1976 年第 1 版,第 138 页。

⑫苏秉琦:《中国文明起源新探》,北京:生活·读书·新知三联书店,1999 年 6 月第 1 版,第 140 页。

⑬苏秉琦:《中国文明起源新探》,北京:生活·读书·新知三联书店,1999 年 6 月第 1 版,第 145 页。

⑭⑮李学勤:《炎帝古庙》序,(山西高平市政府主办)《高平新闻》报,2011 年 12 月第 1157 期。

⑯何光岳:《炎帝八世考》,大象出版社《寻根》杂志,1997 年第 1 期。

⑰⑱翁独健主编:《中国民族关系史纲要》,北京:中国社会科学出版社,1990 年 2 月第 1 版,第 101 页。

2013 年 6 月 10 日

论炎黄研究取得的主要成就

　　新中国建立后,中国共产党在领导各族人民进行伟大的社会主义革命和建设中,总结宝贵的实践经验与沉痛教训,果断地于难忘的 1978 年 12 月 18 日打开了国门,走向五彩缤纷的世界,迎来了改革开放的、令国人欢欣鼓舞的新时代。在"百家争鸣、百花齐放"的"科学春天"里,中国古史传说时代的"三皇五帝"研究与其他学科一样,得到了充足、空前的重视和发展。尤其是在改革开放总设计师邓小平同志于 1988 年题写"炎黄子孙"(碑刻竖立在今陕西黄陵县人文初祖祠庙院内)后,人们对炎帝、黄帝及其文化研究的热情空前提高,逐步形成了热潮。学术界人士和各地方学者相结合,将民间的研究提高到学术研讨的新阶段。即将三皇五帝构架的古史系统,提高到了国史、文化与文明重要组成部分的高度。近 30 年来,不仅论文、书籍、画册层出不穷,海内外炎黄子孙寻根拜祖络绎不绝,而且在爱国人士的大力投资、捐资下,陕西、河南、湖北、湖南及山西等省的炎帝、黄帝故里、邑城、陵墓、祠庙及祭坛等,均相继得到了维修或重建,分别成为不同级别的历史文化圣地。其中以陕西宝鸡市的炎帝故里、湖南炎陵县的炎帝陵;河南新郑市的黄帝故里、陕西黄陵县的黄帝陵最为壮观。湖北随州的神农尝百草碑与塑像等,亦较雄伟。山西长治羊头山的炎帝不锈钢像,高达 39 米。象征华夏族团经相互大战而形成的河北涿鹿县的三皇(炎帝、黄帝、蚩尤)祠,规模也比较大;近年落成之象征以炎黄族为主体、融合东方部落组成华夏族团,并定都于中原的郑州炎黄二帝巨型塑像(高达 106 米)及文化广场(达 12 万平方米),为炎黄文化的弘扬又增添了里程碑式的一大景观。我们可以自豪地说:中华民族人文始祖炎帝、黄帝的地位已空前提高,受到了海内外华人的无限崇敬和热爱。炎黄的功德已成为中华儿女的榜样和典范;炎黄文化已成为中国文化与文明起源的基础或源泉;炎黄精神已成为中国人民开拓进取、建设和谐民族精神家园的伟大动力。中华民族以有五六千年的始祖炎黄二帝而荣耀;炎帝、黄帝以有开拓奋进的近 14 亿子孙而自豪。

一、三千多年的研究确证炎黄二帝是人文初祖

在马克思主义中国历史学未创立与中国考古学未兴起以前,人们对漫长远古史的认识是有限而模糊不清的。一般认为,"大学"出身的政治、思想、军事、文学家兼诗人周公旦,率先开始全面、系统整理西周以前的古文化,并创立了西周博大精深、内容广泛的一整套"礼乐"制度和文化,从而为春秋大儒孔子编订"六书"(后人研究除《春秋》外,其他五书大都是战国或汉代才编写的)、左丘明编写《左传》《国语》奠定了基础,也为"自从盘古开天地,三皇五帝到如今"的传统史学体系形成奠定了基础。

1. 古代文人学士对远古史与炎黄二帝的探索

中国人类社会与世界上古老的民族一样,历史是漫长的,没有文字的时期几乎占去历史的十分之九点五。即使是从夏朝(前 2070—前 1600)有史官记事起,人们对以前历史的了解是十分有限的。但是,从商代(前 1600 年—前 1047)甲骨文中已开始追寻、记载远古史。从流传的西周《逸周书》(相传为孔子编订《尚书》时删去的周代文献)、西周至春秋中期的《诗》;春秋时期孔子的《春秋》《论语》,左丘明的《左传》《国语》《老子》;西周至战国成书的《易》

《书》《礼》《乐》《山海经》;战国时期的《庄子》《孟子》《荀子》《公孙龙子》《韩非子》《商君书》《孙子兵法》《孙膑兵法》《吕氏春秋》《战国策》《世本》及《楚辞》等,都多少不等地记载了古史的一些情况,以及传说的三皇五帝及大禹等。其后的世代文人学士,尤其是史学家们继续探索,至三国时从盘古氏至舜的体系已完备。从战国《世本》、东汉的纬书至晋代皇甫谧的《帝王世纪》,三皇五帝的事迹不仅日益增多,而且从华胥、燧人氏以下有了血脉相承的代系与各代炎帝在位的年代,"五帝"还有了各自生死的年限。东晋至清代吴乘权的《纲鉴易知录》,又为从伏羲至帝舜的古"皇"或"帝",分别编写了"纲、纪"。炎帝、黄帝与其他传说人物一样,经历了神话、神仙、人祖等阶段,也经历过肯定、被怀疑与否定、再肯定的曲折历程。世代文人学士或史学家的贡献是巨大的,没有他们的代代探索和辛勤研究,就没有浩瀚的古代文化典籍,也就没有世界上罕见的中国《二十五史》,更不会有三皇五帝的古史系统和中华民族公认的始祖炎帝和黄帝。创立古史辨派的著名史学、神话、民俗学家顾颉刚先生的功过,已有不少史学家作过评论。我们认为他"层累地造成的中国古史"理论中的"时代越后,知道的古史越前;文籍越无征,知道的古史越多"①之说,虽有偏颇之处,但在一定意义上揭示了古代辈辈文人学士、史学家对古史或"三皇五帝"的认识实际情况和规律。他说:"东周的初年只有禹,是从《诗经》上可以推知的,东周的末年更有尧、舜,是从《论语》上可以看到的""于是禹之前有更古的尧、舜了。""自从秦灵公于吴阳(今陕西凤翔县凤栖原)作上畤,祭黄帝,经过了方士的鼓吹,于是黄帝立在尧、舜之前了。自从许行一辈人抬出了神农,于是神农又立在黄帝之前了。自从《周易·系辞》抬出了庖牺氏,于是庖牺氏又立在神农之前了。自从李斯一辈人说有'天皇、有地皇、有泰皇,泰皇最贵',于是天皇、地皇、泰皇更立在庖牺氏之前了。自从《世本》出现,硬替古代名人选了很像样的世系,于是没有一个人不是黄帝的子孙了。自从《春秋命历序》上说'天地开辟,至《春秋》获麟之岁,凡二百二十六万年',于是天皇十二人各立一万八千岁了。自从汉代交通了苗族,把苗族的始祖传了过来,于是盘古成了开天辟地的人,更在天皇之前了。"②虽然个别传说人物的出处有误,其目的是要以"编造"的古文献而否定三皇五帝,但从另一面却歪打正招地道出了古代(乃至现代)学者对远古史认识逐渐深入的规律及实际。

2. 近现代经历曲折再次证明炎帝与黄帝是人不是神

传统史学与其他学科一样,是在争论中逐步发展起来的。春秋末年孔子弟子中的子贡,就对纣王残酷之说的缘起产生怀疑。西汉淮南王刘安对夏末王桀、殷末王纣的毁誉、三代的美誉提出疑问。宋代崔述《考信录》开始对古文献辨伪。清代晚期出现疑古思潮。在列强侵略中国、资本主义文化东传的形势下,资产阶级革命家和进步知识分子反思传统文化,寻找改变落后、挨打的途径和方法,1919 年爆发的"五四"运动,冲击了封建文化和传统史学观,以解放思想,振奋民族精神。20 世纪 20 年代中期,以古史辨派为代表的疑古思潮就是在此形势下兴起的。李学勤先生说:"由中国当时的思想史来考察,疑古思潮肯定是有积极进步的意义,应予以充分的肯定。""不过,我们今天加以回顾也有必要指出,疑古思潮有其局限性和不足之处,就是说,对于古史,对于古代文化,在某些方面肯定否定过度了,以致造成了古代历史文化的空白。在当时疑古思潮中,曾出现一种极端的说法,叫做'东周以上无史'论。过去说中国有五千年历史文化,一下子缩短了一半,以上部分统统成了空白。"③又说:"在几十年来疑古思潮盛行的时期,炎黄二帝的事迹几乎被否定了,普遍认为是子虚乌有,屏之于历史研究的视野之外。"④此论是正确的。同时,我们也看到在疑古思潮盛行的几十年中,一些著名史学家仍坚持正确对待古文献和古史人物。20 世纪 30 年代出版的郭沫若《中国古代社会研究》,40 年代出版的《中国古史的传说时代》(徐旭生著)、《古史甄微》(蒙文通),钱穆先生口述、弟子姚君记录与整理的《黄帝》(1943 年完成,未出版)等,就是明证。徐旭生先生在其著作中写了炎帝、黄帝、颛顼、帝喾、帝尧、帝舜、禹,又写了炎黄以前的古史系统,论述了华夏、东夷、南蛮集团。钱穆先生在其《黄帝》书稿中也详细论述了炎帝和"五帝"。

新中国建立后,马列主义中国史学的地位已经确立和巩固,史学家们以马列主义、毛泽东思想为指导,组织庞大的史学队伍进一步完善新史学体系,论著中普遍列了"原始社会"专章,肯定了古史传说的三皇五帝。徐旭生《中国古史的传说时代》在修改、增订后于 1960 年再版,被学术界公认为是里程碑性质的古史著作。他在 1957 年写的"自序"中对炎帝、黄帝论曰:"我们的祖先有一部分,此后叫做华夏族,内中有一个氏族叫作少典。它与有蟜氏族为互通婚姻的氏族。它的生活区域大约在今甘肃、陕西两省交界的黄土原上或它的附近。从这个氏族分出来两个重要的氏族:一个住在姬水旁边,此后得了姬姓,就叫作黄帝氏族;另外一个住在姜水旁边,此后得了姜姓,就叫作炎帝氏族。"⑤20 世纪 50 年代重版的范文澜《中国通史简编》第一编,对炎帝、黄帝也作了简要论述,肯定他们是中华民族的祖先。

改革开放,中国打开了较为封闭的大门,走向了世界,经历"十年动乱"破坏的史学大业又迎来了科学的春天。随着传统文化的被重视,古史研究重新勃起,三皇五帝研究逐渐形成热潮,"轻炎重黄"的倾向大为改观。陕西宝鸡、湖北随州、湖南酃县(今炎陵)等地较早地维修或修建纪念实体,开始恢复祭祀炎帝。陕西黄帝陵的祭祀一直未中断,但因年久失修,比较陈旧。改革开放后,开始维修。河南新郑虽起步较晚,但热情高,动劲大。目前以宝鸡炎帝故里、炎陵县"炎帝陵"、新郑黄帝故里、黄陵县"黄帝陵"的建筑规模和祭祀活动最为壮观,在海内外影响也最大。湖南社会科学院率先成立了"炎黄研究所",并于1992年出版了洋洋70万字的《炎黄源流史》,对华胥、三皇、五帝所构成的古史传说时代体系和人物,作了全面、详尽地研究,认为"炎黄"确有其人⑥。炎黄或炎帝、黄帝研究会,在全国有关省市雨后春笋般成立,中华炎黄文化研究会、中华伏羲文化研究会(以三皇五帝为研究对象)等国家级研究会,以及黄帝陵基金会、炎帝陵基金会等,也相继建立,并召开了多次国内、国际炎黄学术研讨会,出版了许多炎帝、黄帝会议论文集或论著。《炎黄汇典》《黄帝陵志》《黄帝故里志》《黄帝文化志》等大型书籍已正式出版发行。《炎帝志》也已初步定稿,《炎帝陵志》《舜帝陵志》等正在编写。《炎黄春秋》(后改为《炎黄文化研究》)、《炎黄天地》等刊物,在海内外也产生了广泛、深远的影响。这些成就的取得可以说是空前的,广大人民和学术界肯定了中华民族的"人文初祖"炎帝、黄帝确为古史上的传说人物。《国史十六讲》云:"三皇、五帝构成了传说时代的历史系统,应该是可信的。""炎帝、黄帝被中华民族尊为共同的祖先——'人文初祖',中国人自称'炎黄子孙',就是对于共同祖先的尊崇。"⑦

二、炎黄二帝出生地及其时代的大体定位

西周(前1046—前771)至清末(1911)的历代文人学士(含历史学家),在各自生存的年代中潜心研究古史,给我们留下了关于以三皇五帝为主要代表的许多古史书籍,雄辩地证明传说的古史是当时就存在的,非是不同时期的神话传说一层一层累成的。徐旭生先生早在20世纪40年代就说:"很古时代的传说总有它历史方面的质素、核心,并不是向壁虚造的。"⑧郭沫若主编《中国史稿》云:"在对待古代传说上,有两种倾向:一种是把传说当作真人真

事,进行烦琐考证,结果是治丝愈棼;一种是对传说材料持全盘否定的态度。他们不懂得氏族制是原始社会发展过程中所共有的制度,因而也不可能正确地对待古代的传说。"⑨张岂之先生说:"自战国秦汉时期以来,古史传说时代的'三皇五帝'就已经成为当时历史结构的最初框架。"⑩樊树志先生云:"神话是远古先民根据自己的想象,对自然事物、人类起源的虚构。而关于祖先的传说则是他对自己历史的记述,有相当的根据。因为它产之于历史,是先民口耳相传的故事,在没有文字记载的史前时代,它具有无可取代的历史价值,反映了古历史的某个侧面。"⑪这些论述和看法是符合历史实际的。我们认为应尊重和相信古代史学家的研究成果,对古资料应结合现代各学科新资料和成果进行仔细分析,去伪存真,吸取其精华,也就是现在大家所说的信古、疑古、释古之科学态度和方法,基本态度是应相信传说资料中有相当多的历史素地。

1. 炎黄二帝的出生年代和故里的今地望

关于三皇五帝的出生年代和地方,古文献说得很笼统,后世人判定其年代和寻找具体地方时,又说法不一。改革开放后,各地从振兴经济出发,对传说人物的时代、故里说法更多,争议较大,我们只能就今日多数学者的看法略述一二。

古文献中记载炎帝最早的是西周(前 1046—前 771)的《逸周书·佚文》,云:"神农之时,天雨粟,神农耕而种之。作陶冶斤斧,破木为耜,钼耨以垦草莽,然后五谷兴,以助果蓏之实。"这里只说了神农氏的事迹。春秋时期左丘明《国语·晋语四》载司季空子曰:"昔少典娶于有蟜氏,生黄帝、炎帝,黄帝以姬水成,炎帝以姜水成,成而异德,故黄帝为姬,炎帝为姜。"韦昭引贾侍中语:"炎帝,神农也。"即炎帝、神农二称号者实为一人,又曰"炎帝神农氏"。韦昭注云:"神农,三皇也,生在黄帝前,黄帝灭其子孙耳,明非神农可知也。"东汉王符《潜夫论·五德志》云:"有神龙首出常羊,感任姒,生赤帝魁隗,身号炎帝,世号神农,代伏羲氏。其德火纪,故为火师而火名。"又云："孔子曰：'黄帝，少典之子也，曰轩辕。'"晋代皇甫谧《帝王世纪》云："神农氏母曰任姒，有乔氏之女，名女登。为少典妃，游于华阳，有神龙首感女登于常羊（山），生炎帝。""黄帝，少典之子，姬姓也。母曰附宝，见大电绕北斗枢星，照郊野（一说祁野），感附宝，孕二十四月，生黄帝于寿丘。长于姬水，有圣德。"还有许多记载，从略。炎帝早于黄帝，都有出生的神话。在神话故事书或辞典中，炎帝、黄帝多以"神"的形象出现；道家的书中，又将他们塑造为"仙人"。史家则以"人"予以记载。如春秋时期的《左传》至西汉乃至后世的书，基本上都是将炎帝作为发明农业（含制陶、家庭饲养业等）的首领式人物记载的。《史记》则为黄帝立了"本纪"。司马迁将"五帝"都视为古帝并立传。他虽然未给神农（炎帝）立传，但亦认为神农氏是比黄帝早的首领。我们应当相信司马迁的《史记》之说。

（1）炎帝的出生年代与故里

经古代、近现代史学家的研究，尤其是改革开放 30 年来的研究，多数学者赞同汉代以后的"炎帝、神农为一人"之说。关于其出生的年代，从近现代史学家、考古学家等的探索中，大体有旧石器时代晚期（二三万年前）、新石器时代早期（七八千年前）、新石器时代中期（六七千年前）、新石器时代晚期（五六千年前），还有十分具体的某年某月某日之说等。目前比较严重的倾向，就是各地往往以自己所处地区文化遗址年代的早晚，进而判定炎帝的大约生年。从国内各地的炎帝文化研讨会看，史学、考古学家和学者，多同意将炎帝与仰韶文化相比附，即炎帝约生于 6000 年前。还有学者认为，应以晋代皇甫谧《帝王世纪》所云炎帝早于黄帝"五百余年"定位，即炎帝约生于 5500 年前。不论对炎帝生年有多少不同的说法，但在对炎帝是母系社会晚期的代表人物，为"三皇"中之末皇的认识上，几乎都是一致的。

关于炎帝的生地（故里）问题，《国语·晋语四》只说其母游于华阳,怀孕于常羊山,生炎帝,长于姜水,没有说在什么地方。近现代、尤其是改革开放后,各地兴起以三皇、五帝文化遗迹发展旅游事业的热潮,争故里甚烈。从讨论看,炎帝故里涉及到今湖北、山东、陕西、河南、河北、山西、甘肃等七省的县、市,形成炎帝故里的"多元"之说。这个历史之谜,我们认为是以"三皇"为主要代表的传说人物,世代皆袭用始祖称号之故,而世代的事迹又均记在首代的名义之下。华胥、燧人、伏羲、女娲、少典、有蟜等,称号和事迹的记载均是如此。炎帝有八世或十七世之说,以八世较确(炎帝至黄帝之间的八代有名字、事迹可考之故)。八世"炎帝"自然各有其生地,因而炎帝故里"多元"现象就是自然而合理的,丝毫不奇怪[12]。

少典娶有蟜氏之女安登生子于姜水的炎帝,其地望(即故里)在今何地呢?《水经注·渭水》云:"岐水又东,径姜氏城南,为姜水。"20世纪40年代,徐旭生在《中国古史的传说时代》中就说:"岐水在岐山的南面,当在今陕西岐山县城的东面,就是地图上西出岐山、东过武功、折南流入渭水的小水。此水南面隔着渭水,就离秦岭不远。秦岭古代通称华山,秦岭南面就叫作华阳。""足以证明炎帝氏族的发祥地在今陕西境内渭水上游一带。"[13]郭沫若主编《中国史稿》云:"传说最早的是炎帝,号神农氏。据说炎帝生于姜水,姜水在今陕西岐山县东,是渭河的一条支流。"[14]改革开放后,宝鸡举行过许多次各类级别、规模大小不同的炎帝文化学术研讨会,许多著名史学、考古学、民俗学的专家参加了讨论,大多数学者赞同姜水在宝鸡市(具体有宝鸡市岐县东、市渭滨区神农乡二说)之说,且又多倾向于渭滨区渭河南(清姜河流域)神农乡姜城堡一带。因为姜城堡东一里有古神农庙,庙前有九圣泉(俗传是炎帝出生后"洗三"的泉水)等炎帝遗迹之故。教育部审定的"面向二十一世纪课程教材"《中国历史·先秦卷》就云:"炎帝族所在姜水是渭水的一条支流,在今陕西宝鸡市境内。"[15]还有许多史学、考古学家的论述,不多举。同时,多数学者在赞同姜水在宝鸡之说时,并不否定山东、河南、山西、湖北、湖南等地的炎帝故里之说。我们认为这种态度是正确的，因为炎帝有"八世"，故生地不可能只有一处。再加之袭号的炎帝（或神农）在迁徙中，又带去了地名、山名、水名，修建的墓地、祠庙、城等，又都均以"炎帝（或神农）"命名，就自然形成生地的多元现象。

（2）黄帝的生年与故里

黄帝与炎帝同出于少典和有蟜部族，中间先后有"八世之隔"，黄帝是父系氏族社会的首帝，已为绝大多数学者所认同。关于黄帝的生年问题，说法更多。有以当地考古文化而说黄帝生于 8000 年前的（显然不妥），有说生于约 5000 年前或 4500 年前的（亦有 4800 年前之说）。至于具体的生于某年某月某日，海峡两岸的学者有好几种观点。辛亥革命时期还曾使用过黄帝纪年（如 1903 年，《黄帝魂》标为 4614 年，江苏等地报刊标为 4393 年）。改革开放以来，史学、考古界专家多认为黄帝文化，大体可与龙山文化相比附，多同意黄帝大约生于 5000 多年前，为父系氏族社会的首帝。

关于黄帝生长的姬水，文献无确指。《史记·五帝本纪》《索隐》案："皇甫谧云：'黄帝生于寿丘，长于姬水，因以为姓。居轩辕之丘，因以为名，又以为号。'是本姓公孙，长居姬水，因以为姓姬。"《集解》："谯周曰：'有熊国君，少典之子也。'皇甫谧曰：'有熊，今河南新郑是也'。"《正义》案："黄帝有熊国君，乃少典国君之次子，号曰有熊氏，又曰缙云氏，又曰帝鸿氏，亦曰帝轩氏。母曰附宝，之祁野，见大电绕北斗枢星，感而怀孕，二十四月而生黄帝于寿丘。寿丘在鲁东门之北，今在兖州曲阜县（今山东曲阜市）东北六里。"新中国建立后，老一辈史学家主要有黄帝生于今山东曲阜、河南新郑、陕西宝鸡三说。改革开放后，学者们因对姬水、轩辕之丘等的今地望认识不一，加之各地挖掘历史文化，开展旅游事业，又提出了新的黄帝故里之说。这样一来，就目前所看到的黄帝故里就有：山东曲阜，河南新郑、灵宝、开封、伊川，河北涿鹿、涞源，陕西黄陵、宝鸡,甘肃清水、湖南长沙等 6 省 11 处。黄帝同"三皇"一样,称号较多,是否会同炎帝一样有袭号的子孙,我们曾思考过,但未作研究。有的学者考证说,黄帝有五代,皆以"黄帝"为号⑯。有的学者认为黄帝有袭号之七代子孙,即黄帝有八世。只说了河南新郑是第二代黄帝的故里⑰,其他袭号的黄帝故里考证,未见发表。若准两位学者之说,那么多元的黄帝故里中,就有五个或八个是黄帝八世之生地,余则应是纪念性的建筑遗迹。从目前情况看,河南新郑市的黄帝故里已进行了大规模的营修,祭祀规模最大,规格最高,在海内外的影响也最大。新郑不仅出版了书籍,办了刊物,而且还出版发行了《黄帝故里志》(刘文学主编)。甘肃清水县委、县政府高度重视,已整修了黄帝庙,营修了轩辕文化广场,塑立了轩辕黄帝像等。祭祀活动已初具规模,旅游事业日益兴旺。

2. 炎黄二帝的时代

从原始社会划分的蒙昧、野蛮、文明时代说,"炎黄"均处在野蛮时代。《辞海》云:"野蛮时代,美国民族学家摩尔根在《古代社会》中使用的一个术语。指继蒙昧时代之后的人类社会发展的第二个时期。始于制陶术的发明,终于文字的出现。相当于考古学上新石器时代至金属器时代的初期。经历了低级、中级和高级三个阶段。恩格斯在《家庭、私有制和国家的起源》中援用此语并增其含义,指人类学会经营畜牧业与农业的时期。其上限为氏族制度的全盛,下限为原始公社制度的解体与阶级社会的形成,随后进入文明时代。"以考古学划分的遗址文化说,炎帝(含其 8 世或 17世)时代"比较集中地反映了我国农业的产生,反映了从采集、渔猎经济发展为农业经济的这样一个发展阶段",已是"农业和以农业为主的经济形态。"⑱约相当于仰韶文化中晚期(约 6000—5000 年前)。从《国语》至《路史》等"古文献中的神农有神祇、农事之官、个人名字、氏族名称、时代称号多种含义,以时代称号和氏族名称为主。这里从时代称号含义上考察。"⑲"神农氏的传说反映的是一个已经发明了农耕的时代。"⑳从《国语》至清代《纲鉴易知录》等古文献记载和近现代学者的研究成果看,黄帝"活动范围之广阔和对后来影响之大""又不像是一个狭小部落的军事领袖,而是一个部落或部落集团的军事领袖。这样的军事领袖,按照社会发展的一般规律,只有到原始社会的晚期或野蛮时代的高级阶段才能产生。"㉑"我国传说中的'五帝'所处的社会发展阶段,与希腊的英雄时代和罗马的王政时代是相同的",因而亦称其为"英雄时代"㉒。黄帝是我国父系社会的首位古帝,相当于龙山文化初期(约5000年前),因而又有学者称其时期为农耕征战时代。至于黄帝为"耕牧时代"之说,从考古(今甘肃、青海及内蒙古南部等)发掘的新石器遗址出土生产工具看,多呈现出先民是以农业生产为主的。"从我国古代传说看来,我国原始经济好象没有一个游牧经济的阶段(虽然畜牧业早就产生和一直存在了),而是从采集、渔猎经济直接发展为农业经济"的㉓。

三、炎黄与四夷逐步融合为华夏族

自从约四五万年前母系氏族社会的正式确立,又经三四万年的发展,至一万年前进入新石器时代后,黄河、长江流域已广泛分布着成千上万的氏族公社。考古资料证明原始农业、制陶业的萌芽、产生均在一万年前,至炎帝时代已是原始农、手工业发展、昌盛的阶段,部落也在较进步的地方形成。三皇的"燧人、伏羲和神农的传说,传诵了我国古代人类摩擦取火、渔猎和农业生产等与人们生活密切关联的重大发明和创造;同时,也反映了用火、渔猎、农业三个不同的历史阶段"㉔。黄帝时代,部落内的父权家庭已成为农业、手工业、家庭饲养业等的基本单位。黄帝是继炎帝后的又一个大智慧大创造(含世代子孙和部落先民的创造发明)的部落长。近现代史学家多因姜姓炎帝(亦称神农),姬姓黄帝部落集团关系密切,又世代通婚,兴起或发展于西北黄土高原,故又简称二者为"西北炎黄集团"。持此观点的专家在黄帝氏族兴起地上,又有今甘肃清水县、陕西宝鸡、黄陵、陕甘交界地区或西北黄土高原等说;持炎黄为中原集团观点的学者,或持黄帝生于河北涿鹿者,或认为炎黄生于曲阜者,则均不同意"西北炎黄集团"之说。这个问题需要再进一步平心静气地进行讨论。我们赞同前说,并以此进行论述。

1. 炎帝与黄帝部落集团的迁徙

《吕氏春秋·审分览·慎势》云:"神农十七世有天下,与天下同之也。"《春秋命历序》云:炎帝"传八世,合为五百二十岁"。唐代司马贞《史记·补三皇本纪》云:"《礼》曰历山氏有天下是也。神农纳奔(赤之误)水之女曰听 訞为妃。生帝哀,哀生帝克,克生帝榆罔。凡八代五百三十年,而轩辕氏(即黄帝)兴焉。"南宋罗泌《路史·禅通纪·炎帝纪下》载:"炎帝柱,神农子也","炎帝庆甲,帝柱之 伷也","自帝庆甲至帝临,书传蔑记,不得其考"。"炎帝承,帝临息也"。"炎帝承、帝魁之立"。"炎帝明,帝临魁之子也,明生直","炎帝直,直生釐,是为帝直"。"炎帝釐,釐生居,是为帝来"。"炎帝居,炎居生节茎","炎节茎,节茎生克及戏"。"炎帝戏,戏生器及小帝。"可见炎帝的子孙均袭号称"炎帝"或"神农",未继帝位者,一般只称"帝某"。一般认为其八世为:炎帝、临、承、魁、明、直、釐、榆罔(又叫参卢),黄帝约与炎帝(《史记》称神农)榆罔同世,但比榆罔要年轻得多。

(1)炎帝部落集团的迁布

炎帝,宋代《皇王大纪》云:"神农居位百有四年而殁。"《路史·炎帝纪下》云:炎帝"在治四十有五祀,年百六十有八。亦谓赤帝。其崩也,天下之人,为之不将(致哀之义)者七日。纳承桑氏(赤水氏之误传)之子,子十有三人。"炎帝卒年应以前者较确,即 104 岁病逝。炎帝氏族在姜水兴起后,逐渐发展为由 13 个氏族组成的部落,并以姜水为中心向四周发展和迁徙。部落先民不断繁衍、扩大、分支,形成庞大的炎帝部落集团。约至帝鳌(一说克)时,姜姓炎帝后裔不仅广布于黄河流域(西至今青海东部,东至山东西部,北至内蒙古南部,南至江汉地区),而且在长江流域(今四川、重庆、湖北、湖南)也有分布。各地形成的"聚落中心"、生地、葬地及纪念性文化载体等,均冠以"炎帝"之称号。炎帝后裔族已与西戎、山戎(北狄前身)、南蛮等土著氏族公社或部落交错相居,共同从事农业生产、采集和渔猎。

(2)黄帝氏族的兴起和发展

约在八世炎帝榆罔(又叫参卢)中期,黄帝(当时称轩辕氏族部落)部落已迁居于渭水的北部乔(桥)山(今陕西黄陵县),分布在渭北高原的北部至鄂尔多斯高原的南部(今陕西咸阳、铜川、渭南市辖区的北部至内蒙古南部),与炎帝后裔部族、山戎交错相居,从事定居农耕等生产活动,并尊帝榆罔为"盟主"。姬姓黄帝(时称轩辕)娶西陵(姜姓炎帝后裔部落,居地有今四川盐亭、河南西平、陕西陇县等说,多数学者赞同西平县之说)之女嫘祖为正妃,又结为婚姻之盟族。炎帝与黄帝族共同组成了"西北炎黄集团"。

(3)西北炎黄集团的东徙

所谓西北炎黄集团的东徙,主要是指其中心聚落(俗语大本营)的东徙。据徐旭生《中国古史的传说时代》、田继周《先秦民族史》等书和其他学者的研究:炎帝榆罔时期,东方的局势不稳,加之渭水流域的灾害等原因,便将聚落中心(邑城)东移,以稳定东方的局势。王玉哲《中华远古史》云:"传说黄帝氏族与炎帝氏族同出于少典氏和有蟜族的地望,可以从比较可靠的姜水所出所在推知。《水经注》'渭水'条下说:'岐水又东,经姜氏城南的姜水。'岐水在岐山的南面,今陕西岐山县的东面,就有西出岐山、东过武功、南入渭水的一条小水。黄帝的发祥地大概在今陕西的渭水上游,东可能到山西。关于姬姓氏族的地域,古代大都说在陕西的东北部和山西的南部。两个氏族一直到后代历世都有婚姻关系。《国语下》说:'夫亡者岂繄无宠,皆黄、炎之后。'可见黄帝、炎帝成为世代婚姻的联盟部落,似乎是春秋以前的一致说法。"㉕

炎帝部族的大部分先民在帝榆罔的带领下由姜水(今陕西宝鸡市)沿渭水东走,再沿黄河南岸徙入同宗的部落居地陈(今河南淮阳县),再迁入东方部落的居地鲁(今山东曲阜市),封势力强盛的蚩尤(其部落由81个氏族组成)为"卿"(东方部落之长),以安抚其心。帝榆罔东徙时,黄帝部落(由25个氏族或部落组成)亦奉"盟主"之命沿北洛水南下,再沿渭水东行,渡过黄河沿北岸东徙,定"都"于涿鹿(今属河北),支裔继续北徙,分布于今河北北部及北京地区,成为北方部落(含后称为北狄的少数氏族)的首领。从而构成炎帝榆罔、蚩尤、黄帝"三足鼎立"的局势㉖。

2. 三大族团经历战争后轩辕氏正式称黄帝

林耀华主编《原始社会》云:母系氏族从萌芽、产生到母权制社会确立,经历了二三十万年的时期㉗。母系氏族历三十多万年的发展至其繁荣昌盛阶段时,"天下"的不同地区已形成数以万计的氏族或部落。到炎帝末年时(黄帝中期),已形成按地域划分的部族群体。《中华远古史》云:"古代传说中我国境内从西到东,从南到北,居住着许多不同的氏族和部落。他们平时各自生活在自己一定的空间地域,长期和平相处。后来,随着社会生产力的发展,氏族和部落内部产生了财产的差别,各部落间逐渐形成了共同的利益,也产生了矛盾和冲突。"㉘《史记·五帝本纪》云:"轩辕之时,神农氏世衰。诸侯相侵伐,暴虐百姓,而神农氏弗能征。"《索隐》云:"世衰,谓神农氏后代子孙道德衰薄,非指炎帝之身,即班固所谓'参卢',皇甫谧所云'帝榆罔'是也。"帝榆罔的"盟主"地位随势力衰弱而降低,强盛的蚩尤对炎帝部族占据曲阜城不满,发动了驱逐之战。炎帝部族战败后西退,蚩尤率族军追击,经大战,炎帝族军复败,只得退往涿鹿,与黄帝联合。《逸周书·尝麦解》云:炎帝"乃说于黄帝"。黄帝热情欢迎并安置了炎帝一行,共商反击蚩尤大军的谋略。帝榆罔命黄帝"摄政",统一指挥大军对付蚩尤。《世本》云:"蚩尤以金作兵器",有"五兵:戈、矛、戟、酋矛、夷矛。"可谓兵强军壮,人多势众,对涿鹿(今属河北)形成了包围之势。《史记·五帝本纪》云:"黄帝乃征师诸侯,与蚩尤战于涿鹿之野,遂禽杀蚩尤。"《正义》:"《龙鱼河图》云:'黄帝摄政,有蚩尤兄弟八十一人,并兽身人语,铜头铁额,食沙石子,造立兵仗刀戟大弩,威振天下,诛杀无道,不慈仁。万民欲令黄帝行天子事,黄帝以仁义不能禁止蚩尤,乃仰天而叹。天遣玄女下授黄帝兵信神符,制伏蚩尤,帝因使之主兵,以制八方。'《山海经》云:'黄帝令应龙攻蚩尤。蚩尤请风伯、雨师以从,大风雨。黄帝乃下天女曰魃,以止雨,雨止,遂杀蚩尤'。"战争十分激烈,从涿鹿一直追杀至解州(今山西运城市),血流成河。蚩尤死后,大部分人归依黄帝,一少部东逃于淮水流域。"从这些神话传说中我们可以推测,那次大战延续的时间一定很久。原始人类迷信巫术,他们作战时都采用念咒语、降神等迷信行为,这也是合情理之事。"[24]黄帝取得胜利后,威望空前提高,众部落长多归依黄帝。黄帝为稳定东方,命与蚩尤不和的少昊为东方部落长。这样一来,黄帝的威望和势力都大大超过了炎帝。炎帝榆罔在局势稳定后,不愿让出"帝位",姜姓部落军民也不愿为黄帝之属民,遂又发生了分裂。《史记·五帝本纪》载:"炎帝欲侵陵诸侯,诸侯咸归轩辕。轩辕乃修德振兵,治五气(五行之气),艺五种(指黍、稷、菽、麦、稻也),抚万民,度四方,教熊罴貔貅貙虎(即以6个以兽为图腾的部落),以与炎帝战于阪泉(在今河北涿鹿附近)之野。三战,然后得其志。""诸侯咸尊轩辕为天子,代神农氏,是为黄帝。"轩辕至此成为天下盟主,取得了炎帝榆罔的地位,正式称"黄帝"。张岂之先生说:"在炎黄两个部落共同与九黎部落进行战争中,东夷部落支持了炎黄部落。炎黄、九黎、东夷诸部落争斗的结果,促进了他们之间互相融合,形成了华夏民族的主体。""所以说,中华民族是炎黄子孙,这是一个符合历史事实的观念。"[30]炎帝榆罔带领部分人离开了中原,辗转徙于(一说是黄帝封迁)茶陵(今湖南炎陵县),去世后葬于那里[31]。

3. 多元一体的中华民族格局初步形成

轩辕氏登上帝位后,以姜姓、姬姓部落集团为主体,又联合东方少昊部落(邑城在今山东曲阜)和蚩尤族余民等,组成了华夏部落联盟,定都于有熊之墟(今河南新郑市)。居于天下之中(狭义的中原指今河南,广义者则指今黄河中游地区)的黄帝之华夏部落,按地域将其四周的族团分别称曰东夷、北狄、西戎、南蛮。"据我国古代传说,大约在四五千年以前,在黄河流域、长江流域曾居住着许多部落和部落联盟。黄帝、炎帝等华夏部落居于黄河上游、中游,太皞、少皞等东夷部落居于黄河下游。南方的长江中游是苗蛮部落的根据地。这些部落之间有时和平共处,有时又不断发生战争"[32]。所谓"五大族团"的分布在黄帝时已有,正式称谓较晚,一般认为是尧舜时已有各自的名称,而称"集团"则是近现代之事。1933年出版的蒙文通《古史甄微》,最早将民族划分为"江汉民族""河洛民族"和"海岱民族"。1943年出版的徐旭生《中国古史的传说时代》又分为"苗蛮集团""华夏集团"和"东夷集团"。后又有学者增加了"北狄集团"和"西戎集团"。传统观点是氏族、部落文化是由(狭义)中原向四周发展的,即"一元"的格局,"多元一体"的民族发展观则是改革开放后,由民族、民俗、社会学家费孝通副委员长率先提出的,已被多数学者所采用。"三皇五帝"所构成的中国古史系统,已被大多数学者所认同,考古资料也充分证明这一学术观点是正确的,华夏与其四周的族团也是"多元一体"发展的。"华夏族和四夷本身都是混合发展的产物,而不是由单一的血缘发展而来的,华夏族与四夷之间也不断发生混合"。"自古以来,中华民族就是多元一体的统一"㉝。

4. 炎黄二帝都城与陵墓的多元之说

炎黄二帝的邑城、葬地与生地一样,也均呈现出"多元"分布现象(那时的都城为聚落中心,初以壕沟护卫居处,后发展为土墙;葬地不封不树,陵是春秋末年以后才兴起的)。炎帝有八世,各代的炎帝城、炎帝陵(均为春秋末、战国初以后所修),均曰炎帝或神农城与陵。如湖南炎陵县的"炎帝陵",山西高平市的"神农城""神农宫""炎帝陵",宝鸡市20世纪90年代新修的"炎帝陵"、河南新郑的炎帝故里城等;黄帝的聚落中心城、黄帝陵(今陕西黄陵县),涿鹿城、新郑城等。《史记·五帝本纪》云:"黄帝崩,葬桥山。"《集解》皇甫谧曰:黄帝"在位百年而崩,年百一十一岁。"《正义》引《列仙传》云:"轩辕自择亡日与群臣辞。还葬桥山,山崩,棺空,唯有剑舄在焉。"即黄帝陵在今陕西黄陵县。黄帝子孙的城与陵,各自有名号,不再以"黄帝"之号命名(当然,若真的如王大有、何光岳两位先生所说的有5代或8代同号的黄帝,那就是同炎帝的8个或17个子孙一样,世代袭黄帝之号了)。

四、炎黄二帝已成中华民族文明的祖先

炎帝、黄帝及其文化的研究经历了奴隶、封建时代辈辈文人学士的三千多年研究,取得了不朽的成就。近现代马克思主义中国史学创立后,至建国前又经历了109年的研究,使人们从考古资料中对炎黄二帝反映的社会有了进一步认识。新中国建立后,尤其是经历改革开放30年以来的全面、系统、多层次、多角度的研究,

炎黄二帝及其文化已提高到了中华民族、中国传统文化、中国文明起源的新阶段。所谓文化,就是人类创造的物质、精神、政治(一说制度)文化的总和。

1. 三皇五帝是古史系统的象征

首先是从华胥至舜帝及其文化的研究,已形成人数可观的一批队伍,广泛地成立了从县市至国家级的研究会,发表了许多论文,编辑出版了许多书籍和画册,向海内外的宣传力度达到了空前的高度。次之是,三皇五帝的研究,从学术界普及到了民间,各族人民以各种方式纪念始祖,海内外华人在"炎黄子孙"的纽带联结下更加团结、更加振奋,民族复兴的进程空前加快。目前尽管在学术观点上还有分歧,但对三皇五帝是传说时代的代表人物之说,在认识上基本趋于一致。《中国民族关系史纲要》云:"传说中的'三皇',一般认为是燧人、伏羲和神农,与其同时代的传说人物还有有巢氏、女娲等","不仅传诵了我国古人类摩擦取火、渔猎、农业等方面的重大发明创造,也反映了用火和取火、采集和渔猎到农业生产的三个不同的连续发展的历史阶段。"㉞"三皇时代的传说人物,因时代更为遥远,族属虽然很难判断,但有关他们的传说多出自华夏族团则是可以肯定的。因此,他们应该属于华夏族。"㉟"五帝,一般认为是黄帝、颛顼、喾、尧、舜,与其同时代的传说人物""蚩尤、太皞、少皞、共工、祝融、鲧,等等㊱,是原始社会末期从原始社会向阶级社会过渡期"的人物,即处在"恩格斯所说的野蛮时代的高级阶段。'五帝'时期的传说人物,都是一些部落或部落集团的首领,和对社会有贡献的人物。所谓'帝'不是传说时代的称谓,而是后人赋予的;也不是'帝王'的含义,而与祖先崇拜和祭祀有关。"㊲从族属说:"五帝属于华夏民族集团,蚩尤、太皞、少皞属于东夷民族集团。"㊳可见以炎帝、黄帝为代表的"三皇""五帝",已是构架中国古史系统的象征,也是古代社会由野蛮时代转入文明时代的主要首领。三皇、五帝时代的历史凝聚,赋予后世人的是中华民众同根的由来和认同感。

2. 炎黄二帝是中华优秀文化的象征

中国自古就是以农业著称的国家,炎帝、黄帝是原始农业发展到转向新阶段的典型代表人物。他们和先民一起改进或发明耕作、收割、加工的石质、木质、骨质、陶质等农具,农作物已有粟、稻、菽、麦及蔬菜等,猪、狗、鸡、牛、羊等已进入家庭饲养,渔猎业也有一定发展。工具制造、制陶、纺织、制衣、居屋建造、中草药加工、兵器与乐器制造等手工业生产,均有所发展。原始雕刻、绘画、文字、历法、音乐、歌舞、健身活动、祭祀等,也已初步形成。张岂之主编《中国传统文化》云:"前人创造的物质和精神文明的总和就是文化。"[39]"炎帝最大的功绩是发展了原始农业","另一个功绩是发明了医药";"黄帝部落的发明很多,几乎遍及社会生活的一切方面。其中最值得注意的是文字、衣冠和若干社会制度等的发明。"[40] 所有这一切都充分说明了炎黄时代是中国文化的开端由于后世均是炎黄子孙创造的文化,所以又称炎黄文化为中华文化。中共中央政治局委员李瑞环同志在 1991 年说:"中华炎黄文化也可以说是中华民族文化,博大精深,源远流长,影响深远,是祖先留给我们的一份极其丰厚、极其珍贵的遗产。在当今世界上,凡是炎黄子孙,不管他走到什么地方,只要他良知未泯,都不能不为辉煌灿烂的中华民族文化而感到自豪。"[41] 全国人民代表大会副委员长周谷城说:"炎黄二帝是我们民族的象征。研究和弘扬炎黄文化,就是研究和弘扬中华民族优秀文化。"[42]

3. 炎黄二帝是中国文明起源的象征

所谓文明,中外学人有二百多种解释,我国目前以物质、精神、政治或制度文明的总和相称。《逸周书》《左传》《管子》《庄子》等载:炎帝发明了耒耜、斧等生产工具,教民垦土种植五谷、蔬菜、瓜果;发明陶器、乐器等,方便先民生活,故民耕而食,织而衣,无相害之心;日中为市,使民交换各自所需货物;设立管理官员,有了制度。《商君书·画策》云:"神农之世,男耕而食,妇织而衣,刑政不用而治,甲兵不起而王。"《洪范·食货志上》云:神农时"食足货通,然后国实民富,而教化成",还"有石城十仞,汤池百步"。这是文明因素在炎帝时代已出现的证明。《史记·五帝本纪》云:黄帝继承炎帝的疆域,已有黄河流域大部分、长江流域一部分的广大地域。华夏族团的中心地区,则为黄河中游地区,以及下游的一部分。"东至于海""西至空桐"(今甘肃平凉市),"北至釜山"(今河北怀来县)"南至于江"。"官名皆以云命,为云师。置左右大监,监于万国(部落)。万国和,而鬼神山川封禅与为多焉。获宝鼎,迎日推策,举风后、力牧、常先、大鸿以治民。顺天地之纪,幽明之占,死生之说,存亡之难。时播百谷草木,淳化鸟兽、虫蛾,旁罗日月星辰水波,土石金玉,劳勤心力耳目,节用水火财物",还有了乔(桥)山、涿鹿、有熊之墟城,以及"兵书""历书","有土德之瑞,故曰黄帝"。其时"文明"因素均已齐备,处在"国家"正式出现的前夕。文献与考古资料互相印证,证实文明起源也是"多元一体"发展的。邵望平先生在对《尚书·禹贡》之"九州"的研究中提出:公元前 3000 年期间,特别是其中期、晚期,黄河、长江流域的史前文化发生了大的社会变革,进入考古学上的龙山时代。这个时代形成的龙山文化群体,是中国文明形成的基地[43]。李学勤先生云:"《禹贡》记述的九州,在很大程度上与当时文化区系相对应,其内容之古老、真实,绝非后人凭想象所能杜撰。邵望平认为,中国古代文明以黄河、长江流域为基地,中原地区为中心,是多源的。过去考古学尚未取得足够材料去打破中国文明起源于中原的单元论,现在考古学已为中国文明的研究打下新的基础,单元论的传统观点就被打破了。"[44]"这样说来,我们对于炎黄二帝的传说也应有新的理解。如不少学者在讨论炎黄文化时所说的,古史传说从伏羲、神农到黄帝,表现了中华文明萌芽发展和形成的过程。《史记》一书沿用《大戴礼记》所收《五帝德》的观点,以黄帝为《五帝本纪》之首,可以说是中华文明形成的一种标志。"⑤张岂之先生在论述了文献记载、考古发现的农业生产与居住情况后说:"周、秦文化据以产生的农业经济至少应当溯源至炎黄时代,这充分反映出炎黄时代确实是中国文明的开端。"⑥从"中华炎黄文化研究会"举办的国内国际"炎黄学术研讨会""中华伏羲文化研究会"举办的"三皇"文化研讨会、全国人民代表大会副委员长许嘉璐先生在职时主持召开的"海峡两岸传统文化高级论坛"等所取得的成果看,我们认为,中国文明的确是萌芽于新石器时代早期、中期偏早的华胥氏、有巢氏、燧人氏等时期,产生和发展于伏羲氏、女娲氏、有熊氏(少典)、有蟜氏、神农氏(炎帝)时期。黄帝时期(父系社会),在"三皇"文明因素均具有的基础上继续发展,至颛顼帝时,天事、人事分设专人管理,雏型国家出现,至舜帝时期已是国家正式出现的前夕。这些都充分证明三皇、五帝构架的古史系统是可信的,炎黄时代确为中国文明的起源阶段和开端。

4. 炎黄二帝是中华民族精神的象征

海内外著名学者参加的中国大型学术研讨会,对炎黄精神有多种归类性的观点和说法,概括说主要有:开拓进取、勤劳勇敢、吃苦耐劳、朴素节俭、大公无私、和合团结、为民造福、仁义孝道、天人合一,等等。中华炎黄文化研究会顾问萧克将军1991年说:"千百年来,炎黄子孙都为自己的伟大民族自豪。中华民族以勤劳、智慧、勇敢、开拓、进步著称于世。"⑦胡锦涛主席指出:"以民为本,尊重人的尊严和价值";"自强不息,不断革故鼎新";"注重社会和谐,强调团结互助";"注重亲仁善邦,讲求和睦相处"的精神和传统,"深深影响了古代中国,也深深影响着当代中国。"⑧这"四个"中华民族的主要精神,均可追溯至炎黄二帝。

全国人民代表大会副委员长程思远在 1991 年说:"炎黄二帝是中华民族文明的奠基者、肇始者,是中华民族智慧和力量的化身和开拓创造的象征。世世代代炎黄子孙在先人创造精神的鼓舞下,创造了震惊世界的古代文明和现代文明,使五千年中华文明广泛传诵,连绵不断,博大精深,成为世界文明的宝藏。炎黄二帝是凝聚海内外炎黄子孙民族感情的支柱,分布在海内外的十几亿华人多以炎黄子孙自谓,他们不分国籍、民族、信仰,都把炎黄二帝尊奉为中华人文始祖,由此而产生的强大的中华民族感情的向心力量是坚不可摧的。"⑭中国先秦史学会会长李学勤先生说:"黄河是中华民族的摇篮和文化发祥地,造就了丰富多彩、博大精深、源远流长、经久不息的中华灿烂文化。出土文物、记载和民间神话、传说,都充分验证了中华民族是个多元一体格局的伟大群体,而炎黄二帝则是这一群体文化的高度浓缩,是中华民族智慧和力量的象征,开拓创业的化身。因此,全球华人均以炎黄二帝为中华民族的人文始祖,自称为炎黄子孙。"⑮

2008 年 12 月 18 日,胡锦涛总书记在"纪念党的十一届三中全会召开 30 周年大会"上的讲话中指出:"中华民族具有 5000 多年的悠久历史。在漫长的历史长河中,我国各族人民团结奋斗、自强不息,开发了祖国的锦绣河山,创造了灿烂的中华文明,为人类文明进步做出了不可磨灭的巨大贡献。"⑯这一伟大的贡献,是与中华民族发扬炎黄精神,顽强奋斗,开拓进取分不开的。他又指出改革开放是近百年三次伟大革命中的第三次。"第三次革命是我们党领导的伟大革命,引领中国人民走上了中国特色社会主义广阔道路,迎来中华民族伟大复兴光明前景。"⑰进一步加强炎黄研究,促进民族复兴,无疑是学术界的一项光荣使命。

综上所述,从西周至清末历代文人学士、史学家所不断研究上古神话传说人物,以三皇、五帝构架的古史系统是符合历史实际的,留下的丰富文化典籍是十分珍贵的。近现代、尤其是改革开放30年来,广大学者、专家和社会各界人士以马克思唯物主义史观为指导,采取文献、考古、各学科研究成果相结合的"多重证据"法,去伪存真地全面审视、研究古史传说时代,从中华民族文化、中国文明起源、中华民族精神的高度,深入、广泛研究三皇、五帝的典型代表炎帝、黄帝及他们创造的文化,振奋民族精神,促进民族复兴,推动社会主义特色的和谐社会建设,取得了世人瞩目的辉煌成就。我们衷心祝愿在党中央、国务院的正确领导下,全国各地的学者能从大局出发,求大同,存小异,克服地方、本位主义倾向,以"人文始祖炎黄"为号召,团结全球华人,在目前世界复杂多变的形势下,坚持四项基本原则,贯彻落实科学发展观,和全国人民一起,共同为又好又快建设和谐与现代化的中国而做出更大的贡献!

注释:

①②参阅顾颉刚:《古史辨自序》所收《与钱玄同先生论古史书》(原载1923年6月10日《读书杂志》第10期),石家庄:河北教育出版社,2003年11月第2版,第8页。

③李学勤:《走出疑古时代》(修订本),沈阳:辽宁大学出版社,1997年12月第2版,第39页。

④李学勤:《走出疑古时代》(修订本),沈阳:辽宁大学出版社,1997年12月第2版,第38页。

⑤徐旭生:《中国古史的传说时代》,桂林:广西师范大学出版社,2003年第1版,第48页。

⑥何光岳:《炎黄源流史》,南昌:江西教育出版社,1992年4月第1版。

⑦樊树志:《国史十六讲》(复旦大学精品教材),北京:中华书局,2006年6月第1版,第9页。

⑧徐旭生:《中国古史的传说时代》,桂林:广西师范大学出版社,2003年

第 1 版,第 48 页。

⑨郭沫若主编:《中国史稿》第一册,北京:人民出版社,1976 年 7 月第 1 版,第 108 页。

⑩张岂之主编:《中国历史十五讲》,北京:北京大学出版社,2003 年 1 月第 1 版,第 5 页。

⑪樊树志:《国史十六讲》(复旦大学精品教材),北京:中华书局,2006 年 6 月第 1 版,第 9 页。

⑫何光岳、杨东晨:《中华炎黄时代》,西安:三秦出版社,2007 年 11 月第 1 版,第 100—111 页。

⑬徐旭生:《中国古史的传说时代》,桂林:广西师范大学出版社,2003 年第 1 版,第 48 页。

⑭郭沫若主编:《中国史稿》第一册,北京:人民出版社,1976 年 7 月第 1 版,第 108 页。

⑮张岂之主编:《中国历史》之《先秦卷》(刘宝才、钱逊、周苏平主编),北京:高等教育出版社,2001 年 7 月第 1 版,第 25 页。

⑯王大有(执笔)、王双有等:《三皇五帝》(上册,修订本),北京:中国时代经济出版社,2005 年第 1 版,第 316—320 页。

⑰见董宏伟:《炎黄二帝塑像郑州落成——整个塑像高达 106 米,郑州欲打"寻根经济"牌》,《华商报》2007 年 4 月 19 日第 19 版。

⑱田继周:《先秦民族史》,成都:四川民族出版社,1988 年 1 月第 1 版,第 100 页。

⑲⑳张岂之主编:《中国历史》之《先秦卷》(刘宝才、钱逊、周苏平主编),北京:高等教育出版社,2001 年 7 月第 1 版,第 35 页。

㉑田继周:《先秦民族史》,成都:四川民族出版社,1988 年 1 月第 1 版,第 108 页。

㉒㉓田继周:《先秦民族史》,成都:四川民族出版社,1988 年 1 月第 1 版,第 134 页。

㉔田继周:《先秦民族史》,成都:四川民族出版社,1988 年 1 月第 1 版,第 162 页。

㉕王玉哲:《中华远古史》,上海:上海人民出版社,2000 年 7 月第 1 版,第 129 页。

㉖何光岳、杨东晨:《中华炎黄时代》,西安:三秦出版社,2007 年 11 月第 1 版,第 138—140 页。

㉗林耀华主编:《原始社会》,北京:中华书局,1984 年 4 月第 1 版,第 4—6 章。

㉘王玉哲:《中华远古史》,上海:上海人民出版社,2000 年 7 月第 1 版,第 132—133 页。

㉙王玉哲:《中华远古史》,上海:上海人民出版社,2000 年 7 月第 1 版,第 133 页。

㉚张岂之主编:《中国传统文化》,北京:高等教育出版社,2005 年 12 月第 2 版,第 13 页。

㉛何光岳、杨东晨:《中华炎黄时代》,西安:三秦出版社,2007 年 11 月第 1 版,第 150—151 页。

㉜王玉哲:《中华远古史》,上海:上海人民出版社,2000 年 7 月第 1 版,第 102—103 页。

㉝张岂之主编:《中国历史》之《先秦卷》(刘宝才、钱逊、周苏平主编),北京:高等教育出版社,2001 年 7 月第 1 版,第 59 页。

㉞翁独健主编:《中国民族关系史纲要》,北京:中国社会科学出版社,1990 年 2 月第 1 版,第 33 页。

㉟翁独健主编:《中国民族关系史纲要》,北京:中国社会科学出版社,1990 年 2 月第 1 版,第 34 页。

㊱翁独健主编:《中国民族关系史纲要》,北京:中国社会科学出版社,1990 年 2 月第 1 版,第 33 页。

㊲翁独健主编:《中国民族关系史纲要》,北京:中国社会科学出版社,1990 年 2 月第 1 版,第 34 页。

㊳翁独健主编:《中国民族关系史纲要》,北京:中国社会科学出版社,1990 年 2 月第 1 版,第 39 页。

㊴张岂之主编:《中国传统文化》,北京:高等教育出版社,2005 年 12 月

第 2 版,第 12 页。

㊵张岂之主编:《中国传统文化》,北京:高等教育出版社,2005 年 12 月第 2 版,第 22 页。

㊶王仁民主编:《炎黄颂》,北京:中国经济文化出版社,2003 年 4 月第 1 版,第 1 页。

㊷王仁民主编:《炎黄颂》,北京:中国经济文化出版社,2003 年 4 月第 1 版,第 5 页。

㊸邵望平:《〈禹贡〉"九州"的考古学研究》,载《考古学文化论集》(二),北京:文物出版社,1989 年第 1 版。

㊹李学勤:《走出疑古时代》(修订本),沈阳:辽宁大学出版社,1997 年 12 月第 2 版,第 23 页。

㊺李学勤:《走出疑古时代》(修订本),沈阳:辽宁大学出版社,1997 年 12 月第 2 版,第 41 页。

㊻张岂之主编:《中国传统文化》,北京:高等教育出版社,2005 年 12 月第 2 版,第 39 页。

㊼王仁民主编:《炎黄颂》,北京:中国经济文化出版社,2003 年 4 月第 1 版,第 8—14 页。

㊽河南省炎黄文化研究会主办《炎黄天地》(创刊号),2006 年第 1 期摘自 2006 年 4 月 21 日《胡锦涛主席在美国耶鲁大学的演讲》。

㊾王仁民主编:《炎黄颂》,北京:中国经济文化出版社,2003 年 4 月第 1 版,第 19 页。

㊿王仁民主编:《炎黄颂》之《序》,北京:中国经济文化出版社,2003 年 4 月第 1 版。

51 52《建党百年时建成小康社会——胡锦涛在纪念党的十一届三中全会召开 30 周年大会上的讲话摘要》,《西安晚报》2008 年 12 月 19 日第 3 版。

2008 年 12 月 18 日

论黄帝对中华文化的重大贡献

——兼论黄帝文化在中华文化和文明史上的重要地位

　　新中国建立后,尤其是改革开放的 28 年来,学术界在探讨中国文明起源和传统文化渊源中,对具有典型民族代表性的古史传说人物予以了特别关注。以马克思唯物主义史学观对以"三皇五帝"为主要代表的传说人物,进行了多方位、多层次、多角度地探讨和研究,取得了阶段性的丰硕成果。从总体上说,黄帝及其文化的研究已从分散的、个人的研究走上了有组织、有计划、政府主导作者群的道路;由对黄帝是神、还是人,有其人否? 以及其生地、迁徙地、葬地、年龄、家世等具体问题,或偏重于地方性的研究等,走上了整体和综合性研究的道路。从而将黄帝与中华民族、黄帝文化与中华文化、黄帝时代文明与中国文明的形成结合了起来,把黄帝和黄帝文化的研究推向了新的阶段。中共中央政治局常委李瑞环同志在 1991 年 5 月 10 日的讲话中指出:"中华炎黄文化也可以说是中华民族文化,博大精深,源远流长,影响深远,是祖先留给我们的一份极其丰厚、极其珍贵的遗产。"[①]全国人民代表大会副委员长周谷城在 1991 年的讲话中也说:"炎黄二帝是我们民族的象征。研究和弘扬炎黄文化,就是研究和弘扬中华民族的优秀文化","是我们全国各民族人民共同的事,是十一亿人的事,也可以说是包括远在海外所有炎黄子孙共同的事。"[②]这就是我们研究炎帝、黄帝文化的重要意义。为此,我怀着崇敬祖先的赤子之心,对黄帝在中华文化史、文明史上的重要贡献和地位谈一些认识,以向前辈请教,并和同仁交流。

一、黄帝在创立部落联盟制度中的贡献

我国的原始社会史,又称史前史、氏族史或远古史,遥远而渺茫。口耳相传的神和人杂糅,材料纷纭,说法不一;考古资料繁多,认识和说法也有分歧,研究难度相当大。具有中华原始社会史特色的神话传说人物"三皇""五帝",是我们研究具体祖先史和文化史的一个重要课题,也是研究中国文明史的一个重要课题。说其独特,是指我国与其他古国相比,没有"上帝"创造世界的神话,而是神话传说人"皇"、人"帝"创造的,这是"以人为本"朴素思想的反映。

1. 文化和黄帝文化

关于"文化",是20世纪西方和东方谈论的一个热门话题。据有关资料,目前世界上以拉丁文语言及其引伸的英、法、德语等的解释,多达200余种。我国古代的"文",指文字,"化",指教化,以文德教化即为"文化"。从20世纪梁漱溟、胡适等先生研究"文化"之含义起,到今日的诸位先生所研究,"文化"的定义经历了"生活依靠的一切"(或人的生活方式)、人类创造的"物质、精神文化总和""物质、精神、制度文化总和""精神、物质、政治文化总和"等4个阶段。我们取"物质、精神、制度文化的总和"之定义。黄帝文化有广义与狭义之分。广义者是指黄帝以来的中国传统文化;狭义者,是指黄帝时代的文化。我们研究的是狭义的黄帝文化,文中所涉及到的"文明"术语,则是指马克思主义的"文明",即阶级、财产私有、国家出现的文明。夏鼐先生认为中国文明的起源应该追溯到新石器时代③。苏秉琦先生认为中国文明的起源是一个非常复杂的过程,应当有不同的模式。有原生型、次生型和续生型,最后才形成以汉族为主体的多民族统一国家④。近几年又有以"三皇五帝"构架中国文明起源之说。李学勤先生对文明起源与传说人物作了科学的结合:"我们对于炎黄二帝的传说也应该有新的理解。如不少学者在讨论炎黄文化时所说的,古史传说从伏羲、神农到黄帝,表现了中华文明萌芽发展和形成的过程。《史记》一书沿用《大戴礼记》所收《五帝德》的观点,以黄帝为《五帝本纪》之首,可以说是中华文明形成的一种标志。"⑤因此,称我国有一万年文明史是符合历史实际的,与古史传说时代的"三皇""五帝"时期基本一致。当然,还有与马克思主义"文明"含义不同的解释,称人类创造的物质、精神、政治(或制度)文明的总和就是"文明"。它与"文化"的定义相同。

2. 多元一体中华民族格局的初步形成

我国历史以重庆巫山猿人为开端,有着 200 万年的悠久史。有了人类社会,也就有了文化,大约从距今 20 至 30 万年前由血缘家族进入母系氏族公社后,随着人的完全形成,生产力的逐步提高,原始宗教的出现,社会有了很大进步。约至 1 万年前的新石器时代开始,现代人在传说中出现了对祖先的崇拜,至前 2070 年前的约 7000 多年内,给我们留下了独具特色的"三皇五帝"传说人物。炎帝是"三皇"的末位,黄帝是"五帝"的首位,分别是农业、畜牧业的部落首领,也是仰韶文化(6000—5000 年前)、龙山文化(5000—前 2070)两个阶段的代表人物。新中国建立后,学术界多认为炎、黄氏族兴起于东方(今山东),向西方迁徙;部分学者认为炎、黄氏族兴起于狭义的中原(今河南);部分学者认为炎、黄氏族兴起于西北黄土高原(今陕西、甘肃);亦有黄帝为北方氏族之说。改革开放后,在"百家争鸣"中日趋整合和统一,形成"中原""西北"两种主要观点。朱绍侯主编《中国古代史》说:"以炎帝为(首的)姜姓部落群大约在太行山东麓的河内(今河南黄河以北)地区,以黄帝为首的姬姓部落群大约在嵩山(今河南登封市)之外的外方地区,它们各自结成亲属部落联盟,继续向东发展。"⑥张岂之主编《中国历史·先秦卷》说:"炎帝氏族部落衰落的时候,黄帝氏族部落强大起来。""炎帝和黄帝同出于少典氏族。炎帝族所在姜水是渭水的一条支流,在今陕西宝鸡市境内。黄帝族所在的姬水是现今的哪一条河流尚无定论,但应距姜水不很远,因而可以推测,炎黄两个氏族部落发祥于我国西北黄土高原地区。"⑦石兴邦先生说:"我国史籍明文记载,炎黄二帝均崛起于宝鸡,炎帝以姜水成,黄帝以姬水成,宝鸡是二帝的故里,也是他们的发祥地。"⑧目前炎帝故里在宝鸡的认识基本一致;黄帝故里的争论激烈,以新郑(今河南)的黄帝故里祭祀大典规模最大。三位史学家的学术观点各有侧重,从总体上看,炎黄部落兴起于西北黄土高原之说,比较符合历史实际。

徐旭生《中国古史的传说时代》云:"炎帝及黄帝的氏族居住陕西,也不知道经历几何年月。此后也不知道因为什么缘故一部分逐步东移。黄帝氏族东迁的路线大约偏北,他们大约顺北洛水南下,到今大荔、朝邑一带,东渡黄河,跟着中条及太行山边逐渐东北走"⑨;"炎帝氏族也由一部分向东迁移。他们的路途大约顺渭水东下,再顺黄河南岸向东。"⑩黄帝以涿鹿(今河北)为都(中心聚落),广布于黄河以北地区;炎帝榆罔(炎帝八代孙,又称参卢)东迁于陈(今河南淮阳县),再迁于鲁(今山东曲阜市)。本来是炎帝之"臣"的东夷部落首领蚩尤,对炎帝部落占据鲁怨恨,发动驱逐战,炎帝败逃于涿鹿,向黄帝求援。炎帝族联合抵抗蚩尤军,擒杀蚩尤,余军部分归降,部分南走。之后,炎帝与黄帝又发生争夺"天下盟主"之战,炎帝战败,部分人归降黄帝,部分人随其南走(一说是黄帝封迁炎帝于江南),黄帝被众"诸侯"(部落长)推举为"盟主",称"黄帝",渡过黄河,定都于"有熊之墟"(今河南新郑市)。朝贺的"诸侯",主要是黄帝、炎帝及东方的少昊部落首领,于是共同联合,取老祖母华胥氏之"首"字,加之地处"天下之中",命名新的集团为"华夏部落联盟"。文献称其为"黄帝",马克思主义唯物史观称其为"部落联盟最高军事民主首长"。黄帝将未加入联盟的四周之氏族部落集团称为"夷族",马列主义史学家初称河洛(指华夏)、海岱(指东夷)、江汉(指苗蛮)民族,后又分称为此三者加上北狄、西戎,共计称"五大民族集团"。这种按地域划分的五个集团,就是"多元一体"中华民族的前身或基础,也是今日 56 个兄弟民族的初步格局。"炎黄子孙"的含义,一是古代有许多民族与姜姓炎帝、姬姓黄帝有着血缘关系;二是五大民族集团互相迁徙、通婚、融合,华夏族占有大江南北地域的大部分,文化进步,有婚姻与否的"四夷"多以自己是炎黄之裔为荣,恭奉炎黄为祖先;三是炎帝为以农业著称之中华民族初始阶段的代表,黄帝既是农业、畜牧业的代表,又是征战的英雄,两帝的功德最高;四是炎帝代表着"三皇"的文化或文明,黄帝代表着中华文化的聚合基础,标志着中国文明起源、发展、形成中的"形成"阶段。所以,炎黄是中华各民族的共同祖先。

3. 黄帝的都城新郑

黄帝时代,天下的氏族部落逐渐增多,有的部落已相当庞大,组织机构、职能等高于部落,而又未达到"国家"的水准。因而在学术界有"国家雏型""古国""城邦国家"等称谓。史载炎帝时代已有城,湖南澧县城头山古城遗址距今约 6000 年,可为资证。黄帝部落居地较多,主要有今甘肃天水市清水县,陕西宝鸡、黄陵,河北涿鹿、河南新郑等,有中心聚落、邑(都)城等称谓,我们仅述华夏部落联盟机构所在之都城(有的学者将龙山文化古城称为城市)。《渊鉴类涵·居处部一》引《白虎通》载:"黄帝作宫室以避寒湿。"《易·系辞下传》载:"上古穴居而野处。后世圣人易之以宫室,上栋下宇,以待风雨。"《史记·五帝本纪》引《正义》云:"黄帝以前,未有衣服屋宇。"《新郑县志》记载:故城内立有"天心石",象征着黄帝在天下中心的新郑建都。《帝王世纪》云:"新郑,古有熊国,黄帝之所都,受国于有熊居轩辕之丘,故因以为名,又以为号。"新郑黄帝之都的具体位置,目前认识不一。一说:"黄帝宫,又名云岩宫。座落于河南省郑州市西南 37 公里新密市东部武定湖北岸。被誉为中华人文始祖圣地,天下第一宫"。"整个殿宇错落有致,层次格外分明","塑有黄帝像"。宫殿后有轩辕洞。武定湖南岸"有三座鼎足而立的城堡"⑪考古发掘的仰韶文化晚期古城,位于郑州市北郊 23 公里处的邙山岭余脉、祜河北岸的二级阶地边缘"。"古城西墙残长约 60 米";北墙西段约 60 米,中段约 120 米,东段约残长 50 米,计北墙约 330 米。古城定名曰"西山古城",遗址面积约 10 万平方米,已清理出房基 120 余座,窖穴和灰坑 1000 余座,灰沟 20 余条,墓葬 200 余座,瓮棺 130 多座,出土了大批陶、石、骨器。分为三期,绝对年代为 5300 至 4800 年前,系黄帝时代古城⑫。距新郑市西北 9 公里的新密市"古城寨遗址",面积约 17 万平方米,城内东北部发现大型夯土基址(其中一座面积达 329.2 平方米),城墙建筑方法与郑州西山城址一样,采用了小版块叠筑法。新密属于古郑之地,是河南境内发现的面积最大、保存最好的龙山文化城址,它就是"黄帝的都城'轩辕丘'"⑬黄帝宫、西山古城、新密古城寨之城,均在"有熊之墟"的地域以内,可以想见黄帝的"新郑之都"规模之大,"宫殿"群房屋之大之多,几乎与"三代"之都城一样了,称其为"古国"或"城邦国家",一点也不为过。新密市"古城寨遗址"距今新郑市较近,当为黄帝的都城。

4. 黄帝创立的部落联盟制度

黄帝时期因从部落过渡到了"华夏部落联盟"阶段,故原部落的姬姓家族管理制就得扩大和进一步完善,非姬姓的部落首长,以及华夏、东夷及至其他部落的贤人都得任用,以巩固和加强联盟机构。

《史记·五帝本纪》载:黄帝任华夏部落联盟最高军事民主首长(马列主义史学观的称谓)后,东至海(今山东海边),西至鸡头(今甘肃平凉市),南至今湖南(一说河南之南境),北至釜山(今河北怀来县北境),乃至更远的地方,都是黄帝的辖土。黄帝到处征伐不

归服的氏族或部落,"迁徙往来无常处,以师兵为营卫。官名皆为
云命,为云师。置左右大监,监于万国(部落)"。即黄帝是"联盟"
的"帝",为最高首长,主宰军、政、巫教(原始神教)大事。辅佐黄帝
的是左大监、右大监。黄帝总结"部落"管理机制,建立了"联盟"的
最高权力机构"议事会"(部落是由各氏族公社首领组成)。郭沫若
主编《中国史稿》云:"这种部落联盟已经超出了原来血缘关系的界
限,按地域互相结合,是氏族机构向国家过渡的形态。部落联盟由
参加联盟的各氏族部落的首领组成联盟议事会。重要事务都要由
联盟议事会讨论决定。"⑭左、右大监很可能是"议事会"的长官。
黄帝的咨询机构当是"帝师团",中黄、广成、姜钜、大桡、容成氏等,
均为德高望重的智士,虽无实权,但在联盟内享有很高的地位,能
直接影响黄帝的决策。有的还兼任官员。

　　联盟议事会、帝师团下分置不同职责的官员(当时和管理人
员,官名是三代或后世之官名):风后、天老、五圣为黄帝的"三公",
力牧任黄帝之相(初为将),相传黄帝有"六相"。常先为黄帝的大
臣,大鸿亦然。《史记·五帝本纪》云:"举风后、力牧、常先、大鸿以
治民。"可见皆是管理先民事务的大臣。张岂之主编《中国历史·先
秦卷》云:"传说黄帝举用风后等六人为相,是设官治民的开端,黄
帝置'左右大监,监于万国',则是划分行政区域的先声。"⑮黄帝设
的大臣还有:祝庸任司徒(水官),史官有苍颉、祖诵,乐官为伶伦,
占卜官为常仪,制历法之官由大桡、容成二师兼任,绘画官史为皇,
医官为歧伯,制陶官为宁封,医马官为马师皇;四季之官不知人名,
只能知道春官、夏官、秋官、冬官、中官等"五官",又分别以青云、缙
云、白云、黑云、黄云相称。《汉书·百官公卿表》云:"黄帝作教化
民""黄帝云师云名"。还设立有管理四方的官职。可见黄帝创立
的联盟机构和官职,已经比较健全。黄帝有强盛的"族军",是不言
而喻的。此外,还有简约刑法和社会公则。这些制度文化对其子
孙和后世,均有开创先河的重要意义。

二、黄帝在创造物质文化中的贡献

1. 黄帝时代的农牧业与家庭饲养业

　　传统说法是炎帝为原始农业的代表,黄帝是原始畜牧业的代表,这是从各有侧重所说的。实际上黄帝时代是一个耕、战并重的时期,原始农业、手工业、家庭饲养业等,在炎帝时代的基础上又有较大的发展。《史记·五帝本纪》云:"黄帝艺五种,抚万民。""时播百谷草木。"以黄帝之华夏部落联盟的广阔地域说,在西至青海与甘肃东部、东至海、北至内蒙古南界、南至湖南,在平原、谷地、湖泊周围形成了面积不等的农耕区。主要有:以黄河流域为主的华北旱地农业区,以粟、黍农作物为主,有少量的水稻及豆类,蔬菜和瓜果的种类则较多。考古发现的龙山文化时期之成套生产工具较多,家庭饲养的猪、狗、牛、羊、鸡等皆有。居住的房子有半地穴式,呈长方形或椭圆形,内有灶坑和生活用陶器等,还有土窑洞居室。先民已知平整土地、施肥、浇水,干旱地方有人工挖的水井。《世本·作篇》云:"黄帝见百物始穿井。"还出土有粮食加工的器具等。山地有畜牧业、林业和狩猎业,可以称为干旱地区农牧业经济文化中心;以长江流域为主的华中水田农业区,以种植水稻为主,亦有少量的黍和粟,有成套的适于水田劳作的生产工具,家庭以养猪为主,次之有水牛、狗和羊等。居室多为长方形,分台基式和干栏式,有加工稻谷的器具及生活用陶器等,可以称为水田耕作或稻作农业经济文化区。黄帝之所以能不断进行征伐战争,正是赖于当时粮食的充足。

2. 黄帝时代的手工业与货物交换

　　黄帝时期农牧业的发展,促进了原始手工业与货物交换业的发展。从黄河流域龙山文化遗址及江南与其约同期的文化遗址出土文物看,当时的陶器烧制技术已有所提高,种类、造型较多,纹饰式样新颖。《太平御览》卷七五引《古史考》云:"黄帝始造釜(锅)甑(罐)。"工艺水平要求较高的玉器、漆器、象牙雕刻、骨器,尤其是铜器,皆能够制造出来,有了专门手工业者和管理机构。约在黄帝时期北方和南方形成了两个制玉技术发达、制品数量多而精美的系统:以红山文化为代表的东北方玉文化系统,典型器物有玉猪、玉龙,当是模仿枭鸟正面形状而演变而来的勾形器、鹰鸟,以及箍形器、联壁等;江浙一带以崧泽、良渚文化为代表的玉文化系统,典型制品有琮、璧、钺、三叉形器、柱形器、冠形器、环、镯、管、珠、璜、牌、锥形器等。都反映了当时玉器制造业的兴旺和南北互有影响。中原龙山文化遗址发现的玉璧、双联璧、牙璧和玉琮,显然是受到了红山、良渚玉文化的影响。中原较大而有地方特色的玉铲、钺、璋及多孔刀等,对周边地区也有影响。良渚文化的漆器制作精美,如反山贵族墓葬中,除丝绸、玉器外,漆盘、杯、觯(小瓶)等,十分精美。从黄河流域 5000 年前的文化遗址看,黄帝时期有铜器是肯定的。如甘肃东乡县林家遗址,在房基北壁下发现了 1 件铜刀,含锡,为两块范模浇铸而成。内蒙古敖汉旗西台红山文化房基中,发现了浇铸铜器的多块陶范。《史记·封禅书》《通鉴外记》均载:黄帝采首山之铜,铸鼎于荆山下。首、荆二山,涉及陕西与河南的几个县市,说明黄帝采铜、冶炼铸鼎非一地。鼎高大而纹饰精美,说明铸铜器的技术有了进步。黄帝还铸造有五音的十二个铜钟,可以演奏音乐。《世本·作篇》云:"黄帝作冕旒。"《易·系辞下传》:"黄帝垂衣裳而天下治。"《汉书·律历志》云:黄帝"始垂衣裳,有轩冕之服。故示下号轩辕氏。"这种以服式区别等级的现象,表明已有了尊卑的分别。黄帝妃嫘祖养蚕缲丝,有了纺织业。浙江钱山漾良渚文化遗址中发现了丝带、丝线及残绢片,良渚文化贵族墓葬中,也发现有丝织品残物,可以说嫘祖教民缫丝织绢可信。在大的聚落中心辟有大广场,以供聚会或货物交换。《汉书》载:"黄帝作舟车,以济不通。"一是供作战用,二是方便先民交通,进行货物交换。

《国语·鲁语上》云："黄帝能成命百物,以名民共财。"这也就是说,黄帝开始"给各事物和社会各等级定名,将社会成员区分为不同等级,分等占有财产"⑯。龙山文化墓葬出土随葬品的多与少,就反映了当时财产占有多与少的情况,即出现了贫富不均现象。

《礼记·乐记》云："作者之谓圣,述者之谓明。"黄帝就是这样的圣人和伟人。《左传·文公七年》记载晋国郤缺曰："正德、利用、厚生,谓之三事。"张岱年先生释云："正德是提高品德,利用是改进技术,厚生是使生活丰足起来""传说中的炎黄二帝既具有高尚的品德,又致力于发明创造,表现了'正统、利用、厚生'三事并重",也"正是'自强不息、厚德载物'的具体形象。因此,以炎黄二帝作为中国传统文化的象征,确实具有重要的意义。"⑰

三、黄帝在创造精神文化中的贡献和地位

1. 改革原始宗教

黄帝不仅是能征善战、扩大疆土的英雄,而且是一个充满大智慧、勇于革新创造的圣人。人类民族学家研究,从母系氏族出现到父系氏族社会解体,出现了原始宗教的图腾、自然、祖先三种崇拜形式,在"万物有灵"观念下,先民思想和心目中产生了各种各样、大小不同的鬼神,合称曰"原始神教"。那时"人人为巫""家家为祀",神人杂糅。黄帝对宗教进行改革,设立管民事之"四位官员",定上天之神(亦称帝神或上帝神)为最高、最大之神,主宰宇宙诸神,决定人的命运,只有他和大臣可以沿"天梯"去见帝神。这种把"神"与"民"事初步分开的作法,是思想和意识形态上的一大进步。从大约可与黄帝时代相比附的燕山南北"红山文化"、环太湖流域的"良渚文化"(距今约5000年)分析,辽宁省建平、凌源、喀佐三县交界约50平方公里的牛河梁遗址群(有十几处大型建筑组成),当为以北狄、东北夷、华夏多部落的"部落联盟集团"之遗迹。从半地

穴式建筑、壁画、陶器、大小型泥塑男女像、分层积石坛和冢等观察,处于红山文化区中的牛河梁,当是维护这个集团的"原始神教"祭祀中心。黄河流域龙山文化遗址中鹿、牛、羊、猪肩胛骨已较普遍,龟甲及以龟造型的陶、石等也较多。江南也是如此。这些都反映了黄帝时期的宗教占卜、巫筮是比较流行的,也反映了北方、南方的民族迁徙和文化的传播状况。环太湖之江浙良渚文化区,以古越人为主体,包含有东夷、华夏、苗蛮的"部落联盟集团",也是在"原始神教"观念下聚合在一起的。浙江杭州郊区余杭县良渚镇面积达数十平方公里的巨大聚落中心建筑群(由主体及附属建筑组成),当是这个集团(亦称良渚古国)的"都"城。从建筑规模、形制、布局、墓葬、出土大量精美的玉器等看,与黄帝的"新郑之都"不相上下。牛河梁红山文化第二台地上"女神庙"出土的大量人形、动物及鸟形泥塑等,说明当时还保留着原始宗教的自然崇拜,女性塑像则是红山人的祖先神。江浙良渚文化中神化了的自然人,可能就是良渚人的祖先神。这都说明了黄帝时代确是一个社会转型时期,大型古国已主导和代表着大江南北由分散走向聚合的趋势,也反映了原始宗教(神教)的由分散于民间而集中到了"联盟"最高领导集团的手中,成为维护"联盟"和先民和睦相处的重要思想。

2. 汉文字的初步形成

文献记载七八千年前的太昊伏羲氏已画八卦和发明文字,历炎帝又有所发展,至黄帝时,汉文字又有所进步。《淮南子·本经训》云:"昔仓颉造字,而天雨粟,鬼夜哭。"钱大昕《说文解字·序》云:"仓颉初作书,依类象形,故谓之文,其后形声相益,即谓之字。"考古发现的河南舞阳贾湖裴李岗文化遗存之龟甲、骨器、石器等契刻符号,有些与殷墟甲骨文相似,距今已8000多年,说明伏羲氏发明文字亦非妄说。仰韶文化遗址发现的陶器刻划符号更多。山东龙山文化陶器上有不少似字的刻划符号。江浙良渚文化陶、玉器刻划符号,亦是如此。相当于黄帝时代的西安市长安区花楼子客省庄二期文化遗址中,发现了刻在兽骨上的十多个符号,一个与殷墟甲骨文的"万"字极相似,一个与甲骨文的"大"字极相似;河南登封龙山文化遗址中的陶器上之"共"字、山东邹平县丁公龙山文化遗址中陶片上的 11 个字等,"更是最早的文字了。据此可以作出判断:文字在父系社会晚期已经形成了"⑱。至于《汉书·艺文志》载的《风后兵法》《孤虚》《力牧兵法》《鬼容区兵法》、黄帝《占梦经》及伏羲、神农、黄帝的《三坟》等,则是后人托古之书。

3. 制定礼仪和乐舞

礼乐是密不可分的制度,从三皇时代已有,黄帝继承并有所发展。《商君书·画策》云:"黄帝作为君臣上下之义,父子兄弟之礼、夫妇匹配之合。"可见黄帝时已为先民制定了"伦理"之礼仪。黄帝接见"百官"或"四夷"部落长,已有一定的礼仪;征战时也有一定礼仪,如对归服的氏族或部落首领予以接待,或任官或放走,一律不杀;婚嫁婚娶沿袭伏羲以来之礼仪,葬礼亦如此。《史记·五帝本纪》引《正义》云:"及黄帝造屋宇,制衣服,营殡葬,万民故免存亡之难。"尤其是黄帝率大臣和先民一起举行大典时的礼仪,场面大、人数多,非常隆重。《史记·五帝本纪》云:黄帝时"鬼神山川封禅与为多焉。"礼仪性建筑、祭坛、神祠、礼玉器等,都是黄帝礼制的组成部分。黄河流域龙山文化、江南良渚文化的祭坛(辽宁牛河梁女神庙、甘肃永靖石圆圈、浙江余杭的祭坛等)、墓葬品(陶、漆、玉礼器等)及大小规格不同的墓制等,都反映黄帝时期的礼制。我们从《山海经》的记载中可知,黄帝在对原始神教改革中,逐步整合了众多鬼神的等级,他以"帝神"之子的身份封了东西南北中的"人帝"或"人神"(皆为先民怀念对社会贡献大的已故首领、圣人,或还在世的首领)。西汉《五星占》载:封太昊为东方帝,称青帝或春帝,由少昊之子句芒辅佐(管理树木之神),称木星神;封少昊为西方帝,称白帝或秋帝,由其子蓐收辅佐,称金星之神;封炎帝为南方之帝,称火帝或夏帝,由其裔孙祝庸辅佐,称火星神;封孙子颛顼为北方帝,称黑帝或冬帝,由水官(玄冥)辅佐,称水神、冬神或水星之神;封黄帝为中央帝,称黄帝,以炎帝之裔后土辅佐,称地神或土星神。神话故事说是黄帝成为"天下盟主"后,在庆功大会上所封。从历史实际析,当为战国"五行"学说形成为所配之帝及神。东汉蔡邕《独断》卷上云:"东方之神,其帝太昊,其神勾芒。南方之神,其帝神农,其神祝融。西方之神,其帝少昊,其神蓐收。北方之神,其帝颛顼,其神玄冥。中央之帝,其帝黄帝,其神后土。"在巡视天下或战争中,他同"三皇"一样,上泰山封禅。《史记·封禅书》云:"黄帝封泰山,禅亭亭。"他还到其他"四岳"祭天神,尤其是在昆仑之丘(今甘肃、青海的大、小祁连山)进行的祭祀活动最多。山上有规模宏大、神兽、仙女把守的"帝宫",宫内的山之顶峰设有上天向"帝"神禀报人间事的"天梯"。传说这种神圣的"天梯""帝宫"在今四川成都平原、河南新安县(即古青要之山上)亦有。这些一是反映了"原始神教"时期先民对"万物有灵"的想象;二是反映了广大先民对黄帝的爱戴和崇奉;三是那时生产力、认识能力毕竟还是较低,先民对自然界、社会上许多事物无法进行科学解释,就祭祀鬼神,求其免灾保佑平安。这种风俗至今在农村、少数民族中,特别是偏僻山区还有流传。我们唯物主义者不相信鬼神,但应从黄帝时代的社会实际去理解,正确对待。

　　黄帝时代的祭祀鬼神、庆贺战争胜利、贺粮食丰收等,都有乐舞伴随,先民劳动之余,也以乐舞为乐,调节生活。《吕氏春秋·大乐》云:"凡乐,天地之和,阴阳之调也。""声出于和,和出于适。和适先王定乐,由此而生。"《古乐》云:"昔黄帝令伶伦作为律吕。"伶伦以西方产的竹子作笛(3.9寸长),吹出了音符,便将乐器称为"黄钟之宫,音符曰舍少。伶伦又制作了12根竹笛,模仿凤凰的叫声,吹出了音符。春天开始的时候,跳舞时演奏,称十二律五音,乐曲曰《咸池》。还作了《六英》和《九招》乐曲。

4. 考定《星历》和发展中医学

中国的农历,相传"三皇"时代就有了,黄帝在炎帝历法的基础上又进行了改制和创造。《史记·五帝本纪》云:黄帝"获宝鼎,迎日推荚。"《索隐》:"《史记·封禅书》曰:'黄帝得宝鼎神策'下云'于是推算迎日',则神策,神箸也。黄帝得著以推算历数,于是逆知节气日辰之将来,故曰推策迎日也。"《正义》云:"荚音策。迎,逆也。黄帝受神荚,命大挠作甲子,容成造历是也。"即黄帝时已知在高地上立木柱,以太阳照射的倒影推算时辰。《世本·作篇》云:"黄帝使羲和占月,常仪占月,鬼臾区占星气,伶伦造律吕,大挠作甲子,隶首作算数,容成综此六术一而著调历也。"《史记·历书》云:"黄帝考定星历。"这也就是说,黄帝令这些人观察日、月、星辰运行的规律,通过测算,由容成氏编成《调历》,以供先民按春夏秋冬四个节进行生产和生活。

黄帝在炎帝尝百草知药性的基础上,又发展了中医学。文献记载的歧伯之《本草》《索问》《歧伯经》,歧伯和雷公的《难经》《黄帝歧伯按摩》及《黄帝内经》,虽然是后人托古之书,但多少也反映了黄帝时代中医学的一些情况。

石王珍先生说:"炎黄二帝开创的中华文明,在一代又一代炎黄子孙传承开拓、发扬光大下,它的广袤的内容,它的深刻的内涵,确实是世界人类文化的宝贵财富和丰富遗产,在很长一段时期里,无论是农业、医药、水利,还是天文、数学、物理,乃至文学、音乐、艺术,都是位于世界前列的。"[19] 这虽然是从广义的炎黄文化说的,但它也更说明了黄帝开创性的文化,在中华文化史上的地位之高,对后世影响之大。戴逸先生说:"黄帝轩辕氏及其大臣们,发明舟车弓箭,建造宫室,制作衣裳、陶器、乐器,并创造了文字,黄帝时代人类的衣食住行及文字、艺术、武器、用具均有极大的进步,反映了中国远古文明繁荣发展的盛况。"[20] 李学勤先生说:"现在看来,中国文明很可能应上溯相当长的一段时间。最近很多学者撰文,提出中国古代文明形成于公元前第三千年,即考古学上的龙山时代,这就和《史记》始于《五帝本纪》差不多了。"㉑这 5000 年前,恰和黄帝时代相当,即黄帝时代标志着文明社会已经形成。

综上所述,黄帝是母系转向父系氏族社会的部落首领,也是由氏族部落转向"部落联盟"的古帝,更是具有开拓进取、革新创造的大勇大智之伟人。他带领先民创造的物质、精神、制度文化,既是对近 200 万年原始文化的继承和发扬光大,又为中华文化奠定了初步基础,或曰开辟了先河。其在中华文化史和中国文明史上的贡献是重大的,地位是崇高的,不愧为中华民族自豪而骄傲的祖先!

注释:

①《中共中央政治局常委李瑞环同志在"中华为黄文化研究会成立大会"上的讲话》(1991 年 5 月 10 日),王仁民主编:《炎黄颂》,北京:中国经济文化出版社,2003 年 4 月第 1 版,第 1 页。

②周谷城:《1991 年 5 月 10 日在"中华炎黄文化研究会成立大会"上的书面讲话》,《炎黄颂》,北京:中国经济文化出版社,2003 年 4 月第 1 版,第 5 页。

③夏鼐:《中国文明的起源》,北京:文物出版社,1985 年第 1 版,第 96 页。

④苏秉琦:《中国文明起源新探》,香港:香港商务印书馆,1997 年第 1 版,第 107—140 页。

⑤李学勤:《走出疑古时代》(修订本),沈阳:辽宁大学出版社,1997 年 12 月第 2 版,第 41 页。

⑥朱绍侯主编:《中国古代史》上册,福州:福建人民出版社,1982 年 6 月第 1 版,第 40 页。

⑦张岂之主编:《中国历史·先秦卷》,北京:高等教育出版社,2001 年 7 月第 1 版,第 25 页。

⑧石兴邦:《炎黄研究及其有关问题》,霍彦儒主编:《炎帝与民族复兴》,西安:陕西人民出版社,2006 年 7 月第 1 版,第 3 页。

⑨徐旭生:《中国古史的传说时代》,桂林:广西师范大学出版社,2003 年

10 月第 1 版,第 50 页。

⑩徐旭生:《中国古史的传说时代》,桂林:广西师范大学出版社,2003 年 10 月第 1 版,第 52 页。

⑪郭佳川:《黄帝宫》,《炎黄颂》,北京:中国经济文化出版社,2003 年 4 月第 1 版,第 151 页。

⑫许顺湛:《郑州西山发现黄帝时代古城》,《炎黄颂》,北京:中国经济文化出版社,2003 年 4 月第 1 版,第 144—145 页。

⑬曹桂岑:《黄帝轩辕丘考》,《炎黄颂》,北京:中国经济文化出版社,2003 年 4 月第 1 版,第 136 页。

⑭郭沫若主编:《中国史稿》第一册,北京:人民出版社,1976 年 7 月第 1 版,第 130 页。

⑮张岂之主编:《中国历史·先秦卷》,北京:高等教育出版社,2001 年 7 月第 1 版,第 25 页。

⑯张岂之主编:《中国历史·先秦卷》,北京:高等教育出版社,2001 年 7 月第 1 版,第 26 页。

⑰张岱年:《炎黄传说与民族精神》,《炎黄颂》,北京:中国经济文化出版社,2003 年 4 月第 1 版,第 77—81 页。

⑱张岂之主编:《中国历史·先秦卷》,北京:高等教育出版社,2001 年 7 月第 1 版,第 22 页。

⑲石玉珍:《强强联合,开创炎黄文化研究新局面》,王俊义主编:《炎黄文化研究》,郑州:大象出版社,2006 年 7 月第 1 版,第 18 页。

⑳戴逸:《研究炎黄文化,建设现代文明》,《炎黄颂》,北京:中国经济文化出版社,2003 年 4 月第 1 版,第 61 页。

㉑李学勤:《中国文明十讲》,上海:复旦大学出版社,2003 年 8 月第 1 版,第 53 页。

2007 年 3 月 12 日

发扬黄帝为公精神　建设民族和谐家园

——兼论黄帝与中华民族精神形成的内在关系

中国历史以"巫山人"为开端,已有 200 万年的悠久史。血缘家族公社历约 170 万年的发展,至约 30 或 20 万年前时崩溃,母系氏族公社萌芽。它历数十万年的产生、发展,约至晚期智人(新人)阶段(约 5—1 万年前)时正式形成并有所发展,母权制社会确立。先民的体质、思维能力、语言等,已基本与现代人相同,原始宗教也已形成。同世界上古老民族一样经历的神话时代,也随着母系氏族公社首领的普遍出现,以及少数先进地区部落长的出现而逐渐进入传说人物时代(1 万—4071 年前)。古代史学家树立了以中华始祖母华胥氏为开端的、带有血缘关系的"三皇五帝"传说时代系统。"自我国秦汉时期以来,古史传说时代的'三皇五帝'事迹已经成为当时历史结构的最初框架。"① 因此,我们研究黄帝精神就得从"三皇"入手,全面观察黄帝业绩,才能归纳、提炼出黄帝的精神,以促进民族复兴和民族精神家园的建设。

一、三皇文化孕育了黄帝的天下为公精神

改革开放以后,学术界对上承 199 万年先民文化、下创母权与父权制文化的"三皇五帝"进行了宏观、微观的大量研究,取得了丰硕的成果,对促进民族复兴,增强民族凝聚力、振兴中华经济起了

相当大的推动作用。目前全国各地对以"三皇五帝"为主要代表的许多传说人物的研究,已进入到一个新阶段和新高度:从民族形成、文明起源、传统文化渊源等方面论述其事迹和价值。

1."三皇"人物及其反映的时代

民族、中华民族一词使用较晚,为近代的述语。其渊源则是非常悠久的,有从元谋人(175万年前)开始的,又有从巫山人(200万年前)开始的。从古人(约30或20万年至5万年前)至新人(约5万至1万年前)时期,母系氏族社会确立并有所发展,人类的智慧已接近现代人,原始宗教观念和想象力逐渐形成和丰富,出现与世界上古老民族一样的神话。《春秋元命苞》《春秋命历序》列出了许多神话人物。马克思在《政治经济学批判·导言》中指出:"任何神话都是用想象或借助于想象以征服自然力,支配自然力,把自然加以形象化。"②母系氏族公社发展到现代人(1万年前)以后,有的首领因造福于社会的事迹多,而被人们口耳传诵,近现代史学家称其为神话传说时代。一般认为华胥氏已具备氏族公社或部落首领的特征,被尊为始祖母。"中华民族源远流长,是世界上最古老的民族之一。因为史籍中记载华胥氏出现在八千多年前,比埃及、巴比伦、腓尼基、印度的史籍记载尚要早一二千年。中国自华胥以来,谱系清晰,氏族、部落、民族、方国的产生、发展、形成、演变和分布等形态,也都明显实在。通过大量的岩画、岩文、陶文、甲骨文、金文、简牍文、漆文、帛文、石鼓文及纸文等记载,尚有丰富的地下文物互相印证。在文字与实物的真凭实据下,中国古老的历史要列为世界之首,这是任何国家和民族所难以比拟的。"③"华胥氏是黄河流域最早的居民,亦是中华民族的祖先。"④据有关文献记载:华胥氏与燧人氏通婚"生"伏羲氏和女娲氏,其二者通婚又"生"少典有熊氏和有蟜氏。少典与有蟜氏通婚"生"炎帝神农氏。在华胥至炎帝期间的传说人物很多,称"皇"者亦不少,古今学者大都认为燧人氏、伏羲氏、神农氏为"三皇"。他们的传说,"传诵了我国古代人类摩擦取火、渔猎和农业生产等与人们生活密切关联的重大发明和创造;同时,也反映了用火、渔猎、农业这三个不同的历史阶段。这些传说人物,不管他们是否真实存在,但他们的主要事迹却是客观的事实,是可以相信的。"⑤ "从我国新石器时代的考古资料,也证明了我国'三皇'传说的可信性。"⑥华胥至炎帝均有世系,子孙代代袭用一个"称号",历代事迹皆记在一个名义之下,因而形成生(故里)、邑城地(聚落或城)、葬地(后世堆土成陵,曰陵墓)、祠庙等的"多元"分布现象,导致学者研究的困难,各个地方对遗迹的各执己见之争论。"三皇"大体可与考古学称的新石器时代早期、中期的"前仰韶""仰韶"文化阶段相比附。

2."五帝"人物及其反映的时代

先秦典籍的称"帝"人物,比"皇"的人物较少,也比较集中,古今学者多赞同司马迁《史记·五帝本纪》所归纳的黄帝、颛顼、帝喾、唐尧、虞舜。"五帝时代是原始社会晚期和向阶级社会过渡的时代,按恩格斯的分期法,属于原始社会野蛮时代的高级阶段"⑦。"五帝之间可能有某些血缘的继承的关系,但不一定就象《史记》所说"的那样⑧。五帝时期已是文明曙光时代,大体可与考古学称的"龙山文化"阶段(约5000—4071)相比附。黄帝虽然也是少典娶有蟜氏女所"生",但比炎帝要晚1000年(一说500年),与炎帝八世榆罔(又曰参卢)约同期(年龄要小得多,目前何光岳研究员认为:黄帝与炎帝一样,有八世。黄陵生的为二代,新郑生的为八代。本文仍以传统说的一个黄帝论述)。黄帝(约5000年前,一说4500年前)生于西北黄土高原,兴盛和定都于中原。

3.三皇与五帝的联系和不同

《管子·兵法》篇:"明一者皇,察道者帝。"《白虎通·号》篇:"皇,君也,美也,大也,天人之总,美大之称也。"战国时期的学者,认为原始社会是先有皇、后有帝的。依据诸文献记载的传说人物事迹,大体上可以看出:"三皇"为主要代表的传说人物,皆为"创世"者,如开天辟地,创造宇宙间万物;造人,繁育男女人口;区别男女辈份,改变杂乱性交,实行嫁娶制度和礼仪;取火、采集、渔猎,发明农业和生产、生活工具等,是具有美德的首领。"五帝"除具有这些美德外,已有治国的准则,教化百姓的内容和方法,贫富、贵贱、等级现象产生,文字、铜器、城等已出现,标志着"文明"即将到来。单就黄帝而言,他已具有与夏王接近或相似的一些特征。"三皇只是文化的创始人,而五帝则是文明的缔造者。"⑨没有"三皇"文化,就没有黄帝文明;没有"三皇"一心为民谋生存的创世精神,也就没有黄帝"天下为公"的精神。

二、黄帝天下为公精神内涵的反映

精神属于哲学范畴,《辞海》云:"精神,指人的意识、思想活动和一般心理状态。宗教信仰和唯心主义者所讲的精神,是对意识的神化。唯物主义者常把精神当作意识同一意义的概念来使用,认为它是物质的最高产物。""而在哲学上,意识和思维是同一类的、同一意义的概念,都是人脑对客观现实的反映。"《原始社会史》云:"原始社会的意识形态,随着人和社会的产生而产生,随着原始公社制的发展而发展,随着原始经济制度的变革而变革。"⑩从目前研究的成果看,有从哲学、政治、经济学方面归纳的,有从民族形成方面归纳的,还有从儒释道方面归纳的等。如归纳黄帝有创造、奉献、团结、进取精神;黄帝有民本、法制、军事、哲学精神;黄帝有建功立业、为民利族、开放自强精神等。从原始社会的生产力和物质存在说,"灵魂不死的观念或灵魂崇拜是最原始的哲学唯心论萌芽";"对自然界的一些简单规律、物质现象也有一些朴素的了解,对客观世界在一定程度上采取现实的态度。这可以说是无神论、唯物主义思想的萌芽"⑪。因此,我们认为黄帝精神是在"三皇"精神基础上发展起来的,只有从《尚书》以来的文献中探寻,并结合考古、民族等学科予以论述。这也是"人类的历史说到底是人类创造文明的历程"⑫,"思想史和文化史可以沟通并联结为一个整体"⑬所决定的。

1. 以土地为根的重视发展农副业生产精神

《周易·说卦》云:"乾天也,故称乎父。坤地也,故称乎母。"《尚书·泰誓上》云:"维天地,万物之母。"《黄帝经》云:"人主者,重地则得其根。""王天下者,轻悬而重土,故国重而身安。""夫民,仰天而生,往地而食,以天为父,以地为母。"可见黄帝对土地是十分重视的。《礼含文嘉》云:"伏羲乃则象作易卦。"《史记·太史公自序》云:"伏羲至纯厚,作易、八卦。"太昊伏羲氏为"三皇"之一,约生于8000年前,重天地的精神来自《易》。《通志》云:炎帝"复演八卦,而为六十四卦,名之曰《归藏》。"《绎史》辑《春秋内事》云:"黄帝师于风后,风后善于伏羲之道,故能推阴阳之事。"《尸子》云:"燧人之世,天下多水,故教民以渔。宓羲之世,天下多兽,故教民以猎。"《管子·形势解》云:"神农教耕生谷,以致民利。"《黄帝内经·素问·阴阳别论》云:"阴阳者,天地之道也,万物之纲纪,变化之父母。"这些书虽然是春秋以后人写的,但从中也可以看出黄帝同炎帝一样,对农业生产是非常重视的。《史记·五帝本纪》索隐案:"有土德之瑞,土色黄,故称黄帝。"标志着其时的定居农耕迈入了新阶段。

(1)创立井田制以提高先民生产积极性

黄帝为提高以家庭为主体的先民生产积极性,对氏族或部落的土地公有制进行了改革。清代吴乘权综合其以前的文献资料,精心编著的《纲鉴易知录·黄帝有熊氏》云:"帝画野分州,得百里之国万区。""遂经土设井以塞争端,立步制亩以防不足。使八家为井,井开四道,而分八宅。井一为邻,邻三为朋,朋三为里,里五为邑,邑十为都,都十为师,师十为州。分之于井而计于州,则地著而数详。"这既是"井田"地制,又是地方行政管理之制,比炎帝时代要进步得多。"井田制始于黄帝,实为我国实行共产主义之最初历史。"⑭这是"随着男子在农业生产中所处地位的加强和父系家族的出现,个体劳动和家族耕作的独立性越来越大,因而产生了把土地定期分配给各个父系大家族的制度。个体劳动是私有制的源泉。"⑮家庭的劳动成果,绝大部分缴公,允许留一些家用,就大大激励了先民的生产积极性。《黄帝经》云:"赋敛有度,则民富。"

(2)创制《黄帝历》方便先民生产和生活

《纲鉴易知录·太昊伏羲氏》载:"作甲历(即制造以甲子记岁的日历),定四时(即确定一年的春夏秋冬四个季节)。起于甲寅,支、干相配为十二辰,六甲而天道周矣(即由甲寅开始,天干和地支相配合成为十二辰,以六十甲子表示自然规律就圆满了)。岁以是纪而年不乱(年以干支相记就不混乱),月以是纪而时不易(月以干支相记就四季不会错乱),昼夜以是纪而人知度,东西南北以是纪而方(向)不惑。"伏羲氏制定的《甲历》,经炎帝使用和改进,至黄帝时又进行了改革和创造。《纲鉴易知录·黄帝有熊氏》载(译文):"命令大挠制定六十甲子","大挠探测金木水火土等五行的变化情况,观察斗柄初昏时在的位置,开始制作六十甲子配合表";"命令容成制作伞盘相配的天文仪器,以显示天体运行的状态。综合占日、占月、占时、造律吕、作算术、作甲子等六种方法,以确定气候的变化、时序的转移。询问鬼臾区关于以前年代和以后年代的完整记载,来制定调历,年用甲寅来纪,日用甲子来纪,确定四时和节气。这一年乙酉的早晨,太阳升至南天,获取了神奇的蓍草,得到了珍贵的宝鼎。鬼臾区说:'这是得到了苍天赐予的推算历数的用具,可以周而复始的运用。'于是推算未来的日月朔望等历数,制定十六神历,积累余下的时日来设置闰月,配以甲子而设置六十部。从此四时顺适、日月交会的日子也不会弄混了。"⑯相传黄帝到空桐山(今甘肃平凉市)向广成子学道时,得到了伏羲氏的"神筴"(筴读策,通用,神策即蓍草)。《史记·封禅书》及《五帝本纪》等,对此记载较多,因黄帝创制而曰《黄帝历》(俗称《黄历》或《阴历》),又称

《调历》。一年四季、节气、月(有了闰月)、日、时辰的完备,以及对天象的掌握,进一步推动了适时播种、收获、储藏等农序的按时进行,大大方便了先民的生产和生活。

(3)发明生产工具与提高生产技术促进农副业发展

概括地说,炎帝时代是"刀耕火种"的农业,黄帝时代已是"锄耕农业",已使用"抛荒轮休"、保持地力的耕种法,且有了沟洫以排灌水、深耕施肥、铲除杂草、挑选种籽、防病虫害等耕作知识和技术。锄耕乃至犁耕、初兴水利、耕作程序渐备等,促进了农业生产的兴旺。生产工具在沿用炎帝时代的磨制石质的斧、镰、铲、锛、凿、刀、棒及木质耒耜等外,又创制了扁平、加宽或延长的石铲、石锄(利于翻土与垦荒)、骨铲、双齿木耒、安柄锄与镰、骨镰、蚌镰等。黄河流域的农作物主要有粟、黍、豆及少量的稻,泛称为旱地农业区;长江流域的农作物主要是稻,亦有少量的粟、黍、及豆,泛称为水田农业区。生产的发展使粮食大量增加,储备也随之增多,龙山文化遗址中大量窖穴的发现可为资证。

农业的空前发展,促进了动物、禽类的饲养与养殖业的发展。马、牛、羊、鸡、犬、豕等"六畜",在黄河、长江流域均已有较多的饲养,且以猪(豕)为主(习惯久与饲料多之故)。"农业发展了,就为养猪提供了应有的饲料。农、牧结合便形成了这些氏族部落经济的基础特点。"⑰为了丰富生活资源,不同地区的部族还利用本地条件,从事采集、狩猎或渔业,作为生活的辅助或补充。"这说明以农业为主的多种经营是那时的社会经济的一个重要特色"⑱。因而以往也有黄帝是"农牧副业"的代表之说。

2. 以民生为本的发明创造精神

《史记·五帝本纪》云:黄帝"生而神灵,弱而能言,幼而徇齐,长而敦敏,成而聪明。"是说黄帝为神童,成年后是一个有大智慧和善于发明创造的伟人。这是由"三皇"的母系社会转型为父系社会的必然,也是原始农业的繁荣所造成之农业、手工业第二次大分工的必然。《黄帝经》云："王天下者之道，有天焉，有人焉，有地焉，三者参用之，王者而有天下矣。"即黄帝把天、人、地之道，视为治国之道。他还曰："吾受民命于天""吾爱民而民不死，吾位不亡。"因而他"以民生为本"，奋发向上，发明创造，为民谋福利。

（1）从"轩辕"之号看黄帝在交通方面的发明

"三皇"的事迹中，未见到有交通工具的记载。农业、饲养业的发展，尤其是对马、牛的饲养，为黄帝解决先民的交通工具问题提供了条件。《史记·五帝本纪》云："黄帝者""姓公孙，名轩辕。"《说文解字》云："轩，曲辀藩车也。从车干声。"段玉裁注："谓曲辀藩蔽之车也。曲辀者，戴先生曰：小车谓之辀，大车谓之辕。"《古史考》云："黄帝作车，引重致远。"《楚辞·远游》云："轩辕不可攀援兮。"注："轩辕，黄帝号也，始作车服，天下号之曰辕辕氏也。"可见，黄帝时创制的蓬顶车已成为交通工具之一，以此功德而名或号曰"轩辕氏"。《纲鉴易知录·黄帝有熊氏》云："命共鼓、化狐刳（挖空之义）木为舟，剡（读言，刮削之义）木为楫，以济不通；邑夷法斗之周旋，作大辂（大车之义）以行四方，由是车制备。服牛乘马，引重致远，而天下利焉。"这些不仅利于先民出行，而且也方便了先民的迁徙和货物交换，更利于征战。

（2）先民居住和衣服方面的发明

《纲鉴易知录·大昊伏羲氏》云："命大庭为居龙氏，治屋庐。"考古资料证明"前仰韶"文化阶段已有地穴或半地穴的草、木、泥简陋房屋（如甘肃秦安县大地湾、河南新郑市裴李岗 8000 年前的村落房基），仰韶文化阶段的"聚落中心"，在昔日基础上又有所进步，如西安半坡、临潼姜寨等遗址，广场、房屋、陶窑、葬地等已俱备，规模较大。《纲鉴易知录·黄帝有熊氏》云："广宫室之制，遂作合宫（即后世称的明堂），祀上帝，接万物，布政教焉。"龙山文化遗址的"聚落"规模扩大，布局合理，设施较全，已具有"城"的特征。先民的居屋出现了家庭居室（单间或套间）。《周易·系辞传下》云："上古穴居而野处,后世圣人易之以宫室;上栋下宇,以待风雨。"

发明礼服。《礼记·礼运》云:昔者"未有丝麻,衣其羽皮。"《路史·后纪》罗苹注引《皇图要览》云:伏羲,化蚕;注引《白氏六帖》云:"伏羲作布。"《庄子·盗跖》云:"神农之世""耕而食,织而衣。"《纲鉴易知录·黄帝有熊氏》云:"西陵氏之女嫘祖为帝元妃,始教民育蚕,治丝茧以供衣服",而天下无皮肤干裂和生冻疮之患,"后世祀以先蚕。"考古发现的石质与陶质纺轮、骨针、蚕茧化石、麻布、丝织物残片等,佐证了伏羲至黄帝纺织麻布、丝织品的发展与制衣史实。炎帝之妻听𬀩、黄帝之妻嫘祖教民采桑养蚕、缫丝纺织、缝制衣服,反映了广大氏族妇女的贡献。由于黄帝时出现了等级分别,所以他又发明了表示尊贵地位的礼服。《纲鉴易知录》又载(译文):"黄帝制作了帝王的礼帽,帽子的前后沿上悬垂着玉串,两侧放置着丝絮(表示只听忠言,若有奸言就用丝絮塞住耳朵)。制作黑红色的上衣、黄色的下裳,既象征天地的本色,又象征帝王是天地之子。向四方观看,见有五彩羽毛的野鸡(今日的凤凰)和野草、树木的花朵,于是他将各种颜色染的丝织成不同的花纹,用来表示尊贵和卑贱。从此帝王和三公的礼服、礼帽、上衣下裳礼制就产生了。"当然,此载含有后世人的观念,黄帝时还达不到这么高的礼服程度。

(3)先民生产和生活用具的发明创造

制陶器。华胥氏发明彩陶,伏羲、炎帝承继。《路史》云:炎帝神农氏"大埏(以水和土)埴(揉泥为坯)以为(陶)器而人寿(延长人的生命)。"文献还有"神农作陶"之载。《纲鉴易知录·黄帝有熊氏》云:"帝命宁封为陶正。"即正式设立掌管陶器制作的机构和官员。从前仰韶文化至龙山文化的红陶、彩陶、黑陶,反映了陶器的进化过程(约1.2万—4071年前),方法由"三皇"前后的手制发展至黄帝的轮制陶器(手制亦存在)。"三皇"时期的陶器已有饮食、储藏、水及炊器等类型,碗、盆、罐、瓮、缸、盂、盘及小、大尖底瓶等,器呈红色,图案为黑色。黄帝时期除有这些陶器外,又发明了轮制陶器,工艺增加,质量提高,轮制陶器多黑色、灰色,白色也已出现,且出现了动物、飞禽等的造型器。

制木器。桓子《新论》云:"伏羲之制杵臼,万民以济。""杵"的发明在其前,安柄者是伏羲。《逸周书》云:"神农作陶冶斤斧,破木为耜、钼耨(除草用的曲木柄锄)以垦草木。"《周易》云:"包牺氏没,神农氏作。斫木为耜,揉木为耒。"《刘子》云:"神农氏弦木为弧,剡木为矢。"黄帝时的木器制作种类多,质量又有所提高。《纲鉴易知录·黄帝有熊氏》云:"命赤将为木正。"管理木器制造与土木建筑。

制玉器。"三皇"前已认识玉石的珍贵,至三皇时已会制造简单的玉器。《拾遗记》云:神农"筑圆丘以祀朝日,饰瑶阶以揖夜光"。"有石磷之玉,号曰夜明。"《越绝书·外传》云:"神农赫胥(即华胥后裔)之时,以石为兵。""至黄帝之时,以玉为兵。"黄帝时期有玉官和专门管理机构,"城"内有了作坊,礼器、兵器、装饰品等皆有。江浙太湖流域的良渚文化遗址中已出土有玉琮、璧、钺、环、璜、玦、三叉形器、镯、柱形器、锥形器、管、珠、半月形牌饰、带勾等二十余种。其中最具有代表性的是玉琮,通体乳白色,外方内圆,四面直槽各有两个羽冠人面兽身的神人徽像,工艺水平相当高。黄帝族活动中心的黄河中上游、中下游地区的龙山文化遗址中,也出土了相当丰富的玉器。有凿、锛、斧、凿、笄、璧、圭、坠饰、牙璋等,尤其是辽宁西部、内蒙古一带的红山文化遗址中发现的丰富精美玉器,都充分佐证了黄帝时期玉器制造业的兴旺,因而有"玉器时代"[19]之称。

铸造铜器。《路史·后纪一》云:"伏羲聚天下之铜,仰观俯视,以为棘币,好圆法天,肉方法天。"《拾遗记》云:"炎帝采峻锾之铜以为器,峻锾,山名也。"陕西临潼姜寨仰韶文化遗址发现的黄铜片,证明"三皇"时期已有采矿山之铜(红铜)造器之载不妄。《纲鉴易知录·黄帝有熊氏》云:"黄帝范金(用模子铸造金属)为货,制金刀(黄铜刀币)。"又云:"黄帝采首山(在今河南灵宝市西)之铜,铸三鼎荆山(今河南灵宝市,一说在陕西富平县,今划归阎良区)之阳。"
考古资料证明黄帝时期的采矿铸铜业,比"三皇"时期有了发展。
"在甘肃齐家文化的主要遗址中,都发现了数量不等的红铜器,从
而表明齐家文化已经进入金石并用时代了。铜器的制造和使用,
是生产力发展到一定高度的重要标志,是过渡到金属时代的开端,
为农业的发展开辟了更为广阔的前景。"⑳

　(4)改进和发明医学而延长先民的生命

　　先民的衣食住行解决后,为其解除疾病之患就成了黄帝的迫
切要求。于是黄帝便在"三皇"发明医学的基础上,又予以了发展
和创造。《孔丛子·连丛子》云:"伏羲始尝草木可食者,一日而遇七
十毒,然后五谷乃形。"《太平御览》卷721引《帝王世纪》云:伏羲
"尝味百药,而制九针,以拯夭枉焉。"《纲鉴易知录·炎帝神农氏》云
(译文):"远古时,先民吃草木的果实、飞禽走兽的肉,不知耕种土
地种植庄稼",不知熟食,易得病而死。"患了病,不懂药物,炎帝尝
花草树木的滋味,体察它们寒、湿、平、热的药性,辨别它们主治、辅
助、兼治、引导的性能和作用。他曾一天遇到七十种毒草,都奇异
地化解了,于是就将体验写成医书,为先民治病,医术随之产生
了。"后世托古书有《神农百草》。又云:"黄帝依据人类生存的状
况,发现他们背阳怀阴,吃各种食物,穿各色衣服,严寒酷暑冲击着
他们,喜怒哀乐挠着他们,夭折短命,君主和百姓世代都有。于是
他往前探索到远古的尽头,往后研究到当时,观察人的五脏在体外
的表征,用五行加以说明,洞察人天生的体质性格、遭受的命运,以
阴阳变化为准则,向岐伯询问,作《内经》书。又命俞跗、岐伯、雷公
考察人体的经络血脉,研究脉搏跳动的次数和征象;命巫彭、桐君
制定处方,而人们用此能享尽天年。"后世托古的中医学书有《黄帝
内经》《黄帝岐伯按摩》《岐伯经》《难经》《内外术经》等。这就是说,
黄帝时对人疾病的诊断医术进一步提高,对症使用中草药,效果更
好了;又会按血脉、穴位针灸治病,还会使用外科手术。

（5）发明指南车与黄钟（亦称十二律）

黄帝与蚩尤大战，突然遇恶劣天气，风沙弥漫，迷失方向，大臣风后献指南车予黄帝，才稳住了阵脚。对此传说，相信者不多。但从黄帝时人们智慧析，可能有了辨别方向的仪器，不一定就是后世说的指南车。

黄钟。《吕氏春秋·古乐》载："黄帝又命伶伦与荣将铸十二律，以和五音，以施英韶。"又云："伶伦自大夏（今阿富汗之北）西，乃至阮隃之阴，取竹于谷，以生空窍厚钧者，断两节间"，"其长三寸九分"，"而吹之，以为黄钟之宫，吹曰舍少。"

黄帝时发明的十二律，据《汉书·律历志》记载，是用竹管做成的律管。除具有乐器的功能外，还具有计量、数学、天文等功能，是远古中国乃至世界上的一项重要而伟大的科学发明。其长度为9寸，横截面积为9平方分，容积为81立方分，用它吹出来的声音作为音符中的基音[21]。在"制作乐器时要通过振动频率的共鸣来确定新乐器的基调，这便是所谓'同声相应'的效果。另外，规定黄钟律管的体积为1龠，2龠为1合，10龠为一升，10升为1石。这样，容量单位便确定了。黄钟律管中盛入黍，可容1200粒，重为12铢，它的两倍24铢为1两，16两为1斤。这样，重量单位就确定了[22]。《汉书·律历志》云："权轻重者，不失黍累。"颜师古注引应劭曰："十黍为累，十累为一株。"以此计，1株为100粒黍。由于1年为12个月，所以黄钟的基本参数也就与天文数字有了紧密关系[23]《国语·周语》云："是故先王制钟也，大不出钧，重不过石，律、度、量、衡于是乎生。"英国著名中国科技史家李约瑟（1900—1996）与其他科学家均认为："黄钟的发明，把中国的音乐、天文、长度、面积、体积、重量等单位统一为一体，这是世界上最早的伟大创举。这一发明和规定对中国几千年中的计量、数学、天文、器乐乃至许多科学技术学科的发展，都产生了深刻的影响。黄钟制最初采用的九和十二成了中国文化中相当重要的数字。以计量学的角度看，它构成了中国科学技术的重要基础。此举开创了以自然界不变常数(在这里是固定律管的振动频律)为基准确定单位制的先例。"㉔甚至有学者认为:1960年第11届国际单位计量大会通过的基本单位,从计量科学发展的历史上可以看出,与公元前两千多年中国古代所制的普通原器有关㉕。

(6)发明多功能的管器和创作乐曲

《世本·作篇》云:"伏羲作琴瑟。"《广雅·释乐》云:"伏羲氏瑟长七尺二寸,上有七十二弦。"《皇王大纪》云:"太昊帝庖牺氏","作瑟三十六弦。"《世本·作篇》云:"神农作琴,神农作瑟,神农氏琴长三尺六寸六分,上分五弦,曰宫、商、角、徵、羽(即五音名称)。"炎帝还造有筝、鼓、笛等。黄帝在沿用这些乐器的同时,又发明了具有定"五音"之调、制历法、定度量等多功能管器。《吕氏春秋·古乐》载:黄帝命伶伦作十二律的竹管后,"次制十二筒,以之阮隃之下,听凤凰之鸣,以别十二律。其雄鸡为六,雌鸡亦六,以此黄钟之宫,适合;黄钟之宫皆可以生之。故曰:黄钟之宫,律吕之本。"《纲鉴易知录·黄帝有熊氏》载(译文):"伶伦取回竹竿后,挑选节匀称的从节间断开,装入芦苇灰放置于台上,按不同节气之风吹响的声音作为黄钟的首位宫调。再作十二个竹管,以模仿凤凰的鸣叫声,用来区别十二律的音调高低。凤凰的鸣声分为六种,凰的鸣叫声也分为六种,用来与黄钟的宫调相排比,产生了六律和六吕;与节令之风相适应,而进一步确立宫、商、角、徵、羽五音;研究自然界的阴阳冷热,调节春夏秋冬,四时的变化,推算历法的具体时日,决定增减,纠正每年与四季所差的时日。"《通典·乐》云:"伏羲乐曰《扶来》,亦曰《立基》。神农乐名《扶持》,亦曰《下谋》。"《纲鉴易知录·黄帝有熊氏》云:"帝命大容作《承云》,是为《云门》《大卷》,命曰《咸池》。"这就是说,黄帝时的科学水平、乐理、音调、乐曲等,均达到了原始社会的新高度。音乐对先民的身心健康、社会稳定起了相当大的作用。

（7）创造发明记事和思想交流的文字

《纲鉴易知录·太昊伏羲氏》："命朱襄氏为飞龙氏，造书契。"已有了"六书"造字法。《春秋元命苞》云："仓颉受河图篆字，穷天地之变，仰观奎星圆曲之势，俯察龟文鸟羽山川指掌，而创文字。"龙山文化遗址发现的陶文、甲骨文字，比前仰韶、仰韶文化遗址的陶器刻画符号要进步得多。因此，黄帝时期已形成初步的汉字是可信的㉖。《尚书·序》云："伏羲、神农之书，谓之《三坟》，言大道也。"《汉书·艺文志》载："《风后兵法》十三篇，图二卷，《孤虚》二十卷，《力牧兵法》十五篇"，"《鬼容区兵法》三篇"等。这只能说是反映了黄帝时已有文字，书则皆为后世托古之作。

（8）祭祀设施的发展和礼仪的增多

我国的祭祀坛、台等始置甚古，"三皇"时期渐盛。《史记·封禅书》载："昔无怀氏封泰山，禅云云；伏羲封泰山，禅云云；神农封泰山，禅云云；炎帝封泰山，禅云云；黄帝封泰山，禅亭亭。"泰山，在今山东泰安市。《正义》云："此泰山上筑土为坛以祭天，报天之功，故曰封。此泰山下小山上除（平）地，报地之功，故曰禅。"祭台至黄帝时，发展为方坛圆丘，沿用炎帝时"明堂"之称。《通志》云："《郊特牲》曰伊耆氏（即炎帝）始作蜡，明堂位曰土鼓、蒉桴、苇籥（芦苇竿作的笛子），伊耆氏之乐也。"黄帝祭祀百神或庆丰收时，则以各种乐器演奏《咸池》曲，更加虔诚和隆重。大体可与黄帝时期相结合的江浙良渚文化类型遗址中的祭坛、辽西、内蒙古一带红山文化遗址的祭坛，都在规模、祭祀等方面达到了一定的高度。《史记·五帝本纪》云：黄帝时，"鬼神山川封禅与为多焉"。黄帝祭祀中比较重要的进步特征，就是举行祭祀太昊伏羲氏、女娲氏、少典、有蟜氏、炎帝神农氏等祖先。黄帝在伏羲一鼎祭万神的基础上，将万神分为天、地、人三类，铸三个铜鼎祭祀，且祖先神之鼎居中，就是对人的强调和尊重。

在"三皇""五帝"中，发明创造的最多者是黄帝，具有上总三皇伟业、下启三代文明的功绩。柳诒徵《中国文化史》云："自燧人氏以迄唐虞洪水之时，其历年虽无确数，以意度之，最小当不下数千年。故合而观其制作，则惊古圣之多；分而按其时期，则见初民之陋。(伏)牺(神)农之时，虽有琴瑟罔罟耒耜诸物，其生活之简单可想。至黄帝时，诸圣勃兴，而宫室衣裳舟车文书图画律历算数始并作焉。故洪水以前，实以黄帝为最盛之时，后世盛称黄帝，有以也。"可见黄帝的伟大创造发明，既承袭三皇，又有己功，故最多。又云："然黄帝之制作，或恃前人之经验，或赖多士之分工，万物并兴，实非一手一足之烈。故知社会之开明，必基于民族之自力，非可徒责望于少数智能之士。而研究历史，尤当涤除旧念，着眼于人民之进化，忽认开物成务，为一人一家之绩也。"㉗

3. 黄帝以和合为纲的创立民族和谐精神

《易·系辞上传》孔子曰："《易》甚至矣乎？圣人所以崇德而广业也。"黄帝可以说是继"三皇"之后，以至善至美的《易》之道理修德，创立和谐民族大家园的"圣人"。《论语》云："礼之用，和为贵。"《孟子》云："天时不如地利，地利不如人和。"《吕氏春秋》云："天地和合，生之大经也。"和合与"和而不同"是中华民族的传统美德，也是全世界人类的一个永恒追求㉘。原始社会的"和合"，虽然生产力低下，财富有限，实行的是"原始共产主义"制度，但却是人类最高的追求。我国"三皇"时期的部族是和合的，也是和而不同的，至黄帝时部落的普遍出现，又出现更大的"部落联盟"(有称古国者，有称酋邦者)，部族的"和合"达到了一个新阶段。

(1)黄帝氏族部落与部落集团的形成

公孙氏族从上邽(今甘肃天水市清水县山门镇三皇沟村一带)兴起后，迁居于陈仓(今宝鸡市)，再徙于桥山，形成部族中心聚落。其部落在泾水以北和北洛水等地(今陕北)发展壮大后，逐渐向西、向北迁徙，黄帝则带大部分族民沿北洛水南下，再过黄河沿北岸东徙(沿途有的氏族留居)，居于涿鹿(今属河北)，有的氏族继续向东北迁徙;炎帝榆罔率大部分族民从陈仓沿渭水东下,沿黄河南岸迁入陈(今河南淮阳),再徙入曲阜(今属山东)。榆罔帝是世袭的"天下盟主",威望和势力胜于公孙。公孙氏臣服于炎帝,遂曰"炎黄西北民族集团",分别徙入黄河中游北部、黄河下游后,各自仍保持着"部落""盟主"地位。

《史记·五帝本纪》载:公孙有 25 个儿子,长子玄嚣、次子昌意形成氏族部落后向西南发展,分别建中心聚落于江水、若水(今四川中部及其以北的岷江流域),其他 23 个氏族或部落约分布在渭水以北、汾水及其以北及冀州的地域,北部与东北的以兽为图腾的 6 个氏族部落归依于他,遂又有其为"北方氏族部落的祖先"之称⑳。公孙的 25 个子氏族除西南迁的两个姬姓部落外,又形成 12 个部落,合归依的已有 18 个部落,再加上《山海经》等先秦文献记载的本族及北狄,少说怕已有大小二三十个部落,可称为"公孙部落(或民族)集团"。其集团小于炎帝榆罔集团,大于东方的蚩尤集团。东方(今山东)的少昊部落时归依炎帝,与公孙亦保持友好关系。

(2)部落之间的争夺使黄帝集团势力增强

从世界上的古老部族看,发展到一定的阶段后,"共同劳动、共同享用财富、没有剥削和压迫"的原始氏族社会,必然被破坏,随之出现等级、战争,从而向文明国家过渡。我国的"三皇"与各自同期传说人物,一般都是"创世"首领,事迹为同自然斗争,未见关于战争的记载。黄帝时期大变,征战较多,是社会进步的重要标志之一。《礼记·礼运》《抱朴子·诘鲍》等对大同社会作过详述和赞扬。《商君书·画策》云:"神农之世,男耕而食,妇织而衣,刑政不用而治,甲兵不起而王。神农既没,以强胜弱,以众暴寡,故黄帝作为君臣上下之义,父子兄弟之礼,夫妇妃匹之合,内行刀锯,外用甲兵,故时变也。"《史记·五帝本纪》云:"轩辕之时,神农氏世衰。诸侯相侵伐,暴虐百姓,而神农氏弗能征。于是轩辕乃习用干戈,以征不享,诸侯咸来宾从。"《索隐》:"世衰,谓神农氏后代子孙道德衰薄,非指炎帝之身,即班固所谓'参卢',皇甫谧所云'帝榆罔'是也。"《黄帝经》载帝曰:"诸库藏兵(指兵器)之国,皆有兵道。世兵道有三:有为利者,有为义者,有行忿者。所谓为利者,见民饥已极,国家不暇,上下不当,举兵而伐之。虽无大害,亦无大利焉;所谓为义者,伐乱禁暴,起贤废不肖。"公孙部落集团进行的是"义"战,得到了诸侯(部落)的拥护和支持,势力大增。

(3)炎帝榆罔授命黄帝摄政而擒杀蚩尤

曲阜本是少昊之都(部族的中心聚落),被强盛的蚩尤所占有。处于衰世的炎帝榆罔对东方(今山东)两个部落的争夺无力征讨,只好封蚩尤为"卿",承认其地位,以稳定东方。蚩尤又向西北扩张,与"九黎"(今山西东北)联合,构成有81个氏族的集团,不从榆罔帝令。帝带兵进入东方问罪,蚩尤让出曲阜,迎炎帝榆罔居住。后来,蚩尤以其兵强,驱逐炎帝,战争爆发。《史记·五帝本纪》云:"蚩尤得为暴,莫能伐。"北齐刘昼《刘子·兵术第四十》云:"神农弦木为弧,剡木为矢。弧矢之利,以盛天下。其后蚩尤强暴,好习攻战,销金(铜)为刃,割草而甲,而兵遂兴矣。"战争起,帝榆罔败,撤退到近族共工部落(今河南辉县市)处,合军抵抗。蚩尤大军追至大战,炎帝榆罔联军复败,只好又向东北撤退。尊奉其为"盟主"的公孙迎而入居于涿鹿,炎帝榆罔以让"帝位"使公孙"摄政",指挥反击蚩尤的战争。《史记·五帝本纪》载的次序是黄帝先与炎帝战,后伐蚩尤,不确。《正义》引《龙鱼河图》云:"黄帝摄政,有蚩尤兄弟八十一人,并兽身人语,铜头铁额,食沙石子,造立兵杖刀戟弩),威振天下,诛杀无道,不慈仁。"可见是与蚩尤之战在前,"摄政",明显是炎帝榆罔所授之权。罗泌《路史》云:"帝榆罔立,诸侯携贰,胥伐虚弱。乃分正二卿,命蚩尤宇于小颢(即曲阜)以临西方,司百工。德不能驭,蚩尤产乱。出羊水,登九淖,以伐空桑(指榆罔帝住的曲阜)。逐帝而居于浊(涿)鹿。"是说蚩尤大军至,攻占了炎帝、黄帝居住的涿鹿,自封为天下盟主,自号为"炎帝"。这也就是把蚩尤判定为炎帝后裔、曾为炎帝的由来(如《路史》载云:阪泉氏、蚩尤,姜姓,炎帝之裔也)实误。《路史》在另一处明确记载炎帝退至涿鹿后,"参卢于是与诸侯委命于有熊氏(黄帝)"。

　　公孙"摄政"后,带领"众诸侯"反击蚩尤,战争规模大、战场多而持久,《路史》云"三年九战";还有七年、二年等说,均难知具体年月。因战争相继在冀州(约在今河北及山西的一部分)进行,打得艰苦、激烈,故古文献加进了"神兵天将"故事,实为"诸侯"的象征。《正义》引《龙鱼河图》又云:"万民欲令黄帝行天子事,黄帝以仁义不能禁止蚩尤,乃仰天而叹,天遣玄女下授黄帝兵信神符,制伏蚩尤,帝因使之主兵,以制八方。"当是晓喻战争久,兵力不足,妇女也参战了。《山海经》云:"黄帝令应龙攻蚩尤。蚩尤请风伯、雨师以从,大风雨。黄帝乃下天女曰'魃'(神话资料载,魃为旱神,系黄帝之女儿死后天帝所封),以上雨。雨止,遂杀蚩尤。"《路史》云:黄帝命"力牧神皇,厉兵称旅。顺杀气以振兵,法文昌(星名)而命(六军)将。熊罴貙貅(即四个以兽为图腾的部落军)为前行,雕鹖雁鹯(四种飞禽)以为旗帜。士既成矣,逮蚩尤,逆筮之。巫咸曰:果战而有咎(会胜利但有波折)。乃率风后、邓伯温之徒,及尤嚻兵浊(涿)鹿之山。三年九战而城不下。问之五胥,乃设五旗五军,具四面攻之,三日而后得志。传战执尤于中冀(今山西运城盐湖区)而诛之。爰谓之解。以甲兵释怒,用大政,顺天思,叙纪于太常。用名之曰绝辔之野。身首异处"。战争过程涉及问题很多,不多叙㉚。黄帝率军追至泰山,封禅报功后,任命少昊统领东方的部落,便返回涿鹿,大战的主将是力牧。

　　(4)公孙征服炎帝榆罔后被诸侯拥立为黄帝

　　黄帝取得了击杀蚩尤的重大胜利后,炎帝却食言不让"帝位",

遂又发生了战争。《中国史稿》云："在蚩尤战败之后,接着黄帝和炎帝的联盟破裂,发生了又一次激烈的战争,因为这时(引文见《史记·五帝本纪》)'炎帝欲侵陵(凌)诸侯',争夺盟主地位。可是,'诸侯咸归轩辕',被黄帝争取去了。争夺的结果,黄帝'与炎帝战于阪泉之野,三战,然后得其志'。"[31]《史记·五帝本纪》云:公孙"擒杀蚩尤"、战胜炎帝榆罔后,"诸侯咸尊轩辕为天子,代神农氏,是为黄帝。"严格地说,公孙轩辕氏取代炎帝的"盟主"地位后,才正式被尊奉为黄帝,华夏部落联盟初步组成(帝榆罔南走)。

　　涿鹿、阪泉两次大战不仅是姬轩辕成为天下"盟主"而号曰"黄帝"的分水岭,而且也是民族大融合、"古代五大民族集团"出现之新时代的标志。传说,黄帝还在西泰山(今山西霍州市的霍山)举行了庆贺胜利的大典。《史记·五帝本纪》云:轩辕为帝后,"天下有不顺者,黄帝从而征之,平者去之,披山通道,未尝宁居。东至于海,登丸山(在今山东临朐县东南),及岱宗(泰山)。西至于空桐,登鸡头。南至于江,登熊(今河南西南的熊耳山)、湘(今湖南岳阳东南的湘君山)。北逐荤粥(北狄族初名),合符于釜山(一说在今河北怀来县北,一说在今涿鹿县保岱乡窑子头村后之山丘),而邑于涿鹿之阿。迁徙往来无常处,以师兵为营卫"。对"合符"有多种解释,从略。《索隐》释:"合诸侯符契圭瑞,而朝之于釜山。"《吕氏春秋·孟秋纪》云:"黄帝五十五战而天下服。"可知,黄帝是经过许多战争才统一了各部族的。

　　(5)以都城新郑为中心建立合和万国的民族家园

　　具有以战争实现北方各族和平统一重大意义的"合符釜山"会盟后,次年,黄帝在臣民和军队护卫下由涿鹿南迁,定都于"有熊之墟"(今河南新郑市)。安置好后,黄帝在大隗山(一名具茨山)顶设坛祭告天神、地神及四方五岳神灵,告天下统一之功。《黄帝经》载其告天曰:"我黄帝承天道得助,得天时地利人和,一统天下。"其部落联盟机构、制度、吏制、宗教、文化等等,有很多记载。㉜具体有联盟、古国、酋邦及城邦等称谓,总体上说还是《国语·鲁语上》所说的"明民共财"社会。《中国史稿》云:"传说黄帝能'明民共财',基本上还属于原始共产制。"《礼记·礼运》记载孔子对"三代"前的社会评论曰:"大道之行也,天下为公。选贤与能,讲信修睦。故,人不独亲其亲,不独子其子;使老有所终,壮有所用,幼有所长,矜、寡、孤、独、废、疾者,皆有所养;男有分,女有归;货,恶其弃于地也,不必藏于己;力,恶其不出于身也,不必为己。是故,谋闭而不兴,盗窃乱贼而不作,故外户而不闭,是为大同。"不过,黄帝时期的社会,已处于阶级、剥削、压迫的产生阶段。《史记·五帝本纪》云:黄帝奠定疆域后,"官名皆以云命,为云师。置左右大监,监于万国(部落)。万国和,而鬼神山川封禅与为多焉。获宝鼎,迎日推筴。举风后、力牧、常先、大鸿以治民。顺天地之纪,幽明之占(即阴阳五行,占数而知之)。死生(作仪制礼)之说,存亡(生死)之难。时播百谷草木,淳化鸟兽虫蛾,旁罗明星辰水波(言天不异灾,上无别害,水少波浪,山出珍宝),上石金玉,劳勤心力耳目,节用水火材物(节俭自然资源)。有土德之瑞,故曰黄帝"。说明黄帝时期的多元一体"联盟"社会,是一个地域广大,礼仪周全,制度渐备,财富充裕,民族和谐,社会安定,生态优良,风调雨顺的美好精神家园。

三、黄帝天下为公是中华民族的高尚精神

黄帝是整合原始文化、开创三代文化先河的第一位古帝,也是创建多元一体中华民族格局的第一位古帝。他在继承三皇精神中创立的以土地为根、以民生为本、以和合为纲的"天下为公"精神,既是古代"五大民族集团"的伟大精神,也是中华民族的伟大精神。因此五千年前的黄帝精神,对我们促进民族复兴,以科学发展观又

好又快建立和谐社会有着重要的历史和现实意义。黄帝精神为中华民族精神之说的理由,主要有以下几个方面。

1. 华夏民族与四夷民族集团的关系

以中原为重心的华夏部落联盟,主要有姜姓炎帝族团、姬姓黄帝族团、嬴姓少昊族团组成,以黄帝为部落联盟最高军事民主首长。其时的疆域虽然认识不一,但东至海(今山东)、西至空桐(今甘肃东部)、北至荤粥(今内蒙古南境)、南至湘(今湖南北部),则是可信的。黄帝的政治影响和文化传播,比此疆域更大更远。司马迁采访的地域,基本上反映了黄帝的直辖疆域。被"华夏"按地域称谓的东夷族团,约分布在今山东沿海、鄂苏皖北及东北;北狄族团约分布于今陕北、晋北、冀北及以远地区;西戎族团约分布在今甘肃中部及青海东部;南蛮族团约分布江汉与江南地区。"五大"民族集团的分布区域,自然还有互相交错的。从黄帝时期的情况看,黄河中游、下游的华夏族团与"四夷"的关系基本上是友好的,发生战争的仅见于"北逐荤粥",南征苗蛮(今河南省南部与湖北省北部)及伐蚩尤,均是华夏族团的近邻或辖地。

2. 黄帝族团与四夷族团的交往和融合

黄帝时华夏族团的"联盟机构"比较进步,经济、文化、地域等优于"四夷"。因而黄帝受到周边族团的崇奉,中原为四夷所向往;华夏族团的向四方迁徙与文化传播处于优势,交往与战争又促进了华夏与四夷族人的融合。黄帝的"臣"和部落首领等,已包括了华夏、东夷、北狄、西戎族团之人。如东夷加入华夏联盟的少昊,"六相"之一的风后(东夷中风夷的首领),"六相"之一的力牧(九黎的一个氏族首领),以兽为图腾的六个部落长(北山戎)等。"在古代的传说里,后人不仅把夷人和羌人的一部落列为黄帝的子孙,而且把原始社会中劳动人民的许多发明创造,如衣服、舟车、文军、历法等,都归功于黄帝。黄帝越来越具备帝王的形象"㉝。

　　氏族或部落迁徙现象增多、规模及距离增大,约从三皇或稍早时期就开始了,黄帝时期氏族部落的较多出现,尤其是部落联盟的形成,迁徙范围更加广远。黄帝子孙多达 25 人,亦即有 25 个氏族又分立为 15 个部落,再传再分立,形成庞大的有血缘关系的群体。随着社会的发展,部族的增多,仅以黄帝族系而言,就分布于各地各族中;同时还形成尊奉黄帝为祖先的不少民族,超越了"五大"民族集团的区划和分界线。如《山海经·大荒西经》云:"有北狄之国,黄帝之孙曰始均,始均生北狄。"《大荒北经》云:"黄帝生苗龙,苗龙生融吾,融吾生弄明,弄明生白犬,白犬有牝牡,是为犬戎,肉食。"此为黄帝后裔与北狄的融合;《国语·鲁语》云:"有虞氏 禘黄帝而祖颛顼,郊祀而祖舜。"是其与东夷的融合;《左传·文公十八年》云:"帝鸿氏有不才子,掩义隐贼,好行凶德,丑类恶物,顽嚣不友,是比周天下之民谓之浑沌。"杜预注:"即欢头也,帝鸿黄帝也。"欢头又写作欢兜,尧舜时被流放于南方。其子苗民亦然。楚人的祖先也是黄帝后裔,苗、瑶亦是黄帝族系㉞。至于黄帝后裔的迁徙,更不胜枚举。到由成百上千的小国发展到"战国七雄"阶段时,融合而成的各大、小国家的人民,已没有古代"五大民族集团"的烙印。不论有否有血缘关系,"七国"之君皆认为是炎帝(齐国)黄帝(韩、赵、魏、鲁、秦)之裔。

　　秦朝统一六国,建立多民族的中央集权统一王朝(前 221)后,战国七雄之民统称为华夏族或秦民,少数民族主要有越、氐羌、匈奴等。西汉王朝建立(前 206)后,秦民称汉族,少数民族仍然存在。以南方的越族说,主要是由古越人发展而来的。其中由于越、吴越发展而来者,均奉黄帝为祖先。蛮人主要由土著发展而来,次之为华夏、东夷、羌等南徙之族,多奉黄帝为祖先。以北部的匈奴族说,《史记·五帝本纪》引《索隐》云:"匈奴别名也。唐虞已上曰山戎,亦曰熏粥,夏曰淳维(夏桀之后),殷曰鬼方,周曰猃狁,汉曰匈奴。"

《史记·匈奴传》云："匈奴,其先祖夏后氏之苗裔也,曰淳维。"即其为黄帝后裔。三国时期在东北与内蒙古接境地区兴起的鲜卑族,也自认为是黄帝后裔。《晋书·载记》《魏书·序记》《北史·魏本纪》等均载:黄帝有子昌意,"昌意之少子受封北国,有大鲜卑山,因以为号。其后世为君长,统幽都之北广漠之野"。"黄帝以土得王,北俗土为托,谓后为跋,故以(拓跋)为氏"。其后匈奴、鲜卑等不论怎样分裂、演变,至元朝的蒙古族、清朝的满族,皆奉黄帝为祖先。东夷和氏羌后来多演变为汉族,少部分演变为少数民族。于佑任《黄帝功德记·序》云："其子孙之蔓延于各地也。如汉族入为其苗裔,而西藏族之羌,回族之安息,苗彝族之禺号,蒙古族之匈奴,东胡族之鲜卑。金人之祖且为黄帝之子,满则金人之后也。是皆近世治史者所能考信,是中华民族之全体,均皆黄帝之子孙也。"

3. 黄帝族系的姓氏遍布于中华民族

黄帝本姓姬,在25子中又形成除姬姓以外的12个姓。子子孙孙不断延续,又形成许多姓,分布于各个民族之中,构成中华民族的姓氏主干之一。从目前最新研究成果看,黄帝族系形成的姓氏多达1832个[35],而以姬姓演变出来的姓氏最多。又据对各地汉族及主要少数民族姓氏的研究,黄帝族系的姓氏,几乎在今56个兄弟民族中皆存在过,或至今还有。这都起码说明黄帝与各族有着千丝万缕的联系。何光岳《华夏子孙为何共祭炎黄二帝》云："炎黄后裔互相联合、互相通婚、互相竞争又互相摩擦,且发生过一些不愉快的争斗,但毕竟是同祖共宗,其最终归于和好团结和联合,各兄弟民族共同形成了一个大团结的中华民族,共同创造了光辉灿烂的华夏文化。"[36]

综上所述,黄帝精神是原始社会发展到社会即将转型、物质达到史前丰富阶段的产物,也是上承"三皇"、下启"三代"之重要时代的精神结晶。其以土地为根发展经济、以民生为本创造发明、以和合为纲建立古国的精神,可以综合概括为"天下为公"的伟大精神,亦可泛称为"黄帝精神"。这一高尚的精神不仅是三皇、五帝所追求的,而且也是阶级社会"帝王"所追求和崇奉的。孙中山总统推翻封建帝制、建立中华民国后,他在组织和领导"中华同盟会"时提出的"天下为公"成为其治国的最高准则和精神,也成为中华民族的高尚道德和精神。在坚持马列主义、高举中国社会主义特色大旗,以科学发展观又好又快建设和谐精神家园的 21 世纪,弘扬黄帝的"天下为公"精神,是党和国家各级领导和各族人民责无旁贷、义不容辞的责任与应尽的义务。愿世界上的十三亿多华人共同携手,团结奋斗,使"天下为公"精神永放光芒!

注释:

①张岂之主编:《中国历史十五讲》,北京:北京大学出版社,2003 年 1 月第 1 版,第 5 页。

②马克思:《政治经济学批判》导言,《马克思恩格斯选集》第二卷,北京:人民出版社,1972 年版,第 113 页。

③何光岳:《炎黄源流史》,南昌:江西教育出版社,1992 年 4 月第 1 版,前言。

④何光岳:《炎黄源流史》,南昌:江西教育出版社,1992 年 4 月第 1 版,第 16 页。

⑤田继周:《先秦民族史》,成都:四川民族出版社,1988 年 1 月第 1 版,第 102 页。

⑥田继周:《先秦民族史》,成都:四川民族出版社,1988 年 1 月第 1 版,第 103 页。

⑦⑧田继周:《先秦民族史》,成都:四川民族出版社,1988 年 1 月第 1 版,第 132 页。

⑨启良:《中国文明史》,广州:花城出版社,2001 年 1 月第 1 版,第 48 页。

⑩林耀华主编:《原始社会史》,北京:中华书局,1984 年 4 月第 1 版,第

377 页。

⑪中国哲学教研室、北京大学哲学系:《中国哲学史》,北京:商务印书馆,2003 年第 3 版,第 1 页。

⑫张岂之主编:《中国思想文化史·序言》,北京:高等教育出版社,2006年 5 月第 1 版,第 1 页。

⑬张岂之主编:《中国思想文化史·序言》,北京:高等教育出版社,2006年 5 月第 1 版,第 2 页。

⑭郭沫若:《我国思想史上之澎湃城》,转引自曲辰等《黄帝与中华文明》,北京:中国华侨出版社,2004 年 6 月第 1 版,第 464 页。

⑮郭沫若主编:《中国史稿》第一册,北京:人民出版社,1976 年 7 月第 1版,第 94—95 页。

⑯译文参考许中田、管成学、傅孙铭主编:文白对照《纲鉴易知录》(清代吴乘权编著),北京:红旗出版社,1999 年 7 月第 1 版。以下不再逐一注明。

⑰郭沫若主编:《中国史稿》第一册,北京:人民出版社,1976 年 7 月第 1版,第 96 页。

⑱郭沫若主编:《中国史稿》第一册,北京:人民出版社,1976 年 7 月第 1版,第 98 页。

⑲邓淑苹:《黄帝之时,以玉为兵——我对"玉器时代"一说的看法》,载《黄帝与中国传统文化学术讨论会文集》,西安:陕西人民出版社,2003 年 1月第 1 版,第 81 页。

⑳林耀华主编:《原始社会史》,北京:中华书局,1984 年 4 月第 1 版,第297 页。

㉑参见薮内清:《中国·科学·文明》,北京:中国社会科学出版社,1987 年版,第 46—48 页。

㉒王鸿生:《中国历史中的技术与科学——从远古到今天》,北京:中国人民大学出版社,1997 年 12 月第 1 版,第 8 页。

㉓㉔王鸿生:《中国历史中的技术与科学——从远古到今天》,北京:中国人民大学出版社,1997 年 12 月第 1 版,第 9 页。

㉕杜晓庄:《黄钟:中国五大发明之首》,《文汇报》1989 年 3 月 7 日。

㉖杨东晨:《中国文字起源述论》,《陕西历史博物馆馆刊》第13辑,西安:三秦出版社,2006年6月第1版。

㉗柳诒徵:《中国文化史》,台湾:台北正中书局,1968年4月第8版,第26—27页。

㉘全国"人大"副委员长许嘉璐在2005年"第三届海峡两岸中华传统文化与现代化研讨会闭幕式"上的讲话,载《和合文化传统与现代化研讨会论文集》,北京:人民教育出版社,2006年9月第1版,第8页。

㉙郭沫若主编:《中国史稿》第一册,北京:人民出版社,1976年7月第1版,第118页。

㉚何光岳、杨东晨:《中华炎黄时代》,西安:三秦出版社,2007年11月第1版,第140—147页。

㉛郭沫若主编:《中国史稿》第一册,北京:人民出版社,1976年7月第1版,第118页。

㉜何光岳、杨东晨:《中华炎黄时代》,西安:三秦出版社,2007年11月第1版,第140—147页。

㉝郭沫若主编:《中国史稿》第一册,北京:人民出版社,1976年7月第1版,第125页。

㉞何光岳:《南蛮源流史》,南昌:江西教育出版社,1988年11月第1版,前言第2页。

㉟何光岳:《中华姓氏源流史》,长沙:湖南教育出版社,2003年9月第1版,第524—1034页。

㊱何光岳:《华夏子孙为何共祭炎黄二帝》,《南方青春参考报》,2004年10月1日。

2008年3月29日

弘扬黄帝文化　　建设富民强国

——论黄帝与中华民族五千年血脉文化的关系与时代价值

传统观点说的中华民族上下五千年，或中国有五千年文明史（文化史），都是以"人文初祖"黄帝为开端的。（近些年学术界又有从"三皇"开始的万年中国文明之说）。现就黄帝文化的狭义与广义之分、广义黄帝文化与中华文化、黄帝与中华民族五千年一脉相承等问题作一述论，以与专家、同仁交流。

一、黄帝本源文化与主要精神

黄帝本源文化，即通常说的狭义黄帝文化，指的是黄帝时代（约 5000 年前）所创造的物质、精神、制度等原始文化。钱逊先生说"从时代看，黄帝文化产生于黄帝时代"，"狭义的（黄帝文化）则专指黄帝的文化"①。黄帝在创造物质、制度文化的同时，培育和形成了相当可贵的原始精神。

1.狭义黄帝文化的内涵

黄帝的文化，根据先秦诸子及部分汉代文献记载，学者们从不同的角度提出了相应的分类。以今对于"文化"的定义来说，当时创造的物质文化主要有生产工具的改进和增加，农业与手工业生产的兴旺，产品日益丰富。提高了制陶技术，增加和丰富了陶器品类。还学会了打井取水，制造舟船、缫丝，筑房屋等。创造的精神文化有造字、制历、祭祀、制乐器、作乐舞、知天文、晓地理等。创造的制度文化有氏族部落和族团管理机构、官制、城堡防卫制等。集中反映黄帝时代创造发明的《世本·作篇》，早已散佚，从其他书零星记载中归结出来的也不甚完整，但距今约5000年前黄帝时代的文化，足以称为中华文化的源泉。从先秦文献看，不仅儒家受到黄帝本源文化的影响，形成让民休养生息的"黄老学派"，而且其他各学派也不同程度地受到了黄帝文化的影响，从《左传》至《吕氏春秋》都引用了黄帝文化资料。到了汉代，"黄老思想"成为朝廷统治思想，受到吏民欢迎。一些文人学士便纷纷假托黄帝的名义著书立说，使黄帝本源文化的影响范围更加扩大。《汉书·艺文志》载署名黄帝撰的书就多达20多种，上至黄老学派书，下至医学和日常生活用书，足证狭义黄帝文化影响之大，范围之广，称其文化为中华文化源头是符合历史实际的。不过，我们在这里必须强调的是：无论炎帝是比黄帝早多少年，还是与炎帝八世孙榆罔（又叫参卢）同辈而年岁较小，谈到中华文化的源头时，不能不提到公认是原始农业典型代表的炎帝。《易·系辞下》《管子·轻重戊》《礼·含文嘉》等记载，炎帝制耒耜，翻土地种嘉禾；《淮南子·修务训》等载他发明医药，会用中草药给先民治病；《物原·政原》，"神农始以日为中始而立廛"（即日中为市）；炎帝还发明了制陶、绩麻、制乐等。正因为如此，中华儿女及华侨才自豪地称自己为"炎黄子孙"。其文化亦应是中华文化源头的一部分。费孝通先生说："几千年来，正是由于有了炎黄二帝为代表的远古文化作为源头和始基，中华文化才得以不断丰富，创新和发展"②。总之，"大量事实告诉我们，炎帝和黄帝是中华民族的共同始祖，中华文化的一些基本特征也是从炎黄时代开始显现的"；"我们悠久的历史，灿烂的文化，正是建立在以炎黄二帝为代表的远古文化"③上的。

2.黄帝本源文化的主要精神

一般说文化和精神的产生，要有相应的地理、农耕、社会三大背景或要素,还要有外来文明可以借鉴的地理环境和历史条件。黄帝本源文化(狭义黄帝文化)时期,前三大背景具备,后者则无。对于黄帝本源文化阶段的精神,有着各种归类和总结。我们认为最为重要的是开拓创新,族团凝聚两种精神。前者已述,司马迁在《史记·五帝本纪》中用黄帝"治五气,艺五种,抚万民,度四方",予以了肯定和赞扬。黄帝本源文化时期的另一重要精神,就是族团凝聚力。

　　谈起黄帝时代的部落、族团形成,至今没有定论。地方之争,真是令人无可奈何,只好各说各的。再有威望的权威专家,意见不合本地之意,也视而不见。河南学者多认为炎黄部落在中原,就没有向西北方迁徙过,是以其先进中原文化向四方传播的。西北的学者则多认为炎帝、黄帝是西北黄土高原兴起的氏族部落(又有故里在今甘肃、陕西之说)。后来,炎帝被推举为天下"盟主",沿黄河南岸东迁入陈(今河南淮阳);黄帝部落奉天下"盟主"命,沿黄河北岸向涿鹿(今属河北)迁徙,定居于此,支裔还远迁至今北京附近。河北省有学者认为黄帝生于涿鹿,为北方族团。炎帝榆罔后又从陈迁往曲阜(今属山东),与强大的蚩尤部落发生领土之争,战败后逃往涿鹿,与黄帝结盟,共抗蚩尤。经浴血奋战,黄帝擒杀蚩尤后,炎帝又后悔不该将"盟主"地位让予黄帝,欲联合其他部落攻黄帝。黄帝勒兵大战于阪泉(今涿鹿西北),三战而击溃炎帝。《史记·五帝本纪》云:从此,"诸侯咸尊轩辕为天子,代神农氏,是为黄帝"。他又经大小数十仗,统一了黄河中游及下游的西部,联合炎帝遗族、东方少昊部落等组成了"华夏部落集团"(又称族团),由涿鹿迁都于有熊之墟(今河南新郑市),与东夷、北狄、西戎、南蛮互相依存、互相交往、互相争夺、互相婚姻,形成初步的较大地缘族团社会,《史记·五帝本纪》云:"黄帝官名皆以云命,为云师。置左右大监,监于万国。万国和,而鬼神山川封禅与为多焉";"举风后,力牧、常先、大鸿以治民。"这是传说时代黄帝的首创,也是天下分散氏族、部落逐渐从血缘关系向地缘关系的大转变。刘宝才等先生说:"黄帝时代生活在中国大地上的人类突破了氏族和部落的界限,社会联系扩大到氏族和部落之间,出现不同氏族,部落之间协调合作的客观需要,最终导致联合范围扩大和凝聚力增强。黄帝部落迅速崛起,与炎帝部落、蚩尤部落等联合起来,形成中原政治权力中心。黄帝时代历史的又一大特征,是中华民族的凝聚力第一次突出地表现了出来。"④此说是正确的。

3.黄帝本源文化作为中华文化源头是可信的

黄帝本源文化相当丰富,其最为重要的创造发明和原始族团凝聚力,为中华文化的形成和民族的五千年血脉相承等,奠定了坚实而广泛的基础。虽然有的著名学者说:"谈文化标志的只见孔孟儒家或儒释道以及先秦诸子,而不及三皇五帝,显然是不妥的。"⑤河南商丘有关人士对燧人氏(又称燧皇)进行了多方研究;甘肃天水市、河南淮阳县和周口市等地对伏羲氏(又称羲皇)进行了20余年的研究,公认伏羲故里在天水(生于8000年前),邑城和陵墓在淮阳。近几年还成立了国家级"中华伏羲文化研究会";对炎帝的研究更是遍地开花,仅故里就有湖北随州、陕西宝鸡、山西长治与高平、河南新郑及湖南怀化等说。但是,至今学术界对"三皇"究竟有其人否,持怀疑态度者仍是大多数。即使是黄帝,也非都认为是确有其人其事。按此情况而言,黄帝(或炎黄)时代的文化能否作为信史和中华文化的源头呢?我们的回答是肯定的。黄帝时代的文化虽然属于传说资料,又属于5000年前,但是《左传》《国语》《管子》《庄子》《韩非子》《商君书》《周易》《尉缭子》《战国策》《吕氏春秋》等书受黄帝文化影响,对黄帝文化多有记述。《汉书·艺文志》假托黄帝名的20余本书,对黄帝时代文化亦有引述。更为重要的是,对黄帝传说事迹或创造发明,不少已被龙山文化遗址考古材料所证实。正如有的学者所说:以黄帝为开端的五帝时代,"是中国历史上最为活跃、内容最为丰富多彩的时期,也是中华文化、中华国家和中国传统的奠基时期，是中国古史上最大特点的一个时期。古史传说与考古学、历史学的有机结合成为信史，一部中华文明（文化）史要从五帝写起，已是中国上古史研究的大趋势"⑥。著名先秦史学家李学勤先生云：司马迁"《史记》的开头是《五帝本纪》，而《五帝本纪》是由炎黄二帝的时代发端的，作为文明历史的开始。按照后来历代史家的推算，传说中炎黄二帝的时代距今约 5000年，也就是说我们有 5000 年的文明史"⑦。不言而喻，作为中华文化源头的黄帝本源文化，自然是可以作为信史的。

二、广义黄帝文化与中华传统文化

广义黄帝文化是与狭义黄帝文化相对而言的，既有内在的紧密联系，又有内涵外延的区别。钱逊先生说："黄帝文化产生于黄帝时代，同时又'与五千年中国文明史联系在一起，在黄帝时代以来的五千年间得到不断丰富发展'。也正因此，它在整个中华民族发展历史中有着重要的地位和影响。'是中华民族发展的精神动力，具有重要的当代价值'。对黄帝文化可以有狭义的和广义的两种理解。"⑧广义黄帝文化"则可包含自黄帝以下五千年中黄帝文化的影响及其丰富发展的全部成果。一定意义上，也可说中华文化就是黄帝文化的发展；广义的黄帝文化也就是指中华传统文化"⑨。就我国文化的发展说，包括传统文化、近代文化以及"五四"运动（1919）以后的新文化、现代（又称当代）文化。"中国传统文化产生于农业时代，主要是指封建社会的文化"⑩。我们在此先就黄帝广义文化就是指"中华传统文化"的有关问题，作一些粗浅论述。

1.广大中国传统文化产生的背景稳定

一个民族和国家文化的产生，通常与地理环境、农耕、经济、社会结构三大因素密不可分。我国从古以来的疆域总况是较封闭的，西部多高山，北部为草原，东部临太平洋，南部则高山与江河相间。《皇朝文献通考》云："中土居大地之中,瀛海四环,其缘边滨海而居者,是谓之裔,海外之国亦谓之裔。裔之谓言边也。"这种地理环境,虽有与世界交往不便利的一面,又有民族文化独立发展的一面,生息不断。黄帝以后华夏与"四夷"在广大地区内生产生活,就是雄辩的实证。黄河、长江分别由青藏高原向东、向东南穿越大地入海,丰富的水源和土地,以及气候和东南季风,使我国在黄帝之前就有了原始农业。黄帝时代及以后的农业,更进一步发展和扩大了规模。传说时代的社会结构,已从氏族、部落发展成为"小家庭"单位生活的生产。

2.汉代是广义黄帝文化发展的重要阶段

伟大史学家司马迁依据文献和调查访问,不仅正式为黄帝写了本纪,还为黄帝以下的颛顼、喾、尧、舜撰写了本纪,对传说时代的黄帝广义文化初步作了总结。他将出自黄帝族系的夏、商、周王朝文化,亦作了系统论述和评价。春秋、战国时期天下分裂,诸侯国、小国林立,在中原者称诸华或华夏,江南有楚、吴、越。秦朝统一后,称诸融合的诸族人为秦民。汉朝建立后,除北匈奴、南越等少数民族外,统称为汉族,为中华民族的形成和发展奠定了基础。这些国家和王室、民族和文化等,都与黄帝有着血脉相连的关系。更为重要的是汉高祖建立西汉后,针对秦朝的严法苛政,民不聊生,怨声载道,导致亡国,采取和实施了战国形成的"黄老之学",让民休养生息,恢复和发展生产。这个统治思想一直沿用至汉武帝以前,百姓在宽松的环境内生活生产,出现了"文景之治"。《史记·平准书》记载:如果不遇天灾人祸,百姓可以家给人足,各地官府仓廪皆满,府库充裕;京师之钱聚巨万,穿钱的绳朽断,而钱多不可胜数;太仓的粮食陈陈相因,充满粮仓而堆于外,以致腐烂而不能食用。农业的发展,使国库存满了粮食。手工业生产的相对恢复和发展,使其他物质文化也大为增加。高祖至景帝对统治机构的调整及改革吏治和刑法,使天下之民的思想和心理世界比秦朝时期宽松、安宁得多。汉初六七十年的历史文化,既是恢复、发展经济生产的文化,也是削弱王权势力、加强中央集权与缓和边疆(南越与北匈奴)紧张局势的文化,为雄才大略汉武帝的征战扩土奠定了基础。

《史记·五帝本纪》云:"轩辕乃修德振兵,治五气,艺五种,抚万民,度四方。"雄才大略的汉武帝,根据六七十年来国家经济、军事力量的强盛,便以黄帝征战统一思想,率大军(或派大将)北击匈奴,南征百越,扩大领土,并以祭黄帝陵,安抚各族人民。《史记·封禅书》记载:"武帝曰:'古者先振兵泽旅,然后封禅。'乃遂北巡朔方(今内蒙古杭锦旗),勒兵十余万,还祭黄帝冢桥山,释兵须如。上曰:'吾闻黄帝不死,今有冢,何也?'或对曰:'黄帝已迁上天,群臣葬其衣冠。'"考古材料反映出在春秋末(一说战国初)才有封土冢,桥山黄帝陵具体修于何时,已难知。作为皇帝正式祭祀黄帝陵的,确实是汉武帝。陵的南面有高大土台,相传为汉武帝祭黄帝陵时所营筑,立有"汉武仙台"四字的石碑。相传汉代在桥山西麓还修建有"黄帝庙。"院中那棵粗大古老的柏树,传为黄帝手植,武帝挂铠甲之树。黄帝的地位和陵墓祭祀,从此得到王朝的重视和肯定。东汉的皇帝系汉室后裔,视继承和发扬黄帝文化为己任。两汉文化丰富了黄帝文化,汉族不断发展壮大,同少数民族的关系日益改善。

3.王朝文化继续发展与宋仁宗下诏维护黄帝陵

汉朝灭亡后,历三国、魏、晋、南北朝,汉族与匈奴、鲜卑、羯、氐、羌等,在战争与交往中生息,促进了民族融合的趋势。隋朝建立,彻底结束了南北分裂,统一了中国,人数众多的汉族和少数民族生活、劳动在一个国家内,呈现出了生机勃勃的气象。隋文帝营修大兴城,炀帝维修东都洛阳和开凿大运河。隋亡,唐朝建立,历"贞观之治",出现封建社会盛世,长安成为国际大都会。"隋唐文化总结和继承了前代的成果,同时又以博大的胸怀和恢弘的气势,吸收了当时域内外少数民族文化的精华,造就了此期各种文化的大发展,从而形成中国文化发展史上的一座新高峰。"[11]魏晋南北朝、隋唐时期的物质、精神、制度文化,无疑是广义黄帝文化的发展、扩大和丰富。宋朝结束了"五代"的分裂局面,定都于汴京(今河南开封),成为黄帝广义文化的又一个发展期。但因辽、西夏、金等少数民族不断进行改革,实行封建制,与宋朝展开领土之争,使其版图远不能与汉唐时期相比。宋朝政权内改革派与反对派的斗争,主张抗战与投降派的斗争,学术和思想领域内的斗争不断,严重阻碍了文化发展,甚至不得不将都城迁于临安(今浙江杭州)。追根溯源,这些少数民族也是黄帝之裔,草原地区游牧文化南移,同宋朝农业文化的交融,更加丰富了广义黄帝文化。仅就对黄帝陵的重视和维护说,嘉祐六年(1061)正月二十八日,宋仁宗下诏维护黄陵。坊州(今黄陵县)中书刘午坤立即组织吏民去掉枯朽柏树,栽植新树,多达1415棵。还免去三户人家徭役,专门护林,并将护林人名字刻于石碑上,使众人监督。这是有碑文可证的地方对黄帝陵植柏、保护的重要事项。

4.元明清王朝与广义黄帝文化

南宋宁宗开禧二年(1206)时,蒙古族铁木真已建立政权,与西夏、金朝并立。世祖忽必烈至元十六年(1279)灭南宋建立统一的元朝,复出现北方游牧民族统一中国的局势。元朝统治者与辽、夏、金统治者一样,自称是黄帝的子孙,利用和团结汉族人做官,以程朱理学作为统治思想。元朝的民族是中国民族的延续和发展,农业、手工业等物质文化,从中央到地方的制度文化,从皇室至民间的精神文化,仍然是广义黄帝文化的延续和发展。正因为如此,元朝统治者对黄帝十分崇敬,对中部县黄帝陵的保护更为重视。黄帝庙碑林中保存的元泰帝泰定二年(1325)处理黄帝陵遭歹徒放火,破坏陵寝事碑一事,进一步说明和实证了元朝认祖于黄帝的情况。

主持道人状告中部县(今黄陵)保生宫失火,轩辕黄帝庙殿宇被歹人破坏。泰定帝阅毕大怒云:黄帝轩辕氏,乃我中华民族元祖。不论汉、满、蒙、回、藏,还是苗、瑶、彝、黎、藩,都要敬护我始祖陵寝。今歹人竟敢放火烧宫,损坏陵庙,实属不赦。身边文官遵命用汉字写成圣旨,快马加鞭送往中部县。再联想元朝为伟大史学家司马迁修的"蒙古包式"陵墓,就更可知元朝文化亦是广义的黄帝文化。

　　明朝是汉族人朱元璋建立的政权(1368),定都于南京。明成祖朱棣(太祖元璋之弟)迁都于北京。明朝以汉族为主体,与北方、东北方、西北方的蒙古各部有交往有斗争(与藏族矛盾较小)。在与不同名称的蒙古各部(如鞑靼、瓦剌等)的经济文化交流中,采用了"通贡"(贡品与赏赐)、互市办法,促进互相了解,满足生产和生活所需,改善了边疆人民的生活。在藏族地区则设立军事、行政机构,分封各教派首领。经济文化交流上则实行纳贡与赏赐、茶马互市与民间贸易、藏僧留居京师北京和内地传教或学习汉文化。明朝虽已处于封建社会的晚期,但其创造的无所不包的文化,仍属于广义黄帝文化的范畴。仅就明太祖对黄帝的崇敬而言,我们从黄帝陵庙碑亭里保存的《御制祝文》(祭文)就可知其一斑。祝文称写于明洪武四年(1371),供中书管勾甘赴陕西中部县祭黄帝陵用。太祖阅后不太满意,担心后人耻笑他即位四年后才想起祭祀黄帝,便口述其意后让重写。臣子写其功绩后,写明即位后一时找不到黄帝陵的地方,典籍中也未明确记载,未及时祭祀,心中一直惦念着这件圣事。中书管勾甘奉命带"御制祝文"赴中部县,代表明太祖祭祀了黄帝。嘉靖皇帝不仅派官员祭祀黄帝陵,而且还于嘉靖四十二年(1563)按章平载东二侯奏报黄帝陵庙情况及道官穷困之状,下诏书免除黄帝庙粮税,并拨银两整修黄帝陵。

　　明朝后期,黑龙江流域和乌苏里江以东的广大地区,形成以满族女真为主,吸收部分汉、蒙等族成员形成新的少数民族。至明万历十一年(1583),努尔哈赤势力渐强,至万历四十四年(1616)建立金国,年号天命,史称后金。他去世后,皇太极继位,史称太宗

(1626)。太宗率大军征战八年,统一了东北地区,并继续同明朝争夺政权,清世祖代明而兴(1644)。清朝虽然是东北少数民族建立的统一政权,但其以开拓进取精神,吸收学习汉文化,模仿汉制,很快颁布了满汉官制《大清律》,稳定汉族地主、赋役等制度,促进了物质、精神、制度文化(广义黄帝文化)的发展。"清朝代明而兴,开拓疆土,基本奠定了今天祖国的疆域,有力地促进了中国多民族国家的巩固和发展,同时也促进了各民族间文化的多元融合。清前期,经济繁荣,国力强盛,出现了中国封建社会历史上新的治世和高峰。以此为依托,'康乾盛世'也成了中国文化盛大成就的重要时期"⑫。清世宗雍正(1723—1735)后,实行闭关锁国政策,阻断中西文化交流,陷入保守、衰退的困境,以致爆发了鸦片战争,古代中华文化告一段落。

自黄帝以后从帝颛顼至1840年鸦片战争前的广义文化,相当于中国传统文化长河。它是在相对封闭地理环境中发育成长起来的,博大精深,独具特色,民族和文化一脉相承.也可以说传统文化是中华民族之根和蓬勃兴旺的源泉。中国传统文化(黄帝广义文化)的基本特征或主要精神,有多种归结。如有的归结为人文、包容、伦理、和谐、务实五大特征;有的以阴阳、人文、崇德、中和、整体精神相称;有的又归结为大一统、包容、慎终、追远精神;还有人文、和合、自然、通变、担当、民本精神等。我们认为中国传统文化(黄帝广义文化的大部分)最主要的精神是民族和谐、包容、勇敢、创新、民本。海峡两岸各地的黄帝遗迹(陵墓、庙宇、碑刻等)与各种书籍资料,基本上都是在鸦片战争前形成或保存下来的。

三、黄帝广义文化与近现代文化

1.黄帝广义文化与近代文化

中国近代史是从清朝道光二十年(1840)英国发动鸦片战争开

始的,至 1919 年"五四"运动结束。其间以道光二十二年(1842)八月签订的丧权辱国《南京条约》为界限,中国从此成为半殖民地半封建社会。这是清朝腐朽统治阶级屈服于西方资本主义国家、北方沙俄的时期,造成了民族和国家的耻辱和灾难。

(1)新兴资产阶级的兴起

在民族危难下,中国人民发扬黄帝以来的民族自尊精神,不怕流血牺牲,在城乡举行罢工和起义。至咸丰元年(1851)一月十一日,在广西金田村终于爆发了组织严密、规模宏大的太平天国运动,各地的大小起义也风起云涌。至光绪二十年(1894),革命先行者孙中山先生在美国檀香山建立了资产阶级民主革命团体。至光绪三十一年(1905)8 月,孙中山先生在日本东京以兴中会、华兴会为基础,联合光复会成立了"中国同盟会",选举孙中山为总理,由黄兴等分别任执行、评议、司法部负责人,成为全国性的革命组织。确定政纲为:"驱除鞑虏,恢复中华,建立民国,平均地权";制定《军政宣言》《中国同盟会总章》和《革命方略》等文件;发刊《民报》,对康有为等改良派展开论战;在国内外各地建立组织联络华侨、会党和新军的机构(《辞海》)。从此推翻腐朽的清政权,建立自强、民主、平等国家的斗争,迈上了新阶段。悠久的中国传统文化,在推翻长达两千多年封建帝制中,起了不可替代的作用。近代是中国文化转型和谋求复兴的时期,中国文化也发生了古代向近代的转变。"甲午战争"以后,"近代文化事业有了较大的发展,新型知识分子开始形成与壮大。在空前严重的民族危机的刺激下,新兴资产阶级登上政治舞台,推动了近代新文化的形成和发展"[13]。可以说,辛亥革命的各级领导层人士绝大多数都是在近代成长起来的,在革命中毅然举起了黄帝大旗。

(2)祭黄帝加强团结共同对敌

中国同盟会在东京成立时,年仅 17 岁(1888 年生于陕西省蒲城县)的井勿幕(以字行,名叫井泉)恰在东京读书,慕名拜见孙中山,加入同盟会。课余时间又到同盟会总部工作,学习做炸弹等,受到孙中山赏识。于是,在光绪三十二年(1906),年仅 18 岁的井勿幕被孙中山任命为中国同盟会西北支部长,回陕西发展会员,联合会党和新军。他在其兄井岳秀、名人李元鼎、郭希仁、茹欲立、高又明、常自新、华孝康等积极配合下,很短时间内就组织起了西北支部。同时在西安、渭河北的县区联合了会党、刀客、教派等分散的民间组织或武装。这些党派组织各有宗旨,也不太团结。于是在光绪三十三年(1907)十月,井勿幕以"西北支部长"的名义,召集四川、甘肃、山西支部有关人员和陕西同盟会会员,共 27 人,化装后按约定地点秘密进入黄陵祭祀黄帝(祭文为郭希仁、张翙初撰),去嫌释疑,加强了团结。在祭文中西北同盟会支部成员明确表示,要以孙中山、黄兴等革命家为榜样;庄严宣告"誓师共驱逐鞑虏,光复故物,扫除专制政权,建立共和国体。共赴国难,艰巨不辞。"正因为如此,所以在宣统三年(1911 年)10 月 10 在武昌起义后,陕西新军于 22 日立即起义,激战两天后收复西安。其他各县市也陆续光复,有力地支持了孙中山先生领导的辛亥革命。

(3)辛亥革命至"五四"运动前的文化

1911 年 10 月武昌起义后,各省纷纷响应。1912 年 1 月 1 日孙中山在南京建立临时政府,就任临时大总统,结束了两千多年的封建帝制,建立了资产阶级民主政权,称中华民国。三月,孙中山总统派代表(15 人组成)赴中部县祭黄帝陵,并赋写气壮山河的诗曰:"中华开国五千年,神州轩辕自古传。创造指南车,平定蚩尤乱。世界文明,唯有我先。"颂扬了黄帝的功绩和影响。中国的多民族以国名而称中华民族。受资产阶级民主政权妥协于帝国主义、封建势力所制,孙中山先生无奈,只好于 1912 年 2 月 13 日退位,让总统职位于袁世凯(北洋军阀)。从此,民国政权相继落入北洋军阀袁世凯、黎元洪、冯国璋、徐世昌、曹锟等人手中。帝国主义列强乘机加紧对中国侵略,造成皖、直、奉、军阀之间与南北军阀的混战,使社会陷入极度的混乱、困苦之中。从文化方面看,因"五四"运动(1919年)以前,"近代资产阶级的新文化代表着文化发展的方向,主导着文化的潮流","中西文化的冲撞与融合,愈越深化。国人通过自身能动的选择和积极创新,使中国的新文化在各个领域都获得了巨大的发展,从而奠定了从传统向现代转型的基础"[14]。

2.新中国建立前的文化

《辞海》认为中国现代史是从1919年5月4日学生游行示威(称"五四"运动),提出反帝、反封建口号开始的。"它是中国人民反对帝国主义和封建主义的伟大革命运动。它是在俄国十月革命影响下和国内工人阶级壮大的条件下发生的,是中国新民主主义革命的开端"。当时形势比较复杂,中华民国政权被北洋军阀所窃夺,运动就是因卖国贼曹汝霖、陆宗与、章宗祥向美、英、法、日等帝国主义国家签订卖国条约而引起的。以孙中山先生为首的革命党人,不断同帝国主义、买办资产阶级的代理人"军阀"进行斗争,直至1924年1月,在中国共产党和苏俄共产党、列宁的帮助下,才确立了"联俄、联共、辅助农工"的三政策,重新解释"三民主义";将国民党改组为工人、农民、小资产阶级和民族资产阶级的联盟。孙中山先生逝世后,将介石于1927年就背叛了宗旨,与共产党决裂,在南京建立了代表帝国主义、买办资产阶级、封建地主阶级利益的独裁政权。中国共产党则在马列主义与中国革命实践相结合下,坚持新民主主义革命,彻底反对帝国主义、封建和买办资产阶级势力,新文化有了质的飞跃和发展,"五四以后马克思主义在中国得到广泛传播,以三民主义为指导的新民主主义文化开始形成,并通过与封建主义文化和帝国主义文化的斗争,逐渐成为中国文化发展的主流。新民主主义文化继承和发展了科学和民主精神,使中国文化实现了内在的超越,中国人从此在思想文化史上一改光绪以来的被动局面,转为主动,中国文化也由此迈向了衰而复兴的新历程。"[15]这是中国共产党领导劳苦大众推翻帝国主义、买办资产阶级、封建势力"三座大山"中取得的。另一方面,日本帝国主义的侵略中国,促进了国民党和共产党的合作抗日,提高了民族主义和爱国主义精神,1936年"西安事变"和平解决后,国共两党的再次合作,次年两党共祭轩辕黄帝陵,都是实证。中华民国政府从1935年起祭黄帝陵成为惯例。不过,从总的情况看,广义黄帝文化(指物质、精神、制度文化的总和)在新中国建立以前的国民党统治时期,发展是比较缓慢的。

3.新中国建立后的近三十年先进文化

新中国建立后百废待兴,忙于抓物质、制度文化,恢复生产,发展经济,巩固政权。在文化、思想界进一步批判封建和资产阶级残余影响,致使在相当一段时间内,传统文化和建国前的文化未得到应有的重视。改革开放后,随着政治多极化、经济全球化,党中央在"四化"建设快速发展中,适时提出了"物质文明、精神文明一齐抓",悠久的中国古代、近现代文化得到进一步重视。"所谓现代化,不是孤立的社会目标,对于一个国家和民族来说,它意味着自身整个文化的现代化"⑯。在马克思主义中国化的实践中,党中央又提出加强"物质、精神、政治"文明建设。党的十七大六中全会进一步提出:"物质贫乏不是社会主义,精神空虚也不是社会主义。没有社会主义文化繁荣发展,就没有社会主义现代化。"⑰"社会主义先进文化是马克思主义政党思想精神上的旗帜,文化建设是中国特色社会主义事业总体布局的重要组成部分。没有文化的积极引领,没有人民精神世界的极大丰富,没有全民族精神力量的充分发挥,一个国家,一个民族不可能屹立于世界民族之林。"⑱可见物质、精神文化在建设全面小康社会、实现民族复兴中的地位是多么重要,作用是多么的大! 改革开放,加快"四化"建设,全面建设小康社会的现代(又称工业和信息时代)文化,是我国在向世界大国、强国迈进中创造的新型文化,仍属于五千年血脉相承的黄帝广义文化。党的十五大就提出:"中国特色社会主义的文化,既渊源于中华民族五千年文明史，又植根于中国特色社会主义的实践。"⑲
恰与五千年黄帝文化时段相吻合。李长春同志说："文化内涵十分
丰富、外延非常宽泛，可以指人类在改造客观世界过程中的物质成
果和精神成果的总和，也可以指人类在改造客观世界过程中创造
的精神成果的总和。"⑳学术界多采用以物质、精神、制度文化总和
而称谓的文化，或以物质与精神文化总和而称谓的文化。中央文
件所说的文化，是指精神成果的总和。

　　陕西是惟一没有争论的、公认的黄帝陵所在地，从 1955 年起
就在每年清明节公祭黄帝（省政府）。1964 年至 1979 年中断，1980
年起在每年清明节由省政府和各界公祭黄帝陵。1994 年起，每年
公祭黄帝陵时，都有国家领导人参加。1992 年成立黄帝陵基金会
后，海内外华人纷纷捐资营修陵园，面貌已焕然一新。近些年，每
年清明节祭黄帝陵前还举办全国性的高级学术研讨会，使公祭活
动在学术、影响、地位等方面，都更上了一层楼。

　　综上所述，黄帝本源（狭义）文化是中华文化的渊源，为黄帝时
代所创造。黄帝以下五千年来的中华文化（物质、精神、制度文化
总和），是由血脉相承的中华民族创造的，也是对黄帝本源文化的
继承和发扬光大，故又称广义的黄帝文化。正因为如此，天下公认
的黄帝陵便从汉代起就成为封建王朝、中华民国、中华人民共和国
祭祀的中心。这些古今不断的祭祀，都是从不同时代、不同形势、
不同角度以黄帝文化团结各族人民，发展经济文化，富民强国的。
尤其是新中国改革开放后的祭祀黄帝陵大典，意义更加重大。在
"弘扬中华文化，建设中华民族共有的精神家园，中华文化是中华
民族生生不息，团结奋进的不竭动力"㉑的形势下，黄帝文化的时
代价值和现实意义就显得更为宝贵和深远。我们坚信在党中央、
国务院的坚强领导下，民族复兴一定能逐步实现，富民强国的目标
也一定能够达到。

注释：

①钱逊：《黄帝文化是中华文化的源头》，《西安晚报》，2008 年 4 月 7 日第 15 版。

②费孝通先生在"炎帝文化与二十一世纪中国社会发展"学术研讨会（2001 年 11 月 8 日在北京召开）上的讲话。转引自张光兴等《国学概要》，北京：科学出版社，2009 年 2 月第 1 版，第 26 页。

③张光兴等：《国学概要》，北京：科学出版社，2009 年 2 月第 1 版，第 21 页。

④刘宝才、韩养民：《解读黄帝文化》，《西安晚报》，2008 年 4 月 7 日第 15 版。

⑤钱逊：《黄帝文化是中华文化的源头》，《西安晚报》，2008 年 4 月 7 日第 15 版。

⑥郭达顺：《追寻五帝》，沈阳：辽宁人民出版社，2010 年 1 月第 1 版，第 132 页。

⑦李学勤：《炎帝古庙》序，山西高平市炎帝文化研究会主办《炎帝文化》第 9 期，2011 年 12 月，内刊。

⑧⑨钱逊：《黄帝文化是中华文化的源头》，《西安晚报》，2008 年 4 月 7 日第 15 版。

⑩顾伟利：《中国文化通论》绪论，上海：华东师范大学出版社，2005 年 10 月第 1 版。

⑪⑫⑬⑭⑮郑师渠总主编：《中国文化通史》，北京：北京师范大学出版社，2009 年 7 月第 1 版。

⑯⑰⑱⑲⑳㉑《中国共产党第十七届中央委员会第六次全体会议文件汇编》，北京：人民出版社，2011 年 10 月第 1 版。

　　　　　　　　　　　　　　　　2012 年 4 月 15 日

隆重祭祀祖先 振奋民族精神

——论祭祀文化形成与清明祭祀黄帝的重要意义

中国有着 200 万年的悠久史,而祭祀活动从萌芽、产生及形成的历史,也有二三十万年。文明社会(一般认为从夏朝始)的 4079 年中,又发展、丰富了祭祀文化。祭祀,是祀神、供祖或以仪式追悼死者的通称。如祭天、祭祖、公祭等。它包括祭神和祭祖,是原始社会母系、父系氏族先民原始宗教、自然、祖先崇拜的表现和升华,也是一种鬼神崇拜观念的典型表现和反映,更是传统孝道文化的一种集中表现形式。我们在拙文中,限于篇幅,侧重于"五帝"时代祭活动的论述,以及新中国建立后政府统一在清明节祭祀黄帝陵的阐述,以向前辈请教和与同仁交流。

一、祭祀产生于原始宗教而形成于三皇时期

祭祀产生于原始宗教,而原始宗教则萌芽于二三十万年前(相当于旧石器时代中期),与母系氏族公社的萌芽、产生、形成相始终。革命导师恩格斯指出:"宗教是在最原始时代人们在于自己本身的自然和周围的外部自然的错误的、最原始的观念中产生的。"[①]早期智人(又称古人)"时期人类的体质形态比直立人时期有了明显的进步,晚期智人(又称新人)时期的体质结构基本上和现代人相同,人类的思维能力提高了。这对人类社会组织有了新

的发展,氏族公社萌芽并逐渐形成了,与此相应的是宗教的萌芽和产生。无论是社会组织的发展或宗教的产生,都是生产力发展的结果。"②简言之,距今约 30 或 20 万年至 5 万年前,出现原始宗教的图腾和自然崇拜;约从 5 万至 1 万年前(旧石器时代晚期,母权制社会确立)又产生祖先崇拜。所谓原始宗教的三种形式,即此三种崇拜。

1. 原始宗教崇拜的内涵和表现

　　母系氏族从萌芽至形成经历了约 25 万年的漫长时期,社会组织的确立则是距今 5 至 1 万年前。伴随其历程而形成的原始宗教崇拜形式,较早的是图腾与自然崇拜,祖先崇拜稍晚,但均延续的时期很长。图腾一词出自美国印第安人之语,意思为"他的亲族"。因至今还保存着部落生活方式的印第安人,是约三四万年前从中国迁去的,故近年有学者认为图腾一词应源于中国。母系氏族先民相信每个氏族都不是凭空产生的,而是与某种动、植物或无生物有亲缘特殊关系的,于是就把此物(动物较多)奉为氏族公社的保护者、象征者,即图腾(如常见的虎、狼、熊、鹰、鹿等),往往以其为氏族称号和族徽。氏族先民对自己的图腾不仅禁止捕杀或食用,而且还要举行崇拜仪式,保护图腾(动植物)的生命,使其不断繁殖或兴旺生长。图腾信仰曾普遍存于世界各地,近代某些部落及民族中仍依然流行;自然崇拜也是生产力很低的氏族先民的一种信仰,认为自然界万物都是有灵性的(如日、月、星、辰、风、雷、电、火、水、树木、石头等),因而顶礼膜拜,祈祷这些神灵消灾降福,保佑先民生活平安。采集、渔猎业的不断发展,促使原始农业出现后,先民对给他们带来生活资源的土地、太阳、水、种籽等特别崇拜,仪式增多,并编制出各种颂扬的神话。这种习俗和信仰也曾广泛存在于世界各地,并在阶级社会长期留存。古埃及、希腊、罗马等地民众中,还形成了一种最早的"拜物教";祖先崇拜产生于母权制社会确立时期。那时只是进步到两个氏族公社的同辈男女性交,生的子女只知道母亲,不知父亲是谁,依赖和敬重的是母亲。《辞海》云:"祖先崇拜,原始社会的一种宗教信仰。约发生于氏族公社母权制时期。初表现为对同族死者的模糊的关怀和追念,常在墓中放置简单的工具、武器、食物等,以备其在冥界的'需用'。随父权制的确立,逐渐萌生了父家长的灵魂似可庇佑本族成员的观念,并形成各种崇拜仪式。这种习俗长期留存于阶级社会中,特别是封建宗法制度下,它成为维系家族集团、巩固父权统治的有力因素。"我国新石器时代墓葬(一般是从地面向下挖一穴埋藏,无葬县)发掘的随葬品,母权制时期较少而简单(如西安半坡仰韶文化墓葬),父权制社会的葬器显然有所增加(龙山文化墓葬中随葬的有陶器、生产工具、兵器及玉器等)。

　　我国原始宗教三种崇拜形式的正式形式,是在旧石器时代晚期(5—1万年前)新人的母系氏族社会确立阶段。它是我国血缘家族(有学者称家庭)公社历170或180万年发展的结果,是先民体质、思维、意识及语言等划时代进步的标志,也是由原始群转变为氏族公社制后,我国先民社会体制的重大改变和进步的标志,更是我国远古史转入神话传说时代的重要过渡阶段。我国原始先民在此宗教形式下逐渐产生多元一体发展格局,为氏族公社向部落乃至更大地域内的组织奠定了基础,丰富的发明创造时代也即将到来。从考古学上说,标志着"蒙昧时代"的结束(始于200万年前血缘家族的产生,经历低级、中级、高级三个阶级,结束于1万年前的新石器时代开始之日)和"野蛮时代"的开始。《辞海》云:"野蛮时代,美国民族学家摩尔根在《古代社会》中使用的一个术语。指继蒙昧时代之后的人类社会发展的第二个时期。始于制陶术的发明,终于文字的出现。相当于考古学上新石器时代至金属器时代的初期。经历了低级、中级和高级三个阶段。恩格斯在《家庭、私有制和国家的起源》中援用此语并增其含义,指人类社会经营畜牧业与农业的时期。其上限为氏族制度的全盛,下限为原始公社制度的解体与阶级社会的形成,随后进入文明时代。"即下限为公元前 2070 年。

2. 祭祀是先民鬼神和观念升华的重要表现形式

我国传统文化中的祭祀文化,是先民原始宗教三种崇拜形式的发展和升华,集中、典型的初始阶段,即为家喻户晓的"三皇五帝"为代表的古史传说时代。伴随原始宗教而产生的"上帝"(又称天帝、天皇、天、皇天、上帝等)是"神灵世界的主宰"观念,不仅是母系、父系社会首领和民众崇拜的最高神祇,创世的著名部落首领也被先民尊奉为"天帝"之子。而且在阶级社会中,"上帝"也被历代统治者定为崇奉的最高神祇,皇帝也自称为"天帝"之子,曰"天子"。

(1)祭祀始于华胥和燧人氏之子伏羲氏时期

一般认为神话早于传说,又往往互相交错杂糅,难以严格区分,古今研究者在行文时多以"神话传说"相表述。构架中国古史框架的"三皇五帝"系统,据古文献记载:华胥氏接续盘古,其和燧人氏结合又生伏羲和女娲。他们结合生少典和有蟜,二者结合又生炎帝。少典和有蟜后裔结合再生黄帝。黄帝娶炎帝后裔嫘祖生玄嚣、昌意,下传颛顼、帝喾、帝尧,一脉相承。从社会阶段分,燧人、伏羲、炎帝(即三皇)代表着母系社会昌盛至衰亡阶段,黄帝至舜等"五帝"代表着父系社会阶段。"原始社会时期作天帝的神祇较多,如黄帝。炎帝、帝舜、帝尧等,都曾作为上帝受到人们的崇拜,反映出了当时各个部落民族文化的多元性"③。以"三皇"来说,主要含义是颂扬这些首领的创世业绩;以"五帝"来说,则主要是颂扬其德行,包括其事迹和德治。这是因母系、父系两个阶段社会状况的不同所决定的。"三皇时期的传说,不仅传诵了古人类摩擦取火、渔猎、农业等方面的重大发明创造,也反映了用火和取火、采集和渔猎到农业生产的三个不同的和连续发展的历史阶段"④。"五帝时期的传说人物,都是一些部落或部落集团的首领,和对社会有贡献的人物"。"表现着在众多的部落和部落集团之中,已经出现了某些政治中心,出现了部落和部落集团的联合和融合关系。这正好是从部落和部落联盟的状态向国家过渡的一种社会政治状态"⑤。正因为如此,他(她)们才能在死后受到先民的祭祀和怀念。

(2)祭祀起源的年代约在七八千年前

原始宗教的产生,使先民有了灵魂观念,进而发展为鬼魂观念,认为活人的灵魂在死后变成了鬼魂。基于对亲人、族人的怀念与对死人的恐惧,以及对阴间生活的幻想,原始人产生了对死人的崇拜,并且有各种葬法和葬礼。家庭形成(约5000年前)后,在公共墓地的基础上又出现了家族墓。这是原始社会末期世界各地普遍存在的现象。从文献记载看,先民祭祀天地诸神的观念与活动,要比对祖先的庙祭略早一些。《春秋》《左传》《国语》等载的祭礼,是阶级社会的国祭。"三礼"中反映周代礼的《仪礼》,也是讲国家朝聘、婚丧、祭祀等礼制的。《史记·封禅书》记载:"管仲(齐国大臣)曰:'古者封泰山禅梁父者(今山东泰安东南,西连徂徕山)七十二家,而夷吾所记者十有二焉。昔无怀氏封泰山,禅云云(指梁父山);神农封泰山,禅云云;炎帝封泰山,禅云云。'"《正义》释:"此泰山上筑土为坛以祭天,报天之功,故曰封。此泰山下小山上除(平整)地,报地之功,故曰禅。"《五经通义》云:"易姓而王,致太平,必封泰山禅梁父:天命以王,使理群生,告太平于天,报群神之功。"可见太昊伏羲氏(约距今8000年,一说7500年)时期已设土坛祭天帝,报受天命为王后,在群神保佑下治民所取得的功业。由此又知,伏羲祭祀天帝的同时,亦祭祀地上诸神。《易·系辞传》(一般认为成书于战国,传说则为春秋孔子编定)云:"炮牺氏(即伏羲氏)

没,神农氏作。""以火承德,故为炎帝,教民耕农,故天下号曰神农氏。"汉代后多认为神农、炎帝为一人,仍封泰山与祭祀世间诸神。这也就是说,设坛祭祀天神和地上诸神当始于伏羲,通行于三皇时期。郑樵《通志》卷一载:炎帝时增加了腊祭(岁末祭祀百谷神,报丰收)、田祭(祀土地神),并有了"圆丘"式辟雍,"明堂位曰土鼓、蒉桴、苇籥,伊耆(炎帝之姓)氏之乐也"。《通鉴外纪》云:炎帝时,"其地南至交趾(今越南北部),北至幽都(今北京,另一说今内蒙古),东至旸谷(今山东的东海),西至三危(今甘肃敦煌)"。这是炎帝影响所及范围,并非当时就有这么大的版图。三皇时代有土筑祭坛(圆形或方形)是肯定的,伴随其亦应有祀庙。"河南濮阳西水坡遗址仰韶文化墓葬中,发现用蚌壳摆塑的龙、虎图案,龙身长达 1.78米,昂首拱掌,身子弯曲,前爪扒,后爪蹬,尾尖摇摆,动感很强。这不但要比辽宁牛河梁红山文化的玉猪龙、山西陶寺龙山文化陶盘上彩绘龙的时代早,而且形制巨大,活龙活现,形象生动。这罕见的艺术珍品被誉为'华夏第一龙'。"⑥龙是自华胥至炎帝世系的传统图腾和族徽,虎亦是部落的图腾。它们既是对三皇时代大首领死后埋葬规格、地位高的象征,又是对其崇奉、纪念的象征。说明以"三皇"为代表的部落或部落联盟首领在死后,应当是有先民修筑的祭坛和祀庙的,且礼是由祭神和祭祖的器(盛供物的陶器)而来的。《尚书大传》云:"燧人为遂皇,伏羲为戏皇,神农为农皇也。遂人以火纪,火,太阳也。阳者,故托遂皇于天。伏羲以人事纪,故托戏皇于人。盖天非人不因,人非天不成也。神农悉地力,种谷疏,故托农皇于地。天地人道备,而三五之运兴矣。"天地人三道既备,就必然产生礼仪。杜佑《通典·礼》云:"伏羲以俪皮为礼,作琴瑟以为乐,可为嘉礼(包括饮食、婚、冠、飨宴、祭祀社稷及宗庙之礼);神农播种,始诸饮食,致敬鬼神,褚为田祭,可为吉礼。"又云:"伏羲乐曰《扶来》,亦曰《立本》。神农乐名《扶持》,亦曰《下谋》。"

可见伏羲创造了祭祀的实体和仪式。

二、祭祀文化在五帝时期的发展及其实证

1. 五帝时期社会已处在向国家过渡阶段

姜姓炎帝传八世或十七世纪约千余年,接续的是父系氏族社会的代表人物、五帝之首位黄帝。《易·系辞下传》云:"神农氏没,黄帝、尧、舜作。"《越绝书·计倪内经》云:"臣闻炎帝有天下,以传黄帝。"蔡邕《独断》卷下记载五帝与三皇的关系云:"《易》曰:帝出于震。震者,木也。言宓牺氏(即伏羲氏)始以木德王天下也。木生火,故宓牺氏没,神农氏以火德继之。火生土,故神农氏没,黄帝以土德继之。"可见在汉代人的观念里,五帝不仅与三皇有一脉相承的血缘关系,而且按"五行"说,也是一脉相传的轮回关系。考古学家苏秉琦先生云:"1991 年初,我受'海峡两岸考古学与历史学术交流研讨会'邀请,所写的《国家的起源与民族文化传统》一文提纲中,提出中国国家起源问题可以概括为发展阶段的三部曲和发展模式的三个类型。发展阶段为三部曲是:古国——方国——帝国;发展模式的三类型是:原生型:北方地区的红山文化、夏家店下层文化,秦(六千年前、四千年前、两千年前);次生型:中原,以夏商周三代为中心,包括之前的尧、舜,其后的秦,共五代,均以尧舜时代的洪水为其祖先源头,从四千年前到两千年前,重叠、立体交叉为其特征(下略)。"⑦所谓"古文化指原始文化;古城指城乡初分化意义上的城和镇,而不必专指特定含义的城市;古国指高于部落以上的、稳定的独立的政治实体。三者从逻辑的、历史的、发展的关系联系起来理解为新概念是:与社会分工、社会关系分化相应的,区别于一般村落的中心遗址、墓地,在原始社会后期、距今四五千年间或五千年前的若干都已涌现出来。"⑧这个阶段恰与"五帝"时期

相吻合。接续完成母系向父系社会过渡的炎帝时代的"五帝",继续发展原始农业、畜牧业、手工业、建筑业,全面改进和提高生产技术,进一步发展生产力,促进氏族部落社会向国家的过渡和转变。这一社会转型的重要发展阶段,一般认为是从炎帝开始(前 4000年)至夏朝建立(前 2070 年)。其最大最主要的特征是:集中代表或象征农业进步、手工业高度发展、社会权力和等级阶层出现的大聚落中心(又称古城)在不同地区的形成,四周有普通的以家庭为单位的村落拱卫。政治、经济、文化中心在城内,村落归属于"中心"管理,就是古人观念中的"国"或"城邦"。《史记·五帝本纪》载:黄帝时期天下已有这种社会组织的"万国",可谓"国或城邦"星罗棋布。考古材料证明三皇时期已有零星的古城,龙山文化的"中心聚落"(即国或城邦)已十分普遍,差不多每隔几十公里就会有一处,又往往是较大的"古国"影响着小"古国",即所谓的"古国"或"城邦"时代。各地发现与发掘清理的宫殿式大型建筑遗址、城垣或壕沟、高等大墓、丰富的陪葬品,都证明"古国"或"城邦"长官与贵族已拥有比"三皇"更大的特权和财富,但还不能与夏代的世袭王相比。李学勤先生说:从目前的考古发现的研究情况看,"我们对于炎黄二帝的传说,也应该有新的理解。如不少学者在讨论炎黄文化时所说的,古史传说从伏羲、神农到黄帝,表现了中华文明萌芽发展和形成的过程。《史记》一书沿用《大戴礼记》所收《五帝德》的观点,以黄帝为《五帝本纪》之首,可以说是中华文明形成的一种标志"⑨。张岂之主编《中国思想文化史》云:"概括来说,城市、青铜器、文字是文明的三个主要标志。"⑩不言而喻,说的"时代"是指"五帝"时期,"呼之欲出"的年代,具体说是"尧舜"时期。这也就是"炎黄"成为中华民族祖先、中国文明起源发展至诸因素具备之典型代表人物的重要原因之一。这样的"古国"社会,必然促进"三皇"创立的祭祀文化,向着更高级的阶段发展。

2. 礼乐的完备与配祭人帝

《易·系辞传》云："上古穴居而野处,后世圣人易之以宫室,上栋下宇,以待风雨";"古之葬者,厚衣之以薪,葬之中野,不封不树(封,起土为坟;树,在坟旁植树)","后世圣人易之以棺椁";"上古结绳而治,后世圣人易之以书契。"相传《易》为伏羲所发明,遂有伏羲发明文字(刻画符合)结束以绳记事之说。此载言下之义是说"宫室""棺椁"也始于伏羲氏。《礼记·礼运》篇云："昔者先王未有宫室,冬则居营窟(自然山洞),夏则居橧巢(聚薪柴为巢)。未有火化,食草木之实,鸟兽之肉,饮其血,茹(吃)其毛。未有麻丝,衣其羽皮。后圣有作,然后脩火之利,范金合土(烧制陶器),以为台榭、宫室、牖户;以炮为燔(用火加工肉、粮等熟食),以为醴酪;治其麻丝,以为布帛;以养生送死,以事上帝鬼神,皆从其朔(朔,初之义)。"这二书之载,均是说夏至汉代的学者均认为:三皇五帝(燧人氏发明取火用火;伏羲氏创造先民需要的万物;神农氏发展繁荣农业等;五帝时社会已处在文明的前夕)的七八千年时段,是中国人类发展史上具有划时代意义的辉煌阶段。

(1)发展封禅受天命和隆重祭祀上帝

五帝沿袭的"受天命而王"之后,进行封禅大礼。《史记·封禅书》在记载"古皇"封禅后云："黄帝封泰山(在今山东泰安市),禅亭亭(亭亭,山名,在今山东莱芜市东,一说在今博兴县);颛顼封泰山,禅云云(云云,山名,在今山东泰安,与徂徕山相连);帝喾(喾)封泰山,禅云云;舜封泰山,禅云云","皆受命(称王)然后得封禅。"黄帝继承"三皇"的祭祀诸神定制,并有所发展。杜佑《通典·礼》记述"三皇"的嘉礼、吉礼后,接着云："黄帝与蚩尤战于涿鹿(今属河北),可为军礼(指军队操练演习。古代称春天为振旅,夏天为拔舍,秋天为治兵,冬天为大阅,均称为军礼);九牧(九州之长官)倡教(教化百姓),可为宾礼(指接待使者和贵宾之礼);《易》称古者葬于中野,可为凶礼(包括丧礼、荒礼、吊礼、济礼、恤礼)。""古自伏羲以来,五礼始彰。"换言之,自伏羲在继承先民文化基础上创立诸文化体系之一的"祭祀文化",至黄帝期已齐备并广泛彰显。《通典·乐》在记载"三皇"举行祭祀乐舞后接着说:"黄帝作《咸池》。少皞作《大渊》。颛顼作《六茎》。帝喾作《五英》。尧作《大章》。舜作《大韶》。"《吕氏春秋·大乐》云:"音乐之所由来者远颖。生于度量,本于太一。太一出两仪(太一指宇宙,两仪指天地),两仪出阴阳。阴阳变化,一上一下,合而成章";"凡乐,天地之和,阴阳之调也。"其《古乐》篇记载:伏羲作乐后,子孙中的葛天氏又配了舞。"昔葛天氏之乐,三人操牛尾,投足以歌八阙:一曰载民,二曰玄鸟,三曰遂草木,四曰奋五谷,五曰敬天常,六曰达帝功,七曰依地德,八曰总万物之极";"昔黄帝令伶伦为律","又命伶伦与荣将铸十二钟,以和五音",乐"曰《咸池》";"颛顼好其音,乃令飞龙作,效八风之音,命之曰《承云》,以祭上帝";"帝喾命咸黑作为声,歌《九招》《六列》《六英》。有倕作为鼙、鼓、钟、磬、吹苓、管、埙、虎、鞀、椎、钟。帝喾乃令人抃,或鼓鼙,吹苓,展管篪。因令凤鸟、天翟舞之,帝喾大喜,乃以康帝德";"帝尧立,乃命质为乐","乃以麋鞈(即鹿皮)置缶而鼓之,乃拊石击石,以象上帝玉磬之音,以致舞百兽。瞽叟(帝舜之父)乃拌五弦之瑟,作以为十五弦之瑟。命之曰《大章》以祭上帝";"舜立,乃伴瞽叟之所以为瑟,益之八弦,以为二十三弦之瑟。帝舜乃令质修《九招》《六列》《六英》,以明帝德。"可见从"三皇"至"五帝",其乐舞主要是祭祀"上帝"大典上展示的,以示万民对"上帝"的敬奉。同时也祈祷"上帝"保佑大地之民平安、幸福。《通典·乐》记载:"琴,《世本》云神农所造,《琴操》曰伏羲作琴,所以修身理性,反其天真(恢复人的天性,去其后天恶习的影响)。"清代吴乘权《纲鉴易知录》之《纲》云:太昊伏羲氏"作琴瑟。"《纪》云:"太昊作荒乐,歌《扶徕》,咏网罟,以镇天下之人,命曰《立基》。砍桐(木)为琴,绳丝为弦。弦二十有七,命之曰离徽,以通神明之㤙(况),以合天人之和。䊷(耕)桑为三十六弦之瑟,以修身理性,反其天真,而乐音自是兴焉。"可见音乐、歌舞及乐器制造等,均始于伏羲氏,历炎帝至黄帝为首的"五帝"时期,大有提高和普及,反映了祭祀有礼仪文化的兴旺和进步。

(2)三皇与五帝内涵的密切关系和区别

从三皇到五帝再至王,是古人对远古至秦朝建立以前(公元前221年以前)历史的构想和分段。古人观念中"皇道"最早,"帝道"次之,"王道"(指三代)再次之,最后是"霸道"(指春秋与战国)。"三皇"的确定约在东汉,"五帝"的确定约在战国后期,都经历了较长的历程。"三皇"与"五帝"代表着母系、父系两个发展阶段,既有一脉相承关系,又有一定的区别(即古人观念中皇与帝有早晚、业绩的不同)。战国《管子·兵法》云:"明一者皇,察道者帝,道德者王,谋得兵者霸。"东汉班固《白虎通义》云:"皇,君也,美也,大也,天人之总,美大之称也。""号之为皇者,煌煌人莫违也。烦一夫,扰一土,以劳天下,不为皇也。不扰匹夫匹妇,故为皇。"这是班固受道教"无为"思想影响,认为"三皇"无为而治是人类最理想的美好社会。"五帝"的说法是始于战国。徐旭生《中国古史的传说时代》论曰:"直到春秋战国时期还没有见到五帝的说法:在《左传》《国语》《论语》《墨子》《孟子》等书中全不见五帝的名称,就是明显的证据。《周礼》春官外史下虽说有掌三皇五帝之书的记载,可是《周记》并不是'周公致太平之书',却是战国时代的'一家之言',现在差不多已经得到历史界共同的承认。到战国后期五帝的说法才盛行起来。"⑪"徐氏的研究虽不假,但却忘了这样一个区别:'五帝'之说法虽然兴起于战国后期,但在此之前却已经有了五帝的崇拜,至少《尚书》就有《尧典》和《舜典》,《论语》和《孟子》等书,更是对尧舜评价甚高。"⑫我们认为前者说的是"五帝"的正式确定和盛行在战国后期；后者所说是"五帝"形成的过程，两者并不矛盾。司马迁已将"五帝"作为信史，将《五帝本纪》排在《史记》的首位。他对"三皇"虽有保留，但已将神农氏作为信史。战国形成"五帝"观念，汉代形成"三皇"观念，恰好符合人们对古代社会认识的逐步提高，形成越靠后对远古的认识年代越靠前。并非如有的学者所说：春秋、战国人知五帝，后世人怎么又能知比五帝早的三皇？因而判定为是汉代人的编造。显然有些偏颇。"五帝系统之所以被普遍接受，原因大致是儒生们师生的提倡，而且很符合古人以德为尚的价值取向。汉以后，此说大行，又得自于司马迁《史记》的权威性。司马迁记五帝事迹，除极个别地方有神异现象（如黄帝'教熊罴貔貅䝙虎，以与炎帝战于阪泉之野'），主要的都是记载他们的丰功伟业，一个个都是贤明君主，道德圣人。"⑬这也就是说，"三皇"与"五帝"的主要区别，或者说是二者在"创世"和业迹彰显上的主要变化是："三皇"在古人的观念和心目中，是"创世"的圣人，给时人带来了福利和改善生存的手段（渔猎和农业），"五帝"则是原始农业、畜牧业、渔业、手工业等全面发展，以养民惠民，体现了"德"的原始政治；"三皇"是文化（物质、精神、制度文化的总和）的创始和文明因素的启萌者。"五帝"则是文化的丰富者和文明（物质、精神、制度文明的总和）的缔造者（且黄帝又是文明初步形成的典型代表和象征人物）。"五帝"不仅自己是光辉的道德表率人物，处处身体力行，而且还为天下之民创建了道德规范和行为准则，并对遵守道德和守则的优异者予以表彰或选拔为"官"，以激励人们树立良好的社会风尚；"三皇"的非凡之处是创造发明（即知性），为先民提供生存必需品和广开思路，"而五帝则凭着自己的修养，可以与天地合其德，与日月合其明，与四时合其序，与鬼神合其凶。这也就是说，只有到了五帝这里，天事与人事才开始有了真正意义上的沟通。而这也是后来天人合一、天人合德的人格渊源"⑭。正因为如此，所以

"五帝"时代进步或高于"三皇"时代、"帝"比"皇"更为神圣。《管子·禁藏》云："凡有天下者,以情伐者帝。"《庄子·人间世》云："古者五帝贵德。"《淮南子·本经训》云："帝者体太一。"即天、地、人与自然和谐统一。

3. 配祭人帝与五方帝

古代"皇"与"帝"的区分不十分严格,有时"皇"亦曰"帝"。如太昊伏羲氏亦称人帝,女娲氏亦称女皇或女帝,神农氏亦称火帝、炎帝或赤帝等。但配祭为东、西、南、北、中之帝则比较晚,方域之"帝"又与星辰互相对应则更晚。我们认为"配祭"与历法的季节、时辰有一定关系,也与官名、天下方位之称有关。

（1）五行系统的建立和用以官名

《左传·昭公十七年》云："太皞氏以龙纪,故为龙师而龙名";"炎帝以火纪,故为火师而火名";"黄帝氏以云纪,故为云师而云名"。《汉书·百官公卿表》云："《易》叙宓羲、神农、黄帝作教化民,而《传》述其官,以为宓羲（即伏羲）龙师命官,神农火师命官,黄帝云师云名,少昊鸟师鸟名。"清代《纲鉴易知录》记载（译文）:太昊伏羲氏发明用甲子记岁时的日历,确定春夏秋冬四个季节,曰《甲历》。从甲子开始,天干和地支相配合称为"十二辰",用六十甲子表示自然规律,使年、月、四季、时辰及东西南北的方向,均有序运行,不发生错乱。他得龙马从黄河浮出时背上的"瑞图",便以"龙"作为官名。如将受命创造《甲历》的昊英称为潜龙氏。将管理天下的"五官"即春官称青龙氏,又称苍龙氏;夏官称赤龙氏;秋官为白龙氏,冬官为黑龙氏;中官为黄龙氏（天下中央贵重,以黄龙称之,其他四方以四季名称表示）。炎帝神农氏沿用《甲历》的记时法,又以"火"德称王而火纪。除自己称炎帝（同义的赤、火帝）外,下属"官员"均以火命名。如春官称大火,夏官称鹑火,秋官称西火,冬官称北火,中官称中火。黄帝轩辕氏上承伏羲、炎帝之制,并加以创造和完备。他命大挠完善"六十甲子",大挠便进一步探测金木水火土五行的变化,观察斗柄初落时所在的位置,创立了六十甲子配合表。又令容成氏制造伞盖相配的天文仪器,以显天体运行的情况。结合占日、占月、占星、选律吕、作算数、作甲子等六种方法,确定气候的变化和时序的转移。鬼臾区受黄变命以神奇的蓍草与宝鼎推算,开始设置了"闰月"。这种比三皇时期精确、完备的日历,称为《太阳历》(又称《阳历》)或《黄帝历》(俗称《黄历》)。同黄帝为一代人的东方部落首领少昊(太昊后裔)金天氏以"金"德而称王,从青阳(以青阳为都又号青阳氏)迁"都"(实为部落古城)曲阜(今属山东)时,适逢凤凰鸟停落于此,以为吉祥,便以"鸟"称官名。他在三皇及黄帝历的基础上再创造,制定了新的历法,将主管历法的"官"称为凤鸟氏。颛顼高阳氏(黄帝之孙)在以前日历的基础上,又革新历法,以斗建所指的"寅"位为岁时的"正月",称"孟春",初一日曰"立春"。其制定的历法,称为《颛顼历》。他在"官"制上的创新,是开始以"五行"称官名,曰"五行之官"⑮《史记·历书》太史公曰:"神农以前尚矣。盖黄帝考定星历(《索隐》按:《世本》及《律历志》黄帝使羲和占日,常仪占月,臾区占星象,令伦造律吕,大挠作甲子,隶首作算术,容成综此六术而著《调历》),建立五行,起消息(《正义》皇侃云:乾者阳,生为息;坤者阴,死为消也),正闰余(即置闰月),于是有天地神祇物类之官。各司其序,不相乱也。民是以能有信,神是以能有明德。"又云:"少昊氏之衰也,九黎乱德,民神杂扰,不可放物,祸灾笃至,莫尽其气。颛顼受之,乃命南正'重'司天以属神,命火正'黎'以司地以属民,使复旧常,无相浸渎。"由于颛顼高阳氏整顿秩序和改革原始宗教,将天事、地事分设"官员"管理,所以学者认为此举是国家雏型的标志。《纲鉴易知录·颛顼高阳氏》云:"都于帝丘(今河南濮阳),命五官。以少昊之四子重、该、脩、熙实能金、木及水,乃俾(任命)重为木正(主管木),

曰苟(又写作勾)芒;该为金正,曰蓐收;脩(修)、熙相代为水正,曰玄冥;又以炎帝之子句龙氏(赤名后土)为土正;而帝孙黎为火正,曰祝融(官名):是为五帝。"帝尧、帝舜亦然。可见"五行"在三皇时期为初创,黄帝正式建立"五行",并以"五行"之名任"五官"。昔日有的学者未加追根溯源,判定"五行"至战国时才形成,显然是不确切的。"占星"在当时也用于制《历法》的根据。以后世学者整据传说材料整理的文献说,"五行"的记载也是最早的。王世舜《尚书译注》云:《甘誓》写作的年代有商代、战国二说,"五行"一词最早就出现在此篇中⑯。《洪范》是《尚书》的重要篇目之一,传统观点是写于西周,近人又认为是西周末年至春秋中期的篇章。不过,此篇的"五行"与《甘誓》的"五行"有所不同,是当作"九条大法"的第一条出现的。"五行说"产生于《洪范》以前,《洪范》中的"五行"说,则是对原始唯物主义"五行说"的唯心主义改造,而这种改造则是为建立"神权政治"服务的⑰。

(2)三皇五帝被封为"五方"神帝与天象的对立

"五行"在地上称为物象或灵气(亦称精气),在天上与之相对应的星辰,则称为五星(名相同)。《史记·天官书》太史公曰:"自初生民以来,世主曷尝(何曾之义)不历日月星辰,及至五家三代,绍而明之,内冠带,外夷狄,分中国为十有二州,仰则观象于天,俯则法夷于地。天则有日月,地则有阴阳,天有五星,地有五行。天则有列宿,地则有州域。三光者,阴阳之精,气本在地,而圣人统理之。"《索隐》案:"谓五纪,岁、月、日、星辰,历数,各有一家颛学习之,故曰'五家'也。"《正义》云:"五家,黄帝、高阳、高辛、唐虞、尧舜(唐虞与尧舜是一回事,此处分开是不妥的)也。三代,夏、商、周也。言生民以来,何曾不历日、月、星辰,及至五帝,亦于绍继而明天数阴阳也。"是说日、月、星辰在有人类形成以前就自然存在,只是在人类出现后对其才有所认识,以其运行规律,占星而创制《历法》。天上有日、月，人间有昼夜；天上有五星（金木水火土五星），地上有五行，以相对应；天上有二十八宿，地上有以"州"为区划的地理方域。《索隐》又案："天文有五官。官者，星官也。星座有尊卑，若人之官曹列位，故曰天官。"五星官显然是出自地上东、西、南、北、中的主管官职之名。《正义》张衡（东汉科学家）曰："文曜丽乎天，其动者有七，日月五星是也。日者，阳精之宗，月者，阴精之宗；五星，五行之精。众星列布，体生于地，精成于天，列居错峙，各有所属，在野象物，在朝象官，在人象事。其以神著有五列焉，是有三十五名；一居中，谓之北斗；四布于方各七，为二十八舍（又称宿）；日月运行，历示吉凶也。"是说日是主宰天象（阳有表示天与气候二义）的，阴是主宰地物的（还有表示阴天之义），占卜者以日月运行（即阴阳变化）而知吉凶；金星、木星、水星、火星、土星是地上"五行"之精，为天文的五官；五行既是自然物质，又是人间官名与"东西南北中"的方位之名。这样一来，作为"人帝"（实为部落或部落联盟酋长）的三皇五帝，被"天帝"封为地上"方位神"并与星辰相对应的条件就具备了。西汉书《五星占》云："东方木，其帝大浩（即太昊），其丞勾芒（少昊之子，生前曾被颛顼帝任命为主管树木之，曰木正。死后灵魂升天，被天神封为助东方神帝太昊伏羲氏治东方之木神，木又代表春天，芒之言萌也。在此既有东方地域神职，又有为春天神取二义）"；"西方金，其帝少浩（太昊后裔，又写作少昊），其丞蓐收（多该，少昊二子，任颛顼帝金木官，职名蓐收。死后天神封其为西方神，助少昊神帝管理西方与秋天），其神上为太白（即金星，以其早晨出东方而曰启明星，以其傍晚落在西方而又叫长庚星，俗称太白金星）"；"南方火，其帝赤（赤、炎、火同义通用，即炎帝神农氏）帝，其丞祝庸（又写作祝融，帝喾时的火官之名，后尊为火神，又称朱明），其神上为荧惑（即火星，又曰炎星，因其时隐时现，令人迷惑而故名，亦为火之精）"；"中央（又称中土，天下之中的意思),其帝黄帝,其丞后土(炎帝后裔共工氏之子句龙),其神上为填星(填同镇,又名镇星,即土星。古人认为土星运行1周天为28年,每年坐镇28宿中的1宿,所以称曰镇星。中央属土,填星为土星,中央之神)";"北方水,其帝颛玉(帝颛顼的别名),其丞玄冥(水神、冬神、北方之神,玄为黑而带赤色,又泛指黑色,含有幽远之意,所以叫玄冥。北方为玄天,水色为黑,其气寒,方位在北,时序为冬,所以玄冥为水官)。"太昊伏羲氏、少昊金天氏、炎帝神农氏、黄帝轩辕氏、颛顼高阳氏等,是"三皇""五帝"中大有作为、德高望重的"人星""人帝",且以黄帝贡献最大。在原始宗教下的先民认为他们是"天帝"(上帝)之子,非凡人,"死"只是乘龙升入天宫了(离开了人间),照样被长生不老的"天帝神"封为"人帝神"而管理着天下"五方",保佑百姓平安。因而这"五方帝"又分别称为东方帝,又称青帝、春帝;西方帝,又称白帝、秋帝;南方帝,又称赤帝、夏帝;中央帝,又称黄帝(土色黄);北方帝,又称黑帝、冬帝。至此,"天、地、人"三道达到了完美的统一与和谐,亦即人与自然的和合与统一。

4. 考古材料对三皇五帝时期祭祀等记载的佐证

三皇五帝时期从太昊伏羲氏到帝舜,呈现出的祭祀实体不是古埃及、古希腊的"神庙",而是具有史前部族特色的"祖庙"和土或石筑(石山区域同是就地取材,筑石筑)祭坛(台)。"不论是文献材料还是地下发掘,均说明秦汉以前的中国,不存在神庙建筑,更谈不上神庙建筑在人们精神生活中的重要性"⑱。《礼记·祭法》云:"有虞氏禘黄帝而郊喾,祖颛顼而宗尧。"禘,指的就是祖庙。三皇时期的土祭坛,庙不易保存,早已毁没。考古发现的祭坛和墓是龙山文化(即五帝时期)时代和南方与之相当的良渚文化时代,且江南与江北的结构布局各有特点。

(1)红山文化与古国之族属

辽宁凌源、建平、喀左及内蒙古赤峰地区发现的红山文化,是以在建平、凌源交界的牛河梁红山首先发现而命名的。近些年在牛河梁南麓平坦岗地上又发现6座积石构成的冢、坛(约距今5000年),共同特点是以石垒墙,以石筑墓,以石封顶,呈现出地下墓葬之上修建石祭坛的特殊现象。冢的四周均用块石或石板砌出整齐的石墙,呈台阶式(现可见两层),石墙外缘置彩陶筒形器。各积石冢都有中心大墓,靠南侧埋葬一批石棺墓(墓圹或以石板立砌,或平铺),多首尾相接。葬式多单人仰身直肢,亦有拣骨葬,葬品以玉器为大宗[19]。辽宁喀左县东山嘴遗址红山文化晚期祭坛(距今约5000年)遗址,中心部分是一座大型祭坛(基址东西长11.8米,南北宽9.5米),其四边墙基以外形规整的条石错缝相砌。其内有三处石堆,以南侧中部的石堆最大,用密排立置的长条石组成,略呈椭圆形,在基址底部发现有玉璜(1件为龙首)。石圈形台址以南有三个椭圆形石基址,均以单层石块砌成,边缘用大块河卵石砌成两圈(圈内以较小石块铺就)。遗址出土物以陶器为主,内有二十余件泥质红陶胎人体肢块(一类为小型孕妇塑像;一类为大型人物坐像)。"专家推测,东山嘴遗址北部中心方形石砌建筑是一平台式祭坛,可能是祭祀地母的场所。祭坛与石圈之间是一片空地,显然就是一个公众的活动场所。石圆圈可能是供奉妇女陶塑像的祭坛,陶塑像可能是生育神或者农神。两个祭坛建在同一个山头上,工程浩大,所用石料数量惊人,显然动用了相当的人力。其组织者应当是部落联盟的首领,或者是酋邦王国的领导集团,祭坛是若干部落联合建筑的共同的祭祀场所"[20]。牛河梁遗址位于辽宁西部凌源(距今约5000年,延续时间约有500年),遗址(面积约1.2平方公里)内发现的祭祀遗迹和墓葬群有十多处,没有发现村落遗址。牛河梁遗址中心的主梁北山丘顶端,是女神庙建筑,呈半地式,平面形状狭长(南北最长处22米,东西最宽处9米,最窄处2米),由一个多室和一个单室两组建筑群组成(多室是主体建筑,包括王室和侧室、前后室。单室群在主室的南面)。主体建筑以多室群构成,附属建筑(单室)左右对称地分布在中轴线两侧。庙有顶盖,墙体为木架草筋,内外抹泥,且庙的墙体均以三角纹几何图案及勾连回形纹平带图案彩绘。在女神庙的主室、东西侧室和单室出土有泥塑人物像(粗泥胎,外表经过打磨),主室内遗存的女性头像基本完整,大小同真人。其"双颊丰隆,面色鲜红,嘴唇涂抹,嘴角圆而上翘,眼窝内嵌入淡青色圆形玉片,酷似人眼。在主室中心还发现了比真人大三倍的鼻子、耳朵的泥塑,当是该庙的主神。从其他的塑像残块可知,周围当有不同等级的女神"[21]。庙周围已发现大型积石冢二十多处,结构与风格与喀左东山嘴红山文化晚期祭坛类似。"其中的三号积石冢为圆形,冢基底面是用多楼柱状的长条花岗岩石桩构成的三圈同心圆。三层石圈以内圈为最高,中圈次之,外圈最低。在女神庙和积石冢周围的空地发现三个祭祀坑,内有陶器、石器、兽骨等祭祀遗存。积石冢的主人用石棺做葬具,美玉随葬,墓地规模可观。有一座中心大墓,墓主头部各有一枚玉环,胸部有勾云状玉佩,双手各握一玉龟,手腕等处有玉环,墓主人可能是部落联盟的首领"[22]。金字塔式的巨形建筑,位于牛河梁遗址的南部,地上建筑部分中心是人工夯筑的圆土丘(高25米,直径达40米)。圆丘外面用大块白色硅质石岩围砌(直径60米—100米),面积近万平方米(夯土达10万立方平,土从远处运来),十分罕见。"专家推侧,祭坛、女神庙、积石冢,具有礼仪中心的性质,当时很可能已经出现了比较高级的社会组织形式"[23]。总之,从东山嘴遗址的总体看,"建筑已经运用中轴线,主次分明,左右对称,南北方圆对应。牛河梁遗址群以女神庙为中心,以金字塔式的建筑为前卫,四周山岗上的积石冢形成拱卫之势,彼此呼应,形成了严谨完整、恢弘博大的布局。这一切都向人们暗示,当时宗教形态已经形成了初步的体系"[24]。"种种迹象表明,女神庙已经超越了祖先崇拜的初期阶段,形成了比较复杂的神祇体系,说明红山人不仅有了设计和建造宏大神庙的能力,而且有着创造瑰丽神祇世界的思维"㉕。即红山人已处在国家的前夕。

苏秉琦先生将"地处渤海湾西岸,包括京津地区在内的这片燕山南北地带,即考古学文化区系中的辽西古文化区"中的"四种文化类型,统称为'红山诸文化'。"㉖又云:"就是在这样一个地域广阔而又在发生剧烈社会变革的历史背景下,红山文化在距今五千年以前,率先跨入古国阶段。以祭坛、女神庙、积石冢群和成批的玉质礼器为标志,出现了'早到五千年前的,反映原始公社氏族部落制的发展已达到产生基于公社又凌驾于公社之上的高一级的组织形式',即早期城邦式的原始国家已经产生。"㉗关于红山文化区的"古国"为何部落集团所建立,认识和说法不一。我们认为是七八千年前迁入该地区的女娲的裔支,并结合了部分土著。按5000年前而论,黄帝时期在红山文化区建立"古国"的部落集团首领(或城邦酋长),应是迁居辽西地区的女娲氏一支的子孙,具体名字难以考证。不过,从红山人的宗教系统已形成、大宗精致玉器的出土、墓主等级的高贵,以及将祖先"女娲"(在诸被奉为繁育子女的母系氏族首领中,只有中华始祖母华胥的女儿"女娲"被尊奉为皇、女帝、圣母,后世民间俗称为王母娘娘或送子娘娘,祠庙亦称娘娘庙)被崇奉为"女神"等方面看,辽西部落集团"古国"应以在帝颛顼时期建立较确。正因为如此,古国或城邦之君,才会对妇女那么崇拜,也才会将祖先女娲奉为神灵而营筑规格高、规模大、庄严而肃穆的庙宇供奉、祭祀。

(2)良渚文化与古国族属

以首先在浙江余杭县良渚发现相当于北方龙山文化时期的遗址而命名的"良渚文化",年代约在距今5000至4000年之间。浙江、江苏发现的良渚文化类型墓葬和祭坛,与北方红山文化同类遗迹不同,是人工筑就的祭坛上埋葬地位之高贵者(红山文化遗存是地下墓之上筑坛），即祭坛与大墓合二为一（少数为分设），似乎说明"主人"高于"神主"。如1986年在浙江余杭县反山墓地发掘的11座大墓，大都有棺椁葬具，葬器以精美的玉器为主。人工营筑的土祭坛（土方量高达2万立方米），"规格和等级为最（高），堪称'良渚王陵'"；反山东北五公里的瑶山，1987年也发现一座祭坛与大墓复合遗址。人工营筑的土祭坛面积超过5000平方米，有多重阶级状石坎及护坡，是良渚文化常见的祭坛遗迹中最壮观的一处。祭坛上埋有显贵者大墓十余座，南北排列有序，多数有棺椁作葬具，随葬品700余件（套），玉器占90%以上，发现了许多新的器种和纹样；1991年在距反山西以西仅二公里的汇观山，又发现一座与瑶山类似的复合遗迹。祭坛平面呈"回"字形三重结构，面积超过1600平方米，上面的显贵大墓存有四座，四号墓出土的48件石钺反映出墓主身份相当高[28]。这种祭坛与大墓合二为一的遗迹在余杭县良渚、瓶窑、安溪三镇区域内，天目山余脉的长条形谷地中，三十多平方公里范围内，多达五十余处，反映出黄帝后裔防风氏部族的一支南迁后，其中的一支在太湖流域（距浙江与江苏两省部分地区）已形成庞大的部落古国。更为可喜的是，在良渚文化遗址群中，又发现并发掘（1992—1993年）了余杭墓角山遗址。在东西长670米、南北宽450米、高出地面七八米（土层最厚处达10米以上），面积达40平方米的人工营筑大土台上，不仅发现了直径20米的"燎祭"遗迹和大小莫角山、乌龟山三座土台，而且在"三座土台"之间还发掘了1500平方米面积，上有良渚人工夯筑的基址及两排大型柱洞（二者面积2万平方米），当为宏大的"宫殿"建筑遗址。其"四周分布着反山、桑树头等出土大量玉器的著名遗址，显示了莫角山遗址的重要地位。它在良渚遗址群范围内，是一处'中心址'。太湖流域的良渚文化遗址在聚落形态上，存在着不同时期、不同规模、不同等级的若干中心，而'良渚遗址群'是规模最大、等级最高的中心"[29]。这应是部落古国酋长及机构官员居住、处理国事的核心地

区建筑。庙前遗址的发掘,证明古国先民是依湖沼岸旁筑"井干
式"木质房屋居住的。太湖流域的今江苏地区良渚文化遗址中,罗
墩(在常熟市)、少卿山(在昆山市)、赵陵遗址"发现了规模宏大的
人工堆筑的祭坛,其上排列着随葬大量玉器和陶器的大墓;少卿山
遗址清理出多个祭祀坑;罗墩遗址出土了一件浮雕龙纹的环境玉
器,这是中华民族多元一体的例证之一;赵陵山遗址发现了人牺遗
迹(19 具人骨),这是中国迄今最早的以人祭祀的实证,寺墩遗址
(在今武进县)发现了五号大墓,从而确定了贵族大墓的分布规
律。"③苏秉琦先生对太湖周围江浙良渚文化论曰:"至迟开始于公
元前第三千年中期(约 4500 年前)的良渚文化处于五帝时代的前
后期之间,即'绝地天通'的颛顼时代。良渚文化发现的带有墓葬
的祭坛和以琮为中心的玉礼器系统,应是宗教已步入一个新阶段
的标志"③;"男觋女巫脱离所在群体葬地,集中葬于祭坛,是巫师
阶层已形成才可能出现的现象。女巫一般无琮,说明南觋地位一
般高于女巫。"③即已进入良渚古国时期。

　　关于良渚文化的"主人"问题,鲜有研究,考古界称为"良渚王
国"的。"河姆渡文化主要分布在浙江省宁波、绍兴平原的东部地
区,存在年代距今约 7000 年,与仰韶文化大体相当。继河姆渡文
化之后,是浙江嘉兴县马家浜遗址发现的马家浜文化。它大致分
布在浙江毗邻的太湖周围。马家浜与河姆渡文化有明显的继承关
系,距今 6000 至 5000 年,比河姆渡文化晚 1100 年。它与河姆渡文
化都是农业民族的文化,人们过着比较定居的生活。其社会组织
是母系氏族,但到了马家浜文化晚期已开始向父系氏族转变了。
马家浜文化的直接继承者是崧泽文化,也是把崧泽文化的族属,一
般认为是古越族的原始文化。如果马家浜文化属于古越族的文
化,那么,河姆渡文化也应属于古越族的原始文化"③。我们认为
在以古越族为主体的部族中,已有从江北迁入的伏羲、女娲、炎帝
神农氏等裔支族。"良渚文化主要分布在太湖周围的浙江地区,北

至长江以北,南达括苍山,东至海,南及南京地区。良渚文化的绝对年代距今约 5000 至 4000 年。它晚于马家浜文化,略早于北方龙山文化。该文化的人们以农业生产为主,定居,处于父系氏族社会,氏族成员间已出现了贫富差别,有个别奴隶存在。这表明,他们已步入向阶级社会过渡的阶段了。良渚文化继承了马家浜文化、崧泽文化,又受到北方某些文化的影响,成为我国东南地区广泛存在的印纹陶文化的一的部分。印纹陶文化,大家公认为是古越族的文化"㉞。良渚文化约相当于"五帝"时期,亦即部落古国阶段。概括说良渚文化为古越文化是正确的;具体说,这个阶段是直接受到华夏文化影响的。"良渚遗址发现初被归入龙山文化"㉟就是明证。"以环绕太湖为中心的东南部,包括长江下游的江苏、上海、浙江、安徽,是东南沿海地区与山东并列的另一重心"。其中"太湖地区东临海,北到长江,西到(浙江)茅山山脉,南达天日山麓,这三四万平方公里,是一个考古文化实体"㊱。其是东南的古文化中心,"通过这十多年在良渚和环太湖地区的工作,似已显示出,太湖流域的古文化古城古国,已可以由良渚文化上溯到先良渚文化"㊲。

良渚文化上承马家浜(其又上承河姆渡文化)、崧泽文化,而其所受到北方某些文化影响,是何族呢? 何光岳《炎黄源流史》云:"在唐(尧)虞(舜)时,防风氏有一支自芒县(在今江苏芒砀山一带)南迁浙江湖州(今湖州市)。"㊳说明防风氏部落迁入江苏是在黄帝以后。《国语·鲁语下》记载史官问:"防风何守也?"孔子答:"汪芒氏之君也,守封嵎之山者也,为漆姓,在虞夏商汪芒氏,于周为长狄,今为大人。"又记载:吴攻越都会稽(今浙江绍兴市)灭其国后,获人骨一车,不知来由,问孔子,答曰:"昔禹致群神于会稽之山,防风氏后至,禹杀而戮之。此骨节专车,此为大矣。"韦昭注:"群神,谓主山川之君,为群神之主。""防风,汪芒氏之君也。"《左传·哀公七年》亦云:"禹会诸侯于涂山(今安徽怀远县),执玉帛者万国。"防风国就是其中之一。《国语·鲁语下》云："禹朝诸侯之君会稽山上，防风之君后至，而禹斩之。"郭沫若先生释曰："参加会议的要执玉帛，迟到的遭杀戮，禹已经蜕变成名副其实的国王了。"㊴足见禹继帝舜位时防风国的强盛，禹对其不放心，借故迟到而诛杀。漆、厘音同而通用。《后汉书·黄宪传》云："叔度汪汪，若千顷波。"汪又写作汪多、汪饶、汪池。"各说皆谓汪为大之意。所谓汪芒氏，意即防风氏部落为一高大人种"㊵；漆姓，亦即黄帝族十二姓的僖姓、厘姓，起源于陕西漆水、芒水、汪（均在今陕西彬县、麟游一带）一带。"㊶《路史·后纪五·黄帝》云："次妃方累氏曰节，生休及清。休继黄帝者也，是为帝鸿氏。"《路史·后纪六》的记载与此有异："帝鸿氏厘姓，帝律生帝鸿，是为帝休。"即黄帝生帝律，帝律生帝鸿（休）。又云：帝休"别为防氏，守封嵎之间"。《路史·国名纪乙》云："帝鸿后厘姓国：防风，厘姓，守封禺之山，二山在湖（州）之武康（今浙江德清县）。""汪芒，即汪罔。《说苑》云：汪芒，厘姓。《说文》云：封嵎山在吴楚间，汪芒之国。历代故以为防风也。"唐杜佑《通典》云："湖州（在太湖南岸），春秋时属吴，吴灭属越，越灭属楚，古之防风国焉。"《太平寰宇记》亦曰："湖州武康县，古防风氏之国，防风山在县东一十八里，先命封嵎山，唐天宝六年敕改焉。"武康（今德清）是其古国邑城地，疆域广及太湖流域，下属还有小古国。国亡后，余民大都融入了古越族。

三、祭祀帝王陵与清明公祭黄帝的重要意义

从黄帝起不仅已进入父系氏族社会，而且已进入古国阶段；以其对社会进步的贡献之大，又称"五帝"为英雄时代，司马迁将"五帝"作为信史而立传。《史记·五帝本纪》云：黄帝时的版图已东至海，南至湘（今湖南），北至荤粥（今内蒙古），西至鸡头（今甘肃），政治与文化影响更为广远。他定都有熊之墟（今河南新郑市），成为

天下共主而号称"黄帝"后,部落联盟机构(实为过渡性的国家体制)及制度皆已具备。"官名皆以云命,为云师。置左右大监(相当于秦汉的左丞相、右丞相),监于万国(包括部落古国和部落,众多之义,非1万之数)。万国和,而鬼神山川封禅与为多焉(即各种祭礼活动和礼仪齐备)。获宝鼎(已会采铜冶炼铸铜鼎),迎日推策(即受命令大挠造甲子、容成造历,史称黄帝历,又称太阳历或日历)。举风后(今山东人)、常先、大鸿(今陕西人,墓亦在陕西)以治民(三人是大监下的三位大臣)。顺天地之纪(按一年春、夏、秋、冬四季之义),幽明之占(按阴阳、五行占卜),死生之说,存亡之难。时播百谷草木,淳化鸟兽虫蛾,旁罗日月星辰,土石金玉(言天不异灾,上无别害,水少波浪,山出金宝,一派天下太平景象),劳勤心力耳目,节用水火财物。有土德之瑞,故号黄帝"。这也就是说,中国原始社会历约199万年的发展,至三皇时期(约1万—5000年前)已进入阶级社会的"序幕"阶段;五帝(5000—4079年前)时期的首位黄帝,集"三皇"之创世业绩和美德为一身,又开创"国家"正式出现的先河和中国文明的基础,还创立了"五大族团"多元一体发展的格局,以及中国的初期疆域,从而不仅成为"万国"、万民的德高望重古帝,而且也成为后世形成之中华民族的"人文初祖"。

1.黄帝葬地与战国营筑陵庙地简说

三皇五帝时期创立与发展的初始文明,从夏朝后继续进一步发展与健全。仅以祭礼的建筑物与礼仪说,夏继承伏羲至帝舜的祭礼,商周又继承夏礼并有所发展,出现相传为周代的"礼"书。《左传·隐公十一年》云:"礼,经国家,定社稷,序民人,利后嗣者也。"《周礼》相传为周公旦所作;《仪礼》的内容中已设"祭祀"专题;《礼记》则主要是孔门弟子讨论礼的文献。商周礼制在考古材料中最突出的反映是祭祀礼。《礼记·王制》云:"天子七庙。"郑玄注:"此周制","殷则六庙,契及汤与二昭二穆。夏则五庙,无大祖,禹与二昭二穆。"二里头遗址,殷墟遗址及卜辞载文均可证。《说文解字》云："宗,尊祖庙也。"春秋、战国亦然,并有所改进。

(1)上郡

秦国设坛祭黄帝始于春秋初期。《史记·秦本纪》载："文公十年(前755),初为鄜畤,用三牢。"《正义》:"《括地志》云:'三畤原在岐州雍县(今陕西凤翔县)南二十里。《封禅书》云秦文公作鄜畤,襄公作西畤,灵公作吴阳上畤,并此原上。"畤,古时祭天、地及五帝的固定场所。这里的"五帝"是"五方帝"(伏羲、少昊、神农、黄帝及帝颛顼)。《史记·封禅书》云:"秦灵公(前424—前415年)作吴阳上畤祭黄帝;作下畤祭炎帝。"这是秦国祭炎黄二帝最早的明确记载,时代为战国。文献和考古材料证明,春秋末、战国初以后,墓葬开始"封树"而曰"陵墓"。《史记·五帝本纪》云:"黄帝崩,葬桥山。"《集解》引《皇览》云:"黄帝冢在上郡桥山。"《索隐》引《地理志》桥山在上郡阳周县(今甘肃正宁县),山有黄帝冢也。"《正义》:"《括地志》云:'黄帝陵在宁州罗川县东八十里子午山。'"《地理志》云:'上郡阳周县桥山南有黄帝冢。'案:阳周,隋改为罗川(今甘肃正宁县)。《尔雅》云:'山锐而高曰桥也。'"又引《列仙传》云:"轩辕自择亡日与群臣辞。还葬桥山,山崩,棺空,唯有剑舄在焉。"《列仙传》的这一神话,是公孙卿等臣,向汉武帝解释黄帝既已升天,又为何会有冢的疑问时所杜撰。春秋末年以前人死后埋在地下,无土冢。战国才开始安葬后堆土成冢,并在冢前或四周植松柏树等。陵墓大体可分为平地起冢、以土陵或石山为冢两类。黄帝陵与庙所在地历有今陕西子长县、黄陵县、甘肃正宁县、河南灵宝市等之争。

上郡是战国魏文侯时所置,秦朝沿用,治所在肤施(今陕西榆林东南)。汉代沿袭秦上郡,辖境扩大,约相当于今陕北和内蒙古乌审旗等地。据"桥山"位置,黄帝葬地不可能在今陕西子长县,而应在上郡南部。正宁县在甘肃东北部,子午岭西麓。北魏置阳周县,隋改罗川县,唐改为真宁县,清改为正宁县。据《太平寰宇记》,相传唐玄宗时曾于宁州发现二十七尊玉相,以为灵异,遂改宁州为真宁县。今正宁县是沿用清朝县名。中部县,(东晋)十六国(时期)后秦置,治所在今陕西宜君县东北。北魏孝文帝时将中部县移治(所)今黄陵县西南故邑。隋开皇初改名内部县,大业三年(607)移治(所)今黄陵县南沮河南岸。唐武德元年(618)复名中部县。明成化中移治(所)今黄陵县(1946年改中部县为此名)。有学者从正宁县沿革出发,认为黄帝葬地应在今正宁县,实为不确。因为在北魏末置阳周县前,子午岭地区归"后秦"所置的中部县。北魏时中部县治所在今黄陵县西南,阳周县治所在"子午岭西麓",其东"八十里"恰好是中部县,所以说黄帝葬地或陵墓及祀庙等,是在今陕西黄陵县,而不在甘肃正宁县。

河南省灵宝黄帝陵庙之说。黄帝是继炎帝后贡献最大的古帝,先民在原始宗教观念支配下,认为他是"天帝"(亦称上帝)之子,"死"后就回到天宫了,不会同凡人那样真的死亡,遂有升天的神话故事流传。汉武帝崇奉术士、方士的"长生不老"或成"仙"之说,百官亦奉迎其所好,《列仙传》就是受这种影响而编就的。司马迁《史记·封禅书》亦云:"黄帝采首山铜,铸鼎于荆山下。鼎既成,有龙垂胡髯下迎黄帝,黄帝上骑,群臣后宫从者七十余人,龙乃上去。余小臣不得上,乃悉持龙髯,龙髯拔,坠,坠黄帝之弓,百姓仰望。黄帝既升天,乃抱其弓与髯(胡须)号(哭),故后世因名其处曰鼎湖(百姓泪水汇成),其号曰乌号(痛哭声之义)。"《水经注·河水》云:"有龙垂胡(须)于鼎,黄帝登龙,故名其地为鼎湖。"对于"鼎"成为黄帝升天的地方,又有今河南灵宝与陕西荆山(阎良区、富平、三原县部分地区内)之争。地质学家考证"首山或首阳山"出铜者,有今晋南之"首阳山"和河南灵宝荆山。偃师市西"首阳山"则不出铜,陕西富平荆山亦然。大多数学者赞同黄帝"采首山铜,铸鼎于荆山下"应在今河南灵宝市铸鼎原。因而战国后人们在"铸鼎原"营修了黄帝庙,在鼎湖旁修建了黄帝陵墓,表示崇奉和纪念。唐代诗人李白《黄帝铸鼎诗》曰:"黄帝铸鼎荆山涯,不炼黄金炼丹砂。

骑龙飞去太清家,云愁海思令人嗟。"汉武帝时期,还重新修建了黄帝庙,在鼎湖一带修建了行宫(在今陕西蓝田县俗称泄湖的地方亦建有行宫,亦曰鼎湖宫)。武帝听信谗言,在甘泉宫发兵攻为保太子位而起兵诛奸臣江充(以巫蛊罪杀保护太子位者万人,又诬告太子母卫子夫是巫蛊主谋)的刘据,太子据兵败逃亡于湖(今河南灵宝市),只有二子跟随,卫子夫(武帝的卫皇后)自杀。太子等三人幸得湖地人家保护,追兵未得而回。壶关(今山西长治)"三老"令狐茂上书武帝,陈说利害及太子冤情,武帝悔,不追问太子罪。征和二年(前91)废太子刘据在湖不幸被人发现,官方欲捕,遂自杀,二子和房主与官兵搏斗而死。武帝下诏处死江充等人,罢免及随从官职,又捕杀欲捕废太子刘据及皇孙(二人)的地方官。汉武帝思念故太子,作《思子宫》赋。又下诏在湖(今灵宝)修筑"归来望思台",以招故太子及二皇孙之魂,将太子及二皇孙礼葬于湖,足见湖地的重要。话说回来,灵宝的黄帝庙及陵,是纪念性建筑,葬的是黄帝的"弓"和"髯"。黄帝定都于有熊之墟(今河南新郑市),年"百一十一岁"死后归葬于故地桥山,比较接近历史真实,不必将"乘龙升天"的神话故事也搬到桥山。传说黄帝升天,万民哭,泪成"沮水",或民众拉住降于桥山而又起飞之黄龙上的黄帝衣挽留,衣帽坠落而葬于桥山等,都是表达人们愿望的神话或民间故事,难以确信。《史记·封禅书》明载,桥山冢埋的是黄帝的"剑"和衣帽。宝剑是后世之物,非黄帝时的兵器。因而可以断言,桥山的黄帝陵和祀庙为春秋末、战国初后人们或官方所修。从全国各地几处桥山及陵墓看,陕西黄陵县的陵庙,实可以作为信史。

(2)桥山黄帝陵庙的祭祀活动最早

目前全国各地的"三皇五帝"陵庙,一般说都是战国后所修建(单独的祀庙则在史前就有)。

黄帝葬于桥山后,虽然"不封不树",但子孙会修"祖庙"予以祭祀,则是无可怀疑的。黄帝故里、迁居地、邑城及奉其为"盟主"的部落先民等,也均会修庙、设坛祭祀。但正式祭黄帝桥陵则是从汉代开始。《史记·孝武本纪》载:汉武帝元封元年(前110)"北巡朔方(治所在今内蒙古杭锦旗),勒兵十余万。还,祭黄帝冢桥山,释兵须如。上曰:'吾闻黄帝不死,今有冢,何也?'或对曰:'黄帝已仙上天,群臣葬其衣冠。'"《史记·封神书》载:"其末年(前110)冬,上议曰:'古者先振释旅然后封禅。'乃遂北巡朔方,勒兵十余万,还祭黄帝冢桥山。"从此,除民间祭祀黄帝陵外,朝廷祭黄帝陵成为定制。《汉书·王莽传》载:新朝帝王莽"遣骑都尉嚣等,分治黄帝园于上郡桥畤"。颜师古注:"桥山之上,古曰桥畤。"宋代《册府元龟》载:唐代宗大历五年(770)鄜(州治所在今陕西富县)坊(州治所在今黄陵县西南)节度使臧希让上言,坊州有轩辕黄帝陵,谓置庙,四时享祭,列于祀典。从之。"从此祭黄帝上升为国祭(官方后世沿袭不变)。同时,我们由此载可知,唐代宗时桥山的祀庙已荡然无存,故上书重建。

2. 祭祀黄帝陵的历史与现实意义

从自古以来对黄帝的祭祀看,"五帝"时期主要是供奉、缅怀祖先,祈祷保佑民众平安。阶级社会后,偏重于纪念祖先,振奋民族精神,以促进国家富强;或祖先为号召,战胜天灾人福;或反击外来侵略,保卫国家和民族安全等。就一个朝代看,诸帝依据当时社会状况而有所侧重。以陕西黄帝陵保存下来的祭文观察,大体可分为:开国皇帝的祭文是向黄帝报建立政权之功,祈祷祖先保佑政权巩固,社会稳定;守业皇帝则偏重通过祭黄帝陵,祈祷太平盛世永存;即将亡国之帝或窃权之帝,多无力祭陵。清朝留下祭文的内容,则偏重号召各族团结,维护天下统一,尤其是以黄帝为号召,使汉族人民接受其统治。中华民国政府的祭文偏重于除暴乱,致太平,避灾害,利国利民。公祭黄帝陵的时间,古代并不统一,"历经隋唐宋元明清以至中华民国,成为隆重的国祭。中华人民共和国成立后,尤其是1980年以来,形成了清明节公祭、重阳节民祭的黄帝祭祀制度"㊷。

　　"清明节",我国传统节日之一,也是二十四节气之一。每年四月五日前后太阳到"黄经十五度"时开始。《月令七十二候集解》云:"三月节","物至此时,皆以洁齐而清明矣"。到了清明,黄河中下游及其以南地区,平均气温在摄氏十度以上。我国大部分地区气候温暖,草木萌茂,改变了冬季寒冷枯黄的景象,也是春耕春种"农忙"的开始。江南流传的农谚说:"清明谷雨两相连,浸种耕田莫迟延";"种树造林,莫过清明"。此节气开始的一天称清明节,有踏青扫墓的习俗。实际上,清明节为综合性的节日。"清明节"又俗称"鬼节","可见是个祭祀先人的节日。上古不葬,即所谓'不封不树,弃之中野',当然亦无墓祭。相传汉元帝(前 48—前 33)追念前将军萧望之,故有'始祭其坟'之举。直至隋唐,清明墓祭才形成俗例并见之官方文书。清明节还是大地春动的时节,故此节始于祭祀先人,但在长期的发展中也含有游娱的内容,就是一种被后人称为'踏青'的郊游活动,含有一冬蜷缩、春动外出,大展身手,振奋精神的意思。同时古代又在清明节汇聚了插柳植树等活动,并形成习俗。至于清明栽柳以免虿毒的说法,则反映了这一节日包含有驱除恶魔的意思。作为综合性的节日,它亦添有竞技游艺的内容,节日中斗鸡走狗,抛球拔河,这是唐代便有的活动。"㊸

　　中华人民共和国建立后的公祭黄帝陵(1949—1961 年),国家均委托陕西省人民委员会主办祭祀大典,各界人士和民众参加,凸显了人文初祖黄帝的功绩,人民当家做主的新风尚。政府祭祀定在农历的清明节,均由副省长恭读祭文。体例上一改明清时期的"四字"或"五字"句模式,以及民国的短句子,运用了便于充分表达党和政府、各族人民愿望的自由体白话文。内容上更为丰富,篇幅较长,向祖先和全国人民汇报一年来在中国共产党和中央人民政府与毛主席的正确领导下,在各个方面取得的光辉成就,并向各族人民提出新一年的奋斗目标,号召全国人民努力奋斗,完成各项任务,加快社会主义革命和建设速度;提高警惕,防止和打击反革命的破坏,为早日解放台湾,保卫社会主义国家和人民安全,保卫亚洲和世界和平而奋斗。1962 年至 1979 年,在"三年自然灾害""文革"十年动乱及"拨乱反正"时期,暂停了"公祭"活动。1980 年恢复政府清明节"公祭"大典后,国家仍每年委托陕西主办,由 1961 年前单一省政府改为陕西省人大、政府、政协及延安行政公署(改市后由市政府)、黄陵县"上下"各级人民政府主办;党和国家领导人一般由全国人大、政协的领导出席。恭读祭文的省领导人,由副省长上升为省长,还往往是省级至县级的"五大领导班子"负责人均出席。祭文的内容分为两大块:颂扬、纪念黄帝;公告一年来在党中央、国务院正确领导下,全国人民在改革开放中取得的伟大成就,号召全国人民团结海内外炎黄子孙,加快"四化"建设,为中国富强、世界和平做出更大的贡献。参祭人员突出的变化是华侨人数逐年增多;民营企业家地位显著提高;港、澳、台领导人或世界企业家及著名人士,也有贤俊成为主席团成员等。甚至还有非华夏子孙的外国贵宾或友人参加祭典。充分反映了新时代的祭祀黄帝的特点,规格之高,规模之大,民族传统祭礼的隆重,可以说都是自汉武帝以来最为昌盛的高级阶段。祭陵前由陕西人民政府举办的国内或国际学术研讨会,质量逐年提高,近几年可以说已达到国家级学会的研究水平,且每年都以党中央、国务院的重大决策为主题,"论文集"一年比一年质量高,装帧也一年比一年精美,受到了中国和世界学术界的欢迎和好评,将祭祀黄帝陵各项活动增添了文化内涵和品位。从而使清明祭祀黄帝成为了中国和世界人民大团结、大欢聚、大奋进的光辉节日;也是以"炎黄"为代表的中华文化向全世界彰显的光辉节日。

金牛年的清明节祭祀黄帝陵,是在记录历史上罕见的、不平凡的 2008 年,在以胡锦涛为总书记的党中央坚强领导和国务院的各项得力措施下,全国各族人民在黄帝精神鼓舞下,沿着伟大领袖毛泽东为首的第一代领导集体开创的新中国道路；执行改革开放总设计师邓小平为首的第二代领导集体开创的"打开国门、走向世界"的坦途；遵循江泽民总书记为核心的第三代领导集体制定的"改革开放"取得全面初步胜利的路线。坚持"四项基本原则"，继续贯彻邓小平理论、"三个代表"思想、落实科学发展观，以人为本，高举中国社会主义特色大旗，冷静对待复杂多变的国际形势，顶住世界金融海啸的压力，共度时艰，保持我国经济保持又好又快发展的良好势头；稳定社会秩序，揭露和粉碎"东突""藏独"等分子的捣乱与破坏，妥善处理生产力发展与人民需要的矛盾及社会阶层之间和人民内部的矛盾，力争使"人与自然"（即黄帝时代的天地人）和谐统一。从而使我国的小康社会建设稳步、顺利发展，为全人类度过金融危机与和谐世界的发展做出更大的贡献。

注释：

①恩格斯：《反杜林论》，《马克思恩格斯选集》第三卷，北京：人民出版社，1972年第1版，第134页。

②林耀华主编：《原始社会史》，北京：中华书局，1984年4月第1版，第395页。

③牛津：《中国文化常识》，北京：中央编译出版社，2006年6月第1版，第422页。

④翁独健主编：《中国民族关系史纲要》，北京：中国社会科学出版社，1990年2月第1版，第33页。

⑤翁独健主编：《中国民族关系史纲要》，北京：中国社会科学出版社，1990年2月第1版，第34页。

⑥河南省文物考古研究所：《河南省文物考古工作五十年》，载《新中国考古五十年》（1949—1999），北京：文物出版社，1999年9月第1版，第249页。

⑦苏秉琦：《中国文明起源新探》，北京：生活·读书·新知三联书店，1999年6月第1版，第130页。

⑧苏秉琦：《中国文明起源新探》，北京：生活·读书·新知三联书店，1999

年 6 月第 1 版,第 131 页。

⑨李学勤:《走出疑古时代》(修订本),沈阳:辽宁大学出版社,1997 年 12 月第 2 版,第 41 页。

⑩张岂之主编:《中国思想文化史》,北京:高等教育出版社,2006 年 5 月第 1 版,第 26 页。

⑪徐旭生:《中国古史的传说时代》,北京:文物出版社,1985 年第 1 版,第 197 页。

⑫启明:《中国文明史》上册,广州:花城出版社,2001 年 1 月第 1 版,第 46 页。

⑬启明:《中国文明史》上册,广州:花城出版社,2001 年 1 月第 1 版,第 47 页。

⑭⑮参考管成学、傅孙铭主编:《纲鉴易知录》(清代吴乘权等编著)译文,北京:红旗出版社,1999 年 7 月第 1 版,第 1—15 页。

⑯王世舜:《尚书译注》,成都:四川人民出版社,1982 年 7 月第 1 版,第 14 页。

⑰王世舜:《尚书译注》,成都:四川人民出版社,1982 年 7 月第 1 版,第 116 页。

⑱启明:《中国文明史》上册,广州:花城出版社,2001 年 1 月第 1 版,第 185 页。

⑲辽宁省文物考古研究所:《辽宁省考古工作五十年》,载《新中国考古五十年》(1949—1999),北京:文物出版社,1999 年第 1 版,第 99—100 页。

⑳张岂之主编:《中国思想文化史》,北京:高等教育出版社,2006 年 5 月第 1 版,第 22—23 页。

㉑张岂之主编:《中国思想文化史》,北京:高等教育出版社,2006 年 5 月第 1 版,第 23 页。

㉒㉓㉔张岂之主编:《中国思想文化史》,北京:高等教育出版社,2006 年 5 月第 1 版,第 24 页。

㉕张岂之主编:《中国思想文化史》,北京:高等教育出版社,2006 年 5 月第 1 版,第 25 页。

㉖苏秉琦:《中国文明起源新探》,北京:生活·读书·新知三联书店,1999

年6月第1版,第132页。

㉗苏秉琦:《中国文明起源新探》,北京:生活·读书·新知三联书店,1999年6月第1版,第137—138页。

㉘浙江省文物考古研究所:《浙江省考古五十年主要收获》,载《新中国考古五十年》(1949—1999),北京:文物出版社,1999年第1版,第169页。

㉙浙江省文物考古研究所:《浙江省考古五十年主要收获》,载《新中国考古五十年》(1949—1999),北京:文物出版社,1999年第1版,第172页。

㉚南京博物院:《江苏省考古事业五十年》,《新中国考古五十年》(1949—1999),北京:文物出版社,1999年第1版,第155页。

㉛㉜苏秉琦:《中国文明起源新探》,北京:生活·读书·新知三联书店,1999年6月第1版,第145页。

㉝㉞牛津:《中国文化常识》,北京:中央编译出版社,2006年6月第1版,第29页。

㉟㊱㊲苏秉琦:《中国文明起源新探》,北京:生活·读书·新知三联书店,1999年6月第1版,第67页。

㊳㊴何光岳:《炎黄源流史》,南昌:江西教育出版社,1992年4月第1版,第725页。

㊵何光岳:《炎黄源流史》,南昌:江西教育出版社,1992年4月第1版,第717页。

㊶郭沫若主编:《中国史稿》,北京:人民出版社,1976年7月第1版,第136页。

㊷陕西省公祭黄帝陵工作委员会办公室编:《黄帝祭祀大典图志》(1980—2007),赵正永常务副省长所写之《序》,北京:中国文史出版社,2008年1月第1版。

㊸牛津:《中国文化常识》,北京:中央编译出版社,2006年6月第1版,第444页。

2009 年 4 月 5 日

轩辕黄帝陵　中华民族魂

——论陕西桥山黄帝陵在诸陵文化中的崇高地位

　　在世界四大文明古国中,惟有中国的古文明没有中断过。同时,在文明初期阶段,也惟有中国形成了三皇五帝之古史传说人物,上下约 7930 年(1 万年至前 2070 年)。三皇大体反映了母系氏族社会末期和向父系氏族社会过渡的状况,被称为"人文始祖"。五帝大约反映了父系氏族社会和向国家形态过渡的状况,被尊奉为"人文初祖"。这既是我国 200 万年人类发展和演变的结晶,也是中华民族五千多年优秀传统文化的渊源和根脉。"自从盘古开天地,三皇五帝到如今",在我国早已为人民大众所认同和广泛流传就是明证。"古史传说从伏羲、神农到黄帝,表现了中华文明萌芽发展和形成的过程。《史记》一书沿用《大戴礼记》所收《五帝德》

黄帝陵祭亭内的黄帝陵碑

的观点,以黄帝为《五帝本纪》之首,可以说是中华文明形成的一种标志"①。这也就是说,对于三皇五帝除在学术研究上存在争论外,广大人民群众数千年来就一直尊奉他们为祖先,祭祀不断。拙文仅对陕西桥山黄帝陵在诸陵文化中的崇高地位作以浅论,以与诸位先生和同仁进行交流。

一、陕西黄陵县以外的黄帝陵简述

人文初祖黄帝和传说的始祖三皇一样,故里、陵墓、祀庙等,也是多元的。"曾一度在全国很多地方,出现了众多的黄帝陵。如山东曲阜之说,河南新郑、灵宝之说、河北涿鹿之说,甘肃天水之说,山西大同之说,陕西宝鸡、子长之说,北京平谷之说"②。从见到之报刊、书籍等资料记载黄帝陵墓看,还不止这些。为了便于对比和行文方便,我们采取由远至近的方法予以简述。

1.黄帝葬于湖南湘阴县

黄帝葬于江南之说,是与其生在江南之说紧密相联系的,也是近些年由年轻的刘俊男教授提出的,只能说是"一家之言"。

作者在引用《史记·封禅书》所载黄帝之死的神话后说:"这关于黄帝死葬的神话,其乘龙升天之事不可信,但所影射之历史和所引之地名尚可考,黄帝之不葬陕西或河北桥山也很明了,因为只葬其'衣冠'而已。那么黄帝之尸体究竟葬何处? 这又是一个谜。"③接着他以《山海经》"中次"十一经、十二经考定二者为"荆山""洞庭山";将"荆山"之下的"鼎湖"考定为洞庭湖。他又引《历代帝王年表》及《山海经》"中次八经",将荆山附近的"骄山"考定为"桥山"。之后,作者引《帝王世纪》第二:"长沙汨罗有黄陵亭";《湖南通志》卷三十六:"湘阴县","县有地名黄陵,即二妃所葬";《湖南风物志》:其上有"有轩辕台,传为黄帝铸鼎的地方"。进而考证说:"陵当为天子之墓，名黄陵，当为黄帝之陵。也许黄帝与舜之二妃葬同一山上"；"今湖南（湘阴）黄陵附近有黄水，疑为古姬水。唐代胡曾诗道：'五月扁舟过洞庭，鱼龙吹浪水云腥。轩辕黄帝今何在？回首巴山芦叶青。'黄帝即位及死葬湖南无疑。"④

　　关于湖南湘阴县的"黄陵"问题，唐代韩愈《黄陵庙记》云："湘帝有庙曰黄陵，自前古立以祠尧之二女、舜之二妃者，庭有古碑断裂分散在地，其文剥缺。考《图经》荆州牧刘表景升所立，题曰'湘夫人碑'，今验其文乃晋太康九年（288），又题其额曰'虞舜二妃之碑'，非景升（刘表之字）立者。秦博士对始皇帝云，湘君者尧之二女舜妃也。刘向、郑玄亦皆以二妃为湘君。"清光绪《湘阴图志》载：自唐时又称为湘灵庙，清代时，祀二妃，仍曰湘妃庙，六月十四日致祭。这两种资料都说，湘阴县山上的"黄陵庙"是舜妃娥皇、女英之墓祠，未提到与黄帝有什么关系。湘阴黄陵是否为舜之二妃的葬地呢？我们就需要进一步研究。《帝王世纪》载：虞舜"有三妃，元妃娥皇无子，次妃女英生商均，次妃登北氏生二女霄明、烛光。有庶子八人，皆不肖"。宋代《路史发挥》云：舜之诸子散居各地，"其之巴陵（今湖南岳阳）者，登北氏，盖从之，故其墓在于巴陵，帝之三妃，不得皆后于帝死，育既葬陈仓（今陕西宝鸡），《汉志》陈仓有黄帝孙妻育冢。既黄（皇）、英各自有墓，则黄陵为登北之墓矣（注：世以湘阴黄陵为舜妃墓，而临桂县城十余里，有双女冢，高十余丈，周二里，亦妃之墓，俱谬。今江华太平乡有舜寺，湘阴有大小哀洲，《图经》以为哭舜而名，亦妄，特舜女也）。惟登北氏后徙巴陵，则其二女理应在焉，故得为湘（水）之神"。《路史发挥余论》载："岳之黄陵，癸北氏（即登北氏）之墓也，湘之二女，虞帝子也，历世以为尧女舜妃者，由秦博士之妄对始（《史记·秦始皇本纪》博士对始皇说湘山上二妃墓为娥皇女英）。癸北氏，虞帝之第三妃，而二者，癸北氏之出也，一曰霄明，一曰烛光，见诸《汲简》、皇甫氏之《世纪》《山海

经》言,洞庭之山,帝之二女居之者也,若《九歌》之湘君、湘夫人,则
又洞庭之神尔。而罗含、度尚之徒,遽断以尧之二女、舜之二妃,而
以黄陵为二妃之墓。郑玄、张华、郦道元辈,且谓大舜南巡,二妃从
征,溺死湘江,神游洞庭之山,而出入乎潇湘之浦。为是说者,徒见
《尧黄》有二女之文,即以为尧之女,而舜之妃,不复致考,厥妄甚
矣。"何光岳先生对此释曰:"君山二妃墓乃舜二女宵明、烛光之墓。
而癸北即登北,癸北氏葬黄陵山。"⑤宋代罗泌的《路史发挥》之说,
无疑是正确的,因帝舜的娥皇、女英二妃未赴江南,均葬在黄河流
域,故根本不可能葬在黄陵山。因此说,把湘阴县黄陵山说成是舜
帝二妃葬地、庙地是错误的,以"黄陵"而考定黄帝葬于此,更是牵
强附会之说。

2.山东曲阜黄帝陵

《史记·五帝本纪》张守节《正义》案:附宝"感而怀孕二十四月
生黄帝于寿丘。寿丘在鲁东门之北,今在兖州曲阜县(今山东曲阜
市)东北六里"。《广舆志》载:"轩辕寿陵在山东兖州曲阜县。"天顺
五年(1461)修《大明一统志·兖州府·陵墓》云:"轩辕寿陵在曲阜县
东北二里,相传黄帝轩辕氏葬此,本名寿丘。"

3.北京平谷区黄帝陵

北京市平谷区,汉代时属渔阳郡。《辞海》云:"渔阳,郡名。战
国燕置。秦汉治所在渔阳(今北京市密云县西南)。"平谷区的黄帝
陵之说,与涿鹿县有黄帝陵之说有些相似。从《汉书·地理志》《后
汉书·郡国志》到宋代的《太平寰宇记》,均未记载平谷有黄帝陵。
元末《析津志辑佚·古迹门》云:"轩辕台在京西,世传黄帝筑此台,
李白云:燕山雪花大如席,片片飞如轩辕台,即此也。"即平谷从唐
代已传有轩辕台。《大明一统志》卷一《顺天府山川门鱼子山》记
载:"鱼子山,在平谷县东北一十里,上有大冢,云轩辕黄帝陵也。
唐陈子昂诗:'北登蓟丘望,求古轩辕台,疑即谓此山'。山下有轩

辕庙，见存。"即唐代的平谷县不仅有轩辕台，而且还有轩辕庙。清代《日下旧闻考》卷一四二《平谷县卷》的记载，类同《大明一统志》，重提"鱼子山有黄陵"。北京志书的记载更为具体，如《长安客话》在引用《大明一统志》之载时，就去掉了陈子昂"疑即谓此山"一句，肯定了轩辕台就在鱼子山。孙承泽《春明梦余录》则在"鱼子山条"内加记曰："黄帝都冀，故其陵在冀境内。旧云在桥山，又云在宁州，非也。"

　　陈子昂是唐代武周朝的著明诗人，随武攸宜人幽州（治所在今北京城西南）征伐契丹，驻守幽州城。其时写的诗为《蓟丘览古赠卢居士藏用七首并序》《登蓟丘楼送贾兵曹入都》《登蓟州城西北楼送崔著作融入都》《登幽州台歌》等。《水经注》载："昔周武王封尧后于蓟，今城内西北隅有蓟丘，因丘以名邑也。"其具体地方有今白云观西、宣武门与广安门、石景山古城三说。陈子昂、李白的诗中皆写有轩辕台，当是隋唐时期才发现了这一遗迹。至明代又发现了轩辕庙，清代又发现了传说的轩辕陵，或者是以平谷有轩辕台、轩辕庙，而推理出有轩辕陵。再者，黄帝的裔支族曾有迁居平谷者，先民在此修台、修庙、修陵纪念黄帝也是自然之事，便何况清代提倡为先帝修庙修陵等，平谷或许在此时根据有台和庙，便又营修了陵墓。

4.河北涿鹿的黄帝陵

　　《汉书·刑法志》的"涿鹿之战"下，东汉末的学者文颖注曰：律历志云：黄帝与炎帝"战于阪泉。涿鹿在上谷，今见阪泉地、黄帝祠"。由此开始，涿鹿县才有"黄帝祠"之说。西晋皇甫谧《帝王世纪》云：涿鹿城是"黄帝所都，有蚩尤城、阪泉地、黄帝祠。"比汉代文献多了一个都城和"蚩尤城"。有祠有都，就又有了陵。唐代徐寅在游涿鹿东南桥山时，在诗句中有"谁开黄帝桥山冢，明月飞光出九泉"。清康熙、乾隆年间的《日下旧闻考》卷一四二《平谷县鱼子山》下,朱昆田补记引《读史析衷》云:"轩辕陵在桥山,载经所同,特桥山匪一,上郡、妫州是也。"以下记述汉武帝北巡时祭黄帝,北魏帝登涿鹿桥山之事。《中国名胜词典》云:"黄帝陵墓在甘肃、河北、河南等地都有。"刘文学先生等说:河北涿鹿桥山有黄帝陵⑥。实地调查得知,涿鹿县"今有一拱形石桥屹立桥山之巅,周围有黄帝庙遗址和积石冢群、古井、连体石臼等遗存,传说此处就是黄帝陵寝地。"⑦

此外,何光岳《炎黄源流史》云:"北魏文成帝东巡涿鹿,祠黄帝,祭桥山,观温泉,幸广宁县。今上谷东南二十里,即今河北怀来县也有黄帝陵。"⑧涿鹿县在唐代为妫州怀戎县,在北魏为广宁郡广宁县。因此,"今河北怀来县"的"黄帝陵",实为今涿鹿县黄帝陵之误。

5.黄帝陵在山西大同市

《大清一统志》记载:山西隰县城东三十里合桑村有三皇庙,后移城北街口。清乾隆三十六年(1771)《汾州府志》:"三皇庙,在汾阳县治西南。元(朝)元贞初命郡县通祀三皇。伏羲以勾芒配,神农以祝融配,黄帝以风后配,黄帝臣俞附以下十人姓名见于医书者,并从祀。有司于春秋二季行事,而以臣师主之。今府城东北三里许又有轩辕庙。"清康熙《黎城县志》载:"三皇山,在县西北三十里,山上有三皇庙,故名。"《大清一统志》载:"三皇庙,有三;一在临汾县古市场;一在襄陵县;一在洪洞县东十五里。"清乾隆四十一年(1776)《大同府志》载:"三皇庙,在南瓮城内,前代祀为医师,元(朝)元贞初,命郡县通祀三皇,太昊伏羲以勾芒配,炎帝神农以祝融配,轩辕黄帝以风后配,黄帝臣俞跗以下十人,姓名载于医书者,并从祀,有司于春秋二委行事,而以医师主之。邸人刘元,至元中塑上都三皇像极右粹,见《元史·工艺传》。"又载:大同府浑源县、灵丘县、定襄县,均有三皇庙。此外,太谷、浮山、翼城、闻喜等县,亦有三皇庙。这些"三皇庙"内塑立有黄帝像是事实,但均未记载有黄帝陵也是事实,不知兰草同志所说之"大同市的黄帝陵"出自何处。山西襄汾东南中有桥山,但无黄帝陵之载。近年山西曲沃县曾准备召开关于黄帝故里学术讨论会,陵墓是否因故里而引出,未去调查。

6.河南省的黄帝陵

河南地区传说的黄帝陵有今新郑市、尉氏县、灵宝市等三处。因为灵宝有铜山、铸鼎塬,塬上有以"三神鼎"为标志的祖庙,塬之顶部升仙阁北有封土冢丘,传为黄帝的靴或衣冠冢,所以有的学者推断铸鼎塬是涿鹿之战后,黄帝大一统天下的首都。有的学者认为铸鼎塬不仅是"祭祀文化的发祥地,而且也是祭祀文化的中心地。祭祀文化就是礼仪文化",塬上的"黄帝庙当为中华第一庙"⑨。又说:"史书记载黄帝是在荆山之下铸鼎,鼎成之后劳疾而死,他的死葬地最有可能是在河南灵宝,而不可能是他地。""唐《轩辕黄帝铸鼎碑铭》曰:'仙帝守一气衍三坟。'今《中国名胜词典》说:'黄帝陵墓在甘肃、河北、河南等地都有。'黄帝一身三坟在唐以前已存在,河南灵宝,史书虽也记述是衣冠几杖或靴冢,那是为了附会黄帝乘龙升天之说,其实它应该是本冢,而他地当为衍冢。因此,我们说河南灵宝的黄帝陵为中华第一陵。"⑩

7.黄帝陵在甘肃庆阳市正宁县

正宁县属于庆阳市,战国为义渠戎王地,秦昭王灭义渠,设立北地郡。《辞海》云:"北地,郡名。战国秦置,治所在义渠(今甘肃宁县西北),西汉移治马岭(今甘肃庆阳西北),东汉移治富平(今宁夏吴忠西南)。"东汉末年,北地郡为羌所占领,治所移至今陕西铜川市耀州区,辖地缩小。三国魏至晋代亦然。西汉在北地郡内置的泥阳县,即今正宁县,未见文献记载北地郡有黄帝陵和桥山者。东晋与三国魏、魏国末始有记载。北魏帝自称是黄帝后裔,重视黄帝遗迹,设郡时注意这方面的事情。魏收著《魏书·地形志》曰:豳州(治所在定安,即今甘肃宁县)"赵设郡,真君二年(441)置。领县五。阳周:前汉属上郡(治所在今陕西榆林市西南),后汉、晋罢,后复属。有桥山、黄帝冢、泥阳城、高平城、秋水"。此载说"阳周,前汉属上郡"是对的,问题是"后复属"以下之说的一些山名、县名等,均南移到了北地郡。从此,在泥阳县便有了桥山和黄帝陵。

　　王北辰教授释和考证:"北魏赵兴郡阳周县地,原是汉代北地郡泥阳县地,并不是汉上郡的阳周县地;也就是说,北魏的赵兴郡阳周县,设在了汉北地郡泥阳县之地,而县名则是移用了汉上郡阳周县的名称。这个问题,在《中国历史地图集》第二册,西汉和东汉的凉州刺史部图幅上,是一目了然的。汉上郡阳周在今陕西靖边县境,属于马莲河流域;而汉北地郡泥阳则在今甘肃庆阳地区正宁县境,属于马莲河流域,两地相去甚远。县名虽然可以移用,但原县境内的古迹却是决移不来的;也即是说,绝不可把汉上郡阳周县的古迹,移记到汉北地郡泥阳这片地方来。而《魏书·地形志》的作者魏收,就恰恰犯了这样的错误,他只看县名不查地理,竟然把远在汉上郡阳周的桥山、黄陵,移记到北魏赵兴郡的阳周条下来,以致铸成了移花接木、张冠李戴的错误。《魏书·地形志》是第一篇把桥山黄陵记在今甘肃正宁县的正史地理志;从那以后,地理书和地方志书,才把甘肃正宁县内也记有桥山黄陵,即所谓之'宁州桥陵'。《魏书·地形志》的这一条记载,错误严重,它对后世的影响也是严重的。"[11]这也就是说,今甘肃正宁县根本没有黄帝陵。甘肃天水市的黄帝陵之说,是由黄帝故里在清水县引出的,不多叙。

8.陕西黄陵县以外的黄帝陵

　　陕西北部是黄土高原的一部分,因而将高峻土岭称"桥山"者不止一处。今黄陵县以外的传说黄帝陵,有三个在今榆林市,一个在延安市子长县。

　　(1)榆林市靖边县的黄帝陵

　　《汉书·武帝纪》云:"祠黄帝于桥山。"应邵注:"在上郡阳周县有黄帝冢。"曹魏时期人王象、缪袭之《皇览》曰:"黄帝冢在上郡桥山。"晋代皇甫谧《帝王世纪》云:"黄帝葬于上郡阳周桥山。"《辞海》云:"上郡,郡名,战国魏文侯置。秦代治所在肤施(战国魏置,县城在今榆林东南),汉辖境约当今陕西北部及内蒙古乌审旗等。建安二十年(215)废。"因上郡包括了今榆林、延安市地区,秦朝时又将郡所移至今榆林东南,故在阳周县境内就传说有几处黄帝陵,靖边县就是其中之一。白至德考证:"今陕北地区是黄帝集团发展的重要地区。相传黄帝死葬桥山,在汉代上郡阳周县。汉阳周县今地为陕北靖边县东南,此处距今黄陵县桥山有数百里。"⑫

　　(2)榆林市绥德县的黄帝陵

　　榆林市的东南部是绥德县,位于无定河下游。境内有无定河的支流大理河、淮宁河、义水河等。绥德县设立和称谓始于西魏,与古阳周发生联系,似应在唐代。秦公子扶苏监军时和蒙恬在一起,二世赐他们死亦应在一起(阳周县)。《元和郡县图志》记载:"扶苏墓,在(安定)县西北十八里,始皇太子也,监蒙恬筑长城。始皇崩,李斯矫诏赐死,葬于此。"唐代诗人胡曾的《杀子谷诗》曰:"举国贤良尽泪垂,扶苏屈死戍边时。至今谷口泉呜咽,犹似当年恨李斯。"诗中的"谷口",指的是桥门谷口,王北辰教授考证是今靖边县的芦河谷口,唐代人认为"扶苏墓在安定县(今陕西子长县)西北十八里",二者的地望不同。宋代《太平寰宇记》卷三八《绥州废龙泉县》记载:"长城,一在州西十五里大力川,一在州北二十五里无定河,并是蒙恬所筑之遗迹。"大力川即今大理川,《中国历史地图集》只在今淮宁河、无定河沿岸标出了秦长城,在大理川上游未标。清乾隆元年(1736)《甘肃统志》卷二二《古迹门阳周故城》记载:"《水经注》,古阳周在走马水北,应在今延安府安定县(今子长县)北界。"《嘉庆重修一统志》等均把汉阳周县考定在今绥德和子长县淮宁河上游的北岸、大理河上游的南岸。扶苏墓（长30、宽6米、高8米）又在今绥德县城内疏属山的峰巅，冢前立有石碑，上刻"秦长子扶苏墓"6个大字。故清代张驹贤《元和郡县图志》考证："阳周，汉属上郡，其故城宜在大斌县境。"大斌县即今绥德县。既然明清学者将阳周县定在今绥德县，那么桥山、黄帝冢等遗迹自然也就在这一地区了。此外，还有学者认为古阳周县在今子洲县的，因而黄帝陵在此。

（3）黄帝陵在今延安市子长县

《汉书·地理志》《水经注》对汉上郡阳周县、桥山等的地望说明，因明清时期因对具体水名、长城等的判定不同，故发生了阳周在今绥德、子长县的不同论述。子长县位于今延安市北部，与榆林相邻，因其涧峪岔河是无定河支流怀宁河的上游，故明清学者遂有将其与汉之阳周县相比附者。清乾隆《甘肃统志》记载上已述。乾隆四十一年（1176）毕沅著《关中胜迹图志·鄜州古迹门》记载："今按，汉阳周故城，在安定县（今子长县）北，其地有淮宁河即走马水，出高柏山亦即桥山，与班（固）、郦（道元）所述为合。"《嘉庆重修一统志·甘肃庆阳府古迹门》记载："据《水经注》，古阳周在走马水北，应在今陕西延安府安定县北界"，"桥山、黄帝陵皆当据《水经注》改入延安府。"之后钻岵《新斛注地理志》，吴卓信《汉书地理志补注》、郦道元《水经注》及熊会贞疏等，皆依此说。《中国历史地图集》循此说，将今陕西绥德、子长两县境内的淮宁河标为走马水，把汉上郡阳周县标在淮宁河上游之北、大理河上游之南，即子长县西北；在无定河、淮宁河下游的西岸标出了秦长城，以符合《水经注》之说。不言而喻，桥山、黄帝冢也就归入了子长县境内，宝鸡黄陵，是以故里在而言的。

以上我们对湖南、山东、北京、河北、山西、河南、甘肃相传的九处轩辕黄帝陵,以及陕西黄陵县以外的五处黄帝陵作了简述。这15处黄帝陵遗址,以山东曲阜、北京平谷、河北涿鹿、河南灵宝等处影响较大。这种多陵墓、多庙宇的历史文化,是古史传说人物的普遍现象,也是世代中华儿女对"初祖"黄帝无限崇敬仰和怀念的反映。

二、陕西桥山黄帝陵文化的崇高地位

黄帝同其前之三皇中的炎帝一样,以带领氏族部落先民从事农耕、手工业生产、创造发明,推动原始社会发展,而受到先民和后世人的崇奉。除在学术研究上还有人说是"神话人物"外,华夏儿女自古就以"炎黄子孙"而自豪了。学界也认同和肯定"黄帝是推动中华文明发展的实实在在的历史人物"⑬进而又说:"黄帝是中华民族的'人文始祖',黄帝时代开始迈进文明的门槛,中国文化后来的许多方面都可以追溯到黄帝。因此,完全可以说,黄帝时代是中国文化的源头。"⑭从目前已知16(前15处加黄陵县1处)处传说的黄帝陵看,形成时代有先有后,祭祀年代有长有短,规格有高有低之分。全面观察和综合对比,陕西桥山(今黄陵县)黄帝陵的历史最为悠久和丰富,已成为古今中华民族祭祀祖先黄帝的神圣之地,也是中华民族坚强不屈、团结创新、奋勇前进精神的凝聚之魂。我们拟从以下几个方面,对中华民族之魂轩辕黄帝陵予以探讨和论述。

1.黄陵县历史沿革与桥陵

桥陵以冢在桥山而名,桥山则以地势高和河流绕山而得。《太平寰宇记·关西·坊州·中部县》载:"桥山,《山海经》云:蒲谷水源其山下,水流通,故谓桥山。"清代顾祖禹《读史方舆纪要·陕西·延安府》载:"沮水至县北,穿山而过,因以桥名。"又曰:"中部县桥山,在县治北,亦曰子午山,亦曰子午岭,自庆阳府(今属甘肃)绵亘于延安西境,其南麓跨于县界","相传黄帝葬衣冠于此。"清代陕西巡抚毕沅正式题"古轩辕黄帝桥陵",立碑于此。1942 年,为与陕西蒲城县丰山之唐睿宗"桥陵"相区别,故又恢复历史悠久、影响广远的"黄帝陵"之名号。1944 年,专设黄陵县,县城在黄帝陵南一公里处。新中国建立后,黄陵县属于延安地区。

黄帝陵北离延安 162 公里,南距西安 165 公里,1961 年国务院将黄帝陵公布为全国重点文物保护单位,古墓葬编为第一号,依此世称"天下第一陵"。

2.黄陵县桥山黄帝陵的庙宇修建得较早

黄帝时代,大多认为相当于考古学说的龙山文化初期,距今约五千多年。《史记·五帝本纪》"黄帝崩,葬桥山"下《集解》皇甫谧曰:"在位百年而崩,年百一十一岁。"时由灵魂观念中产生的鬼魂观念已普遍存在:"大凡生于天地者曰命,其万物死曰折,人死曰鬼。"(《礼记·祭法》)埋葬亲人的习俗,文献记载早而明确者,也是黄帝时代。《史记·五帝本纪》载:黄帝"顺天地之纪,幽明之占,死生之说,存亡之难"。《索隐》:"存亡犹安危也。《易》曰'危者安其痊,亡者保其存'是也。"《正义》:"屋宇,制衣服,营殡葬,万民故免存亡之难。"比之上古"盖上世尝有不葬其亲者,其亲死,则举而委之于壑"(《孟子·滕文公》),要进步、文明得多。"殡葬",系埋葬,非"修陵"。考古材料证明,陵的营修是战国初年才兴起的。

战国以前黄帝墓、纪念庙有无地方可寻呢? 我们认为当在陕西桥山黄帝陵处探寻。王国维《今本竹书纪年疏证》卷上载:黄帝"一百年,地裂。《开元占经》四引《尚书》说'黄帝将亡则地裂'。帝陟。《戴记·五帝德》:'黄帝生而人得其利百年。'《史记·五帝本纪》《集解》《类聚》十一、《御览》七十九引《帝王世纪》:'黄帝在位百年而崩。'帝王之崩皆曰陟,《韩昌黎集·黄陵庙碑》引《纪年》'帝王之

崩曰陟,不云出注中',《书》称'新陟王'谓新崩也。帝以土德王应
地裂而陟。葬,群臣有左彻者感恩帝德,取衣冠几杖而庙飨之,诸
侯大夫岁时朝焉。《御览》七十九引《抱朴子》:'汲郡冢中《竹书》
言:黄帝既仙去,其臣有左彻者,削木为黄帝之像,帅诸侯朝奉之。
故司空张茂先撰《博物志》亦云:黄帝仙去,其臣思恋罔极,或刻木
立像而朝之,或取其衣冠而葬之,或立庙而四时祀之'"。"上注即
本此"⑮。可见约在5000多年前黄帝病逝后,就埋葬于地下(不久
墓裂,人已升天成仙,留下衣冠或靴帽等物),修庙纪念。《史记·五
帝本纪》正义引《列仙传》云:"轩辕自择亡日与群臣辞。还葬桥山,
山崩,棺空,唯有剑舄在棺焉。"《史记·孝武本纪》则载:黄帝骑龙飞
上天时,百姓拉住不让走,"坠黄帝之弓",埋称"乌号"的弓于墓中,
这个桥山,人们认为是在今黄陵县,不可能在他地;还认为葬地附
近的庙,经历过时废时修的岁月。"早在春秋战国时代,祭祀黄帝
陵庙的活动就开始了。黄帝陵园最早建于秦代。据《吕氏春秋·安
葬篇》《七国考》《山海经》等古籍记载:'墓设陵园'在秦代开始形成
一种制度。秦统一中国后,又规定天子的坟墓一律称作'陵',一般
庶民坟都称作'墓'。汉代又规定天子陵旁必设'庙'。刘邦建立大
汉后,汉朝初期就在桥山西麓修建了'轩辕庙'。"⑯

3.皇帝祭祀黄帝陵最早

汉高祖(前206—前195)营建了桥山黄帝陵祀庙,至汉武帝时,
欲封禅和成仙而亲祭黄帝陵。《史记·孝武本纪》载:"其来年(前
110)冬上议曰:'古者先振兵泽(古释字)旅,然后封禅。'乃逐北巡
朔方(今内蒙古杭锦旗),勒兵十余万,还祭黄帝冢桥山,泽兵须如。
上曰:'吾闻黄帝不死,今有冢,何也?'或对曰:"黄帝已仙上天,群
臣葬其衣冠。"《孝武本纪》又载:公孙卿向武帝奏曰:"黄帝采首山
(在今山西永济)铜,铸鼎于荆山(今富平南及西安市阎良区一带)
下。鼎既成,有龙垂胡须下迎黄帝。黄帝上骑,群臣后宫从上龙七

十余人,龙乃上去。余小臣不得上,乃悉持龙须、龙须拔,堕黄帝之弓与龙胡须号(哭),故后世因名其处曰鼎湖,其弓曰乌号。"于是天子曰:"嗟乎! 吾诚得如黄帝,吾视去妻子如脱履(鞋)耳。"遂授公孙卿为郎官。《史记·封禅书》的记载与此相同。《汉书·王莽传》载:地皇元年(20),诏令拆长安城西苑建筑"凡十余所,取其材瓦,以起九庙"。其中"黄帝太初祖庙,东西南北各四十丈,高十七丈。余庙半之。"其方位在汉都长安城南郊。《黄陵县志》据《王莽传》也明确地说黄帝轩辕庙始建于汉代。从前述可知,建庙甚早,汉高祖重建,王莽在都城长安大修庙宇时,当是重修了黄帝陵园祀庙。

4.黄帝陵和庙不断得到重视和维护

汉武帝亲祭黄帝陵后,历朝历代均不断维护陵墓,尤其是唐宋以后,陵冢日渐扩大;登陵的神道也不断得到维修(长195米);神道由下而上至尽头,是走向陵冢的平坦大道(长260米)。《中部县志》云:汉武仙台"峙黄陵左侧,高出林表,汉武巡朔方,还,祭黄帝,筑台祈仙"。陵冢位于桥山顶部正中,坐北面南,高3.6米,周长48米,面积约200平方米。陵前除立"桥山龙驭"石碑外,还建有享殿(又称祭亭)和龙御阁。

汉朝修的轩辕庙(在桥山西麓),历魏晋南北朝的战乱,至唐朝建立(618)时已荡然无存。至唐代宗大历五年(770),"鄜(州治所在今陕西富县)坊(州治所在中部县,即今黄陵县)节度使臧希让上言,坊州有轩辕黄帝陵,请置庙,四时享祭,列于祀典,从之"(《册府元龟》)。宋太祖开宝五年(972)下诏修功德庙,言"坊州黄帝庙,即其一也"。于是在更开阔的桥山东麓(保生宫,传说的黄帝手植柏处)迁修了新的轩辕庙(面积扩大)、庙院、山门、过庭(今诚心殿)和大殿。元朝泰定二年(1325),针对宝生宫火灾事故,下诏书加强保护庙宇,禁止砍伐柏树,设专人保护。至正元年(1341),惠宗又下诏修复了轩辕庙西院的保生宫。明朝曾于洪武三年(1370)、天启元年(1621)、崇祯九年(1636),分别对轩辕庙进行了整修。清朝历代对轩辕庙的维护或整修,多达十多次,以乾隆二十六年(1761)的整修规模最大。中华民国二十八年(1939),对黄帝陵庙进行了一次大整修、大清理,庙产地为12亩。新中国建立后,尤其是改革开放后,党和国家领导人对黄帝陵予以了高度重视,江泽民主席于1993年题写了"中华文化,源远流长"。从此,在国家投资和海内外华人捐助下,对黄帝陵进行了全面、科学的规划和整修,赢得了海内外华人的颂扬和崇敬。

5.祭祀黄帝陵以加强民族团结

黄帝是人文初祖,处在约5000多年前的父系氏族社会初期,以丰功伟绩备受先民爱戴。他去世后,先民以当时的各种形式予以祭祀(神庙或祭坛)。历颛顼、帝喾、尧、舜至三代,黄帝已成为中国优秀传统文化和文明之祖。周公旦制定的礼乐制度,至春秋时期已成道德规范。"国之大事,在祀与戎"(《左传·成公十三年》)。"夫祀,国之大节也,而节,政之所成也,故慎制祀以为国典"(《国语·鲁语上》)。战国、秦朝时期亦然。

汉武帝祭祀黄帝陵,主要用意是欲学黄帝成仙升天,也含有向北匈奴示威之义。王莽重修黄帝陵和修庙,是为自己登上皇位做舆论准备。东汉、三国、魏晋南北朝及隋代,虽然未见史载祭黄帝陵,但在庙内祭黄帝是没有中断的。唐代宗准予将坊州(今陕西黄陵)重建的黄帝庙和原陵祭祀列入国祭,目的也是团结国人,恢复经济。宋太祖下诏重点整修坊州黄帝陵之庙,并规定朝廷三年一祭黄帝陵庙,是为了团结国人,稳定政权。元朝袭宋制,朝廷三年祭黄帝陵庙。明、清大一统,对中部县(今黄陵县)黄帝陵和庙的祭祀尤为隆重,皇帝写祭文,派官员亲祭祀。中华民国继承传统,对中部县黄帝陵祭祀不断。尤其是1937年抗日战争爆发,国共两党再次合作达成,遂共同祭祀黄帝陵,唤起民众共同奋起抗日。毛泽东主席亲自写了祭文。新中国建立后,尤其是改革开放后,陕西黄帝陵在 20 世纪 90 年代初,经国家主席江泽民、国务院总理李鹏等题辞后,每年清明节的祭陵大典,已成为中国人民和海外华侨寻根拜祖的神圣节日。

6. 轩辕黄帝庙的碑刻无与伦比

陕西桥山黄帝陵轩辕庙碑石之多,也是其他陵庙所不能比拟的。依朝代为:宋太祖开宝五年(972),刻立了《黄帝庙碑序》;宋仁宗嘉祐六年(1061)正月二十八日,刻立了《圣旨碑》。元泰定帝字儿也孙铁木耳泰定二年(1325),刻立了《圣旨碑》。明世宗嘉靖四十二年(1563),刻立了《黄帝庙除免税粮记》;明神宗万历元年(1573),刻立了《御制祝文碑》;明嘉宗天启元年(1636),刻立了《轩辕黄帝庙重修记》。清康熙六年(1667)刻立的《重修轩辕黄帝庙碑》《重修轩辕黄帝庙募缘序》碑;雍正十三年(1735)刻立的《轩辕皇帝重修庙碑》;乾隆二十六年(1761)刻立的《重建轩辕庙记》;道光二十年(1840)刻立的《道光庚子夏五承修轩辕黄帝庙工告成纪诗碑》。中华民国年间刻立有《修筑桥山陵路碑记》(1934),《重修黄帝陵庙碑记》(1940),《黄帝庙地亩碑记》(1940),《黄帝陵碑记》(1944)。中国共产党领导人及中华人民共和国刻立的石碑有:毛泽东主席于 1937 年手书祭黄帝文稿。《重修轩辕黄帝庙记》(1963)。江泽民主席题辞(1993),《香港回归纪念碑铭》(1997 年 7 月 1 日)。澳门回归纪念碑文(2000 年 2 月 25 日)。这些碑刻记述了历代政府或官员恭祭黄帝陵的事实,也见证了历代保护、维修、扩建黄帝陵庙院的情况。

7. 考古材料对人文初祖黄帝的佐证

根据多数史学、考古学专家的意见,认为黄帝时代处于仰韶文化末与龙山文化初期,是父系社会的部落长、华夏族团首领。陕西地区不仅前仰韶、仰韶文化丰富多彩,而且在今西安市长安区客省庄,武功县赵家来,临潼区相桥乡康家、姜寨,华县梓里,华阴市横阵等地,均发现了龙山文化遗址和文物。陕北地区的龙山文化,可以神木县高家堡乡石峁村氏族聚落为代表。"陕西的赵家来父系氏族公社和康家氏族聚落文化,已呈现出由原始氏族制解体的迹象,国家正在孕育着文明时代即将到来"⑰。这也是对黄帝称为"人文初祖"的可靠佐证。黄帝陵周围发现或发掘的四五十处遗址和文物,虽然都是仰韶文化后期的,但也可以说明"黄陵县等地区是远古人类活动的一个重要地区。在黄帝时代,这里已经出现了文明曙光,这为黄帝的'人文初祖'地位,提供了具体的考古背景证据"⑱。

三、高举公祭黄帝陵旗帜奋勇前进

我们研究黄帝陵,不是争高低,而是要正确对待古史传说人物,科学寻找中华优秀文化根脉,凝聚民族力量,为加快实现中华民族伟大复兴的中国梦而奋斗!为此,我们认为还应注意或重视以下几个问题。

1.轩辕黄帝陵墓为何会多元化

黄帝多陵墓(冢)的形成,主要原因有:一是没有文字记载时期的黄帝,在先民口耳相传中就有多种说法,形象也不相同,有普通人的模样,又有神仙的风骨;二是作为人及氏族首领的黄帝多次迁徙,形成多处部落邑城,由邑城引出了葬地;三是黄帝氏族部落首领不论传几代,都号称黄帝,形成多处葬地;四是黄帝贡献大,威望高,去世后,人们在各地进行祭祀。晋代郭璞(276—324)在其《山海经》注里说:"帝王冢墓皆在是处,而山(海)经往往复见,盖圣人久于其位,仁化广及,绝域殊俗之人各自立而祭,起土为冢,是以所在有矣。"这虽然说的是战国初始在墓上堆土为冢(陵)之事,但也适用战国以前人们设纪念黄帝之墓(葬入地下)、战国起为黄帝修陵(墓上堆土为冢)之俗;五是古代黄帝葬地(墓)或陵冢处地域较广,历朝历代行政区划的变动,尤其是与今日之乡、镇相对照,争执较多。当然,在漫长的历史长河中,也有错记者。从三皇五帝的故里和陵墓地域看,后世说的"落叶归根"观念还未形成,因而认为有黄帝故里就有陵,或有陵就有故里,都是不太符合那时候之实际的。

2.古今文化认同和信仰的黄帝陵在陕西黄陵县

在众说纷纭、神人糅合层层迷雾中,经过近百年来的研究,学者们对"黄帝是人"取得了"共识",也认同了"黄帝文化"。我们认为中华民族的祖先黄帝,是一个具有开拓性的伟人,又是一个充满智慧和包容各部族的古帝,更是一个奠定中华民族"多元一体"格局的部落联盟首领。作为"人帝"的黄帝,他的传说陵墓也只能按传统习俗认同一个。

目前在黄帝故里、邑城、陵墓的研究中,一般是以较早文献记载、黄帝的活动、传说遗迹、考古文化、民间传说等五个方面考证的。关于黄帝陵的争论和研究,从唐代就开始了。唐代《轩辕黄帝铸鼎碑》曰:"黄帝守一气衍三坟。"实际唐代已多于"三坟"。有的学者说:"关于黄帝陵,全国也有几处:最知名的当是陕西省黄陵县的黄帝陵,其次是河南灵宝的黄帝陵,再次是河北涿鹿桥山黄帝陵和河南新郑黄帝坟等。这几处黄帝陵,除灵宝的黄帝陵外,都是纪念性陵墓。例如陕西黄帝陵,历代文献、《明一统志》、历代《陕西通志》等都说是衣冠冢。后世之所以认同它,是由许多原因造成的。其实它不过是一个象征,是一种约定俗成而已。"[19]实际上,河南灵宝也是传说的黄帝陵。何炳武《黄帝陵的历史与现状》说:"随着时间的推移,历史的变革,关于黄帝的葬地产生了多种不同的说法,除陕西说之外还以下四种说法:河北说、山东说、河南说、甘肃说。对此,有关专家学者结合历史文献学、考古学、民族学、文化人类学、民俗学等多学简报研究方法,多方论证了黄帝陵就在今陕西省黄陵县的桥山。陕西黄帝陵'天下第一陵'的地位不可动摇。"⑳王北辰先生云："在黄陵问题上,笔者和前人一样,尊重历史传统,尊重现在的黄陵。不论它是否为阳周桥山上的故址,但至少从唐代以来就已受到历朝的祭祀,受到人民的敬仰,一千几百年来,在人民的心目中,它已是中华民族寻根的象征、团结的象征、统一的象征。"㉑我们学术界人士也应当持这种认识和态度,和海内外华人一起珍视和爱护2100多年来的祭典圣地——陕西桥山黄帝陵。

3.对陕西桥山以外的黄帝陵也要尊重当地人民愿望

从前述已知,古今形成的黄帝陵,除公认的陕西桥山黄帝陵外,还有15处。对于这些历史长短、根据多少不一的黄帝陵,只要当地人民热情纪念、政府或企业家愿意投资,对当地经济、文化发展有利,我们都应予欢迎和支持。正如有的学者所说:"华夏大地共有五处桥山,除了雍州桥山外,还有冀州桥山,河南鼎山,山东寿丘等都建有黄帝陵。"㉒又说:"这就又引起了关于黄帝陵在何处的争论。其实,这种争论是不必要的。因为黄帝陵无论在何处,这座陵已经超出了狭隘的地方观念,成为中华民族的共同的精神和信仰的支柱之一了"㉓罗琨《炎黄、黄炎与黄帝陵》曰:"黄帝虽然只有一个,但他是中华民族的先祖,黄帝发祥地的人民要纪念他;从发祥地迁出的裔族子孙也要纪念他;就是没有直接血缘关系的中华儿女,也要纪念他为中华文明奠基的功绩。古帝王祭祀皇帝是修建宏伟的庙堂,人民的纪念则更多地把共祖的看象征寄托于大自然的创造化育,利用生息之地的山山水水,把中华民族形成的事实,一代代传下去。"㉔有的学者又认为:由多处"黄帝庙宇"引起"黄帝陵在何处的争论","我们可以认为这些争论只是表现了后人对于黄帝的崇敬和敬仰"㉕。这些论述从不同角度、不同方面说明了黄帝是功德无量的祖先,文明的开创者,多陵墓、多祠庙正是中华儿女敬奉、缅怀祖先的真实写照和反映。同时,还说明自古陵与祀庙是紧密相连的,不存在什么"祭庙不祭陵"之说。

4.黄帝陵是古今中华民族团结奋进的旗帜

轩辕黄帝是中华民族和优秀中华文化的初祖,五千多年来不断受到人民的祭祀和怀念。不论是盛世,还是衰世,官府或民间都祭祀陕西桥山黄帝陵不断;黄帝陵已成为中华民族团结奋进的鲜艳旗帜。习近平总书记在 2015 年春节前夕在陕西视察时指出:"黄帝陵是中华文明的标识。"这是对黄帝陵历史地位的高度肯定和评价,也是对人文初祖黄帝功德的颂扬。陕西人民将和全国人民一道,深入学习、领会习总书记的重要指示,为实现中华民族伟大复兴的中国梦而努力奋斗!

注释:

①李学勤:《走出疑古时代》(修订本),沈阳:辽宁大学出版社,1997 年 12 月第 2 版,第 41 页。

②兰草:《黄帝·黄帝陵》,西安:陕西人民出版社,1994 年 7 月第 1 版,第 87—93 页。

③刘俊男:《华夏上古史研究》,长春:延边大学出版社,2005 年 6 月第 1 版,第 74 页。

④刘俊男:《华夏上古史研究》,长春:延边大学出版社,2005 年 6 月第 1 版,第 75 页。

⑤何光岳:《东夷源流史》,南昌:江西教育出版社,1990 年 8 月第 1 版,第 186 页。

⑥刘文学、王金岭:《黄帝族起源与铸鼎原礼仪和中心》,《历史文化研究》(内刊),2000 年第 4 期。

⑦《王北辰历史地理论文集》,北京:学苑出版社,2007 年 7 月第 1 版,第 289 页。

⑧何光岳:《炎黄源流史》,南昌:江西教育出版社,1992 年 4 月第 1 版,第 622 页。

⑨⑩刘文学、王金岭:《黄帝族起源与铸鼎原礼仪中心》,《历史文化研究》(内刊),2000 年第 4 期。

⑪《王北辰历史地理论文集》,北京:学苑出版社,2000年7月第1版,第280页。

⑫白至德:《白寿彝史学二十讲:远古时代》,北京:中国友谊出版社,2010年10月第1版,第172页。

⑬陕西省志·陕西省地方志编纂委员会编(75卷)《黄帝陵志》,西安:陕西人民出版社,2005年3月第1版,第525页。

⑭陕西省志·陕西省地方志编纂委员会编(75卷)《黄帝陵志》,西安:陕西人民出版社,2005年3月第1版,第61页。

⑮⑯李民等:《古本竹书纪年释译》,郑州:中州古迹出版社,1990年11月第1版,第218页。

⑰石兴邦主编《陕西通史·原始社会卷》,西安:陕西师范大学出版社,1997年3月第1版,第28页。

⑱陕西地方志编纂委员会:《陕西省志·黄帝陵志》,西安:陕西人民出版社,2005年3月第1版,第76—77页。

⑲刘文学等:《黄帝族起源与铸鼎原礼仪中心》,《历史文化研究》(内刊),2000年第4期。

⑳何炳武、吴敏霞、秦开凤:《黄帝陵的历史与现状》,载王俊义主编:《炎黄文化研究》第四辑,郑州:大象出版社,2006年7月第1版,第16页。

㉑《王北辰历史地理论文集》,北京:北京学苑出版社,2000年7月第1版,第278页。

㉒㉓晓明、竟无:《帝王阴阳宅之迹》,北京:燕山出版社,1995年10月第1版,第12页(秋之风兮,可以解吾民忧。秋之风兮,可以慰吾民苦。系黄帝游因名山时唱的歌)。

㉔罗琨:《炎黄、黄炎与黄帝陵》,《炎黄研究》2003年第1期。

㉕诸葛文:《迷踪帝陵》,武汉:武汉出版社,2011年3月第1版,第56页。

2016年5月10日

后　记

　　在欢欣鼓舞的日子里，我怀着兴奋、喜悦的心情，在简陋斗室内修订、整理了30多年来所写的关于中华文明探源文章，感慨万千！一是正逢全党全国人民在以习近平同志为核心的党中央坚强领导下，为早日实现中华民族伟大复兴的中国梦而努力奋斗的喜人形势，作为一个70多岁的民主人士、老史学工作者，终于在全国人民齐心奋斗的岁月中，将激励中国和世界华人齐心奋斗的拙作奉献于世了！二是我以全部心血所写探讨中国文明起源、讴歌中华民族5000多年奋斗历程的论文集，必将为提高和鼓舞海内外华人（即炎黄子孙），为祖国和世界人民贡献更大的智慧和力量的热情！三是面对"成果"，自己会更加坚定信念、发挥余热，在有生之年进一步刻苦钻研，为国为民再写出新的著作。

　　我们伟大的祖国，有着悠久、辉煌的历史。从人类进化论而言，先民口耳相传之有名有姓、有氏族或部落遗存的"上古史人物"史，即中华有代表人物的"文明起源史"（1万年至5000余年），与今之拥有13亿多人口的伟大民族一脉相承之炎黄精神，将在今日建设中国社会主义小康社会、健全和完善民族和谐大家园，以及全世界民族和谐发展中，继续发挥其促进凝聚、和谐、繁荣的作用。这也就是海峡两岸、世界诸国约18亿多华人，共同尊奉"炎黄"为祖先的根本道理和原因，更是高举和发扬"炎黄"精神，加快建设社会主义小康社会、实现中华民族伟大复兴梦的动力和源泉。

　　勿庸讳言，对于史前约五六十位人物中的典型代表"三皇""五帝"究竟有与否，是人还是神，自古以来在学术研究上（民间流传故事则大都认为不仅有其人,而且有造福于人类的事迹),存在着"有"与"否"的两种观点。但总的认识是,对于史前人物(亦称古史传说时代人物),不能全盘肯定,也不能完全否定,上古传说故事中存在着"历史的素地"。权威人士的态度和提出的原则无疑是正确的,也是无可非议的,但实践起来的确是难度很大。拙作所选文章体现了我的研究历程,不同时段的认识仍保留原样,以便于读者了解我学习历程中的渐进状况。我总的认识和观点是:从旧石器时代晚期,原始宗教已产生和逐渐形成,人们的思维能力已达到能颂扬、传承对先民有贡献的首领(含氏族、部落及部族首领)的程度,故从中华始祖母华胥起,至夏王禹以前的传说人物是可信的。学术泰斗、先秦史学家李学勤先生在讲中国文明起源时,已公开讲到伏羲氏、炎帝等,而至黄帝时,已形成社会文明。学术泰斗、历史学家张岂之先生主编《中国历史》之《先秦卷》(刘宝才等主编)也讲到,有巢、燧人、神农氏代表或反映了原始社会的采集、渔猎、农业三个阶段。至于有学者说史前人物中具有代表性的"三皇""五帝"是"时代符号",我认为是含糊不确的。若根本就没有燧人氏、伏羲氏(或女娲氏)、神农氏(或炎帝神农氏),怎么会有燧人时代? 伏羲与女娲时代? 炎帝神农氏时代? 我还赞同先秦史学家田继周先生《先秦民族史》所说:燧人氏、伏羲氏、神农氏所反映的时代为新石器阶段之说,也赞同其"三个首领"是出自后称的"华夏族团"之说。

　　拙著原拟定 2013 年出版,书名为《三皇五帝论集》,分上中下三册出版。后因要重新修订出版旧作《周兴亡史》《秦兴亡史》《西汉兴亡史》《东汉兴亡史》《唐兴亡史》(约 300 余万字),任务紧急而繁重,故将此著的出版拖延了下来。2015 年 7 月,五部六本的学术著作正式发行后,才又准备出版此书。但因已失去 2013 年出版的机会,只好另等待时机。

　　古语有"枯木逢春""喜从天降"。6 月 20 至 23 日,我应邀赴天水参加"伏羲文化学术研讨会",并参加"祭太昊伏羲氏大典",心潮澎湃。海内外华人朝拜文明始祖,显示了极大的中华民族的凝聚力、向心力。7月21至23日,在弘扬丝绸之路精神,发展旅游事业的热潮中,甘肃省轩辕文化研究会又在清水县适时召开了"轩辕文化学术研讨会",举办了"祭祀轩辕黄帝大典"。甘肃省政协副主席、中华伏羲文化研究会会长张津梁等领导,出席了祭典,清水人民再次表达了对"人文初祖"黄帝的无限崇敬心情。年事已高的本人,又幸运地应邀参加了这次活动。如果说"八千年文明"还处在学术讨论阶段的话,那么以"炎黄"或"黄帝"为初祖的5000多年中国文明(传统文化)史,则是学术界和国人所公认的。以近现代国家领导人讲话、题词而论,孙中山、毛泽东、邓小平、江泽民等,都对黄帝给予了高度评价和颂扬。以习近平同志为核心的党中央,对弘扬中国传统文化,更为重视。2015年2月,习近平总书记在陕西视察期间指出:"黄帝陵是中华文明的精神标识。""轩辕黄帝陵文化积淀十分深厚,对历史文化要注重发掘和利用,溯到源,找到根,寻到魂。找到历史和现实的结合点,深入挖掘历史文化中的价值观念、道德规范、治国智慧,做到以文化人,以史资政。"这是继毛泽东主席于民国二十六年亲笔写《祭黄帝陵文》后,党和国家最高领导人对黄帝和黄帝文化精神的最高评价。陕西省政府承办的清明节祭祀黄帝大典,已成为海内外华人团结奋进的标志和旗帜。

说起和甘肃的情感,生于河南、工作于陕西的我,于20世纪90年代末,在天水市伏羲文化研究中心的邀请和市政府领导的关照下,由何光岳(2014年逝世)先生推荐,马世之和我也参与了太昊伏羲氏文化研究,均任中华伏羲文化研究会副会长,得到了不少教益和收获。2007年,何光岳和我应邀赴清水县实地考察轩辕故里,收获颇多。2012年4月21日"甘肃省轩辕文化研究会"成立,承蒙邀请和照顾,聘我为名誉会长。从此多受到研究会以靳来福会长为首的诸位负责人的关照,备受鼓舞。

从甘肃省改革开放后的传说人物研究看,在多领域研究中,对伏羲氏文化研究广而深,祭祀规模已上升到国务院华侨事务办公室、台湾事务办公室主办,甘肃省人民政府承办的高规格地位。甘肃省轩辕文化研究会成立较晚,又挂靠于"伏羲文化研究会",祭祀规范相对说较小,与轩辕黄帝的崇高地位不太相称。我们期待着在各方面努力下,能三年(县、市各一年)由省政府公祭黄帝一次,使海内外华人云集黄帝故里,以促进甘肃经济、文化的发展。

从国内外的各种研究会看,一方面是组织相应的活动,一方面就是出版报刊或书籍。甘肃省轩辕文化研究会成立后,在祭祀黄帝大典中,除组织学术研讨会议外,还组织出版了《轩辕故里——清水县历史文化丛书》。拙著《中华文明探源》,就是在2016年7月21至23日之学术研讨会上定下来的,并且在靳会长与副会长关照下,当场签订了合同书,令我十分惊喜而感动。经过八个多月的紧张整理、修改,具有开拓性、创新性的拙作就要出版发行了,我再次向清水县人民政府、甘肃省轩辕文化研究会表示衷心的感谢!

常言道"人逢喜事倍思亲",在拙著将要出版之际,倍加怀念和崇敬20世纪70年代末,引导我走上治秦汉史研究的西北大学秦汉史学家陈直、林剑鸣教授(已先后逝世)。更加尊敬史学家、教育家张岂之教授。他虽然已年近90岁,但仍思维敏捷,著述不断,关心后学。他不仅为我近年重新修订出版的周、秦、汉、唐等五部兴亡史写了"总序",而且还为当时拟定的《三皇五帝论集》(约百余万字)写了指导、鼓励性的"序"。现决定精选30多篇,以《中华文明探源》书名出版,张先生不顾年迈和体弱,对"序"又作了适当的修改,同意继续使用。同时作为中华炎黄文化研究会副会长兼学术委员会主任、陕西省轩辕黄帝研究会会长的张岂之教授,对甘肃省轩辕文化研究会取得的成就和组织出版专著,也给予了充分肯定和称赞。在此,我再次对陈直、林剑鸣两位教授表示深深的怀念!对张岂之教授表示诚挚的感谢!同时,还要向引导我走上"历史与考古材料相结合"道路的著名考古学家石兴邦研究员、巩启明(他们先后曾任陕西省考古研究所所长)研究员表示诚挚的感谢!

　　拙著是以中国文明萌芽、形成、初步发展为主线,选择传说时代"三皇五帝"代表人物之事迹撰就的。这就出现了写作年代跨度较长,引用多学科资料繁多,涉及面广,头绪复杂,审稿、校对的难度很大。三秦出版社朱孟娟、杨妩娇、彭冬卿、周甜等同志,不畏任务重、时间紧、头绪多,认真审读、查对原著,纠正不当或错误,以保证论著的正确性、科学性、普及性,使其在适应广大读者阅读的同时,能达到中型、大型图书馆收藏的标准。在此,我还要向李郁副总编对本书出版给予的热情关照和支持,表示衷心的感谢!

　　历任陕西省教育委员会副主任、西安美术学院党委书记(正厅级)、陕西省教育厅巡视员、著名书法家(影响面最大的是题写《华商报》三个字)屈应超研究员,在百忙中为拙著题写了书名。书法家马越垠、张平生两位先生分别为插页题了词,为本书增加了光彩。我在此对他们表示衷心的感谢!

　　抚今思昔,退休 16 年来能在文明起源领域写出这么多的文章,与各级各类学会、研究会(尤其是中国先秦史学会、中华伏羲文化研究会、河南省炎黄文化研究会、陕西省轩辕黄帝研究会)提供参加学术研讨会议,有着极为重要的关系。我在此对宫长为、马世之、张新斌、谢阳举等同志表示衷心的感谢! 对 20 多年来共同奋进的何光岳研究员、好友卢建国同志,一并表示深切的怀念!

　　最后,我还要感谢养育女子、任劳任怨、支持我从事学术研究的夫人赵凤仙,以及照顾我们的子女们!

杨东晨

2017 年 5 月 15 日写于西安